LE NATUREL PHILOSOPHE

DU MÊME AUTEUR

Platon et la question de la pensée, Paris, Vrin, 2000.

Métamorphoses de la dialectique dans les dialogues de Platon, Paris, Vrin, 2001.

Platon. Le désir de comprendre, Paris, Vrin, 2003.

Nietzsche. Par-delà les antinomies, Chatou, Édition de la transparence, 2006 ; 2ᵉ édition revue et augmentée, Paris, Vrin, 2012.

Platon et la question de l'âme, Paris, Vrin, 2013.

Platon-Nietzsche. L'autre manière de philosopher, Paris, Fayard, 2015.

BIBLIOTHÈQUE D'HISTOIRE DE LA PHILOSOPHIE
Fondateur Henri GOUHIER   Directeur Emmanuel CATTIN

Monique DIXSAUT

LE NATUREL PHILOSOPHE

ESSAI SUR LES DIALOGUES
DE PLATON

Nouvelle édition entièrement revue et corrigée

PARIS
LIBRAIRIE PHILOSOPHIQUE J. VRIN
6 place de la Sorbonne, V e
2016

© *Librairie Philosophique J. VRIN*, 2016
Pour l'édition de poche
ISSN 0249-7980
ISBN 978-2-7116-2614-4
www.vrin.fr

BRÈVE PRÉFACE À LA PRÉSENTE ÉDITION

We shall not cease from exploration
And the end of all our exploring
Will be to arrive where we started
And know the place for the first time
T.S. Eliot, Four Quartets

Retournant à ce dont je suis partie, j'ai eu le sentiment de saisir l'élan qui l'animait et peut seul expliquer l'étonnante survie de ce livre, de le comprendre « pour la première fois ». Dans cet élan, j'ai toujours puisé et puise encore, mais la relecture de cet ouvrage publié voici trente ans m'a inspiré un désir irrépressible d'autocritique. J'ai donc décidé, finalement, de le remanier, d'y incorporer le travail accompli depuis, d'en préciser et rectifier sur certains points les analyses, d'y mettre de l'ordre, et d'alléger un peu le style. J'espère ne pas l'avoir ainsi dénaturé, mais il n'est pas certain, après tout, que la vieillesse soit toujours un mauvais juge de la jeunesse.

Potidea, juillet 2015

INTRODUCTION

> Calliclès à Socrate : « *Et toi, ne peux-tu parler sans qu'on te réponde ?* »
>
> (*Gorgias*, 519d)

Ceux qui avant Platon pensèrent ne se nommaient pas eux-mêmes *philosophes* et pourtant nous les intégrons à une histoire de la philosophie, nous reconnaissons en eux les premières mises en œuvre d'un philosopher. Cette *chose*, la philosophie, a-t-elle donc précédé son *nom* ? Cet *acte*, le philosopher, préexiste-t-il à la prise de conscience de son originalité, et Platon s'est-il dans les Dialogues contenté de fixer dans une dénomination la spécificité d'un mode de penser qui n'aurait pas commencé avec lui ? Ce *type d'homme*, le philosophe, voit-il sa figure se dessiner, sa place se déterminer à partir d'une simple réflexion sur ce qu'il peut et ce qu'il fait ? Certes les termes *philosophie*, *philosopher*, *philosophe* furent employés avant Platon, mais jamais pour désigner ce qu'il est à coup sûr le premier à leur avoir fait signifier. Cette étude a pour objet d'explorer le sens, les sens littéralement inouïs dont les Dialogues chargent ces trois signifiants. Or il faut ici faire part d'un étonnement : dans l'énorme masse de commentaires consacrés à cet auteur tant par les érudits que par les philosophes qui l'ont continué, tout semble se passer comme si ces trois termes étaient précisément ceux qui posaient le moins problème, ceux qu'il serait presque inutile de définir tant ils nous seraient bien connus. Le but de ce travail sera donc de substituer une question à cette évidence apparente. Car si sur bien des thèmes, en bien des domaines, Platon a seulement prolongé, radicalisé ou transposé ce qui était déjà là, si l'on peut même admettre qu'il a en un sens régressé – moins profond que les penseurs présocratiques, moins audacieux que les sophistes –, il existe un point où il semble véritablement inaugural, sans prédécesseur et peut-être sans postérité. Ce point si éclairant, si aveuglant qu'il est devenu pour nous point aveugle, c'est sa rupture avec une certaine représentation du savoir comme *sophia* au nom de la *philosophia*. Acceptant sans jamais vraiment le questionner un sens réfracté par l'histoire et par la tradition, falsifié par le mouvement même qui prétendait le répéter, la philosophie n'a plus après Platon considéré son nom comme un problème. Elle ne s'est pensée, quand elle s'est pensée, que comme science première ou système achevé. La question de sa nature ou de sa définition n'apparaît qu'au commencement ou au terme du déploiement d'un savoir qui se dit philosophique en ce qu'il recherche l'universel ou le nécessaire, fonde et enracine, ou peut prendre figure de système. Se concevant comme *sophia*, la philosophie ne s'est plus jamais conçue elle-même comme cette question qui viendrait déporter toutes les autres et à laquelle toutes les autres auraient pour fonction de renvoyer. En détournant l'attention du contenu des Dialogues (l'ontologie, la morale, la politique, la psychologie de Platon) vers la façon dont Platon a déterminé et nommé un certain mode de penser, de désirer et d'être, les éclairages ne vont-ils pas changer, les accents se déplacer ? Il faudra certes tenter de désapprendre tout ce que la tradition a ajouté au platonisme. Mais l'effort consistera moins à ressaisir les termes dans leur signification originaire qu'à réentendre leur sens problématique. Ce sens ne constitue pas pour la philosophie son passé ou le premier moment de son histoire. Car, éternellement intempestive, la pensée est peut-être éternellement prise entre une métaphysique spéculative qui raconte des histoires « fantastiques » sur l'un, la substance ou l'être, et une sophistique qui se contente de conférer forme séduisante et force convaincante aux opinions du plus grand nombre. Or pour user du logos autrement que n'en usent physiciens et métaphysiciens, et en user aussi autrement que ne le font les sophistes, pour s'arracher à ces deux usages toujours à nouveau possibles du logos, les Dialogues nous enseignent qu'il faut une puissance, un désir, une force. Platon effectue sa double sortie hors de la sophistique comme de la métaphysique (terme anachronique dont on ne manque pourtant pas de qualifier son « ontologie ») en concentrant en des noms encore *incertains de leur propriété* une puissance : celle de la *philosophia*, une force : celle du philosopher, un désir : la nature du philosophe.

1. L'IMPOSSIBLE HISTOIRE

Les Dialogues n'effectuent donc pas simplement le passage d'un usage vague, encore non défini et non pensé, à un usage philosophique du terme *philosophia*. Car s'il en était ainsi, le projet qui consiste à suivre tout au long des Dialogues un certain logos à la recherche de son nom, et la problématisation par ce nom de son logos [1], relèverait très exactement de ce que Husserl, dans l'*Origine de la Géométrie*, nomme genèse idéale, genèse d'une idéalité, et qu'il définit ainsi : « notre préoccupation doit aller plutôt vers une question en retour sur le sens le plus originaire selon lequel la géométrie est née un jour et, dès lors, est restée présente comme tradition millénaire, le reste encore pour nous, et se tient dans le vif d'une élaboration incessante ; nous questionnons sur le sens selon lequel, pour la première fois, elle est entrée dans l'histoire [2]… » C'est dire que l'on aurait pour tâche, à travers cette première entrée de la philosophie dans l'histoire (les textes platoniciens), de réactiver un sens originaire : originaire en ce qu'il ne cesserait d'avoir cours dans l'idéalité du philosopher, et en ce qu'il serait précisément à l'origine de notre questionnement en retour : « Nous nous tenons donc dans une sorte de cercle. La compréhension des commencements ne peut s'acquérir pleinement qu'à partir de la science donnée dans sa forme actuelle, par la rétrospection de son développement. Mais sans une compréhension des commencements ce développement est muet en tant que développement de sens [3]. » Cependant, si l'on peut poser de façon simple un

1. Cf. *Lois*, X 895d : « Ne consentirais-tu pas, au sujet de chaque chose, à penser une triple détermination ? — Que veux-tu dire ? — L'une est sa manière d'être propre (οὐσία), l'autre la définition (λόγος) de cette manière d'être, la troisième le nom (ὄνομα). Et précisément, sur chaque chose absolument qui est, il y a deux questions. — Comment cela, deux ? — Tantôt, chacun de nous, tenant le nom tout seul, cherche la définition, tantôt, tenant la définition toute seule, c'est à rebours sur le nom qu'on s'interroge. »

2. Husserl, *L'Origine de la géométrie*, trad. et introd. J. Derrida, Paris, P.U.F., 1962, p. 175.

3. Husserl, « La Crise des sciences européennes et la phénoménologie transcendantale, une introduction à la philosophie phénoménologique », trad. E. Gerrer, *Les Études Philosophiques*, n° 3-4, 1949), § 9.1, p. 256.

« il y a » de la géométrie, notre « il y a » de la philosophie
peut-il être autre chose que cet « il y a » ambigu d'une
tradition faite de décisions contradictoires, décisions qui,
chaque fois, défont la tradition autant qu'elles la refont ?
Tradition impuissante par conséquent à constituer une
histoire au sens husserlien du terme, c'est-à-dire un
« mouvement vivant de la solidarité et de l'implication
mutuelle de la formation du sens et de la sédimentation
du sens originaire » [1]. Mais que serait pour une philosophie
la distinction entre formation du sens et sens sédimenté ?
Et n'est-ce pas d'un seul et même mouvement qu'en
chacune d'elles le sens du philosophique se forme et se
sédimente ? S'il y a de la philosophie une tradition : ce fait
de culture que nous appelons *philosophie* pour le distinguer
des autres, il faudrait, pour faire de cette tradition une
« authentique histoire de la philosophie », remonter jusqu'à
l'archi-évidence qui la fonde, diriger notre regard vers cet
invariant apodictique que chaque philosophie répète si elle
est philosophie, mais qu'elle met en évidence *originaliter*
en s'incarnant comme *cette* philosophie [2]. Or ce qui, se
répétant dans chaque philosophie, légitimerait selon Husserl
la constitution d'une histoire de la philosophie serait
précisément cette libre conversion platonicienne du regard,
représentée comme dépassement de la facticité du monde
historique et pratique vers la vision et la connaissance

---

1. Husserl, *L'Origine de la géométrie*, p. 203.
2. *Ibid.*, p. 209. Dans « La Crise de l'humanité européenne et la
philosophie » (trad. P. Ricœur, *R.M.M.*, 55, 1950), Husserl distingue
entre « la philosophie comme fait historique » et la philosophie comme
idée d'une tâche infinie : « la philosophie effective (…) est la tentative
plus ou moins réussie pour réaliser l'idée directrice de l'infinité et, par
la-même, du tout de la vérité » (p. 247).

théorétiques[1]. *L'histoire de la philosophie aurait comme possibilité la représentation platonicienne de la philosophie, qui aurait elle-même comme possibilité une certaine représentation de la philosophie de Platon.*

C'est à cette double représentation qu'il faut tenter de s'attaquer, car cette double représentation – de la philosophie, de la philosophie de Platon – est très exactement ce que la *philosophia* semble avoir pour fonction essentielle d'exclure. La *philosophia* est en effet tout d'abord ce qui interdit de faire du philosophe un archétype, et de la philosophie un *a priori* d'elle-même. Et cela, en tant que chez Platon l'usage de ces noms est, au même titre que l'usage de tous les autres noms, problématique. *Philosophos* et *philosophia* sont dans les Dialogues problématisés comme noms (*onomata*) auxquels la définition (*logos*) d'une manière d'être propre (*ousia*) peut ou non correspondre. Rien ne garantit qu'à ces noms corresponde une essence différente de celle que désignerait, par exemple, physicien, poète, sophiste ou politique ; et rien ne garantit non plus que la définition de la différence étant trouvée et énoncée, la dénomination qu'on lui assigne soit la meilleure ou la seule possible. C'est seulement au cours de l'exercice dialectique, grâce au « frottement pénible » et à « l'exploration en tous sens », qu'à « force de travail et de temps » on pourra fournir les raisons de fixer ce nom à cette définition, cette définition à ce nom. Mais le dépassement

---

1. Voir *L'Origine de la géométrie*, p. 211 ; « La Crise de l'humanité européenne et la philosophie », p. 242. Sur les origines et le développement de la notion de θεωρία, voir W. Jaeger, « On the Origins and Cycle of the Philosophic Ideal of Life » (en appendice à *Aristotle, Fundamentals of the History of his Development*, Oxford Paperbacks, 1934), p. 426-461. Il semble qu'il ne faille pas, là encore, accorder de crédit à une tradition faisant remonter le sens « contemplatif » à Anaxagore ou Pythagore.

de leur hypothétique convenance, dépassement qui permettrait de faire enfin du philosophe un genre (*genos*), restera pour l'éternité lui-même hypothétique, puisque du philosophe – à la *différence* du politique et du sophiste – il ne sera jamais, chez Platon, dialogué [1]. Termes comme les autres hypothétiquement attachés à l'énoncé de différences qu'ils servent mieux, plus naturellement que d'autres, à dénommer, *philosophos* et *philosophia* ne sauraient relever d'un usage archétypique ou générique.

Ne pas les traduire afin d'entendre en eux cette parole grecque occultée par la tradition, dont parle Heidegger, pourrait en ce cas sembler absurde, les mots étant les mêmes à la désinence près. Mais la quasi-identité de l'original et de la traduction n'en recèle pas moins une redoutable équivoque : *il se pourrait* que ce que nous nommons traditionnellement *philosophie* et ce qui pour la première fois chez Platon s'est appelé *philosophia* n'aient pas grand-chose de commun. Pour la première fois : cela ne signifie pas qu'il y ait eu d'autre fois. Cela signifie qu'à travers Platon s'est incarnée l'exemplarité d'un sens dont il est le premier, le seul et le dernier exemple. L'histoire de la philosophie ne commencerait qu'après lui, tout en ayant peut-être commencé avant lui, devenant l'histoire de cet autre sens, du sens dont la représentation est au moins possible, du sens qui autorise aussi bien qu'on le comprenne comme répétition d'une essentialité au cours d'une histoire qu'il fonde que comme approfondissement de ses déterminations au long d'un développement systématique où le chronologique s'identifie au logique.

---

1. Le Dialogue manquant du *Philosophe* aurait, en le définissant, forcément fait du philosophe un Genre. Définir sa nature exclut peut-être que cela soit possible.

Or la *philosophia* n'est pas plus le sens sédimenté de la philosophie qu'elle n'est le premier moment d'un déroulement – que ce premier moment, parce qu'il est le premier, soit conçu comme le plus indéterminé et le plus pauvre ou comme le plus profond et le plus riche[1]. Il ne s'agit donc ni de vouloir redevenir enfant, ni de chercher notre salut dans la sottise et la pauvreté. Quiconque s'attache à la lecture d'un philosophe antique ne saurait éluder une telle accusation de fuite et d'impuissance. Mais si l'on doit prendre au sérieux cette double accusation, il importe de faire encore plus de cas de cette recommandation : « Il faut savoir ce que l'on doit chercher dans les vieux philosophes. » Il nous faut en effet savoir que nous ne pouvons ni y chercher ni y trouver de « solutions », pas davantage un « point de départ sûr », mais encore moins un « degré déterminé de l'évolution de l'esprit »[2]. Car il n'y a de *degré déterminé* qu'à la condition de substituer, à cette interrogation fragmentée, multiple et en chaque Dialogue réattaquée de la pensée sur elle-même, cette forme « de genre autoritaire » que serait la philosophie de Platon, c'est-à-dire d'elle notre représentation.

Il ne s'agit pas non plus de constituer ce point mythique à partir duquel tout ne serait que « malentendu et décadence ». Il ne s'agit pas de cela parce que la première fois est l'unique fois et qu'elle ne s'est ni répétée, ni

1. Heidegger, *Qu'appelle-t-on penser ?*, Paris, P.U.F., 1973, p. 175.
2. Hegel, *Leçons sur l'histoire de la philosophie*, Introduction : *Système et histoire de la philosophie*, trad. J. Gibelin, Paris, Folio-Gallimard, 1954, p. 94. La fuite serait le propre d'un esprit n'ayant pas « la force de suffire à la riche matière amassée par l'évolution ». Ainsi sa pensée « recherche-t-elle son salut dans la fuite et la pauvreté », et l'esprit accablé « s'en va lâchement chercher refuge en arrière » (*Leçons sur l'histoire de la philosophie*, trad. P. Garniron, t. I, *Introduction du cours de Berlin*, Paris, Vrin, 2004, p. 391).

développée, ni dégradée dans une histoire, puisque cette histoire est celle de la philosophie où la *philosophia* ne peut d'aucune façon entrer. Elle ne peut y entrer parce que sous ce nom, *philosophia*, ne s'est pas d'abord comprise la spécificité essentielle – positive ou négative – d'un savoir, mais une certaine relation de désir au savoir, relation qui altère et le désir et le savoir; parce que sous son nom, le philosophe n'a pas d'abord signifié ses différences relatives ni sa prétention à l'universalité, mais cette différence absolue, exclusive, démoniaque, qu'était sa nature (*phusis*). *Philosophos* ne peut être l'attribut que d'une nature, jamais d'une attitude, d'un savoir, encore moins d'un texte (*suggramma*). *Philosophia* ne peut désigner qu'un certain mode d'éros, d'acquisition, de déliaison ou de délire. De cette *philosophia*, le lieu n'est pas la philosophie de Platon entendue comme système articulant ses méthodes à ses thèmes, unifiant ses concepts ou les modifiant selon des théories successives. Mais ce n'est pas non plus le philosopher pris comme activité conceptuelle distincte. Aucune manière de penser, fût-elle dialectique, ne peut suffire à déterminer le philosophe ni sa *philosophia* : seul le philosophe est dialecticien, mais dialecticien ne constitue pas la détermination complète de philosophe. Pour penser vraiment, il faut autre chose que de la pensée – du courage par exemple, et de la grandeur et de l'élégance – mais cette autre chose n'advient qu'à la pensée et que par elle : ce n'en est pas la condition mais la dimension ou, pour employer un terme platonicien, la juste mesure.

La *philosophia* ne peut donc s'entendre ni comme ce mouvement dont chaque philosophie serait la présentation et la limitation; ni comme l'essentialité d'un penser (essentialité qui viendrait au penser de sa rupture avec l'inessentiel), qui serait le représenté ultime de toute représentation philosophique. Des philosophies la *philosophia* n'est ni l'Idée, ni la vie, ni l'âme, ni l'essence, ni le Genre [1]. Car Idée, vie, âme, essence ou Genre sont autant de tentatives pour penser la philosophie à partir de la multiplicité accomplie des philosophies. Comme si nous ne pouvions plus penser la philosophie qu'à partir de son histoire, cherchant à la cerner dans un concept tel qu'il pourrait tout à la fois surmonter cette histoire, la fonder, et nous autoriser à la continuer ou à la clore. Dans cette histoire, *philosophie* n'a plus fonction que de nom commun et abstrait, ce qui ne signifie pas abstrait *de* ou commun *à…* Commun, puisque même s'il désigne la philosophie de Platon, il fait de cette philosophie le genre d'elle-même, l'englobant dernier de tous ses énoncés, de tous ses problèmes et de tous ses concepts. Abstrait, puisque de cette philosophie, comme de la philosophie, le philosophe est coupé. Or s'il n'y a pas de représentation de la *philosophia*, c'est qu'elle est sa présence, maniaque et démoniaque, au philosophe.

De ce philosophe nous ne tenons que le nom d'emprunt : Socrate, l'Étranger, l'Athénien – pas Platon, jamais Platon. « En raison de l'éclatante lumière de la région où il réside », nous ne verrons jamais du philosophe que son ombre et la diversité de ses masques. De cette *philosophia* qui l'habite nous ne saisirons jamais que les effets : sur lui-même,

---

1. Dans cette nouvelle version, je ne traduirai plus *eidos* par Forme, comme l'a imposé l'usage anglo-saxon, et je mettrai une majuscule à « Idée » quand elle est prise en son sens platonicien. Je ne mettrai plus de majuscules aux mots désignant des Idées (à « beau » ou à « bien », par exemple), car cela me semble induire une interprétation métaphysique et réifiante, à l'exception toutefois de « Genre » et « Autre », afin d'éviter toute confusion avec « espèce de » et avec « autrui ».

comme sagesse et comme délire ; sur les autres – l'impiété, la corruption, la paralysie et la guérison qu'il engendre.

Il nous faut ici retourner nos modes habituels de penser : le philosophe n'est pas l'auteur de sa philosophie, il ne la constitue pas plus qu'elle ne le produit, il ne lui est ni présent ni absent, pas plus comme conscience que comme sujet, comme origine que comme volonté. C'est la *philosophia* qui hante le philosophe en en faisant cet amateur du comprendre et de l'apprendre (ce *philomathès*), ce chasseur infatigable, ce taon attaché aux flancs de la cité ; le poussant à interroger et à répondre, à dépérir et à renaître, à enseigner sans convertir personne, à inventer sans rien inventer, si ce n'est un peu plus d'exactitude (*akribeia*) et de clarté (*saphèneia*). De la *philosophia* nous n'aurons donc que le symbole, le philosophe ; du philosophe, que les personnages et les masques. Au sens platonicien, on ne « fait » pas de la philosophie ; on est « sous l'effet de la *philosophia* comme sous celui d'une flamme », brûlé et consumé par elle. On n'en est pas plus l'auteur qu'on n'en est le produit, vraiment philosophe et philosophe seulement si on a le goût, le plaisir de se soumettre à ce « travail énorme », à ce « jeu pénible », travail et jeu arides qui ne sont pas la philosophie mais qui sont la tâche que sa *philosophia* impose au philosophe, la seule forme qu'elle puisse prendre, absolument vaine, absolument décourageante pour qui n'est pas « sous l'effet de la *philosophia* », seul vrai plaisir pour celui qui l'est et qui découvre dans ce plaisir le signe, le seul signe possible de son naturel philosophe.

C'est pourquoi ce travail qui parle de Platon ne relève pourtant pas de l'histoire de la philosophie. Car son objet – la *philosophia* – exclut la possibilité même de la constitution d'une telle histoire. Dans cette histoire on peut bien sûr toujours faire entrer Platon : à condition de le nommer quand il a refusé de se nommer ; de lui attribuer thèses, théories et méthodes, convertissant par exemple l'hypothèse des essences en théorie des Idées et la *République* en système politique ; constituant la maïeutique, la dialectique et la division en autant d'étapes méthodologiques ; substituant en un mot le platonisme aux Dialogues, c'est-à-dire aux textes les plus subtilement ironiques, les plus volontairement inachevés, les plus multiplement médiatisés qui soient.

Mais s'efforcer de ne pas substituer à la *philosophia* sa traduction, tenter de ne pas tomber dans une représentation de la philosophie qui n'était pas celle de Platon, n'est-ce pas là finalement le comble de la méthode historique ? Autrement dit, ne pas traduire *philosophia*, n'est-ce pas simplement tenter d'éviter un anachronisme ? Échappant à l'histoire de la philosophie, ne retombe-t-on pas dans le champ de l'histoire tout court ? Et n'y a-t-il pas de plus grande illusion que celle qui consisterait à prétendre comprendre Platon comme il s'est compris, entendre les mots comme il les entendait ?

Ce serait vrai si, de la façon dont ce mot s'entendait nous n'avions plus à présent rien à apprendre, mais seulement à en faire l'objet de quelque curiosité archéologique. Pas plus que d'histoire de la philosophie il ne s'agit ici de contribuer à l'histoire du sens du mot *philosophia*. C'est précisément la disparition de la *philosophia*, sa résorption au sein de la philosophie et des philosophes, qui fait de nous des historiens, des exégètes et des commentateurs. À la *philosophia* notre lien ne peut, en aucun sens ni d'aucune façon, être historique. Le lien ne peut être historique, quel que soit le champ de cette histoire, parce que ni la mort, ni la réminiscence, ni le délire ne le sont. Encore faut-il refuser à ces mots toutes leurs projections pathologiques : la mort n'est *que* la déliaison de l'âme et du corps, la réminiscence n'est *que* la réminiscence d'une différence, et le délire érotique est d'abord une rupture, rupture d'avec tous les usages courants du logos. Il reste qu'une certaine manière de *mourir*, de se *ressouvenir*, de *délirer* a pu une fois s'appeler philosophie. Il ne s'agit pas là d'expériences, encore moins d'expériences irréductibles, limites, qui feraient obstacle à leur intégration historique. Les expériences singulières et irréductibles, l'histoire les intègre tous les jours. Ni la mort ni la réminiscence ni le délire ne sont dans le *Phédon*, le *Phèdre* et le *Banquet* des expériences vécues. Ils constituent autant de manières d'instaurer des écarts de langage dans le langage, écarts qui seuls permettent de le soumettre à cette trituration (*tribè*) dans « le temps de toujours » qui est celui de la dialectique. Entre celui qui parle depuis la déliaison de l'âme et du corps et celui qui parle sa peur de la mort, entre celui qui dit la différence de l'égalité (comme Idée) aux choses égales et celui qui dit égales les choses, entre celui qui sait qu'éros le fait parler et ceux qui croient pouvoir parler d'éros, l'écart ne s'effectue pas à partir d'une expérience privilégiée. Au contraire, ce sont ceux qui ne sont pas morts, ceux qui ne se ressouviennent pas, ceux qui ne délirent pas qui, opposant la vie à la mort, la maîtrise au délire, le sensible à l'intelligible, privilégient l'expérience. La constituant comme seule mesure, ils nient ainsi toute altérité ou la réduisent à une opposition. L'écart ne s'effectue donc ni d'une expérience à l'expérience contraire, ni même de l'expérience au logos, mais bien du logos à lui-même lorsqu'il saisit à travers certains termes l'impropriété radicale des dénominations : le vrai nom de la déliaison est *philosophia* et non pas *mort*, les choses égales ne le sont précisément jamais, d'éros on ne peut parler qu'à condition de lui substituer sa représentation : traditionnelle, physiologique, psychologique ou idéale. Ces écarts du logos à lui-même ne sont pas pour le logos sa possibilité, mais les occasions (*kairoi*) d'un dialogue au cours duquel le devenir chaotique des opinions laisse place au *chronos* dialectique, au temps qui est ordre et arrangement, *taxis* et *cosmos*. Car le temps est de l'éternité non pas la chute, mais la meilleure image, et la plus ressemblante [1]. Et ceci non en ce qu'il est mythiquement circulaire, mais en ce qu'à la lettre pour celui qui est mort, qui se ressouvient, qui délire, il ne *passe* pas : « le temps est l'image éternelle de l'éternité. » C'est parce que le temps (*khronos*) n'est pas le devenir (*genesis*) que l'on peut prendre le temps de penser sans être pris dans le devenir des pensées ou de la pensée, dans leur situation réciproque, et sans non plus s'immobiliser dans l'éternité d'un penser immuable. La pensée, pour Platon, n'est pas plus éternelle qu'elle n'est datée. Et c'est en ce sens qu'il n'y a pas de *pensée* de Platon : il y a pour Platon des termes, il y a de Platon des textes qui constituent l'occasion de prendre le temps, qui ne peut être que *tout* le temps – « la mesure d'entretiens comme ceux-ci, Socrate, c'est la vie entière » (*Rép.*, V 450b) – de penser : occasions, provocations à se ressouvenir, à mourir et à être morts, à délirer et à enfanter.

---

1. Cf. *Timée* 37c-d, 39e, et la belle interprétation qu'en donne Proclus dans son *Commentaire sur le* Timée *de Platon*, trad. A. J. Festugière, Paris, Vrin, 1968, t. III, 28, p. 46-47. G. Vlastos (« The Disorderly Motion in the *Timaeus* », [1939] repris dans *Studies in Plato's Metaphysics* (R.E. Allen ed., London, Routledge and Kegan Paul, 1965, p. 379-399) dit à juste titre que « *the distinction between raw* γένεσις *and created* χρόνος *is the key to the whole account* » (p. 388).

2. LE PROBLÈME DE L'ÉCRITURE

Ce n'est là sans doute encore que reculer le problème : car c'est bien des textes de Platon qu'il va être question. Quel est le statut de ces textes ? Quel usage en faire, une fois écartée la double perspective de la genèse et de l'histoire ? De la genèse, puisque toute genèse idéale de la philosophie semble déboucher en dernière analyse sur la représentation platonicienne de la philosophie ; de l'histoire, puisque la saisie du premier moment du développement de la philosophie comme concept implique nécessairement une représentation de la philosophie de Platon comme « forme de genre autoritaire ». Si la *philosophia* ne peut constituer le représenté d'une représentation, c'est à la fois en tant qu'elle est puissance (*dunamis*) et non pas contenu, liberté par rapport au devenir et non pas moment de ce devenir.

Il reste que cette philosophie est mise en œuvre, mise en scène dans des textes : les Dialogues. En deviennent-ils par là-même philosophiques, ou ne sont-ils qu'un divertissement (*paidia*), splendide certes, mais qui ne fonctionne que comme « petite indication » envers « tous ceux qui sont capables de trouver par eux-mêmes » ? « Il a vraiment plus que son compte de naïveté, il méconnaît véritablement l'oracle d'Ammon, celui qui s'imagine que les discours écrits sont plus qu'un moyen, pour celui qui sait, de se ressouvenir des choses-mêmes que traitent ces écrits » (*Phèdre*, 275d). S'agit-il vraiment, chez Platon, d'une condamnation ou d'un abaissement de l'écriture ? Et si, à en croire la *Lettre* VII, il n'y a, n'y a eu ni y aura jamais d'*écrit* de Platon, si la philosophie de Platon n'est pas dans ses écrits, où est-elle ? Sommes-nous renvoyés à un enseignement oral, ésotérique, à jamais perdu pour nous, et dont nous n'aurions les échos qu'à travers les textes d'Aristote [1]? Ou encore, si la *philosophia* ne s'écrit pas, peut-être ne se parle-t-elle pas non plus et consiste-t-elle en une pure disposition de l'âme, en une attitude contemplative dont tout logos, écrit ou parlé, ne serait que le reflet pâle, déformé, impuissant (*asthenes, Lettre* VII, 343a) [2]. Y a-t-il un usage du logos tel que *philosophos* puisse en être l'attribut, et philosophe le nom qui convient à celui qui a le savoir de cet usage ? Peut-il y avoir des écrits philosophiques, et les Dialogues sont-ils de tels écrits ?

À cette question il a été déjà en partie répondu : si c'est bien de *philosophia* et non de philosophie qu'il s'agit, alors la *philosophia* de Platon n'est pas plus dans ses écrits que dans un enseignement oral qui ne serait oral qu'en tant qu'il ne serait pas confié aux caractères d'écriture. mais qui serait bien, au sens où on le présente communément, équivalent à un écrit : corps articulé de doctrines encore plus dogmatiques, puisque dépouillées de l'aspect littéraire, dramatique, divertissant du dialogue, et dont nous nous figurons la transmission comme la révélation monologuée de quelques thèses secrètes et difficiles à un petit nombre de disciples [3]. Interpréter les textes du *Phèdre* et même de la *Lettre* VII dans le sens d'une opposition entre philosophie écrite et non écrite équivaut à croire un peu simplement qu'il suffit de ne pas écrire pour parler. et qu'il suffit que Platon ait écrit les Dialogues pour que ce qu'il nous livre

---

1. Pour une revue des partisans et adversaires de ces doctrines non écrites, voir M.-D. Richard, *L'Enseignement oral de Platon. Une nouvelle interprétation du platonisme*, Paris, Les Éditions du Cerf, 1990.

2. Voir Appendice II, 2.

3. Il s'agit d'une reprise pure et simple de la deuxième *Lettre*, dont l'inauthenticité n'est plus à prouver.

ait toutes les caractéristiques de l'écrit. Les Dialogues sont écrits. Or, selon Platon lui-même, aucun écrit n'est philosophique. De ces deux prémisses, beaucoup ont cru pouvoir conclure à un enseignement ésotérique, dont les textes ne seraient que la trace publique et accessible. Une telle conclusion paraît relever d'un double malentendu. Le premier revient à méconnaître que le jeu entre l'ésotérique et l'exotérique, entre sens difficile, latent, dérobé, et sens explicite, manifeste, donné, se joue à l'intérieur même de chacun des Dialogues, jeu sur du sens multiple qui est l'essence même de l'ironie. Sur ce point il importe de relire l'analyse de Schleiermacher : ou bien, écrit-il en substance, ésotérique qualifie un contenu (comme était « ésotérique » la théorie politique de la *philia* chez les pythagoriciens) dont on ne veut pas divulguer la connaissance en dehors d'un cercle restreint, et l'on ne voit pas ce que serait chez Platon un contenu de cette sorte. Ou bien la distinction ésotérique-exotérique porte immédiatement sur la forme et seulement médiatement sur le contenu, mais alors la forme éminemment difficile de certains Dialogues écrits (le *Parménide* ou le *Sophiste*, par exemple) suffit à montrer que Platon ne s'y soumet à aucune règle de large diffusion ou de compréhension aisée, et qu'il aurait aussi bien pu confier à ses écrits sa pensée la plus secrète sans en rien abdiquer[1].

Se demander si un écrit peut être philosophique est mal poser la question, la poser à l'envers : ce ne sont pas les caractéristiques de l'écriture en tant que telle qui entraîneraient, une fois reconnues et énumérées, un certain usage, prudent, méfiant, compensateur ; voire même un

1. Voir D.F.E. Schleiermacher, *Platons Werke*, I, Berlin, [1804] 1817, p. 9-18 ; trad. M.-D. Richard dans *Introduction aux dialogues de Platon*, Les Éditions du Cerf, 2004, Introduction, p. 67-73.

pur et simple rejet, une abstention. Le problème n'est pas celui d'une condamnation de l'écriture. Si la *philosophia* ne s'écrit pas, s'il n'y a pas de textes philosophiques, cela ne tient pas au statut de l'écriture, cela tient à la nature de la *philosophia*. L'écriture ne pose pas problème en tant qu'elle s'opposerait systématiquement à la parole comme un mode d'expression à un autre – on aurait alors l'écriture impuissante, figée, incapable de se porter secours, de s'adapter aux âmes et aux circonstances, face à l'actualité, la mobilité, la souplesse, en un mot la ressource de la parole vivante. La détermination du caractère « déficient » (*Phèdre*, 278c) des écrits ne renvoie cependant pas à une philosophie non-écrite, à un enseignement oral auquel Platon aurait réservé l'exposition des « plus grands sujets ». La distinction ne s'effectue pas de la parole à l'écriture, mais d'un type d'usage à un autre. De plus, il faut être « bien jeune », il faut que la *philosophia* n'ait pas encore bien « assuré sa prise » (*Parm.*, 130d-e) pour avoir égard à la distinction entre « petits » et « grands » sujets (cf. *Soph.*, 227a-c, *Pol.*, 266d). Le dernier recours serait donc que « non écrit » signifiât une manière de vivre. Cependant, pour un « vrai philosophe », le problème n'est pas de vivre mais de bien vivre. Si bien vivre consiste à passer sa vie en philosophant, cette dernière détermination ne nous apprend rien, sinon que c'est de la *philosophia* que le bien de bien vivre reçoit sa détermination, de la *philosophia* et non pas d'une morale.

L'opposition ne saurait être une opposition de fait : écrire et parler ne sont pas des activités dont une simple description suffirait à dégager les caractères. De même qu'il y a des discours oraux qui ont les « terribles propriétés de l'écriture », qui sont des écrits, de même il y a des textes écrits qui permettent au logos de se donner (*doûnai*) et de se recevoir (*dexasthai*) et qui effectuent toute la puissance et toute la liberté du *dialegesthai*. Bien que matériellement écrits, ces textes n'ont aucune des caractéristiques de l'écrit. Une telle distinction est une division mal faite. La véritable division a un principe qui n'a rien d'empirique, elle s'opère entre deux usages du logos. La présence ou l'absence de l'art dialectique, du savoir (*Phèdre*, 276e), de la liaison à la vérité (277b), est le seul principe de différenciation des discours. La position de ce principe suffit pour répondre à la question : « le logos, à quelles conditions est-il beau de le parler et de l'écrire ? » L'usage dialectique ou non-dialectique du logos constitue le principe d'une véritable division qui annule l'opposition entre la parole et l'écriture prises comme activités empiriques. Il ne suffit pas de ne pas écrire pour parler, et il ne suffit pas de parler pour ne pas écrire.

Il ne s'agit pas davantage d'une distribution topique qui opposerait l'extériorité et l'inertie de la trace sensible à la vitalité de l'inscription intelligible. Il y a là un second malentendu. Il consiste à interpréter plus subtilement la différence établie dans le *Phèdre* entre la parole et l'écriture comme une opposition entre deux écritures. « Alors qu'elle ne voulait distinguer qu'entre parole et écriture », la philosophie aurait été contrainte de se structurer méta-physiquement en opposant bonne et mauvaise écriture, écriture dialectique et non-dialectique, trace féconde et trace stérile. Coupure métaphysique, puisqu'elle recouvrirait exactement le dualisme de l'intelligible et du sensible, qui tiendrait en germe toutes les oppositions conceptuelles du platonisme – considéré ici comme « la structure dominante de l'histoire de la métaphysique »[1]. La question de l'écriture pose en effet le problème de la nature de la philosophie, de la philosophie de Platon et selon Platon, et par-delà, la question de la philosophie se structurant comme métaphysique, de la philosophie platonicienne comme première métaphysique. Husserl, Heidegger et Derrida lisent dans les Dialogues une coupure inaugurale, une première entrée dans une métaphysique de la présence, de l'identité, de la clarté, de l'égalité à soi, ils y lisent la première entrée dans la métaphysique. La question de l'écriture est donc tout autre chose qu'un simple préalable méthodologique. Car pour arriver à montrer que seul le dialogue constitue le plein exercice de la *philosophia*, il faut d'abord rendre impossible l'identification de la *philosophia* à ce que nous nommons philosophie, et impossible aussi la détermination métaphysique de la philosophie comme recherche des premières causes ou des premiers principes, de la substance, de l'être de l'étant. Un tel clivage, entre une bonne écriture « naturelle, vivante, savante, intelligible, intérieure, parlante », et une mauvaise, « artificieuse, moribonde, ignorante, sensible, extérieure, muette » revient encore à confondre ce que Platon distingue rigoureusement : une distinction empirique (écrire, parler) et une vraie division (écrire et parler en cherchant ce qu'il en est vraiment, ou écrire et parler en prétendant savoir). La « bonne écriture » peut bien s'inscrire dans l'âme, elle ne prend jamais la forme d'un écrit ; elle est discours (*logos*). Platon oppose pourtant bien deux sortes de discours écrits : le discours figé, impuissant à répondre quand on l'interroge, à discerner à qui il faut ou non parler, et à se

---

1. J. Derrida, « La Pharmacie de Platon », [1968], article publié à la suite de l'édition GF-Flammarion du *Phèdre* par L. Brisson (1989) ; voir p. 41 *sq.* de cette édition.

défendre s'il est injustement attaqué, et celui « qui s'écrit avec la science (*epistèmè*) dans l'âme de celui qui apprend » et qui a toutes les caractéristiques opposées. Sans aucun doute – mais ce n'est pas parce que l'une serait sensible et l'autre intelligible. Le second, « frère légitime » du précédent, le surpasse « parce qu'il est par nature plus puissant (*dunatôteros*), il est l'image de celui qui « en premier se trouve en soi-même quand on l'a découvert (*heureteis*) » (278b). De quoi est-il l'image ? D'une parole vivante et pensante, de ce dialogue intérieur animé par son amour du vrai qui se nomme « penser » ? Il est bien plutôt l'image d'une science dialectique qui a découvert tout ce dont elle avait besoin pour fonder un véritable art des discours, il est le discours tenu par un homme qui, ayant cherché à apprendre, a fini par savoir et est devenu capable d'enseigner *et* de persuader :

> Tant qu'on ne saura pas la vérité sur chacune des choses dont on parle ou écrit, qu'on ne sera pas capable de la définir en elle-même en totalité, et que, l'ayant définie, on ne saura pas la diviser en retour selon ses espèces jusqu'à atteindre de l'indivisible ; tant qu'on n'aura pas, de la même façon, vu clair dans la nature de l'âme et découvert la forme qui s'adapte à chacune, et disposé et arrangé son discours en conséquence, (…) tant qu'on ne l'aura pas fait, on ne sera pas capable de manier le genre des discours avec autant d'art que sa nature le permet, ni pour enseigner, ni pour persuader. (*Phèdre*, 277b-c)

La dialectique n'est ici ni une puissance d'interroger – de mettre en question, d'examiner – ni une puissance de répondre – de faire des hypothèses, de chercher ses voies et ses mots. Elle n'est pas la « science la plus haute », la seule capable d'user *autrement* du *logos*. C'est une *méthode*, découlant *d'un savoir possédé*, permettant de « manier

avec art le genre des discours », de fonder la bonne
rhétorique qui sera dans le *Politique* l'auxiliaire du
philosophe gouvernant. C'est pourquoi même le poète
(Homère), l'orateur (Lysias) et le législateur (Solon)
pourraient, « s'ils savaient ce qui est vrai », être capables
de se défendre et de montrer en quoi ce qu'ils ont écrit est
déficient. Ils pourraient alors être nommés « philosophes
ou quelque chose d'approchant » (*Phèdre*, 278b-c) –
philosophes au sens vague, au sens où ils accepteraient de
discuter et corriger leur savoir, mais certes pas dialecticiens,
et certes pas vraiment et purement philosophes.

Que signifie donc, dans les Dialogues, ce terme d'écrit ?
Quel type de puissance propre Platon reconnaît-il à
l'écriture ? C'est ce que précise le « détour malicieux »
qui sert dans le *Phèdre* de transition entre le second discours
de Socrate et le problème de l'art rhétorique. Phèdre croit
reconnaître dans l'invocation finale du second discours
l'opposition simple et apparemment déjà courante entre
la parole et l'écriture, les *philosophoi logoi* et les
suggrammata[1]. De crainte d'être appelés sophistes, dit-il,
ceux qui ont le plus grand pouvoir dans les cités et ceux
qui sont le plus honorés tiennent pour honteux d'écrire des
discours et de laisser subsister après eux des écrits de leur
main. Ce dont tu ne t'aperçois pas, répond Socrate, « c'est
que, parmi les politiques, ceux qui sont les plus fiers
d'eux-mêmes sont ceux qui ont le plus grand désir (*erôsi*)
d'écriture et de cette survivance de l'écrit » (257e).

---

1. Pour L. Robin, *La Théorie platonicienne de l'amour*, Paris,
F. Alcan, [1908] 1933, p. 83-85, la méprise de Phèdre va dans le sens
d'une antériorité du Περὶ σοφιστῶν d'Alcidamas et du Κατὰ τῶν σοφιστῶν
d'Isocrate. Pour Isocrate, cf. *Sur l'Échange*, 190, *Panathénaïque*, 230 ;
voir M. Dixsaut, « Isocrate contre des sophistes sans sophistique », dans
Le Plaisir de parler. Études de sophistique comparée, B. Cassin (éd.),
Paris, Les Éditions de Minuit, 1986, p. 63-85.

Pour justifier cette assertion, Socrate emploie un curieux argument que Phèdre d'ailleurs ne comprend pas. S'ils sont écrivains, ce n'est pas en tant qu'ils écrivent (des textes de lois, comme le montrera la suite), ou qu'ils prononcent des discours écrits, mais en tant « qu'au commencement de l'écrit d'un homme politique c'est le nom de l'approbateur qui est écrit en premier » (258a). La preuve que le politique ne méprise pas cette occupation qu'est la logographie est qu'il imprime au principe de ses discours la marque de l'écrit, la formule « Voici ce que le Sénat et le peuple ont décidé » qui inaugure tout décret. Puis c'est à lui-même comme auteur (*suggrapheus*) qu'il rend hommage. Ce n'est qu'ensuite, qu'après cela qu'il dit quelque chose (*legei*, 258a). La véritable question se noue ici, qui consiste à différencier non pas la parole de l'écriture mais bien deux usages du logos. « Il n'y a en soi rien de honteux à écrire des discours » (258d), et par conséquent rien en soi de beau non plus : écrire est une occupation qui n'a pas en soi de valeur, ni honteuse, ni admirable. Or il se trouve que tous ceux qui écrivent révèlent en premier leur valorisation et leur besoin (*epithumia*) de l'écriture (258c). Ils commencent tous par inscrire en préalable l'admiration qu'ils recherchent, le besoin de laisser derrière eux des écrits, et surtout le désir de se constituer soi-même comme auteur, comme digne de louange[1]. Au principe de l'écriture s'inscrit son double but, qui ne fait qu'un avec l'effet cherché. Là est le danger propre à l'écriture : elle fait de son effet son but, elle y est toute entière suspendue. En cela consiste, on le sait de reste, l'essence de la persuasion. À quoi reconnaît-on celui

---

1. Les mêmes reproches sont adressés à la « honteuse philotimie » de Denys, *Lettre* VII, 344c-e.

qui, même s'il ne trace pas de signes d'écritures, écrit ? À ce que son discours se précède lui-même dans la préméditation de son effet. Tout discours qui fait de celui qui l'écoute un spectateur (cf. *Phèdre*, 258a-c) libre seulement d'approuver ou de rejeter, de louer ou de blâmer, tout discours qui fait de celui qui le tient un « auteur digne d'éloges » est écrit, c'est-à-dire rhétorique. L'écrit n'est alors que le préjugé de sa propre valeur, de sa propre puissance et ne renvoie qu'à un appétit d'admiration, d'approbation. Pour ce type de discours, « dire » ne tient que le troisième rang : ce qui le commande et l'ordonne est l'effet produit sur les autres, effet qui permettra à « celui qui a parlé » de s'approprier la dignité de l'écrit, de devenir un « écrivain immortel, un égal des dieux » (258c). Et encore ce « dire » repoussé à la troisième place est-il déterminé comme « une façon de montrer à ceux qui approuveront sa propre *sophia* » (258a). Le débat des politiques et des sophistes, des orateurs et des logographes, est un faux débat : le problème n'est pas celui de la valeur de l'écriture, car cela supposerait qu'elle ait une nature propre indépendante de son usage. La question porte sur le « comment » (*pôs*). Poser la question de l'écriture en terme d'usage revient donc d'abord à réduire ce qu'elle semble impliquer comme valorisation et qui ne tient nullement à sa nature en soi, mais à son usage, rhétorique et théâtral. C'est cet usage « qu'il soit politique ou privé, qu'il ait recours au mètre, comme le poète, ou à la prose » (258d), qui a émancipé l'écriture du logos (donc de la pensée et de la vérité) et qui a constitué l'écriture comme *technè* autonome.

Dans son dialogue avec Theuth, le roi Thamous répète inlassablement une seule question : « quel peut être, de chacun de ces arts, l'avantage ? » (*ôpheleia*, 274d). Quand

vient le tour de l'écriture, la compétence même de Theuth
à répondre est récusée : « autre est l'homme qui est capable
de donner le jour à l'institution d'un autre art, autre celui
qui l'est d'apprécier ce que cet art comporte de préjudice
et d'utilité pour les hommes qui devront en faire usage »
(274e). Mais peut-être est-ce que, lorsqu'il s'agit de
l'écriture, la question de l'usage n'est pas seconde et que,
selon la parole laconique, « du dire, un art authentique,
faute d'avoir contact avec la vérité, ni il n'y en a, ni il n'y
en aura jamais par la suite » (260e). Faire de l'écriture une
technè, remettre à plus tard la question de l'usage et la
constitution d'une science de l'usage est ce qui fait exister
l'écrit d'une existence d'image (d'*eidôlon*).

Une certaine forme de manipulation allant de pair avec
une certaine forme de méconnaissance permet de conférer
à l'écrit son existence et son nom propre, d'en déduire les
caractéristiques, de mettre en évidence son infériorité.
Pourquoi parler d'infériorité ? Qu'est-ce qui manque aux
discours de Lysias, aux poèmes d'Homère, à la législation
de Solon (*Phèdre*, 278c), et aussi aux monologues de
Gorgias et de Protagoras, aux cinq premiers discours du
Banquet, aux mythes ? Un procédé par questions et réponses
qui les rendrait dialectiques ? À ce compte, Euthydème et
Dionysodore seraient dialecticiens, mais non Socrate dans
le second discours du *Phèdre*. La capacité d'éduquer, de
convertir, qui les rendrait pédagogiques ? Mais d'interlocuteur converti par la dialectique à la *philosophia*, les
Dialogues – et c'est un lieu commun – ne nous offrent pas
un seul exemple. Alors le savoir du vrai, de la vérité comme
mesure, du logos vrai comme seul vrai logos ? Certes, mais
le cercle est patent. Car à cette question le *Théétète* nous
apprend qu'il n'y a pas de réponse : ce qui manque à l'usage
en apparence technique mais en fait empirique du logos

(écrit ou parlé) est le savoir, et c'est précisément l'absence d'un certain savoir, d'un savoir interroger et répondre, qui détermine cet usage comme empirique et comme illusoirement technique. Nous aurons beau retourner le pilon et le mortier... La différence entre l'opinion, même droite, et le savoir – cette seule chose que Socrate ne s'imagine pas savoir, mais qu'il sait (*Ménon*, 98a-b) –, cette différence est le savoir lui-même, qui ne s'ajoute pas mais dont on part quand on est vraiment philosophe et que dans le dialogue on exerce, puisque cette différence ne se reconnaît qu'à l'usage. À l'usage, car le discours vivant et animé par le savoir n'est pas le discours qui posséderait un savoir ou qui parlerait au nom d'un savoir. La science dialectique n'est ni la condition préalable – à la façon de ces « préalables à la médecine, à l'harmonie » qu'« il est indispensable de connaître » pour être un bon médecin, un bon musicien (*Phèdre*, 268e) – ni le contenu du logos. La science dialectique est le logos lui-même déployant toute sa puissance d'agir et de pâtir.

Quand on croit que le savoir peut s'ajouter aux discours, on est de ceux qui s'imaginent que la connaissance de la différence ajoutée à l'opinion droite suffit à en faire un savoir : on manque, à la lettre, de juste mesure. On n'a pas l'intelligence de cette mesure exclusive que sont la science, la dialectique et la différence. Prendre leur mesure, c'est comprendre qu'elles ne s'ajoutent, ne s'appliquent ni se déduisent, comprendre qu'à partir d'elles il n'y a pas extension mais exclusion : réentendre en un mot cette vieille histoire du démon de Socrate... Le seul effet d'un discours dialectique est l'éducation, et d'abord de soi-même (*Phèdre*, 278a). Et ceci, laconiquement (260e), parce qu'un discours n'est beau que s'il est vrai. S'il n'est pas vrai, il ne sera, technique ou non, jamais beau. S'il est vrai, il n'a pas besoin d'attendre d'une pratique un supplément de pouvoir. Le dire est une pratique, le *legein* une *praxis* (*Crat.*, 387b), seulement ce n'est pas une pratique comme les autres parce que s'y révèle l'attachement naturel du logos à la vérité, parce que s'y exerce la possibilité pour le logos de rencontrer la vérité. À condition de faire, de ce logos, bon usage, c'est-à-dire à condition de ne se tromper ni sur la nature de l'âme, ni sur la puissance du discours. Seul celui qui use bien du discours – dialectiquement – sait qu'on ne peut utiliser la puissance dialectique à une autre fin que cette recherche du vrai. Il sait par conséquent que la puissance d'un discours ne consiste ni à imposer ses contenus – transmission analogue à celle de l'eau qui coule, par le moyen d'un brin de laine, de la coupe qui est plus pleine dans celle qui est plus vide (*Banq.*, 175d) – ni à universaliser sa ou ses méthodes. N'impliquant pas sa transmission, mais appelant la réminiscence, le discours dialectique est libre, et libre de lui-même. Libre de lui-même, c'est-à-dire inégal à lui-même. Les *logoi* à travers lesquels le logos ne circule pas, ne se donne ni ne se reçoit, discours de ceux qui n'en savent jamais moins qu'ils n'en disent – ce qui leur permettrait d'apprendre –, jamais plus – ce qui leur permettrait d'inventer, ces discours toujours égaux à eux-mêmes, nous savons comment ils se nomment : des écrits. Jamais plus jeune ni plus vieux, jamais « en avant ni en arrière » (*Crat.*, 428d), le dire y épuise le savoir, le savoir s'y égale au dire. L'écrit, monologue ou mythe, poème ou texte de loi, n'a pas essentiellement pour forme d'être écrit, tracé : il a pour forme l'égalité à soi, l'absence d'écart. La dialectique est l'exercice inspiré ou errant – et peut-être est-ce la même chose – de tous les écarts : entre apprendre de soi-même ou d'un autre, entre rapidité et lenteur, savoir et opinion, *onoma* et *ousia* ; elle implique la vivacité de la perception lucide et la nécessité du détour, l'exploration infatigable des hypothèses. Seule cette « divagation en tous sens permet la rencontre de la vérité et le surgissement de l'intelligence » (*Parm.*, 136e).

Cette libre errance s'oppose donc à l'écrit – résultat figé d'un usage servile et rhétorique du logos. Discours écrit et discours dialectique manifestent une dualité de buts, d'effets, d'usages, mais aussi et peut-être surtout une dualité de désirs. L'écrit effectue et vise un pouvoir qui a pour origine et pour fin un certain mode de désir ; la puissance propre au logos dialectique lui vient de ce qu'il est tout entier animé par la *philosophia*. La *philosophia* signifie la manière propre qu'a l'intelligence de désirer, l'unité de l'intelligence, du désir et de la puissance. Le logos est l'exercice même de cette unité : « La privation de ce genre [le logos] ferait, ce qui est le plus grave, que nous serions privés de *philosophia* » (*Soph.*, 260a). L'interprétation de l'érotique platonicienne comme élan vers un ineffable, ascension vers un Bien, un Beau, un Vrai en soi, acheminement vers une contemplation, a tout brouillé. Sous l'effet de la *philosophia*, le discours se met à divaguer et à errer – à dialoguer – non pas pour trouver et posséder la vérité, mais parce que divagation et errance sont la condition de la *rencontre* du vrai. Pour pouvoir divaguer, il ne faut pas être maître de son discours donc ne pas s'en constituer comme le sujet. Tenir un discours anonyme, c'est ne pas se tromper sur l'âme, puisque c'est faire d'éros le véritable sujet philosophant et lui donner son véritable objet : l'immortalité. À condition toutefois de ne pas, comme l'écrivain, se tromper d'immortalité. Être immortel, ce n'est pas se laisser derrière soi dans ses écrits, ce n'est pas que les hommes se souviennent, c'est enfanter du logos sans auteur, sans signature, sans date.

Or rarement anonymat aura été aussi délibéré (faut-il rappeler l'assez vertigineux « Platon, je crois, était malade » du *Phédon*?), rarement texte a été aussi antidaté que celui des Dialogues. Si quelqu'un a pratiqué « l'anachronisme délibéré » et « l'attribution erronée », procédés qui, selon Borges, devraient « suffire à peupler d'aventures les livres les plus paisibles », c'est bien Platon[1]. Il l'a fait parce que seul un logos anonyme et sans date peut ne pas « toujours à nouveau présenter une seule et identique signification » (*Phèdre*, 275d), mais peut se déplacer, répondre autrement à qui s'interroge autrement, croître et multiplier, enfanter. La fixité, l'indifférence, l'impuissance (275d-e) ne caractérisent que l'écriture de l'écrivain, de « celui qui n'a rien de plus précieux que ce qu'il a composé ou écrit, passant des heures à le tourner en tous sens, à coller des pièces les unes aux autres ou à faire des coupures » (*Phèdre*, 278d-e), et qui fait de l'écriture le moyen, la *technè* privilégiée de son immortalité. Quant à celui qui ne conçoit pas l'immortalité comme la pérennité de sa doctrine ou de ses textes, mais qui la pense comme fécondité – fécondation du logos par la pensée, de la pensée par la vérité – « philosophe ou quelque chose d'analogue » est le nom qui lui convient le mieux (278d). Le philosophe est celui qui nous fait nous ressouvenir que tout texte est enfantement, délivrance : tout le contraire d'une production, au sens moderne du terme. Aucune *technè* ne peut, autant que celle de l'accoucheur, reconnaître sa limite dans la *phusis*. L'intervention de l'accoucheur se borne à percevoir à certains signes que le moment est venu, et à reconnaître si ce qui est enfanté est, ou non, viable : à interpréter, diagnostiquer, pas à décider. Pas plus qu'on n'écrit pour

---

1. J. L. Borges, *Fictions*, Paris, Folio-Gallimard, 1957, p. 77-78.

écrire, on n'écrit pour penser : on écrit, comme le dira bien plus tard Nietzsche, pour se débarrasser de ses pensées. Ce faisant, on a une chance d'accoucher, non pas d'écriture, mais de pensée, de sens : de logos. Penser la pensée comme enfantement, c'est la penser dans l'horizon de la *phusis* ; sinon on risque fort d'en faire une fabrication de simulacres. L'enfantement est une affaire divine, c'est, « dans le vivant mortel, la présence de ce qui est immortel, la fécondité… » (*Banq.*, 206c).

Entre ce logos fécond, lieu de la recherche et de la rencontre du vrai, et l'écrit, exhibition d'un déjà connu, déjà pensé, déjà trouvé, il n'existe pas de degré intermédiaire, pas de bonne écriture. Les Idées, les étants véritables, ne commencent pas par être posées comme des référents inaccessibles, ou accessibles à la seule vision (voire à la seule écoute) dans leur vérité pure. D'abord parce que, pour Platon, l'intelligible n'est pas actif et l'intellect passif (ou l'inverse), passivité et activité appartiennent insépara-blement à l'intellect et à l'intelligible. Ensuite, parce que relativement à une pure et éternelle vérité, la saisie dia-lectique du vrai serait déjà une première image, une première chute, moins vraie que la vérité vue, mais plus vraie que la vérité lointainement et pauvrement mimée par les simulacres : « Ce que j'appelle le plus difficile est ce qui concerne les *logoi* » (*Rép.*, Vl 498a). Entre les Idées et le logos le rapport n'est pas un rapport d'expression, le mou-vement n'est pas un mouvement de descente de l'ontologique au logique. Le logos dans son seul bon usage est dialectique et les Idées les plus hautes ne sont interrogées et saisies que par lui. Le logos n'est pas logique (au sens moderne du terme) mais ontologique, il fait partie des genres qui sont ; étant véritable parmi les étants véritables, il n'en constitue pas l'Être dernier, la raison immanente ou le fondement intelligible. Un vrai logos est un logos vrai, logos dialectique qui a, en tant que tel, un statut ontologique [1].

La « bonne » écriture ne joue donc pas plus le rôle de moyen terme entre une parole silencieuse où la présence de l'être ferait entendre immédiatement sa voix et une écriture abaissée et déchue, que les Idées-Nombres ne jouent dans les Dialogues un rôle de médiation entre les Idées et les choses sensibles, rendant par là possible quelque chose comme une ontologie scalaire. Il n'y a pas plus de parole impossible exigeant sa translation propre, sa bonne métaphore dans une écriture vivante, qu'il n'y a d'Idées inaccessibles impliquant la nécessité de multiplier les médiations. La différence est dans les Dialogues originaire et radicale, le *chorismos* indéniable. Mais la séparation ne s'effectue pas métaphysiquement entre des types de choses ou d'étants (sensibles, intelligibles), moins encore entre des mondes. La coupure ne se présente jamais comme une coupure substantielle appelant d'improbables sutures. La différence joue dialectiquement, non pas entre être et connaissance, connaissance pure et langage, mais entre diverses formes du langage écrit ou parlé et différents niveaux de la connaissance publiée ou réservée. La véritable coupure platonicienne partage des modes de savoirs et de non-savoirs, des modes d'usages, des types de *logoi*. Les Dialogues instaurent si l'on veut une métalogie, ils ouvrent la question d'un autre usage du logos, mais ils n'imposent

---

1. « Le voilà, le seul personnage actif du dialogue, l'unique individualité qui compte ; vivant de sa propre vie, il prend la parole, se retourne contre les dialecticiens, les interroge, les accuse, se moque d'eux, prend plaisir à les embarrasser » (R. Schaerer, *La Question platonicienne, Étude sur les rapports de la pensée et de l'expression dans les Dialogues*, Paris-Neuchâtel, Vrin-Secrétariat de l'Université, 1969[2], p. 38-39).

pas un découpage métaphysique, ils ne clôturent pas l'espace de la métaphysique. L'origine de cet usage différent du discours est la *philosophia*, et le nom propre de cet usage, *philosophos*.

Pour résumer ce long détour, disons qu'il existe deux usages non dialectiques du logos, celui du poète, de l'écrivain, du nomographe : des amoureux de l'écriture, et celui qui, appliquant les résultats d'un savoir dialectique, énonce les règles d'une bonne rhétorique. Tous deux sont des écrits, car est écrit tout discours qui ne change rien, ni en celui qui le tient (la disposition, *diathesis*, prenant la place de l'invention, *heurèsis*) ni en celui qui le reçoit. Est écrit tout discours qui n'effectue pas sa puissance d'agir et de pâtir, de pâtir de la vérité, d'agir en constituant pour ceux qui savent et qui auraient trouvé tout seuls le moyen de se ressouvenir. Est écrit enfin tout discours qui fait de l'effet qu'il veut produire sa cause : son *archè*. Parce qu'il n'affecte jamais *actuellement* l'âme de celui qui le tient, mais est toujours différé, calculé, prémédité, c'est lui qui est de ce discours le moteur et la source. User d'une certaine façon du logos c'est, que l'on trace des signes ou que l'on profère des sons, écrire. En user d'une autre façon c'est, que l'on parle ou que l'on écrive, philosopher. Philosophique ou quelque chose d'analogue est le nom qui convient à un autre type d'usage du logos. Aucun « écrit » n'est philosophique. Il n'y a pas d'écrits philosophiques mais il y a des discours philosophiques (*philosophoi logoi*) : ceux qui mettent en œuvre toutes les ressources du dialogue, ceux dont la *philosophia* est à la fois l'impulsion (l'*hormè*, *Parm.*, 135d) et le but. L'impulsion, puisque c'est éros qui fait parler et qu'éros est philosophe ; le but, parce que ceux qui s'élancent vers les *logoi* sont épris de *philosophia*. Qu'éros puisse nous faire parler, et pas seulement nos besoins et nos craintes, nos appétits de puissance ou de gloire, là réside l'unique et curieuse possibilité des *philosophoi logoi*. Éros : c'est-à-dire une force qui n'a pour but ni la persuasion – en quelque sens qu'on l'entende – ni l'exhibition de la *sophia* (science ou simple habileté) de celui qui parle. Seulement de nous rendre plus inventifs et plus féconds.

3. QUESTIONS DE MÉTHODE

Pour écrire – tourner et retourner, couper et coller– il faut avoir déjà pensé, et comme on passe tout son temps à restituer de la pensée un équivalent, une *sophia*, on n'a plus guère le temps en écrivant de penser, de philosopher. Quand on écrit on est *sophos*, pour écrire il faut croire qu'on l'est, si on écrit c'est qu'on veut le faire croire. C'est donc l'effet à produire, éternellement suspendu, incertain, qui est l'impulsion. Or le dialogue intègre à la parole tous les effets possibles de la parole : la compréhension comme l'incompréhension, l'admiration, la colère, le rire, l'acquiescement, l'objection, le refus d'entrer dans le jeu, la paralysie et la guérison des maux de tête. Tous les effets sont produits, toutes les résistances rencontrées, toutes les déviances intégrées dans ce temps inactuellement actuel qu'est celui du dialogue. Comme ils sont produits, ils n'ont plus à se produire. La parole en est délivrée, qui n'a plus à les craindre ni à les souhaiter puisqu'ils sont là, incorporés à elle, inséparables d'elle ; c'est aussi avec eux qu'elle dialogue, non pour les produire mais pour les réduire. Que cette réduction soit ou non effectuée, sa réussite ou son échec n'en libère pas moins celui qui n'est pas dans le dialogue : celui qui lit et relit et qui, s'il le veut et le peut, pourra user de cela comme d'autant d'indications. Ce qui ne signifie ni les survoler, ni les systématiser, ni les déborder vers une pensée plus haute; mais qui signifie au contraire tenir compte de toutes les indications.

Sans logos, pas de *philosophia*; et le dialogue est l'exercice beau, libre, difficile de la *philosophia*. Ce n'est pas un divertissement, à condition de consentir à l'écouter (*Rép.*, VI 498a). L'écouter ne consiste pas à se soumettre à une voix étrangère mais à se soumettre à l'épreuve en le soumettant à l'épreuve. Dialoguent « ceux qui conversent avec eux-mêmes par le moyen d'eux-mêmes, usant d'un langage qui est leur langage à eux, pour mettre les autres à l'épreuve et, réciproquement, pour s'y soumettre eux-mêmes » (*Prot.*, 348a). Le dialogue n'est ni un genre littéraire, ni une mise en scène ou, pour le dire comme Hegel, une « représentation » : « Nous devons certes regretter que ce que nous avons de lui [de Platon] ne soit pas une œuvre purement philosophique (…) nous n'avons que ses Dialogues, et cette forme nous gêne pour faire, à partir d'une représentation, une présentation déterminée de sa philosophie[1]. » On ne peut que s'étonner de la dissociation si communément acceptée entre la « forme littéraire » des Dialogues et ce qui passe pour être leur contenu – s'étonner par exemple de la désinvolture avec laquelle sont traités en général les prologues, alors qu'ils contiennent tous les indices d'accentuation et de proportion de ce qui suit, et qu'à leur prêter quelque attention beaucoup de problèmes de composition et d'unité ne se poseraient plus ; ou encore, de ce qu'il aille si communément de soi que la forme dialoguée n'est qu'une façon d'agrémenter, de dramatiser ce qui aurait fort bien pu se dire autrement,

---

1. Hegel, *Leçons sur Platon*, texte inédit 1825-1826, Paris, Aubier-Montaigne, 1976, p. 67.

et qu'on suppose en tout cas avoir été pensé autrement. Si l'on trouve dans les Dialogues une si grande variété de styles, ce n'est pas par artifice littéraire ou par souci de divertir mais parce que le dialogue est une mise à l'épreuve, et d'abord des autres discours. C'est cela qui est difficile : de ne refuser d'affronter aucun logos, aussi apparemment irréductible, aussi dangereux, aussi séduisant soit-il. Dialoguer, c'est interrompre les discours des autres pour les soumettre à l'examen, et pour éprouver du même coup la réalité d'une force, la résistance d'une différence – la *philosophia* – que chacun des autres *logoi* cherche à annuler, à faire oublier ou à contrefaire. Cela ne va pas sans risques, mais cela constitue le seul moyen de se délivrer des discours dans lesquels on peut toujours retomber – discours de l'ignorance, de l'opinion, de l'appétit ; des discours qu'on est toujours à nouveau tenté de tenir – discours séduisants de la puissance, de la poésie, du mythe ; des discours enfin qu'on n'est jamais sûr de ne pas tenir tant ils sont ressemblants – ceux de l'éristique, du sophiste ou du politique. On ne s'en libère qu'en les laissant parler, qu'en les forçant à parler. L'ironie, dans sa stratégie, ne consiste pas à faire semblant de ne pas savoir alors qu'on sait (*Apol.*, 23a). L'ironiste se met à l'écoute du discours de l'ignorant, du faux savant, de celui qui a une compétence. Par cette écoute il décale ces discours, entend en eux autre chose que ce qu'ils croient dire, et il est renvoyé par eux au savoir de sa différence. Mais ce savoir ne peut jamais tenir directement son propre discours ; il ne peut s'exprimer qu'ironiquement. Ironiquement, puisque tous les autres discours on peut les tenir et les soutenir, mieux souvent qu'ils ne le font eux-mêmes. Plus sophiste que Protagoras, meilleur orateur que Lysias, aussi « métaphysicien » que Parménide, capable, comme personne, « de composer des

discours égyptiens ou de tout autre pays qu'il te plairait »
(*Phèdre*, 275b), le philosophe peut parodier n'importe quel
type de discours ; cette facilité à parodier n'a d'égale que
son impossibilité à tenir directement son discours propre.
Car le tenir directement, ce serait « mettre en formules »,
ce serait monologuer. Au savoir de sa différence le
philosophe n'est renvoyé que par réfraction. En ce sens
l'ironie est double : la maïeutique, en ce qu'elle vise moins
a convertir qu'à délivrer, vide les autres discours de ce
qu'ils ont en trop, de leur prétention – prétention à savoir
alors qu'ils ignorent, à croire savoir ce qu'il en est du
savoir, à se prévaloir d'une compétence particulière pour
se dispenser de savoir. Mais l'ironie est aussi conscience
de la limite propre à la maïeutique, qui « peut cela, et rien
de plus ». Son ironie se retourne alors contre le philosophe,
lui signifiant son impossibilité de se repérer autrement que
par l'écart – chaque fois autrement repris, en chaque cas
autrement restitué – par rapport aux autres savoirs, et aux
discours des autres. À l'ironie près, Aristote l'exprimera
fort bien : on définit par la différence, mais la différence,
elle, est ce qu'on ne peut définir.

On peut néanmoins tenter de la préciser. Le dialogue
ne se contente pas de confronter des discours multiples, il
en est l'intersection. Sa finalité est ironique, elle n'est ni
rhétorique ni pédagogique. Cela implique que le dialogue
ne soit pas compris comme un simple échange de questions
et de réponses. Ni conversation, ni controverse, le dialogue
n'échappe à la forme du monologue alterné ou à celle de
l'interrogatoire qu'à la condition que son mouvement
effectue l'unité du questionner et du répondre. S'il est
rhétoriquement conduit, l'interrogation est toujours fictive
et la réponse prévisible ; s'il poursuit un but pédagogique,
les questions ne sont posées que pour obtenir les bonnes

réponses ou les fournir. *Le dialogue platonicien n'a d'autre fonction que de maintenir ouverte la dimension interrogative au cœur même de la réponse et la dimension inventive au cœur même de la question.* Pourtant, il est trop évident que dans les Dialogues les réponses des interlocuteurs ne répondent jamais aux questions. Elles spécifient seulement les façons dont le logos se reçoit, elles en ponctuent le rythme, elles en indiquent les fins de non-recevoir (Calliclès et Philèbe, l'appétit de pouvoir et le plaisir). Dans un dialogue platonicien, les *réponses* n'actualisent et n'épuisent pas plus le *répondre* que le *questionnement* ne réside seulement dans les *questions*. Interroger ne consiste pas à attendre la réponse d'un autre supposé savoir; répondre n'est pas apporter un acquiescement ou une objection, une information ou une solution. Car questionner ne signifie pas interroger quelqu'un ou quelque chose au moyen du langage. C'est le logos qui questionne, qui est questionné et qui répond. Penser empiriquement ou phénoméno-logiquement le dialogue comme mise en présence de deux interlocuteurs ou de deux sujets parlants revient à croire que le logos peut tour à tour se prendre et les situations de discours s'échanger (on parlerait et on écouterait à son tour). Le logos ne se prend pas, il se donne et se reçoit, il est, dans son essence même, *dialogos*. Interroger et répondre en sont les deux modalités indissociables. La réponse est immanente à la précision du questionnement, tout comme la question détermine la manière qu'a un étant intelligible de se donner dans un logos et de répondre. Si ces deux modes ne faisaient pas un, si la question précédait la réponse, celle-ci procéderait d'une ignorance limitée ou alors de la conscience d'une impuissance. Répondre signifierait alors soit transmettre une information – le logos irait de celui qui sait à celui qui ignore – soit révéler une vérité à un intellect incapable de la découvrir. La dissociation de la question et de la réponse ne vaut que dans le domaine pratique, technique (« quelle est la bonne route pour Larissa ? »). Elle implique que les réponses soient solutions et suppriment les questions. Transposer cette dissociation du plan de l'opinion à celui du savoir entraîne que, dans le domaine spéculatif, le positif et le négatif ont seuls valeur de modalité scientifique ; l'interrogatif ne peut y acquérir d'autre statut que rhétorique, ou alors il se concentre dans des questions indécidables et se réduit à être l'impossibilité de choisir entre des solutions antinomiques. Il n'y a pas plus chez Platon de question sans réponse que de réponse sans question. La nature dialectique du logos signifie le dépassement de l'antinomie du négatif et du positif – l'aporie n'est pas plus *négative*, moins *féconde*, que l'énoncé d'une définition – comme celle de l'actif et du passif, puisque celui qui questionne *activement* se laisse *conduire* par le logos. L'unité de l'interroger et du répondre, de l'agir et du pâtir, de l'affirmation et de la négation, constitue la puissance propre du logos, sa puissance dialectique. Pour le philosophe qui reconnaît cette puissance et en participe, le dialogue est dialogue du logos avec lui-même, dialogue intérieur au logos qui est intérieur à l'âme. L'âme du philosophe permet au logos de retrouver sa nature dialogique et sa puissance dialectique. Tout dialogue authentique est philosophique. Car dialoguer consiste à effectuer l'unité multiple de deux actes – interroger, répondre – qui se sous-tendent toujours mutuellement. Cette unité sert de critère pour mettre à l'épreuve les autres *logoi* dont la multiplicité et l'hétérogénéité ne tiennent qu'à la dissociation qu'ils ont commencé par poser. Le savoir ne se situe ni dans les réponses ni dans les questions, et l'originalité du philosopher ne consiste pas plus à savoir questionner qu'à savoir répondre [1]. Elle consiste à penser le savoir comme ce mouvement à l'intérieur duquel interroger et répondre s'interpénètrent. La dialectique échappe ainsi à la fois à la théâtralité des questions radicales et des interrogations globales, et à la technicité des réponses positives et partielles.

Le dialogue est donc bien ce qu'il y a de plus difficile dans la philosophie. mais le dialogue tel qu'il a été pratiqué et compris par Platon. Par Platon, selon Platon sans doute, si l'on entend par là la façon dont s'est une fois – et peut-être une unique fois – pensée la pensée : comme dialectique mais aussi comme inspiration, comme ironie et comme délire, comme dur travail et comme seul vrai plaisir, comme science et comme nature. De cette manière de penser la pensée, de la relier érotiquement à la vérité, de la délier du corps, de l'acquérir en s'en ressouvenant, de l'enseigner sans rien transmettre ni produire mais en enfantant, de cette manière de nommer tout cela *philosophia*, nous avons encore quelque chose à apprendre et à comprendre. Et s'il y a une « actualité » de la pensée platonicienne, elle tient moins à l'actualité historique des problèmes qu'elle pose qu'à ce que, sur ce mode de penser, nous n'avons *aucune avance* : notre seule avance ne pourrait nous venir que de notre passage par l'histoire de la philosophie, par une histoire qui s'est constituée a partir de ce nom, *philosophie*, et qui a en retour constitué ce nom comme la possibilité pour cette histoire de se déposer et de se stratifier en lui. De cette pensée que son nom ne précède pas, de cette pensée sans cogito, sans catégories, sans méthodologie,

---

1. Aristote définit la dialectique comme art *d'interroger* (*Réfutations Sophistiques*, 11, 172a18 et 34, 183b7). Voir P. Aubenque, *Le Problème de l'Être chez Aristote, Essai sur la problématique aristotélicienne*, Paris, P.U.F., 1962, p. 275 n. 2.

de cette pensée libre, inspirée, errante, nous pouvons apprendre à pâtir de la *philosophia*.

Libre, inspirée, errante : cela n'équivaut pas à « procédant n'importe comment », et ne laisse par conséquent pas libre cours à toutes les interprétations. Si par *interprétation* on entend l'imposition d'une cohérence doctrinale ou lexicale, alors lire les Dialogues, ce n'est pas interpréter. Les Dialogues produisent sur celui qui les lit et les relit un effet. Quel type d'effet ? Et d'abord, dans quelle situation se trouve celui qui n'est dans le dialogue ni le questionnant ni le répondant ? Du fait qu'il écoute sans questionner et sans répondre, mais pas nécessairement sans comprendre, le dialogue ne subit-il pas comme une action en retour ? Quelle place un Dialogue assigne-t-il à celui qui le lit, ou quelle place *libère-t-il* à son usage, point réel exactement symétrique de ce point virtuel qu'est l'auteur absent, ce Platon dont il n'y a ni n'y a eu jamais d'écrits ? Plus simplement, y a-t-il une méthodologie de la lecture des Dialogues, et d'où serait-il possible de la constituer ?

Pour celui qui lit et relit, chaque Dialogue est un fragment total : total puisqu'il ne représente ni une partie, ni un moment de la doctrine, mais un exercice et une tentative ; fragment, puisque pour celui qui lit, chaque mot est imprégné du travail dialectique effectué par chacun des autres Dialogues. Le lecteur constitue donc un point de convergence, un point d'aboutissement, et aussi un point d'interruption. Un point de convergence, puisqu'il a tout lu, et qu'il a la possibilité indéfinie de relire chacun des Dialogues. Il ne les relira que si, interrogé, il tente à son tour de les interroger. Ce qui implique d'emblée que ce lecteur ait une bonne mémoire[1]. Comment ne serait-ce

---

1. La bonne mémoire figure dans toutes les reprises de la définition du naturel philosophe. Aristophane (*Les Nuées*, v. 483) la range au nombre

pas requis puisque aucun Dialogue, aucun développement dialectique n'en répète identiquement un autre – même et surtout quand il se présente comme un résumé – mais l'altère imperceptiblement ou outrageusement ? Ne parlons pas de ce qui se présente sous la forme d'une citation : il dit qu'il l'a déjà dit, mais où diable l'a-t-il dit ? Et la réponse est le plus souvent : nulle part, en tout cas pas de manière explicite. Enfin, aucun Dialogue ne dispense de la lecture d'aucun autre, aucun ne contient les points principaux de la doctrine. Quand il n'y a ni exposé systématique, ni cohérence méthodique ou lexicale, on n'a d'autre choix que la bonne mémoire : mémoire qui n'est pas mémoire des définitions mais bien des décalages entre les usages différents d'un même terme. Qu'un terme reçoive des significations différentes selon la problématique dans laquelle il apparaît est pratiquement la règle. Plutôt que vouloir à toute force chercher une relation de complémentarité, d'approfondissement ou de décadence, peut-être faudrait-il saisir l'indication, et penser qu'il faut tenir ensemble ces significations multiples, et surtout l'intervalle – non pas temporel mais pensant – qui les sépare et les appelle.

Le lecteur est aussi point d'aboutissement, puisque le langage qu'il lit est le résultat d'un double travail : travail de purification opéré par la maïeutique et travail d'attraction qui est le fait de la dialectique, et qui consiste à introduire l'autre qui convient afin que s'effectue l'entrelacement des Idées entre elles (*Soph.*, 259e). Dans le langage s'accomplissent la réduction des fausses valeurs projetées par les noms et l'inversion des dénominations ; par le langage se tissent les constellations signifiantes. Encore

des qualités exigées de Strepsiade par Socrate avec l'εὐμάθεια, la facilité à apprendre (v. 488, 492, 501).

faut-il se ressouvenir que ce qui a la puissance d'inverser les dénominations (de dire par exemple que « c'est par peur qu'ils sont courageux, tous, hormis les philosophes », *Phédon*, 68d), et qui donne leur élan à la dialectique comme à la division, c'est la *philosophia*. C'est pourquoi, cherchant à l'atteindre et avec elle la nature qu'elle détermine (la *philosophos phusis*), il faudra porter attention aux mots : à leurs répétitions, leurs entrelacements, mais surtout à la torsion qui s'opère en eux sous l'effet de la *philosophia*, à la transposition qu'ils subissent en elle, aux translations qui, grâce à elle, leur permettent de retrouver leur forme (*eidos*). Et pourtant ce n'est pas des mots qu'il faut partir. Aussi n'est-ce pas dans les mots que sera cherchée la vérité des « choses mêmes » (*Crat.*, 439b) mais dans le traitement qu'on leur fait nécessairement subir lorsqu'on entreprend de philosopher. Ce traitement ne consiste ni à les laisser intacts ni à les ouvrir jusqu'à rendre leur sens flottant. Dans les Dialogues, les termes ne sont ni évidents ni hésitants. Pourtant, c'est presque un dogme de la critique platonicienne que chez Platon la terminologie n'est pas, pas encore, fixée, et Diogène Laërce s'en fait déjà l'écho. Elle ne l'est pas si l'on entend par-là qu'à chaque terme pourrait se substituer sa définition. On se demande d'ailleurs de quel philosophe, aussi systématique qu'on voudra, on pourrait affirmer une telle proposition. Au travail du nomothète, fût-il philosophe, à l'institution d'un langage bien fait, s'oppose une limite absolue : la part de nature des noms. Reste alors l'argument selon lequel Platon, de son propre aveu, n'était pas « pointilleux dans le choix des mots » (*Pol.*, 261e). Mais qu'il ne faille pas prendre les mots pour des choses ni croire qu'à toute différence de mot corresponde une différence d'essence n'empêche pas et même exige qu'il faille savoir précisément dans quels cas à un nom ne correspond aucune *ousia*, aucun *genos* distinct, dans quels cas à un *eidos* ne correspond dans la langue aucun nom [1]. L'usage des termes dans les Dialogues n'est ni techniquement fixé, ni approximatif : il est dialectique.

Or à un usage dialectique correspond une certaine compréhension de la façon dont les mots signifient, et ils ne signifient qu'en s'entrelaçant (*Soph.*, 262c). Est-ce à dire que seule la totalité est signifiante, et que chaque élément n'acquiert la signification dont il est naturellement dépourvu que de sa place et de sa fonction dans le tout ? Mais alors un terme qui n'aurait, dans deux structures différentes, ni la même place ni la même fonction aurait donc, de ce fait, deux sens ? Pour ne prendre que des exemples extrêmement connus et extrêmement gênants : l'âme n'a certes ni la même place ni le même rôle dans le *Phédon*, le *Phèdre* et dans la *République* ; le bien ne donne pas dans le *Philèbe* lieu à des envolées comparables à celles des livres VI et VII de la *République*. On peut résoudre ces problèmes en parlant d'évolution, ce qui est moins les résoudre que les fuir et souvent les multiplier. On peut aussi faire reculer le problème et s'attacher à dégager la structure de chaque partie et la structure du tout. C'est incontestablement plus rigoureux – on serait tenté de dire négativement rigoureux : cela évite beaucoup d'erreurs et de contresens. Mais cela méconnaît aussi un point fondamental : que, de Dialogue à Dialogue, quelque chose circule, un langage, et surtout un certain usage du

---

1. Plusieurs noms, une seule chose : cf. *Prot.*, 349b, *Soph.*, 217a, *Pol.*, 259c, 280a. Inversement, la division peut déboucher sur des Genres auxquels aucun nom ne correspond : *cf.* Campbell, *The* Sophistes *and* Politicus *of Plato*, Oxford, Clarendon Press, 1867 ; P. Chantraine, *La Formation des noms en grec ancien*, Paris, [1922] Klincksieck, 1968, p. 389.

langage, usage qui n'est pas naturel sans être non plus conventionnel, usage précis sans être fixe, usage différencié sans être équivoque. Cela appelle-t-il l'emploi d'une méthode sémantique ? Elle sera plus sémantique en tout cas que thématique ou structurale. À condition cependant de n'utiliser de la sémantique que les distinctions ou les concepts qui pourront servir à clarifier les problèmes ou à les cerner, et non pas à les compliquer. Le premier avantage d'une étude sémantique est de neutraliser les textes : quand on est attentif aux occurrences, on cesse nécessairement d'avoir des préjugés sur la plus ou moins grande portée philosophique de tel ou tel passage [1]. On ne peut évidemment en rester là, et quiconque a fréquenté les Dialogues sait que l'enthousiasme n'est jamais loin. Mais à la faveur de ce premier travail – tenir compte de tous les textes – les accents souvent se déplacent.

La sémantique fournit une distinction féconde entre contexte d'une part, et voisinage ou environnement d'autre part. Le contexte est non seulement le contexte général des Dialogues, mais désigne aussi les contextes particuliers à chaque Dialogue : circonstances, nature des personnages, lieux. Or si le contexte n'est pas un simple décor, s'il est bien une indication dont il faudra en chaque cas tenir compte, cela ne veut pas dire pour autant qu'il faille lui accorder un pouvoir causal sur les relations signifiantes. Lorsqu'on écrit par exemple : « la vertu s'enseigne puisqu'elle est science. Mais elle ne s'enseigne pas à Ménon », c'est bien ce saut qu'on effectue : comme si le contexte – ici la nature d'un interlocuteur – constituait la cause de l'aporie finale, de l'impossibilité d'identifier

---

1. Voir J. Lyons, *Structural Semantics, An Analysis of Part of the Vocabulary of Plato*, Oxford, Basil Blackwell, 1963, Preface.

simplement la vertu à une science[1]. Ménon personnifie peut-être ce qui manque pour que l'identification soit possible, il n'est pas la cause extérieure qui empêche Socrate d'introduire les termes qui permettraient le passage. D'abord parce qu'il n'est pas un élément extérieur au dialogue, il est un élément du contexte ; ensuite parce que le contexte n'est que contexte : il n'est ni causalement déterminant ni suffisamment explicatif. *Il ne peut intervenir que comme facteur de variation du sens, non comme élément de sa constitution.*

Est constitutif en revanche l'ensemble des relations signifiantes que l'on peut appeler *voisinage*, mais que l'on peut aussi avec Platon appeler *entrelacement* ou encore *constellation*. On ne comprend en effet un mot que si l'on saisit ses relations de voisinage avec d'autres mots : ces relations sont constitutives à la fois du sens de ce mot et d'un champ où le mot fait sens, champ qui est déterminé par ces relations autant qu'il les détermine, et qui lui-même s'articule à d'autres champs. Mais l'utilisation d'une théorie sémantique rencontre sa limite dès lors qu'on prétend l'appliquer à un texte philosophique, en particulier à un texte comme celui des Dialogues. Car en ce cas la détermination des champs – qu'opère littéralement chez Platon la division, et dans certains cas la dialectique – ne peut être le fait, le donné, ni d'une culture ni d'une histoire. Elle est au contraire le fait d'un arrachement aux champs constitués par la culture et par l'histoire, et tout à la fois l'opération qui constitue et distribue autrement les champs, donc qui distribue autrement les relations signifiantes. Celui qui interrompt le mauvais usage, démantèle les champs pour

---

1. R.S. Bluck (« Plato's *Meno* », *Phronesis*, 6, 1961, 94-101) répond avec bon sens : « *But it is Plato, after all, who chooses the characters.* »

les définir autrement, fait signifier autre chose aux mots parce qu'il les associe et les oppose autrement, c'est le philosophe, animé par sa *philosophia*. Parler de *philosophia*, c'est user d'un terme non pas équivoque mais plurivoque. *La philosophia est à la fois cette force de désorganisation et de réorganisation des champs, un champ particulier, et aussi un terme constitué par ses multiples entrelacements.* Mais nous ne pouvons pas, comme le sémanticien, séparer les niveaux, distinguer les plans. Dans le *Sophiste*, le philosophe est celui qui veut savoir si à ces deux noms, *sophiste* et *philosophe*, correspondent bien deux Genres (*genè*) différents; il est à la fois celui qui détermine le champ général du questionnement, qui distribue les différents champs permettant de définir les termes, et qui s'attrape par hasard en des points du tableau. Il impose les termes de la question, exerce sa capacité de discriminer, et devient l'objet adventice de la définition qu'il cherche.

Or si la *philosophia* est tout à la fois cette *force* (d'échapper à son simulacre), ce *champ* où les noms trouvent leurs vrais et justes entrelacements, et ce *nom* qui entretient avec d'autres noms des relations précises et différentes dans des champs différents, il est certain que l'application d'une méthode sémantique ne pourrait fonctionner qu'à ce troisième niveau. Or, à supposer que ce niveau soit isolable des deux autres, la sémantique comme technique d'analyse ne nous serait encore d'aucun secours. Elle ne nous fournit qu'un inventaire de relations signifiantes qui, si elles sont valables pour l'analyse d'une langue naturelle, cessent radicalement de l'être dans un langage dont tout l'effort consiste précisément à repenser ces relations. Voir par exemple entre la vertu et les vertus une relation d'« inclusion », c'est faire bon marché du

Protagoras, établir entre devenir (*gignesthai*) et être (*einai*), entre apprendre (*manthanein*) et savoir (*eidenai*) une relation d'antécédent à conséquent, c'est proférer une énormité. On pourrait multiplier les exemples. Un langage philosophique non seulement « transpose » ses termes, mais il ne les transpose que parce qu'il travaille les relations qui constituent les termes, ce qui interdit précisément d'en faire l'inventaire *a priori*. On ne peut pas dire que « Socrate est philosophe » implique « Socrate n'est pas sophiste » de la même manière que « cette robe est rouge » implique « cette robe n'est pas bleue, verte ou jaune ». Dans le second cas la négation – de bleu ou de vert qu'implique le rouge – est une négation de fait (culturel) qui se répète dans un même champ : celui de la couleur ; dans le premier les négations de sophiste, ignorant, philotime, philodoxe qui *constituent* le philosophe ne sont pas homogènes, ne sont pas dans le même champ ; elles ne tiennent que par la force qui les maintient. C'est cette force qui est source de différences chaque fois différemment pensées. De la sémantique on ne retiendra donc en définitive que ce qui était déjà présent dans les Dialogues : l'idée que le sens n'est pas une propriété des noms, qu'il est fonction d'un entrelacement, et que les entrelacements définissent des champs de signification autant qu'ils sont déterminés par ces champs. Mais peut-être est-ce alors en l'articulation de ces champs qu'il convient de chercher une systématique et non pas dans la cohérence des énoncés, l'exercice d'une méthode unique ou l'uniformité d'une structure ? S'il est vrai que le vocabulaire des Dialogues semble résister à toute tentative de systématisation, cela ne tient pas à ce qu'il serait « encore » imprécis. Cela tient au fait que des usages et des sens multiples convergent et se recoupent, et ne s'additionnent pas plus qu'ils ne s'enchaînent ou ne se déduisent. Entre le logos et le nom il n'y a pas seulement la différence du développé à l'abrégé. Sa part de nature fait que le nom peut être pris et compris dans de multiples *logoi*, s'associer à d'autres noms pour déterminer d'autres champs. C'est pourquoi il ne peut y avoir, pour Platon, de métalangage (métalangage que tout index des termes platoniciens prétend établir) si on entend par là un langage qui viendrait trier, clarifier et classer les différentes significations. Le jeu d'une pluralité sémantique, d'une plurivocité sans équivoque se joue à *l'intérieur d'un même langage*. Dans les Dialogues, *le logos est intérieurement fracturé*, à double sens, a double entrée : ironique. Tout nom y est porteur d'une signification relative à l'expérience a laquelle il renvoie – pratique, culturelle, scientifico-technique et parfois les trois à la fois – et d'une signification philosophique. Mais qu'est-ce qui constitue cette signification comme telle ?

La notion de champ sémantique n'est au fond que la traduction de ce que Platon nomme *hypothèse*. Tout mode de pensée relève en effet d'une hypothèse concernant la nature de l'être, son unité ou sa multiplicité, sa mobilité ou son immobilité, et le rapport que cette nature peut entretenir avec le logos. Les significations possibles des termes varient selon que l'on se place dans telle ou telle hypothèse, dans tel ou tel champ, et appellent des problématiques différentes (la partie étymologique du *Cratyle* tend à montrer qu'un même terme peut acquérir deux significations opposées, et également cohérentes, selon que l'on se place dans l'hypothèse de l'universel écoulement ou dans celle d'une permanence). Or aucune hypothèse n'est en elle-même préférable à une autre. La hiérarchie des hypothèses, donc l'articulation des champs, semble toujours s'opérer provisoirement et relativement à la question posée. Il existe cependant des termes qui, en dernière analyse, commandent le choix ou imposent la hiérarchie, et qui fonctionnent comme les interprétants de tous les autres en ce sens que tous les autres ne font que les développer en se développant[1]. Ces interprétants ultimes ne sont, chez Platon, ni l'Être, genre au même titre que tous les autres genres, ni l'Idée, puisque chacune est absolument singulière. En signifiant l'impossibilité de dissocier l'ontologique de l'intelligible, c'est-à-dire le référentiel du sémantique, l'hypothèse des Idées indique la modalité nécessairement ontologique de toute référence, et la capacité du logos à intégrer de tels référents. Cette hypothèse ne cesse d'en être une que parce qu'elle apparaît au philosophe comme la condition pour développer d'autres significations, et restituer aux noms leur sens véritable. Le philosopher et la *philosophia* sont ces interprétants ultimes que tout terme, en un sens, développe. La signification philosophique n'est philosophique que parce qu'elle permet au philosopher de se développer, et a la *philosophia* d'agir sur le langage et sur les choses-mêmes. La richesse et la singularité de l'entreprise platonicienne résident en ce que la séparation n'est jamais définitivement posée entre ce niveau de logos et tous les autres. Les mouvements peuvent s'orienter dans d'autres directions, les passages sont ménagés sans jamais être effectués une fois pour toutes. Chaque registre possible de signification continue de jouer à l'intérieur de tous les autres, pour s'opposer ou se subordonner, dans tous les cas pour enrichir. Le philosopher

1. La notion d'« interprétant » est empruntée à C.S. Peirce, *Collected Papers*, II, Harvard UP, Cambridge Mass., 1932.

vit de ces mouvements, de ces passages et de ces oppositions internes, il n'est pas la translation irréversible dans un langage si purifié qu'il en deviendrait, du même coup, intégralement conventionnel.

La cohérence platonicienne n'est donc ni doctrinale, ni lexicale. On ne peut pas plus prendre pour critère la systématicité du contenu, des *dogmata*, que la précision métalinguistique des distinctions formelles. Ni dogmatique, ni définitionnelle, cette cohérence est celle d'une pensée qui se pense comme force de différenciation, de rupture et de retournement, ce qui exclut toute possibilité de la clôturer sur elle-même, métaphysiquement ou sémantiquement. La *philosophia* est en effet pour Platon une puissance (*dunamis*), un élan (*hormè*), une force (*rhomè*), un désir (*erôs*). Pour déterminer une puissance il faut savoir « quelle puissance elle possède par nature sous le rapport de l'agir, et sur quoi ? Quelle puissance par rapport au pâtir et sous l'effet de quoi ? » (*Rép.*, V 477c-d). Comme puissance d'agir, la *philosophia* est puissance de bien user du logos ; le logos est ce à quoi (*pros ti*) s'applique naturellement sa puissance. Si, sous le rapport de l'agir, la *philosophia* est puissance dialectique, sous celui du pâtir elle est guidée par un logos dont le mouvement est celui de l'apprendre, de la réminiscence, donc d'une puissance d'être affecté par ce qui est en vérité. La *philosophia* pâtit de ce sur quoi elle agit, et être philosophe, c'est être tel qu'on ne pâtisse plus que d'elle, et à travers elle de ce dont elle pâtit. N'est vraiment, droitement philosophe selon Platon que celui qui n'hésite plus sur ce qui possède la puissance de l'affecter, et qui a pris la juste mesure du décalage entre savoir et apprendre, entre se ressouvenir et inventer. On peut savoir et pouvoir oublier : là réside même la « plus terrible question » (*Théét.*, 165b). Pour savoir sans pouvoir oublier, il faut, ce qu'on a appris, se l'être enseigné à soi-même. Et pour savoir qu'on a appris, qu'on préfère vraiment ce qu'on préfère, que c'est devenu une *phusis*, une nature capable de résister à n'importe quelle force d'éducation, de déviation, de séduction, il faut être capable, cette puissance, de la transmettre, de l'enseigner, c'est-à-dire de la faire reconnaître à celui qui l'avait déjà.

Renvoyer des noms aux valeurs, des valeurs aux forces que ces valeurs expriment, de ces forces à la force qui s'y oppose, les dénonce et par là même nous en libère, tel est le premier *ergon* – œuvre et tâche – du *dialegesthai*. Penser cette force comme attachée à la vérité, liée à un savoir qui consiste à apprendre, soumise à l'entrelacement convenable des Idées, la penser aussi comme capable de déterminer complètement une nature, voilà ce à quoi le dialogue aboutit, ce qu'il faut encore faire aboutir. Pour cela il faut lire en *anamnèsis*, bien situer la puissance, ne pas oublier que « rien n'est plus fort que le savoir » (*Prot.*, 357c). Lire en réminiscence, c'est se ressouvenir de cet attachement du logos à la vérité, attachement naturel et qui pourtant ne le devient vraiment qu'à force de travail et de temps. Mais comme il faut lire aussi selon la mémoire, l'*hypomnèsis*, tout tenir sans rien systématiser, soutenir ce bon usage des noms et de leur entrelacement qui converge vers nous par le moyen des Dialogues, le lecteur constitue en quelque sorte un point d'interruption. Cette interruption qu'opère toute lecture, il faudra tenter de la pratiquer comme la saisie de forces exerçant leurs effets *sur* le langage (en le réinventant), *dans* le langage (en lui restituant sa liberté), *par* le langage (en lui impulsant l'élan de la pensée). On peut bien sûr la pratiquer autrement : en interrogeant les

Dialogues thématiquement, n'interrompant alors le *dialegesthai* que pour mieux reconstituer un monologue sur le thème en question. Ou encore en lisant les structures qui se dessinent et prennent forme à la faveur de cette interruption, lisant en quelque sorte les Dialogues en coupes et niveaux. Si une autre voie a été choisie, ce n'est pas parce que les deux autres étaient mauvaises, mais parce que la nature même des termes – *philosophos, philosophia, philosophein* – semblait commander un autre type de travail.

L'hypothèse méthodologique selon laquelle les Dialogues appellent une lecture « en forces » ne résout certes pas tous les problèmes classiques qui se posent aux interprètes : évolution ou structure, lecture « atomiste » ou reconstitution par thèmes. Elle permet simplement de les contourner, car ni leur position ni leur résolution ne sont de nature strictement méthodologique. La thèse de l'évolution, par exemple, présuppose le découpage thématique et la perception de contradictions, ou au moins de renouvellements, dans le traitement de ces thèmes, et la lecture thématique trouve en retour le principe de toutes ses solutions dans le postulat d'une évolution doctrinale. D'autre part, la perspective structurale – qui a l'immense avantage de mettre l'accent sur la solidarité du thème et de la méthode, de la méthode et de la structure – donne cependant elle aussi, pour le dire rapidement, la priorité au signifié sur les signifiants. Elle repousse comme inessentiels tous les problèmes de dénomination et toutes les oppositions de forces, tout ce qui risquerait de menacer la solidité des structures. Enfin procéder « atomiquement », Dialogue par Dialogue, consiste aussi à procéder synthétiquement, compte tenu de la bonne mémoire nécessaire à toute étude des Dialogues [1]. De telle sorte que la mise en évidence de la dialectique des dénominations qui s'opère dans chaque Dialogue sous l'effet de la *philosophia* (à commencer par la sienne propre), que la présence ou l'absence de ce terme lui-même, le repérage précis des voisinages, les écarts (possibles ou impossibles) que le *philosophein* tente de constituer pour se constituer, tout cela peut servir à instaurer une autre méthode, non pas la meilleure ou la seule, mais peut-être la plus féconde quant au problème posé. S'il y a une *rigueur* de l'histoire de la philosophie, ne consiste-t-elle pas justement à remettre en question non seulement ses méthodes mais jusqu'à sa possibilité ? Si les Dialogues sont l'exercice de la *philosophia*, tout problème de méthode apparaît préalablement suspendu à la nature du rapport de cette *philosophia* à son logos : problème qui n'est pas *historique* mais *philosophique*, et qui implique de se mettre déjà à l'intérieur des Dialogues.

C'est pourquoi il ne s'agira pas de proposer ici *une* lecture, *une* interprétation. Car cela ne se joue pas *dans ce sens*. Lire – relire – les Dialogues, ce n'est pas en faire une lecture, c'est pâtir d'eux, être libéré par eux, être altéré par eux. Par eux, c'est-à-dire par cette absolue différence qui n'est encore assurée ni de son nom, *philosophia*, ni de sa possibilité, ni de son histoire, encore moins de sa transmission, seulement, et seulement pour elle-même, de sa nécessité : « il est nécessaire de philosopher » (*Euthyd.*, 282d), « il faut philosopher » (288d). Philosopher, c'est peut-être être capable de réentendre cette parole venue pourtant de celui qui se croyait le moins platonicien des philosophes : « nous autres qui sommes nouveaux, sans

---

1. Sur cet « atomisme », voir P. Shorey, *The Unity of Plato's Thought*, Chicago UP, 1903, p. 8.

nom, difficiles à comprendre, nous autres prémices d'un avenir encore incertain[1]... » Le travail qui va suivre n'a finalement que ce seul but : indiquer que, plutôt que de la théorie des Idées, de la vertu ou de la Cité idéale, c'est d'abord, dans les Dialogues, de cet avenir encore à venir qu'il s'agit.

---

1. Nietzsche, *Le Gai Savoir*, trad. P. Klossowski, Paris, Gallimard, 1967, p. 291.

CHAPITRE PREMIER

SOPHIA ET *PHILOSOPHIA*

Les textes où apparaissent, avant Platon, les termes *philosophein, philosophos, philosophia* sont fort rares, du moins les textes parvenus jusqu'à nous[1]. Ils permettent cependant de prendre la mesure exacte du retournement qui s'opère dans les Dialogues. Chacun des emplois préplatoniciens s'inscrit en effet dans un contexte qui a permis et appelé la formation du néologisme. Les lieux d'apparition ne sont hétéroclites qu'en apparence, car les termes composés ne peuvent prendre sens que dans un champ, unique et cohérent, celui de la *sophia*, habileté, art, savoir et sagesse. Cet espace tout entier orienté vers la *sophia* et structuré par elle est condition de la formation de ces mots, de leur signification, et de l'existence même de ce qu'ils désignent. Toute la question est de savoir si Platon a conservé cette subordination comme condition de sens, en laissant intacts et la représentation positive de la science comme *sophia* et le type d'unité et de continuité propre à cette représentation. Analyser l'écart entre les

1. Voir A.-M. Malingrey, *Philosophia, Étude d'un groupe de mots dans la littérature grecque des Présocratiques au IVᵉ siècle après J.-C.*, Paris, Klincksieck, 1961.

rares emplois préplatoniciens et l'usage que fait Platon de ces termes dans une problématique pouvant sembler analogue constitue sans doute le meilleur moyen de déceler la rupture et d'en préciser la portée. Pour comprendre la radicale nouveauté, la radicale étrangeté qui, dans les Dialogues, tente de se dire en ces termes, pour redevenir sensible à leur puissance comme à leur fraîcheur, il importe de ressaisir le mouvement au cours duquel la subordination va s'inverser, la signification se renverser. Les emplois antérieurs serviront à repérer les points essentiels de cette rupture ; ils seront l'occasion d'esquisser les lignes d'une autre organisation du savoir, d'une autre conception de la nature et de la culture, et aussi d'indiquer la nécessité de la translation, de la sortie hors du champ de la *sophia*. La confrontation des textes préplatoniciens avec les textes de Platon qui leur correspondent se fera donc dans une perspective d'emblée platonicienne.

Cet essai de mise en dialogue n'implique pas pour autant une démarche exclusivement critique à l'égard de pensées que Platon aurait dépassées. La pensée platonicienne ne représente pas un renversement au sens où elle constituerait le dépassement irréversible d'un mode de pensée antérieur, représenterait le moment critique où l'ancienne *sophia* céderait définitivement la place à la *philosophia*. Une telle manière de voir relève d'une conception historiciste, d'un schème de succession profondément anachronique lorsqu'on l'applique à la pensée antique en général, mais qui l'est plus encore lorsqu'il s'agit d'un type de pensée qui s'est conçue elle-même comme mise en *présence* et comme dialogue. Le « sens historique », en ce cas particulier, consiste d'abord à faire effort pour penser la non-historicité de la pensée, et à la penser autrement que comme une ignorance, une méconnaissance de l'historicité ou une impuissance à réfléchir celle-ci. Le rejet délibéré de la succession historique se manifeste dans le fait que, pour Platon, la forme dialoguée représente la seule forme authentique que puisse prendre un examen dialectique. La critique de la sagesse, de l'habileté ou du savoir des Sages ne peut s'instaurer que dans l'espace dialectique où ces Sages peuvent être mis à l'épreuve, questionnés, mais aussi tenir leur propre discours. En outre, dans cet espace, la *sophia* subsiste à titre de détermination toujours possible, et même de définition nécessaire quand le savoir se réduit à un certain domaine et ne peut plus dès lors se penser autrement que comme science positive. Le dialogue, acte d'une pensée qui s'affronte à des pensées en acte, à des pensées réactivées, est une forme de contemporanéité, forme classique donc forme « inactuelle » par excellence. Il signifie l'extériorité de la pensée, de tout mode de penser, par rapport à toute espèce d'historicité. Il constitue aussi la seule critique de la *sophia* qui ne risque pas de relever aussitôt de ce qu'elle critique, et n'aboutisse pas à confirmer ce qu'elle prétendait ébranler. Toute autre forme pourrait en effet apparaître comme une démonstration d'habileté ou de sagesse, comme la manifestation d'un savoir ou d'un savoir-faire, et en ce sens elle procéderait de ce qu'elle entendait contester. Si dans certains dialogues la *sophia* des Sages est attaquée par Socrate au nom d'une autre *sophia*, la sienne, celle propre au philosophe, on sait avec quelle dose d'ironie il convient alors d'entendre le terme. Le conflit qui dans les Dialogues oppose le philosophe aux Sages (politiques, physiciens ou sophistes) n'est que l'expression d'un refus théorique essentiel. La mise en question est radicale et porte sur la nature même du savoir, sur ce qu'implique le fait même de le nommer *sophia*, et sur ce que ce nom impose comme modes d'acquisition, de transmission, de pratique et de langage. La dimension critique n'est en rien le reflet d'une simple opposition historique mais constitue un élément du sens nouveau que les Dialogues viennent conférer au philosopher, à la *philosophia* et au philosophe. La critique de la *sophia* n'est pas plus un préalable à la pensée de Platon que ce n'en est une conséquence. Conçue comme simple préliminaire ou au contraire comme simple prolongement, cette critique resterait en effet extérieure aussi bien au terme critiqué qu'au terme qui la conditionne et la commande, et au nom duquel elle s'effectue. Pour l'intelligence du sens platonicien de la *philosophia*, la critique de la *sophia* est transcendantale, constituante. Les termes composés sont, dans les Dialogues, habités par une tension interne et permanente ; ils ne signifient que paradoxalement, en subvertissant le sens évident et en s'arrachant au champ sémantique qui a permis de les former. Et leur sens véritable ne s'affirme que contre leur étymologie.

1. L'IDÉAL DE *SOPHIA*

La tradition sur l'origine

C'est à l'étymologie en effet que nous renvoie toute une tradition, lorsqu'elle attribue à Pythagore l'origine de la formation des mots :

> C'est Pythagore qui le premier donna son nom à la philosophie et se nomma lui-même « philosophe » alors qu'il s'entretenait à Sicyone avec Léon, le tyran de Sicyone (…), car nul n'est sage, si ce n'est un dieu. Mais avant on appelait cela « sagesse » (*sophia*) et « sage » celui qui en faisait profession – celui qui aurait atteint les connaissances les plus précises

avec la pointe la plus élevée de son âme, alors qu'est
« philosophe » celui qui aspire à la sagesse [1].

Ce texte a pour auteur Héraclide du Pont, qui a fréquenté
l'Académie et en prend la tête lors du dernier voyage de
Platon en Sicile. Il est donc le premier et plus ancien maillon
d'une tradition qui conjugue l'origine pythagoricienne
avec l'interprétation « étymologique » du terme « philosophe ». Si l'on se fie à lui, Pythagore se serait dit *philosophos*
pour ne pas se dire *sophos*, car « nul à part un dieu n'est
sage » : à l'origine de la formation du terme il y aurait
donc le souci de limiter une prétention, de corriger une
démesure. Le préfixe, *philo-*, introduirait une dimension
d'aspiration, rappelant ainsi la différence entre l'homme
et le dieu. La *sophia* deviendrait alors fin transcendante,
idéal inaccessible mais nécessaire pour orienter le désir et
la quête. Dans sa plénitude et sa perfection, elle appellerait
et justifierait le mouvement qui tendrait vers elle, tout en
le perpétuant à l'infini. Le terme *philosophos*, composé
par humilité, poserait d'un même coup l'aspiration et
l'exclusion, l'élan et le caractère inaccessible de son but.
S'il est fort possible que Pythagore ait, le premier, fabriqué
le mot, ce qui semble très improbable, en revanche, et
même impossible, est qu'il l'ait fait pour les raisons
qu'Héraclide lui prête, et dans cette intention restrictive.
Le véritable problème n'est pas historique mais sémantique.
Car, à supposer que Pythagore soit bien l'auteur du terme,
il importe surtout de savoir pourquoi il l'a forgé. En effet,
pour que le rappel à la mesure devînt nécessaire, il aurait
fallu que la *sophia* désignât un savoir impossible à atteindre
du fait de l'extension de son contenu ou encore de la
perfection de sa forme. Seul le caractère total ou absolu

1. Pour les textes qui mettent en place cette tradition, voir Appendice I.

de la *sophia* aurait pu imposer l'adjonction du préfixe et faire de *sophos* un prédicat outrepassant la mesure humaine. Or la *sophia* était bien loin d'offrir ce sens. Terme exotique, étranger à la prose attique, terme de la langue noble et poétique, la *sophia* est valeur qui se célèbre. Le mot, formé à partir de l'adjectif, dénote toujours une qualité[1] ; la *sophia* s'attribue à tous ceux qui sont tenus pour habiles, maîtres en la tâche qui leur est propre. Être *sophos* ne renvoie donc ni à l'exercice d'une activité particulière ni à la possession d'un certain type de connaissance. C'est exercer ou connaître d'une certaine façon. Lorsqu'Aristote retrace les étapes de l'évolution du concept, il en indique aussi l'extension, or elle recouvre la totalité du champ de l'activité humaine[2]. N'étant liée à aucun contenu particulier, la *sophia* peut être liée à tous ; elle signifie le grand art, le grand style propre à quelques-uns, elle fait sortir du commun, elle dénote la maîtrise, l'aisance parfaite et souveraine. Être *sophos* signifie dominer son matériau, sa langue, ses connaissances, et aussi se dominer soi-même ou dominer

1. Cela, à la différence de termes proprement épistémologiques comme γνῶσις, γνώμη, μάθημα, ἐπιστήμη qui sont formés sur des verbes. La formation à partir de l'adjectif sert à Aristote de fil conducteur : « si l'on prend en compte les assomptions que nous avons au sujet du *sophos* », la définition de la *sophia* « en deviendra plus rapidement évidente » (*Mét.*, A, 982a4-5). Voir B. Snell, « Die Ausdrücke für den Begriff des Wissens in der vorplatonischen Philosophie », *Philolog. Untersuch.*, 29, 1924, 1-20, et W. Burkert, *Weisheit und Wissenschaft, Studien zu Pythagoras, Philolaos und Platon*, Nuremberg, Hans Carl, 1962.

2. Voir Περὶ φιλοσοφίας, fr. 8, dans *Aristotelis Fragmenta Selecta*, W.D. Ross (ed.), Oxford, Clarendon Press, 1955, p. 76. A.J. Festugière traduit et analyse le passage dans *La Révélation d'Hermès Trismégiste*, t. II : *Le Dieu cosmique*, Paris, Les Belles Lettres, 1949, p. 222-224. L'exposé du traité *De la philosophie* est génétique et historique, celui de *Mét.*, A, 981a25-983a23 est sémantique et définitionnel. Pour un bon résumé de l'évolution de la notion de *sophia*, voir Gauthier et Jolif, *L'Éthique à Nicomaque*, t. II, p. 478-489.

les autres. Toutes les dérives, toutes les identifications successives de la *sophia* avec tel ou tel mode d'activité, tel ou tel domaine de la production ou de la théorie, s'expliquent à partir de cette signification essentielle et première. Le déplacement repéré par Aristote de l'exercice le plus artisanal vers la connaissance la plus universelle et la plus « divine » ne manifeste pas une diversité de sens, mais une hiérarchie qui se met en place, par éloignement de l'empirique et généralisation progressive. La *sophia* est maîtrise de la difficulté, distance prise qui permet de voir l'ensemble, sûreté qui exclut le tâtonnement ou l'erreur. Qualité exceptionnelle de celui qui sait ou sait faire, elle brille aussi bien dans le métier, la technique, que dans l'œuvre d'art, la politique, la science. L'évolution sémantique du terme n'est alors que l'histoire du développement de la culture humaine et des valorisations successives qui accompagnent les étapes du processus de civilisation. L'Artisan, le Chantre, le Législateur, le Physicien, le Sophiste apparaissent tout à tout comme l'incarnation de la maîtrise la plus difficile et la plus accomplie. Ils sont les figures, successives et antagonistes, du *sophos*. Mais le conflit ne porte que sur le contenu – sur ce qu'il convient de pratiquer et de savoir – ou sur la proportion de l'inné et de l'acquis, de l'expérience et de l'inspiration : il ne porte jamais sur la forme même du concept[1]. Le mouvement qui va du particulier vers l'universel, du pratique vers le

---

1. *Cf.* Aristote, *Rhétorique*, II, 23, 1398b11 : selon le sophiste Alcidamas, πάντες τούς σοφούς τιμῶσιν (« tous honorent les Sages »). Si la valorisation est toujours impliquée, le terme englobe aussi bien des poètes (Archiloque, Homère, Sapphô) que des « physiciens » (Pythagore, Anaxagore) ou des politiques (Solon, Lycurgue). La réaction aristocratique de Pindare contre « ceux qui ne savent que pour avoir appris » (au cours de leur existence présente, *Olympiques*, II, 94-6) est liée à une croyance à la transmigration des âmes.

spéculatif, est un mouvement de formalisation et d'extension croissantes qui n'implique aucune rupture de sens. La définition de la *sophia* comme excellence dans l'exécution, souveraineté dans le discernement, reste inchangée.

Degré d'excellence dans l'accomplissement d'un art ou d'une activité, la *sophia* a besoin d'être reconnue et célébrée. Liée à la maîtrise, non à l'efficacité, elle exige pour être dite un style exprimant une maîtrise au moins égale. Exceptionnelle, la *sophia* appelle un usage exceptionnel de la langue. Comme elle est la dimension magistrale de toute œuvre humaine, elle appelle un langage qui rompe avec l'usage commun, celui des inspirés et des poètes. Car seul le langage métrique, rythmé, réglé, est un langage qui soumet tout contenu à sa forme ; aussi est-il seul capable de traduire cette soumission de toute matière, de tout donné, de tout contenu à l'imposition d'une forme, cette domination du multiple qui est le propre du *sophos*. Art de surmonter les difficultés, la *sophia* est liée dès l'origine au langage poétique, qui n'est fait que de difficultés surmontées. Les sophistes viennent rompre l'alliance et déplacent la question de la difficulté de la forme vers sa capacité à produire un effet. Mais la *sophia* reste encore conçue par eux comme art de dominer et de vaincre grâce à ce « grand souverain » qu'est le logos. Loin de signifier la coupure entre le divin et l'humain, la *sophia* marque la présence du divin dans l'inspiré, le sage. Elle permet de penser la continuité. Si l'on en croit la tradition, Pythagore aurait le premier pensé la scission en réservant la *sophia* aux dieux. En créant le terme *philosophia*, il aurait donc créé du même coup un nouveau sens pour la *sophia*, la constituant comme pôle divin et comme fin impossible à atteindre. Le philosophe deviendrait, à la place du sage, le terme médiateur, aspirant à la sagesse et désirant le savoir. *Philos* prendrait alors dans le terme composé le sens de : qui aime ou qui aspire. Or non seulement ce sens fort n'est pas le plus attesté, mais il est quasiment exclu lorsque *philos* entre comme préfixe dans la formation d'un mot[1]. Si dans l'*Iliade* (XVI, 65 etc.) les Troyens sont nommés *philoptolemoi*, ce n'est pas en tant qu'ils aspireraient au combat sans jamais le trouver ; c'est au contraire parce qu'ils ont une disposition, un goût, et aussi une familiarité, une pratique. Comme préfixe *philos* signifie usuellement « qui se plaît à », « a la pratique de » ou même « qui a l'habitude ». En se nommant *philosophos*, Pythagore a-t-il vraiment voulu dire l'élan qui le poussait vers une *sophia* définie d'emblée comme inaccessible, ou a-t-il suivi l'usage sémantique commun[2] ?

Il semble bien que la *sophia*, et non pas la *philosophia*, reste encore, dans le pythagorisme, le nom propre de la science. Certes, cette science n'est accessible qu'à une âme devenue démonique, séparée et libérée du corps. La séparation est le résultat d'une pratique ascétique, d'une purification faite de techniques corporelles, d'exercices mnémoniques, de connaissances théoriques multiples. C'est à la délivrance du *daimôn* que le pythagorisme aurait donné le nom de *philosophia*, désignant par là un exercice de purification aussi bien corporel que psychologique et théorique[3]. En ce cas, *philos* garderait son sens de disposition

---

1. Voir P. Chantraine, *La Formation des noms en grec ancien*, [1933] Paris, Klincksieck, 1968, p. 230 ; dans des expressions comme φίλα γυῖα, φίλον ἦτορ (« ma femme », « mon cœur »), *philos* a chez Homère le sens d'un adjectif possessif assorti d'une connotation marquant la valeur de ce qui est possédé.

2. Voir W. Burkert, « Platon oder Pythagoras », *Hermes*, 88, 1960, 159-177.

3. Voir M. Detienne, *La Notion de* daimôn *dans le pythagorisme ancien. De la pensée religieuse à la pensée philosophique*, Paris, Les Belles Lettres, 1963, p. 116 et 169.

pratique, et, loin de se substituer à la *sophia*, la *philosophia* permettrait au contraire d'y parvenir. Elle constituerait l'initiation à une sagesse indissolublement mystique et spéculative, ensemble de sciences et de secrets. Les sciences mathématiques et harmoniques seraient donc à la fois le contenu de la science pythagoricienne et l'un des moyens d'effectuer une *catharsis*. La différence entre la *sophia* et la *philosophia* finirait ainsi par s'effacer, la *philosophia* disparaissant lorsque l'âme, ayant libéré son *daimôn*, devient organe de pure vision, de *theôria*. La *sophia* est alors déjà présente dans le mouvement qui tend vers elle, la progression n'est pas linéaire et la trajectoire n'est pas infinie : la relation entre *sophia* et *philosophia* est circulaire. Origine de la *philosophia*, la *sophia* en est aussi, au double sens du terme, l'achèvement, le philosophe pythagoricien n'aspire à la *sophia* qu'autant qu'il la pratique, et n'y aspire que parce qu'il peut l'atteindre. Les pythagoriciens semblent avoir donné à la *sophia* un contenu original en la déterminant comme science divine de principes divins, mais leur science n'est dite « divine » que parce qu'elle est réservée aux initiés, à ceux qui se sont rendus aptes à saisir les principes cachés, les nombres qui gouvernent toutes choses. C'est le sens que donne Aetius au terme *philosophia* quand il en attribue la paternité à Pythagore : « Pythagore de Samos, fils de Mnésarque, le premier à avoir usé de ce mot, *philosophia*, nomme principes les nombres et les proportions qui s'y trouvent. » Le contenu se modifie, l'exigence s'accroît, mais la *sophia* ne change ni dans sa forme ni dans sa signification.

Parmi les sources attestant l'origine pythagoricienne, il en est deux qui posent cependant une autre question. Cicéron n'insiste pas sur la différence entre l'homme et le dieu mais, comme le tyran de Phlionte, il se demande

en quoi « les philosophes diffèrent des autres hommes »,
et répond : de même que, dans une panégyrie, « l'attitude
la plus digne d'un homme libre est celle d'un spectateur
qui ne recherche rien pour lui-même, de même, dans la
vie, la contemplation et la connaissance l'emportent de
beaucoup sur toutes les ambitions ». Jamblique s'attache
pour sa part à définir la *sophia* recherchée par la *philosophia*
comme une science différente, « qui porte sur les réalités
les plus belles, celles qui sont premières, divines et sans
mélange, toujours mêmes et se présentant de la même
façon ». La *sophia* serait donc la science dialectique telle
qu'elle est définie dans la *République*. Jamblique obéit à
une étymologie devenue traditionnelle, la *philosophia*
s'oriente vers une *sophia*, mais cette *sophia* est conçue
comme une espèce différente de science, elle est définie
comme « science de la vérité qui est dans les êtres », et il
ne la réserve pas aux dieux seuls. Pour Cicéron et pour
Jamblique, la différence entre les deux termes ne se résume
pas à celle entre l'homme et le dieu, elle est aussi
anthropologique.

Une tradition donc assez peu cohérente s'est néanmoins
accordée sur un point : faire coïncider l'apparition historique,
la première occurrence, avec l'originalité sémantique et
conceptuelle du terme *philosophia*. Ce faisant, elle a inventé
une origine fictive, un sens qui n'appartient pas à Pythagore,
mais pas davantage à Platon. Elle a prêté à Pythagore un
platonisme affadi, en s'appuyant sur une étymologie refusée
par Platon. Car Platon est à l'origine d'un sens tel que
philosophia cesse de s'entendre comme un terme composé,
et c'est cela qui est toujours oublié ou masqué. Pythagore
a peut-être créé le mot, il n'a certainement pas créé la
chose, cette « chose » qui exclut que l'on nomme *philosophia*
ce qui mène ou prépare à la *sophia*. En introduisant dès

l'origine une dimension de désir, la tradition projette en arrière de Platon une partie du sens qu'il a créé[1]. Mais si selon Platon la *philosophia* comporte cette dimension, il donne au désir une autre orientation et dénie à la *sophia* sa prétention d'être science. La tradition ignore cette double réduction et maintient la *sophia* comme fin de l'aspiration. Elle substitue alors une *sophia* idéale à l'ancien idéal de *sophia*, qui la représentait comme un art difficile mais non pas impossible, un savoir réservé à certains experts, mais non pas refusé, dès le principe, à tous les hommes.

Les philosophes et le savoir nombreux

L'ancien idéal de sagesse s'enracine dans une pratique aux prises avec la diversité, une réflexion qui s'affronte au multiple. Se nommait sage, nous dit Diogène Laërce, celui qui possédait « une âme riche et élevée ». Les deux termes sont en effet nécessaires : le foisonnement des contenus, et la hauteur capable de les dominer. Celui qui traverse le multiple sans s'y perdre, qui s'informe et s'enquiert, non par simple curiosité, mais parce qu'il a, en chaque cas, l'art de discerner et d'extraire le sens, pratique la *sophia*, et est *philosophos*. Dans les textes dont nous disposons, les premiers emplois de l'adjectif *philosophos* et du participe *philosophôn* arrivent en un même contexte, celui où l'enquête au sein du multiple (l'*historia*) est articulée à la *sophia*. L'« enquêteur » ne doit s'informer que pour rechercher la sagesse, philosopher. Les mots

---

1. M. Detienne, *Homère, Hésiode et Pythagore, Poésie et philosophie dans le pythagorisme ancien*, Bruxelles, *Latomus*, 1962, relève, à propos de la condamnation de la poésie, cette tendance à projeter en arrière vers Pythagore un élément platonicien (p. 25-26) ; comme pour l'origine du sens « théorique » de la *theôria*, comme pour la formation du terme *philosophia*, la tradition va d'Héraclide du Pont à Jamblique.

naissent pour rappeler une orientation, maintenir une finalité, rattraper un mouvement qui risquerait d'aller vers la dispersion. La *sophia* n'exclut pas l'information, l'enquête, mais le sage ne doit accumuler que pour réfléchir et comprendre. « Le savoir nombreux n'enseigne pas l'intelligence ; car il l'aurait enseignée à Hésiode et à Pythagore, et encore à Xénophane comme à Hécatée[1]. » La critique héraclitéenne de la polymathie, amoncellement de données fragmentaires, porte sur une *sophia* dépourvue d'intelligence et définie en extension. Si Pythagore a manqué d'intelligence, c'est qu'il a fait de la *sophia* le terme d'une pratique positive et plurale. Pythagore, qui « travaillait à savoir plus qu'aucun homme au monde », a identifié la science du multiple à la science multiple, au savoir nombreux[2]. La science du multiple implique l'intelligence, et l'intelligence consiste à saisir le lien, l'organisation, le principe. L'art consisterait alors à prendre du recul par rapport aux choses et aux mots, à réfléchir les contenus dans leur universelle inconsistance. Savoir négatif, la *sophia* serait intelligence de la distance, maniement de la séparation, exercice de ce pouvoir qu'a le logos de renvoyer tout objet à sa vérité, c'est-à-dire à ses contra-dictions. Cette reconduction serait la capacité propre d'un sage s'arrachant au visible pour remonter au lien qui ne se voit pas, à l'unité invisible et cachée. L'ironie d'Héraclite envers la polymathie permet de restituer à la *sophia* son

---

1. Héraclite, fr. 40 D.K., fr. 21 dans M. Conche, *Héraclite, Fragments*, Paris, P.U.F., 1986. Voir J. Bollack et H. Wismann, *Héraclite ou la séparation*, Paris, Les Éditions de Minuit, 1972, p. 151-153.
2. Pythagore a pratiqué l'« enquête scientifique » (ἱστορίη), « et, ayant fait ce choix, il produisit ces ouvrages écrits – savoir à lui, composite, et méchant art » (καὶ ἐκλεξάμενος τὰς συγγραφὰς ἐποιήσατο ἑαυτοῦ σοφίην πολυμαθείην κακοτεχνίην, fr. 129 D.K., 26 Conche).

sens, sens que les pythagoriciens, avec d'autres, n'auraient
ni critiqué, ni dépassé, mais perverti. Citation ou paraphrase,
le fragment « Il y a grand besoin que ceux qui enquêtent
sur le multiple soient hommes épris de sagesse (*philosophous
andras*) » insiste sur la nécessité pour le véritable apprenti
en sagesse de résister à leur amoncellement et de les
dominer [1]. L'intention polémique du fragment, l'attaque
contre ceux qui se sont nommés philosophes, les
pythagoriciens, se combinerait avec l'intention de restituer
à la *sophia* son sens véritable et de lui subordonner l'*historia*.
Lorsque l'appétit de savoir devient sa propre fin, il tourne
à la polymathie, à ce savoir nombreux qui n'a jamais rendu
personne intelligent, savant ou sage.

La diversité des connaissances, mais aussi la profondeur
de la mémoire et de la tradition, l'extension de l'expérience,
le voyage, sont pour le sage autant d'occasions d'affirmer
sa *sophia*. Crésus, selon Hérodote, salue ainsi la sagesse
de Solon : « Étranger d'Athènes, tu as chez nous une
immense renommée à cause de ta sagesse et de tes voyages,
car c'est en quête de sagesse (*philosophôn*) que tu as
parcouru tant de pays en vue d'acquérir la connaissance
(*theôria*) [2]. » Solon est sage parce qu'il a voyagé pour
comparer et confronter, non pour rencontrer du pittoresque
et s'en émerveiller. Sa sagesse ne tient pas à la quantité de
choses qu'il a pu voir, mais à sa manière de les étudier.
Elle n'est pas somme d'informations mais art de ramener

---

1. Sur les problèmes posés par ce fragment, voir Appendice I. Platon
reformule à sa manière l'exigence d'Héraclite lorsqu'il expose la mission
d'un « observateur enquêteur » (*theôros*) qui doit parcourir le monde
pour s'informer des lois et régimes politiques en vigueur dans les pays
étrangers, et lui prescrit de réfléchir à leurs avantages et inconvénients,
ou de laisser ce soin au Conseil nocturne (*Lois*, XII 951a-952c).

2. Hérodote, *Histoires*, I, 30, 11.

le multiple à la règle, l'innovation à la répétition et l'exception à la mesure commune. Le sage sait voir et sait dire que le commun est plus déconcertant que le prodige, la règle plus intéressante que l'exception. Solon a parcouru le monde en philosophant, « sage en quête de sagesse », cherchant la *sophia* mais ne la trouvant que parce qu'il la cherche là où elle est et ne la reconnaissant que parce qu'il la pratique [1]. Crésus loue Solon pour sa *sophia*, fruit de ses multiples voyages. Mais la véritable sagesse de Solon éclate vraiment dans sa réponse à la question de Crésus, dans le savoir tragique qu'il a de la mort comme seul critère du jugement, comme vérité secrète de la vie. En ramenant les hommes à leur vérité, qui est un lot, un lieu commun, Solon formule une évidence qui n'est pas une banalité. Il réduit au commun mais non pas au médiocre, énonce la règle toujours oubliée, toujours scandaleuse, qu'il n'y a pas d'autre vérité que la mort, et qu'il n'existe ni exception, ni merveille, ni miracle.

De Pythagore à Hérodote, en passant peut-être par Héraclite, *être philosophe, philosopher*, signifie : pratiquer la *sophia* en la cherchant. La circularité permet à la quête d'aboutir, et le terme est créé pour orienter la recherche au sein du multiple, l'empêcher de s'égarer, l'ordonner au savoir de ce qui gouverne et discrimine et qui est à la fois évident et caché, évident aux *sophoi*, caché aux insensés. L'effort vers la connaissance ne vaut selon Pythagore que si l'on possède aussi la science « de ce qu'il y a de plus sage, le Nombre, et de plus beau, l'Harmonie » ; selon Héraclite, l'art du recul et du retrait, et, pour Solon, la connaissance de la précarité de l'existence humaine, toujours

---

1. Voir H. Joly, *Le Renversement platonicien*, Logos, Epistèmè, Polis, Paris, Vrin, [1976] 1994, p. 354.

à la merci de la jalousie des dieux. Philosopher consiste alors à discerner en chaque chose l'envers : le nombre (Pythagore), la tension secrète (Héraclite), la menace cachée (Hérodote). « Personne à part un dieu n'est sage » aurait dit Pythagore. Et Héraclite selon Platon : « le plus sage des hommes, par rapport au dieu, paraît un singe, et pour la sagesse, et pour la beauté, et pour tout le reste » (*Hipp. Maj.*, 289b). Pourtant chez Héraclite comme chez Hérodote, il y a des sages, et il est vraisemblable qu'il en était de même pour Pythagore. La *sophia* est divine et le sage est un homme divin, singe peut-être par rapport au dieu, mais dieu par rapport à ce singe qu'est l'homme privé de *sophia*.

L'inversion ironique

La tradition a occulté tout ce que le philosopher dans son sens platonicien impliquait d'opposition et d'arrachement à la *sophia*. Une continuité s'est aussitôt rétablie par-dessus les Dialogues, et tout se passe dès lors comme si le philosopher était simplement venu conférer un nouveau contenu à la *sophia*, comme si le philosophe était la dernière figure du *sophos*. À partir d'une origine réinterprétée, la philosophie va se constituer comme aspiration à une science ou une sagesse qui seraient, de droit, divines. À la crainte bien grecque de la démesure va se superposer le sentiment chrétien de l'imperfection d'une raison et d'un entendement humains, donc finis. La conjugaison de ces deux courants permet de comprendre la persistance de la falsification, et le fait que la philosophie n'a, depuis, cessé de se mouvoir dans la pseudo-évidence d'une pseudo-étymologie. Cependant, si le sens platonicien a été aussitôt recouvert par un sens porteur de représentations usées avant même d'avoir servi, qu'est-ce qui dans ce sens a été occulté ? En quoi l'origine « pythagoricienne » du terme autorisait-elle ce que l'origine platonicienne excluait?

Le pythagorisme représente presque mythiquement ce moment où la rationalité s'est perçue elle-même comme un effort littéralement surhumain d'abstraction. Le dépassement est si radical qu'il se double de sa propre mystique et que les sciences rationnelles constituent les objets secrets et sacrés d'une vision pure, purifiante et libératrice. En s'arrachant à la connaissance sensible, en se détachant du corps, le philosophe peut devenir initié, savant et sage, et saisir ce qui semble ne pouvoir être discursivement atteint et ce dont on ne peut discursivement rendre compte. Il crée un nouveau sens pour la *sophia*, science qui trouve sa source et sa fin dans la saisie de principes transcendant le sensible. De tels principes exigent pour être aperçus une purification qui conduit à une déliaison, déliaison d'un corps qui aveugle et sépare, et affranchissement de l'âme conçue comme *daimôn*. Ces thèmes ne sont pas étrangers aux Dialogues. Pourtant, à y regarder de près, ils sont moins repris ou transposés que renversés. Lorsque dans le *Phédon* le corps est nommé prison, bourbier, selon des expressions probablement pythagoriciennes, s'agit-il vraiment d'une condamnation du corps comme tel ou de ce qu'il induit en l'âme? En effet, si c'était du corps qu'il fallait libérer l'âme, il faudrait, comme l'ont fait les pythagoriciens, mettre en jeu d'autres techniques que la pratique des sciences mathématiques, prescrire un genre de vie ascétique où les exercices corporels, les drogues et les interdits alimentaires ou sexuels auraient leur place. Pour se délier du corps, il faut aussi agir sur le corps. Platon reprend le thème de la déliaison et de la délivrance ; mais délivrer l'âme, c'est la délivrer de sa partie mortelle et désirante, de ce qui *en elle* fait

obstacle. C'est bien sa laison au corps qui est en l'âme
principe d'appétit, et l'appétit est ce qui « cloue » l'âme
au corps. Mais, ni bon ni mauvais en lui-même (*Lys.*, 217b),
le corps n'a pas toujours, et pas seulement, ce statut
d'obstacle puisqu'il est aussi principe de sensation, et que
sans la perception des contradictions mais aussi des
combinaisons harmonieuses du sensible, il n'y aurait ni
arithmétique, ni astronomie, ni harmonie (*Phéd.*, 75e-76a,
Rép., VII 524a-e, *Tim.*, 47a-d). L'âme n'a pas, pour Platon,
à s'affranchir du corps, mais de sa soumission au corps.
C'est donc à l'âme qu'il faut s'adresser et sur elle qu'il
faut agir. C'est pourquoi il n'y a pas, selon Platon, d'autres
drogues, d'autres incantations que les discours dialectiques :
« La méthode dialectique est la seule qui réellement est
capable de tirer l'œil de l'âme avec douceur de cette sorte
de grossier bourbier où il est enfui, et de le tourner vers le
haut, en utilisant comme aides auxiliaires les *technai* que
nous venons d'énumérer » (*Rép.*, VII 533c-d). Dans le
texte qui précède il n'était pas question du corps, mais des
opinions et des appétits. Certaines sciences préparent la
délivrance et y contribuent ; ce sont ces sciences mathématiques dont la *République* fait un préambule, un prélude
qu'il ne faut pas confondre avec l'air qu'il faut apprendre
(531d). Mais seule la dialectique est capable de réorienter
le regard de l'âme vers l'intelligible, et la dialectique est
la science propre au philosophe, elle n'est pas l'habileté
propre à un *sophos*. Le savoir proprement philosophique
se subordonne donc chez Platon le contenu mathématique
et harmonique de la *sophia* pythagoricienne, et constitue
cette dernière en simple propédeutique. De plus, c'est
l'intelligence qui possède la puissance dialectique, c'est
elle qui est « l'œil de l'âme », et elle est divine au sens où
elle pense des réalités « divines », intelligibles. Le

philosophe n'a pas comme but de délivrer son âme (son *daimôn*) afin de devenir un être bienheureux (*eudaimôn*) et sage. Le *daimôn*, – voix qui détourne ou exclut – n'est pas ce qu'il faut délivrer pour lui permettre de voir ce que le corps l'empêchait de voir, et aucune technique ne permet de se transporter tout vivant aux îles des Bienheureux (*Rép.*, VII 519c). L'intelligence ne se délie qu'en accomplissant sa puissance, en se ressouvenant d'elle-même au cours de l'examen dialectique. C'est pourquoi la purification n'aboutit pas, comme chez les pythagoriciens, à la déliaison. Car la déliaison, la mort, le fait de s'occuper d'autres choses que de ses appétits ou de ses craintes, est dans le *Phédon* la *condition* de celui qui s'occupe à philosopher. Elle n'est pas le terme mais le point de départ d'une purification qui requiert plus de temps et plus d'effort. Le rapport est donc totalement inversé : la purification dialectique – purification de l'intelligence par les *logoi* – *suit* la réminiscence de l'intelligence comme séparée et suppose l'expérience de la déliaison (*Phédon*, 64c-66a). Ces différences ne suffisent pourtant pas pourtant à expliquer en quoi le sens platonicien n'est pas la simple reprise du sens pythagoricien, car on pourrait considérer que Platon s'est contenté de baptiser *philosophia* ce que le pythagorisme aurait continué de nommer *sophia*. Mais en convertissant la pratique pythagoricienne en désir d'une science ou d'une sagesse qui seraient divines, la tradition post-platonicienne rendait nécessaires un saut et une discontinuité pour atteindre cette science et combler ce désir. La contemplation doit alors couronner le mouvement d'une recherche qu'elle transcende plus qu'elle ne l'achève. Ainsi, l'homme théorique peut apparaître comme la dernière figure du sage, et la science théorétique se présenter comme la dernière et la suprême incarnation de la *sophia*. Mais la *sophia* est

aussi pour Platon un « bien grand mot » quand on l'attribue
à l'homme (*Phèdre*, 278d) ; le « dieu qui sait » a déclaré
Socrate sage pour montrer « que la *sophia* humaine n'a
que peu de valeur, et même n'en a aucune » (*Apol.*, 23a)
et quiconque est sage n'a pas besoin de s'employer à
philosopher (*Lys.*, 218a ; *Banq.*, 204a). Or toutes ces
expressions ont en commun une « petite chose » qu'il suffit
d'effacer ou de ne pas entendre pour que la filiation soit
rétablie et pour que la contemplation, dernière figure de
la *sophia*, reste en effet l'aboutissement de la *philosophia*.
Cette petite chose que la tradition a expulsée, c'est l'ironie.
L'effacement de l'ironie est ce qui permet à la philosophie
de se penser comme acheminement vers une contemplation.
La tradition n'a pas tout recouvert du sens platonicien, elle
en a seulement supprimé une dimension. La dimension
ironique (avec son corollaire l'impiété) laisse entendre que
la *sophia* est un terme impossible non parce qu'il est trop
haut, mais parce qu'il ne comporte aucune détermination
intelligible, ne donne prise à aucune définition et ne résiste
pas à l'examen. La *sophia* n'est pas en effet, pour Platon,
un concept indéfinissable, c'est un concept mal défini. Elle
n'est pas une propriété des dieux en tant que ce sont des
dieux, c'est une propriété des sages, « c'est par la *sophia*
que les sages sont sages » (*Hipp. Maj.*, 287c, *Théét.*, 145d),
par la *sophia* et non par la divinité, et les dieux et les
hommes sont sages en participant d'une même *sophia* :
« Ceux qui ont déjà le savoir, que ce soient des dieux, que
ce soient des hommes, ne sont point amis du savoir, ne
philosophent point » (*Lys.*, 218a). « Parmi les dieux, il n'y
en a aucun qui s'emploie à philosopher, aucun qui ait envie
de devenir sage, car il l'est : ne s'emploie pas non plus à
philosopher quiconque d'autre est sage » (*Banq.*, 204a).
La possession de la sagesse est en droit possible, mais elle

rendrait la philosophie inutile. Or ce qui pour les dieux est peut-être un privilège serait pour les hommes à coup sûr une catastrophe, car cela les priverait de la seule manière libre, belle, heureuse, de passer leur vie : dans la *philosophia* et à philosopher. La différence entre la condition d'un dieu comblé par sa sagesse et celle d'un pourceau à l'engrais est, pour un homme, imperceptible. Loin de se résigner à philosopher faute de pouvoir être sage ou dans l'espoir de le devenir, il faut selon Platon être assez sage pour se mettre à philosopher.

Le philosophe ne se nomme donc pas philosophe par humilité. C'est l'oracle du dieu qui dans l'*Apologie* désigne Socrate comme le plus sage des hommes, afin d'humilier la *sophia*. Or le ton de l'*Apologie* n'est pas humble, il est ironique et féroce, et l'*Apologie* (ni ouvrage de circonstance ni témoignage de fidélité) est le texte même où la *sophia* est vidée de tout contenu. La réduction ironique de la *sophia* des « sages » est présentée comme dimension nécessaire et permanente de l'acte qui consiste à philosopher. L'ironie naît de ce que l'on oppose aux savoirs de ceux qui prétendent à la *sophia* l'inscience de Socrate comme *sophia* véritable. Mais l'inscience n'est pas l'analogue d'une fiction de la table rase – sachant que je ne sais pas, je peux tout apprendre. Elle est une dimension interne au savoir, elle n'en constitue pas le préalable. L'inscience, conscience de ne pas savoir, rend nécessaire la forme dialectique et empêche la science de se constituer comme totalité architectonique ou encyclopédique. Le *Théétète* s'ouvre sur la question de l'identité ou de la différence entre la *sophia* et la science (*epistèmè*, *Théét.*, 145e), et c'est aussi dans le *Théétète* que sont repris les thèmes de l'inscience et de la maïeutique. Manière bien platonicienne d'indiquer qu'un savoir positivement conçu comme *sophia* est un savoir qui a oublié sa dimension ironique et qui ne peut alors se définir au mieux que comme opinion droite. Toute dialectique doit être ironiquement formulée et ironiquement entendue ; car seule l'ironie peut empêcher de croire qu'on sait, de croire qu'il faut croire à ce qu'on sait, et de croire que parce qu'on sait on est savant.

Socrate est le plus sage des hommes, mais la *sophia* qui lui est présente et qu'il pratique, il ne la possède pas :

> Écoutez donc. Peut-être donnerai-je à certains d'entre vous l'impression que je plaisante ; pourtant, vous le savez bien, ce que je vais vous dire est l'entière vérité. Car je le reconnais, ce n'est rien d'autre qu'un certain savoir (*sophia*) qui m'a valu ce nom. De quelle sorte est ce savoir ? Exactement ce qu'est sans doute un savoir d'homme. Et réellement il y a des chances que je sois savant de ce savoir-là ; mais il est possible que ceux dont je parlais à l'instant soient savants en une science plus haute que celle qui est à la mesure de l'homme, ou alors je ne sais qu'en dire. Et pour ma part, cette science, je ne la possède pas. (*Apol.*, 20d-e)

Renommé pour être un *sophos*, un habile, Socrate a été accusé comme tel. L'accusation de Mélètos définit précisément les deux figures – physique et sophistique – d'une nouvelle *sophia*. Socrate est assimilé aux nouveaux savants, physiciens et sophistes, par ceux qui défendent la *sophia* traditionnelle, celle des politiques, des poètes et des artisans (23e-24a). Or de ces nouvelles formes de savoir Socrate ne sait que dire, sinon qu'il ne les possède pas. Le contenu de ces savoirs « trop hauts » n'est pas examiné, seule la prétention est soulignée, et la relation du savoir à celui qui sait mise en cause. Quiconque *possède* un savoir peut l'appliquer ou le démontrer, il n'a plus à le rechercher, à l'acquérir, ni surtout à le désirer. Être sage (*sophos*), c'est avoir au savoir une relation de possession.

Or une science qu'on possède nous fait-elle penser, parler et même vivre de la même manière qu'une science dont on est amoureux ? Il n'est pas dit qu'une telle possession soit impossible, mais il est sous-entendu qu'un tel mode de relation au savoir empêcherait Socrate de faire ce qu'il fait. Mais que *fait* Socrate, et de quoi s'occupe-t-il (20c, 28b, 30a) ? Toute l'*Apologie* consiste à définir cette pratique différente et à la défendre. Socrate a vécu en philosophant ; si être sage est posséder une certaine *sophia*, philosopher veut dire scruter soi-même et les autres (28e), interroger, examiner et réfuter (29e), dialoguer et mettre à l'épreuve (41c). Les verbes s'additionnent et se multiplient pour exclure le prédicat. Car jamais Socrate ne se dit *sophos* : ce sont les hommes qui le croient habile, et le dieu qui le déclare sage. Ce prédicat (que Socrate refuse catégoriquement dans le *Théétète*, 150c-d) est ici ironiquement accepté au terme d'une enquête. Car si, dans le champ de l'*Apologie*, il suffit, pour dissocier Socrate des physiciens et des sophistes, d'affirmer qu'il n'a jamais fait ce dont on l'accuse, c'est parce que le champ est celui de la pratique. L'enquête qui s'y mène a pour objet les savoir-faire, ces arts si bien assurés d'eux-mêmes et de leurs productions. Pour savoir ce qu'ils valent, il faut interroger ceux qui passent pour y être maîtres. Et Socrate va parcourir, arpenter la cité, tourner inlassablement en rond pour apprendre. Le voyage devient errance, l'*historia* prend la forme d'une *planè*. Or plus Socrate s'informe, plus il interroge et moins il amasse, plus il est démuni [1]. Curieux voyage que ce voyage d'un

---

1. Ce n'est pas seulement en un sens littéral que Socrate invoque, par deux fois, sa *penia* : *Apol.*, 23b, 31c. Sur son errance (πλάνη, 22a), cf. *Apol.*, 23b5 : « allant en rond, je cherche » (περιιὼν ζητῶ), 30a7 : « je ne fais rien d'autre que tourner en rond » (περιέρχομαι), et le voyage (ἀποδημία) final, 41a5.

sage qui ne rencontre de sagesse nulle part et chez personne, et qui loin d'enrichir appauvrit. Si la divagation tourne en rond et comme sur place, c'est parce que l'apparemment autre revient toujours au même. Le voyage est voyage dans l'inanité : il en prépare un autre, vers un lieu où il sera enfin possible de comparer (41b), d'examiner, d'interroger, de dialoguer et de mettre à l'épreuve (41c) sans risquer pour autant d'être mis à mort, puisque mort, on le sera. Dans l'Hadès, Socrate pourra à nouveau philosopher et recommencer à errer afin de découvrir « lequel est savant et lequel croit l'être, tout en ne l'étant pas » (41b). La mort ne rend pas sage, elle ne met pas un terme au philosopher, et elle ne décourage pas l'ironie.

L'inscience est condition négative, la sagesse humaine consiste à savoir qu'il faut philosopher. L'ironie instaure une subordination paradoxale, subordination inversée de la *sophia* à la *philosophia*. Platon ne condamne pas les mieux doués, les philosophes, à s'épuiser dans une recherche de la *sophia* qu'il aurait commencé par réserver aux dieux seuls. Le caractère inaccessible du but n'est pas nécessaire pour maintenir le désir de savoir, la *philosophia*. Le traitement ironique débouche sur un renversement du rapport normal, rapport simple d'une recherche à son aboutissement et d'un art à son exercice. Si dans l'ordre du savoir positif le philosophe aspire à la *sophia*, dans celui du savoir dialectique la *sophia* ironiquement réduite à l'inscience est ce qui permet d'apprendre d'un autre ou de soi-même, de philosopher. La *sophia* de Socrate est destructive de la positivité de la *sophia*. Elle permet la *philosophia*, qui est pratique de l'interrogation et de la différenciation : *de ce qui manque à la sophia*. L'inversion est si radicale que ni avant, ni après, il n'y en a d'autre exemple. Dans son histoire, par elle, la philosophie s'est constituée comme la *sophia* (maîtrise, savoir, sagesse) des philosophes. Elle n'est plus sortie de ce champ, quitte à se déterminer elle-même comme la pensée de l'impossibilité d'en sortir, ne cherchant plus sa différence que dans ses relations aux autres savoirs, pensant cette différence et la pensant seulement comme différence *épistémologique*. Éros est allé se promener du côté de la psychologie ; il va de soi que le beau relève de l'esthétique et n'a rien à voir avec le vrai, dont seule une logique petite ou grande peut expliciter le concept ; quant à la liberté, c'est à l'éthique ou à la politique qu'il revient de lui conférer un contenu. Tout ce qui dans les Dialogues constitue la différence de la *philosophia* est entré dans le champ de la *sophia*, est devenu objet pour une *sophia*. Dans le champ où la *sophia* règne et où il vaut mieux, que cela soit possible ou non, être *sophos* (savant, sage, habile) que *philosophos*, la *philosophia* ne peut pas apparaître. Elle n'apparaît d'ailleurs, quant au nom ou quant à la chose, ni chez Héraclite, ni chez aucun des présocratiques que nous nommons « philosophes ». *Après Platon, le nom restera, désignant très exactement ce qui avant lui, dans un sens ou dans un autre, s'était appelé sophia*[1].

À la définition pythagoricienne du philosophe selon Diogène Laërce, « celui qui aspire à la *sophia* », s'oppose

1. Aristote renoue avec cette subordination de la *philosophia* à la *sophia* (voir par ex. *Éthique à Nicomaque*, 1177a26-27). « *Sophia* ou *philosophia*, c'est en effet généralement pour Aristote la même chose et lorsqu'il distingue entre la *sophia* et la *philosophia*, c'est uniquement pour voir dans la première l'état achevé de ce dont la seconde est l'état initial » (Gauthier et Jolif, t. II, p. 480, *cf.* p. 880). Selon P. Aubenque, si « la préparation dialectique au savoir devient le substitut du savoir lui-même », c'est qu'Aristote attribue à la philosophie « un idéal "cognitif" que son universalité même empêche de réaliser » (*Le Problème de l'Être*, p. 330).

celle de la *République* : « sont "philosophes" ceux qui aspirent à saisir chaque étant en lui-même » (480a). Contrairement à l'étymologie, ce n'est pas de la *sophia* que le philosophe est amoureux, mais de la manière qu'à chaque étant d'être lui-même. Ni idéal difficile ni idéal impossible, la *sophia* n'est pas un idéal du tout. C'est un concept confus, dont l'unité ne tient qu'au jugement de valeur qu'il recouvre. L'ironie réduit la valorisation et fait d'une *sophia* humaine, l'inscience, la condition d'une activité divine, le philosopher. Mais le travail dialectique reste à faire, qui va discerner ce qui était compris dans le concept même de *sophia*, distinguer et dénommer correctement les modes de savoir et de savoir-faire qui y étaient confondus. Comment appeler en effet ceux qui réellement savent faire quelque chose ? À cette question, la médecine, savoir rationnel, a déjà répondu en se pensant comme *technè* et en récusant ceux qui prétendraient la concevoir comme une *philosophia*. Les autres occurrences – *philosophos, philosophôn* – arrivaient dans un contexte où la *sophia* était à ce point le terme majeur qu'elle rendait inutile la formation du substantif. *Philosophia* apparaît pour la première et unique fois avant Platon dans un contexte qui la rejette au profit de la construction d'une science vraiment rationnelle. Le terme ne s'est formé que pour être aussitôt critiqué.

2. LE « SENS TECHNIQUE » DE *PHILOSOPHIA*

Le technicien contre la philosophia

Dans le § 20 du traité de *L'Ancienne Médecine*, le terme *philosophia* « semble », nous dit-on, « déjà être pris en un sens technique »[1]. Quel pourrait bien être ce sens technique ? La *philosophia* ne pourrait recevoir un tel sens que de son opposition aux autres *technai*, et dans un champ qui leur serait commun. Mais cet espace commun où les différentes espèces de connaissances positives se déterminent en se délimitant mutuellement, espace d'une classification des sciences, ce serait encore l'espace de la *sophia*. Or la *philosophia* semble ne pas y trouver sa place, du fait même de sa prétention à être autre chose qu'une *technè* :

> Certains, sophistes et médecins, disent que personne n'est expert en l'art médical s'il ne sait pas ce qu'est l'homme, et que c'est cela qu'il faut apprendre à fond si l'on veut soigner correctement les hommes. Or c'est à la philosophie que tend ce discours, comme l'ont fait Empédocle ou d'autres qui ont écrit sur la Nature en commençant par exposer ce qu'est l'homme, comment il est né et comment il a été constitué. Pour moi, j'estime que toutes ces considérations, qu'elles soient prononcées par un sophiste ou un médecin, ou écrites dans un traité sur la Nature, relèvent moins de l'art médical que de l'art d'écrire. Et j'estime qu'aucune connaissance claire sur la nature ne peut provenir d'aucun autre domaine que ce soit, si ce n'est de l'art médical.
> (Hippocrate, *L'Ancienne Médecine*, § 20)

Le problème posé ici est un problème de méthode. Médecins et sophistes prétendent que la connaissance de la nature de l'homme doit servir de fondement à toute pratique s'appliquant à soigner des hommes, dont les natures sont pourtant irréductiblement multiples, et différentes. La médecine qui procède ainsi est une

---

1. A.J. Festugière, *Hippocrate, L'Ancienne Médecine*, introduction, traduction et commentaire, Paris, 1948, p. 56, n. 68.

« médecine dogmatique, métaphysique, *a priori* (au moins en partie) dont les théories audacieuses découlent manifestement des systèmes cosmologiques des philosophes »[1]. Des « philosophes », dit ce commentateur, c'est-à-dire des auteurs de systèmes cosmologiques – Empédocle et les autres – auxquels l'auteur hippocratique assimile la « philosophie », à ceux qui, dans les Dialogues, sont appelés des « sages », des « savants » : *sophoi*. Il leur oppose que, pour procéder correctement, il faut commencer par observer la nature *des hommes*, discerner avec précision les « naturels » et faire correspondre à chacun le traitement et les aliments qui lui conviennent le mieux. Car « les constitutions des uns et des autres diffèrent ». Reconnaître les différences et en tenir compte est, selon l'auteur du traité, le fait du vrai médecin ; déduire ces différences d'une nature de l'homme, le fait de médecins sophistes dont les dicours tendent à la philosophie. La science, la découverte de règles générales sans lesquelles il n'est pas de vraie *technè*, et *l'empeiria*, application des règles à la diversité des cas, doivent s'unifier pour faire de la médecine une *technè*. Le technicien n'est ni cet « amateur de spéculations aventureuses » qui prétend trouver en médecine une mesure exacte (*metron*) analogue à celle des mathématiques pour justifier sa méthode déductive, ni celui qui se contente d'accumuler de façon désordonnée observations et expériences. Il sait utiliser les observations pour dégager les règles générales, et il possède aussi une *aisthèsis*, un « sens clinique », un diagnostic adapté à chaque cas particulier. Dans leurs traités, les médecins « philosophes »

---

1. R. Joly, *Hippocrate, Médecine grecque*, Paris, Gallimard, 1964, p. 14 ; sur les traités hippocratiques, voir J. Jouanna, *Hippocrate*, Paris, Fayard, 1992.

voulaient établir la réalité d'un *art* médical contre les partisans du hasard qui lui attribuent tout ce qui relève de la maladie et de la guérison. La méthode d'Hippocrate est originale en ce qu'elle constitue un double jeu d'oppositions et introduit un troisième terme : la *technè* s'oppose à la fois au hasard (à la *tuchè*, *l'automaton*) et à la recherche de la *sophia*, à la *philosophia*. En s'opposant simplement au hasard, la science garantissait son existence et sa possibilité, et la *technè* pouvait équivaloir à une *sophia*. Le médecin qui procède avec la rigidité du savant, du « sophiste », prescrivant par exemple d'administrer quelque chose de « chaud en soi », ou bien est coupable de « verbiage », ou bien confond sous une même dénomination des substances qui ont des effets exactement contraires. À ces « novateurs philosophes », l'auteur du traité de l'*Ancienne médecine* oppose une médecine expérimentale dont il est sans doute l'initiateur. Contre la prétention des « philosophes » à une *sophia* universelle, une et procédant déductivement, s'affirme la multiplicité irréductible des savoirs, la particularité de tout savoir réel quant à son objet, son domaine, ses méthodes et ses buts. La *technè* se constitue comme articulation d'une théorie et d'une pratique, d'une *epistèmè* et d'une *empeiria*.

La « philosophie » signifie donc la recherche d'un savoir général et l'obligation pour toute pratique d'y trouver son fondement ; elle est le propre de ceux qui, en écrivant, ont procédé à partir de principes. Leur méthode est donc exactement inverse de celle requise par leur objet, la *phusis*, qui ne doit pas être mise au singulier mais au pluriel. La *sophia* vers laquelle tendent les « philosophes » n'a alors sa place que comme savoir illusoire et vide, non « technique ». Dans ce champ, qui est celui des anciennes *sophiai*, mais découpé autrement, et pour longtemps semble-t-il, par cette étonnante réflexion sur la *technè* qu'élaborent certains textes hippocratiques, la référence à la philosophie est à la fois référence à ceux « qui ont écrit » – référence à une pratique abstraite, déductive et définitivement fixée – et référence à une méthode qui, parce qu'il n'y a pas d'expérience possible de son objet, la *Nature*, ne peut se constituer ni comme « scientifique », ni comme « rationnelle », ni comme « technique », mais seulement comme « physique » (nous dirions « métaphysique »).

Le sens « technique » de sophia

Le texte si controversé du *Phèdre* sur la méthode d'Hippocrate (269d-271c) adopte-t-il cette redistribution du champ ? Relève-t-il au contraire de la critique adressée aux iatro-sophistes par l'auteur du traité de l'*Ancienne médecine* ? Sa complexité est telle que ces deux interprétations peuvent paraître également justifiées. De fait, chacune s'appuie sur un moment différent de l'argumentation. Dans le premier, Socrate semble poser une exigence que le second, s'il ne le contredit pas explicitement, laisse complètement de côté. Entre les deux un principe est formulé : faut-il le comprendre comme la traduction de l'exigence précédente, ou au contraire en découvrir le sens dans l'énoncé méthodique qui suit ?

La rhétorique prétend être un art rationnel, une *technè* ; si elle l'est, on doit pouvoir en définir la méthode. Périclès est alors choisi comme paradigme (269e). Il incarne la perfection la plus achevée, et aucun auteur d'un traité de rhétorique ne peut raisonnablement souhaiter former de meilleur orateur. Or, parfaite en son genre, l'éloquence de Périclès n'applique aucune théorie rhétorique. Le choix du paradigme n'est pas ici (l'est-il d'ailleurs jamais dans

les Dialogues?) innocent. Le jugement réfléchissant sur
l'« art » de Périclès ne permet d'énoncer aucune règle, de
définir aucune méthode. À l'origine de cette perfection,
on trouve l'alliance d'un bon naturel et d'un heureux
hasard. Ce mélange d'instinct, d'inspiration et d'habileté
a permis à Périclès, étant « tombé » sur Anaxagore, de tirer
de ses spéculations ce qui pouvait lui être utile dans ses
discours [1]. Des dons naturels plus l'exploitation d'un
« bavardage sublime », cela ne fait pas une *technè*. L'alliance
des deux suffit pourtant à engendrer l'orateur le plus
accompli, et cela du point de vue même de la rhétorique.
La réflexion sur le paradigme débouche sur la constatation,
non dépourvue de malice, de l'inutilité des règles de la
méthode dans un domaine où l'on peut, semble-t-il, réussir
tout aussi bien, et peut-être même mieux, sans elles. Cela
à la condition d'agrémenter sa pratique empirique de
« considérations élevées ». Ce supplément n'est pas plus
la théorie d'une pratique que la théorie mise en œuvre par
cette pratique. C'est une pièce rapportée, et en cela le signe
que cette pratique n'est ni technique ni rationnelle. Mais
autre chose est de démonter les procédés d'une éloquence
efficace, autre chose d'énoncer un principe et une méthode.
Cela amène néanmoins à comparer la rhétorique avec la
médecine :

> Dans chacune des deux, il est nécessaire d'analyser une
> *phusis*, dans l'une celle du corps, dans l'autre celle de l'âme,
> si toutefois ce n'est pas par routine et empirie que l'on veut
> procéder, mais par savoir rationnel (*technè*), lorsque l'on
> administre à l'un drogues et régime afin de lui procurer santé

---

1. πρόσφορος (270a7). προσφέρειν vient d'être employé (268a10)
dans son sens médical d'« administrer un remède » : Périclès « administre »
à son éloquence la dose suffisante de « hauteur de vues ».

et force ; à l'autre, discours et occupations conformes aux
règles, afin de lui communiquer la persuasion et la vertu
qu'on souhaite. — Il est au moins vraisemblable, Socrate,
qu'il en soit ainsi. — Or la nature de l'âme, crois-tu qu'il
est possible de la concevoir d'une façon digne qu'on en
parle quand on la conçoit sans la rattacher à la nature du
tout ? — Ma foi, si l'on peut faire confiance à Hippocrate,
lui qui est un Asclépiade, du corps non plus on ne peut pas
s'occuper sans recourir à cette méthode. (*Phèdre*, 270b-c)

Que faut-il entendre par « nature du tout » ? Si cela
signifiait que toute étude d'une nature particulière doit
s'appuyer sur la connaissance de la Nature, obligation
justifiée par la correspondance du microcosme et du
macrocosme, Phèdre prêterait à Hippocrate le thèse des
médecins sophistes, de ceux qui, pour soigner un rhume
de cerveau commencent par définir l'Univers et ses principes
fondamentaux. La *technè* tiendrait sa force, non de sa
méthode, mais « de la *sophia* qui lui aurait enseigné ses
principes »[1], et consisterait à « connaître la manière
artificielle de supprimer la vertu de ce qui est naturellement
fort, et donner de la force à ce qui est faible chaque fois
qu'il y a lieu[2]. » Cette définition de la nature du tout (avec
la pratique qui en découle) n'appartient ni à Hippocrate,
ni à Platon ; elle est le propre des « physiciens », et elle
permet l'utilisation que sophistes et rhéteurs en font. Car
c'est bien la médecine en tant qu'elle est un art véritable,
art consistant à ajuster un savoir théorique à des natures
dont il aura recensé les différentes espèces, que Platon
donne pour modèle à l'art rhétorique. Pour Platon comme
pour Hippocrate, une *technè* ne se constitue que lorsque

---

1. δυνάμενος δὲ διὰ σοφίην ᾗ πεπαίδευται, Hippocrate, *De l'art*, § 1.
2. *Du régime*, § 2. Protagoras définit ainsi la puissance de son art,
cf. D.K., II, B6, b.

la double impossibilité d'une pratique sans théorie et d'une théorie sans pratique devient réflexivement claire. Le traité de *L'Ancienne Médecine* récusait, sous le nom de « philosophie », une connaissance spéculative et *a priori* de la nature de l'homme, mais en tant que cette connaissance conférait à l'homme une nature unique, et non pas en tant qu'elle l'inscrivait dans le tout de la Nature. De quel « tout » l'Hippocrate du *Phèdre* prescrirait donc de connaître la nature ? Dans la suite du Traité, il est dit que connaître le corps humain nécessite d'explorer les relations « avec ses aliments, avec ses boissons, avec tout son genre de vie », et de discerner « quelles influences chaque chose exerce sur chacun ». La météorologie prend alors un tout autre sens que celui d'une science des phénomènes célestes, elle « importe énormément au médecin » car « l'état des organes digestifs change avec les saisons »[1]. Il est impossible d'isoler l'organisme de son milieu. Mais de proche en proche, le milieu d'un organisme humain, c'est le monde tout entier, conçu comme l'ensemble des corps capables d'agir sur cet organisme. À la connaissance de quel « tout » rattacher la nature de l'âme ? Aussitôt énoncé, ce problème semble abandonné, et Socrate passe aux questions qu'il faut poser pour connaître méthodiquement la « nature de quoi que ce soit » (270d). Y a-t-il véritablement abandon ? L'exposé qui suit ne représente-t-il pas au contraire l'explicitation du principe ? Sur la « nature du tout » le texte, en apparence, ne nous dit rien, mais l'adjonction à Hippocrate du « discours vrai » devrait nous indiquer que

---

1. *L'Ancienne Médecine*, § 20. *Des airs, des eaux et des lieux*, § 2. Voir H. Joly, *Le Renversement platonicien* : « S'il n'est pas scientifique d'aller de la météorologie à l'anthropologie, il est de bonne méthode médicale d'aller de l'anthropologie à la climatologie » (p. 242).

l'essentiel, c'est-à-dire le vrai, réside bien pour Platon dans l'énoncé de la méthode.

Que signifie alors procéder techniquement quand il s'agit de connaître une nature ? Pour qu'une méthode en soit une, et non une démarche d'aveugle, il faut avant tout une diérèse, seule capable de nous assurer de la simplicité ou du caractère multiforme de l'objet. Puis il faut remonter de chaque nature à sa puissance (*dunamis*) propre d'agir, et sur quoi, de pâtir, et de quoi, puis remonter de la puissance à ce qui en est responsable (*aitia*). De la différenciation des différentes puissances (*dunameis*) on peut déduire les différentes natures. Le tout consiste en une totalité méthodiquement constituée par une triple opération : de *détermination des pouvoirs et des affections*; de *division* et de *dénombrement des types*; et de *classification des moyens correspondants* (271a-c). L'exigence de totalité joue à la fois à l'intérieur de chacune des règles de la méthode – déterminer *toutes* les puissances d'agir et de pâtir, dénombrer *tous* les types, faire une revue *complète* des moyens et des causes – mais elle joue aussi sur l'ensemble : si une partie quelconque fait défaut, on ne pourra se prévaloir d'avoir procédé techniquement, et la pratique ne sera pas efficace (272a-b). La seule détermination « technique », rationnelle, de la nature du tout est une détermination méthodique et elle détermine le champ d'une pratique scientifique autonome. Le propre de cette connaissance est de mettre en œuvre une méthode théoriquement complète dont l'application aux cas particuliers soit toujours possible. Si, en médecine, le singulier ne peut être compris que par le type, le type ne se vérifie qu'à la condition de permettre une action sur le cas singulier. Il y a à la fois continuité entre les différentes techniques, puisque l'activité rationnelle est invariable dans son caractère normatif – obligation de « fournir ses raisons », d'argumenter –, et discontinuité quant aux méthodes et aux objets, dont les structures différentes réclament des ajustements, des diagnostics, des pronostics, des savoir-faire différents. Le « versant pratique » inséparable de l'aspect théorique commande cette organisation d'une multiplicité irréductible. Platon reconnaît à chaque *technè* (de la plus artisanale à la plus rationnelle) totalité et autonomie. L'ensemble des connaissances et des pratiques rationnelles forme bien un tout souplement organisé et hiérarchisé, mais il n'y a pas de science capable d'unifier cet ensemble, de science du tout, de *sophia*. La *sophia* des physiciens est rejetée au profit de la multiplicité des *technai*, d'un ensemble de savoirs dont chacun s'est donné méthodiquement les moyens de définir et de connaître la totalité de son objet.

La philosophie ne vient pas, comme démarche réflexive, prendre le relais de cet impossible savoir du tout – principiel ou régressivement fondateur, peu importe – que constituerait la *sophia*. La médecine est devenue possible comme *technè* grâce à la « philosophie » (au désir de *sophia*) des médecins, mais elle est devenue savoir autonome seulement lorsqu'elle s'est retournée contre elle. Platon, comme Hippocrate, ne cesse de défendre la médecine sur deux fronts : contre la méthode déductive des iatro-sophistes, et contre la pratique servile des empiristes, pour qui tout passage à une plus grande généralité est « bavardage ». Le champ où les savoirs rationnels se constituent en s'opposant au hasard de l'empirie comme à la domination d'une science unique, ce champ où les « praticiens » articulent méthodiquement théorie et pratique, mesure exacte et observation, est le champ où ils s'opposent à la « philosophie ». Mais la sorte de philosophie à laquelle ils s'opposent est une *sophia*.

Que les savoirs ne soient pas la science, bien qu'ils sachent, qu'ils sachent quelque chose et qu'ils sachent comment savoir, cela n'a de sens que pour le philosophe, que pour celui qui est sorti du champ. La science (*epistèmè*) n'oppose pas sa compétence aux autres compétences : ni science du fondement, ni science des autres sciences et d'elle-même (*Charm.*, 168a), elle a, elle *est* la réminiscence d'un autre pouvoir : de la capacité de bien user du logos, d'en user de telle sorte qu'il soit pensant et que l'intelligence et l'intelligible lui soient présents. En vertu de cette capacité, elle pose des questions – d'origine, d'utilité – qui n'enlèveront rien au caractère technique des *technai* mais qui, en en révélant l'origine et la fin, effectuent la véritable distinction qui n'est pas une distinction de méthode, mais une différence de nature entre deux types de forces : celle des appétits et celle du savoir. « Tous les arts en général ne sont dirigés vers rien d'autre que vers les opinions et les appétits des hommes » (*Rép.*, VII 533b). Sans appétit, sans besoin (*chreia*), il n'y aurait jamais eu de *technè* puisque aucune *technè* n'aurait eu de raison d'être (*Rép.*, II 369b, *Pol.*, 274c). Les *technai* sont nées des appétits, se multiplient avec eux et n'ont d'autre fin qu'eux. Le désir de connaître et de maîtriser a une autre origine que le désir d'apprendre et de comprendre. Que toute *technè* importante se double nécessairement de son ombre, de son simulacre – de l'art de la flatterie correspondant – révèle leur commun enracinement dans l'appétit. Comme toute *technè*, la médecine est née d'un appétit et d'une crainte, et reste à leur service : les hommes recherchent la santé, craignent la maladie et la mort. La médecine réfléchit seulement aux moyens de préserver l'une et d'éviter les autres ; elle ne s'attaque ni à cet appétit ni à ces craintes. Mais, savoir rationnel, la *technè* connaît les vrais objets des appétits, des craintes et des opinions des hommes : elle connaît aussi leur force, et la force des corps animés ou inanimés en rapport avec ces craintes et ces appétits. En cela elle se différencie de la flatterie. Seul le philosophe peut apprécier cette différence, et non le « savant » qui, lui, ne verrait même pas l'analogie, à savoir le commun enracinement dans l'appétit.

La distinction entre *technè* et *philosophia* ne se réduit pas à la distinction entre un savoir partiel et un savoir total ; pas davantage à celle entre un savoir qui est savoir de quelque chose et un savoir qui serait savoir des autres savoirs et de lui-même. Car une telle distinction s'effectuerait entre la *technè* et la *sophia*, non pas entre la *technè* et la *philosophia*. Un savoir total, savoir positif de tous les autres savoirs et de lui-même, est, selon Platon, impossible à constituer. Quand au savoir partiel, il ne mérite pas le nom de *sophia*, car dans ce nom est inclus le valeur et le prestige du *sophos*. Il instille la croyance qu'est suffisant ce qui n'est que misérable savoir-faire (*Mén.*, 93d), ou bien grâce divine (*Ion*, 542a), ou encore illusionnisme (*Euthyph.*, 3c-d, 5b ; *Phil.*, 16e-17a). C'est cette illusion qu'il s'agit de réduire en substituant selon le cas les noms convenables – ignorance, inspiration et don divin, ou alors savoir partiel, *technè*. La *philosophia* ne s'oppose pas plus à la *technè* que la *technè* à la *philosophia*, à moins d'entendre, encore et toujours la philosophia comme aspiration à une *sophia*. Or pour Platon, la *philosophia* rompt aussi bien avec l'idéal d'une science souveraine (qui est celui de la *sophia*), qu'avec une définition du savoir comme science positive et rationnelle (celle même qu'induisent les *technai*). La dialectique réservée au seul philosophe ne vient pas couronner une classification des sciences; s'il y a des sciences pro-pédeutiques, il n'y en a pas de pro-dialectiques, et même les sciences mathématiques ne méritent pas vraiment le nom de « sciences ». La dialectique est la seule science digne de ce nom. Instaurant un usage différent du logos, sachant interroger et répondre, elle sait aussi qu'il n'y a pas d'autre modalité du savoir. La *technè* est une espèce de savoir, car, ayant une relation à l'art de mesurer, possédant la connaissance de la nature de son objet et de sa « puissance » propre, elle peut s'apprendre et s'enseigner. C'est pourquoi de la plus humble (celle du cordonnier, du tisserand) à la plus haute (l'art royal), elle oppose au hasard une causalité intelligente, surmonte la fascination de la circonstance pour tirer parti du moment propice, dépasse l'instantanéité aveugle de l'appétit pour le diriger vers ce à quoi il aspire vraiment. Seul varie le dosage de connaissances et de savoir-faire. Mais ces « savoirs rationnels » (y compris mathématiques) ne savent pas vraiment, ce n'est pas sur eux qu'il faut réfléchir pour savoir ce que c'est que savoir, ce n'est pas eux qu'il faut prendre comme modèles ou comme exemples de la véritable démarche de la science.

Le discours d'Hippocrate est un « discours vrai » s'il s'agit de dégager la méthode à employer pour connaître *techniquement* la nature de quoi que ce soit. Mais il existe des natures qu'aucune connaissance procédant « techniquement » ou « dianoétiquement » ne peut saisir. Le logos le peut, grâce à sa puissance dialectique. Connaître cette puissance propre du logos, mesurer tout ce qu'il est capable d'imposer et de produire, ne serait-ce pas là la véritable *sophia*?

3. LA TECHNIQUE DES « PHILOSOPHES »

La force magique de la logique

C'est ce que pense Gorgias :

> Que la persuasion, lorsqu'elle est présente dans le discours,
> imprime aussi à l'âme les marques qu'elle veut, c'est ce
> qu'il est besoin d'apprendre avec, d'abord, les discours des
> météorologues, eux qui, substituant opinion à opinion,
> dissipant celle-ci, produisant celle-là, font que des choses
> incroyables et inapparentes brillent aux yeux de l'opinion ;
> en second lieu, avec les combats contraignants de discours
> où un discours unique charme et persuade une foule
> nombreuse, si c'est l'art qui l'a fait écrire et non la vérité
> qui l'a fait prononcer ; troisièmement, avec les luttes entre
> discours philosophiques (*philosophoi logoi*), où se montre
> aussi la vitesse de jugement (*gnômè*) capable de faire aisément
> changer la confiance (*pistis*) qu'accorde l'opinion (*doxa*) [1].
> Gorgias, *Éloge d'Hélène* (§ 13)

De toutes les forces qui ont pu entraîner Hélène, le
logos auquel la persuasion est présente est la force la plus
grande. À la différence des impératifs de la *tuchè*, des
volontés divines, des décrets de la Nécessité, de la violence
ou de l'appétit amoureux (§ 6), le logos aidé de la persuasion
a le pouvoir d'imprimer dans l'âme ce qu'il veut. L'exemple
d'Hélène est pour Gorgias l'occasion de montrer cette
« violence magique » du logos et son « ambivalence », sa
capacité à produire en l'âme des effets contraires. En raison
de leur ignorance du passé et du futur, les hommes ne
peuvent que méconnaître leur présent, en avoir une
représentation partielle, subjective, fluctuante : une *doxa*.

---

1. Traduction de B. Cassin dans *L'Effet sophistique*, Paris, Gallimard,
1995, p. 146.

S'opposant à cette passivité de l'opinion qui manque de sûreté (§ 11), de fermeté et de conviction (*pistis*), le logos possède la puissance de nous convaincre que les enchaînements qu'il énonce sont des enchaînements nécessaires. Il a l'allure de la nécessité (*anankè*, terme qui revient trois fois dans le § 12). Mais cette nécessité rationnelle qu'il a la force de nous imposer, il ne la tient que de l'acte irrationnel par lequel il nie l'impossibilité de fait de toute connaissance et de toute énonciation de ce qui est. Acte, pouvoir, il s'oppose à l'impuissance de la *doxa*. Tout l'*Éloge d'Hélène* est construit sur cette opposition entre *logos* et *doxa*, qui n'oppose pas la vérité à son absence, mais la puissance de l'art à l'impuissance de ce qui en est dépourvu. Après avoir montré que la poésie peut faire éprouver à l'âme, comme étant siennes, des passions étrangères, par le moyen d'un langage rythmé, Gorgias passe à l'analyse du langage « non rythmé ». Par les moyens qui lui sont propres, ce type de discours peut produire un autre type d'effets, caractérisé par l'ambivalence car c'est à elle qu'on reconnaît la mise en œuvre d'une *technè*. Selon Gorgias, il existe trois espèces de discours qui, dans des domaines différents, manifestent de façon éclatante le pouvoir du logos. La nécessité du logos est une nécessité purement logique, formelle, et par là même ambivalente puisque le contenu, c'est-à-dire la *doxa*, l'opinion, la thèse, est indifférent. Seul le logos peut lui donner forme et force. L'analyse des trois espèces de discours mettant en œuvre ce type de nécessité est l'analyse des usages possibles de la puissance fantastique et illogique de la logique.

Les traités des philosophes de la Nature constituent la preuve de cette toute-puissance de la forme et de cette indifférence du contenu. Peu importe la théorie qu'ils soutiennent ou réfutent. Quelle que soit la thèse qu'ils énoncent sur la Nature (l'ensemble de la réalité) et sur ses causes, les météorologues dissocient la réalité de sa saisie immédiate, de son évidence sensible, subjective et contradictoire, pour nous faire croire que la réalité vraie ne se révèle qu'aux yeux d'une faculté qui, dépassant le sensible, accède à l'invisible. C'est pourquoi, si tous avaient la mémoire du passé qui a déterminé le présent, donc la connaissance d'une nécessité réelle, le pouvoir du logos ne serait pas si grand (§ 11). La connaissance de l'Histoire de l'Univers rendrait fantastiques les histoires que les météorologues nous racontent, l'inflexible nécessité empirique démentirait l'apparente nécessité logique. Les constructions spéculatives, « métaphysiques », des philosophes de la Nature n'ont ni plus ni moins d'existence et de vérité que n'en ont Sylla ou la chimère. Mais la logique peut nous faire croire à n'importe quelle chimère, et cette sorte de discours, capable d'imposer n'importe quelle interprétation de la réalité, même la plus incroyable, est plus qu'aucune autre à même d'établir la force démonstrative du logos.

Le passage à l'argumentation oratoire permet de mesurer les conséquences d'un tel pouvoir dans le domaine pratique. La nature de l'auditeur, son degré d'ignorance ou de connaissance, l'opinion qu'il peut avoir sur la question, ne peuvent faire obstacle à l'action persuasive. Prononcé au bon moment, un discours peut persuader n'importe qui et une foule aussi nombreuse qu'on voudra, à condition cependant d'avoir été composé comme il faut, avec *technè*. La forme péremptoire du logos rend, là encore, le contenu indifférent dans sa vérité ou sa non-vérité. Si Gorgias introduit ici, pour l'annuler, la notion de « vérité », c'est qu'on a quitté le domaine théorique où les contradictions entre les doctrines rendaient évidente leur équivalence, où la multiplicité même des thèses en présence et la nature inconnaissable de l'objet excluaient toute référence à une quelconque vérité. Dans le domaine pratique la réalité des faits semblerait en revanche devoir s'imposer, comme semblerait devoir jouer la logique simple du vrai *ou* du non vrai, du conforme *ou* du non conforme à l'expérience. Mais de telles expériences sont subjectives et fugitives, elles ne peuvent être que matière d'opinion. Ce sont de possibles objets de croyance, jamais de connaissance. Et rien dans une croyance ne peut s'opposer à la force persuasive du *logos*.

Que désigne alors la troisième espèce de discours, celle des *philosophoi logoi*? À quel domaine Gorgias réserve-t-il l'usage de l'adjectif *philosophos* pour caractériser le logos? Le discours du physicien comme celui de l'orateur exerce son action grâce à une argumentation *continue* : la nécessité est celle d'un enchaînement capable d'imposer une opinion donc de persuader. Mais, par leurs controverses, les « philosophes » tendent à montrer que toute croyance peut se déplacer facilement d'une *doxa* à une autre, lorsque le travail critique de la pensée est suffisamment rapide. Est-ce à dire que les discours philosophiques ne tendent, eux, à imposer aucune opinion et ne visent pas à persuader? En ce cas, ils n'auraient pas leur place dans ce § 13. La capacité de penser vite (*gnômès tachos*) est bien une capacité critique, dialectique au sens éléatique du terme, dont le but est de mettre en évidence la variabilité et l'instabilité de toute opinion comme de toute conviction[1].

---

1. La *gnômè* est une notion mise à la mode par les sophistes, d'où son usage fréquent et ridicule dans les *Nuées*. La définition aristotélicienne

Le logos use ici de sa puissance non pour imposer *une* opinion, mais au contraire pour démontrer l'absence de fondement donc de stabilité de *toute* opinion. Le logos n'impose plus sa nécessité au moyen de liaisons, d'enchaînements, mais de contradictions. Le « philosophe » ne met pas, comme le « physicien », la force du logos au service d'une thèse qu'il a choisi de tenir pour une vérité. Il ne met pas non plus, comme le rhéteur, tout son art à imposer un parti pris en l'absence de toute raison, de toute justification et de toute garantie. Il ne possède ni la capacité d'illusion du physicien, ni la détermination du rhéteur. Les controverses philosophiques miment au niveau du simple exercice dialectique et lors d'une comédie sans conséquence l'impossibilité tragique de la connaissance et de la vérité. Elles témoignent cependant de la capacité critique de la pensée, de sa rapidité, qui ne laisse intacte ni l'unité illusoire et démontrée seulement en apparence d'un système spéculatif, ni l'unicité, seulement apparemment inéluctable, d'une décision prise. Dissolvant toute unité, la pensée, par sa capacité à changer instantanément de perspective, produit du multiple et démontre *l'équivalence* de ce multiple. Un tel exercice n'est pas dépourvu de *technè*, de celle qui consiste à pouvoir envisager n'importe quelle hypothèse, à en discerner rapidement les conséquences et à en changer, sans prendre parti pour aucune. Un tel savoir appelle un autre nom que celui du « météorologue » ou de l'orateur. Ce maniement hypothétique, « dialectique », du logos, est nommé par Gorgias *philosophique*. Pourquoi ? En dehors

(*Éthique à Nicomaque*, VI, 11, 1143a20-22) est sans doute proche du sens donné par Gorgias (voir P. Aubenque, *Phronesis, La Prudence chez Aristote*, Paris, P.U.F., [1963] 1976, p. 150-152).

de raisons historiques, sans doute parce qu'il est encore, dans son origine et dans son but, orienté vers la *sophia*.

La dialectique – cette création des Éléates – ne détruit la validité de l'opinion que pour mieux assurer la différence de la vérité et du savoir requis pour la saisir : la *sophia*. Ménageant la possibilité d'un savoir positif, l'exercice philosophique (dialectique) du logos peut soit compléter une exposition de la Vérité condamnant, comme chez Parménide, toute opinion à la fausseté, soit au contraire, concevant toute vérité comme subjective et incommunicable, ouvrir l'espace où se succèdent la diversité et l'instabilité des opinions, ce qui arrive avec Gorgias et Protagoras. Faire prévaloir l'opinion la plus utile appelle la mise en œuvre d'une *technè*. Baptisée *sophia*, elle est capable d'utiliser au mieux la toute-puissance du logos sur n'importe quelle opinion, sur l'opinion en général. Dans le premier cas, la voie du *sophos logos* est directe, elle n'implique pas de *philosophos logos*. Dans le second, les *philosophoi logoi*, conscients de la mobilité de l'opinion, requièrent un art, car si le discours est pour nous la seule figure possible du nécessaire, l'art des discours constitue la seule *sophia*, le seul savoir, puisqu'il est l'art de produire des discours capables, en toute occasion, de nous persuader des meilleures opinions possibles.

« *La source de l'inintelligente opinion* » : phusis *et* technè

Lorsque Platon aborde l'examen des doctrines qui ont entrepris de déterminer l'Être quant à son nombre et quant à sa nature, il les caractérise d'un seul mot : ce sont des histoires. « Un conte, voilà visiblement ce que chacun vient nous débiter, comme il le ferait à des enfants » (*Soph*., 242c). Examinant les grands discours des présocratiques sur l'Être et la Nature, il dénonce à son tour les contradictions et conflits entre ces doctrines. Il pourrait reprendre l'expression de Gorgias : elles ne font que substituer « opinion à opinion ». La manière dont elles récusent les données sensibles au profit de principes invisibles arbitrairement choisis les condamne à la mythologie. Tout se passe donc comme si la critique opérée par Gorgias avait été décisive, en discréditant de façon irréversible une certaine forme de « physique méta-physique ». Chez Gorgias, l'impossibilité de penser ce qui, absolument, est, avait pourtant comme contrepartie l'impossibilité de dire ce qui, absolument, n'est pas. Tout critère étant du même coup supprimé, le discours devient étranger aussi bien à l'Être qu'à la vérité. L'impossibilité d'une connaissance de la Nature est solidaire de la constitution d'un art rhétorique. Physiciens et rhéteurs ont en fait une même conception substantielle de la Nature et de la réalité, et une même définition, positive et dogmatique, de la vérité. Leur entreprise est complémentaire et s'inscrit dans le champ d'une *sophia* dont la notion leur est commune. Mais ce que les uns considèrent comme immédiatement possible – la saisie de la vraie nature et des véritables principes de la réalité, l'expression d'un absolu de la vérité –, les autres en comprennent l'impossibilité, ne la comprenant que pour mieux l'exploiter[1]. Le titre provocateur de Gorgias : *Sur le Non-Être ou De la Nature* signifie cette absence de toute référence externe, de tout critère extérieur au logos, ce qui confère sa toute-puissance à la *sophia* du rhéteur, capable de maîtriser le pouvoir illimité du logos.

---

1. Sur cette solidarité de l'ontologie parménidienne avec la sophistique voir W. Jaeger, *Paideia*, t. II, Paris, Gallimard, 1964, p. 342-5. B. Cassin, *Si Parménide Le traité anonyme* De Melisso Xenophane Gorgia, Cahiers de Philologie, vol. 4, Lille, PU, 1980, en fait l'essentiel de sa thèse.

Dans un texte célèbre du Livre X des *Lois*, Platon montre cette solidarité entre l'« athéisme » des physiciens et son utilisation rhétorique. Que les physiciens reconnaissent dans la Nature l'unité indifférenciée d'un Être repoussant tout prédicat ou qu'ils y lisent le jeu hasardeux de forces s'unissant et se combattant dans le devenir, dans les deux cas la *phusis* désigne un être privé d'intelligence, donc étranger à toute *technè*. « Feu, eau, terre, air, tout cela, disent-ils, existe en vertu de la nature et du hasard, et non en vertu de l'Art (*technè*) » (*Lois*, X 889b). Le *technè* est seconde, dérivée, « tardive » par rapport à la nature, elle ne peut engendre que « certains divertissements qui ne participent absolument pas de la réalité vraie » (889c-d). « Dès lors les choses justes, bien loin de l'être aucunement par nature, ces choses-là, les hommes passent au contraire leur vie à en disputer entre eux et à en changer incessamment » (889e). Les multiples arts, comme le disait Polos, « ont été découverts expérimentalement à partir d'expériences » (*Gorg.*, 448c) ; l'expérience est à l'origine de toute *technè*, et en particulier de celle qui arrache le cours de notre vie au hasard (*ibid.*). Cet art est la plus haute *sophia*, puisqu'il est l'art du logos, seul « capable de s'asservir toutes les puissances (*dunameis*) » (*Gorg.*, 456a, *Phil.*, 58a-b). En prenant comme principe le hasard ou la Nécessité, les physiciens livrent l'âme et l'État, l'ordre psychologique et politique, à la toute-puissance d'un art rhétorique qui ne tient sa toute-puissance que du fait que rien dans une âme ou dans un État ne semble avoir de *nature*, donc est incapable de résister. Car, partout où il y a une « causalité errante » (*Tim.*, 48a), une telle causalité dépourvue de finalité propre est disponible pour n'importe quelle fin, elle est prête à devenir l'auxiliaire, la complice (*sunaitios*), de n'importe quelle fin. Le *thumos* et les appétits dénotent la présence de cette sorte de causalité en l'âme : ils permettent le jeu de la persuasion. Le décalage entre la nature d'une chose et sa fin, sa tâche (*ergon*) propre, mesure sa marge de déviation et de disponibilité pour une technique magique. La rhétorique, cette espèce de magie, utilise cette marge en se servant du logos pour nous imposer des fins. Le savoir dont le nom propre est *sophia* constitue le champ totalement occupé par météorologues et rhéteurs. Dans ce champ, il semble ne rester d'autre possibilité que d'ajouter mythologie à mythologie, ou d'utiliser à des fins pratiques la puissance péremptoire du logos. Pour sortir de ce champ, Platon va se servir d'un mot, en y concentrant toute la puissance capable de désarticuler ce savoir, toute la différence nécessaire pour constituer une autre manière de savoir. Ce mot est paradoxalement celui-là même dont Gorgias s'était servi pour nommer la troisième espèce de discours, celle qui n'était propre ni aux physiciens ni aux rhéteurs : *philosophos*.

La troisième espèce de discours analysée par Gorgias ne vient pas s'inscrire dans le champ délimité par les deux précédentes. À coup sûr, le discours du philosophe met en lumière la variabilité et l'absence de fondement propres à l'opinion. Mais le discours vrai auquel il fraie ainsi la voie n'est pas un discours sur l'être ou sur le non-être, c'est un discours relié chez Platon à la vérité par le désir, désir qui est aussi une parenté. Le seul principe de discernement du philosophe n'est ni l'expérience des empiristes ni l'art des rhéteurs, mais son expérience et sa *technè* propres : sa capacité à apprendre qui le constitue comme philosophe (*Rép.*, II 376b). Le savoir qui porte en lui cette double dimension du désir et de l'apprendre ne peut plus se nommer *sophia*, il n'est plus le fait d'un savant mais d'un philosophe. Car si Gorgias a sans doute éternellement raison, si la puissance de la logique est illogique dans son fondement, si la valeur de la démonstration repose sur un indémontrable postulat – la supériorité du rationnel sur des exigences et des intérêts qui sont, eux, parfaitement irrationnels – il reste que, lorsque nous parlons et que nous pensons, c'est bien la vérité que nous désirons. Et non pas n'importe quelle « petite vérité », mais une vérité telle que nous ayons, pour la penser, à penser : à apprendre plus que nous ne croyions en savoir, à comprendre ce qui, à la différence d'un problème théorique ou pratique, fait essentiellement question.

4. Sagesse et folie

Le bon usage du philosopher : ni trop ni trop peu ?

Mais être philosophe, est-ce que cela implique que l'on passe toute sa vie à philosopher ? Faut-il philosopher, ou philosopher en vue d'être un homme digne de ce nom ? Et la philosophie, comprise autrement que comme l'élément d'une culture et d'une éducation, ne comporte-t-elle pas un risque ?

Dans son oraison funèbre des soldats morts à la guerre, Périclès dit des Athéniens : « nous cultivons la beauté, mais sans excès : nous avons le goût du savoir (φιλοσοφοῦμεν), sans que cela nous amollisse[1]. » Philosopher signifie ici sans nul doute « se cultiver », « avoir le goût des choses de l'esprit », de la culture intellectuelle. La civilisation athénienne a su éviter un risque inhérent à cette culture : la mollesse, le manque de fermeté, de virilité, d'*andreia*. Elle a réalisé un difficile équilibre de forces contraires jouant subtilement l'une avec

---

1. Thucydide, *La Guerre du Péloponnèse*, II, 40, 1.

l'autre, une tension harmonieuse entre goût pour le savoir
et énergie, pensée et action ; en ce sens « elle est l'école
de la culture grecque »[1]. On croirait cependant entendre
les bienveillantes paroles de Calliclès : « la philosophie
est une aimable chose, si l'on s'y applique avec mesure et
à l'âge qui convient... il est beau d'y avoir part exactement
autant que cela sert à la formation générale (*paideia*)...
quant à celui qui passe le restant de sa vie à babiller, enfoncé
dans un coin avec trois ou quatre adolescents, sans jamais
proférer rien de libre, de grand, en tout cas d'approprié à
la situation, c'est devenir le contraire d'un homme » (*Gorg.*,
484c-485e). La *philosophia* ne doit pas se poursuivre sans
mesure, sans limite, « toujours plus loin », au-delà de ce
qu'il faut et de l'âge qui convient (484c). Sa mesure lui
est imposée par une *paideia* dont le but est de former un
homme accompli (*kalos kagathos*) ; sa limite dans le temps
est l'arrivée à l'âge d'homme. La pousser plus qu'il ne
faut, c'est tomber dans la mollesse : le manque d'énergie,
de grandeur, de sens de ce qui est important et sérieux.
Ces nobles Athéniens de la seconde moitié du ve siècle
que sont Calliclès, Périclès et Thucydide, sans partager
les idées « réactionnaires » d'Aristophane en matière
d'éducation, reconnaissent l'utilité d'une « formation
théorique », mais ils « ont peur de devenir, à leur insu,
plus savants qu'il ne faut » (*Gorg.*, 497d), ils éprouvent
pour la théorie une « froide répulsion[2] ». Philosopher
« outre mesure », c'est « couper les cheveux en quatre »,
parler « de petites choses et de peu de valeur » (*Gorg.*,
497b), mettre chaque fois les raisonnements sens dessus

1. Thucydide, *La Guerre du Péloponnèse*, II, 41, 1.
2. Voir le merveilleux discours du « Raisonnement juste » dans les
Nuées (v. 961-1010).

dessous (511a), se servir de sa virtuosité de langage pour triompher à bon compte : « Comme tu aimes avoir le dessus, Socrate » (515b). Pour Calliclès comme pour le Périclès de Thucydide, philosopher comme il convient consiste à retenir d'une gymnastique intellectuelle tout ce qui peut servir à former et assouplir l'esprit, en rejetant tout ce qui est jeu, verbiage, discussion stérile.

La juste mesure

Curieusement, au Livre III de la *République*, Platon semble reprendre un thème analogue à celui de Thucydide, et au moins une partie de l'opinion de Calliclès. Une certaine forme de culture comporte en elle-même un germe, un risque de mollesse. La vertu nationale, cette « douceur athénienne » qui aurait donné naissance au plus humain des régimes – la démocratie, engendré la civilisation la plus brillante et la plus raffinée, contient en elle ce dont elle risque de périr[1]. Les analyses du Livre VIII de la *République* (556b *sq.*) précisent le double registre politique et culturel où la mollesse se définit comme tolérance indifférente envers toutes les transgressions, et comme curiosité frivole à l'égard de toute espèce d'innovation. Aussi importe-t-il de dénoncer ce qui se cache d'absence de liberté réelle sous le libéralisme apparent, d'absence de vraie culture sous une civilisation superficielle. La réaction de Platon contre une « douceur » devenue à ses yeux bien réellement mollesse exprime-t-elle cependant un simple retour à l'idéal d'équilibre précédent ? L'homme accompli est-il un homme équilibré, ayant développé également sa force morale, son énergie, ses aptitudes

---

1. Voir J. de Romilly, *La Douceur dans la pensée grecque*, Paris, Les Belles Lettres, 1979, chap. VI et X.

intellectuelles et artistiques ? L'équilibre résulte-t-il d'une éducation elle-même équilibrée, à la fois complète (non mutilante) et mesurée (ne péchant ni par défaut ni par excès) ? Lorsque Platon impose aux philosophes de sa *République* d'être d'abord des gardiens et des guerriers, cela indique qu'il discerne un danger et énonce les moyens de le prévenir. Cela signifie-t-il pour autant qu'il adopte la correction : « philosopher, mais sans mollesse » ? Peut-on s'amollir en philosophant trop, et peut-on trop philosopher ?

C'est, à le lire un peu vite, ce que semble énoncer ce passage :

> N'as-tu pas remarqué, dis-je, que pour ceux qui passent toute leur vie à pratiquer la gymnastique, sans avoir eu aucun contact avec la musique, il résulte une certaine disposition d'esprit (*dianoia*), et qu'il en va de même pour ceux qui ont fait tout le contraire ? – De quoi parles-tu ? dit-il. – De sauvagerie et de dureté, et, au rebours, de mollesse et de douceur, répondis-je. – Je pense en effet, dit-il, que ceux qui s'adonnent à un usage intempérant de la gymnastique en arrivent à plus de sauvagerie qu'il ne faut ; et si c'est de musique, ils deviennent plus mous qu'il serait pour eux décent de l'être. – Assurément, repris-je, cette sauvagerie pourrait provenir de la partie ardente du naturel qui, droitement dirigée, deviendrait courageuse, mais qui, tendue plus qu'il ne faut, deviendrait dure et farouche. – Il semble bien, dit-il. – Quant à la douceur, est-ce que ce n'est pas la nature philosophe qui la possède ? Et quand ce naturel serait trop détendu, sa douceur deviendrait plus molle qu'il ne convient, alors que s'il est cultivé avec beauté, elle serait douce et bien réglée ? (*Rép.*, III 410c-e)

L'énumération des tournures d'esprit (*dianoia*) semble opposer sauvagerie et dureté à douceur et mollesse. Ces qualités résultent d'une pratique exclusive de la gymnastique ou de la musique ; mais comme l'éducation ne peut jamais, pour Platon, être toute-puissante, il faut remonter à leur origine naturelle, à deux tendances innées en l'âme. Les excès ne sont donc que l'exagération, par un type d'éducation, de qualités naturelles ; mais s'agit-il bien d'établir un parallèle entre deux types, symétriques, d'excès ? On a :

	nature énergique (*thumoeides*)	nature philosophe (*philosophos phusis*)
naturellement mal éduquée :	sauvage	douce (*hèmeros*)
trop tendue/détendue	dure, farouche	trop molle
bien éduquée : droitement/favorablement	courageuse	douce, bien réglée (*hèmeros, kosmios*)

La dissymétrie est évidente. Une culture déséquilibrée tend à l'extrême la partie énergique de l'âme, tandis qu'elle détend, relâche le désir naturel d'apprendre. Une culture appropriée redresse (*orthôs*) la sauvagerie naturelle alors qu'elle favorise (*kalôs*) et préserve la douceur naturelle. Associée dans l'énumération de départ à la mollesse, la douceur finit par s'opposer à elle et par devenir analogue de ce qu'est le courage pour le *thumœides* : la conséquence d'une culture appropriée.

Faut-il alors corriger le texte, ou encore accuser de négligence non pas le copiste mais Platon et son absence de précision terminologique[1] ? De fait la dissymétrie n'est

---

1. Dans cette phrase de 410e : Τί δέ ; τὸ ἥμερον οὐν ἡ φιλόσοφος ἂν ἔχοι φύσις, καὶ μᾶλλον μὲν ἀνεθέντος αὐτοῦ μαλακώτερον εἴη τοῦ δέοντος, καλῶς δὲ τραφέντος ἥμερόν τε καὶ κόσμιον, à quoi renvoie αὐτοῦ ? Si c'est au naturel philosophe, il faut alors faire de τὸ ἥμερον le sujet de εἴη et donc lui attribuer ἥμερόν – ce qui selon Adam, *The* Republic *of Plato* (Cambridge UP, [1902] 1963), I, p. 195), est « difficilement tolérable ». Il regrette que Platon n'ait pas écrit : καὶ μᾶλλον μὲν ἀνεθὲν,

peut-être pas seulement dissymétrie dans le texte. La description résultant de l'éducation appelle une analyse de la nature humaine en général qui la divise en deux tendances. Cette nature est la nature de l'âme : la gymnastique et la musique sont des « dons des dieux » qui permettent de développer, non pas le corps et l'âme, mais bien deux tendances à l'intérieur de l'âme (III 411e). Chacune des formes de culture composant la première éducation peut éveiller ou étouffer, développer ou réprimer une potentialité naturelle. La dialectique s'opère dès lors entre nature et culture. Il ne s'agit pas de types (c'est pourquoi il faut se garder de projeter sur ce texte l'analyse, similaire en apparence, du *Politique*, 308b-309c). Il s'agit encore moins de vices ou de vertus : le courage ne renvoie pas ici à une vertu car ni l'intelligence ni même l'opinion

μαλακώτερον εἴη τοῦ δέοντος, καλῶς δὲ τραφὲν σωφρόν τε καὶ κόσμιον, ce qui aurait rétabli le parallèle avec 410d (καὶ ὀρθῶς μὲν τραφὲν ... μᾶλλον δ' ἐπιταθὲν τοῦ δέοντος), ainsi que la symétrie entre la nature philosophe et le *thumœidès* ; mais il hésite à corriger ἥμερόν en σωφρόν, ce qui aurait pourtant l'avantage, selon lui, de faire de la douceur une tempérance ou une mollesse en puissance. Chambry (Platon, *OC*, t. VI, Les Belles Lettres, « CUF », 1932) traduit comme si Platon avait exaucé le vœu d'Adam : « et la douceur ne vient-elle pas d'un caractère philosophe, qui trop relâché, devient plus mou que de raison, tandis que, bien dirigé, il reste doux et réglé ? » ; L. Robin choisit la solution qu'Adam proposait à contrecœur, et renvoie αὐτοῦ à τὸ ἥμερον : « et quand cette douceur est plus relâchée qu'il ne faut, la mollesse de ce naturel n'est-elle pas excessive ? tandis que si c'est de la belle façon qu'on l'a cultivée, ce naturel possède à la fois douceur et harmonie. » Si j'ai choisi la solution « difficilement tolérable », c'est d'abord parce qu'il semble plus logique d'élever, de nourrir, de former (τρέφειν) une nature qu'une qualité, ensuite parce que la symétrie n'exite en aucune façon, ni dans ce qui est écrit, ni dans la psychologie ou l'anthropologie de Platon. Le *thumoeidès* peut comporter en lui-même (παρέχοιτο : le verbe est au moyen) un excès (il est ἄγριον) qu'il faut corriger : la douceur appartient (ἔχοι) en propre à la *philosophos phusis*, et elle doit être préservée et conservée.

droite n'y ont part, et une pratique exclusive de la gymnastique peut rendre momentanément courageux. Il ne désigne que la sauvagerie, l'agressivité naturelle éveillée et pour un temps maîtrisée, ou alors droitement utilisée et orientée. L'opposition sauvage-apprivoisé (c'est le sens propre et premier d'*hèmeros*) situe la problématique et rappelle qu'il s'agit de dispositions de la *dianoia*, non de qualités morales. La pensée sauvage est pensée inculte, la pensée apprivoisée est pensée cultivée, nourrie, désir d'apprendre maintenu dans sa tension propre. Certes il existe des têtes plus ou moins dures, des cerveaux plus ou moins amollis : c'est affaire de nature et d'éducation. Car la tendance est à la fois *spécifique*, présente même de façon embryonnaire à toute âme d'homme ; et *individuelle*, variable dans son intensité, ce qui permettra une typologie. L'éducation ne peut agir que sur la variable, en développant ou en atténuant, afin de former un *mousikos anèr*, un homme harmonieux, un homme humain. S'il faut le former, et même le produire par le biais d'une première éducation jouant sur des tendances, c'est qu'il n'existe pas naturellement, et même pas, selon Platon, à l'état de virtualité. Il n'y a rien de naturellement humain en l'homme. L'anthropologie de Platon a tout d'une zoologie. L'homme est animal de troupeau, bipède sans plumes, et aussi animal féroce, bête fauve. Il est également l'un et l'autre, et l'un ou l'autre. Car les hommes ne sont hommes qu'en apparence, par leur enveloppe. À l'intérieur de ce qui a forme humaine il n'y a pas, le plus souvent, une âme d'homme. L'image du livre IX (588b-590c) révèle ce que cache le placage, la figure d'homme : une bête monstrueuse, hétéroclite, couronnée de têtes d'animaux farouches ou apprivoisés,

un lion, et enfin un homme intérieur, tout petit. En prenant
« la nature du lion pour alliée » ce petit homme peut
humaniser l'homme, rendre le dedans semblable au dehors.
Mais son autorité est, à proprement parler, moins autorité
de l'humain sur le bestial que du divin sur l'animal (589d).
La division tripartite ne fait qu'affiner la scission
fondamentale et première. Des deux natures présentes en
la nature de l'homme, l'une est animale et l'autre, la
philosophos phusis, n'est pas spécifiquement humaine.
Elle est part éternelle et divine (*Pol.*, 309c). Le paradigme
ironique du « chien vraiment philosophe » avait déjà, au
livre II (375c-376c), une double fonction : réduire une
prétention, et montrer une impossibilité réalisée. L'homme
ne peut, en tant qu'homme, se prévaloir d'aucune différence
spécifique, d'aucune essence ou nature *propre*. Si le chien
de garde et l'homme sont capables (à des degrés divers, il
est vrai) de discerner ce qui leur est ami et favorable de
ce qui leur est hostile et étranger, c'est parce qu'ils
participent tous deux à cette puissance divine qu'est la
philosophia et à sa douceur, qui les rend accessibles au
logos et à la beauté. Mais ils possèdent aussi tous deux
une part animale et sauvage, qui coexiste avec la part
philosophique et douce : coexistence *impossible*, et pourtant
constitutive. Il n'existe donc aucune supériorité de l'humain
sur l'animal, si ce n'est que l'homme peut aller plus loin,
dans la férocité comme dans la douceur, que n'importe
laquelle des espèces animales : « Si par hasard l'éducation
se trouve être droite, et le naturel heureux, l'homme peut
devenir le plus doux des animaux, c'est-à-dire le plus
divin ; mais si la culture n'est ni suffisante ni convenable
ce sera l'animal le plus féroce que la terre ait porté »

(*Lois*, VI 766a). Entre les bêtes fauves, tyrans et incurables, et les hommes divins, les philosophes, il n'y a pas de juste milieu, pas d'hommes, mais seulement des degrés variables et précaires d'humanisation, qui restent en fait des degrés dans l'animalité. L'« humanité » de ceux qui ne sont pas en eux-mêmes gouvernés par la part divine est une humanité fragile, que seul un double lien (lien divin, ou naturel, matrimonial) (*Pol.*, 399c *sq.*) pourra empêcher de dégénérer en inhumanité féroce ou en infra-humanité trop molle. Car l'humain qui n'est rien qu'humain, c'est l'apprivoisé, le bien réglé du dehors et par les lois. S'il représente une unité harmonieuse, un conflit résolu et apaisé, il n'équivaut en rien à un juste milieu, ou plutôt, il ne vaut que ce que vaut, pour Platon, le juste milieu. Et l'on sait en quoi se réincarneront ceux qui auront pratiqué une vertu moyenne « fondée sur l'habitude et l'exercice sans le secours de la réflexion » : ces *kosmioi*, ces bien réglés deviendront abeilles, guêpes ou fourmis (*Phédon*, 82b). À vrai dire, au regard de Platon, ils le sont déjà. Sous ce regard sans tendresse mais aussi sans mépris, sans illusion et sans indignation, les types humains miment les espèces animales, et c'est bien là, semble-t-il, la seule originalité de l'homme que de pouvoir mimer toutes les formes d'animalité. « L'âme restée étrangère à toute opinion droite concernant la vérité et la justice incline plutôt dans le sens de telle ou telle nature animale » (*Pol.*, 309e). Pour qui voit de haut se déplie alors tout un bestiaire humain : loups, faucons et milans ; aigles, lions et serpents ; ou encore cygnes et rossignols, fourmis et abeilles, singes et pourceaux (*Rép.*, IX 590a-c, X 620a-d, *Phédon*, 82b). Pour retrouver cette hauteur ironique, cette absence totale d'humanisme et de moralisme dans l'approche de l'homme, il faudra attendre Nietzsche, attendre que l'homme soit pensé à nouveau comme une bête monstrueuse et contradictoire – corde tendue entre deux abîmes, tension entre de l'inhumain et du surhumain. À la fin du *Timée* (91d-92c), la génération des animaux est pensée – ironiquement – à partir de l'homme, et il suffit d'une « légère » métamorphose. Les métamorphoses descendantes (selon l'axe du haut et du bas, c'est-à-dire de l'intelligence et de la stupidité) ne signifient évidemment pas que les animaux auraient quelque chose d'humain, mais au contraire que l'homme, s'il n'use pas ou use mal de sa part divine (la *philosophia*), est un *animal*. Pour Platon, dit excellemment Dodds, « tout le monde, le philosophe excepté, est sur le point de devenir sous-humain »[1]. L'humain n'est jamais un niveau tenable et il ne peut y avoir, à partir de lui, que dépassement ou retombée.

La nature, la culture et la politique sont pensées par Platon en termes psychologiques, en termes d'âme et d'intériorité ; le problème du passage de la nature à la culture se formule donc ainsi : comment produire une culture harmonieuse à partir d'une nature écartelée ? L'unification de ce qui est divisé en l'âme ne peut s'opérer en conciliant ce qu'on aura d'abord modéré. L'unification des opposés n'est jamais pensée par Platon que comme la maîtrise du terme hiérarchiquement le plus haut, capable d'utiliser, parce qu'il les rend utiles, les forces qu'il se subordonne. Loin d'avoir à composer des termes qui ne

---

1. E.R. Dodds, *Les Grecs et l'Irrationnel* [Berkeley, 1951] Paris, Champs-Flammarion, 1965, p. 213. Pour l'exemple d'une mauvaise division (séparant l'hommes des autres animaux), voir *Pol.*, 263c-d.

sont composables que parce qu'ils ne vont pas aux extrêmes, il faut trouver les moyens de rendre commensurable l'incommensurable. Cela requiert un mode de calcul autrement plus subtil, des proportions autrement plus compliquées que la simple détermination d'un milieu ou d'un moyen terme. La juste mesure n'est pas équilibre, balance égale, mais harmonie. Pour harmoniser des tendances incompatibles, il faut, dans un premier temps, doser convenablement des modes de dressage, puis corriger et compléter sans cesse des formes de culture les unes par les autres, en tenant compte de l'intensité variable de chacune des tendances, et aussi de la variabilité des effets selon les types, les circonstances, la durée. Cela requiert toute une combinatoire dont la première éducation (étape nécessaire mais insuffisante) est déjà une mise en œuvre. Il existe deux moyens de civiliser l'homme : en amollissant la partie énergique et sauvage, en développant la nature philosophe. C'est, dans les deux cas le rôle de la musique. Or cela comporte un risque de mollesse. Car la fin, la norme, c'est l'homme apprivoisé, pacifique envers ce qui lui est ami, agressif envers ce qui lui est contraire. La pratique d'une douceur sans contrepartie constitue en effet un danger pour l'homme qui n'est rien qu'homme (*Lois*, V 731b-d). Convient-il donc d'équilibrer la musique par la gymnastique ? De fait, ce n'est pas si simple. L'analyse des effets du déséquilibre entre la gymnastique et la musique révèle une dissymétrie non moins flagrante que la dissymétrie, ou plutôt l'abîme, entre les natures. Il suffit de schématiser le texte pour que se précisent la nature et la raison de cette absence de symétrie.

	Gymnastique sans musique	Musique sans gymnastique
Thumoeides – d'abord – ensuite	plus courageux sauvage, violent	amolli, donc utile – faible : dissous, fondu – fort : irascible, difficile, impressionnable
Nature philosophe – d'abord – ensuite	aveuglée, assourdie ignorante, sans rythme, sans grâce, misologue, inculte	

Rien, on le voit, n'est dit dans ce livre III (411a-412a) des effets d'une pratique exclusive de la musique sur la nature philosophe. Pour remplir la case vide, il faudra passer par les définitions des livres V et VI et par la réflexion sur les formes de dégénérescence du naturel philosophe. La distinction entre la faiblesse et la force de cette nature prendra alors sens et se traduira par la différence entre l'amateur de spectacle, le philodoxe, et le philosophe perverti, devenu tyran. La perversion aura une tout autre cause que la simple absence de gymnastique ; perverti, le naturel philosophe ne devient pas trop mou, mais au contraire « superlativement mauvais » (*Rép.*, VI 491e). En un mot, si l'éducation du *thumoeides* relève *entièrement* de la première éducation, celle du naturel philosophe implique qu'on la dépasse, elle est même très exactement ce qui exige qu'on ne s'y arrête pas. *Principe de dissymétrie, principe de rupture*, cette nature subvertit l'idéal trop simple d'équilibre et de juste milieu.

Mais, pour s'éveiller, pour exister, elle doit d'abord se nourrir d'une « philosophie enfantine » (*Rép.*, VI 498b).

Si l'on s'y arrête, cette philosophie risque de passer pour être toute la philosophie. La culture musicale peut amollir aussi le désir d'apprendre, qui est capacité naturelle à pâtir du beau, du vrai, de la vraie beauté et de la beauté du vrai. Mal nourri, il devient désir de beauté sans intelligence du beau, désir d'une beauté qui n'est plus recherchée et saisie que dans la diversité des apparences. Aimer le beau avec mesure ne consiste pas, comme le croyait Périclès, à l'aimer avec modération ; c'est en prendre la juste mesure, aller jusqu'au bout de l'ascension. L'amour du beau, le *philokalein*, est inséparable du *philosophein*. Ils constituent deux aspects et deux moments d'une même culture. Le danger vient de l'arrêt qui dissocie. La mollesse résulte, le désir se détend, fasciné qu'il est par le multiple. Cet arrêt empêche la nature philosophe de rester ce qu'elle est : douce. La douceur doit bien rester douce (alors que l'agressivité doit devenir courage). Pour qu'elle le reste, il faut qu'une autre forme de culture succède à la culture musicale. Si, dans la formation du *thumoeides*, la musique doit contrebalancer la gymnastique, ce n'est pas la gymnastique qui pourra, dans l'éducation de la nature philosophe, contrebalancer la musique. La mollesse est le risque propre à la philosophie enfantine, à l'éducation musicale. Elle n'est contenue en germe ni dans le philosopher, ni dans la nature philosophe. Elle en manifeste au contraire la corruption qui fait du philosophe un esthète, un « efféminé » comme dirait Calliclès. Sauvagerie, dureté et mollesse sont des excès relativement à une mesure qu'ils outrepassent, et ils sont rectifiables par une éducation bien conduite. La douceur, elle, ne peut jamais être trop douce. Au contraire, lorsque la nature philosophe va jusqu'au bout de ce qu'elle est et de ce qu'elle peut, elle devient extrêmement douce, douceur qui mesure au plus haut et non pas douceur qui modère. La mollesse ne pèche pas par excès de douceur, mais par manque de douceur véritable. C'est la « douceur athénienne » qui fait périr Socrate, pas la sauvagerie ni la dureté spartiate. La tolérance rencontre en effet sa limite lorsqu'elle se trouve confrontée à une unité véritable et à une vraie différence : car l'unité réduirait le multiple, la réalité de la différence introduirait une hiérarchie. Le monde bariolé et divers de l'amateur de spectacles, ce monde qui *est* un spectacle, est essentiellement menacé par la référence à une juste mesure qui en anéantirait la séduction. Curieux de toute croyance, de toute théorie, intéressé par toute forme de culture, le philodoxe est ami de tout, sauf de ce qui risquerait de détruire l'équivalence. À cette modération qui supporte tout, sauf la juste mesure, s'oppose la douceur du philosophe.

La douceur qui peut dégénérer en mollesse n'était donc pas douceur véritable, mais ce qui dans une psychologie de tendances naturelles ou dans une typologie des tempéraments peut passer pour être tel. Dans le *Politique* et dans le Livre VI des *Lois*, le mélange de courage et de modération (et non pas de douceur) constitue le minimum requis pour être citoyen. Sous l'effet de la persuasion ou de la contrainte légale, les tempéraments contraires s'entrelacent mais restent extérieurs l'un à l'autre. Dans le naturel devenu authentiquement philosophe, le mélange n'est plus mélange ; car la douceur n'est ni capacité à être apprivoisé ni trait de caractère. Elle est, comme le dit sans pouvoir encore l'expliciter le Livre III, la propriété de la nature philosophe. Identique alors à la tempérance, mais à la tempérance intelligente, elle consiste très exactement à ne pas avoir d'opinions [1]. Quand on ne croit pas savoir on ne peut ni tyranniser les autres ni se tyranniser soi-même au nom de ses propres convictions : on pèse moins, on est léger et patient, doux (*hèmerôteros sôphronôs, Théét.*, 210c). Le savoir que la vérité n'est liée à aucun contenu mais au travail dialectique qui tire « doucement » les âmes vers le haut (*Rép.*, VII 533d) exclut toute intolérance comme tout fanatisme. Or ne pas avoir d'opinion implique le courage de se réfuter et d'être réfuté, le courage de résister à l'*entraînement* de l'opinion (*Rép.*, VI 492c-d). La douceur est alors la qualité d'une force capable de dépasser le multiple en donnant au meilleur autorité sur le pire. Elle s'oppose en ce sens tout autant à la mollesse qu'à la sauvagerie. La vraie tempérance est courage, et le vrai courage tempérance. Le naturel philosophe effectue l'unité de la vertu, et les vertus se déduisent de ce qui constitue précisément sa nature : le désir d'apprendre. La réflexion ne menace d'« irrésolution » que ceux qui ne la mènent pas jusqu'au bout. Dans l'oraison funèbre de Périclès, le « sans mollesse » apparaissait comme la correction d'un goût pour la culture qu'il ne faut pas pousser trop loin, afin de ne pas nuire à la fermeté de l'action. C'était confondre la *philosophia*, acharnement à interroger et à répondre, à diviser et à rassembler, avec la tolérance aimable, la sérénité libérale, la curiosité paisible qui pour le sens commun sont le propre de l'homme cultivé, du « philosophe ». La dissymétrie en nature appelle un déséquilibre dans la culture pour que la proportion soit juste. La *philosophia*, aptitude naturelle à la culture, contraint à concevoir un type de *paideia* à sa mesure. Le

---

1. Sur ce lien entre douceur et modération (σωφροσύνη), cf. *Théét.*, 210c, *Soph.*, 230b-d.

parcours achevé de cette culture par ceux qui en sont capables fera passer la *philosophia* de son sens commun à son sens véritable. La *philosophia* dans son sens vrai est désir de la vérité dans sa totalité : c'est une mesure terrible qui renverse tout (*Gorg.*, 481c) ; le danger pour les philosophes n'est pas de devenir trop mous, mais trop sauvages, il est de mépriser les hommes au point de ne plus consentir à redescendre parmi eux. Le souci d'équilibre entre la pensée et l'action, la culture et la fermeté pratique, impliquait la distinction et l'autonomie des deux domaines. Platon rompt la symétrie en changeant de mesure. L'équilibre fait place à la hiérarchie, l'idéal de modération dans la *paideia* à la réflexion sur les conditions qui permettront à une force « divine », la *philosophos phusis*, d'aller jusqu'au bout de ce qu'elle peut. Est philosophe celui qui a l'expérience et le savoir de ce que peut l'intelligence. C'est l'intelligence que le philosophe a de l'intelligence, de sa « vertu » et de son excellence, qui le conduit à redescendre, à se faire politique. Il peut alors être appelé *sophos*, sage, non parce qu'il a la « science » (*technè* ou *sophia*) politique, mais parce qu'il sait que l'intelligence est plus forte que l'expérience et que les lois écrites. Capable de gouverner avec intelligence parce qu'il est gouverné par l'intelligence, le philosophe, en tant qu'il se fait politique, est sage. Il réalise l'unité de ce que toutes les autres sciences nous présentent comme séparé, et qui sert même de principe à leur division (*Pol.*, 259d-260c) : l'unité en une même science de l'art de prescrire et de l'art de discerner (260c) ; et plus encore l'unité, imposée par une science unique, du cognitif et du pratique (*Pol.*, 258d-e). « La véritable science royale, elle, ne doit pas agir elle-même, mais commander aux sciences qui ont un pouvoir pratique, car elle connaît le point de départ et l'impulsion des entreprises politiquement importantes, elle a le sens de leur opportunité ou de leur inopportunité ; quant aux autres sciences, elles n'ont qu'à exécuter ses prescriptions » (*Pol.*, 305c-d). La *sophia* du philosophe consiste donc essentiellement à connaître la subordination de la pratique, subordination qui ne vaut pas seulement dans le champ théorique – ce qui équivaudrait à abandonner toute pratique à l'*empeiria*, à l'opinion et à la vraisemblance. À la juxtaposition du champ de la vérité et du champ de l'opinion, la vérité ne résiste pas : et Gorgias et Protagoras auront toujours raison contre Parménide. La *technè* royale *ordonne* la pratique à la théorie ; ce faisant elle introduit de l'intelligibilité et de l'utilité dans toute pratique. Elle révèle ainsi l'essence de toute *technè*, opération qui n'est pas plus livrée au hasard qu'elle n'est conforme à des principes, mais qui fait de l'intelligence, donc aussi de l'intelligence du bon moment, son seul principe. De l'opportunité (du *kairos*) Platon ne nous dit rien d'autre que son rôle déterminant dans toute action (*praxis*) – car pour penser, le « bon moment », c'est la vie entière ; il est déterminant en ce qu'il manifeste l'unique principe, l'intelligence, et l'intelligence de l'intelligence comme « critique » et « prescriptive ». Cette intelligence de l'intelligence et de la force (*rhômè*) de la science est le seul sens en lequel le philosophe peut être dit *sophos*. Sa *sophia*, en tant qu'elle prescrit, est art royal, *technè basilikè*, mais dans son origine elle est réminiscence, inspiration, délire. Le politique n'est sage qu'en tant que le philosophe, qu'il est aussi, est fou.

Entre la figure négative – la *sophia* qui consiste à savoir qu'on ne sait pas – et la figure positive, la *sophia* vertu de l'intelligence comme vraie force et vraie mesure, la distance n'est pas si grande qu'on pourrait croire. Car pour donner à l'intelligence ses pleins pouvoirs et sa pleine mesure, il *faut* la réminiscence, et le délire propre à erôs (*Phèdre*, 249c-d). Le dialogue qui s'instaure dans le philosophe entre sa folie et sa sagesse est dialogue entre sa *philosophia* et sa *sophia*. Étant toutes deux apparentées à lui, l'une et l'autre ont entre elles comme une parenté. Le jeu sur la ressemblance et l'homonymie sert d'ouverture au *Politique* (257e-258a). « Socrate, dit l'Étranger », entends-tu ce que dit Socrate ? » (258a).

Définir étymologiquement la *philosophia* comme recherche, désir de la *sophia*, revient à situer la *philosophia* dans le champ d'un savoir que seuls, à la façon dont ils se le représentent, peuvent prétendre atteindre dans sa totalité naïfs ou illusionnistes. Loin de se situer par rapport à la *sophia*, la *philosophia* a la capacité de nous arracher à ce champ de la représentation, des images, du spectacle ; elle a le pouvoir de nous en faire sortir. Il s'agit bien d'une *translation*. À la faveur de ce déplacement, tous les concepts autour desquels s'organisait le champ de la *sophia* changent de sens : *phusis* et *dunamis*, *phusis* et *technè*, *technè* et *empeiria*, *tuchè* et *anankè* s'entrelacent autrement, se différencient et se distribuent selon d'autres principes et d'autres clivages. Dans le champ du philosopher où la *philosophia* conduit ceux qui en sont capables, l'intelligence et la science dialectique inversent ou rectifient les dénominations. Et d'abord celle de la *sophia* : car si, dans son nom, elle prétend à la vérité, elle ne saisit en fait que la vraisemblance. Elle est le nom d'un impossible savoir absolu, et les sophistes ont raison contre les physiciens ; mais elle est aussi un nom trop grand pour n'être que celui d'un savoir partiel et technique : et ceux qui « savent faire » ne sont pas *sophoi*. En vérité elle ne peut être que le nom d'une vertu : celle de l'intelligence, de la science et du logos. Mais intelligence, science et logos ne tirent leur possibilité ni de la Nature, ni d'une nature particulière, ni de l'Être, ni du Non-être ; ils s'enracinent dans cette impossibilité réalisée qu'est le naturel philosophe, qui seul désire que l'intelligible soit, qui seul pâtit de ce que l'intelligible *est*. Il faut donc pour Platon réserver ce nom, *sophia*, à ce qu'il y a en l'homme de plus semblable aux dieux, à l'*aretè* propre du philosophe, à l'excellence de l'intelligence (*Rép.*, IV 429a, *Théét.*, 176c). Son excellence est réminiscence, possession, délire, écart par rapport à ce que les hommes jugent sérieux (*Phèdre*, 249c-d) : tout ce qui selon la foule est la folie du philosophe mérite seul le nom de *sophia*. Et la plus grande folie du philosophe consiste sans doute à renoncer à une vie meilleure pour une pire (*Rép.*, VII 519d), à devenir un « homme sage et bon » (*Pol.*, 296e) : un politique.

Dans l'*Euthydème*, Euthydème et Dionysodore jouent sur les deux sens de *sophos* : celui qui sait, et celui qui est dans son bon sens (276a-c). Le philosophe est sage en ce qu'il sait qu'il ne sait pas, et en ce qu'il est assez fou pour penser que l'âme, l'État, le langage ne réaliseront *leur vraie nature qu'en devenant intelligibles, n'acquerront leur puissance propre qu'en devenant intelligents*. L'inversion est radicale : la *sophia* n'est pas ce savoir ou cette sagesse divine auxquels le philosophe aspirerait sans pouvoir les atteindre. Le philosophe n'est pas un soupirant, « délicat et beau comme la plupart des gens se l'imaginent » (*Banq.*, 203c-e). C'est un amoureux rude, va-nu-pieds, vaillant et aventureux, plein d'expédients et de ruse, un chasseur habile : assez rusé et assez habile, en tout cas, pour faire de la sagesse le nom propre de sa folie.

Chapitre II

D'UN APPARAÎTRE DE *SOPHIA*
À « IL FAUT PHILOSOPHER »

En dénommant ironiquement *sophia* l'inscience de Socrate, Platon l'arrache à sa prétendue positivité et rend obliquement manifeste l'absence de savoir des *sophoi*. La *sophia* comprise comme savoir est un concept alternativement trop grand et trop petit pour son contenu : trop grand s'il recouvre un savoir-faire, et trop petit puisque la science véritable déborde la relation de possession induite par le nom de *sophia*. Dans son nom, la *sophia* renvoie à une valeur, à une vertu : c'est là, pour Platon, la part inexpugnable de nature de ce mot. En faisant de la *sophia* la vertu propre de l'intelligence, il lui restitue sa signification véritable, la dissocie de l'espace où elle prétendait se déployer comme savoir, et la définit comme l'effet positif d'une force, l'intelligence, quand elle organise, harmonise et hiérarchise. La *sophia* articule la science à la praxis, elle est *l'epistèmè* engendrant l'action juste et convenable [1]. La réduction de la *sophia* est réduction, en la *sophia*, de la valeur qu'elle projette. Si nous voulons cesser d'être émerveillés par les

---

1. δικαίαν μὲν καὶ καλὴν πρᾶξιν (*Rép*., IV 443e). Suit la définition : σοφίαν δὲ τὴν ἐπιστατοῦσαν ταύτῃ τῇ πράξει ἐπιστήμην.

prestiges d'une fausse *sophia*, alors *il faut philosopher*.
L'impératif signifie que nous n'avons pas le choix : quand
la *philosophia* manque, la *sophia* est partout et pas seulement
chez les doctes, on peut en trouver dans chaque homme
car chacun a reçu sa part d'« *entechnos sophia* ». Quand
le philosophe se tait, il y a toujours assez de *sophia* pour
que chacun puisse se croire savant ou sage, toujours assez
pour qu'il y en ait trop, et que les multiples sciences, les
multiples arts et les petites habiletés prolifèrent.

Le silence de Socrate

> Mais toi, pourquoi te tais-tu, Socrate, alors qu'Hippias a fait
> un si bel exposé, et pourquoi, sur ce qu'il a dit, ne te joins-tu
> pas à nous pour l'approuver ? Ou, s'il te semble n'avoir pas
> bien parlé, pourquoi ne le critiques-tu pas ? D'autant que
> nous sommes entre nous, entre gens qui peuvent le plus
> valablement prétendre à participer à une discussion animée
> par le goût du savoir [1]. (*Hipp. Min.*, 363a)

À lire cette phrase, on se prend à souhaiter qu'elle soit
vraiment la première phrase du premier Dialogue que
Platon ait jamais écrit, et que tout commence par cette
interpellation d'un silence. Certes l'« insignifiant » Eudicos
n'interpelle Socrate que pour le ramener au sein de ces
amateurs cultivés, de ces auditeurs comme en réclame
Hippias (*Hipp. Maj.*, 286c), aptes à bien juger des discours
c'est-à-dire capables d'en reconnaître l'habileté et, quand
il y a lieu, d'en discuter. Il attend de Socrate qu'il participe
à ces controverses entre philosophes dont parle Gorgias,
ou encore propose un commentaire critique comme celui
auquel se livre Protagoras à propos du poème de Simonide

---

1. οἳ μάλιστ' ἂν ἀντιποιησαίμεθα μετεῖναι ἡμῖν τῆς ἐν φιλοσοφίᾳ
διατριβῆς.

(*Prot.*, 338e-339d). Commenter, réfuter, c'est accepter que quelque chose ait été dit, faire d'un autre discours le point de départ de son discours, donc déterminer, entre les deux, un lieu commun. Mais tant qu'Hippias a parlé et tant qu'on a parlé sur le discours d'Hippias, Socrate s'est tu. En se taisant, il s'est refusé aussi bien à faire la démonstration de sa virtuosité dialectique, capable de soutenir ou de réfuter n'importe quelle opinion, qu'à entrer dans un débat culturel, général dans ses idées, pédant et précis dans ses contenus – à tenir l'un des deux types de discours qui passent pour être le propre du philosophe. Son silence est si provocant qu'il provoque à l'interroger, mais non pas Hippias le conférencier, qui ne peut l'interpréter que comme mutisme admiratif ou comme impuissance à contredire. Eudicos (qui n'aura guère d'autre rôle et ne reparaîtra dans aucun autre dialogue) est, à la différence du sophiste, capable d'entendre le silence de Socrate. Il est là, le bien nommé, pour appeler Socrate à prendre sa juste place dans la discussion et dans ce goût des choses de l'esprit qu'il nomme *philosophia*. Cette juste place, on sait comment Socrate va la prendre, et pas à la manière dont l'entendait Eudicos. Car si c'est dans un exposé (*epideixis*), dans une discussion (*diatribè*), qu'on peut le mieux montrer sa *sophia*, la *philosophia* impose un autre usage du discours. Et, de même qu'Eudicos interrompant un silence permet l'irruption d'un être grossier et mal élevé au sein des délicats (*Hipp. Maj.*, 288d, 291a, 293a), d'un vivant parmi les morts (*Prot.*, 315c-d)[1], d'un *atopos* au milieu des habiles

---

1. P. Friedländer, qui rêve lui aussi sur le nom d'Eudicos (*Plato*, [1928-1930], Engl. transl. based on 2nd ed., New York, Pantheon Books, 2 : *The Dialogues, First period*, 1965, p. 145), dit que comme Ulysse Socrate se tient au seuil de l'Hadès, « seul être véritablement vivant au milieu d'ombres » (*ibid.*, p. 8). *Cf. Mén.*, 100a.

et des expérimentés (*Gorg.*, 494d), de même l'irruption dans les *logoi* du désir d'apprendre les met sens dessus dessous, les bouleverse, les met à mal (*Hipp. Min.*, 373b).

Dans les Dialogues aporétiques, socratiques, la *philosophia* s'exerce comme une force dont tous les effets sont, en apparence, négatifs. Même s'ils l'étaient, ils établiraient encore l'existence et la puissance de cette force, et c'est bien cela qu'il faut d'abord établir. Dans les premiers Dialogues s'effectue en fait un double travail : les dénominations, par les apories qu'elles suscitent, se détachent de ce qu'elles semblaient le plus fermement dénommer et se mettent à errer[1] ; cela, parce que quelqu'un – qui, par une fatalité divine, « toujours à nouveau erre et se heurte à une impasse »[2] (*Hipp. Maj.*, 304c) – a le pouvoir de communiquer les apories auxquelles il est lui-même en proie (*Prot.*, 348c). La réalité de la différence s'établit d'abord sous le nom de Socrate, de celui qui tout au long des Dialogues ne s'appliquera jamais à lui-même le nom de « philosophe » et que Platon ne nommera jamais ainsi. Le dieu s'est servi du nom de Socrate comme paradigme de celui qui ne vaut rien sous le rapport de la *sophia* (*Apol.*, 23a8-b1), et « ce Platon-ci » en fait autant. Dans ses

---

1. *Cf.* par ex. *Hipp. Maj.*, 288a ; *Prot.*, 349b ; *Charm.*, 175b ; *Lys.*, 222b-d ; *Euthyph.*, 11b-c ; *Mén.*, 97d.

2. πλανῶμαι μὲν καὶ ἀπορῶ ἀεί. *Cf.* les derniers mots de *l'Hipp. Min.*, 376c : ἐγὼ περὶ ταῦτα ἄνω καὶ κάτω πλανῶμαι καὶ οὐδέποτε ταὐτά μοι δοκεῖ. καὶ ἐμὲ μὲν οὐδὲν θαυμαστὸν πλανᾶσθαι οὐδὲ ἄλλον ἰδιώτην· εἰ δὲ καὶ ὑμεῖς πλανήσεσθε οἱ σοφοί, τοῦτο ἤδη καὶ ἡμῖν δεινὸν εἰ μηδὲ παρ᾽ ὑμᾶς ἀφικόμενοι παυσόμεθα τῆς πλάνης. (« Pour moi, sur ces sujets, je me mets à errer en tous sens, et jamais je ne suis du même avis. Mais que moi, je me mette à errer ainsi, comme tout autre profane, cela n'a rien d'étonnant ; mais si vous, les savants, êtes aussi dans l'errance, cela sera alors terrible aussi pour nous si, même en allant vers vous, notre errance ne trouve pas de fin. »)

premiers Dialogues, « Socrate » désigne un personnage
qui est sous l'effet d'un certain désir (*epithumia, Hipp. Maj.*,
297e, *prothumia, Prot.*, 361c), qui incontestablement diffère
en quelque chose [1], et dont la *philosophia* se *sous-entend*
à ce seul signe qu'il est capable de la reconnaître et de
l'admirer – fût-ce ironiquement – chez les autres : chez
Callias (*Prot.*, 335d) ou chez Lysis (*Lys.*, 213d). Mais
quand il s'agit de caractériser sa manière de parler (*Prot.*,
342e), sa manière de vivre (*Apol.*, 28e, 29c-d), sa manière
d'être relié au savoir (*Lys.*, 218a-b), c'est le verbe,
philosophein, qui est employé. Pour arracher la *philosophia*
à ceux qui passent pour la pratiquer (*Euthyd.*, 307b), pour
rendre impossible la représentation selon laquelle elle
serait une pratique de la *sophia*, il faut d'abord montrer
comment parle et pense celui qui est soumis au désir de
savoir [2]. Car, à en déterminer premièrement le champ,
l'objet et la méthode, on ferait de la *philosophia* une espèce
particulière de *sophia* ; et si on partait du nom pour en
chercher la définition, on serait renvoyé par l'étymologie
à ceux qui pratiquent, recherchent, ont le goût de la *sophia* :
aux *sophoi* comme seuls paradigmes. La différence propre
au philosopher se signifie donc de deux façons : dans un
certain usage du logos qui le désarticule, le bouleverse, le
morcelle ; et dans un personnage, Socrate, dont « Socrate »
est précisément la seule dénomination, et qui est à ce point
le personnage du philosophe qu'il n'a besoin ni d'être
nommé ni de se nommer *philosophe*. Il suffit qu'il occupe
dans le Dialogue une certaine place ; mais en tant que c'est
avec des sages (*sophoi*) qu'il dialogue, cette place est en

---

1. τὸν Σωκράτη διαφέρειν τῶν πολλῶν ἀνθρώπων (*Apol.*, 35a1) ; εἰ
μή τι ἔπραττες ἀλλοῖον ἢ οἱ πολλοί (20c8) ; ἐγὼ δ', ὦ ἄνδρες, τούτῳ καὶ
ἐνταῦθα ἴσως διαφέρω τῶν πολλῶν ἀνθρώπων (29b2-4).

2. ὑπὸ ἐπιθυμίας τοῦ εἰδέναι (*Hipp. Maj.*, 297e3).

fait une impossibilité à se situer dans le champ de la *sophia* : elle a pour nom « atopie ».

Si Socrate est *atopos* [1], à quoi cela tient-il ? Est-ce parce que d'autres occupent le champ et ne lui laissent pas la place ? Ils sont en fait tout prêts à lui en laisser une et à reconnaître en lui leur égal (*Prot.*, 361e). C'est Socrate qui perpétuellement réaffirme sa différence d'avec les « sages » : les sages, eux, ne voient pas la différence. S'agit-il alors de dénoncer en certains « sages » l'usurpation d'un rôle que Socrate serait seul capable de tenir : enseigner, et enseigner l'excellence, l'*aretè* ? Mais Socrate « n'a jamais eu un seul disciple » (*Apol.*, 33a) et n'a jamais rien enseigné (33b) ; quant à la valeur, l'*aretè*, il n'en sait qu'une chose, c'est qu'il ne sait pas ce qu'elle est. Pourquoi alors, dans la plupart des Dialogues dits socratiques, le sophiste est-il présent, soit en personne soit par l'intermédiaire d'un disciple ou d'un énoncé [2] ? Si l'entreprise des Dialogues était morale et protreptique, s'il s'agissait de « former à la vertu une âme d'enfant » [3], de tourner les jeunes gens vers la science et la vertu, de convertir, le sophiste serait exactement celui avec lequel il ne faudrait jamais parler, celui pour qui il serait toujours trop tard. Il ne faudrait parler qu'à ceux qui peuvent encore apprendre, à Charmide et non pas à Critias, à Eudicos et non pas à Hippias, à

---

1. Ὡς ἄτοπος εἶ, ὦ Σώκρατες (*Gorg.*, 494d1).

2. Les sophistes sont présents dans les deux *Hippias*, le *Protagoras*, l'*Euthydème*, le *Ménon* et le Gorgias. Nicias dans le *Lachès*, Critias dans le *Charmide*, Hermogène dans le *Cratyle* les ont fréquentés, ainsi que Ménexène qui, dans le *Lysis*, se rend à la palestre dont Micos, le « distingué sophiste », est le maître. Enfin est-il nécessaire de rappeler que c'est comme sophiste que Socrate a été condamné ?

3. Voir A. J. Festugière, *Les Trois "Protreptiques" de Platon*, Paris, Vrin, 1973, p. 15-16.

Hippocrate et non pas à Protagoras. D'abord parce qu'il est impossible de parler avec un sophiste, puisqu'il n'écoute rien, et même pas ce qu'il dit. En matière de discours, il ne prend que des décisions : il choisit entre plusieurs manières de dire (*Prot.*, 320c, 336a-b), il choisit son moment pour produire les discours qu'il tient en réserve (*Prot.*, 347a-b) ; et ses discours eux-mêmes, il les fabrique comme il fabrique sa bague ou ses chaussures (*Hipp. Min.*, 368a-e). Le sophiste est par définition celui qui parle sans jamais écouter, ni son propre discours – puisque, en connaissant l'ambivalence, il ne saurait pas plus être persuadé par lui qu'il ne pourrait en apprendre quelque chose (sachant comment parler, parler ne lui apprend rien) –, ni les discours des autres, puisqu'il sait comment ils sont faits : « C'est à un homme qui sait que tu vas parler, Socrate : car je connais les règles qui déterminent la manière de procéder de chacun de ceux qui s'occupent à l'art des discours » (*Hipp. Maj.*, 301d). Supprimant l'antinomie du vrai et du faux, le sophiste lui substitue celle de l'actif et du passif, mettant toute la valeur, l'habileté, le savoir du côté de l'activité et de la maîtrise, et identifiant passivité et impuissance.

C'est pourquoi Socrate doit incarner la résistance à cette prétendue contrainte du discours bien fait : « Eh bien moi, seul comme me voici, je ne suis pas en accord avec toi ; car toi tu ne me contrains (*anagkazeis*) pas » (*Gorg.*, 472b). Quelque chose en certaines âmes peut résister à la contraignante nécessité du logos, et ce n'est pas l'entêtement de l'opinion. Une âme naturellement liée à la vérité ne subit de contrainte que de la part de ce qui véritablement est, et est intelligible. Socrate est le paradigme d'une résistance qui signifie que la puissance du logos n'est pas celle que les sophistes lui attribuent : ils ne lui reconnaissent que le pouvoir négatif de détruire n'importe quelle opinion, et le pouvoir positif de transmettre, en l'imposant, n'importe laquelle. Or, s'il est vrai qu'aucune opinion ne peut en tant que telle supporter un examen critique, il n'est pas vrai en revanche que le seul pouvoir du logos soit une puissance de contraindre. Si Socrate désarticule, morcelle le logos, c'est parce qu'en en rompant l'apparente continuité démonstrative, il le constitue comme moyen et unique moyen de chercher et de découvrir la vérité concernant les réalités les plus importantes. Le logos exerce sa véritable puissance (*dunamis*) quand il dialectise. Le *dialegesthai* n'est pas une méthode, mais le mouvement même de la pensée. Dans l'activité dialectique se réintroduit la passivité, mais une passivité différente de celle de l'opinion : celle du logos par rapport aux étants réels, intelligibles. Pour un logos dialectique, réfuter ne veut pas dire contredire et triompher : une réfutation « plus dialectique », nous dit le *Ménon*, est une réfutation « plus douce » (*praoteron*). Ce texte bien connu, et qu'on interprète souvent comme la nécessité d'aboutir à un accord entre les deux interlocuteurs, semble, à l'analyser de près, offrir une signification différente :

> Certes, si mon questionneur était l'un de ces sages (*sophoi*), de ces éristiques et de ces amateurs de controverses, je lui répondrais : « Voilà ce que j'ai dit ; si je ne parle pas comme il faut, c'est ton affaire de prendre la parole (*lambanein logon*) et de me réfuter » ; si toutefois nous voulons, comme toi et moi à présent, discuter (*dialegesthai*) l'un avec l'autre en amis, alors il faut répondre d'une façon plus douce et plus dialectique. Or il est sans doute plus dialectique non seulement de répondre des choses vraies, mais encore de le faire en se servant de ce que celui qui a posé la question a convenu en outre qu'il savait (*eidenai*). (*Mén.*, 75c-d)

Le *sophos prend* le logos, il s'en empare pour réfuter : ce qu'il réfute est une opinion, ce qu'il démontre est l'absence de vérité de toute opinion. Or, par ce moyen, il est impossible d'arriver jamais à une vérité. Ceux qui sont amis (*philoi*), et sans doute encore bien plus *philosophes* qu'amis l'un de l'autre, ont une manière de répondre plus dialectique. D'abord en ce qu'ils se préoccupent de répondre « des choses vraies », et reconnaissent ainsi la vérité comme horizon du *dialegesthai*. Ensuite parce qu'ils admettent que celui qui interroge peut aussi, en plus, *savoir* quelque chose : ils ne situent pas tout le savoir du côté de la réponse. Enfin et surtout parce que, à la différence des éristiques, ils se servent pour répondre non pas de ce qui a été énoncé, dit, mais de ce qui, par l'intermédiaire de l'examen et de l'épreuve dialectique, a pris la forme d'un savoir et a acquis un contenu vrai (même négatif) parce que vraiment pensé. Ce texte du *Ménon* établit une série d'oppositions : entre la douceur de l'examen dialectique et la brutalité de la discussion éristique ; entre la réfutation d'un énoncé et l'effort pour répondre à une question ; entre une question supposée être un aveu d'ignorance, et celle venant de quelqu'un qui en sait au moins assez pour la formuler. L'examen, même s'il prend la forme de la réfutation, doit se poursuivre d'un manière telle qu'il permette de continuer à chercher. Par sa « douceur », la dialectique constitue l'unité (propre à la pensée seule) de la dimension critique et de la dimension inventive. À dissocier les deux, les sophistes ont vu dans toute invention spéculative une mythologie, et dans toute critique un jeu indéfiniment possible et répétitif. Pourquoi, cependant, est-ce avec les sages qu'il est intéressant et profitable de parler ?

> J'ai pour habitude, toujours, lorsque quelqu'un dit quelque chose, d'y appliquer mon esprit, et tout particulièrement

lorsque celui qui parle me semble être *sophos* ; et, comme j'ai le désir de comprendre ce qu'il dit, ses paroles, je m'en informe à fond, je les examine en les retournant en tous sens, je fais des rapprochements : afin, justement, de comprendre. Mais si à moi celui qui parle ne me semble pas valoir grand-chose, je ne continue pas à interroger et ce qu'il dit ne m'intéresse pas ; à cela tu reconnaîtras ceux que, moi, je pense être des *sophoi*. (*Hipp. Min.*, 369d ; *cf.* 372a-b)

Cette déclaration est manifestement ironique mais, précisément parce qu'elle l'est, elle ne signifie pas simplement le contraire de ce qu'elle dit. Évidemment, pour Socrate, Hippias *n'est pas sophos* ; pourtant c'est bien Hippias ou Protagoras qu'il est intéressant d'interroger. Car le sophiste est doublement nécessaire à l'établissement de la différence du philosopher : il l'est *dans son nom*, et dans ce que *sa manière de procéder* suppose (mais pas encore dans sa définition, qui servira à attraper – comme par hasard – le philosophe).

1. LA DIFFÉRENCE FANTÔME

Le nom du sophiste

« Sophiste », ce nom que Protagoras le premier a osé prendre (*Prot.*, 317b) et sous lequel à sa suite s'avancent tous les autres, manifeste pour celui qui le porte la présence en lui d'une *sophia*, et qu'il est non seulement *sophos*, mais superlativement tel. Ce n'est pourtant pas *d'abord* dans son nom que Socrate établit sa différence, mais dans une certaine manière de pratiquer le savoir – en apprenant –, l'ignorance – en interrogeant ce qu'il faut comme il faut –, le logos – en dialoguant. Le sophiste, lui, projette dans son nom l'image de ce qu'il veut représenter, de la *sophia* toute-puissante qui lui est propre. Dans le prologue du *Protagoras*, Socrate demande au jeune Hippocrate ce qu'il pense que c'est, un sophiste, et Hippocrate répond : « comme le dit (*legei*) son nom, c'est celui qui a la connaissance de choses qui requièrent un savoir »[1]. Le sophiste s'avance au nom du savoir, et sous ce nom se rassemblent ceux qui prétendent n'être ni ignorants, ni naïfs. Que le sophiste ne soit « savant » qu'aux yeux des ignorants n'est pas de la part de Platon une simple remarque polémique. Le savoir du sophiste ne se constitue, en effet, qu'en s'opposant à l'ignorance. Les sophistes disent qu'ils savent, et savent le dire, alors que les hommes, quand ils disent, « disent cela comme ils diraient autre chose, au hasard » (*Prot.*, 353a) : la *sophia* du sophiste n'existe que pour autant qu'existe son contraire. Elle ne vit que de cette différence, mais comme cette différence est globale, massive, cette différence n'est qu'un apparaître de différence, une différence fantôme. Elle résulte d'une mauvaise division, d'une coupure mal faite. Le savoir du sophiste n'existe en effet que de s'opposer à une ignorance qui n'existe pas : il est ce naïf *qui croit que savoir consiste à ne pas ignorer*[2]. Que, du même coup, il maîtrise tous les arts, comme Hippias, pour être sûr de n'ignorer rien, ou qu'il possède, comme Protagoras, la *technè* lui permettant de dominer toutes les autres, cela revient au même, la solution de Protagoras étant seulement plus intelligente et plus économique. Croire que savoir est le contraire d'ignorer permet au sophiste de déclarer : « jamais je n'ai rencontré d'homme qui en rien et sur rien soit supérieur à moi »

---

1. τὸν τῶν σοφῶν ἐπιστήμονα (*Prot.*, 312c6).
2. Le va-et-vient de la naïveté est dans certains Dialogues assez réjouissant : *cf.* par exemple *Hipp. Maj.*, 282d, 293d, 301c, 301d.

(*Hipp. Min.*, 364a) ; il est pourtant obligé de découvrir que
d'ignorants, au sens où il l'entend, il n'y en a pas. Car dans
une perspective où n'existe aucune différence entre
empeiria, technè et *epistèmè*, et où il ne peut en exister,
puisque chacune, à un plus ou moins grand degré, supprime
une ignorance, tous sont, d'une façon ou d'une autre,
sophoi. C'est ce qu'avec une perfidie remarquable Platon
fait dire à Protagoras au cours de son mythe : dans toute
société soumise à des lois (donc dans toute société humaine),
l'homme qui paraît le plus injuste est encore un juste et un
« artiste » en la matière, comparé à des hommes qui seraient
de vrais sauvages (*Prot.*, 327c-d). Il n'y pas d'homme sans
technè, tout homme en tant qu'homme y a sa part puisque,
oublié par Épiméthée, il n'a pas eu comme les autres espèces
animales son lot de *dunamis*. Il n'y a pas plus d'homme
sans *sophia* que de société sans *aretè* politique, et sur ce
dernier point tous enseignent à tous : la différence du
sophiste devient une « petite différence » dont Socrate,
mais bien plutôt Protagoras, doit se contenter (328a-b).

Si la majestueuse *sophia* des « sophistes » – de ceux
qui assument ce nom – se réduit à cette toute petite
différence, cette différence même cesse d'exister si on
prend l'enquête par l'autre bout, et si, au lieu d'interroger
le sophiste, on va interroger ceux qui passent pour savoir.
Or tous commettent une « faute de mesure », tous excèdent
la *sophia* qu'ils ont réellement (quand ils l'ont) vers la
sophia des choses les plus importantes (*Apol.*, 22d) ; tous
sont sophistes et raisonnent comme Dionysodore : « tous
savent toutes choses, à condition seulement qu'ils en
sachent une » (*Euthyd.*, 294a). Celui qui se dit sophiste est
certainement le plus naïf de tous, qui croit à sa différence
mais ne peut l'établir qu'en la niant : car il doit être seul

à savoir, et pourtant il ne sait ce qu'il prétend savoir qu'à la condition de persuader les autres qu'il sait. Le sophiste doit dire comme tout le monde pour être entendu, et doit dire mieux pour être admiré. Sa seule différence est une supériorité, et celle-là tous sont prêts à la lui reconnaître : il est plus habile à parler[1]. Quand il prétend se définir autrement, avoir accès au champ du savoir, de l'éducation ou de la vertu, il annule en fait la seule supériorité qu'il possède. Car il en est de la *sophia* de Protagoras comme de sa vérité : il suffit qu'il les pose pour que, d'elles-mêmes, elles s'évanouissent (*Théét.*, 161c-162a). Ni dans le contenu de ce qu'ils disent, ni dans leur prétention à tout savoir, il n'existe aucune différence entre le sophiste et la foule : « Chacun de ces hommes privés, qui réclament un salaire et que le plus grand nombre appelle "sophistes" en les considérant comme des rivaux, n'enseigne en fait rien d'autre que les opinions du plus grand nombre, que ce que la foule décrète lorsqu'elle s'assemble, et c'est cela que ces individus appellent leur *sophia* » (*Rép.*, VI 493a). La critique de Platon peut sembler injuste, et surtout paraître ne pas tenir compte des différences irréductibles entre les doctrines des « grands sophistes ». Mais il ne s'agit pas pour lui de réfuter des doctrines mais de soumettre à examen une certaine prétention au savoir, liée à une certaine représentation de ce que c'est que savoir – à l'illusion que tout savoir engendre quand on a avec lui une relation de possession et de maîtrise, à la redoutable et insinuante représentation qu'on a et impose du savoir quand on dit : je sais.

---

1. φασιν σοφώτατον εἶναι λέγειν (*Prot.*, 310e6-7), τὸν τῶν σοφῶν ἐπιστήμονα (*Prot.*, 312d6-7).

L'habileté à parler

Cette supériorité de parole dans laquelle se réfugierait sa différence, le sophiste la possède-t-il vraiment ? et s'il sait parler, sait-il ce que c'est que parler ? Car le sophiste ne dit pas seulement qu'il sait, il dit qu'il sait ce qu'il dit et qu'il sait dire. Accaparant le logos dont il connaît la puissance, il n'accepte ni de le recevoir ni de le donner (*Prot.*, 336d). Pourtant, il est le seul qu'on puisse vaincre en parlant, parce que, dans sa prétention, il s'est coupé du refuge de l'expérience. Il ne sera jamais ni convaincu ni converti, mais avec lui on peut au moins s'accorder sur un point : que rien n'est plus fort que le savoir et que, quand on sait, on sait aussi parler. C'est très exactement pour cela qu'on peut le vaincre, si on ne peut le convaincre. Car lui ne croit pas, comme les « sages » de l'Enquête et comme le général Lachès, que « ce qu'on pense, on peut être incapable de le dire » (*Lach.*, 194b). Il estime encore moins que, pour parler, il faille en acte (*ergôi*) avait fait ses preuves. Lachès reconnaît à Socrate le droit de parler du courage parce qu'il s'est montré courageux au sens où lui-même l'entend ; il déclare ne pouvoir supporter que les discours de ceux qui mettent leurs actes en harmonie avec leurs paroles, et vice versa (*Lach.*, 188c-189b) : il dit, comme tout le monde (*Apol.*, 32a), que c'est aux actes qu'on reconnaît la vérité du dire. Or faire comme on dit ne rend pas ce que l'on dit plus vrai, seulement plus convaincant, en tout cas aux yeux de ceux qui saisissent la moindre occasion de frapper le logos d'impuissance ou d'inutilité. Pour cela, il n'est même pas nécessaire d'être Calliclès, il suffit d'être Lachès, ou même Criton (*Crit.*, 46c-d). Toute parole qui ne se traduit pas en actes et n'est pas confirmée par des actes est pour Lachès un bavardage insupportable. Lorsqu'il n'arrive pas à s'exprimer, il attribue cela à son manque d'expérience de ce genre de discussions. Mais il est de ceux qui croient, comme le dit Nicias (*Lach.*, 188b), que la vieillesse suffit à rendre intelligent. Croyant et ne croyant qu'à l'expérience comme source et critère du savoir, il laisse, sans s'en rendre compte et sans le vouloir, le champ libre à ces discoureurs qui le rendent misologue. Il y a en effet une liaison interne entre la sophistique et le « pragmatisme » du général Lachès et de tous ceux qui valorisent l'action aux dépens de la parole. Il faut croire que seuls parlent les faits pour croire qu'avec les mots tous les jeux sont possibles, et croire qu'on peut avoir une idée mais ne pas trouver ses mots pour croire possible de trouver les mots permettant de transmettre une absence de pensée. Face à cette double expérience : celle que « l'âge » a permis d'acquérir et d'accumuler, et qui n'aurait pas besoin de mots, et celle d'une maîtrise du discours que les sophistes se font fort de transmettre (*Lach.*, 186c-d), technique universellement applicable et rapidement assimilable, Socrate se présente comme celui qui a le moins d'expérience (181d). Il est pourtant, à l'évidence, le seul qui sait et qui sait dire, peut-être pas ce qu'il en est du courage mais ce qu'il en est de l'expérience : que c'est le savoir qui rend capable de bien agir (*Lys.*, 209c), et la pensée qui rend capable de bien parler.

Le sophiste ne peut pour sa part ni affirmer qu'il sait mais n'arrive pas dire, ni renvoyer à ses actes quiconque lui demande des comptes. C'est dans le logos et nulle part ailleurs qu'il met son habileté, remporte ses victoires, prouve sa supériorité. Il est le seul à ne pouvoir refuser de parler sans se nier lui-même (*Hipp. Min.*, 363a-d). Dans ses combats, il est seul contre tous : le sophiste est seul à savoir (*monos esti sophos*, *Prot.*, 310d), il ne pense, ne

trouve, ne parle que seul (*Hipp. Maj.*, 295a-b, 297e). Il
n'accorde à ceux qui l'écoutent d'autre statut que celui
d'auditeur admiratif, d'ignorant prêt à lui acheter son
savoir, ou de contradicteur sur lequel il faut l'emporter.
Mais, dans tous les cas, l'auditeur qu'on manipule et
persuade est en même temps le *juge*; car c'est *paraître*
habile qu'il faut. En outre, plus le sophiste « éduque »,
plus il est seul, car ceux qu'il éduque et qui le paient
rougissent à la seule idée de devenir semblables à lui (*Prot.*,
312a). Le sophiste possède un art qu'il n'enseigne pas, et
qui lui sert à en enseigner fictivement un autre, qu'il ne
possède pas. En ce sens, il est bien le seul à qui son savoir
profite (*Hipp. Maj.*, 283b). Là réside en définitive la seule
sophia, la seule habileté qui lui soit reconnue tout au long
des Dialogues : celle de savoir *échanger* son savoir.

La réalité du commerce

Sous le nom du sophiste se projette un savoir illusoire,
illusion qui n'est nullement différente de l'opinion qu'a
sur le savoir le plus grand nombre. Sous cette apparence
de savoir se cache la réalité du commerce (*Prot.*, 313c).
Socrate, qui n'a jamais demandé de salaire (*Apol.*, 33b),
s'oppose aux sophistes qui se font payer; c'est pourtant
lui qui fait figure d'immoraliste, et eux qui s'indignent de
l'immoralité des conclusions où le logos, par l'intermédiaire
de Socrate, les a conduits (par ex. *Hipp. Min.*, 371e-372a,
Prot., 325b-c). De plus, se faire payer pour ce qu'on sait
faire, même quand ce qu'on sait faire est parler et rendre
capable de parler (*Prot.*, 319a), n'est pas, en soi, mal. À
condition, d'abord, que ce qu'on prétend savoir faire, on
le sache vraiment; à condition, ensuite, qu'à évaluer son
savoir selon le dénominateur commun de toute valeur, à

l'échanger contre de l'argent, on ne renonce pas, en voulant ainsi objectivement l'établir, à la possibilité d'établir sa différence. Le sophiste a avec son savoir le rapport du commerçant avec sa marchandise : il le possède et il le vend. Mais ce n'est pas dans sa ressemblance avec les autres commerçants que le sophiste est dangereux, c'est parce que, vendant du savoir et du discours, il ne peut annuler totalement la différence de ce dont il fait le trafic en gros ou en détail. Or pour l'acheteur le risque est plus grand, car la *sophia* n'est pas quelque chose qu'on puisse emporter dans un vase séparé pour demander conseil à ceux qui savent avant de l'absorber (*Prot.*, 314a). Cette *sophia* qui vient toujours du dehors (*Hipp. Maj.*, 284c, *Prot.*, 313b, 316c), et pas seulement parce qu'elle provient d'Elis ou d'Abdère mais parce que, provenant toujours de celui qui sait, elle se transmet toujours à celui qui ne sait pas, – cette *sophia*, par essence *étrangère*, l'âme la reçoit en elle, elle en garde qu'elle le veuille ou non l'empreinte, elle *l'apprend* (*Prot.*, 314b). Apprendre de Protagoras ou d'Hippias, c'est acheter à bon prix une « voix étrangère » (*Prot.*, 347c-d) et se condamner à ne jamais trouver, ni chercher, la sienne propre. Faire du savoir une marchandise et de l'âme un récipient n'est pas seulement une faute, c'est aussi une erreur. Car un savoir qu'on peut posséder et vendre indifféremment à n'importe qui, un savoir qu'on peut exploiter – et Hippias devient son propre « oracle » (*Prot.*, 315c), Protagoras ne cesse d'être son propre interprète (350c, cf. *Charm.*, 162d) – cela n'est pas du savoir mais de l'opinion et une « misérable habileté ». Et l'âme n'est pas un vase, ce qu'on y déverse n'y acquiert pas sa forme, c'est l'âme qui au contraire prend la forme de ce qu'on imprime en elle.

2. LES SOPHISMES DU PHILOSOPHE

Le sophiste ne se différencie des autres ni par la modalité de sa *sophia*, ni par celle de son ignorance. Il sait comme tous savent quand ils savent, ignore comme tous ignorent quand ils ignorent, en croyant savoir. Si, aux yeux du plus grand nombre, il passe pour être habile à parler, il ne peut le rester devant celui qui, parce qu'il ne se préoccupe pas de *sa* parole, parce qu'il s'en *désintéresse*, invente du même coup pour *la* parole un autre effet et un autre pouvoir. Ce pouvoir ne consiste pas à vaincre les sophistes, ces « philosophes » que la *philosophia* n'anime pas. « Nous ne sommes pas des sophistes » (*Prot.*, 314d) dit Socrate à l'eunuque qui défend la porte de Protagoras. Cependant, refuser le nom et tout ce que ce nom projette ne suffit pas. Entre le philosophe et le sophiste, la différence n'est pas celle entre un naïf empli d'un zèle maladroit pour la vérité et un habile qui, lui, saurait que le langage est un instrument de puissance et de plaisir. Car il n'est pas vrai que le philosophe soit maladroit et impuissant. Lorsqu'Hippias se demande si Socrate fait exprès de jeter le trouble dans les discours et de les mettre à mal (*Hipp. Min.*, 373b), et s'il prend plaisir à le faire, qu'on ne s'y trompe pas : il le fait exprès et il y prend plaisir. Au plaisir, à la puissance, le philosophe n'est pas étranger et, comme le sophiste, c'est dans la parole qu'il met son pouvoir et son plaisir.

Le paradoxe de la feinte ignorance et du plaisir

« Écoutez, Athéniens, toute la vérité je vous l'ai dite : c'est qu'ils prennent grand plaisir en m'écoutant mettre à l'épreuve ceux qui s'imaginent être sages (*sophoï*) et qui ne le sont pas ; et effectivement, ce n'est pas déplaisant »

(*Apol.*, 33c). Il n'est pas déplaisant, en effet, lorsqu'on est renvoyé de l'ignorance des sages à sa propre ignorance, de faire de cette ignorance une arme. Connaître la supériorité que procure une certaine ignorance sur un certain savoir et l'utiliser, c'est déjà ne plus être tout à fait ignorant, et c'est surtout donner à l'ignorance un autre sens. Lorsqu'il expose sa généalogie ironique de la *philosophia* – faisant pendant à celle de la sophistique retracée par Protagoras –, Socrate dit des Lacédémoniens, c'est-à-dire des Grecs qui passent pour être les plus incultes et les plus indifférents aux choses de l'esprit, qu'ils sont les mieux éduqués en matière de *philosophia* et de *logoi* (*Prot.*, 342d), et de Lacédémone que c'est « l'endroit de la terre où il y a le plus de sophistes » (342b). Protagoras, ce nouvel Orphée (315b), reprochait à ceux qu'il considérait comme les ancêtres de la sophistique de s'être si mal cachés qu'il s'étaient fait découvrir ; les poètes, les initiés, les maîtres de musique et de gymnastique, parce qu'ils pratiquent tous l'art de séduire et d'enseigner à séduire, ne pouvaient selon lui ni se cacher, ni dissimuler que leur art avait pour vrai nom « sophistique » (316d-317b). On ne saurait reprocher rien de tel aux Lacédémoniens. Ils ont réussi à faire de la *sophia* leur secret, un secret si bien gardé que tous, même les « laconisants », s'y trompent, eux qui ignorent que « laconiser » est « pratiquer la philosophie et non pas la gymnastique » (342e). L'ignorance des Lacédémoniens est feinte (342b), leur naïveté suprême ironie (342d-e), leur « parole brève » (343a-b) énigme. Ils ont inventé une sophistique supérieure, qui permet de se faire passer littéralement pour le contraire de ce qu'on est. En elle réside la tromperie la plus efficacee, celle qui procure le plaisir le plus délicat : le plaisir de passer pour un niais aux yeux des imbéciles, jusqu'au moment où, laconiquement, on renverse la situation. Tant qu'à posséder un savoir secret, une habileté, une supériorité, autant en tirer le maximum de jouissance et le « laconisme » est un plaisir infiniment plus raffiné que la « démonstration ». La manière « philosophique » de pratiquer la sophistique (« c'est cette manière qui caractérisait la philosophie des Anciens, une brièveté laconique », *Prot.*, 343b) pousse jusqu'au bout l'art de la dissimulation, du masque, de la fausse apparence. Pourtant, de ce plaisir-là il faut aussi triompher – non par ascétisme, mais parce qu'à le pratiquer trop longtemps on serait peut-être, au sens de l'*Apologie*, le plus sage des hommes, mais on ne serait pas le plus inventif.

L'inscience n'est pas une comédie, l'ironie socratique n'est pas la démonstration plus subtile d'un savoir dont l'interlocuteur serait dépourvu. Socrate n'a pas les réponses (*Apol.*, 23a, *Charm.*, 165b). Il occupe, dans le dialogue, la place de celui qui sait que savoir est justement tout autre chose qu'avoir la réponse ou énoncer la définition. Il est celui qui, par son « atopie », déplace le savoir de sa représentation positive comme *sophia* à son exercice interrogatif. Socrate ne fait pas semblant de ne pas savoir, mais il n'a du savoir qu'un seul savoir : qu'il ne se *possède* pas. Savoir est ce qui provoque en lui l'*epithumia*, la *prothumia*, non ce dont il disposerait pour, à volonté, répondre ou ne pas répondre. S'il met en pièces la *sophia* des sages, ce n'est pas pour le plaisir, même si du plaisir vient en plus ; ce n'est pas non plus pour substituer à un savoir déjà trouvé la tactique de son ignorance : c'est parce qu'il sait que chercher et apprendre sont les seules modalités du savoir. À dissocier ces termes, on en fait un dogmatique ou un sceptique. Il n'est ni l'un ni l'autre, mais celui à qui et en qui se découvre le difficile exercice de la pensée.

Le paradoxe du véridique
et du menteur, du bon et du méchant

La figure du sophiste qu'il s'agit ici de réduire est celle du sophiste que l'on peut toujours devenir, dès lors que l'on a découvert le pouvoir de la pensée et le plaisir du « laconisme ». En engendrant son propre pouvoir et son propre plaisir, la pensée engendre aussi, paradoxalement, ses plus grands risques : le risque de se figer dans une représentation normative censé garantir son efficacité ; le risque de se pervertir, si elle ne s'utilise elle-même que pour le plaisir d'avoir raison. Si Socrate est exempt de ce risque, c'est parce qu'il n'a pas le choix : « Car pour moi, de me comporter ainsi, j'y suis contraint par la divinité et par des oracles, des songes, et tous les moyens dont jamais un sort divin, quel qu'il soit, ait usé pour assigner sa place à un homme » (*Apol.*, 33c). Il ne peut pas choisir le rythme que sa recherche impose à son discours (*Prot.* 336a), et comme il exige la précision (*akribeia*) dans la pensée (et non pas dans les « connaissances »), avec lui l'aporie et l'errance font irruption dans le discours parce que les choses difficiles, on ne peut les dire autrement que difficilement. Non qu'il n'ait la maîtrise du langage : il a celle du langage des autres et en le parodiant il en indique, du même coup, la *facilité*. Mais il n'a pas la maîtrise de *son* langage : ni le savoir ni la vérité ne sont choses qu'on manipule aisément. Le sophiste représente celui qui sait tellement qu'il sait qu'il ne se donne pas le temps d'apprendre, et en particulier d'apprendre ce que c'est qu'ignorer. Croyant que c'est celui qui répond qui sait et celui qui interroge qui est ignorant, son logos n'effectue jamais l'unité du répondre et de l'interroger, or les deux impliquent un *même savoir.* Celui qui est capable de juger de la rectitude des noms, demande Socrate à Hermogène, « n'est-ce pas précisément celui qui en aura l'usage ? – Oui. – Et celui-là, n'est-ce pas celui qui sait interroger ? – Certainement ? – Et c'est le même qui sait aussi répondre ? – Oui. – Mais celui qui sait interroger et répondre, lui donnes-tu un autre nom que celui de "dialecticien" ? » (*Crat.*, 390c). Le savoir qui aurait au vrai une distance telle qu'elle lui permettrait de se le représenter au même titre que son contraire, le faux, aurait toujours aussi le pouvoir de choisir entre les deux. Le rapport entre *epistèmè* et *dunamis* qui affleure à la fin de l'*Hippias Mineur* (375d-376a) en commande en fait toute la dialectique. Selon Hippias, la vérité est simple, et la beauté aussi (364d-376a). Elles le seraient, si elles résultaient de la possession d'un savoir ou de l'exercice d'une capacité (*dunamis*). À celui qui sait l'arithmétique, il est simple de donner le résultat de la multiplication de sept cents par trois (366c-d) ; celui qui sait courir, qui sait chanter, sait le faire avec beauté : vite, et juste. Seuls ceux qui connaissent la vérité peuvent dire le faux en sachant qu'il est faux, tout comme ceux capables de bien exercer une activité ou de bien manier un instrument sont seuls capables de faire volontairement le contraire. Possédant une puissance définie comme puissance des contraires, ils sont donc supérieurs à ceux qui disent faux sans le savoir et agissent imparfaitement parce qu'ils ne peuvent faire autrement. Mais en ce cas, celui qui commettrait volontairement une injustice vaudrait mieux que celui qui la commet involontairement (375e) ? Aucune loi, objecte Socrate, ne saurait l'accepter. Une même logique devrait pourtant prévaloir en tous domaines, et si celle de la puissance comme puissance indifférente des contraires y échoue, c'est que sa définition : « a donc

une puissance quiconque peut faire ce qu'il veut quand il
veut » (366b-c) n'était pas la bonne.

Ce qui se profile en arrière des « sophismes » de
l'*Hippias Mineur* est la question de savoir *pourquoi* celui
qui sait que deux et deux font quatre déciderait de dire que
cela fait cinq, et *pourquoi* celui qui sait chanter juste
choisirait de chanter faux. Pourquoi en effet, sinon pour
mentir et tromper ? Cela signifie que celui qui est capable,
indifféremment, de dire vrai et faux, ne dit pas la vérité,
même quand il dit vrai. Car le savoir du vrai – pas un savoir
extérieur mais un savoir véritable – n'est pas quelque chose
dont on dispose à son gré, c'est une puissance, mais pas
une puissance des contraires. Le savoir ne donne pas la
puissance de choisir, il possède la puissance de déterminer
une âme au point qu'elle *n'a plus le choix*. Si le savoir est
seulement une capacité d'agir et non pas *aussi* une capacité
de pâtir, si savoir consiste à pouvoir, à volonté, faire ou
ne pas faire, on ne comprend plus d'où une âme qui peut
agir quand elle veut, comme elle veut, et sur ce qu'elle
veut, tirerait sa détermination. De ses objcts ? Mais si tel
bien, telle vérité, tel accomplissement deviennent des fins
pour la volonté, alors comme fins ils se relativisent à l'infini,
chaque vérité devenant à son tour le moyen d'en établir
une autre (« hypothèse » au sens mathématique), chaque
bien étant recherché et atteint en vue d'un autre bien (*Lys.*,
219b-c), donc relativisé. La vérité et le bien ne sont pas
plus des fins pour la volonté que des objets pour la
connaissance. Ils sont ce sous l'effet de quoi on agit quand
on agit et pense quand on pense. On ne les possède pas,
mais on est éclairé par eux et on en pâtit. La recherche
n'est pas recherche de la vérité – ce qui en ferait un but,
un objet ou un produit ; la science du bon et du mauvais

(*Charm.*, 174b-c) n'est pas la science qui poserait le bien comme un objet à définir, car c'est dans les choses bonnes, dans les biens, qu'elle le rechercherait, mais comment affirmer qu'une chose est bonne si on ne s'est pas interrogé sur ce qui est vraiment bon? Le bien serait alors, et sa science avec lui, entraîné dans cette circularité infinie.

La recherche (*zètèsis*), l'examen (*skepsis*) sont la forme que prend le logos de celui qui, parce qu'il aime la vérité, est déjà vrai et véridique. Non en ce qu'il dit ce qu'il pense, comme Achille, ou ce qu'il sait, comme le mathématicien, le géomètre ou l'astronome : car dans le premier cas il pourra toujours dire le contraire sans jamais voir la contradiction (*Hipp. Min.*, 370e), et dans le second, les vérités qu'il dit lui restent extérieures et indifférentes. Socrate est véridique non parce que, sachant le vrai, il choisit de le dire et de ne pas dire le faux qu'il pourrait dire aussi, mais parce qu'il dit la vérité sur la vérité : qu'elle n'est ni le propre de la simplicité d'une âme incapable de mentir ou d'errer – et Ulysse, dans ses détours et ses errances, est plus vrai que le sincère Achille (371d-e) avec ses vérites successives et contradictoires ; ni le résultat de *technai* qui ont la capacité égale de produire le vrai et le faux, le bien et le mal fait. La vérité n'est pas adéquation simple de ce qu'on dit à ce qu'on pense ou à ce qu'on sait. Le savoir ne tient pas sa puissance de ce qu'il aurait au vrai ou au bien la distance qui permettrait, en se les représentant, de les choisir. Ni attributs, ni objets, ni fins, la vérité et le bien n'affectent pas le savoir en tant que puissances égales de contraires, car autant de fois les autres sont, autant de fois ils ne sont pas. Le philosophe qui se tait ne parle, quand il parle, que depuis la vérité (*Apol.*, 17b), et à partir de son injustifiable, parce que démonique, liaison à elle. La vérité est ce dont il pâtit, ce qui l'éclaire

(*Rép.*, VI 508d) ; et s'il dit toujours vrai, tout ce qu'il dit n'est pas pour autant le vrai. L'aporie et l'errance sont les signes de cette différence entre un dire toujours véridique (et peut-être surtout quand il prend des détours ou n'aboutit pas) et un dire qui, à dire toujours ce qu'il croit ou démontre être vrai, à dire de petites vérités – y compris sur la vérité, et, pourquoi pas, qu'elle n'existe pas – n'atteint que des qualités mais jamais l'essence. À avoir toujours le choix entre les manières de dire et entre les moments pour dire, on perd toute capacité à dire quelque chose.

Le paradoxe du facile et du difficile

L'aporie et l'errance ne constituent le signe d'un manque de savoir (*Hipp. Min.*, 376c) ou d'une impuissance à savoir que si l'on a préalablement identifié savoir et capacité à répondre. *Répondre facilement* est pour Hippias comme pour Gorgias et Protagoras le signe de la possession d'une *sophia* (*Hipp. Maj.*, 289d-e, 290c, 295a-b : *Prot.*, 328e, 329d-e ; *Gorg.*, 448a ; *Mén.*, 84b-c) ; toute réponse n'est que l'occasion de déployer un savoir déjà constitué. Du même coup, toute question n'est que prétexte à développement ou à démonstration. Elle n'est jamais reçue comme une question digne qu'on s'interroge, mais d'emblée saisie comme une question qui ne se pose pas puisqu'on possède déjà la réponse. Or, pas plus qu'il n'est possible d'interroger vraiment celui qui ne s'interroge jamais, il n'est possible de répondre à qui ne fait pas sienne la question. Dans le *Protagoras*, au moment d'intervertir les rôles, Socrate annonce que si Protagoras consent à interroger, il essaiera de lui montrer « comment il faut que réponde celui qui répond » (338d). Or voici comment Protagoras « commença à interroger : "c'est mon avis à moi" » (338e), et, quand il emprunte enfin la forme interrogative, c'est pour demander : « connais-tu cette ode, ou dois-je te la réciter ? » (339b). Le mode d'interrogation du sophiste consiste à s'enquérir si on possède, ou non, un savoir déterminé. Il ne peut dialoguer : il parle *devant* l'ignorant, mais *jamais* avec l'ignorant qu'il est aussi mais se refuse à être. Répondre, pour lui, c'est réfuter ou c'est convaincre. Il ne peut ni dialoguer avec le philosophe, ni le reconnaître comme tel, puisque, au demeurant, le philosophe c'est lui. Socrate s'acharne pourtant à l'interroger : pourquoi ? Quand Hippias veut s'en aller parce qu'il trouvera très facilement tout seul, Socrate, sous l'effet de son désir de savoir (*Hipp. Maj.*, 297e), l'en empêche. Inversement, lorsque Socrate déclare qu'il a affaire ailleurs, et qu'il n'a pas de temps pour les longs discours de Protagoras, c'est la « *philosophia* » du beau Callias qui le retient (*Prot.*, 335d), et à la fin du Dialogue il déclare qu'il est resté pour lui faire plaisir (362a). L'obstination du sophiste à accaparer le logos, à ne pas le donner et pas le recevoir, n'a d'égale que la patience (*Hipp. Maj.*, 296a, *Prot.*, 333e) de Socrate qui, chaque fois à nouveau, tente de reprendre le dialogue pour satisfaire son désir d'apprendre, sa *philosophia*. Apparemment, il ne sera pas satisfait, puisque l'*Hippias Majeur* comme le *Protagoras* sont des Dialogues aporétiques, et ne concluront pas plus sur le beau que sur la vertu. En fait, l'essentiel est établi : à savoir que si l'on coupe la réponse de la question, on fait d'apprendre et d'inventer des mots dépourvus de sens. L'*Hippias Majeur* s'achève sur ce proverbe : « *difficiles* sont les belles choses » (304e), et le commentaire de texte qui occupe le centre du *Protagoras* s'applique aux vers de Simonide sur la *difficulté* d'être et de devenir bon. Dans le prologue, les sublimes évolutions du chœur des assistants ont pour but de ne pas faire obstacle à Protagoras, de ne pas se trouver littéralement dans ses pieds (*empodôn, Prot.*, 315b; cf. *Hipp. Min.*, 364b). Mais après avoir écouté le discours de Protagoras, Socrate se heurte aussitôt à ce « petit point »[1] : quel est le mode d'unité de la vertu? – tout en pensant que Protagoras l'élucidera facilement (328e), et Protagoras confirme qu'en effet il lui est bien facile de répondre. Or en fait, il ne répond pas, parce que toute difficulté n'est pour lui qu'apparente. Le jugement d'ensemble que chacun des sophistes porte sur l'entretien, lorsqu'ils ont atteint le point où ils ne peuvent ni ne veulent écouter, est significatif : Hippias pense qu'ils ne sont arrivés à rien à cause de la forme décousue, morcelée, du discours ; Protagoras prédit à Socrate qu'il deviendra un des plus illustres par sa *sophia*. Pour l'un la source de la difficulté est une erreur de forme, pour l'autre elle tient à l'habileté d'un homme. Il est vrai cependant que pour toute autre pratique la facilité est bien le signe de la maîtrise et du savoir. Si la possession d'une *technè* ou d'un savoir-faire se reconnaît à l'aisance d'exécution, l'exercice de la science et du logos est « ce qu'il y a de plus difficile », il est l'exercice même de l'art de voir la difficulté. Cependant, l'apprentissage d'une technique aussi est difficile jusqu'au moment où, s'en étant rendu maître, on l'exerce avec facilité. Pourquoi, quand il s'agit du *dialegesthai*, la difficulté de l'apprentissage n'aboutit-elle jamais à la facilité de l'exercice, à la maîtrise qui en ferait une *sophia*? Si le *dialegesthai* débouche sur la contradiction, l'aporie, le paradoxe, cela tient-il à la forme dialoguée? Si le dialogue est ce qu'il y a de plus difficile, est-ce parce qu'il constitue le moyen par excellence de susciter les contradictions, d'aligner les paradoxes,

1. σμικρόν τί μοι ἐμποδών (*Prot.*, 328e4).

d'engendrer les apories? Suffit-il de provoquer ces signes apparents de la difficulté pour sortir de la « merveilleuse facilité » propre au sophiste (*Gorg.*, 459c)? Posséder une technique de l'interrogation telle qu'elle engendre toujours l'aporie en soi-même et chez les autres (*Mén.*, 79e-80a), est-ce là l'art propre du philosophe?

Euthydème et Dionysodore ont une technique infaillible de l'interrogation; infaillible puisque, quelle que soit la façon dont on répond, on ne peut s'en tirer (*Euthyd.*, 276e). Si des sophistes comme Hippias, Gorgias ou Protagoras situent leur *sophia* dans leur aptitude à répondre, les éristiques de l'*Euthydème* la mettent, eux dans leur habileté à interroger : dans les deux cas ce n'est pas le même qui interroge et qui répond, et dans les deux cas la technique, qu'elle concerne l'art de répondre ou l'art d'interroger, confère une facilité. Cependant, aucun des paradoxes soulevés par les éristiques n'est insignifiant, tous mettent en évidence une ambiguïté sémantique (*sophos, manthanein, einai*) ou syntaxique (*dunatos*). Mais le paradoxe de leurs paradoxes réside en ce que, jouant sur des difficultés réelles et réellement présentes dans le langage, ils ne les exploitent que pour contredire facilement. La facilité à répondre découle, pour le sophiste, d'un savoir au fond tragique (comme l'a vu Untersteiner) concernant l'impossibilité de la vérité et l'absence de tout critère. La comédie de l'éristique est à la fois plus insidieuse et plus grossière : plus insidieuse, car il se sert du dialogue (*Euthyd.*, 257b) pour « mettre à l'épreuve » (*peiran lambanein, ibid.*) : usant du même moyen, visant le même but, il semble indiscernable du philosophe. Mais plus grossière, car si le discours du sophiste provient bien de quelque chose comme un savoir négatif, le savoir est pour l'éristique le moindre de ses soucis, il n'opère que sur le langage. Se voulant

virtuose, il est finalement trahi par sa méconnaissance de
l'instrument. Car lorsqu'il s'agit du logos, la difficulté la
plus réelle, si elle n'est pas pensée, devient pitoyable astuce.
Quand elle est mise en évidence par un simulacre
d'interrogation, la difficulté est *jouée*, elle ne tend qu'à
paralyser un interlocuteur dont les réponses sont toujours
déjà prévues. L'éristique joue sur les mots, et il n'a pas
tort, car il est vrai qu'il y a du « jeu » dans les mots et entre
les mots. Mais l'éristique s'en tient là ; sa seule « technique »
consiste à dégager et à utiliser les ambiguïtés du langage
pour engendrer aisément paradoxes et apories. Réduire la
facilité comme signe du savoir, déplacer l'aporie du langage
vers la pensée en supprimant la coupure entre interroger
et répondre (donc aussi la possibilité de constituer deux
techniques séparées), telle est une des principales fonctions
du personnage de Socrate dans les premiers Dialogues.
Cette réduction et ce déplacement indiquent qu'on ne peut
se représenter le savoir comme une *technè*, un savoir-faire
résultant de connaissances acquises, ou comme une habileté
résultant d'une expérience dans le maniement du langage.

Pourtant, mépriser trop vite Euthydème et Dionysodore
et voir dans la facilité de leur jeu quelque chose d'indigne
qu'on s'en occupe avec sérieux, cela revient à faire de la
philosophia une chose sans valeur (304e). Ainsi fait le juge
sévère qui apparaît à la fin de l'*Euthydème*. Il pense que
le sérieux consiste à s'occuper de choses sérieuses, et au
suprême degré de politique [1]. Ceux qui, usant modérément
de philosophie et de politique (305d-e), se situent à la
frontière du philosophe et du politique (305c), se mettent

---

1. Ce juge est très probablement Isocrate, l'intention n'étant d'ailleurs
pas de l'attaquer mais d'émettre des doutes sur une manière de
« philosopher ».

ainsi à l'abri des dangers et des luttes de l'une et de l'autre. Des dangers et des luttes de la politique puisque, réfléchissant sur elle, ils ne se lancent pas dans la mêlée, ils ne font pas de politique (305c). Des dangers et des luttes de la philosophie, puisque le logos est selon eux naturellement sans piège et sans ambiguïté. L'amphibie (le *metaxu*) de philosophe et de politique se garantit doublement : il s'assure du sérieux de son contenu, de la profondeur et de la rigueur de sa forme. Plus sérieux que les philosophes, puisque c'est de politique qu'il s'occupe, plus profond que les politiques, puisque c'est philosophiquement qu'il s'en occupe, il ne risque ni le formalisme de l'une, ni l'aveuglement de l'autre. La philosophie est pour lui une discipline, une méthode permettant d'introduire dans le discours une rigueur réfléchie. Comme tous ceux qui pensent qu'il est possible de faire un usage modéré (*metriôs*) de la philosophie, les philosophes politiques n'empruntent à la philosophie que sa forme. Du contenu vient le sérieux et la valeur de leur discours, et le réfléchir « philoso-phiquement » signifie prendre par rapport à ce contenu le recul et la distance permettant de lui donner une forme plus générale et plus abstraite. La philosophie n'offre selon eux aucun contenu auquel on puisse dignement et valablement s'appliquer : c'est et ce n'est qu'une méthode. La philosophie *de*, la philosophie *sur*, prétend avoir et prendre la juste mesure de la philosophie. Et le philosophe doit laisser jouir en paix ces « philosophes » de leur *sophia* (305c). Car c'est bien dans le champ de la *sophia* qu'ils veulent aux yeux de tous l'emporter (305d). Les philosophes, eux, font obstacle (*empodôn*, 305d). Et même ces pauvres contrefaçons de philosophe que sont les éristiques ; car eux ne refusent ni les dangers, ni les combats. Ils savent au moins que quiconque pratique le logos ne peut se refuser

au *dialegesthai*, ni, s'il est bloqué, accuser ses adversaires.
Le reflet, même déformé, ressemble plus à ce qu'il reflète
– le sophiste au philosophe, l'éristique au dialecticien – que
le mélange ne ressemble à l'un des éléments qui le
composent, et le philosophe politique n'est ni philosophe
ni politique. Il est possible d'atteindre à travers le reflet
quelque chose de la chose même. Il n'est pas sûr, en
revanche, qu'on puisse toujours distiller le mélange de
façon à remonter aux éléments, ni que les éléments, en
entrant dans le mélange, ne soient pas du même coup
définitivement altérés. L'*Euthydème* s'achève sur cette
analyse du philosophe politique, indiquant par là que la
philosophie n'est pas un refuge. Le philosophe politique
est plus réfléchi, plus raisonnable que l'éristique, mais
moins courageux. Car l'éristique a le courage de tenir
jusqu'au bout son langage, d'en supporter jusqu'au bout
le ridicule, les conséquences – les paradoxes (294d). Mais,
et là est la différence du simulacre à la chose même, il n'a
pas le courage de les penser. Tous les paradoxes de
l'*Euthydème* sont de vrais paradoxes, tous mettent en
évidence une vraie difficulté. C'est pourquoi il ne suffit
pas d'en démonter logiquement le mécanisme, de disposer
d'une méthode d'analyse et de réfutation. La réduction
des sophismes n'est pas du tout le propos ni l'enjeu de
l'*Euthydème*. Car en les réduisant on en rendra peut-être
raison, on disposera peut-être d'une parade ; mais on ne
rendra pas raison du paradoxe impliqué dans certains mots :
savoir, apprendre… Ce n'est pas le paradoxe comme tel
qui est rejeté dans l'*Euthydème*, mais son exploitation
sophistique, car l'usage sophistique est l'usage *facile* du
paradoxe (293b). N'importe qui peut, en très peu de temps,
en maîtriser les mécanismes et en acquérir les recettes
(303e, 304a). Et pourtant la contradiction et sa formulation

paradoxale appellent à penser, réclament qu'on les pense
(*Rép.*, VII 523b-524e). On ne pense qu'à partir d'une
difficulté, et toute formulation de la difficulté est paradoxale.
Pour philosopher, il faut commencer par être sophiste, dire
qu'un doigt peut à la fois être long et court, qu'il peut en
tout cas être autre chose qu'un doigt. Le paradoxe tient au
langage : on peut l'utiliser pour étonner, pour faire des
« crocs-en-jambe » (*Euthyd.*, 278b), ou pour se mettre à
penser (*Rép.*, VII 524e). Tous les jours les ignorants
apprennent, et les savants aussi. Être savant en certaines
choses, ignorant en d'autres, est le sort commun. Ne pas
savoir ce que pourtant on sait, savoir déjà ce que pourtant
on ne sait pas, ce n'est jamais qu'oublier et apprendre.
L'expérience est commune, la formulation scandaleuse.
Mais l'expérience n'est pas une solution, aucune solution
empirique n'est pertinente quand il s'agit d'un problème
logique. L'éristique sait au moins cela, seulement il ne va
pas plus loin : l'énoncé, le paradoxe est pour lui définitif
puisqu'il n'en existe pas de solution logique. Or c'est bien
d'une certaine attitude devant le paradoxe et la contradiction
que se tire le « il faut philosopher ». Ce « il faut » ne saurait
sortir de la vie ou de l'expérience, il a son origine dans la
contradiction même, et la contradiction n'existe que si elle
est formulée. C'est sa formulation paradoxale qui est
incitation à penser (*Rép.*, VII 523d). Les parties sophistiques
et les parties protreptiques de l'*Euthydème* ne se répondent
ni ne s'entrelacent au hasard. Affirmer par exemple que
souvent un homme connaissant des choses comme
mauvaises les fait cependant et les fait de bon gré parce
qu'il est entraîné et vaincu par le plaisir (*Prot.*, 355a), c'est
commettre un sophisme. Car le raisonnement ne tient que
par un jeu de mots, la justification ne justifie qu'à condition

de désigner une même chose par des mots différents (355b). Distinguer le bien du plaisir implique tout autre chose qu'une distinction de mots et il faudra l'ensemble du *Philèbe* pour réussir à les distinguer. L'éristique peut être vaincu même par le « bon sens » du plus grand nombre (*Euthyd.*, 304a), mais en montrant le caractère paradoxal de toute logique appliquée à l'empirique, il appelle à la dépasser, et pour la dépasser, « il faut philosopher ». Le paradoxe débouche sur autre chose que sur sa consécration facile dans le jeu de mots, ou sur une fuite non moins facile dans le sérieux et la haine de la futilité des mots (305a-b) : il pose la question du rapport entre les mots et les choses, il contraint à penser à partir d'une *autre* expérience.

Reconnaître que la difficulté formulée appelle à penser et que ne sont beaux, bons et avantageux qu'un discours, une pensée difficiles, admettre que la difficulté n'est pas un mal – comme Socrate force Protagoras à le reconnaître (*Prot.*, 341c-e) – mais constitue la condition de la rencontre de la vérité, c'est à la fois quitter le champ de la *sophia* et signifier la différence du dire à toute autre forme d'activité. Le « il faut » appliqué au philosopher n'a rien de protreptique, ce n'est pas plus une exhortation à la vertu qu'une exhortation à la philosophie. L'impératif n'appelle pas à une conversion définitive mais à une décision soutenue par une différence qui a à se prendre pour être, et qui ne le peut que parce que, par nature, elle est. Philosopher, c'est non seulement apprendre qu'un paradoxe fait penser, qu'il est le signe qu'il y a quelque chose à penser, c'est aussi apprendre à inventer et découvrir des paradoxes ; faute de les explorer, il serait impossible de rencontrer la vérité, et l'intelligence ne surgirait pas.

3. Fantômes de différence

Pour apprendre que sous le paradoxe apparent se cache une difficulté réelle, pour retourner le sophisme en un « il faut philosopher », pour arracher le philosopher au jeu de mots et différencier le philosophe de son simulacre le plus accompli (l'éristique), il faut que celui qui s'interroge en philosophant soit dans une certaine situation.

L'avantage de la double écoute

Cette situation est caractérisée à la fin de l'*Hippias Majeur* comme situation de double écoute (304e). Socrate écoute les sages, mais aussi un homme qui a avec lui la parenté la plus proche, qui se tient dans le même lieu que lui, et il lui arrive de recevoir de part et d'autre des injures (304e). « Mais il ne serait pas étrange que cela soit, en définitive, avantageux. » Avantageux, cela ne peut l'être que si celui qui écoute les *sophoi* écoute pour interroger, et s'interroge en écoutant. À Socrate qui ne sait pas et qui questionne pour apprendre de ceux qui savent, est présent quelqu'un, un personnage anonyme qui interroge de façon excédante et excédant toute mesure [1]. Socrate l'ignorant interroge les sages pour écouter ce qu'ils ont à dire, et quelquefois il est tenté de dire comme eux (*Hipp. Maj.*, 304c). Mais Socrate le sage, le mal élevé, l'impertinent, est là pour lui rappeler que savoir qu'on ne sait pas, c'est déjà en savoir plus. Cela ne fait pas deux Socrate, et la voix anonyme qui intervient dans l'*Hippias Majeur* et le *Protagoras* n'est pas là pour rendre possible l'impossible dialogue avec le sophiste. Elle n'est ni un troisième, ni un moyen terme. Le moyen terme, le juste milieu, le compromis

---

1. μάλα ὑβριστικῶς (*Hipp. Maj.*, 286c7-8) ; ὑβριστής (*Prot.*, 355c8).

selon lequel Socrate renoncerait un peu à son *akribeia*, et le sophiste, en échange, éviterait de se perdre dans « la haute mer du discours », Socrate le refuse explicitement (*Prot.*, 338a-c). Car ce moyen terme serait soit inférieur aux deux extrêmes, et en ce cas serait incapable de rien lier du tout ; soit semblable à l'un des deux, et il n'y aurait alors que deux termes en présence ; soit supérieur aux deux, mais alors il les engloberait, ce qui signifierait l'absorption du dialogue dans le monologue. La présence à Socrate de « Socrate fils de Sophronisque » (*Hipp. Maj.*, 298b-c) signifie que Socrate le sage et Socrate l'ignorant, c'est le même Socrate, mais il n'est même que lui-même qu'en tant qu'il est pas « massivement » un, qu'il n'est même qu'en étant autre. Écoutant, il n'est pas auditeur, car écouter pour lui consiste à entendre cette petite chose qui manque à ce qui est dit. *Son écoute est ironique en ce qu'elle décale ce qui est dit vers ce qui manque*, non en ce qu'elle exprimerait une supériorité. L'ironie n'est que l'autre face de l'acharnement à penser[1]. Ne pas pouvoir s'empêcher d'entendre ce qui manque à un discours pour qu'il soit vrai, de voir ce qui manque à un homme pour qu'il vaille quelque chose ; l'impossibilité de s'arrêter au bel objet, à l'acte « juste », à la « sagesse » de Charmide, impliquent et l'écoute ironique qui mesure tous ces apparaître pour ce qu'ils sont, et l'écoute inventive qui introduit ce qui seul peut répondre : l'autre, dont dépend la possibilité même du *dialegesthai* et qui n'est pas un interlocuteur. « Quelquefois, comme s'il [l'interlocuteur anonyme] avait pitié de ma maladresse et de mon ignorance, il me donne

---

1. Voir Kierkegaard, *Le Concept d'ironie constamment rapporté à Socrate* (thèse 1841) dans *Œuvres Complètes*, vol. 2, Paris, Gallimard, 1975.

de l'élan en interrogeant » (*Hipp. Maj.*, 293d). L'autre
Socrate ne prend la parole que pour affirmer l'existence
d'une autre réalité : celle du beau (*Hipp. Maj.*, 288a), du
juste et du pieux (*Prot.*, 330c-d), pour affirmer dans le
premier cas, et rudement, la différence du beau aux choses
belles, dans le second, le lien entre justice et piété. L'autre
présent à Socrate manifeste l'autre auquel il est nécessaire
de relier le logos si l'on veut l'utiliser autrement qu'en
sophiste. En ce qu'elle décale ce qu'elle écoute vers la
question, l'*interrogation ironique est interrogation
inventive* ; elle affirme la relation du logos à l'intelligible
et introduit l'hypothétique relation d'un intelligible à un
autre. Ces deux écoutes sont la double face d'une même
différence.

La différence interne à la pensée représentée par l'image
de la double écoute n'est pas la condition psychologique
et subjective permettant de saisir les différences objectives,
ontologiques, du sensible à l'intelligible ou des intelligibles
entre eux. Cette différence intérieure est la condition du
dialogue, car la condition du dialogue n'est pas le « deux »
effectif : le dialogue n'implique ni une intersubjectivité
de fait, ni une intersubjectivité intérieure. Car si, d'une
part, le dialogue entre Socrate et Hippias, Protagoras ou
Euthydème est impossible, cela ne tient nullement au
caractère ou à la psychologie de l'interlocuteur, à son
infatuation et à son insupportable prétention. Si l'on ne
faisait que mettre en lumière l'ignorance ou la vanité du
sophiste, on n'établirait jamais que la sagesse ou la modestie
du philosophe. Socrate n'est pas Charmide, sa caractéristique
majeure n'est pas la retenue, la connaissance de ses limites,
le bien posément ou le « rien de trop ». D'autre part, le
dialogue de l'âme avec elle-même n'est pas de l'ordre
d'un dédoublement du sujet, de deux « moi » ou d'un moi

et d'un surmoi qui *se* parleraient, mais de l'ordre d'une intelligence qui, regardant vers l'autre qui lui est approprié, se reconnaît et se ressouvient d'elle-même comme semblable à – et pourtant autre que – cet autre. Le dialogue de l'âme avec elle-même ne prend ni la forme de la méditation ni celle de la confession, mais celle de la réminiscence : réminiscence d'une différence (l'intelligence) et d'une ressemblance (de l'intelligence à l'intelligible). Le dialogue *est* dialectique. Ses conditions *sont* les conditions de la dialectique, l'impossibilité du dialogue *ne tient à rien d'autre* qu'à l'absence du juste discernement des ressemblances et des différences, de la juste saisie de l'unité du multiple et la multiplicité de l'un. Or le sophiste incarne la modalité non dialectique de la pensée et du discours, à la fois parce qu'il croit que l'intelligence fonctionne toute seule, et parce qu'il a tout pouvoir sur ses objets. Il oublie l'âme, et il néglige la résistance de l'intelligible. Moyennant quoi, l'âme du sophiste est cette curieuse tablette où tout même en s'inscrivant devient autre et tout autre même, de telle sorte que personne – et certainement pas le sophiste – ne s'y retrouve. Son âme n'est pas un mélange proportionné de même et d'autre (*Tim.*, 35a-b), mais ce lieu où tout même apparaît autre, tout autre même et cela dans tous les sens. Le sophiste fait de la négation de la différence la condition de sa différence : en ce sens, il est « sourd » à l'intelligible (*Hipp. Maj.*, 292d) mais cette surdité le rend aussi muet : « et voici ce qu'il y a de démocratique et de facile dans vos discours ; quand vous dites qu'il n'y a rien de beau ni ne bon ni de blanc ni quoi que ce soit de ce genre, ni absolument rien qui soit autre que les autres, vous cousez, comme vous dites, tout bonnement la bouche aux gens ; et non seulement celle des autres, mais vous semblez bien coudre aussi la vôtre ; ce qui est fort gracieux et qui

enlève tout caractère insupportable à vos discours »
(*Euthyd.*, 303c-e). Pour qu'une différence existe, encore
faut-il que l'autre ne soit pas ramené *immédiatement* au
même, ni le même *immédiatement* à l'autre.

Fantômes de différences
et fantômes de ressemblances

Hippias, dans ses trois premières « définitions », ne
voit pas une différence qui n'est pas facile à voir [1] : car ce
Beau qui est présent aux belles choses, en quoi diffère-t-il
d'elles ? Sa manière de *ne pas être* une belle vierge tout
en la *rendant* belle n'est pas facile à penser. Hippias n'est
pas si ridicule, et les mêmes commentateurs qui le jugent
tel prennent au sérieux la première partie du *Parménide*
où cependant le même problème est posé. Si l'apparaître
n'est pas l'être, l'être a bien une certaine manière
d'apparaître : une belle cavale, une belle marmite sont
belles, et pourtant le beau qui n'est rien que beau, jamais
tantôt beau, tantôt laid, beau pour l'un et laid pour l'autre,
n'est d'abord saisi que dans sa différence aux choses qu'il
fait paraître belles. Cette différence n'est pas celle du
particulier à l'universel. Ce n'est pas parce qu'elle est une
chose particulière qu'une belle marmite diffère du beau
que pourtant, à sa façon, elle manifeste. Si elle en diffère,
c'est précisément en tant que, « lisse, ronde et bien cuite »
(*Hipp. Maj.*, 288d), elle ne manque de rien, du moins pour
être une belle marmite. De même que tout savoir, quand
on en possède un, tend à se faire prendre pour le savoir,
et toute vertu pour la vertu, toute chose belle fait de sa
manière d'apparaître belle la seule réalité du beau, de sorte

---

1. Καὶ τί διαφέρει τοῦτ' ἐκείνου ; (...) Οὐδὲν γὰρ διαφέρει (*Hipp. Maj.*, 287d7-9).

que l'on croit que le beau, le savoir, la vertu, sont le caractère commun à de multiples objets, et que chacun des Universaux est obtenu par abstraction.

Pour que l'abstraction des différences et la remontée continue du particulier au général soient possibles, il faut que la différence particulière soit conçue comme inessentielle et que la généralité soit conçue comme immanente à l'individu singulier. Pour Hippias, n'*est* que ce qui est *commun*. La généralité est critère de la réalité et repousse toute différence dans la pure apparence, dans le « rien ». Si les représentations (*to prophainomena*, 300d) de Socrate sont représentations qui lui sont propres, le logos qui énoncera ces représentations se montrera (*phanèsei*) comme un logos privé de contenu, ayant pour contenu rien (*ouden*) [1]. L'accord, la position de quelque chose comme un *sensus communis*, constitue pour Hippias un critère et limite l'*hubris*, la démesure d'une pensée ou d'un discours qui prétendrait rompre cet accord et ne serait qu'inanité délirante. Toute différence est écart phantasmatique par rapport à une généralité qui est principe de constitution et critère du réel. C'est pourquoi la transitivité des propriétés ne peut faire problème. L'ensemble ne saurait posséder d'autres propriétés que celles des individus qui le composent, mais la réciproque est vraie, et les individus ne sauraient avoir d'autres propriétés que celles de l'ensemble (301a), car se serait avoir des propriétés excluant leur inclusion dans cet ensemble. L'abstraction ne fait abstraction que de particularités inessentielles, de différences irréelles, et par là rétablit la continuité contre une fragmentation qui ne peut être qu'illusoire. Les « grandes totalités du réel », les « grands ensembles continus qui sont immanents à la

---

1. φανήσῃ γὰρ οὐδὲν λέγων (*Hipp. Maj.*, 300d7).

nature de l'être » appellent naturellement un discours continu, reflet de la raison (*logos*) immanente à la réalité des choses (301b). À Hippias qui parle de « totalités entières » (*ta hola*), Socrate répond en n'employant tout au long que le terme de « couple » (*ta amphotera, to amphoteron*). Car il s'agit moins d'établir la transitivité ou non-transitivité des propriétés – puisque ces deux possibilités vont être également maintenues – que d'établir que, dans l'hypothèse d'Hippias, c'est l'assomption de la transitivité qui permet et garantit la formation d'un ensemble. Un ensemble en effet ne se constitue que du point de vue d'un prédicat commun et il n'existe qu'en vertu de la possibilité de cette prédication. Pour que deux choses puissent être comprises dans un ensemble, il suffit que l'on puisse affirmer de chacune et du couple qu'elles forment une qualité (*pathos*) commune (« beau », « juste », « vieux », « jeune », « d'argent », « d'ivoire »). Pour que Socrate et Hippias forment un couple, il suffit donc que chacun « soit affecté de la manière qu'on voudra par un attribut commun aux hommes » (301a). Dans l'exposé d'Hippias, ce qui est requis de toute nécessité (*megalè anankè*) est la transitivité des propriétés, mais l'ensemble est parfaitement contingent et relatif au choix d'un prédicat quelconque parmi tous les prédicats possibles – les impossibles étant *naturellement* exclus, est avec eux toute espèce de différence plus qu'humaine, démonique ou divine : pour la *sophia* d'Hippias, l'exception est signe de démesure et de démence (*anoètos*, 304b). Or on pourra toujours trouver un prédicat capable de grouper des individus quels qu'ils soient. Seulement, selon Socrate, le groupe ainsi constitué ne saurait faire un tout, un tout complet (*holon*). L'objection selon laquelle il existe des ensembles dans lesquels, à l'évidence, les propriétés ne sont pas transitives, sert essentiellement à poser un autre mode d'assemblage, un assemblage qui, lui, ne serait pas constitué par la possession d'un prédicat commun. Que la non-transitivité soit dans certains cas aussi *nécessaire* que la transitivité (302b) signifie que le mode de constitution « naturel » des totalités selon Hippias n'est ni naturel, ni nécessaire, qu'il est un mode de constitution simplement possible. Car il existe des assemblages qui obéissent à un autre principe de constitution.

Qu'est-ce qui les différencie ? L'assemblage qui a le deux pour nombre est, au même titre que le couple formé par deux individus beaux, justes ou malades, homéomère. L'homéomérie ne garantit donc pas la transitivité des qualités, pas plus d'ailleurs qu'elle ne garantit le contraire, et ce n'est pas de ce côté que la distinction doit être cherchée. S'agit-il alors de distinguer entre des types de propriétés, qualitatives (le jeune, le sain, le juste, le blessé, le noble, le beau) et quantitatives (le un, le deux, le pair, l'impair, le rationnel, l'irrationnel) ? Platon entrevoit-il ici que le nombre ne saurait être une propriété comme les autres ? À vrai dire, il fait bien plus que l'entrevoir, puisque dès l'*Hippias Majeur* (sans parler du livre VII de la *République*, du *Parménide* ou du *Timée*) il distingue soigneusement le couple (*to amphoteron*) et le deux (*duo*) (302a), le « chacun des deux » (*hekateron*) et le un (*eis*). Mais le problème n'est pas là. Pour Hippias, toutes les propriétés sont homogènes et immanentes. Toute réalité est génériquement qualifiée, donc naturellement apparentée et appropriée aux autres réalités de même genre (*Prot.*, 337c-d) ; réciproquement, toute qualité *est* (*Hipp. Maj.*, 278c-d). La question du statut ontologique de la qualité commande tout le dialogue, et l'équivoque de l'accord initial entre Socrate et Hippias sur la « réalité » du beau ou du juste n'a pas encore été levée. Car là où Hippias *assimile* (la qualité commune et l'essence), Socrate *différencie*. Selon Hippias toute qualité est « par nature » (*phusei*), et elle détermine des ensembles qu'on peut naturellement reconnaître puisqu'ils sont naturellement constitués. Ces ensembles sont des « corps » (*sômata*) et toute mutilation, toute violence à leur égard constitue le crime d'*hubris*[1]. L'entreprise de Platon consistera à montrer que loin de commettre le crime de dépeçage, la dialectique est la seule science qui respecte les articulations naturelles, qui ne sont naturelles que parce qu'elles sont essentielles et intelligibles. Affirmer contre Hippias qu'il existe des assemblages dans lesquels les propriétés ne sont pas transitives revient à affirmer que la ressemblance n'est pas la seule manière d'assembler. L'hypothèse hippienne de la continuité lui permet de penser des totalités sans parties ni éléments (les totalités ne sont pas plus faites de parties que la ligne n'est faite de points), des totalités qui assimilent en annulant les distinctions. La nature assemble en faisant ressembler, en appropriant, en procédant génériquement. Alors qu'Hippias pense la nature comme principe de liaison et n'admet comme prédicat réel que celui qui désigne un caractère commun (les autres n'étant que des mots vides), Socrate pense des natures, des essences qui sont principes de différenciation autant que principes de liaison, et cherche la légitimité du prédicat du côté de la participation. Face à Hippias, le nombre est bien le meilleur exemple, puisqu'il

---

1. En droit attique, le crime d'*hubris* désigne une violence corporelle (εἰς σῶμα) distinguée de celle commise sur des choses (εἰς χρήματα). Le dialecticien dépèce (*cf.* περιτμήματα, 304a5) : le verbe περιτέμνω est employé par Hérodote (II, 162) en parlant de nez et d'oreilles, et s'applique proprement à la circoncision ; le dialecticien qui, selon Hippias agit ὑβριστικῶς, est donc coupable du crime d'*hubris*.

implique la discontinuité et suppose un mode de composition qui ne saurait, au sens hippien du terme, être « naturel ». Mais l'objection de Socrate n'a pas pour objet d'opposer le qualitatif au quantitatif. Il veut obtenir d'Hippias qu'il reconnaisse l'existence de deux types de propriétés, celles qui assimilent et sont transitives, et celles qui, distinguant en reliant, procèdent d'un autre principe que la ressemblance naturelle et ne peuvent donc pas être transitives. Le nombre n'est qu'un exemple parmi « une myriade d'autres semblables » (303c). Et si Hippias accepte sans discuter la transitivité du beau (ce qui permet de « ne pas pousser plus avant la recherche » 303c-d), il aurait tort, aux yeux de Platon, d'accepter aussi facilement celle, par exemple, du juste. Car à supposer que tous les individus d'une même cité soient, chacun pris individuellement, juste, pour que la cité le soit encore faudrait-il que ces individus soient justement organisés. Or, si la transitivité de la justice est discutable, et si l'on peut comme Hippias croire que la *suggeneia* constitue un fondement politique suffisant, il est impossible de nier la discontinuité de propriétés comme le deux, le pair ou l'impair. Pour Hippias ce sont bien des qualités, des affections, des modes, et comme tels nécessairement immanents. Leur intransitivité devrait donc le conduire à admettre que la Nature fait des sauts, et qu'il existe des prédicats réels qui ne sont pas des caractères communs. La « digression » sur l'intransitivité de certaines propriétés conduirait tout droit, si on la continuait, à repenser la notion même de nature, et à s'interroger sur l'opposition de la *phusis* et du *nomos* telle que les sophistes, et en particulier Hippias, l'ont constituée. Car le nombre n'est pas plus par « convention » (*nomôi*) que par nature, il a sa nature propre sans être pourtant « naturel » au sens physique et naturaliste qu'Hippias confère à ce terme.

Cependant, pour Socrate comme pour Hippias, le beau est transitif. Il est même cette qualité qui ne semble être présentée que par une multiplicité d'instances singulières et parfois contradictoires, de telle sorte que le caractère commun, toujours présupposé, n'arrive pas à se dégager, encore moins à se définir. Pourtant les belles choses sont belles, et c'est par le beau qu'elles le sont. Si le beau est, comme le pense Hippias, une qualité, alors, en vertu du principe de la distinction de la cause et de l'effet (397a), la cause de cette qualité doit être une autre qualité : le convenable, l'utile, l'avantageux ou l'agréable. Faire du beau une qualité le relativise à l'infini, car on peut par comparaison, l'affirmer indifféremment de n'importe quoi. S'il est cause, il peut arriver que le beau ne puisse plus produire le beau comme effet, car créer à la fois le paraître et l'être, jamais la même cause ne le pourrait (294e). Ou bien le beau est qualité, effet pur, et il n'a pas de concept et n'est pas un concept. Ou bien il est cause, essence, Idée, mais alors ce n'est par le « paraître beau » qu'il produit, c'est le fait d'être réellemenr beau. Le *Banquet* et le *Phèdre* nous diront quel est l'effet du beau : provoquer le désir en l'âme, être « ce qui le plus attire l'amour » (*Phèdre*, 250e). Les belles choses ne le sont vraiment que si elles redonnent à l'âme ses ailes et l'emplissent d'éros. Sinon, les choses que nous *nommons* belles ne le sont pas plus que les bouts de bois que nous percevons ne sont égaux entre eux. Nous ne leur attribuons cette qualité que relativement, comparativement, provisoirement, et nous lâcherons toujours la belle marmite pour la belle vierge, le singe pour l'homme et l'homme pour le dieu (*Hipp. Maj.*, 288c-289d).

Hippias ne voit pas la différence entre la qualité et l'essence, le « qu'est-ce que c'est » (que le beau) doit s'entendre comme « qu'est-ce qui est » (beau). Protagoras, lui, affirme l'égale relativité de la ressemblance et de la différence (*Prot.*, 331e), la relativité de toute qualité (334a-c). La vertu pose d'emblée la question de son unité, puisqu'une multiplicité apparemment irréductible de vertus est généralement reconnue. Le relativisme de Protagoras appelle une prolifération de différences, dont il n'est pourtant pas « juste » d'affirmer qu'elles diffèrent puisqu'il n'y a rien de quoi elles puissent différer ni à quoi elles puissent être identiques, et pas même elles-mêmes à elles-mêmes. C'est pourquoi, ayant à choisir entre deux paradigmes d'unité, la totalité du lingot, divisible en totalités mutuellement identiques et identiques au tout, et celle du visage, il choisit la seconde. Le lingot, totalité homéomère, ne diffère de ses parties que par la grandeur, il est agglomérat, conglomérat. Le visage présente une unité qui non seulement ne réduit pas les différences entre les parties mais en *ajoute une* (celle du tout aux parties). Il est question ici de tout (*holon*) et de parties (*moria*), et non plus d'individus et d'ensembles, question aussi de puissance propre (*dunamis*) et non plus de qualité (*pathos*). L'unité de la vertu, selon Protagoras, doit avoir la puissance d'apparaître comme telle, de produire un effet de totalité, tout en restant qualitativement multiple. Cela est possible parce qu'aucune des parties qui composent cette totalité n'est déterminée par la forme du tout dans lequel elle entre. Mais c'est aussi le cas pour le lingot, paradigme d'une unité divisible sans dommage. C'est selon ce dernier paradigme que Protagoras pense la relation de la vertu aux vertueux, car la vertu est selon lui la caractéristique de l'espèce humaine (325a), de l'homme conçu comme animal raisonnable, puis politique ; or cela implique que chaque homme en ait une part plus ou moins grande, la différence n'étant que quantitative. Mais, lorsqu'il faut penser la relation entre la vertu et les vertus, Protagoras choisit le visage, unité d'une multiplicité hétérogène. Aucun des deux paradigmes n'est entendu par lui comme paradigme d'une unité véritable. Il n'a pas tort, puisque ce ne sont pas les parties du visage, organisées aussi « organiquement » qu'on voudra, qui en *font* l'unité, mais bien ce qui, animant un visage, fait que ses parties s'unifient en une totalité vivante : c'est l'âme.

À l'impossible dialectique du tout et des parties, impossible parce que toute analyse d'un tout en ses éléments fera de ce tout une somme incapable de les unifier, Platon substitue la vraie dialectique du multiple et de l'un. Le tout et les parties étant mutuellement relatifs et toujours relativisables (puisque chaque tout peut devenir partie et chaque partie constituer un tout), ils entrent dans une dialectique indéfinie qui donnera toujours raison au relativisme de Protagoras. Une véritable totalité est celle qui comporte une unité possédant la puissance d'unifier. Logiquement, un tout est composé de multiples parties. Mais la juxtaposition de ces parties – pas plus que leur addition, leur composition ou leur mélange – ne peut rendre compte de la différence qui existe entre une collection, une somme, un agrégat, et un « tout entier » *(holon)*. Si c'est de l'idée de tout *(to pan)* qu'on part pour la dialectiser, il arrive nécessairement à ce qui arrive à l'Un-Tout de Parménide : ou bien on constitue une unité qui, n'ayant pas de parties, ne peut à l'évidence être un tout *(Parm.,* 137c-d), ou bien on constitue une totalité dépourvue d'unité *(Parm.,* 142d-e). La totalité n'est pas plus une espèce d'unité que l'unité n'est une espèce de totalité.

Mais une certaine espèce d'unité peut apparaître, se manifester comme *totalité,* c'est-à-dire comme ne manquant de rien. La dire totale permet simplement de signifier de quelle espèce d'unité il s'agit, et de quelle nature est le *lien* qui unifie le multiple. Car la totalité n'est pas unité d'une multiplicité, elle est l'effet *subi* par le multiple lorsqu'il pâtit d'une unification dynamique ; si cette unité est réellement unificatrice, elle ne laisse en dehors d'elle aucun élément. Lorsque c'est une Idée qui unifie un tout, la seule puissance unifiante est cette Idée, et le tout qu'elle peut former en se rassemblant si elle est complexe exige d'être dialectiquement pensé, et non pas compris comme l'englobant d'*une multiplicité qui en serait le contenu non unifié*. C'est d'une division dialectique que résultent des parties qui sont vraiment les parties d'un tout, qui en sont les *espèces*, comme dira la règle énoncée dans le *Politique* : que toute partie (*meros*) soit en même temps une espèce (*eidos*). Mais lorsqu'il s'agit d'unifier une multiplicité qui n'est pas intelligible, alors l'unité, le lien, ne peut être purement intelligible (être une Forme). Il faut une puissance, celle de l'âme. Quand c'est l'âme qui est principe d'unification – et d'abord d'elle-même – alors l'unité qu'elle constitue se donne en image comme totalité. Toute totalité (celle du Monde, de l'État, de l'âme) est psychique, elle résulte de la présence d'une âme qui met en mouvement parce qu'elle est en mouvement. Mais qu'elle soit produite par l'âme ou par une Idée, l'unité doit se penser dynamiquement, alors que le tout qu'elle engendre en est la représentation statique. « Tout », chez Platon, est un terme qui appartient soit au vocabulaire méthodologique – il connote l'exhaustivité requise par le processus de division –, soit au vocabulaire mythologique (et c'est pourquoi, dans le *Sophiste*, il sera reproché à Parménide d'avoir « mythiquement » pensé l'Être en le pensant comme Tout). Si la vertu n'est pas seulement le caractère commun ou l'unité nominale des vertus, alors elle est l'excellence d'une *âme* qui s'unifie, et qui ne peut avoir une vertu sans du même coup les avoir toutes. Mais l'âme n'est excellente que si elle est dominée par ce qui en elle est divin, l'intelligence. Est divine l'âme qui voit dans le savoir son salut (*sôteria*), car elle reconnaît que rien n'est plus fort que le savoir. Pour Protagoras – « Protagoras, que penses-tu du savoir ? » (352b), interroge Socrate – l'*epistèmè* et la *sophia* possèdent bien la plus grande puissance, mais, dans sa bouche, l'assertion est comparative. Lorsqu'il s'essaie à la division, comme il manque de la plus élémentaire métrétique (356d), ses proportions sont aberrantes. Opposant le courage, force naturelle, au savoir (qui n'a pas son origine dans la nature, et même pas dans la nature de l'âme), il ne reconnaît pas au savoir de puissance mais fait du savoir la *condition* d'un pouvoir. Le savoir est selon lui puissant en tant qu'il se prolonge en savoir-faire, commande un certain type d'action. Il l'est donc au même titre que l'énergie (*thumos*) ou la folie. Pourtant le savoir n'est pas fort parce qu'il nous pousse à *agir*, il l'est parce qu'il nous fait pâtir d'autre chose que de l'appétit, du plaisir, de la douleur ou de la crainte. Parce qu'il pense le savoir comme savoir-faire, le sophiste – et avec lui la foule – est dépourvu de la juste mesure du savoir.

Si tout est qualité, tout est différent de tout et de soi-même, et la seule mesure, c'est l'apparaître. Selon l'apparaître, n'importe quel autre est autre, relativement à n'importe quel autre, et, selon n'importe quel point de vue, il peut aussi bien être ramené au même. Dans le jeu dépourvu de mesure de l'apparaître et du phantasme, aucune différence ni aucune ressemblance ne peut être, ni être vraie. Et « c'est par un fantôme de différence en effet que tout cela apparaît comme différent et dissemblable d'avec soi-même » (*Parm.*, 165d1-2). Faute de l'art de mesurer, on ne passera jamais du phantasme, de ces fantômes de ressemblance et de différence, au vrai [1]. Mais l'art de mesurer n'est pas l'art de dominer, c'est d'abord l'art de se mesurer, et de se mesurer à quelque chose qui à son tour ne saurait être mesuré par rien. Ce beau en lui-même, ce juste, ce pieux qu'un impertinent interrogateur fait intervenir, sont ces autres qui excluent que l'homme soit « *metron* », mesure ou domination de son expérience.

L'hypothèse du sophiste

Faute d'une juste mesure de la ressemblance et de la différence, pour le sophiste tout apparaît un ou tout est multiplicité d'uns : cela revient exactement au même, car son hypothèse est que « l'un n'est pas, mais que sont les autres de l'un » (*Parm.*, 165c5). Dans presque tous les premiers Dialogues, Socrate ne s'oppose pas au sophiste en ce qu'il réduirait la vertu au savoir, ni chaque vertu à un savoir : sur ce point il se contente de donner le logos de ce que le sophiste, qui prétend enseigner la vertu, présuppose (*Prot.*, 361a-c). Ce qui chaque fois est rappelé parce que c'est ce que le sophiste oublie, c'est l'intériorité du savoir, et qu'il n'y a de savoir que par et pour une âme (*Hipp. Min.*, 375c, *Lach.*, 185e, *Prot.*, 314b, *Apol.*, 29e, *Charm.*, 154e, 156e-157a, *Euthyd.*, 295b). *Oublier l'unité intérieure de l'âme équivaut à ne plus donner aux savoirs, aux vertus et aux vérités que l'essence de leur altérité réciproque* ; chacune ne peut être autre qu'en étant autre que les autres. L'unité et l'identité ne tiennent qu'à la perspective, l'altérité n'est qu'un fantôme de différence. Dans l'hypothèse où l'Un n'est pas, mais où sont les autres

---

1. ἡ δὲ μετρητικὴ ἄκυρον μὲν ἂν ἐποίησε τοῦτο τὸ φάντασμα (*Prot.*, 356d8).

que l'Un, il peut y avoir, « pour un regard émoussé et lointain » (*Parm.*, 165b), des masses (*onkoi*), et chaque masse apparaîtra comme une, mais ne le sera pas [1]. Car si l'un n'est pas, le nombre, tout comme le pair et l'impair ne sera qu'apparence. « Maintenant, nous venons d'apprendre de toi que si tous les deux ensemble sommes deux, alors c'est deux qu'il faut que chacun de nous soit, mais que si chacun est un, alors il est nécessaire qu'ensemble nous soyons un. Car il n'est pas possible qu'il en aille autrement, conformément à la manière continue de l'être selon Hippias » (*Hipp. Maj.*, 310d-e) [2]. « Donc si chacun est un, c'est impair que chacun de nous doit être, ou ne penses-tu pas que un soit impair ? – Si. – Mais alors, l'ensemble que nous formons en étant deux est, en conséquence, impair aussi ? » (*Hipp. Maj.*, 302a). « Donc il y a une multiplicité de masses, chacune paraissant une, mais ne l'étant pas, si l'Un n'est pas. – Oui. – Et le nombre n'en sera qu'une propriété apparente si chacune est une, et qu'il y en a plusieurs. – Certes. – Mais alors, que les unes soient paires et les autres impaires, ce ne sera pas en vérité, mais seulement en apparence, si toutefois l'un n'est pas » (*Parm.*, 164d-e). La même hypothèse commande la continuité hippienne de l'être et le relativisme de Protagoras. C'est selon la même hypothèse que les autres ne seront autres que mutuellement, « car c'est tout ce qui leur reste, à moins de n'être autres que rien » (164c). La *sophia* des sophistes est « savoir » seulement si on adopte cette hypothèse, et c'est à partir d'elle que se comprennent toutes les caractéristiques de la pensée et du discours des sophistes.

1. Voir chap. VI, p. 489-490.
2. Voir J. Brunschwig, article « Hippias d'Elis » dans l'*Encyclopædia Universalis*.

On ne peut dialoguer si la différence n'est pas reconnue, ou si elle est indéfiniment multipliée. Ce qui s'oppose à la macrologie, ce n'est pas la brachylogie, à laquelle Gorgias et Hippias s'entendent d'ailleurs mieux que personne, c'est le dialogue. Pour désarticuler leur discours, il ne suffit pas de procéder par interrogation, car Euthydème et Dionysodore ne craignent sur ce point âme qui vive : il faut la capacité de saisir ressemblances et différences. Cette capacité dialectique implique, une fois les différences et les ressemblances situées ou déplacées, la rupture toujours renouvelée du discours, et sa reprise dans une interrogation tout entière actuelle, sans présupposé ni résidu. *La rupture est la juste mesure du discours, la reprise en est l'unité réelle.* Pour celui qui méconnaît cette mesure et cette unité, Socrate apparaît comme celui qui morcelle et éparpille l'être et le logos (*Hipp. Min.*, 369b-c, *Hipp. Maj.*, 301b, 304a-b), ou au contraire comme celui qui manipule outrageusement la ressemblance (*Prot.*, 331e, 350c-d).

Le philosopher comme metaxu

Socrate n'a d'autre généalogie qu'ironique, d'autre lieu qu'atopique, d'autre méthode que l'errance, d'autre nom que son nom propre. Mais parce qu'il parle avec sa voix propre, et qu'il écoute, reçoit le logos pas seulement dans ses oreilles mais en son âme, tous les retournements s'annoncent : l'absence de généalogie signifie la divinité de l'origine, l'absence de lieu renvoie à un autre lieu qui n'est qu'intelligible, l'absence de méthode révèle que c'est le logos qui conduit celui qui parle, et pas l'inverse, et l'absence de Genre commun manifeste que, sans la différence d'une nature, « philosophe » est un nom qui ne conviendrait qu'au sophiste. Le philosophe, le philosopher, la *philosophia*, ne sont précédés par aucune possibilité. Sans ancêtres, sans place, sans méthode et sans objet, ils n'existent que comme noms détournés à son profit par le sophiste, et déjà accaparés par lui.

Pourtant, philosopher est peut-être le meilleur mot pour désigner l'occupation de celui qui n'est ni sage du savoir des savants, ni ignorant de l'ignorance des ignorants :

> Ceux qui sont déjà savants ne philosophent plus, que ce soient des dieux ou des hommes ; réciproquement, ne philosophent pas non plus ceux qui ont une ignorance (*agnoia*) telle qu'ils en deviennent mauvais ; car ni le mauvais, ni l'incapable d'apprendre (*amatheis*) ne sauraient philosopher. Restent ceux qui ont ce mal en eux, l'ignorance (*agnoia*), sans pourtant être encore sous son emprise au point d'être dépourvus de tout jugement (*agnômon*) et sans désir d'apprendre (*amatheis*), mais qui peuvent encore juger que, ce qu'ils ne savent pas, ils ne le savent pas. C'est pourquoi philosophent ceux qui ne sont encore ni bons ni mauvais ; tous ceux qui sont mauvais ne philosophent pas, et les bons non plus ; car dans nos discours précédents le contraire s'est montré à nous comme ne pouvant être ami du contraire, ni le semblable du semblable. (*Lys.* 218a-b)

Apparemment, rien n'est plus clair : ignorer, c'est croire savoir, être devenu mauvais au point de ne même plus se rendre compte qu'on ignore, être tout entier dans état d'*amathia*. Mais si l'on interprète ce texte du *Lysis* à la lumière de celui du *Banquet* (203e-204c), si l'on y recherche un « milieu », un *metaxu* entre le *sophos* et l'*amathès* (*Banq.*, 203e-204b), entre quoi et quoi ce *metaxu* est-il intermédiaire ? Nécessairement, entre deux termes extrêmes ; mais *qui* définit les termes et se les représente comme extrêmes ? Car enfin, pour définir l'ignorance comme *amathia*, comme figure positive et non pas comme simple absence de savoir, il faut certainement être autre chose que sophiste, et penser autrement que Gorgias, Euthydème ou Dionysodore. Si l'ignorant (*amathèis*) est par définition celui qui n'a pas conscience de son ignorance, et si le sophiste est celui qui a de l'ignorance une représentation négative, qui – à part le philosophe – la définirait comme « croire savoir ce qu'on ne sait pas », et qui sinon lui fait de ce non-désir d'apprendre l'objet de sa plus grande crainte (*Charm.*, 166d)? Si philosopher consiste à tenir le milieu entre deux extrêmes, le philosopher pose au moins un de ces extrêmes en le définissant. Quant à l'autre, la *sophia*, que représente-t-elle, et à quelle condition peut-elle être l'opposé du premier terme? Si par *sophia* il faut entendre la *sophia* des « sages », de ceux qui s'avancent au nom d'un savoir qu'ils n'ont plus à apprendre, alors évidemment les deux extrêmes n'en font qu'un. Ce ne peut être non plus cette *sophia* consistant à ne pas croire savoir qu'on sait alors qu'on ne sait pas, celle du Socrate de l'*Apologie*, car cette *sophia*-là est identique à l'*agnoia*. Elle est ce mal qui, parce qu'il n'est qu'obscurité provisoire, et non comme l'*amathia* état définitif et envahissant, permet de rechercher ce dont on est dépourvu. Or ce dont on est dépourvu est un savoir, et nous tournons en rond. Quelle est donc cette autre *sophia* qui serait le bien auquel aspirerait celui qui n'est ni bon ni mauvais, assez « mauvais » pour en être dépourvu, assez « bon » pour chercher à l'acquérir? Ce ne peut être que la *sophia* qui serait, réellement et non en apparence, la science : *epistèmè*. Mais *qui*, encore, est capable de discerner la science qui seule mérite son nom, seule vraie science et science de ce qui est vraiment, sinon le philosophe? *Bien loin que le philosopher se définisse par sa situation intermédiaire et moyenne, c'est le philosopher qui constitue et définit les deux extrêmes.* Le philosophe ne se trouve pas dans cette situation intermédiaire, c'est lui qui définit sa situation comme intermédiaire en définissant deux extrêmes qui n'existent que par lui, et ne sont extrêmes que pour lui.

De plus, ces extrêmes n'existent et ne se posent comme extrêmes que pour la représentation qu'on en a quand on ne philosophe pas, car philosopher signifie opérer toutes les médiations possibles entre ces deux termes, les faire éternellement naître, périr, renaître. C'est donc seulement *lorsque le philosophe cesse de philosopher pour se représenter la possibilité de philosopher qu'il emprunte à Diotime l'image du* metaxu. C'est une image, car c'est seulement pour un philosophe qu'existe la positivité de l'ignorance (puisqu'elle se représente à elle-même comme *sophia* et non comme ignorance) ; et c'est seulement pour le désir du philosophe, lorsqu'Érôs se souvient seulement de sa mère Pénia, qu'existe la positivité – divine – d'un savoir (*sophia*) distinct de l'*epistèmè*, qu'on saurait sans avoir ni avoir eu à l'apprendre. Bien loin d'être une vague esquisse de ces quelques lignes du *Banquet*, le *Lysis*, parce que c'est son propos et non pas celui du *Banquet*, retourne cette représentation à condition qu'on le lise jusqu'au bout. Car lorsque tout est clairement mis en place, lorsque l'ignorance, le non-désir d'apprendre, l'*amathia*, est définie comme croire savoir et la possession de la *sophia* comme le plus grand des biens ; lorsqu'il en découle que s'emploie à philosopher celui qui, ni bon ni mauvais, a en lui la présence d'un mal, l'ignorance (*agnoia*), en a conscience et désire s'en délivrer – alors survient, on ne sait d'où, « le plus étrange des soupçons » et tout ce qui précède se révèle n'être qu'un trésor de rêve (*Lys.*, 218c), rien d'autre qu'un long poème (221d). Car si ce qui est ami (*philos*) est le bien et rien d'autre, et si ce qu'on recherche, c'est en vue du bien et non pour lui-même qu'on le recherche, ce n'est pas de la *sophia* que le philosophe est ami, mais du bien, et de la science seulement en tant qu'elle peut lui faire connaître ce qui est bon, en tant qu'elle a le bien pour principe.

Philosopher n'est donc le mot qui convient qu'à la condition que les deux termes entrant dans son étymologie aient été travaillés, « purifiés » de telle façon qu'ils puissent se composer l'un avec l'autre, *entrer dans le mélange*. Le *Charmide* en posant l'étrange question réalise déjà ce qui s'accomplira plus méthodiquement dans le *Philèbe*. Où il est dit que, lorsqu'il s'agit de composer une vie bonne, on peut « laisser couler » toutes les sciences dans le mélange car on ne voit pas « quel tort cela ferait à quelqu'un qui posséderait les connaissances primordiales d'acquérir aussi les autres » (*Phil.*, 62d). Mais quand il s'agit de la *philosophia*, il importe de savoir quelle est la science qui, absolument (et non pas *plus* que les autres), mérite qu'on la recherche. Une telle science doit pouvoir éveiller, combler et pourtant maintenir le désir d'apprendre, elle doit être compatible avec le désir pour que s'opère ce mélange de science et de désir qu'est la *philosophia*. Il faut donc mettre à part de toutes les autres une science une et unique (*Charm.*, 174c). Car il peut y avoir autant de sortes de « *philosophia* » qu'il y a de sortes de « *sophia* » : à condition d'identifier la *sophia* à une *technè*, à une *epistèmè* particulière, et de donner à *philos* un sens faible : « qui s'occupe de », « s'intéresse à ». Au début du *Théétète* Socrate s'enquiert auprès de Théodore en vue de savoir si, à Cyrène, « il y a des jeunes gens qui font de la géométrie ou de quelque autre discipline intellectuelle (*philosophia*) l'objet de leur intérêt (*epimeleia*) ». De l'*Hippias Majeur* au *Timée*, ce sens faible de culture intellectuelle en général ne disparaît jamais complètement. Ce sens est peut-être celui de l'usage commun, vulgaire, non technique. Mais l'opposition du commun, du courant, et du technique ne peut pas s'appliquer à la *philosophia*, puisque l'usage platonicien est tout autre chose, précisément, qu'un usage technique, et que c'est même le refus de la technicité qui appelle le maintien de la plurivocité du terme (et d'ailleurs de tous les autres). Ses lieux d'apparition permettent de repérer le sens faible (*devenu* peut-être courant) du terme. Ou bien il apparaît en ouverture : de l'*Hippias Mineur* (363a), du *Ménéxène* (234a), du *Charmide* (153d), du *Théétète* (143d), lorsque Socrate s'informe de l'état de la *philosophia* ; ou, comme dans le livre III et à la fin du livre V de la *République*, dans le *Timée* et dans le *Critias*, il s'accompagne de termes qui indiquent de quelle espèce de philosophie il s'agit. Dans tous les cas, le champ sémantique est celui de la *paideia*, de la culture, de la formation intellectuelle, et l'orientation vers la *sophia*, ensemble de sciences positives et surtout mathématiques, est maintenue. Les ouvertures de certains Dialogues reprennent ce sens parce que la suite aura pour tâche essentielle de le retourner. On le retrouve dans la *République* (au livre III) parce que le champ y est celui de la *paideia* dans ses premières étapes, d'une philosophie « enfantine » qui doit équilibrer gymnastique et musique ; c'est encore le cas dans le *Timée*[1], et dans le *Critias* (109c), où l'ancienne Athènes incarne dans un passé mythique l'idéal d'une *paideia* dont Héphaïstos et Athéna (la *philotechnia* et la *philosophia*) sont les garants divins.

---

1. *Cf.* μουσικῇ καὶ πάσῃ φιλοσοφίᾳ (*Tìm.*, 88c5). En 47b, Timée affirme que la vue est à l'origine d'un « genre de philosophie », φιλοσοφίας γένος, qui est « le plus grand bien qui soit venu ou qui viendra jamais à la race mortelle par la libéralité des dieux ». Les deux espèces de « philosophie » accordées à la race mortelle sont l'astronomie et l'harmonie, car seul le Démiurge a accès au modèle intelligible.

Philosophia n'est un terme philosophique que s'il est philosophiquement employé. Pour l'arracher à son sens faible et culturel, il faut d'abord philosopher. Or c'est en cela que le sophiste est nécessaire, lui qui donne à *sophia* son sens fort : celui d'un savoir unique, dispensant par sa force de tous les autres. La *philosophia* reprend au sophiste sa prétention, mais elle cherche un savoir qui serait unique non parce qu'il dispenserait de tous les autres (les englobant ou les rendant inutiles), mais parce que, *à part* de tous les autres, il constitue pour eux un savoir critique ou prescriptif, un savoir de leur bon usage. Le savoir auquel aspire la *philosophia* est aussi différent que la *sophia* des sophistes prétendait l'être de tous les autres savoirs, mais il l'est réellement alors qu'elle ne l'était qu'en apparence ; et aussi précis que peut l'être un savoir particulier, mais sans que sa précision lui vienne de la particularité de son objet. La réalité de la différence tient d'abord, on l'a vu, à un usage réellement différent du logos, usage dont la caractéristique est précisément l'exigence, la plus extrême et la plus radicale, d'*akribeia*. Mais elle tient aussi à la manière dont le philosophe est affecté et déterminé par sa *philosophia* : à une modalité du désir qui n'est pas simple intérêt (*epimeleia*) mais qui transmue l'appétit en éros.

Qu'est-ce qui philosophe en nous : l'ignorance...

Mais le bien, le rechercherait-on s'il n'y avait pas en nous un mal ? Si le bien n'est bon qu'en tant qu'il est le remède d'un mal, c'est le mal qui nous rend le bien « ami » mais, une fois le mal supprimé, le remède (*pharmakon*) devient inutile (*Lys.*, 220d). Appliqué au philosopher, cela signifie que ce n'est pas l'ignorance (*agnoia*) en nous qui philosophe ; et cela pour deux raisons. Tout d'abord, cette ignorance déterminée, qui a conscience de ne pas savoir ce qu'elle ne sait pas et qui « cherche à l'apprendre », se supprimerait du fait même d'avoir appris ce qu'elle ignorait. De plus, si le mal était la cause de notre *philia* du bien, à nouveau le contraire serait l'ami du contraire, et le savoir contraire de l'ignorance. Savoir « quelque chose » pourrait en effet être le contraire de « ne pas savoir » cette même chose, un savoir déterminé le contraire d'une inscience déterminée. Est-ce là, alors, la possibilité du *metaxu*? Et philosopher, est-ce savoir ce qu'on ne sait pas pour l'apprendre, savoir qu'on sait et ce qu'on sait quand on sait, savoir qu'on ne sait pas et ce qu'on ne sait pas quand on ne sait pas? Socrate répond à Euthydème qui l'interroge : « est-il quelque chose que tu saches ? – Plusieurs, mais de petites choses » ; Euthydème continue : « tu es donc savant, si tu sais? » Et Socrate précise : « certes, au moins en ce que je sais » (*Euthyd.*, 293b-c). À l'intérieur d'une certaine représentation du savoir, quand on sait, on sait, et quand on ne sait pas, on ne sait pas. Et quand on ne sait pas combien Euthydème a de dents (294c), à coup sûr aucune réminiscence, aucune inspiration, aucun délire érotique ne peut donner la réponse. Si l'*Euthydème* débouche sur une multiplication de questions de ce genre et « les plus incongrues », ce n'est pas là une « scène de comédie » mais cela indique ce que les deux sophistes entendent par savoir et par ignorer. La restriction de Socrate (« du moins en ce que je sais ») ne peut pas permettre de sortir de ce champ, car on n'en sera pas moins absolument savant en ce qu'on saura, et ignorant en ce qu'on ne saura pas. Les deux peuvent bien, en un même homme, coexister, sans que cela constitue un *metaxu*. Mais un savoir déterminé ne peut coexister qu'avec une ignorance elle-même déterminée. Il faudrait donc qu'on sache à la fois qu'on sait, quand on sait, qu'on ignore quand on ignore, et qu'on sait non seulement *ce* qu'on sait mais aussi qu'on sait *ce* qu'on ignore.

Tel est le problème posé dans le *Charmide*. Chaque science s'applique à un objet déterminé et elle est capable, dans son domaine, et dans son domaine seulement, de discerner ce qui est ignorance et ce qui est savoir. Concernant la santé et la maladie, le vrai médecin et le médecin seul, pas le charlatan, aura un savoir ; mais pour tout le reste il sera ignorant, au point d'être incapable de discerner le bon du mauvais architecte, le pilote compétent du pilote ignorant : il sera, dans tous les autres domaines que le sien propre, non seulement ignorant de leurs objets, mais ignorant quant à la manière de distinguer, dans chacun des domaines, le savoir de l'ignorance. Quand il fera appel à un architecte, à un pilote ou à un cordonnier, il s'en remettra à leur compétence : il saura seulement qu'ils savent, et les choisira de préférence à ceux qui ne savent pas, mais comme il ne sait pas *ce* qu'ils savent, il sera incapable d'examiner par lui-même s'ils sont ou non compétents. Son savoir du savoir des autres et de leur ignorance sera en fait une confiance (*pistis*), une manière de s'en remettre au jugement de ceux qui, eux, savent, et aux yeux desquels l'architecte passe pour être un bon architecte, le pilote pour être un bon pilote. Ne sachant pas, l'ignorant fera pratiquement comme s'il savait, et l'opinion droite lui tiendra lieu de savoir. Il est impossible de faire autrement car, pratiquement, celui qui sait ce qu'il ignore, qui a une ignorance déterminée, sera toujours obligé de faire comme s'il savait, et prétendra choisir en connaissance de cause son médecin ou son architecte. L'ignorance ne peut jamais rester localisée. À moins que l'on accorde – et là commence le « rêve » du *Charmide* (173a *sq.*) – la possibilité d'une science qui serait science des autres sciences, d'elle-même et de l'ignorance. Cette science des autres sciences les ramènerait en fait toutes à elle-même ; car elle ne les connaîtrait qu'en tant qu'elles savent, dans leur forme de science, et non dans leurs contenus. Ne les connaissant qu'en tant qu'elles savent, et non pas en tant qu'elles savent *quelque chose*, cette science ne connaîtrait pas ce en quoi les sciences se différencient les unes des autres : leurs objets et leurs effets. Pourtant, c'est seulement si une science de cette sorte existait que l'ignorance (*amathia*) deviendrait manque déterminé d'un savoir (*anepistèmosunè* 167c), serait localisée en un point précis. Le savant en cette science serait bien *sôphrôn*, à cette science conviendrait bien le nom de *sôphrosunè*, puisqu'elle constituerait le seul moyen d'empêcher le débordement de l'ignorance vers le croire savoir, la seule façon de délimiter l'ignorance pour en faire le contraire d'une *epistèmè* : l'ignorance signifierait la privation d'un savoir particulier, non plus l'état dans lequel s'englue l'âme qui, ne sachant pas, croit savoir. Être *sôphrôn* consisterait à être délivré de ce mal absolu qu'est l'*amathia*.

Le « rêve » suppose ainsi résolues deux questions : il accorde et la possibilité d'une telle science, et que c'est bien à celle-ci que le nom de *sôphrosunè* correspond. Accordons donc que la *sôphrosunè* soit la science qui *limiterait* de l'extérieur tout exercice d'une science quelconque et qui y présiderait. Seuls alors ceux qui sont vraiment compétents se chargeront de faire ce qu'ils savent faire ; quant à ceux qui seraient ignorants sur un point, ils s'en remettront à ceux qui savent, mais cette fois-ci en vertu d'un savoir. Car chacun saura non seulement qu'il sait et qu'il ne sait pas, mais encore les choses qu'il sait et qu'il ne sait pas, et aussi celles que les autres savent et ne savent pas (173b-d). La *sôphrosunè* réduirait les illusions de l'apparaître. Si la *sôphrosunè* était une science, elle serait cette science : celle qui discerne et limite. Pour faire bonne mesure, le rêve opère un passage à la limite et l'étend à toutes les choses passées, présentes et futures ; car le devenir et sa perspective risquent toujours de réintroduire l'apparence et le phantasme, de fausser les vraies proportions. Une fois accordées en rêve et la possibilité logique (172c) et la rectitude de la dénomination, surgit un troisième problème qui, par récurrence, va régler les deux autres : une telle science serait-elle avantageuse, c'est-à-dire nous rendrait-elle heureux (*Charm.*, 173d) ? Supposons donc un homme sans erreur (171e-172a), sans ignorance, qui saurait tout (174a). Il semble bien étrange (« atopique », 172e) de poser à son propos la question de savoir si la science qui en fait le « vivant le plus savant qui soit » (174a) lui est avantageuse, et si elle le rend heureux. Pas si étrange, si on se rappelle que toute science produit un effet. En celui qui saurait toutes les sciences, chaque science ne produirait que ses effets propres : mais le fait qu'il les sache toutes produirait-il, lui, un effet ? Autrement dit, que manquerait-il à celui qui saurait tout, sinon le signe auquel on reconnaîtrait la présence en lui de ce savoir du tout, différente de la possession de la somme des savoirs particuliers ? Ce signe serait le bonheur, avantage propre que retirerait pour lui-même celui en qui un tel savoir serait présent. L'étrange question réintroduit, dans le « savoir absolu », deux différences : d'abord une différence entre les sciences elles-mêmes – car si du point de vue de leur forme tous les savoirs, pour qui sait, sont équivalents, le trictrac ne contribue pas au bonheur au même titre que la médecine (174a-b) ; seule l'étrange question peut, en les différenciant, hiérarchiser les sciences. Mais cette question introduit surtout une relation différente

entre celui qui sait et son savoir, et cela en introduisant le
« pour nous », le terme qui jusque-là manquait, l'âme[1].
Faute de la science qui nous rendrait heureux, c'est-à-dire
de la science qui saurait ce qui est bon pour notre âme,
faute de cette unique science qui fait défaut à la multiplicité
sans unité des sciences, rien objectivement ne changerait,
et pourtant tout manquerait. Rien ne changerait, puisque
chaque science continuerait à s'exercer, et le médecin
guérirait, le cordonnier fabriquerait de bonnes chaussures,
le général gagnerait la guerre (174c). Les sciences
conserveraient leur possibilité et leur rectitude. Mais le
médecin guérirait des corps, le cordonnier chausserait des
pieds, le général commanderait des armées. Chaque science
fonctionnerait le plus parfaitement possible, mais sur ses
propres automatismes, sans jamais poser la question de sa
valeur ni introduire la seule chose qui pourrait constituer
le critère de cette valeur. Or l'âme est le principe et seul
principe d'organisation d'un tout quel qu'il soit. Là encore,
le prologue donne la clé : pour être un bon « médecin »,
il ne suffit pas de recourir à la méthode d'Hippocrate, il
faut avoir appris l'incantation du Thrace (156d-157c).

Vivre selon le savoir ne signifie pas vivre conformément
à un savoir (*epistèmonôs*, 173c-d), ni même à tous. Cela
signifie que le savoir doit être intérieur à l'âme, et aussi
que l'âme, qui ne peut pas plus appliquer à elle-même sa
puissance (*dunamis*) que la vision ne peut se l'appliquer
à elle-même pour se voir voyant, trouve dans l'unicité
d'une science l'autre qui lui permettra de se connaître
elle-même[2]. La science unique ne peut, à son tour, découvrir

---

1. ἡμᾶς : 174d1, 4, 174e2 ; ἡμῖν, 174d7.

2. Dans ce passage, il y a glissement de l'ἐπιστήμη (...) ἑαυτοῦ
(165e1) à l'ἐπιστήμη (...) ἑαυτῆς (166c3). De quel « soi-même » la
science serait-elle science ? D'un « soi-même » savant ? La science sera

dans la multiplicité des autres sciences, objets de sa réflexion, l'objet qui, différent d'elle-même, lui est cependant propre (et sans lequel elle ne serait science de rien). La science unique est science du bien et du mal, or le bien qui est son « objet » n'est pas analogue aux objets des autres sciences. Ce n'est pas la science du bien qui manque, c'est le bien qui, en manquant, constitue toutes les sciences comme autant de *technai* ou de *mathèmata*. La science de ce qui est bon est la science à laquelle la puissance du bien est présent : sa présence la différencie de toutes les autres sciences. Car ce qui manque à l'exercice, fût-il bien tempéré, de toutes les sciences est de savoir qu'elles convergent toutes en un point, qui est le moindre de leurs soucis, et qui est l'âme. Philosopher, c'est introduire le terme qui manque, et surtout quand, apparemment, rien ne semble manquer. Mais le bien n'est pas un objet pour la philosophie. Celui qui saurait dans tous les cas ce qui est bon, donc utile et avantageux, aurait la science des biens et des fins, non le savoir du bien. À ce compte, c'est ce savoir-là, et sa possession, qui serait le bien, et de la science du bien au bien qui serait science on serait indéfiniment renvoyé. La science du bien est une fois de plus connaissance de la différence du bien et de la science, faute de quoi on ne sortira jamais du rêve. Car rêver, au sens propre comme au sens métaphorique, consiste à prendre la ressemblance pour de l'identité : « rêver ne consiste-t-il pas en ceci que, soit dans le sommeil, soit à l'état de veille, on tient ce qui ressemble à quelque chose non pour ressemblant à ce dont il a l'air, mais pour identique

---

alors science de sa propre forme, identique en toute âme qui sait et sait qu'elle sait : elle sera science d'elle-même. Ou bien « soi-même » désigne celui qui cherche à savoir ; en ce cas, c'est elle-même que l'âme connaît en connaissant et non pas la science qui est science d'elle-même.

à lui ? » (*Rép.*, V 476c). Rien n'est plus ressemblant à la science qui désire le tout de la vérité que la science de toutes les sciences et d'elle-même ; et rien n'est plus ressemblant au bien qui nous fait sortir du rêve que le bien qu'on se représente comme science, c'est-à-dire comme science du bien, et qui dans le rêve nous enferme.

... ou le désir ?

Si ce n'est pas l'ignorance, même délimitée et cernée, qui en nous philosophe, cela signifie d'abord que l'exercice du philosopher n'est pas une thérapeutique : car, comme tel, il relèverait de la dialectique du mal et du remède. Le philosopher serait alors philtre, délivrance, guérison d'un mal originel, d'un mal de vivre et d'être ; philosopher serait pour l'homme de salut, ce ne serait pas pour l'âme une « jouissance surnaturelle » (*Banq.*, 173c). Mais ce n'est pas le mal ou l'ignorance qui en nous philosophe : *du désir de savoir il n'y a pas*, nous dit le *Lysis*, *d'autre origine que le désir*. À la fin du *Charmide*, Charmide n'a sans doute plus mal à la tête ; il n'en a que plus le désir de s'attacher aux pas de Socrate, de se soumettre de nouveau à ses incantations (*Charm.*, 176a-d). Ce qui philosophe n'est pas un « mal », mais une forme déjà déterminée, parce que déjà orientée, de manque : de désir. Or le désir manque de ce qui lui est ami, et qui n'est ni semblable ni contraire. Pour que la *sophia* soit amie et chère (*philos*) il fallait la purifier de toute positivité – en cessant d'en faire le *contraire* d'ignorer. Il fallait aussi en inverser les signes, et reconnaître comme philosophe celui qui difficilement parle et pense, celui qui est dans l'errance et dans l'aporie. Il fallait enfin en assigner les justes effets, qui ne sont plus l'habileté ou la facilité, mais le bonheur de tous les citoyens.

Pour ce travail, le nom, la « science », l'hypothèse du sophiste étaient nécessaires, *car le sophiste est celui qui prétend tenir la place du philosophe, la sophistique est ce qui fait fonction de philosophie dans le champ de la sophia.* Lorsque tous sont spécialistes, le philosophe est le spécialiste du général, celui qui, comme le montre le Dialogue apocryphe des *Rivaux*, est « second » en tout. La science différente, la science des différences, implique l'abandon de ce champ : elle implique avant tout le désir de rompre avec lui, de chercher autrement autre chose ailleurs. Il reste désormais à déterminer la nature propre à un désir capable de désirer *cela*.

CHAPITRE III

ÉROS PHILOSOPHE

Ce qui nous gêne, quand nous lisons Platon, est le petit nombre d'énoncés apodictiques, et l'empreinte persistante, dans tout énoncé, de l'énonciation. De cette relation entre l'énoncé et son locuteur découle sans doute le sentiment d'un langage impur, imprécis ou équivoque. C'est elle qui entraîne la question toujours renaissante d'une véritable philosophie platonicienne systématique, qu'on imagine dissimulée dans les Dialogues et qu'il faudrait purifier de sa gangue rhétorique et dramatique, ou contenue dans un enseignement oral dont il faudrait chercher ailleurs les échos. Le problème de l'adéquation de la forme dialoguée à la philosophie, la question de la philosophie non écrite, le rapport entre l'ésotérique et l'exotérique, la *sophia* et la *philosophia*, tout cela ne constitue en fait qu'un seul et même problème : celui de la conception platonicienne de la *philosophia*. Car si la *philosophia* est recherche ou apprentissage de la *sophia*, les Dialogues en deviennent intégralement protreptiques, ils préparent et orientent l'esprit vers une philosophie plus pure, plus technique et plus systématique [1] ; ils ne constituent que l'étape nécessaire vers une science (*sophia*) entendue comme enchaînement d'énoncés rigoureux dont l'énonciation (les interlocuteurs, les termes valorisants comme les termes modalisants) serait enfin expulsée. Et il est vrai que la présence du sujet de l'énonciation dans tout énoncé des Dialogues peut paraître gênante, elle le relativise et le particularise. Il est impossible de citer Platon. Le citer, c'est citer Socrate ou Parménide, Protagoras ou Timée, l'Étranger d'Athènes ou l'Étranger d'Élée – impossible donc de prélever un énoncé pour l'attribuer à l'insaisissable Platon. Dès lors toute interprétation oscille entre deux tentations : entrer dans le jeu de la reconstitution des doctrines et de l'identification historique (qui sont les Amis des Idées, les hédonistes du *Philèbe*?) ou restituer une argumentation logique, dégager une structure, et faire abstraction des interlocuteurs. Dans les deux cas, le dialogue est disqualifié comme forme philosophique, il est renvoyé à sa finalité polémique et dramatique (mettre des thèses en présence et servir ainsi de source à l'enquête historique) ou pédagogique (faire que le lecteur soit requis dans son activité et participe d'une illusion de découverte). Débarrasser le dialogue de ces banalités consiste à comprendre en quoi le dialogue est ce qu'il y a de *plus difficile* dans la *philosophia*, sans identifier cette difficulté au maniement plus au moins habile d'une forme littéraire. En quoi le dialogue, en tant précisément qu'il implique cette impossibilité de dissocier l'énoncé de l'énonciation, est-il non seulement la forme la plus difficile

---

1. Voir par exemple K. Gaiser, *Protreptik und Paränese bei Platon*, Stuttgart, de Gruyter, 1955. *Contra* : H. Cherniss [1945], *L'Énigme de l'ancienne Académie*, Paris, Vrin, 1995 et S. Rosen, *Plato's* Symposium, New Haven, Yale UP, 1968.

mais la forme la plus adéquate, et à vrai dire la seule forme, que puisse prendre ce que Platon nomme *philosophia*?

Quand il s'agit des Dialogues, on ne peut commenter ce qui est dit sans aussitôt préciser *par qui* c'est dit. Qu'est-ce qui fait dire ce qu'il dit, comme il le dit, à celui qui le dit? La réponse donnée par Platon à cette question est si claire et si constante qu'elle en passe presque inaperçue et qu'on serait tenté de la tenir pour une remarque insignifiante : chacun tient le discours qu'il tient en fonction de ce qu'il ignore, de ce qu'il croit savoir ou de ce qu'il sait. Mais il ne sait comme il sait et n'ignore comme il ignore que parce qu'il désire ce qu'il désire. L'orientation du désir définit le degré et la qualité de l'ignorance, et elle est à l'origine de la capacité à apprendre, de la *philomathia*, de la *philosophia*. Toute évaluation procède d'une orientation prévalente du désir, et la détermination (culturelle ou sophistique) des valeurs ne commande pas seulement des manières de vivre et d'agir, mais des modes de connaissance ou d'ignorance, et des modes de discours. Cette orientation constitue proprement le sujet de l'énonciation, sujet qui n'est ni historique ni empirique, mais typique. Que les sophistes soient présentés comme étant davantage amis du gain que du savoir, que Calliclès ou Thrasymaque soient philotimes ou Phèdre philodoxe, ne se résume pas à une intention polémique ou pittoresque. Le texte du *Gorgias* qui ouvre la discussion avec Calliclès n'est pas là pour opérer une transition plaisante ; Socrate et Calliclès ne peuvent parler et se parler que parce que les objets de leur désir sont différents, et ce sont ces objets qui en chacun d'eux parlent et les amènent à énoncer ce qu'ils énoncent [1].

---

1. « Je parle en ayant conscience que moi comme toi nous trouvons pâtir de la même chose, chacun de nous deux étant amoureux de chacune

La structure même du *Banquet* et du *Phèdre* manifeste qu'éros est affaire de discours, et que tout discours est affaire de désir.

Or si chacun ne dit ce qu'il dit que parce qu'il désire ce qu'il désire, évalue comme il évalue, si tout discours prend, dans le désir, sa source, chaque énoncé s'en trouvera alors doublement relativisé. Relatif en effet à son origine, au type de désir dont il procède et qu'il exprime, il est aussi relatif à ce que ce type de désir est capable de reconnaître comme pouvoir au logos. La puissance que tout sujet parlant assigne au logos, la capacité qu'il lui accorde (ou lui dénie) d'atteindre la réalité des choses mêmes constitue le second élément propre à l'énonciation, et pénètre tout énoncé. En choisissant ses objets et ses fins, tout désir évalue implicitement ou explicitement la puissance du logos et définit la réalité du réel. Le dialogue remplit par là une double fonction : reconduire tout énoncé à son origine – au désir qui en ordonne le contenu – et rendre explicite la subordination de toute thèse à l'hypothèse ontologique qui la commande. Or cette double fonction ne peut être assumée que par le dialogue. Tout désir est évidemment monologique, il ne peut soutenir que son discours et il est sourd à tous les autres. Seule la *philomathia*, ce désir d'apprendre qui prédomine étrangement en quelques-uns, est par essence dialogique. De plus, si seul le philosophe peut dialoguer, réciproquement, tout véritable dialogue est philosophique : car il ne suffit pas, pour dialoguer, d'affronter des types de discours et des types de désirs ou de confronter des opinions. Il faut encore

de ces deux réalités » (λέγω δ' ἐννοήσας ὅτι ἐγώ τε καὶ σύ νῦν τυγχάνομεν ταὐτόν τι πεπονθότες, ἐρῶντε δύο ὄντε δυοῖν ἑκάτερος, *Gorg.*, 481d1-3).

interroger chaque énoncé, chaque hypothèse, pour en rendre explicite le principe, qui peut à son tour être hypothétisé, et cela jusqu'à ce que l'on rencontre « quelque chose de suffisant ». Ce retournement perpétuel du catégorique en hypothétique, comme l'interrogation sur ce qui peut amener à poser catégoriquement ce qui n'est pourtant qu'une hypothèse, constituent l'impulsion même du *dialegesthai*, et définissent, pour Platon, ce qu'on appelle « penser ». Cela implique l'impossibilité pour la dialectique de s'arrêter à un premier ou à un dernier mot, comme à une proposition première ou dernière. Même le bien doit être dialectiquement défini, et l'un et l'être ne peuvent être qu'hypothétiquement posés. Tout terme est pris dans un énoncé qui peut et doit être examiné ; tout énoncé relève d'un mode d'énonciation. La subordination des énoncés s'opère donc selon deux axes. Si la différence entre les types de discours et de désir induit la plurivocité sémantique (*philosophia* n'a pas la même signification selon que c'est Eudicos, Calliclès, ou Socrate qui emploie le mot), la pluralité des hypothèses ontologiques rend compte des différences sémiotiques. Car l'homme n'est mesure, la science sensation et la signification conventionnelle que si l'un n'est pas, mais que sont les autres que l'un ; Hippias et Socrate, un bœuf et un bœuf ne peuvent faire deux que si l'être et l'un ne font pas un, le langage symbolisant alors leur inépuisable différence ; enfin l'être n'est indéterminable, la connaissance impossible et le langage indice de l'ineffable que si l'un, absolument, est un. La plurivocité lexicale traduit la diversité des représentations, elle-même enracinée dans la diversité des désirs. La pluralité des possibilités pour le discours de signifier traduit la multiplicité des hypothèses ontologiques.

Cette pluralité est irréductible, aucune hypothèse n'est en elle-même possible ou impossible. Au contraire, toute position initiale de possibilité finit par engendrer des impossibilités, toute position d'impossibilité exige qu'on la pense et la dise. Cette équivalence *logique* entre les hypothèses ontologiques est ce que Platon a retenu des sophistes, et principalement de Gorgias. Tout le *Gorgias* pourrait d'ailleurs se lire ainsi, comme la découverte, à partir de ce principe d'équivalence, de la nécessité d'un choix, et du caractère non logique de cette nécessité. L'absence de justification logique appelle le mythe terminal, et outre le mythique et le logique il n'y a semble-t-il pas de troisième terme. Mais s'il n'y en a pas, chacun passe alors tout entier dans son autre, toute ontologie est mythique et toute mythologie peut valoir pour une ontologie. Pour sortir du cercle, il faut philosopher. C'est, on l'a vu, dans le Dialogue où l'usage sophistique du logos atteint sa limite et se parodie, que surgit le « il faut » : signe que cet impératif n'est pas moral, qu'il s'agit moins par là de sauver son âme ou sa vie (ce qui peut se produire de surcroît) que de sauver le langage en posant les seules réalités capables de lui conférer un sens qui ne soit pas mythologique. Ce « il faut » n'est pourtant justifiable que mythiquement, au cours d'un récit où il apparaît comme la conséquence d'un choix (*Rép.*, X, 619b-620d) ou encore d'une contrainte divine (*Apol.*, 28e). Le récit mythique a pour tâche de présenter comme choix un choix qui ne s'est jamais « réellement » effectué ; c'est ce choix toujours présupposé qu'il faut penser comme nature, comme orientation et comme élan. Non seulement l'érotique fait partie de la philosophie de Platon, mais l'érotique fait pour Platon partie de la philosophie, ou plutôt la *philosophia* doit exister d'abord comme éros, orientation naturelle du désir vers « ce qu'il faut ». La nécessité, ni mythique ni logique, est ici nécessité naturelle et psychologique. Elle est la nature même de l'âme pensée comme élan, force et impulsion.

Dans tous les Dialogues « de la maturité », éros est partout présent comme thème et comme force, comme mythe, comme cause et comme effet, comme origine et comme mouvement. Or les occurrences de *philosophia, philosophein* et en particulier celles de *philosophos* (terme jusque-là presque absent) se mettent à déferler, comme si *philosophos* ne pouvait prendre sens que dans le champ qui est celui de l'érotique philosophique. En effet, seul éros l'Emplumé peut effectuer ce qui n'est ni empiriquement ni logiquement possible : unifier une âme pourtant bien réellement divisée, discerner l'unité d'une Idée et, au rebours, la scinder et la multiplier, et surtout surmonter la représentation simplement logique de l'impossible et du possible. La puissance d'éros, puissance qui appelle l'éloge, est l'origine même d'une *philosophia* conçue comme seule capable d'engendrer des discours inventifs et qui rendent inventif. À vouloir expulser de la philosophie sa dimension érotique, et avec elle toute espèce de psychologie, comme s'il s'agissait là d'éléments poétiques, d'impuretés faisant obstacle à une science rigoureuse, on coupe l'intelligence de l'âme et la philosophie du philosophe. Ce faisant, on retombe peut-être dans la pire des mythologies. Car croire qu'une hypothèse sur l'Être puisse être autre chose qu'une hypothèse, ne pas s'interroger sur le type de nécessité qui pousse le philosophe à en privilégier une et à refuser toutes les autres, constitue une image si réductrice qu'elle en appelle comme naturellement sa propre réduction. Quel symptôme de faiblesse, ou quel retour du refoulé ne serait-on pas alors autorisé à lire dans ce refus de tout psychologisme ? Il ne s'agit pourtant pas de « psychologiser » la philosophie.

Il s'agit simplement de localiser, en toute philosophie, sa part logiquement, rationnellement, injustifiable. L'injustifiable, pour Platon, c'est le désir qui domine naturellement en certains, un certain mode de désir dont on ne peut cependant dire ni qu'il est illogique ni qu'il est irrationnel, les concepts privatifs étant ici les plus inadéquats. Car ce désir est au contraire désir propre à l'intelligence : seul éros peut surmonter l'opposition sommaire du rationnel et de l'irrationnel, de l'intelligence et du désir, de l'intuitif et du discursif. Mais une telle affirmation n'est légitime qu'à la condition, d'abord, de ne pas penser éros comme un appétit.

1. Éros philosophe

Epithumia *et* éros

« Qu'est-ce que l'appétit, et où prend-il naissance ? » (*Phil.*, 34d). À cette question, les exemples de la faim, de la soif, appétits les plus manifestes (*Rép.*, IV 437d) semblent permettre une réponse simple. L'appétit est une impulsion qui pousse vers le remplissement, le rassasiement, et c'est dans un état de vide que cette impulsion prend naissance (*Rép.*, IV 439d, *Phil.*, 34e). Mais cet état de vide est en lui-même *souffrance* et non pas appétit : « ce qu'on éprouve, ce n'est pas cela qu'on recherche. » Faute d'une relation même fausse, illusoire ou imaginaire à l'objet d'une satisfaction estimée au moins possible, le manque resterait *douleur redoublée* (*Phil.*, 35b-36b). L'appétit n'existe que de ce mélange de douleur réelle et de plaisir remémoré et anticipé, l'âme doit fournir à la désespérance sans limite et sans fin du manque sa fixation sur un objet. Il n'y a donc pas d'appétit du corps, ce n'est jamais le corps qui désire : « tout élan, tout appétit et le principe de tout vivant, notre

logos a rendu évident que c'est à l'âme qu'ils appartiennent »
(*Phil.*, 35d). En fournissant l'image d'une réplétion possible
à la conscience d'un vide grâce à la mémoire et à
l'imagination, l'âme oriente l'appétit vers l'objet. Pourtant,
ce n'est pas l'objet que vise le désir, mais se le procurer,
le ramener à soi ; on désire l'advenir d'une mise en relation
(*Rép.*, IV 437c et *Phil.*, 53c-55a). L'âme qui souhaite
s'assimiler un objet désire que cet objet lui arrive (*genesthai*)
et se mette à exister pour elle de cette assimilation même :
ce n'est pas la boisson, mais le boire qu'on souhaite (*Rép.*,
IV 439b). Ni l'état douloureux de vide, ni le pouvoir
d'attraction de l'objet ne sont autre chose que des *origines
fictives*. Déplacer l'origine d'une pulsion interne vers
l'extériorité d'une attraction équivaut à remplacer une
illusion par une autre. L'*epithumia* fait bien partie du genre
de la relation, mais cette relation n'est ni relation simple
de l'âme au corps, ni relation simple de l'âme à un objet
de satisfaction. Complexe quant à ses directions opposées
de mouvement – hors de soi, vers soi, – complexe aussi
quant à ses fins : désirant l'objet c'est son assimilation,
c'est-à-dire son anéantissement que je désire, l'*epithumia*
engendre nécessairement une double fiction sur son origine.
Le discours sur l'appétit bourdonne d'impulsions corporelles
et d'objets irrésistibles, manière pour l'âme d'affirmer sa
dépendance et d'accentuer, selon les cas, sa dépendance
au corps (s'il s'agit de « désirs nécessaires ») ou sa
soumission à l'objet (s'il s'agit de désirs « non nécessaires »).
Parler d'appétit revient à simplifier cette complexité, d'une
façon ou de l'autre.

　　Dans cette expérience se consacrent et la radicale
étrangèreté du corps – « Dans le cas où existe en nous ce
qu'on appelle un appétit, l'effet de cette affection est qu'en
définitive le corps divorce d'avec l'âme et s'isole de

celle-ci » (*Phil.*, 41c) – et la radicale extériorité de l'objet. Le désir naît des disjonctions qu'il pose mais se nourrit de la possibilité de les annuler, ne les posant en fait que pour mieux les nier. Car si l'*epithumia* est principe en l'âme, si la partie désirante est partie de l'âme, l'âme qui désire, précisément en tant qu'elle désire, substitue à ce principe désirant qu'elle est des causalités qui lui échappent : parlant du vide en termes de causalité motrice et de l'objet en termes de causalité finale. Or rien dans le manque ne peut fonctionner comme causalité motrice, il ne peut installer que la stupeur de la souffrance, et rien dans l'objet ne peut fonctionner comme causalité finale, puisque aucune de ses déterminations ne lui appartient en propre, toute précision quant à sa quantité, sa qualité ou sa valeur étant surajoutée : le dire valable ou bon ne signifie rien d'autre que le dire désirable (*Rép.*, IV 437e-438a). Ne dites pas « Albertine est aimable », écrit Proust, dites « j'ai envie d'embrasser Albertine ». Tout discours sur l'appétit fait pourtant jouer ces deux causalités, méconnaissant ainsi la spontanéité de l'âme. Spontané est pourtant le mouvement qui consiste à dépasser le manque pour en faire un désir. Sans la médiation de l'opinion, de la mémoire, de l'anticipation, il n'y aurait pas d'*epithumia*. Mais le discours de l'appétit est celui de l'oubli de cette médiation, celui qui tente de dire ce qu'il éprouve attribue son élan spontané à une orientation innée du corps ou à la force irrésistible de l'objet. Le désir-manque, le désir-passion et maladie (*Rép.*, IV 439d) n'ont en eux-mêmes aucune relation au discours, c'est pourquoi il faut se défier de la description qu'en donne celui qui en pâtit, pourquoi on ne doit pas croire aux allégations du patient. De l'appétit, il semble donc n'y avoir qu'une seule connaissance possible : seule la *technè* médicale, déclare Eryximaque, est capable de définir les

appétits et de diagnostiquer ceux qui sont bons : « La
médecine, pour la définir en un mot, est la science des
désirs (*ta erôtika*) du corps en ce qui concerne la réplétion
et la vacuité », elle est la *technè* qui « consiste à bien user
de certains appétits (*epithumiai*) » (*Banq.*, 186c-187e).

Pour ce discours technique, toute impulsion est un
appétit. Car si toute impulsion est irrationnelle (*alogos*),
elle ne peut devenir intelligible qu'en étant techniquement
interprétée, de façon à substituer aux illusions et erreurs
propres à celui qui pâtit sans comprendre une connaissance
à la fois objective et normative[1]. Dans ce type de discours,
éros s'identifie à ces *ta erôtika*, à ces désirs qui ne sont
rien d'autre que des appétits (*epithumiai*), et en outre il est
double (186b, 187c) – bon ou mauvais – donc pose un
problème d'usage. Quand Socrate s'efforce de répondre
à la question de l'unité ou de la multiplicité des principes
à l'œuvre dans l'âme (*Rép.*, IV 436a-b), il part d'une
expérience. Avoir soif et simultanément refuser de boire
(439c) rend manifeste l'existence d'une division à l'intérieur
de l'âme. Cette expérience psychologique ne peut être
correctement interprétée que par un discours logique ; son
analyse suppose une redéfinition modalisée – « en même
temps et sous le même rapport » – du principe de non-
contradiction (436b-437a) et requiert la distinction entre
deux espèces de relation (437d-438e). Le principe de
non-contradiction permet d'inférer à partir de la contrariété
des effets la pluralité de principes (*archai*) d'action en

---

1. « dont ce logos nous affirme » (ἀποδείξας (...) ὁ λόγος, 35d1-2) ;
« le logos tranche » (ὁ λόγος αἱρεῖ, 35d6) ; « ce logos veut rendre évident »
(βούλεσθαι δηλοῦν ὁ λόγος, 35d9). Ces formules ponctuent le *Philèbe*,
ce Dialogue qui ne peut réfuter l'affirmation que tout plaisir est bon qu'en
en distinguant rationnellement les espèces.

l'âme[1] ; la distinction entre deux espèces de corrélatifs justifie l'affirmation du caractère général et indifférencié des objets d'appétit. Il en ressort que l'appétit appelle une connaissance technique de sa nature et de son usage. À tous les sens du terme, l'appétit est *alogos*, irrationnel et muet. Mais comme il est aussi impulsion, il a le pouvoir de dévier le logos et de le pervertir. En se faisant logique et technique, le discours qui l'étudie prend par rapport à lui une distance qui est la garantie de sa rigueur, mais peut-être est-ce aussi cette distance qui lui permet de le méconnaître en le rendant univoque.

Tout au long de l'analyse du livre IV de la *République*, la partie supérieure de l'âme est nommée « rationnelle » (*to logistikon*). Elle ne semble exister que comme force d'opposition à des forces d'entraînement irrationnelles. Ainsi analysée, l'expérience des conflits de l'âme établit l'existence d'une force, nécessairement égale ou supérieure, possédant le pouvoir d'inverser le signe qui acquiesce (*to epineuein*) en signe qui refuse (*to ananeuein*). Un appétit qui ne nous porterait pas vers un objet n'aurait plus rien d'un appétit, mais une décision réfléchie peut selon les cas acquiescer ou refuser. Raison et appétit appartiennent-ils donc à cette espèce de corrélatif dans laquelle chacun des deux termes ne se détermine qu'en s'opposant à l'autre, comme le plus grand par rapport au plus petit ? Il n'y aurait alors qu'une manière de dire oui et de se porter vers, et ce serait le mouvement irrationnel de l'appétit. Mais cela n'implique pas pour autant que la force qui s'y oppose se

---

1. Ce texte du livre IV (repris en X 602e) est la première formulation du principe de non-contradiction. Adam, *The* Republic *of Plato*, I, p. 246, mentionne d'autres passages : *Phéd.*, 102e-103b, *Théét.*, 188a, et *Soph.*, 230b. Ces textes utilisent le principe comme principe de réfutation, le texte de *Rép.*, IV comme principe heuristique.

définisse seulement comme force de résister. Si la partie la plus haute de l'âme n'avait qu'une puissance délibérative, discriminative – ce que le niveau d'analyse du Livre IV pourrait faire croire, – elle ne pourrait se manifester qu'en résistant, et sa vertu propre serait la modération, la *sôphrosunè*. Si l'élan, l'impulsion, le désir étaient le propre du seul appétit, il nous faudrait toujours dire non, si toutefois nous voulions penser. Entre ce bien que serait le plaisir, puisque seul il supprimerait la douleur du manque, et cet autre bien que serait la raison, principe d'une sage modération, il n'y aurait pas de mélange possible. Nous serions pris entre la sécheresse d'un pensée sans plaisir, jamais inventive et toujours négative, et l'anesthésie d'un plaisir sans pensée, réplétion d'un vide, négation de négation. Pour découvrir que la pensée peut non seulement acquiescer mais « tendre vers » et engendrer un plaisir qui ne soit pas la mort du désir, il faut quitter le champ de l'analyse logique. Dans la problématique érotique du livre IX, le désir propre à la partie intelligente de l'âme est nommé *philosophia* (581b). La partie supérieure et la partie inférieure de l'âme ne s'opposent plus comme le rationnel à l'irrationnel, elles s'opposent comme un mode de désir à un autre. Le principe de plaisir ne se heurte pas uniquement chez Platon à un principe de réalité (donc de rationalité), mais à d'autres principes de plaisir, ou plutôt à des principes d'autres plaisirs. Et même si le principe de réalité se révèle n'être qu'une ruse du principe de plaisir, il reste un plaisir de moindre plaisir, et surtout de moindre déplaisir [1]. Ce que l'intelligence oppose alors à cette espèce

---

1. Voir Freud : « Le moi ainsi éduqué est devenu "raisonnable", il ne se laisse plus dominer par le principe de plaisir mais se conforme au principe de réalité qui, au fond, a également pour but le plaisir, mais un plaisir qui, s'il est différé et atténué, a l'avantage d'offrir la certitude que

de principe de plaisir qu'est l'appétit, c'est elle-même
comme principe de plaisir plus pur, plus vrai et plus réel.
La partie appétitive de l'âme n'a donc ni le privilège du
désir, ni celui du plaisir (580d). On ne la nomme
« épithumétique » qu'en tant que ce qui domine en elle est
un certain genre d'appétits (580e). Parce qu'ils sont
« naturels », ces appétits semblent fournir le modèle de
tout appétit ; or voir dans la faim, la soif, donc dans
l'alternance du vide et de la réplétion, le modèle de tout
appétit est ce qui appelle un discours impuissant à mettre
en évidence ce qu'il y a de désirant dans le désir, et à
mesurer justement sa puissance. Comme Platon le fait dire
à Aristophane, dans le discours qui suit immédiatement
celui d'Eryximaque le médecin, ce dont les hommes n'ont
absolument pas conscience, c'est la puissance d'éros.

Selon l'opinion de tous, éros est un appétit et n'est
qu'une espèce d'appétit, différencié seulement par le type
d'objet qu'il recherche. L'objet est pour lui moyen d'une
réplétion, et seule une connaissance appropriée peut décider
de la qualité du moyen et de l'opportunité de la réplétion.
Mais pour celui qu'éros anime, l'objet est l'occasion d'un
élan, d'un délire – bel objet, toujours beau, toujours digne
d'éloge. L'appétit est *alogos*, muet, mais éros fait parler
et délirer. La valorisation de l'objet n'est pas nécessaire à
l'*epithumia*, mais elle l'est à éros. Éros réduit à l'appétit
sexuel, aux *ta aphrodisia*, aux *ta erôtika*, n'est pas éros :
il lui faut pour naître qu'Aphrodite se fête, il fait chanter
et ne peut que se chanter. Inséparable de sa fable, de son
mythe, ennoblissant son objet qui l'ennoblit lui-même en
retour, éros est un appétit en tant qu'il manque et qu'il use

procurent le contact avec la réalité et la conformité à ses exigences. »
(*Introduction à la psychanalyse*, chap. 22).

d'expédients et tant que le manque subsiste ; mais, à la faveur de son intensité, s'introduisent les deux termes sans lesquels on ne saurait parler d'éros : le délire de l'âme, et la continuité. Si le mouvement de l'appétit consiste à sortir de soi pour mieux ramener à soi, le mouvement d'éros est dépassement et sortie, tout retour à soi-même impliquant la mort d'éros. Si le délire et l'élan persistent, c'est qu'il s'agissait bien d'éros, d'amour et non pas d'appétit. La durée fait la différence. Le cycle de l'appétit, cycle du vide et du remplissement, est nécessairement répétitif et discontinu, alors qu'éros unifie les moments du temps en les traversant, leur conférant ainsi sorte d'éternité : la force d'éros métamorphose la manière de désirer. Vivre sur le mode de l'appétit, c'est s'abandonner à la multiplicité et à la discontinuité. L'homme démocratique, qui est l'homme épithumétique par excellence, est cet homme bariolé pour lequel tout est égal (*Rép.*, VIII 561b) et tout vaut tout. Homme de la multiplicité, il est aussi l'homme du « tantôt… tantôt », et on peut même le voir occupé à quelque chose comme de la philosophie (516d)[1]. On peut faire de la philosophie par *epithumia*, comme on ferait de la musique ou de la gymnastique, comme on s'enivrerait, pour remplir un temps vide, par divertissement, mais à cette « philo-sophie », on ne rend parfois visite que pour se cultiver un peu. Sa puissance d'unifier l'âme en se subordonnant tous les autres appétits et en utilisant à son profit toutes les autres puissances en l'âme fait qu'éros n'est pas un appétit, ni même le plus puissant des appétits. La description, fût-elle rigoureuse, d'un processus ne peut que manquer

---

1. « en plaçant les plaisirs à peu près à égalité » (εἰς ἴσον δή τι καταστήσας τὰς ἡδονὰς, (*Rép.*, VIII 561b2-3) ; « tantôt il s'enivre (…) et tantôt il a l'air de se consacrer à de la philosophie » (τοτὲ μὲν μεθύων … τοτὲ δ᾽ὡς ἐν φιλοσοφίᾳ διατρίβων, 561c7-d2).

l'essentiel et l'essence, car le désir pensé dans son essence ne peut prendre d'autre nom qu'éros. Éros est le désir à l'état libre, libéré d'un temps physiologiquement et socialement scandé comme de sa soumission à toute espèce de causalité, et, du même coup, il nous libère. Courant pur, passage pur d'un « quelque chose » qui arrache l'âme à elle-même et la fait délirer, élan d'une âme se reconnaissant dans autre chose qu'elle-même, tel est éros, qui est la vérité du désir. Crispation sur l'état ou crispation sur l'objet, l'appétit ne tend qu'à son abolition. Mais quand son mouvement va jusqu'au bout de lui-même, quand il a la force de continuer jusqu'au bout son élan, c'est éros qu'il se nomme. Pour lui, tout objet est occasion, tout arrêt, transition. Il nous permet de comprendre que tout désir, quel qu'il soit, est essentiellement l'élan d'un vivant, et que ce que par essence un vivant désire, c'est ne pas mourir. Boire, manger, en sont les manifestations les plus évidentes. Mais ces appétits, au même titre que tous les autres (naturels ou non naturels), ne font que diviser, multiplier, donc arrêter et amoindrir, le mouvement essentiel du désir. La procréation est un meilleur modèle, puisqu'elle intègre le désir d'unité, de continuité et d'immortalité. C'est de ce modèle qu'il faut partir pour connaître la vérité d'éros.

Éros et la parodie

Une telle connaissance est-elle possible ? Comment éros qui nous fait parler, qui nous arrache à la stupeur animale de l'appétit et à l'équivalence générique de l'objet, nous fait-il parler d'éros ? Tout discours sur éros est une ruse d'éros. Sa dévalorisation contribue encore à son mythe, car celui qui condamne éros n'en condamne qu'une image au nom d'un autre éros auquel, consciemment ou non, il obéit. Celui qui méprise l'amour-sentiment ne fait que mieux réaliser les fins de l'amour-appétit (c'est le cas du premier discours de Socrate dans le *Phèdre*), celui qui rejette la tentation de l'amour-appétit ne le peut, comme Socrate face au bel Alcibiade, que parce qu'un autre désir l'habite. Tout abaissement d'une espèce d'éros n'est jamais que la magnification d'un autre de ses aspects. Parler d'éros revient toujours à en faire l'éloge, et l'ensemble du *Banquet* constitue l'inventaire des registres possibles de ces éloges. Éros force de vie en tout vivant, Éros pédagogue et générateur de vertu, Éros pouvoir de création et d'apaisement capable de maîtriser le tragique même, tel est le triple domaine – biologique, pédagogique et esthétique – où Éros mène sa justification. Les cinq premiers discours du *Banquet*, loin de constituer un hors-d'œuvre rhétorique ou une suite de pastiches, offrent un recensement systématique des illusions sur éros[1]. Mais éros en est responsable, il nous pousse à nous faire des illusions sur lui. Irréductible à la brutalité d'un fait, il est inséparable de son mythe, de l'histoire qu'on se raconte à son propos. Parlant de lui, nous lui substituons nécessairement autre chose : sa valeur morale (discours de Phèdre), éducatrice (Pausanias), sa réalité cosmique (Eryximaque), son enracinement corporel (Aristophane), sa puissance de délivrance et d'apaisement (Agathon). Ou encore son origine, ses espèces, son extension, ses conséquences, sa puissance[2]. Au fil de ces discours, éros se voit accorder extrême jeunesse (195a) ou

1. Il ne semble pas que la succession des cinq discours du *Banquet* obéisse à une progression, une ascension. Il y a là plutôt un inventaire des points de vue possibles et des modes de discours résultant de la perspective adoptée.

2. Ces termes sont empruntés à Marsile Ficin, *Commentaire sur le* Banquet *de Platon. De l'amour*, Paris, Les Belles Lettres, 2002, p. 240.

extrême vieillesse (178b), il est tenu pour un principe
universel ou réduit à l'accomplissement, au petit bonheur,
de l'acte sexuel (181b), jugé être la cause de tous les biens
(178c, 197c) ou n'être qu'une attraction naturelle et
irresponsable (192d). Le nom même d'éros semble être
trop grand ou trop petit pour ce qu'il désigne : il est tantôt
réservé à une espèce particulière d'appétit, et tantôt étendu
à toute forme d'attraction (205a-d). On n'en parle que par
métaphore et par métonymie, et il donne lieu à une diversité
de styles : il est source aussi bien de tragique que de
comique, objet aussi bien de la médecine que de la
mythologie, il appelle autant sa régulation que l'exaltation
de sa puissance. Chacun de ces styles exprime une vérité
d'éros : vérité partielle, qui penche alternativement vers
le trop ou le trop peu, qui chante à côté. Tout se passe donc
comme s'il était impossible d'arriver à trouver le ton juste.
La disproportion entre le langage – trop haut ou trop bas
– et le thème – trop anobli ou trop vulgarisé – est la définition
même de la parodie. Éros semble donc engendrer nécessairement un discours qui le parodie. Il n'y a désir, éros, que
s'il y a mythe. Vouloir rationaliser ce mythe, c'est tomber
dans la parodie. Le sens de ce qui s'effectue dans les cinq
premiers discours du *Banquet* nous est peut-être donné par
un passage du prologue du *Phèdre* : ceux qui expliquent
les mythes en appliquant *immédiatement*, sans recul et
sans ironie, une méthode d'explication à ce qui est fantaisie
et fable, mettent en œuvre une « espèce d'habileté
grossière » [1]. Il est toujours agréable de pouvoir déployer
son habileté en ramenant les mythes au vraisemblable. Et

---

1. ἀγροίκῳ τινὶ σοφίᾳ (*Phèdre*, 229e3). L'interprétation des mythes
est une espèce de *sophia* (σοφιζόμενος, 229c7) pour laquelle le philosophe
n'a pas de « loisir » (σχολή, 229e4).

comme il y en a une multitude on ne risque pas de manquer de travail, ni d'occasions de déployer ses efforts d'interprétation (229d-e). Mais on peut alors manquer du loisir de penser (229e). Car la pensée n'est pas de l'ordre de l'interprétation, si interpréter consiste à faire correspondre un ordre rationnel à un ordre symbolique, et à traduire l'un dans l'autre. La pensée ne consiste pas à introduire péniblement et pesamment de la rationalité dans des domaines qui lui sont étrangers. Imposer de l'extérieur, et doctement, une méthode d'interprétation à ce qui ne réclame qu'une *pistis*, une adhésion, c'est se donner beaucoup de mal pour ne pas croire à des histoires. Quand il s'agit de mythes, de fables ou de légendes qui se présentent comme tels, c'est la volonté d'explication qui est naïve, et la crédulité qui est réfléchie et ironique. Appliquer aux mythes une méthode permettant de les décoder et d'en extraire une vérité trahit un manque de mesure, puisque l'on traduit dans un langage qui est le comble de la pesanteur ce qui était le comble de la légèreté, et qui comme tel avait accès à une autre sorte de profondeur. Pour ce genre d'exercices, celui qui veut penser n'a pas de temps, et parfois il vaut mieux qu'un philosophe soit crédule (230a). Car il est bien facile de se défier de ce qui ne fait explicitement appel qu'à une croyance. Ce qui est difficile est de soupçonner que, là où l'on croyait savoir, on ne faisait que croire. Pour avoir le loisir d'exercer méthodiquement ce soupçon, il faut sans doute être une espèce d'animal « plus doux et moins compliqué » (230a5) ; il faut faire en soi-même la part de la naïveté. Là est l'atopie du philosophe (229c), qui n'a rien à voir avec l'incrédulité des habiles et des astucieux. Il est seul à pouvoir entendre la disproportion, proprement ridicule, entre la rationalité de la méthode et le fantastique du contenu. Il existe des langages qui, si on leur applique un effort méthodique de décodage, succombent sous ce poids sans rien gagner en vérité. Seul celui qui délire peut parler justement du délire, fût-ce des délires qu'il ne partage pas. La mythologie, la poésie, la prophétie, la divination ne peuvent pas *se penser*, ne gagnent rien à être pensées, car les penser ne leur ajoutera aucune vérité : les mythes procèdent « d'une vision et d'un pathos »[1]. On ne peut que les expliquer, et par l'explication les réduire à une platitude vraisemblable (229e). Chacun des cinq discours tenu dans le *Banquet* est parodique, non qu'il soit un pastiche amusant, mais parce qu'en l'insérant dans un certain contexte il inflige à chaque sorte de discours une torsion qui en exprime la vérité, une vérité dont l'auteur du discours n'a justement pas conscience. Cette vérité se révèle alors être partielle alors qu'elle croyait être la vérité. Mais y aurait-il sur éros un discours adapté, justement mesuré, vrai ?

Tout d'abord une question s'impose : éros charlatan et éros éducateur, éros appétit et éros principe, éros tyran et éros philosophe, cela ne fait-il pas deux éros ? Un bon et un mauvais éros, telle est la vérité qu'apporte Pausanias (180d) et qu'affine Eryximaque, en montrant que la division ne s'opère pas selon l'âme et le corps mais selon la mesure et la démesure (188a) ; c'est aussi celle énoncée par Socrate dans ses deux discours du *Phèdre*. Il n'est pas étonnant que, parlant d'éros, on retombe presque toujours sur l'une des affirmations de l'un des cinq premiers discours du *Banquet*, puisqu'ils ont précisément pour fonction d'inventorier tout ce que l'on peut dire d'éros, tout ce qu'éros nous pousse à dire de lui. Ce qui est plus étonnant est qu'aux livres VIII et IX de la *République*, comme dans

1. K. Reinhardt, *Les Mythes de Platon*, Paris, Gallimard, 2007.

le deuxième discours de Socrate dans le *Phèdre* et dans ce qu'on appelle l'exposé de la méthode dialectique (*Phèdre*, 265c-266c), éros tyran se retrouve opposé à éros philosophe. Parler d'évolution est ici d'autant moins recevable que ces Dialogues appartiennent en gros à la même période. Alors existe-t-il deux éros ? Et comment ce qui n'est pas un pourrait-il devenir principe d'unité ? Éros tyran est-il toujours éros ? Éros perverti mérite-t-il encore ce nom, ou Platon se contente-t-il dans ces textes de reprendre l'usage commun de la dénomination, réservant au seul *Banquet* de faire correspondre au nom d'éros le logos qui lui convient ?

Dans le livre IX de la *République*, éros tyran est défini comme une espèce d'appétit : la division en appétits nécessaires et appétits non nécessaires, jugée insuffisante, est reprise et continuée (*Rép.*, IX 571a-b). Les appétits non nécessaires se divisent à leur tour en appétits superflus – dont la variété et le raffinement infinis sont fonction de la multiplicité de leurs objets – et appétits déréglés (*paranomoi*, IX 571b). Éros tyran est le désir étranger à toute espèce de mesure, de règle ou de limite : avidité à l'état pur, désir qui n'est même plus désir de quelque chose car son objet le limiterait, il est le désir de faire advenir dans la veille la nudité d'un éros qui n'est présente que dans nos mauvais rêves. Pour l'homme en proie à ce désir de cauchemar, « tel qu'il était quelquefois en rêve, il sera constamment à l'état de veille » (IX 574e). Désir pur détaché de toute relation à l'objet, désir qui s'asservit tous les autres désirs, ce que souhaite le tyran éros est que le sans mesure, le sans limite, le sans forme soit. Il désire faire remonter à la surface ce qui ne peut pas *être*, puisque toute *ousia* implique la présence d'une limite, d'une mesure et d'une forme. Il n'est en conséquence jamais satisfait mais toujours renaissant, puisque aucun objet existant n'est capable de le combler (IX 579e); c'est bien d'éros qu'il s'agit, dans sa force et son délire, son désir de faire advenir (574a) et persister sa toute-puissance. L'appétit doit rapporter, au moins, du plaisir[1], alors qu'éros est le principe d'un économie folle et déréglée, économie de pure dépense et de dépense à perte : « Une âme ainsi tyrannisée est donc toujours à nouveau nécessairement en proie à la pénurie et au vide » (IX 578a). Dans son langage, qui est celui de l'illimité, du plus et du moins, le plus n'est jamais qu'un peu moins de moins : vie de tonneau percé, existence de pluvier (*Gorg.*, 493b, 494b). Éros tyran a donc au moins ceci de commun avec éros philosophe qu'il ne vise pas *d'abord* le plaisir, mais veut donner libre cours à la violence du désir. Emplumé, il cherche par tous les moyens à s'affranchir de ce qui pourrait l'empêcher de prendre son vol, il se veut libre de toute entrave. Étranger à toute forme de calcul, d'investissement, d'échange, éros aiguillonne, il pousse à capturer, chasser : tyran ou philosophe, il s'accompagne toujours de *mania* (*Rép.*, IX 573b). Enfin éros tyran n'est, pas plus qu'éros philosophe, asservi au corps. Car si le corps est parfois en état de vacuité, il l'est naturellement à certains instants, non à d'autres. L'âme tyrannisée par éros transpose le vide discontinu du corps en avidité insatiable de l'âme, et fait de cette avidité le principe de tous ses actes. Dire oui à Éros, c'est toujours dire non à tout le reste ; cela constitue très exactement le contraire de cet équilibre qu'est l'état de l'homme démocratique, état d'une âme épithumétique qui s'efforce tour à tour d'accorder sa part de satisfaction à chacun de

---

1. Voir J. Lacan, *Le Séminaire* VIII (1960-1961) : *Le Transfert*, Paris, Seuil, 2001, p. 32-34 ; la première partie est un commentaire suivi du *Banquet*.

ses appétits. L'âme tyrannisée est, à sa manière, une âme unifiée puisqu'elle a réussi à anéantir en elle tout ce qui n'était pas éros. Elle est l'exact symétrique de l'âme qui a renoncé, parce qu'elle en avait constaté l'inanité, à tout ce qui n'était pas sa *philosophia*.

Dans le texte célèbre du *Phèdre* qui va de 265c à 266c, il s'agit de déterminer la puissance (*dunamis*, 265d) de chacun des deux procédés (*eidè*) successivement employés par Socrate dans ses deux discours sur éros. Ce qui a été dit l'a été au hasard (*ek tuchès*, 265c), c'était une espèce d'hymne mythologique, un jeu, mais à la faveur de ce jeu peut-être a-t-on touché quelque chose de vrai (264b-c). Le jeu consistait à mettre en images l'émotion, le *pathos* érotique[1]. Quelle vérité extraire de ces images? Non pas la vérité sur éros – éros ne fonctionnant ici que comme exemple – mais une vérité méthodologique. Par une réflexion sur la façon dont le logos a pu passer du blâme à l'éloge sans se contredire, on va découvrir comment il faut procéder « afin d'être capable de parler et de penser » (266b). Le premier procédé est didactique, il garantit la clarté du discours[2]. Partir d'une *idea* une et la définir garantit l'accord du discours avec lui-même, que la définition de départ soit bonne ou mauvaise (265d). Cette définition permet de savoir ce dont on parle, même si ce dont on parle n'est pas ce dont il s'agit. De fait, dans son premier discours, Socrate part de ce qui est évident à tous : d'une *doxa* (237d)[3]. Selon cette opinion, éros est un appétit irraisonné, et au même titre que tous les appétits, il est

---

1. τὸ ἐρωτικὸν πάθος ἀπεικάζοντες (*Phèdre*, 265b6).

2. Il a pour but « de rendre évident ce qu'il souhaite chaque fois enseigner » (ἵνα (…) δῆλον ποιῇ περὶ οὗ ἂν ἀεὶ διδάσκειν ἐθέλῃ, 265d5).

3. *Dokei* est le premier verbe employé par Pausanias (180c) et par Eryximaque (185e) et *dokousin* figure dans la deuxième phrase d'Aristophane (189c).

défini et spécifié par son objet : si le glouton a un désir
irraisonné de nourriture, l'ivrogne de vin, l'amoureux a
un désir irraisonné du plaisir procuré par la beauté
(238b-c). Éros, selon l'opinion de tous, appartient donc
au genre *epithumia* et sa différence spécifique lui vient de
l'objet auquel il tend. Ce premier procédé confère au
discours sa cohérence : sous le même nom, on entendra
toujours la même chose, même si ce qu'on entend n'est
pas encore le logos qui convient à la nature de la chose
désignée par le nom. Pour *découvrir* (ἐφευρών, *Phèdre*,
266a5) le logos de cette nature, il faut employer le second
procédé. Penser la nature d'une chose (et non plus seulement
être capable de tenir un discours clair et cohérent à son
propos) impose de la diviser selon ses articulations
naturelles. Or, si l'on veut découvrir les espèces (*eidè*)
d'éros, c'est le délire, la *mania*, qu'il faut diviser. Il faut
donc discerner correctement le genre, et ce n'était pas
l'appétit : il faut donc rompre avec l'*idea* unique, la
définition posée, l'opinion qu'il faut bien formuler au
départ si l'on veut pouvoir dialectiser. L'unité vraie n'est
pas l'unité nominale, définitionnelle, de l'*idea*, du caractère
commun, mais l'unité naturelle d'une multiplicité, unité
capable de contenir en elle les différentes espèces résultant
de la division. Éros est le nom qui convient aussi bien à
éros malade, éros tyran, éros qu'on laisse à gauche, qu'à
l'éros divin cause pour nous des plus grands biens, celui
qu'on découvre à droite. L'unité à laquelle est présente
l'intelligence de la différence peut comprendre en elle les
différences et même les oppositions sans cesser d'être une.
Elle les comprend, puisqu'elle les qualifie en les situant
et ne se contente pas de les englober. La définition de départ
avait pour but de faire cesser la controverse et l'équivoque

(*Phèdre*, 265d). Logos d'une image, elle avait le mérite de mettre du logos à la place d'une image au lieu de transmettre, comme fait toute rhétorique, une image à la faveur d'un logos (273b-d). À cette condition, la dialectique peut commencer. Mais les deux procédés ne sont pas symétriques l'un de l'autre. L'unité à laquelle on arrive au terme du second procédé n'était pas celle que posait au départ le premier, et elle ne résulte pas de la même sorte de rassemblement : le premier est donné dans l'*idea*, le second réunit les espèces de délire obtenues par division en « l'unité de l'*eidos* » [1]. Qu'éros puisse engendrer deux délires opposés, deux genres d'effets contraires, cela signifie-t-il que la contrariété entre les deux espèces ne leur permet pas d'entrer dans un même Genre, ou cela nous apprend-il quelque chose sur la nature d'éros ? Le nom d'éros peut-il s'appliquer à éros malade autant qu'à éros philosophe, ou faut-il refuser ce nom à l'une des deux espèces, et le réserver à l'autre ? La non-transitivité de la qualité des parties au tout, non-transitivité opposée par Socrate à Hippias, suffit à résoudre logiquement le problème : un Genre peut parfaitement contenir deux espèces contraires. Mais quand ces espèces ne sont pas logiquement mais axiologiquement contraires, le problème se repose. La conclusion de ce texte du *Phèdre* sur la dialectique est sur ce point décisive : « car de cela pour ma part, ô Phèdre, je suis fort amoureux (*erastès*), de ces divisions et de ces rassemblements » (266b). Au terme d'une réflexion méthodologique dont éros était l'exemple, l'éros de Socrate entre en scène. Éros défini, éros rassemblé et divisé, blâmé et loué procède d'un éros qui pousse à

1. Voir M. Dixsaut, *Métamorphoses de la dialectique*, Paris, Vrin, 2001, chap. II.

définir, diviser et rassembler. Dialectiser éros, c'est dialectiser le délire, ce qui ne peut se faire que si l'on est en proie à une forme particulière de délire, celui du philosophe, et c'est un délire érotique qui le pousse à dialectiser. La vérité sur éros, celle qui permettrait de retrouver par-delà la contrariété axiologique des effets (blâmables, louables) l'unité du principe, ce n'est sans doute pas dans la dialectique portant sur éros qu'on peut la trouver, mais bien dans *la dialectique même*. Celui qui fait un éloge d'éros ne fait finalement que retrouver des vérités qui avaient été atteintes autrement à travers la mythologie, la tradition sociale, la médecine, la poésie comique et tragique. Les cinq premiers discours du *Banquet* nous offrent des vérités sur Éros, et beaucoup seront reprises par Diotime et par Socrate. Mais celui, qui comme Socrate dans le *Phèdre*, s'attache à le dialectiser, n'en dit pas davantage la vérité, car *la méthode dont il fait l'éloge n'ajoute rien à ce que nous savons par ailleurs d'éros*. Mais, à la différence des autres, le philosophe sait *qu'il n'y a pas de savoir capable d'accéder à la vérité qui ne soit animé par éros*.

C'est pourquoi la dialectique ne retourne pas la dénomination d'éros, comme elle le fait pour le courage ou la tempérance, la justice ou la sagesse, la vie et la mort. *Ce que tous nomment* éros *est* éros, *mais il n'est pas que cela*. Loin de déterminer le seul bon usage du nom d'éros, il s'agit au contraire d'étendre sa dénomination et d'en comprendre l'unité (*Banq.*, 205b-d). Éros, qu'il soit bon ou mauvais, droit ou gauche, tyran ou philosophe, est ce qui toujours dépasse le multiple vers l'un, ce qui ne se satisfait pas de la diversité donnée mais la traverse. Il est dialecticien parce que la dialectique est animée par ce désir de « l'unité naturelle d'une multiplicité » qu'est éros. Aristophane a raison : éros n'est pas l'appétit d'une certaine sorte de plaisirs, il est ce qui, à partir d'une unité clivée, coupée en deux, veut à nouveau faire un. Le mythe a raison contre la définition car il arrache éros à l'image selon laquelle il serait une espèce d'appétit. Et Socrate a raison contre Agathon : la définition correcte d'une méthode ne suffit pas à engendrer un logos vrai. Si pour dialectiser il faut être amoureux – philosophe – seul éros a le pouvoir de dissocier la dialectique de l'opinion qu'on a sur elle, opinion selon laquelle la dialectique est une méthode. La vérité d'éros est qu'on ne peut en parler sans délirer, et qu'aucun discours dont l'amour est absent (comme celui de Lysias) n'est un discours sur éros puisqu'il le réduit à être une espèce d'appétit. Et la vérité de la méthode (voie de recherche) dialectique est qu'elle a éros pour origine, ce qui exclut qu'on l'identifie à un ensemble de procédés. Coupée de cette origine, une méthode devient elle aussi un savoir « grossier », une technique rigoureuse ou astucieuse. À deux reprises, Platon nous indique que le discours vrai sur éros est autre chose qu'un discours méthodiquement irréprochable : Agathon dans le *Banquet* (195a), Socrate dans son premier discours du *Phèdre* (237b-d) – discours qu'il jugera par la suite être d'une « niaiserie absolument exquise » (*Phèdre*, 242e) – affirment leur souci de partir d'une définition. Souci louable (199c), mais en ce qui regarde éros, insensé : car éros est une force, et une force ne se caractérise que par son origine, sa direction et ses effets. La preuve en est dans le *Banquet* le curieux décalage entre le programme annoncé par Socrate et la façon dont il le met en œuvre. Reprenant la méthode d'Agathon, Socrate annonce qu'il parlera d'abord de la nature d'éros, puis qu'il s'interrogera sur ses effets [1]. Mais il apparaît aussitôt que la nature d'éros ne peut être saisie qu'à travers le mythe de son origine – et il est à remarquer que c'est Socrate qui en 203a interroge : « de quel père est-il né et de quelle mère ? » Ce qu'éros produit n'est pas différent de ce qu'il vise, engendrer dans la beauté est à la fois son objet, sa fin, sa cause et son effet. Ce qui manquait à tous les discours sur éros, ce n'était pas la méthode, c'était la vérité ; mais la vérité d'éros ne peut se circonscrire dans une définition, elle ne peut être dite que par qui est en proie à éros et en subit les effets. Cependant, tous ceux qui parlent sont en un sens amoureux, au moins de leur discours, cette image d'eux-mêmes. Quelle est la différence entre leurs discours et celui de Socrate ? Et si c'est la vérité, la vérité consiste-t-elle alors à détruire nos illusions sur l'amour, à dire qu'il n'est pas beau, pas jeune, pas divin, pas immortel, pas délicat… ? La résistance de Socrate à l'égard de Diotime suffit à montrer que ces illusions sont naturelles et nécessaires à éros. La destruction de l'illusion par l'intervention de l'idée d'intermédiaire (*metaxu*) n'est pas encore la vérité d'éros, qui en engendre aussitôt une autre : à savoir que c'est du beau qu'éros est amoureux (204c-d). D'illusion en illusion nous en arrivons à la seule vérité d'éros : parce qu'il nous relie *d'une certaine manière* au beau, au bien et à la vérité, il nous permet d'engendrer, c'est-à-dire de ne pas mourir.

De quelle manière ? La manière en question n'est pas précisée, mais c'est Diotime qui parle, et il n'y a pas lieu

---

1. À propos de la première phrase d'Agathon : « Moi, à coup sûr, je veux » (Ἐγὼ δὲ δὴ βούλομαι, 194e), S. Rosen (*Plato's* Symposium, Yale UP, 1967, p. 169) relève « *the prophetic conjunction of ego, will, method and technical innovation* ».

d'attendre d'une prêtresse inspirée des précisions
définitionnelles. Répondre que c'est en tant que la vérité,
le beau ou le bien nous manquent, ce serait tenir à nouveau
à propos d'éros le discours de l'appétit, employer encore
à propos du désir le vocabulaire de la causalité. En faisant
d'éros une *cause*, distincte de ses effets, ou en voyant dans
éros *l'effet* d'une nature mutilée, on tente de le rationaliser
selon une mauvaise image de la rationalité. L'usage répété
du mythe dans le *Phèdre* comme dans le *Banquet* a pour
fonction de signifier qu'en ce qui concerne éros, c'est le
mythe qui est logos, et le logos *muthos*. Face aux évidences
indiscutables, à la positivité des savoir-faire mis en œuvre
dans les autres discours, face à la multiplicité des vérités
non négligeables exprimées par eux, le savoir de Socrate,
savoir de rêve, mérite qu'on s'interroge sur le besoin qui
le précéderait : « Vois donc, ô Phèdre, s'il est besoin d'un
pareil discours, s'il est besoin d'entendre dire, sur éros, la
vérité » (*Banq.*, 199b). Peut-on faire sa place au discours
de Socrate, peut-on le compter pour quelque chose, peut-il
venir à son tour[1] ? Chacun des cinq discours s'enchaînait
au précédent en montrant ce qui y manquait : une distinction
(Pausanias à Phèdre), une extension (Eryximaque à
Pausanias), le sentiment d'une puissance (Aristophane aux
deux précédents), la définition et la pratique d'une méthode
(Agathon à tous les autres). Socrate, prenant la parole, fait
entrer en jeu la vérité[2]. Mais de fait rien ne manque quand
la vérité manque. Rien, en tout cas, à ceux qui parlent
d'autant mieux qu'ils s'en soucient moins (198e), ou à
ceux qui se contentent de capter quelques petites vérités.

---

1. Ce sont les trois sens de ἐν τῷ μέρει (198c6, 199a5).
2. τἀληθῆ λέγειν (198d3) ; τὴν ἀλήθειαν (198d7) ; τά γε ἀληθῆ
(199a7) ; τἀληθῆ λεγόμενα (199b3).

Rien ne manque, sauf à celui qui, érotiquement, est lié à la vérité. *Mais ni le manque de la vérité, entendu comme la condition d'une nature finie ou déchue, ni la vérité représentée comme objet capable d'attirer l'âme ne sont la cause du désir du vrai, de la* philosophia. Il n'y a pas de cause à ce désir et, si de ce désir on peut dire qu'il est cause, c'est en tant que le désir y est arrivé à l'intelligence de lui-même, en tant que l'intelligence comprend son mouvement comme le mouvement même du désir. Une fois comprise l'unité de l'intelligence et du désir, on peut dire d'éros qu'il est cause et qu'il a une cause (*Banq.*, 207a). Il n'opère pas, cependant, selon un schéma mécanique et nécessaire de causalité : il est cause non en tant qu'il produirait toujours le même effet, mais en tant qu'il engendre toujours à nouveau de beaux, de bons, de vrais *logoi*. Et sa cause n'est pas un terme extérieur à lui, elle est à l'origine de l'impulsion qu'il est et elle s'identifie à sa fin : l'immortalité. Car l'amour est la seule impulsion qui ne désire pas, en se satisfaisant, retourner à un état de non-amour ; loin de tendre vers ce qui, en le comblant, le ferait cesser, il tend vers ce qui peut le nourrir, le perpétuer, le faire renaître et l'empêcher de mourir.

La puissance d'Éros

Éros est le mouvement même du désir, le mouvement qui anime, et il élimine tout ce qui pourrait à son mouvement faire obstacle. Qu'il tyrannise ou qu'il règne, qu'il asservisse ou qu'il subordonne, il est, par nature, exclusif. Unifiant le dedans, l'âme, il a besoin de trouver au dehors un reflet des choses du dedans : le philosophe et le tyran ont besoin, pour devenir pleinement ce qu'ils sont, pour donner leur

mesure, d'une constitution politique qui soit à leur image [1].
Principe d'unité, éros est aussi toujours principe de
continuité. Mais la forme de continuité qu'il instaure est
tout entière relative à une certaine image de ce que c'est
que vivre. Aux yeux de celui qu'éros tyrannise, ne pas
désirer, ne pas connaître l'aiguillon du manque, équivaut
à dissimuler sous le nom de « sagesse » et de « tempérance »
une forme de mort. « À ce compte en effet, les pierres, en
vérité, jouiraient d'un bonheur sans égal, ainsi que les
morts » (*Gorg.*, 492e). Discours terrible que ce discours
de Calliclès, et terrible image de ce que serait que vraiment
vivre et se sentir en vie (*ibid.*). Car s'il faut maintenir
inlassablement le manque, percer toujours de nouveaux
trous pour que le tonneau ne se remplisse pas (*Gorg.*,
494a-b), aiguillonner sans cesse (*Rép.*, IX 573a) pour que
le désir ne meure pas et avec lui le sentiment d'être en vie,
alors le temps ne peut prendre que la figure de la mauvaise
répétition, d'une répétition sans différence, sans mutation
et sans espoir. La ruse suprême d'éros, ce qui permet à
bon droit de le nommer tyran, consiste à nous imposer
cette terrible image de la vie et la croyance qu'il n'existe
qu'une seule manière d'affirmer la vie, de lui dire oui, et
que c'est de la prendre pour fin. Mais cet acquiescement
sans limite, ce oui sans condition qui fait de la vie, de la
sensation d'être en vie, le seul but et le seul bien, la
métamorphose en son contraire : en souffrance et en mort.
Pour qui veut vivre et seulement cela, la vie tourne au
cauchemar. Car il ne subsiste alors personne *à qui* quoi
que ce soit puisse arriver, plus personne que quoi que ce

---

1. Nettleship, *Lectures on the* Republic *of Plato*, London, Macmillan,
[1901] 1928, p. 318.

soit puisse satisfaire. Éros tyran entraîne cette destruction
de soi-même par un désir de vivre dont l'avidité ne sait
plus, ne peut plus savoir ce que vivre signifie (*Gorg.*, 491d).
Pour éviter cette terrible existence, y a-t-il d'autres moyens
qu'une sage économie, qu'un juste discernement entre les
désirs et les plaisirs ? L'homme timocratique, l'homme
oligarchique, l'homme démocratique n'en connaissent pas
d'autres, et ils ont de la vie la même image que l'homme
tyrannique ; seulement ils substituent à éros-tyran une
certaine sorte d'appétits donnant prise à un calcul raisonnable
des plaisirs et des peines, tels par conséquent qu'on puisse
les satisfaire, ce qui conduit à une espèce d'équilibre. Le
philosophe procède autrement ; il inverse la dénomination
et appelle mort ce que tous les autres, et sans doute le
Calliclès qui est en lui, s'obstinent à baptiser « vie », et
« vie » ce qui pour tous les autres, et peut-être encore à
certains moments pour lui-même, passe pour une assez
bonne image de la mort.

   Éros perverti est éros. Perverti, il l'est moins dans ses
objets, dans ses moyens ou dans ses effets que dans son
principe même. Le jugement ici n'est pas moral, il s'agit
d'une erreur qui consiste, comme toujours, à se tromper
d'autre et à se tromper sur la nature de l'un. Mais si éros
n'est en lui-même ni principe de vérité ni principe d'erreur,
c'est une erreur qui cause sa perversion. Elle ne porte pas
sur la valeur des objets qu'il choisit, car de même que la
science du malsain n'est pas malsaine, que la science des
biens et des maux n'est ni bonne ni mauvaise, le désir du
mauvais n'est pas en soi, c'est-à-dire en tant qu'il est désir,
mauvais (*Rép.*, IV 438d-e), car à ce compte c'est Lysias
qui, dans son discours, aurait raison. Elle consiste à croire
que l'impulsion vient du manque, et non de l'âme. Or « ce
qui est mis en mouvement par soi-même, telle est l'essence

(*ousia*) et le logos de l'âme ». « Seul ce qui se meut soi-même en tant qu'il ne se délaisse pas soi-même ne finit jamais d'être en mouvement » (*Phèdre*, 245c-e)[1]. L'ignorance est ici négligence mortelle, elle a pour conséquence de faire de « mortel » un des noms possibles de vivant (246b). Méconnaître l'âme comme principe de mouvement, donc comme seule origine du désir, assigner à ce mouvement une origine *étrangère*, c'est se condamner à ne plus désirer que des objets étrangers, simples occasions de faire renaître le désir. « Il faut s'emplir de ce dont toujours à nouveau l'appétit peut renaître » (*Gorg.*, 492a). Une âme immortelle et qui se ressouvient qu'elle l'est ne peut désirer que l'immortalité. Cela signifie-t-il que le même ne peut tendre que vers le même, à condition toutefois qu'il veuille rester même que lui-même ? À tenter d'opérer une classification des espèces d'éros, on aboutira toujours à une classification des types de relation et d'attraction possibles. On lui substituera donc soit une différenciation des appétits soit une division de la *philia*. *La seule différence d'*éros *par rapport à ces deux termes est son intensité*. L'unité et la continuité qui le distinguent de l'*epithumia* en découlent, et son intensité le différencie aussi de la *philia* : nous appelons ami (*philos*) ce qui est semblable, mais aussi ce qui est contraire, « et toutes les fois qu'une de ces deux relations devient violente, nous l'appelons éros » (*Lois*, VIII 837a). L'aimé qui dans le *Phèdre* est en proie au

---

1. L'argument progresse avec une grande précision : ce qui *meut soi-même* (τὸ αὐτὸ αὑτὸ κινοῦν) ne peut cesser d'être en mouvement (245c7). Ce qui *se meut soi-même* (τὸ αὐτὸ αὑτὸ κινοῦν) est principe, donc soustrait à la génération et à la corruption (245d7). Enfin ce qui est *mis en mouvement par soi-même* (τοῦ ὑφ' ἑαυτοῦ κινουμένου) est le logos de l'âme (245e3). Ce qui meut soi-même se meut toujours : je lis donc, en 245c5, ἀεικίνητον (avec tous les mss.) et non αὐτοκίνητον.

contre-amour nomme ce qu'il éprouve *philia* plutôt qu'éros, car son désir est « plus faible » (255e) que celui de l'amant.

Éros et philia

L'intensité fait toute la différence. Or l'intensité est précisément ce qui ne peut jouer à l'intérieur d'une définition, ce qu'aucun discours rationnel ne saurait prendre comme principe de division. Ou bien le discours sur l'amour est discours amoureux, discours d'un amoureux, et il prend la forme de l'éloge, l'intensité d'éros trouvant sa traduction dans une certaine envolée du discours. Ou il s'agit d'un discours calme, dianoétique, à finalité médicale, politique ou législatrice, et l'intensité d'éros constitue pour ce discours une menace, une démesure à limiter, un débordement à régler. La façon dont ils se relient au désir – pour le régler ou le réprimer – différencie ces types de discours, mais aucun discours ne peut définir ce qui n'existe que comme intensité. Pour le discours objectif, la relation érotique est essentiellement une relation, le rapport sexuel d'abord un rapport. Reprenant l'opinion commune selon laquelle éros est une espèce d'appétit, le discours des médecins, des psychologues ou des législateurs tente d'élaborer une logique de la relation en vue de découvrir des règles, des normes permettant de constituer une hiérarchie. Or si l'on trouve bien dans les Dialogues une distinction entre deux types de discours : celui auquel éros communique son délire, sa folie, sa démesure, et le discours de celui qui n'aime pas, on chercherait en vain la mise en place d'une série hiérarchisée. Aucune trace, en effet, d'une précision terminologique qui autoriserait à constituer une série ascendante allant par exemple, de l'appétit corporel, grossier, intéressé, à l'amitié spirituelle pure et

« platonique », en passant par le désir. D'un bout à l'autre de l'ascension du *Banquet*, il s'agit d'éros, et de lui seul. Mais qu'en est-il du discours qui prend rationnellement le désir pour objet ? Apparemment, celui-là ne connaît qu'un seul mode de désir, l'appétit, qu'une seule manière de le régler, en lui imposant une loi extérieure, et qu'un seul moyen d'être vertueux : s'abstenir autant qu'il est possible, et pratiquer une tempérance raisonnable. Pour un langage de cette sorte, seule la modération du désir peut être nommée vertu, et il n'y a pas de vertu du désir.

Selon la dénomination commune, le désir érotique est un appétit tourné vers les beaux corps, qui ne sont beaux que dans la mesure où ils sont convoités, durant le temps où cette convoitise existe. Mais comme ces corps sont pourvus d'âme, éros, l'amour, est ce terme ambigu qui désigne aussi bien l'appétit sexuel que l'amitié tendre. Du désir et de l'amitié, d'éros et de *philia*, lequel est le genre, et lequel l'espèce ? Jusqu'à Platon, le vocabulaire de la *philia* n'est pas un vocabulaire subjectif, le terme connote moins l'affectivité que le social et le juridique [1]. La *philia* est une donnée objective, celle de l'attraction des éléments physiques et des choses entre elles, des humains entre eux, et des humains pour les choses. Ce sont des faits, qui appellent l'élaboration de catégories propres à en rendre compte. Mais l'attraction obéit-elle à des règles, est-il possible de ramener touts les types d'attraction à une règle unique ? La plus grande partie du *Lysis* est consacrée à ce problème : qu'est-ce qui attire quoi, et pourquoi ? L'ami (*philos*), est-ce ce qui est semblable ou ce qui est contraire, ce qui n'est ni l'un ni l'autre, ou ce qui convient en propre ?

---

1. Voir M. Dixsaut, « La *Philia* et ses lois », dans *Platon et la question de l'âme*, Paris, Vrin 2012, p. 81-98.

Toutes ces possibilités sont examinées et rejetées. La notion d'« approprié » (*oikeios*) semblait pourtant pouvoir fournir la solution : Socrate l'abandonne faute d'un critère capable de maintenir la différence entre l'approprié et le semblable. Le dialogue s'achève lorsque Socrate, empêtré dans ses divisions et ses oppositions, finit par ne plus savoir que dire (222e). S'il finit par être ivre (222c), il est ivre d'une ivresse logique causée par une profusion de distinctions si formelles qu'il n'est plus très sûr de se les rappeler toutes. La dialectique de Socrate a perdu sa mémoire et ses ailes. Sans doute est-ce parce qu'elle s'est effectuée à l'ombre du discours des sages. Reprenant les catégories des physiciens et des sophistes, elle parodie une problématique qui était elle-même une parodie. Les sophistes en effet ont achevé de délier la *philia* de la *suggeneia* en valorisant la relation conventionnelle, le choix utile, calculé et délibéré, au détriment de la parenté naturelle. Le *Lysis* indique cette coupure. Cependant, dans le prologue comme dans la première partie du Dialogue, Socrate introduit tous les termes à l'aide desquels il faudrait reposer la question : éros (206a1-2), la parenté (205c6) et l'intelligence (210b8), condition d'une liberté vraie (210a9-b4), donc d'un choix véritable. Mais ces termes impliquent tous une translation hors du champ (physique ou sophistique) d'une logique de la relation. Il faudrait en effet cesser de définir éros relativement à son objet, et comme un appétit ; il faudrait entendre par parenté naturelle autre chose qu'une parenté biologique mais une parenté selon la nature de l'âme, et dépasser l'opposition de la *phusis* et du *nomos* ; il faudrait enfin que le savoir ne fût pas conçu comme un savoir technique, mais comme le mouvement d'une âme portée par éros et libérée par lui. En faisant intervenir l'intelligence, la liberté et la pensée, la première partie du

Lysis constitue bien la seule partie positive du dialogue, toute la suite servant seulement à démontrer l'inadéquation des catégories élaborées par les « sages ».

Ce sont pourtant ces mêmes catégories qui, dans le livre VIII des *Lois*, semblent fournir le principe d'une division de la *philia*. En outre, le caractère définitionnel du texte est si clairement marqué qu'il devrait enfin pouvoir nous procurer la clé des distinctions établies par Platon entre *epithumia*, éros et *philia*. L'Athénien déclare en effet :

> Il est nécessaire de discerner la nature de l'amitié et de l'appétit (*epithumias*), et en même temps celle que l'on nomme les amours (*tôn legomenôn erôtôn*) si l'on veut raisonner (*dianoèthèsesthai*) correctement à leur propos ; comme toutes ces choses sont en fait deux, et qu'il existe aussi une troisième espèce, composée des deux autres mais qu'un seul nom enveloppe, cela crée toutes sortes d'apories et d'obscurité. – Comment cela ? – Nous appelons, je pense, ami, ce qui est, selon la vertu, semblable au semblable et égal à son égal ; et, au rebours, nous disons ce qui manque ami de ce qui est pourvu alors que c'est contraire selon le genre ; et toutes les fois que chacune de ces deux relations devient intense, nous lui appliquons le nom d'« amour ». (*Lois*, VIII 836e5-837a9)

Il s'agit donc de définir pour raisonner. Mais il s'agit surtout de raisonner pour autoriser ou interdire, ce qui est la finalité propre de tout l'ouvrage. La définition qui va suivre s'inscrit donc dans le champ d'un savoir politique et prescriptif. Mais que va-t-on, au juste, définir et pour légiférer sur quoi ? La loi va porter sur les appétits, et plus particulièrement sur l'appétit sexuel. L'Athénien se demande par quels moyens imposer, sinon une interdiction, du moins une réprobation concernant les rapports homosexuels. Auparavant, il est nécessaire de diviser. L'Athénien énumère alors trois noms : « l'amitié, l'appétit et ce que l'on nomme les amours ». Quant à la nature qui leur correspond, elle est en fait double, et même triple. Pour que la multiplicité soit source de confusion, il faut qu'aille de soi, pour l'Athénien et tous ceux qui l'écoutent, que les dénominations qu'il vient d'énumérer, amitié, appétit et amours, sont rigoureusement interchangeables et renvoient toutes à une nature jugée unique. Ces trois noms ne correspondent donc pas aux trois espèces auxquelles l'Athénien va aboutir[1]. Il est certes tentant de faire correspondre à ces trois espèces les trois noms énumérés, et de les ordonner hiérarchiquement. Mais le fait que, dans l'analyse qui suit, ces trois termes soient employés constamment (et sans doute délibérément) les uns pour les autres manifeste au moins l'inopportunité de l'exigence terminologique, et l'impossibilité de constituer une série ascendante qui correspondrait à notre vocabulaire affectif : appétit, amitié, amour. Or l'Athénien divise d'abord la *philia* en deux espèces, la troisième étant un mixte des deux. À cela s'ajoute une différence d'intensité. Cette dernière différence tend à justifier l'usage courant : éros et *philia* renvoient bien à une nature unique, les termes sont presque synonymes, à une différence de degré près. Une différence de degré ne constitue pas une différence de nature. Quand à l'appétit, il intervient tout au long de l'analyse qui suit, et deux fois sous une forme verbale. Qu'il s'agisse en effet de la première espèce, de la bonne *philia* unissant le semblable au semblable, ou de la seconde, l'attraction d'un contraire par son contraire, l'appétit constitue bien ici la seule manière de désirer. Enfin, la

---

1. La difficulté vient de ce qu'un même nom, *philia*, s'applique à trois espèces différentes, et que l'on ne peut pas faire correspondre un nom différent à chacune.

rapide description de l'homme en proie à une *philia* mixte des deux autres – il veut et ne veut pas, il est en même temps attiré et empêché – rappelle étrangement celle de celui qui ayant soif, refuse pourtant de boire, ce qui dans la *République* permettait la découverte de la partie épithumétique de l'âme. Le passage conclut sur l'appétit de vertu, l'appétit du meilleur. L'exigence définitionnelle n'a fait que confirmer l'usage commun et la synonymie des termes. Éros, *epithumia* et *philia* désignent bien une même nature, mais l'analyse précise que cette nature n'est pas une, mais triple. Dans le discours dianoétique de l'Athénien, dont il serait difficile de dire qu'il est animé par éros, toute *philia* comme tout éros se réduit à de l'*epithumia*. Il ne peut en être autrement, car si l'appétit requiert une législation, voire une prohibition, comment légiférer sur du désir?

La *philia* est donc cette espèce d'appétit qui porte les corps vers les corps, les âmes vers les âmes, et aussi l'ensemble des deux vers un autre ensemble des deux. Entre ces trois espèces de convoitises, l'Athénien souhaiterait, si c'était possible, n'en préconiser qu'une et interdire les deux autres. Mais en quoi la bonne *philia* est-elle bonne? Parce qu'elle est amitié des semblables et suppose la réciprocité? On retomberait alors sur la conception des Sages, celle d'Homère et « de ceux qui ont discouru sur la Nature et sur le Tout » (*Lys.*, 214b). Socrate posait alors une question décisive : « le semblable est-il ami du semblable en tant qu'il est semblable? » (214e). L'Athénien répond en introduisant la médiation manquante : les semblables sont amis s'ils sont semblables « selon la vertu », l'excellence (*aretè*); l'égalité est équivalence. La vertu est le terme permettant d'affirmer que tous les semblables ne sont pas amis, mais que les amis, quand ils sont semblables, le sont sous le rapport de la vertu. De la même façon, l'attraction des contraires qui caractérise la *philia* « sauvage » semble reprendre la thèse d'autres savants accomplis, Hésiode ou Héraclite (*Lys.*, 215d-216b). Un contraire ne peut, en tant que tel, être l'ami d'un contraire, car alors l'ennemi, par exemple, serait l'ami de ce qui lui est ennemi. Seuls peuvent être amis les contraires qui sont contraires à l'intérieur d'un certain Genre : celui du vide et du plein, du riche et du dépourvu. La discrimination était bien nécessaire, eu égard au problème posé ; car elle montre que l'attraction d'un corps par un corps, même s'il sont de même sexe et de même « genre », n'est pas, en dépit des apparences, une *philia* selon le semblable, mais selon le contraire. Outre l'évidente ironie, le texte repose la question de la *philia*, en la déplaçant du problème de savoir *ce qui peut être relié*, au problème de savoir *ce qui a le pouvoir de relier*. Aucune logique ni aucune physique ne peuvent déterminer *a priori* ce qui est *philos* en *l'identifiant a priori* à quelque autre terme que ce soit. La médiation requise est celle de la vertu pour la première espèce de *philia*, celle du Genre pour la seconde. Autant dire que c'est celle de l'âme, dont la vertu est l'excellence, et celle du savoir, capable de discerner une communauté de Genre qui ne soit pas sexuelle. Le législateur doit parler ici contre les appétits les plus puissants, « ce qui constitue au plus haut point la tâche d'un dieu » (*Lois*, 835c). Mais dans les *Lois* Socrate, cet expert en matière d'amour, est absent, et avec lui le philosophe, cet homme divin, et sa *philosophia*. L'Athénien tient un discours « audacieux et franc », mais un discours humain. La connaturalité qui apparente l'âme aux Idées a laissé place aux lois et à la loi, et le démon éros à des appétits trop humains, qu'il faut péniblement tenter d'orienter plutôt vers les belles âmes que vers les beaux corps, ou à défaut vers l'ensemble des deux. Un discours dont éros n'est pas le pédagogue ne peut aller plus loin que ce qui, dans le *Banquet*, constituait seulement une seconde étape.

Tout comme l'appétit, et parce que son nom recouvre une manière de désirer qui est celle de l'appétit, la *philia* donne lieu à un discours raisonnable et humain, qu'elle appelle autant qu'elle est constituée par lui. La raison tente de réfréner la sauvagerie de l'appétit, et lui préfère un désir « apprivoisé », qui *voit* plus qu'il ne *désire* [1]. Mais désirer avec mesure, vertueusement et sans délirer, est-ce encore désirer ? Et est-ce de cette façon qu'il convient d'être ami du savoir et de la vérité ? En un mot, le philosophe relève-t-il de l'une des trois espèces de *philia* définies par l'Athénien ? À coup sûr, il ne pourrait relever que de la première. Mais quelle serait alors la médiation qui permettrait au philosophe de reconnaître ce qui lui est semblable ? Là ou le *Lysis* s'arrêtait, car Socrate, ivre de logique, était vaincu et contraint de rompre la discussion par l'irruption de pédagogues ivres pour de bon, s'arrêtent aussi les *Lois*, l'Athénien se contentant de conseiller une vertu tempérante et retenue. Quant à la double ascension du *Banquet*, mue par la force d'éros, emportée par un élan qui laisse au-dessous de lui toute aporie comme toute division, elle fournit moins une réponse qu'elle ne tente de communiquer une force et un élan.

Pour que l'autre, ni même ni contraire, puisse nous devenir ami, il faut d'abord ne pas être identique à soi-même, d'un identité que consolide l'image de l'absolue

---

1. ὁρῶν δὲ μᾶλλον ἢ ἐρῶν (837c4-5). L'opposition sauvage-apprivoisé (ἀγρία - ἥμερός, 837c4 et c5) appelle un développement sur la prohibition universellement respectée de l'inceste (838a-d).

extériorité de l'autre ; il faut donc sortir de soi-même, délirer, et il faut aussi que le désir soit autre chose qu'un appétit. Inégal à lui-même en ce qu'il a le désir d'apprendre, le philosophe ne désire l'autre qui lui est approprié qu'afin de mieux devenir ce qu'il est. Sans la présence intérieure de l'autre au même, le même ne pourrait jamais devenir même que lui-même ; mais sans la présence du même à l'autre, l'autre ne pourrait jamais être apparenté. Cependant il n'y a pas qu'une seule manière possible pour l'autre d'être présent au même, ni pour le même d'être présent à l'autre. Pour que l'autre ait la *puissance* d'arracher le même à la stérilité de l'identique, pour que le même ait la *force* de se reconnaître dans l'apparente étrangeté de l'autre, il faut éros et sa *mania*, éros pédagogue et philosophe. Dans le *Banquet*, *philosophos* n'apparaît que deux fois pour s'attribuer au désir, et au délire. Éros nous conduit d'étape en étape vers cela seul qui nous est vraiment ami, et ne nous est semblable qu'à la condition que nous nous soyons d'abord rendu semblable à lui. La mesure n'est plus humaine, mais divine, et la vertu n'est pas principe de détermination du semblable. Elle est ce qu'engendre celui qui a atteint non pas un simulacre de réalité, mais la réalité vraie, et elle résulte de ce contact (*Banq.*, 212a). Pour aider l'humaine nature à se rendre semblable au divin, « on ne trouvera pas facilement un meilleur ouvrier qu'éros » (212b). Au terme de l'ascension, l'homme qui a vu le beau par le moyen de quoi il est visible, qui a saisi par l'intelligence une Idée, devient aimé du dieu et immortel (212a). La réciprocité n'est pas la réciprocité simple de l'échange ; l'objet aimé ne rend pas l'amour qu'on lui porte à la façon dont le débiteur resituerait l'argent qu'on lui prête. Aimer le savoir, être philosophe, n'implique pas que le savoir ou la vérité nous aiment (*Lys.*, 212d). Pourtant *il se produit bien quelque chose en retour* : à savoir qu'une âme qui prend plaisir à penser, à penser et non pas d'abord à vivre, est une âme à ce point vivante qu'elle ne peut plus recevoir son contraire et qu'il n'y a plus, en elle, de place pour la mort.

Éros dialecticien

Avant d'en arriver à la parenté de l'intellect et de l'unicité de la Forme, avant d'en arriver à la dialectique inspirée du même et de l'autre au cours de laquelle l'intellect, quand il se ressouvient de la nature intelligible, se ressouvient du même coup de sa nature propre, avant la science donc, il reste un parcours à accomplir. De cette première ascension, éros est l'ouvrier. Pourquoi éros, et non pas l'*epithumia*, ou la *philia* ? En fait, et sur ce point l'usage commun discerne bien, c'est tout un. Pour le discours objectif, discours de celui qui n'aime pas, éros, grossier ou noble, bas ou élevé, ne sera jamais qu'un appétit. Ce type de discours prend l'appétit comme un fait, il prend « en bloc » l'appétit et l'erreur dont il procède, cherchant non pas à rectifier l'erreur, mais à régler l'appétit en prohibant certains objets. Pour le discours rationnel et normatif, l'appétit sexuel est affaire de mœurs, de morale et de vertu. Mais pour le discours qu'éros inspire, discours de celui qui aime, l'appétit d'un beau corps ou d'une belle âme est déjà du désir, éros se reconnaît dans *toutes* ses étapes, ne se réduisant à l'appétit que s'il s'arrête et se fixe, et ne s'arrêtant que s'il se trompe. Pour le discours érotique, dont selon le *Phèdre* le discours philosophique est une espèce, le désir est affaire de discours, de beauté et de connaissance.

Le terme de l'ascension érotique est en effet la science du beau. La science du beau, à la différence des belles sciences, est une science qui pâtit, et soudainement, de la présence de ce qu'elle cherche. L'Idée du beau a un privilège : elle n'est pas posée par hypothèse et elle apparaît comme elle est (*Phèdre*, 250b). Passage tout fait de son apparaître à son Idée, elle est la nourriture d'éros. Elle facilite l'ascension puisque la beauté qu'on vise était celle dont manquait le degré précédent et qui en rendait le plaisir insatisfait et douloureux. Que l'absence de la beauté elle-même soit présente au beau corps, à la belle âme, à la belle occupation comme à la belle science, alimente le désir d'accéder à une autre étape sans conférer pourtant aucune nécessité aux passages. À vrai dire, ni la beauté, ni le désir qu'elle inspire ne suffiraient à nous faire accomplir l'ascension. Il faut à éros un guide (*hègemôn*). Ce guide, on peut l'identifier sans doute à Diotime. Mais celle-ci ne guide que pour autant qu'elle sait : l'hégémonie n'appartient qu'au savoir, seul le savoir peut conduire le désir et le mener dialectiquement à son terme. Cependant si, pour savoir que le désir du vrai est la vérité du désir, il faut *déjà* savoir, à quoi sert alors la description des étapes, à quoi sert l'ascension ? D'autant qu'elle s'achève sur une discontinuité, sur la soudaineté d'un éblouissement que les degrés précédents, dans leur continuité (*Banq.*, 210e), préparaient peut-être mais ne produisent pas. Cela s'explique cependant si cette fameuse ascension est comprise autrement que comme une description empirique – recensement des étapes qu'aurait effectivement parcourues celui qui est arrivé à la science du beau, ou comme une prescription pédagogique – prescription de règles ou de moyens capables de faire franchir les étapes. Il y a bien cependant une pédagogie d'éros en ce qu'un ordre s'instaure, et cet ordre est l'ordre même de la dialectique de l'un et du multiple. Toute l'ascension (dite « pédagogique » en 210e2-3) s'opère en effet *d'un corps* vers une *science unique*, d'une forme d'unité à une autre, *de l'unité à l'unicité*. À condition qu'on y réfléchisse, chacune de ces unités – un beau corps, une belle âme, une belle occupation et une belle science – est équivalente à n'importe quelle autre. La considération du multiple permet de dépasser ce mode insuffisant d'unité qui consiste à être un sans être unique. Cependant, le sentiment d'avoir affaire à une unité interchangeable n'entraîne pas nécessairement le passage à une étape plus haute. Les « après » (*meta*, 210b, 210c) qui jalonnent le texte signifient précisément qu'il n'y a d'après que pour qui ne s'arrête pas. L'arrêt, la crispation d'éros sur une forme relative d'unité est toujours possible. Si l'on dépasse (par contrainte ou par nature) la multiplicité numérique des beaux corps, où un ne fait jamais que un, et où il n'y a rien de plus ni d'autre dans tous que ce qu'il y avait dans chacun des uns, on arrive à la multiplicité des âmes. Or cette multiplicité est réelle, parce qu'elle est réellement différenciée, parce que chaque âme a une parenté avec ce dont elle s'occupe. Son occupation fournit à l'âme son lot et sa particularité en même temps que sa règle : son *nomos*. La nécessité n'intervient qu'à l'intérieur de cette seconde étape pour imposer le lien entre les âmes et les occupations, qui ne constituent donc pas une troisième étape. Pourtant, se limiter au désir d'une belle âme, belle parce qu'elle pratique une belle occupation, est encore un asservissement (*douleia*, 210d). La libération commence avec les sciences car l'on passe alors d'une multiplicité de fait, quantitative (celle des beaux corps) ou qualitative (celle des belles occupations), à une multiplicité capable de désirer son unité dans un « inépuisable désir de savoir » (*Banq.*, 210c).

Les sciences ne deviennent « science » et ne cessent d'être des occupations que par la médiation de la *philosophia*. Limitées à la positivité de ce qu'elles pratiquent ou énoncent, acceptant le fait de leur particularité donc de leur multiplicité, elles ne méritent pas le nom de sciences. Elles ne le méritent que si elles nous préparent à cette science unique qu'elles nous font désirer, et qu'en un sens elles désirent aussi puisqu'elle seule pourra en retour les fonder, en les constituant comme sa nécessaire propédeutique. L'ascension s'opère donc bien de l'un à l'unique. On passe d'une multiplicité numérique, multiplicité qui ne peut être niée que lors d'une provisoire et illusoire fascination (le beau corps), à une multiplicité générique – genre d'âmes, c'est-à-dire d'occupations – qui ne s'abolit à son tour qu'avec la conscience de la particularité irraisonnée d'un choix d'objets de connaissance. Ce choix tolérant qui laisse subsister tous les autres est le choix d'une âme qui croit que la liberté consiste à ne rien exclure, et qui s'accepte comme une parmi d'autres. Dans les deux premières étapes il n'y a de l'un au multiple aucune intégration, mais coexistence d'unités *numériques* ou *génériques*. Cela explique que, privilégiant comme au hasard une unité, on nie provisoirement ou pour soi seul la multiplicité tout en la laissant intacte. La liberté commence avec les connaissances qui sont la possibilité pour le multiple de pâtir de l'un en le désirant. La liaison devient interne, la multiplicité devient division de l'unité, l'unité unification du multiple.

Tout désir est désir d'unicité, tout désir ne désire que ce qui est unique. Or n'est unique que ce qui en vérité a la forme de l'un, est *monoeidès*. Si éros est, pour la nature humaine, le collaborateur le mieux capable de la mener selon un certain ordre vers le terme, c'est que, *créateur d'illusion, il est aussi ce qui ne peut se satisfaire des illusions qu'il engendre.* Plus fort et plus avide que l'appétit, il est ce que la multiplicité essentiellement déçoit. Sans nécessairement le savoir, il est naturellement apparenté à ce qui caractérise *l'eidos* : l'éternité, l'unicité, le soi-même selon soi-même (*auto kath'auto*). La vraie beauté échappe à la génération comme à la corruption, à l'accroissement comme à la diminution. L'*aei*, le *toujours*, est son mode d'être, mode d'être qui n'est accessible qu'à la pensée. La contingence de l'espace et du temps, pas plus que la diversité des opinions qui en résultent, n'ont le pouvoir d'affecter la beauté elle-même. Enfin, son idée ne peut se tirer par abstraction à partir de la multiplicité des choses belles, puisqu'elle est ce par quoi sont belles les belles choses. *La beauté est donc ce qui peut nous enseigner la différence de l'Idée*, et que c'est ce que le désir, quand il a pris assez de force, est capable de reconnaître pour ce qu'il désire. Mais la dernière étape est le prix d'une discontinuité, le déroulement continu et ordonné trouve sa raison d'être dans son interruption[1].

Éros philosophe

La rupture consiste d'abord en ce que le mouvement du désir, d'éros, ne semble plus provoqué par le manque. Un désir qui ne manque plus de rien cesse-t-il pour autant de désirer ? *Et comment désire un désir qui ne souffre plus d'un manque ?* Il désire en engendrant, et en détruisant du même coup l'illusion que l'objet et le manque lui étaient essentiels. Enfanter, c'est faire être quelque chose qui réellement ne manquait pas, qu'aucun manque chronologiquement ne précédait. Avant l'enfant, avant l'œuvre,

---

1. θεώμενος ἐφεξῆς (...) ἐξαίφνης κατόψεταί (« considérant successivement ... il voit soudain », 210e3-4).

avant un discours de vérité, il n'y a rien, leur existence n'est préfigurée dans aucun vide, elle ne supprime aucune privation, si ce n'est selon la pire des illusions de rétrospection. Expression d'une surabondance, c'est le trop plein qui cause les douleurs de l'enfantement et non le vide. Mythiquement, Penia se met en quête de Poros pour s'unir à lui. Mais au terme de la dialectique ascendante, le désir ne découvre ce dont il manquait qu'en l'enfantant, qu'en l'inventant. Le retournement est complet : alors qu'éros se représentait comme le manque réel d'un objet imaginaire (c'est le sens du discours d'Aristophane), il se connaît comme l'enfantement réel de ce dont le manque ne pouvait être qu'imaginaire. Étrange désir, en effet, qui est désir de donner plutôt que de recevoir, de créer plutôt que d'acquérir, qui est de l'ordre de la générosité plutôt que du besoin. Tout comme la quatrième espèce de délire dans le *Phèdre*, le mouvement du désir va en sens contraire de son mouvement apparent. Le délire érotique, délire propre au philosophe, se manifeste comme une rupture d'avec les autres formes de discours, on ne voit pas qu'il est aussi une possession (*Phèdre*, 249c-d).

Éros philosophe opère l'unité du positif et du négatif. Il faut résister au chant des cigales, à la torpeur de midi, pour que le logos circule, pour donner libre cours au *dialegesthai*. Socrate amoureux des *logoi* ne l'est pas à la manière de Phèdre, car il ne les aime que pour mieux les mettre en pièces. Et Socrate amoureux d'Alcibiade, c'est Socrate capable de partager la couche d'Alcibiade et de s'abstenir. La *philosophia* est quelque chose comme une passion du refus, comme un acharnement à résister. Et, par delà les images, ce qu'elle refuse, c'est l'opinion, la croyance, le préjugé ; ce qu'elle prend plaisir à détruire, c'est la bêtise, l'ignorance, la suffisance. Cette passion qui, pour ceux qui ne la partagent ni ne la comprennent, a la figure du négatif (à la fois de ce qui s'oppose à la positivité du désir et de ce qui par la minutie de sa critique s'acharne à détruire la beauté des beaux discours), constitue la force même de la pensée. Négative au regard de ceux qui de l'extérieur en subissent les effets, mais seule fécondité pour ceux qui en pâtissent et la comprennent pour ce qu'elle est : la puissance même de l'intelligence. Le faux schéma d'une intelligence stérile recevant du dehors force, impulsion et inspiration d'éros est celui-là même que les Dialogues tendent à récuser. Cette antinomie reçue, et insuffisamment pensée, conduit à voir dans l'érotique platonicienne l'expression d'un moment, celui de la maturité, abandonné par la suite au profit d'un intellectualisme froid que la vieillesse ne ferait qu'accroître. Tout dans les Dialogues tend au contraire à montrer que l'appétit, la douleur, le plaisir et la crainte ne sont pas les seules forces capables d'ébranler l'âme et de la mettre en mouvement. Le savoir, la pensée, l'intelligence sont des puissances. La dialectique du *Banquet*, mais déjà le *Protagoras* et le *Lysis*, mais aussi plus tard le *Philèbe*, affirment que le désir et l'intelligence ne sont pas deux termes étrangers l'un à l'autre, deux forces d'origine ou de direction différentes. L'intelligence quand elle se ressouvient complètement d'elle-même, le désir quant il va jusqu'au terme de sa force, produisent les mêmes effets. Quand éros ne se crispe pas, ne s'aliène pas dans ses fictions, quand on ne lui substitue pas une multiplicité d'appétits susceptibles d'être satisfaits, il se connaît et s'accomplit, il est le mouvement même de l'intelligence. Être intelligent, c'est toujours de nouveau enfanter de l'intelligible, c'est devenir toujours plus inventif. Réciproquement, l'intelligence qui ne s'arrête pas à la multiplicité des savoirs positifs, qui dépasse la rationalité de la *dianoia* pour devenir intelligence inspirée, *noûs*, est désir, non en tant que la vérité lui manque, mais en tant qu'elle est puissance d'engendrer toujours plus de vérité. Éros est la passion qui pousse à réduire le multiple au profit de l'un, il est la force qui permet de traverser le multiple sans s'y arrêter et sans s'y laisser prendre. *En ce qu'il est capable de faire croire à l'unicité de ce qui n'a même pas d'unité vraie*, éros *est sophiste, illusionniste, charlatan ; en ce qu'il confère à la discontinuité des moments du temps leur* telos, *il est pédagogue ; en ce qu'il nous fait voir l'unité de l'intelligence et du désir, il est philosophe.* Cette unité une fois atteinte retourne tout ce qui la précédait. La révélation qui nous fait apercevoir la parenté d'éros et d'*eidos*, de la force et de la forme, ne peut être qu'étonnante, ne peut se manifester que dans la soudaineté (*exaiphnès*) propre à l'instant du changement (*Parm.*, 156d-e).

Éros est philosophe, c'est éros qui en nous philosophe. On est toujours tenté de faire basculer cette formule, la remplaçant par « le philosophe est amoureux », comme s'il lui fallait un supplément d'énergie et de désir, ou comme si la *philosophia* était la sublimation d'un éros identifié à l'appétit. Le philosophe n'est pas philosophe en tant qu'il philosopherait, exercerait dialectiquement son intelligence, et en outre amoureux en tant qu'un élan d'une autre ordre et d'une autre nature le pousserait vers les objets appropriés. Acquiescer, dire oui, signifie dire oui à ce qu'il y a de vraiment vivant dans la vie, à l'intelligence. Il n'y a pas sublimation, mais démystification progressive : la procréation est une illusion d'immortalité, l'inventivité une immortalité effective. La vie « vraie » n'est pas, pour Platon, la vie biologique, mais la vie atemporelle de l'âme pensante. La pensée ne dit non à éros que lorsque, raisonnable, elle tient le discours qui oppose la raison à l'appétit. Mais elle peut tenir un autre discours, affirmer qu'éros n'est pas un appétit, même de bonnes choses, de bonheur, ou de Beauté, qu'il est un élan et une fécondité. Or aucun de ces deux discours n'est faux, chacun à sa manière est vrai. Car il y a là moins matière à vérité qu'à *impiété*. Quand il s'agit de penser le désir, les véritables catégories ne sont pas celles du vrai et du faux, encore moins celles du mauvais et du bon, du grossier et du noble, mais celles de l'humain et du divin. La culture et la morale se construisent à partir de la prohibition de certains objets d'appétit, et d'abord de la prohibition de l'inceste (*Lois*, VIII 837e-838d). Ce faisant, elles civilisent et humanisent. Mais le discours d'une prêtresse, là encore bien nommée (elle « honore le divin »), vient rappeler la nature démonique du désir, et qu'il est moins un fait que le principe d'un arrachement, d'une ascension vers le divin. Dans le discours humain de l'Athénien, l'appétit sexuel ne comportait, par rapport aux autres appétits, qu'une différence d'intensité. Dans un discours inspiré, l'intensité fait toute la différence. De ces deux discours, lequel est celui du philosophe ? Le philosophe peut, alternativement, tenir l'un ou l'autre, comme le montre la première partie du *Phèdre* avec les deux discours successifs de Socrate. Ce que le philosophe ne peut pas faire, c'est tenir un *troisième langage* qui articulerait ou hiérarchiserait les deux autres. La différence est réelle, chacun des deux langages est exclusif de l'autre car chacun ne reconnaît en l'autre qu'un discours métaphorique. Or comment décider lequel, de l'appétit sexuel et du désir philosophique, est métaphore de l'autre ? Le choix s'effectuera au nom d'une métaphore : celle du haut et du bas (ou, ce qui revient au même, du primitif et du sublimé), et du degré respectif de réalité ou d'illusion qu'on accordera à ces termes. Mais qui le leur accordera ?

Même philosophe, éros reste peut-être illusionniste ; présent au discours de Diotime, il *persuade* Socrate. La seule différence est que personne ne peut choisir d'être amoureux, qu'on ne peut persuader personne de le devenir. Lysias dans son discours, et Gorgias dans l'*Éloge d'Hélène* étaient impies en ce qu'ils accordaient au logos, techniquement manié, une force de persuasion supérieure à celle d'éros. Amoureux, on ne le devient sous l'effet de la persuasion que si, naturellement, on l'était déjà.

C'est pourquoi il n'y a pas de discours vrai sur éros, pourquoi tout Traité intitulé *De l'amour*, qu'il en cherche la définition ou fait état d'une ou de plusieurs expériences, ne fait, comme font les auteurs des cinq discours du *Banquet*, qu'en énoncer de petites vérités. Principe de la recherche de toute définition en tant qu'il sait voir transparaître l'autre dans le même, origine de tout logos en tant qu'il est ce qui, au sein de toute multiplicité, aspire à l'unité, éros n'a pas de définition : tenter d'en fournir une revient toujours à parler d'appétit ou d'attraction. La *philosophia* n'est pas la vérité d'éros, elle *est* éros libéré, éros ayant recouvré ses ailes et pris son essor. Et si l'aile est ce qui a la puissance de tirer vers le haut ce qui était lourd et pesant, qu'est-ce qui, plus que la pensée, a cette force-là (*Phèdre*, 246d) ? Car ce n'est pas un aspect de la réalité qu'elle doit soulever, animer, mais bien la totalité de ce qui est, dans son désir de dire la vérité – qui n'est ni la vérité du tout, ni la vérité sur tout.

L'intelligence désire, l'intelligence seule a la force de désirer et de donner toute sa force au désir. Pour elle, et pour elle seule, l'ami ne signifie ni l'identique, ni le contraire, ni le mélange des deux, mais l'apparenté. Pour reconnaître une parenté, il ne faut se tromper ni sur la nature, ni sur la généalogie. Or l'origine, la seule origine d'éros, c'est l'âme, capable de se mouvoir soi-même sans être mue par autre chose. Assigner à éros une autre origine, le faire naître du corps, du vide, de la douleur du manque, de l'objet, c'est tenir un langage qu'éros n'inspire pas. Un tel langage se réitère à l'infini, puisque, principes de mortalité, de pesanteur, de discontinuité et d'oubli, les appétits font que la libération n'est jamais complète. À la vraie sagesse du délire et de l'enthousiasme qui détermine complètement le philosophe au point qu'il n'aime plus ce qu'il aime le plus, l'homme qui philosophe est parfois contraint de substituer une sagesse tempérante car les appétits, « dont il se passerait bien » (*Rép.*, IX 581e), il vaut mieux les satisfaire modérément pour qu'ils vous laissent en paix (*Gorg.*, 493e). On peut espérer que les intermittences soient plus rares et plus brèves, que le corps ait de moins en moins besoin de ces bouleversements violents dont parle Aristophane (*Banq.*, 189a). *Divorcer d'avec le corps ne signifie pas divorcer d'avec le désir.* Mais pour le comprendre il faut vraiment être sous l'effet de la *philosophia*.

2. LE PERSONNAGE DU PHILOSOPHE

Socrate et ses images

Alcibiade dans le *Banquet*, Calliclès dans le *Gorgias* nous livrent, à travers le portrait que chacun trace de Socrate, l'image qu'ils se font d'un homme en proie à la *philosophia*. Or ni Alcibiade ni Calliclès ne sont, en matière de philosophie, des ignorants. Tous deux avouent (*Banq.*, 218 a-b, *Gorg.*, 485c) en avoir à un moment subi l'emprise : tous deux sont prêts à en reconnaître la puissance, et par là même tous deux se défient du danger qu'elle représente pour ce qu'ils veulent. Et, parlant de Socrate, ils savent bien que c'est de la *philosophia* et de ses effets qu'il s'agit[1]. Mais ne risque-t-on pas, croyant faire à travers celui de Socrate celui du philosophe, de ne tenir du philosophe qu'un personnage ? Or ce personnage, le philosophe l'est sans doute aussi, puisque, en choisissant une manière différente de parler et de s'adresser aux autres, il leur donne forcément aussi l'image d'une autre manière de vivre. De l'effet produit par ses discours, on est renvoyé au choix du genre de vie qui semble nécessaire pour tenir de tels discours et produire un tel effet. Ce choix fait l'objet d'évaluations contradictoires : les deux portraits antithétiques tracés par Alcibiade et Calliclès procèdent d'une appréciation opposée quant aux effets de la *philosophia* sur la manière de vivre.

Car l'homme qui a choisi d'être philosophe ne peut échapper au jugement. Son discours, s'il est l'œuvre de l'intelligence, n'est pas celui d'une intelligence séparée. Provenant d'une âme, il agit aussi bien sur l'âme de celui qui l'écoute que sur l'âme de celui qui le tient. Si pour philosopher il suffit de penser et de dialoguer, pour être un philosophe, un *homme philosophe*, il faut aussi croire à ce qu'il est nécessaire de croire pour se mettre à philosopher. Le philosophe est donc doublement objet de jugement : il l'est du jugement des hommes qui, à la manière dont ils se le représentent, révèlent la représentation qu'ils ont et la valeur qu'ils accordent à la *philosophia*. Il l'est aussi du jugement des dieux et du sien propre puisque, ne pouvant éviter de donner une forme à sa vie, il révèle par

---

1. Alcibiade *pâtit* (*pepontha*) de la magie des discours de Socrate (*Banq.*, 216a8-b1). Calliclès lui-aussi pâtit (*paschô*), mais autrement, quand il est face à ceux qui s'occupent à philosopher (*Gorg.*, 485c3).

là le pouvoir de persuasion propre à sa *philosophia*, ce qu'elle implique et impose de croyance, la part inéliminable de mythe propre au discours du philosophe.

Selon Alcibiade, la présence en Socrate de la *philosophia* produit une fascination. Socrate l'incomparable produit par ses discours un effet incomparable (*Banq.*, 215c-d). D'où proviennent l'unicité (221c-d), l'étrangeté (221d) de Socrate ? Si extrêmes que soient en Socrate ses vertus, elles sont cependant communes. Il faut donc chercher du côté de ses *logoi*, qui sont des sortes d'*agalmata*, d'images habitées par du divin. Sensible à une différence qu'il ne possède pas, Alcibiade en fait d'abord le prédicat d'une nature surnaturelle, exceptionnelle, pour reconnaître ensuite que le pouvoir d'incantation revient à l'intelligence à l'œuvre dans les discours (222a). En d'autres termes, il n'y a pas d'éloge du philosophe qui ne métamorphose sa *philosophia* en *sophia*. En effet, ou bien on compose le portrait d'un sage, d'un héros, et l'on omet l'essentiel : l'atopie, l'absence totale de modèle et de prédécesseur, l'impossibilité de situer et de comparer ; ou bien on constate la différence propre à des discours dont seule l'intelligence qui les habite peut rendre compte, et c'est alors de la puissance de l'intelligence qu'il faudrait s'occuper. Or ces effets sont contradictoires : quel que soit celui qui rapporte ou écoute les discours de Socrate, ils gardent leur puissance « d'enchanter » (215d) ; pourtant, dit Alcibiade, le premier niais ou imbécile venu ne manque pas d'en faire des objets de dérision. Cette contradiction montre que leur puissance n'est pas toute-puissante, qu'elle peut être niée ; c'est même cela – qu'elle soit sélective, qu'elle sache sur qui, sur quoi, quand, et comment l'effet peut se produire – qui différencie la causalité intelligente de la causalité mécanique.

Pas plus qu'il n'était possible de faire l'éloge d'éros sans lui substituer une de ses possibles images – lui qui n'était rien, rien d'autre que la force de traverser le multiple vers l'un –, il n'est possible de faire l'éloge du philosophe, car il n'est rien, rien d'autre que ce pouvoir de tenir des discours que l'intelligence habite. Or ce « rien » risque d'échapper à Alcibiade : « Mais, mon très cher, conduis un peu mieux ton examen, de peur qu'il ne t'échappe que je ne suis rien » (219a). Il ne faut voir dans ce « je ne suis rien » nul signe d'humilité, mais un appel à une autre manière de voir, à un « regard perçant ». Pour voir ce « rien » sans l'interpréter comme privation ou comme imperfection, il faut l'œil de la pensée (219a). La vision des yeux voit toujours quelque chose, et d'autant plus précisément qu'elle distingue davantage de particularités. Mais on commence à penser lorsqu'on cesse de rapporter ce qui est différence dans le langage à la singularité d'un homme, lorsqu'on cesse de confondre atopique et surnaturel, *philosophia* et *arétè*. Ce « rien d'être » opposé par Socrate à Alcibiade dit sa distance par rapport à toute image de lui-même, fût-ce la plus élogieuse, car la plus élogieuse sera encore privée d'intelligence. Le discours d'Alcibiade constitue la suite naturelle des cinq discours sur éros. À l'aide de traits mythiques, et par admiration, on peut constituer ce personnage exceptionnel et par conséquent commun : un sage. Socrate est *sage* (au sens de l'*Apologie*) mais il n'est pas *un sage*. La différence du philosophe ne réside pas dans sa vertu.

Alcibiade ivre, Alcibiade amoureux, était cependant capable de reconnaître l'*unicité* de Socrate. Calliclès, lui, l'intègre dans le genre du « ceux qui s'emploient à philosopher » et, si l'on en juge par sa description,

« éristique » semble bien être le nom qui leur convient le mieux. Le premier recherchait les effets positifs de la *philosophia* dans un comportement, loué en raison de la multiplicité de ses vertus, le second en dénonce les effets négatifs dans le domaine de l'activité politique (*Gorg.*, 484d, 485d). Sage surhumain, enchanteur, ou intellectuel ridicule qui ne mérite pas le nom d'homme : telle est la double image de Socrate philosophe. Dans ces deux discours le philosophe apparaît comme étant plus ou moins qu'un homme. Dans aucun des deux Socrate n'est *philosophe* : pour Alcibiade, c'est un héros, un grand séducteur, un Satyre, un Silène ; pour Calliclès, un intellectuel et disputeur pitoyable. Pour l'un, la *philosophia* de Socrate n'est que le nom du génie propre de Socrate ; pour l'autre, la *philosophia* n'est qu'une étape dans une formation intellectuelle, une discipline qu'il ne faut pas pratiquer exclusivement et sans mesure. Calliclès se fait l'interprète du sens « mesuré » qu'Isocrate donnait au mot. Selon Isocrate, ceux qui apprennent la philosophie sont des étudiants ou des disciples ; ceux qui l'enseignent sont dans le pire des cas des sophistes, dans le meilleur des professeurs. Quant à ceux chez qui l'étude a produit des fruits, ils ont acquis la *phronèsis*, la capacité de former des opinions telles que dans la plupart des circonstances ils atteignent la solution la meilleure, et il faut les appeler savants, experts, sages (*sophoi*) [1]. La philosophie doit contribuer à former des hommes, non des philosophes, et autant vaudront-ils, autant vaudra-t-elle. Si elle échoue, c'est que l'enseignement n'était pas bien conçu et qu'il importe d'en réformer le contenu et les méthodes. Philosophie de

---

1. Isocrate, *Sur l'échange*, § 271.

professeur, qui se juge à la qualité des citoyens qu'elle aura formés, philosophie tout entière mesurée à son utilité dans et pour la cité. À poser politiquement le problème du statut de la philosophie, on ne peut, on n'a jamais pu, on ne pourra sans doute jamais répondre autrement. Rigueur logique, valeur morale, aptitude à bien raisonner comme à bien s'exprimer, prudence et réflexion dans la conduite de la vie, voilà ce que la cité peut raisonnablement attendre de son enseignement, tout le reste n'étant que spéculations bizarres ou arguties ridicules, « micrologie » (*Sur l'échange*, § 2). Il est admis que cet enseignement rencontre sa limite dans la nature de ceux auxquels il s'adresse, nature s'entendant comme un ensemble d'aptitudes intellectuelles et de dispositions morales. La philosophie doit en outre choisir les sujets dont elle traite en fonction de la mission qu'on lui attribue, elle ne remplit son rôle de discipline libérale que si elle s'attache aux grands mots et aux grands problèmes, et il revient à la cité de les déterminer. À une autre cité devra donc correspondre une autre philosophie, différente quant à ses programmes et ses méthodes. Ni Calliclès, ni l'Isocrate du *Contre les Sophistes* ou du *Sur l'échange* n'attaquent la philosophie, ils en font même l'apologie contre ceux qui ne viseraient, dans une éducation, que l'utilité immédiate (*Gorg.*, 485c), et de défense de la philosophie, il n'en existe sans doute pas d'autre possible. Platon, indirectement dans ces deux portraits, directement dans l'*Apologie de Socrate*, indique que la seule apologie qui ne dénature pas ce qu'elle prétend défendre est celle de Socrate, et non pas l'apologie d'une philosophie sans philosophe.

Mais qu'est-ce alors qu'un philosophe ? Ni génie surhumain, ni professeur responsable, ni vain disputeur, où et comment saisir sa véritable image ? Où, si ce n'est dans la façon dont Platon se représente et nous représente Socrate ? Socrate est dans les Dialogues ce personnage qui incarne pour nous le philosophe, précisément parce qu'il l'est pour nous, et non pour lui. Philosophe, il ne l'est, à vrai dire, que mythiquement. De tous les mythes engendrés par éros, de tous les beaux discours qu'il nous pousse à tenir, aucun n'est comparable, par sa force et par ses effets, au mythe d'un homme en qui seule l'intelligence désire, au mythe d'un philosophe constamment et passionnément en proie à sa *philosophia*. De tous les mythes platoniciens, *le seul qui a encore pour nous fonction de mythe est celui de Socrate.* Le philosophe n'est pas un personnage, et pourtant Socrate incarne toujours à nouveau le personnage du philosophe. Socrate, le Socrate de Platon et non le Socrate historique, possède cette puissance de nous faire croire qu'il est possible d'être philosophe, parce qu'en lui s'entrelacent un savoir et une croyance. Pour certains, cette croyance risque d'apparaître comme simple illusion, croyance à une trop belle histoire, mais pour celui qui philosophe, ce *muthos* est un logos (*Gorg.*, 523a). Car ce savoir ne sait de lui-même qu'une seule chose : qu'il diffère de l'opinion, même droite. Tant que le philosophe a avec la vérité une relation d'agir et de pâtir, l'un constituant pour l'autre sa mesure interne et l'empêchant de dégénérer, il n'attribue *philosophos* qu'au délire et qu'à éros qui en lui philosophent [1]. Pour que *philosophos* puisse s'attribuer à *homme*, il faut que se pose un autre problème que celui de la modalité du savoir, un problème non pas de savoir mais de vie. « Comment doit-on vivre », « de quelle façon

1. Ἔρωτα φιλόσοφον (*Banq.*, 204b4), τῆς φιλοσόφου μανίας (218b3) sont les deux seules occurrences de φιλόσοφος dans le *Banquet*.

faut-il vivre » demande Socrate dans le *Gorgias* (492d, 500c). Dans le mythe du *Gorgias*, *philosophos* s'attribue à homme (526c2-3), et ce mythe est un mythe de jugement. Possédée, inspirée, la pensée est chose légère, divertissement splendide, jeu divin. Mais représentée comme étant l'activité d'un homme, elle pose la question la plus sérieuse et la plus grave : celle de l'articulation d'une pensée et d'une vie, la conséquence d'une manière de penser sur une manière de vivre – la question de savoir ce que peut bien signifier et valoir « cette vie passée dans la *philosophia* » (500c7-8). L'homme philosophe est cette problématique incarnée, il est celui en qui et pour qui cette articulation fait problème. Ce problème, s'il relève d'une certaine vérité, n'est pas dans le champ des vérités que le savoir puisse saisir : « car en ce qui me concerne, le logos est toujours le même : que moi je n'ai pas de savoir sur le comment de ces choses-là » (*Gorg.*, 509a). Pas de savoir, mais une croyance, une conviction (*pepeismai*, 526d4) que seul un mythe peut engendrer mais que le philosophe, lui, tiendra pour un logos : « Écoute donc, comme on dit, un très beau discours (*logon*) que toi, je le crois bien, tu tiendras pour une fable (*muthon*), mais moi pour un logos » (523a). C'est donc un *logos* auquel Socrate *croit* : savoir et croyance peuvent se mêler, *puisque le savoir du philosophe est issu de la croyance à la différence de son savoir*, comme le dira le *Phédon*. Ils sont les deux effets indissociables de la *philosophia*. Avant donc d'analyser ce que signifie *pour nous* le mythe de Socrate philosophe, il nous faut comprendre *ce qui pour le philosophe est mythe*, et mythe auquel il lui faut croire pour que son discours soit possible. *Car c'est le mythe auquel il croit qui en fait un mythe auquel on peut croire.*

L'opinion sur l'intelligence : le mythe

La vie en tant qu'elle dure, qu'elle a une certaine quantité, a son pouvoir propre : celui de produire des intermittences, de rendre tout éros discontinu (*Phèdre*, 240d). Par là, elle contraint la *philosophia* à reprendre toujours son discours, le même discours sans cesse interrompu et recouvert ; elle contraint du même coup celui qui sait, non seulement à former une opinion sur son savoir, mais encore à justifier l'opinion qu'il a des effets de ce savoir sur le vivant qu'il est. Cette opinion et cette croyance ne lui sont pas imposées par sa *philosophia* mais par le fait qu'il est un vivant, et un homme. La vie, parce qu'elle est toujours la mort du désir et du délire, parce qu'elle rend toute reprise imprévisible et improbable toute inspiration, contraint le philosophe à porter un jugement sur sa *philosophia* et les discours qu'elle le pousse à tenir. Cela, non pas du point de vue du savoir, mais du point de vue de ce qu'il en est de vivre – et de mourir – en philosophe. Croyance et mythe interviennent quand il s'agit de donner une forme à ce qui n'en a peut-être pas : à la vie, à la mort, et quant il s'agit d'introduire de la différence dans ce qui n'en comporte peut-être pas : le vivre et le mourir. *Mais l'unité d'une vie ne se dégage qu'en relation avec un jugement possible sur elle, et ne se révèle qu'à la condition de tenir pour vrai ce jugement.* Or le propre d'un jugement, d'une *krisis*, est de faire de toute différence une différence comparative, de poser des problèmes de valeur, de hiérarchie et de critère.

Cette *krisis* trouve chez Platon son expression dans les grands mythes de la destinée des âmes. Pourquoi ces mythes, et avant tout pourquoi le mythe ? Cette question ne peut être esquivée. Proclus l'avait vu, le mythe est dans les Dialogues une sorte d'opinion droite, et en cela il est probable et vraisemblable. Partout où le savoir – l'exercice dialectique – est impossible, la parole qui parle quand même prend une forme mythique. Mais cela ne fait que reculer la question : pourquoi parler de ce dont il n'y a pas de savoir possible ? Ou tout du moins, pourquoi ne pas simplement explorer les hypothèses que nous formons à propos de ces choses (et ce n'est certes pas une méthode étrangère à Platon) ? Car ce ne sont pas ses objets qui imposent au discours la forme du mythe, c'est au contraire la fonction propre du mythe – faire croire, persuader et se persuader d'« une persuasion rationnelle » (*Tim.*, 48a) – qui entraîne que l'on parle d'une certaine manière de certains objets. Croire l'inverse, c'est s'employer à classer les mythes platoniciens en métaphysiques, cosmologiques, éthiques, ou encore en allégoriques, génétiques, parascientifiques...

Dans le prologue du *Timée*, Socrate exprime son désir de mettre en mouvement ce qui pourrait être pris pour une image idéale et figée. Ayant résumé la constitution proposée « hier » dans la *République*, Socrate souhaite la voir « rivaliser au combat : c'est dignement qu'elle s'en irait en guerre, et dans la guerre elle ferait voir les beaux effets de l'éducation et de la formation données aux citoyens » (*Tim.*, 19b-c). Mais, par la suite, le Dialogue va raconter une sorte bien particulière de guerre : la lutte menée par l'intelligence quand elle cherche à s'inscrire dans ce qui en est totalement privé. Timée va montrer que, même aux prises avec la nécessité et avec l'inintelligente sinon totalement inintelligible causalité de la cause errante (*Tim.*, 41a), l'intelligence a la force de soumettre la nécessité à une « persuasion raisonnable » (48a) et de retourner la causalité errante en causalité adjuvante. Qu'il s'agisse, comme dans le *Timée*, de la suprématie cosmique de l'intelligence sur la nécessité, ou, comme dans le *Phèdre*, de la suprématie en l'âme de l'intelligence et du savoir sur l'appétit et l'opinion, ou enfin, comme dans les mythes du *Gorgias*, du *Phédon* et du livre X de la *République*, de la suprématie d'un type d'âme dominée par la *philosophia* sur tous les autres types, le mythe a exactement la même fonction. Qu'il y ait dans l'apparent chaos des phénomènes, des formes de sociétés, des genres d'hommes et de vies, non seulement de l'ordre, mais la possibilité *d'inscrire l'ordre qui vaut le mieux* n'est pas ce que le mythe explique, c'est ce qu'il *donne à croire*. Et par là, il met en œuvre une opinion sur la force de l'intelligence, capable de « commander à la nécessité » et d'engendrer « le plus grand, le plus excellent, le plus beau et le plus parfait des mondes » (*Tim.*, 92c) ; capable aussi de rendre excellente une âme, donc une vie, en dépit de ces hasards du « tirage au sort » que sont les qualités naturelles et les conditions sociales (*Rép.*, X 619b). Un mythe cependant semble faire exception : il a la même fonction, mais, si l'on peut dire, inversée. Dans le *Politique*, le mythe nous met en garde contre la croyance à une totale « transparence », « perméabilité » du réel au rationnel (ce qui amènerait à penser faussement le politique sur le modèle du pasteur divin). L'intelligence doit travailler pour maîtriser le résidu irréductible de la nécessité, la mauvaise rotation du monde, ou la mauvaise direction du désir. Ce qui est seulement vraisemblable – ce à quoi par conséquent nous ne pouvons que croire – concerne l'issue de ce travail et de cette lutte. Que seule l'intelligence soit véritablement cause, que seul le savoir auquel l'intelligence est présente soit un vrai savoir, cela n'est justement pas vraisemblable, mais vrai. Mais il est seulement vraisemblable que se fasse le passage de l'inerte à l'animé, de l'intemporel au temporel, que réussisse à prévaloir un ordre intelligent et que cela prenne la forme d'une image (*eikôn* : ni simulacre, ni copie) ressemblant à son modèle [1]. Lorsque l'intelligence prend la direction d'un monde, d'une cité, d'une âme, elle les rend aussi intelligibles qu'ils sont capables de l'être, sans pour autant se perdre elle-même, se dénaturer, s'oublier.

Les mythes des poètes, légendes et contes, ne valent pas la peine qu'on les déchiffre ni les interprète rationnellement. Mais un usage philosophique du mythe est possible, et il lui confère une seule et même fonction, dire la possibilité d'une inscription : celle de la différence « divine » de l'intelligence, soit qu'elle s'impose à un milieu spatial indifférent (et cela vaut aussi pour les mythes concernant l'écriture que l'on trouve dans le *Phèdre* et les *Lois*), soit qu'elle ait à maîtriser des pulsions et des forces contraires, en l'âme ou dans la cité. Lorsqu'il raconte comment cela est advenu, le mythe comporte une part de *paidia*, de divertissement (*Phèdre*, 265c). Le constater n'est pas appeler à se défier ou inviter à n'y voir qu'une « fantaisie », c'est au contraire signifier qu'il y a un point où, bien que le savoir soit impossible, il est nécessaire de croire – mais non pas aux modalités du comment, qui ne sont que les moins mauvaises imaginables (*Tim.*, 29c-d). Et pourtant, faute de cette croyance, nous ne pourrions chercher à savoir, nous ne pourrions devenir, et rester, philosophes.

Le discours mythique est donc commandé par la nécessité d'une croyance liée *d'une certaine façon* à la *philosophia*; d'une certaine façon, car on peut assurément,

1. De ce qui est image (*eikôn*), les discours sont des semblances (*eikotas ... ontas*, *Tim.*, 29c2). Le jeu de mots εἰκών – εἰκώς reste à interpréter. Le discours n'est pas « vraisemblable » parce qu'il porte sur une image, ce qui est vraisemblable est que le monde soit une image. Assumer qu'il l'est, c'est tenir pour vrai ce que le mythe a pour fonction de donner à croire. Nous ne *savons* pas que le monde est une image, et c'est précisément parce que nous ne le savons pas que, par un mythe, nous le constituons *comme image*.

quand on pense, se passer de cette croyance. Elle n'est principe que d'une *krisis*, d'un jugement supposant un choix (*Krisis* était le nom d'une tragédie perdue représentant le jugement de Pâris), pas d'une pensée intelligente. Car l'intellection est étrangère à toute valeur reçue, elle ne distingue ni entre petits et grands sujets, ni entre objets nobles ou indignes (*Soph.*, 227a-c, *Pol.*, 266d, *Parm.*, 130e-131a). Puissance de ramener n'importe quelle multiplicité à l'unité de l'Idée, elle est véritablement divine, elle est pouvoir de penser sans juger ni évaluer. Une différence essentielle ne peut être que connue et comprise, il n'y a pas de degrés d'être, mais il y a des degrés de valeur et il importe de préférer et hiérarchiser lorsqu'il y a mélange et composition. Une croyance joue alors comme principe : il nous faut croire que le degré de valeur et de dignité du composé est fonction de la plus ou moins grande part prise par l'intelligence à sa composition. Devenue l'objet d'un récit mythique, cette décision acquiert une sorte de justification. Le choix entre de possibles genres de vie, types de constitution politique, représentations du Monde, n'est déterminé ni par une nécessité objective, ni par une tradition culturelle. Il ne s'impose que parce qu'il entraîne des conséquences, dont quelque chose conserve les traces. Ce « quelque chose », en lequel s'inscrivent les traces des choix qu'il opère au point d'en être parfois totalement dénaturé (*Rép.*, X 611b-d), c'est l'âme.

L'âme, principe d'intellection et objet de jugement

De l'âme nous ne pouvons parler que par images (*Phèdre*, 246a). Il n'y a d'intelligence que dans une âme (*Tim.*, 30b, *Phil.*, 30c, *Soph.*, 248e-249a), il n'y a pas d'autre manière d'en posséder la vie que dans une âme (*Soph.*, 249a).

Dans ce nom, « âme », s'indique que l'intelligence est mouvement et vie, et si nous refusons ce mot, lui préférant par exemple « sujet », nous ne pouvons nous représenter la vie autrement que comme un ensemble de propriétés et de fonctions communes à tous les vivants mortels. Nous ne pouvons l'attribuer à l'intelligence, donc admettre qu'« immortel » tout autant que « mortel » soit une dénomination possible de « vivant » (*Phèdre*, 246b). On ne peut dire vivant un être immortel – et l'intelligence en est un – qu'à la condition d'entendre par âme ce qui ne reçoit que de soi-même le principe de son mouvement. L'intelligence est mouvement, mais son mouvement ne peut se transmettre ni à ce qui est par nature immobile, ni à ce qui est mû de toutes les sortes de mouvements à la fois (*Soph.*, 249b). Une intelligence « séparée de l'âme » serait une force analogue aux autres forces – comme l'a conçue Anaxagore (*Phédon*, 97b-98c, *Lois*, XII 967b-d) –, force mécanique organisant du dehors ce qui lui serait totalement étranger puisqu'elle n'en aurait pas la charge ; ou encore ce serait une vision devenue si semblable à ses objets qu'elle s'absorberait en eux, et que l'intelligence coïnciderait avec l'intelligible[1]. Ne pas

---

1. Le problème d'un intellect séparé, identifiable au Démiurge et distinct de l'intelligence propre à l'Âme du Monde, constitue le problème d'un « platonisme » qui commence déjà avec Aristote. L'essentiel est peut-être moins de savoir ce qu'est le Démiurge, ou à quoi l'identifier, que de comprendre la relation entre l'intellect et l'âme et de saisir comment le mythe représente la causalité de l'intelligence. Sur l'immanence de l'intellect à l'âme, les textes sont sans équivoque. Sur le second problème, il importe de rappeler que ce dieu (θέος) qu'est le Démiurge n'est jamais, dans le *Timée*, qualifié de divin (θεῖος) : voir Van Camp et Canart, *Le Sens du mot θεῖος chez Platon* (Louvain, Publications Universitaires, 1956), p. 293-294. « Comme partout dans les dialogues, θέος désigne une réalité inférieure à celle que vise θεῖος » (*ibid.*, p. 256). θεῖος marque

séparer l'intelligence de l'âme, ne pas en faire un intellect extérieur à elle, permet de déterminer la manière dont l'intelligence peut être cause – en animant du dedans, non en conférant du dehors une impulsion. Penser une intelligence en mouvement signifie que sa manière de se relier à l'intelligible comporte des différences et des degrés. C'est pourquoi, non-coïncidence de l'intelligence à l'intelligible, elle est au principe même de la pensée, mais elle fait de l'âme à laquelle elle est présente l'objet possible d'un jugement, car à l'intelligence toutes les âmes n'ont pas également part. Que l'intelligence ne puisse se concevoir comme séparée de ce principe de mouvement et de vie qui seul mérite le nom d'âme n'implique pas qu'elle soit, de toute âme, une partie. On touche là à un problème épineux, qui exige de procéder par étapes. S'il s'agit de l'âme d'un être divin, « bonne et faite de bons éléments » (*Phèdre*, 246b), cette âme est sans mélange et se nourrit d'une « science sans mélange » (*Phèdre*, 247d). Le *ex agathôn* renvoie à une composition qui n'est pas un mélange (246a-b). Chacun des deux chevaux de l'attelage ailé (qui dans ce mythe est l'image de l'âme) est, dans le cas des dieux, le résultat d'une composition, alors que l'âme humaine est « mélangée » (*memeiktai*) car les deux chevaux ont des natures contraires faites d'éléments contraires (*ex enantiôn*), sans parler du cocher. L'âme divine n'a pas perdu ses ailes, elle est en proie à éros et a assez d'élan pour ne pas se diviser en « parties », elle est divine parce que, tout entière intelligence, elle ne se nourrit que

une différence de degré ontologique, ou de valeur. Le Démiurge a pour fonction de faire coïncider les deux ordres, mais c'est la sorte de causalité qu'il met en œuvre qui est « divine » ; lui n'est que la fiction permettant de reconnaître dans le monde un effet de cette causalité.

d'intelligible. De plus, les dieux ont un corps, mais ce corps lui-même est divin ; il désire ce que l'intelligence désire, il se nourrit de ce qui nourrit l'intelligence. L'âme et le corps divins, « pour autant que nous pouvons nous les représenter », ont une parenté et peut-être une communauté de nature (ils sont *sumpephukota*). De ce mythe du *Phèdre* on peut tirer de surprenantes conclusions : en premier lieu, ce n'est pas l'union avec la « corporéité » du corps qui entraîne la nature divisée de l'âme : les âmes des vivants mortels sont *déjà* divisées avant de tomber dans un corps de terre (246c). En second lieu, la composition n'implique pas la mortalité. Dans un passage du *Timée* (36e) nous lisons que l'âme du Monde, que le dieu a composée et qui est le résultat d'un mélange de même et d'Autre, « a une vie perpétuelle et pleine de pensée pour toute la durée du temps » [1]. Ce n'est donc pas *toute* liaison au corps qui implique composition et mélange, ni *toute* composition qui implique mortalité, mais bien une certaine manière de se lier au corps, et une certaine manière d'être composé. Contre cette hypothèse semblerait cependant s'inscrire le texte bien connu du *Phédon* : « N'est-ce donc pas à ce qui a été composé par nature qu'il convient de subir ceci : d'être divisé de la façon même dont il a été composé ? Mais s'il se trouve quelque chose qui est incomposé, c'est à cela seul qu'il convient de ne pas subir ce que nous venons de dire, plus qu'à n'importe quoi d'autre ? » (78b-c). Or, continue l'argument, l'âme est plus semblable (79e) à ce qui ne subit jamais d'aucune façon aucune altération, à ce qui se comporte toujours de même

---

1. Le vocabulaire de la composition : συνεστήσατο (*Tim.*, 35a1), συνέστησεν (35a5), τῷ συνιστάντι (36d8), croise celui du mélange : συνεκεράσατο (35a3).

façon, qu'à ce qui ne le fait pas. Mais il faut remarquer qu'il est seulement « extrêmement vraisemblable » (78c) que ce qui se comporte toujours identiquement soit incomposé, et que l'âme soit seulement « plus » semblable, « plus » apparentée à ce type de réalités (79e). L'éternité n'implique pas *absolument* la non-composition (cf. *Rép.*, X 611b), si elle exclut absolument un certain mode de composition : « il n'est pas facile qu'éternel soit un composé s'il est composé d'une multiplicité et s'il ne jouit pas de la composition la plus belle, comme cela nous est apparu être le cas de l'âme[1]. » L'âme n'est pas une de l'unité « divine » de l'Idée, elle n'est pas une par nature, elle ne devient une que de son mouvement d'assimilation au divin. Toutes les discussions des commentateurs sur la nature de l'âme : est-elle, a-t-elle une Idée, est-elle une ou multiple, indivisible ou composée de parties, totalement ou seulement partiellement immortelle, semblent relever d'une même négligence. Ce qui est omis est que jamais Platon ne fait de l'âme une chose dont la nature serait précisément telle qu'il y en aurait un savoir et une définition possibles. De l'âme, nous ne possédons d'abord que le nom (*Lois*, X 895e). De ce nom, un seul logos est possible : « elle possède un mouvement capable de se mouvoir lui-même » (896a). L'âme n'est pas une chose, et elle est animée d'un mouvement qui peut s'orienter, se différencier, se diviser et se composer. *Elle est très exactement ce en quoi s'inscrivent des différences qui sont des différences d'essence, en tant qu'elle connaît, et de valeur, en tant*

---

1. Pour traduire ainsi, il faut, comme le fait Adam (*The* Republic *of Plato*, t. II, p. 247, n. 12) rapporter ὡς νῦν ἡμῖν ἐφάνη ἡ ψυχή non pas à ἀίδιον (« éternelle, comme nous venons de démontrer qu'est l'âme ») mais à τῇ καλλίστῃ κεχρημένον συνθέσει, c'est-à-dire au fait qu'elle soit composée de la plus belle façon.

qu'elle anime. Dire que l'âme est « la cause pour tous les êtres sans exception, de tout ce qu'il y a en eux, sans exception, de changement et de mouvement » (*Lois*, X 896b) ne revient-il pas pourtant à donner une essence à l'âme, à en faire une Idée [1] ? La réfutation de la théorie de l'âme harmonie (*Phédon*, 93b-94d) apporte la réponse. Si l'on admet « qu'une âme n'est en rien plus âme et pas davantage moins âme qu'une autre âme », il nous faudra penser « que toutes les âmes de tous les vivants seront semblablement bonnes, si toutefois les âmes se trouvent par nature être semblablement cela même, à savoir des âmes ». L'âme n'est pas d'abord par essence une âme, et secondairement une âme bonne ou mauvaise, bon ou mauvais ne sont pas pour elle des prédicats, ce sont les conséquences des orientations de son mouvement. Parce que le seul logos qu'on peut en fournir est qu'elle est dotée d'un mouvement qui se meut soi-même, ce logos implique des différences qui sont des différences de valeur entre les possibles orientations du désir, et les possibles degrés de puissance d'éros. L'âme n'est pas une Idée, c'est une puissance de choisir le but de son mouvement comme la qualité de ses changements. Elle n'est pas une Idée, mais en une âme humaine se trouve la puissance de saisir ressemblances et différences entre les Idées. Si elle n'est que ce principe de différenciation et d'articulation, lesquelles rendent vivant le mouvement d'une âme allant d'Idée en Idée, si elle est donc principe de vie, non seulement des vivants mais de la pensée, la question de savoir si elle *est* une ou multiple n'a plus grand sens. Le mythe du *Phèdre* comme celui du *Timée* nous apprennent que les âmes sont toutes, d'une

---

1. Pour un résumé de cette question controversée, voir M. Dixsaut, *Platon. Phédon*, Paris, GF-Flammarion, 1991, p. 397, n. 321.

certaine façon, composées. Les âmes des dieux le sont de telle sorte que, le même s'unissant au même, l'unité soit toujours déjà faite (*Rép.*, 611b5). L'âme du Monde, mélange harmonieux d'éléments eux-mêmes harmonieusement composés et où l'*ousia*, l'existence véritable, a toujours sa part, jouit de la « composition la plus parfaite », et par là, seule de toutes les âmes unies à un corps mortel, elle possède le privilège de l'immortalité, non seulement pour elle-même mais pour le tout qu'elle forme avec le corps du Monde. Seules « nos âmes à nous » font problème, car elles sont l'attelage malaisé à conduire de deux opposés. Le mythe du *Phèdre* nous présente cette division dans l'âme comme antérieure à sa chute dans un corps de terre. Or il est à peu près communément établi que cela contredit les textes du *Phédon*, du Livre X de la *République* (611b-c) et du *Timée* (69c), selon lesquels l'union avec le corps confère à l'âme ses parties « inférieures ». Mais c'est, semble-t-il, mal prendre le problème.

Tous ces textes sont en effet mythiques. Or le mythe n'a pas pour fonction de nous faire accéder au savoir de la nature essentielle d'une réalité. C'est un récit vraisemblable, auquel par conséquent nous pouvons croire, afin de choisir en accord avec cette croyance une certaine manière de vivre. Qu'en l'homme l'âme soit unie au corps, qu'en l'âme soient présents des principes différents et discordants d'activité, relève de la constatation empirique ou de l'analyse dialectique, mais en tout cas point n'est besoin d'un mythe. Le mythe a pour fonction de nous raconter l'enracinement, la chute de l'âme dans le corps, de façon telle que nous puissions croire à la possibilité de la déliaison, et que nous en comprenions aussi les conditions. *Ce n'est pas la composition de l'âme qui fait problème, c'est son unité, pas la liaison avec le corps, mais la déliaison.* Si la liaison à un corps mortel était, pour l'âme, absolument déterminante, cela impliquerait nécessairement pour elle « qu'elle se conforme au corps dans ses jugements et qu'elle se complaise aux mêmes objets » (*Phédon*, 83d) : il n'y aurait aucune possibilité de délivrance, aucune possibilité de choix. L'âme est unie au corps, mais, bien qu'antérieure à lui et par là-même indépendante, elle l'est de telle façon qu'elle ne puisse, *en cette vie*, s'en séparer. Le mythe n'a pas pour fonction de montrer la nature composée de notre âme, puisque de cette division donc de cette composition nous faisons quotidiennement l'expérience ; il doit au contraire représenter l'âme de telle sorte que nous nous rappelions les ailes, c'est-à-dire la possibilité de surmonter la division et d'unifier le composé. L'âme n'est donc *en soi* ni mortelle ni immortelle. La mortalité est une *conséquence*, non une *propriété* : conséquence d'une erreur, doublée d'un oubli. Devenir mortel, c'est, oubliant la puissance de l'âme, croire que c'est le corps qui se meut lui-même et ainsi transférer la puissance de l'âme au corps. Devenir immortelle ne signifie pas pour l'âme la capacité de survivre au corps mais implique qu'une purification est nécessaire pour qu'elle puisse se rendre semblable au divin. Il faut croire à la non-mortalité de l'âme pour, ayant un corps, ne pas consentir à tout ce que cet enchaînement au corps implique d'opinions fausses, d'évaluations erronées, de mouvements désordonnés ; et cela, tant que dure cette vie-ci et pour qu'il en aille de même après (*Phédon*, 84b). Il faut croire à la puissance de l'élan qui anime l'intelligence lorsqu'elle tend vers ce qui lui est apparenté pour ne pas dire, comme Isocrate : « J'affirme que c'est le plaisir, le gain ou l'honneur qui sont les mobiles de toutes les actions des hommes. Hors de là, je ne vois aucun autre désir inné aux hommes »

(*Sur l'échange*, § 217). Se demander si seule une partie de l'âme – l'intelligence – est immortelle, les deux autres constituant cette « âme mortelle » dont nous parle le *Timée*, s'interroger pour savoir si Platon nous invite à supprimer en nous ces deux principes inférieurs d'activité ou simplement à les maîtriser, c'est encore considérer le problème en le coupant de ce qui en est pourtant l'essentiel, de la liaison à la *philosophia*. L'intelligence n'est la partie supérieure de l'âme que lorsqu'elle s'oppose à l'appétit, comme une résistance à un entraînement. Mais regarder vers sa *philosophia* est le seul moyen de découvrir la vraie nature d'une âme, car en « concevant ce à quoi elle s'attache et quelles fréquentations elle désire » on saura « si elle a plusieurs formes ou une seule, de quoi elle est constituée, et comment » (*Rép.*, X 611e-612a). Elle sera l'un ou l'autre selon que l'on aura ou non vécu « dans la *philosophia* ». Le mythe du *Gorgias* s'achève sur cette exhortation de Socrate : « Voilà à quelle existence, à quelle compétition, compétition tout au rebours de celles d'ici-bas, j'invite, autant que je le puis, tout le reste des hommes » (*Gorg.*, 526d). La *République* se termine sur cette annonce : si nous avons « pratiqué la justice avec le concours de la pensée », « nous pourrons être amis avec nous-mêmes comme avec les dieux (...) pareils à des vainqueurs faisant un tour de piste triomphal » (*Rép.*, X 621d). En revanche, lorsque dans le mythe du *Phèdre* on « passe aux autres âmes » (à celles qui ne sont pas divines), « chacune s'efforçant de se placer en avant d'une autre », « c'est un tumulte, une lutte, des sueurs, et tout cela porté à son comble, qui se produit alors » (248b). Le mythe sert à nous faire voir les effets d'une structure mise en mouvement et s'affrontant à d'autres – politique dans le prologue du *Timée*, cosmique dans le suite du Dialogue, et psychique dans la *République* et le *Phèdre*. La structure qu'il faut soumettre à épreuve est le résultat d'un effort pour faire prévaloir l'intelligence. Car s'il a suffi, pour comprendre en quoi consiste l'excellence et la justesse de la cité, de la déterminer « en parole », il faut, pour nous persuader qu'elle n'est pas un simple idéal, la confronter à ce qui passe communément pour être l'« ordre du Monde », une « bonne constitution » politique, un genre de vie « heureux ». Si nous voulons passer à la pratique, il nous faut croire – et justifier – que la constitution *parfaite* du Monde, de la cité et de l'âme est aussi *celle qui vaut le mieux*. Qu'il en soit ainsi constitue, selon les expressions célèbres du *Phédon*, l'enjeu d'un « risque qui vaut la peine d'être couru », l'objet d'une « grande espérance ».

Ces trois constitutions – cosmique, politique et psychique – ne sont pas indépendantes les unes des autres. Qu'il existe un cosmos et non pas un chaos rend possible de concevoir une cité bien ordonnée – juste – qui à son tour permet à l'âme qui en est capable de réaliser en elle l'unité la plus excellente. Pour la cité, il est nécessaire de faire table rase, d'éliminer d'emblée tout ce qui pourrait la corrompre ; ensuite, il s'agira de la sauvegarder. À condition d'être gouvernée par ceux qu'il faut, toute cité peut devenir juste. Mais en ce qui concerne le Monde, le seul choix possible réside entre les différentes manières de le concevoir et de l'expliquer, et le considérer comme image d'un modèle intelligible permet de dire de ce Monde « qu'il est né le plus beau et le plus parfait » (*Tim.*, 92c). Cependant, si toute âme peut avoir part à l'opinion vraie, « à l'intelligence, ce sont les dieux, et parmi les hommes, une toute petite classe » (*Tim.*, 51e) qui y ont part : seule cette toute petite classe peut se réjouir d'habiter un Monde où l'intelligence est cause, et elle n'a sa juste place que dans une cité où l'intelligence gouverne, où les rois seront devenus philosophes, ou les philosophes rois. Mais qu'est-ce qui fera que dans les âmes des hommes l'intelligence prenne la place qui lui revient? Qu'est-ce qui en fera le principe capable de déterminer un genre de vie? Une croyance, dont seul un mythe peut nous persuader. Pour croire cela, il faut d'abord croire à l'âme, se la représenter comme dotée d'un mouvement qui, s'il peut se diviser et s'opposer, se différencier et se décomposer, comporte en soi une « puissance naturelle » – ses ailes – lui permettant de conserver son élan et son indivisible unité. Car l'âme contient en elle-même le principe de sa propre perte et c'est contre elle-même qu'il lui faut lutter. Ce combat intérieur, toutes les âmes ne sont pas capables de le gagner. Mais que signifie « gagner »? Qu'est-ce qui, au terme de la lutte, pourra servir de critère pour décerner les prix? Et surtout, qui, changeant le sens de la compétition pour en faire une « compétition toute au rebours de celles d'ici-bas » (*Gorg.*, 526d), pourra prendre le risque d'identifier « valoir quelque chose » à « être heureux »?

Dans la belle cité, faire partie de la classe des philosophes ne comporte aucun risque, le problème est d'allier l'excellence d'une nature à la perfection d'une éducation. Mais, face au double verdict de la vie et de la mort, choisir d'être philosophe, c'est prendre le risque le plus grand : celui de tout mettre sens dessus dessous – pour rien. Le seul critère en la matière, celui que nous rencontrons dans tous les mythes concernant le choix d'un genre de vie qui vont être examinés, est l'*eudaimonia*, le bonheur. Le seul signe qui permette d'identifier savoir et valoir plus, qui permette de justifier le choix et d'affronter le jugement, est que le philosophe soit aussi le plus heureux.

L'opinion sur le savoir : les mythes

Le mythe du Gorgias *(523a-527e)*

Il n'y a pas de vérité de la vie, il n'y en a que des sanctions : le plaisir, le succès, l'argent. Du temps de Cronos « les jugements procédaient d'un mauvais discernement » (512b), car c'est à des signes visibles que toute vie était jugée. Pour que le jugement puisse faire abstraction de ces signes, il faut rapporter la vie à autre chose qu'elle-même, référer les vivants à d'autres juges qu'à des vivants : alors, c'est tout le reste qui apparaîtra comme ne valant rien (527e).

Socrate va proposer les choses dont il va parler comme « véritables » (523a), et ce qu'il a entendu dire il le tient pour vrai. La seule vérité concernant la vie à laquelle le philosophe puisse croire est celle que le logos (et non pas la vie) lui signifie[1]. Or le logos signifie qu'il existe une manière de vivre qui est meilleure parce qu'elle laisse du temps pour penser. Celui qui a vécu « avec la vérité » ne s'est pas affairé en tous sens ni dispersé dans la multiplicité, il a « envoyé promener les honneurs chers à la plupart des hommes ». Tenir pour vrais ces contes de bonne femme (526c-527a) permet une vie employée à examiner la vérité. Pour choisir de le faire, il faut d'abord se délivrer de l'incrédulité (*apistia*, 527d-e) et prendre pour guide un *logos* qui est un *muthos*, car telle est la seule manière de ne plus « changer sans cesse d'opinion sur les mêmes choses et les plus importantes ». La croyance qu'il existe une vie qui est meilleure est une croyance nécessaire, parce

---

1. πιστεύω ἀληθῆ εἶναι (*Gorg.*, 524a8-b1) ; ἐμοὶ οὖν πειθόμενος (527c4-5) ; ὡς ὁ λόγος σημαίνει (527c7) ; ὥσπερ οὖν ἡγεμόνι τῷ λόγῳ χρησώμεθα (527e1-2).

que seule capable de nous débarrasser de toutes les autres. Pour choisir de savoir et de ne plus croire, il faut donc d'abord croire ; pour choisir de ne plus avoir d'opinions, il faut d'abord tenir pour vraie une opinion sur le savoir.

> Car ceci assurément, le fait de vivre une plus ou moins grande quantité de temps, celui qui du moins est véritablement homme doit lui dire adieu et ne pas s'y attacher de toute son âme, mais s'en remettant sur ce point au dieu et, donnant foi à ce que disent les femmes, que nul n'échappe à son destin, il doit passer à l'examen du point suivant : quelle est la façon doit on doit vivre le temps de sa vie, pour la vivre de la meilleure façon possible ? (*Gorgias*, 512e)

Vivre en amoureux de la *philosophia* expose à coup sûr au ricanement, à l'injustice et à la mort. De cela, le philosophe n'a rien à dire et rien à penser : il constate, comme les femmes, que nul n'échappe à son destin, et passe à la suite. Il ne dépend pas de lui que la nature ou la cité lui laissent tant ou tant de temps, mais il dépend de lui de choisir à quoi le passer. Pourquoi ce choix prend-il la forme d'une lutte et d'un combat ? Pourquoi, au lieu simplement de « passer », le philosophe doit-il aussi « s'opposer » ? D'abord parce qu'entre les deux manières possibles de s'occuper de soi (513d), de son corps comme de son âme, celle qui vise le meilleur implique le rejet de celle qui tend au plaisir : elle doit refuser toute complaisance et partir en guerre (513d). Ensuite, afin que ce qui semble au philosophe être la meilleure des vies cesse d'apparaître comme une espèce de mort. Mais pour cela, il faut obtenir l'accord de Calliclès. Calliclès est la pierre de touche (486d) : entre l'éthique du philosophe – ce qu'il doit être et comment il doit vivre s'il prend au sérieux ce qu'il dit – et la vérité de cette éthique, il y a Calliclès. En lui s'incarne une résistance imperméable à toute argumentation, qui resurgit en dépit de toute raison, parce qu'elle procède d'un désir obstinément convaincu d'être le seul à avoir la réalité pour objet. Ce que Calliclès nomme *phusis* est la brutalité du fait. Et les faits sont d'impitoyables juges, les seuls que reconnaissent les vivants. Peu importe que le meilleur soit le plus puissant, le plus courageux ou le plus intelligent, car peu importe ce qu'il est ; ce qui compte est ce qu'il en retire. Or, dès lors que l'on rapporte la puissance et le plaisir à cette quantité de temps qu'est la vie, il est raisonnable de désirer avoir toujours plus de puissance et de plaisir. Calliclès ne fait que formuler avec « franchise » ce que pense mais n'ose pas dire le plus grand nombre (492d) ; son discours a pour contenu une réalité qui affirme être indiscutable, et pour forme l'évidence, c'est-à-dire les invincibles tautologies du réel : seul le riche est riche, le plus fort plus fort, l'agréable agréable. Toute tentative pour discuter ces évidences se révèle n'être qu'habileté logique, paradoxe dérisoire. Croire qu'à une certaine qualité de plaisir et de puissance appartient l'éternité, c'est aux yeux d'un Calliclès faire l'enfant, plaisanter, aligner des sophismes, nier l'évidence. Or l'opinion qui commande toutes les autres opinions sur la vie est l'opinion sur le bonheur – non pas sur sa nature, ce qui laisserait justement place à une discussion, mais sur la nature implicite, irréfléchie, que nous lui prêtons quand nous disons : celui-ci est heureux.

Ce que nous déterminons réellement comme étant le bonheur ne se révèle pas en effet dans une définition, mais dans un jugement prédicatif. La définition peut rester soumise à la « fausse honte », aux généralités moralisantes que nous nous croirions obligés d'aligner. Seul le jugement sur le cas particulier ne trompe pas, ne dissimule pas la brutalité cynique de la *phusis* sous le mensonge pudique. La « nature » n'est pas juste et pas morale : ce qu'on paraît être, on l'est ; et ce qu'on croit être, on l'est aussi. Celui qui se croit heureux est heureux, celui qui semble l'être l'est réellement, sinon il ne pourrait pas le paraître. Pour qu'un retournement s'opère, pour qu'on puisse juger riche le sage (*Phèdre*, 279b), puissant le tempérant, heureux le juste et malheureux le méchant, il faut introduire l'âme. Ce terme, que Socrate introduit par trois fois dès le commencement de sa réponse à Calliclès (*Gorg.*, 486d, e, 487a), est pour le philosophe le seul qui relève du jugement, car il est le seul auquel on puisse rapporter un choix, le seul qui permette de comprendre que, contrairement à l'opinion du plus grand nombre, on ne choisit pas *des choses dans la vie*, mais bien de vivre d'une certaine façon. Pour qu'à travers une vie puisse transparaître la continuité d'un choix, il faut croire que « nu et mort », quelque chose existe et subsiste qui garde les traces de ce choix et en subit les conséquences, quelque chose dont la valeur ne pourra paraître qu'à un juge lui-même nu et mort, « regardant l'âme elle-même au moyen de son âme » (523e). Quand elle en regarde une autre, une âme en discerne à la fois la nature et la manière dont l'a affectée ce à quoi elle a jugé digne de s'occuper (524d). De la détermination des objets dignes qu'on s'en occupe dépend la culture (*paideia*) de l'âme ou son inculture (*apaideusia*), et dépendent aussi sa justice et son injustice. Du grand roi lui-même on ne peut dire qu'il est heureux si « on ne sait pas ce qu'il en est de sa culture et de sa justice, et en cela consiste tout le bonheur » (470e). La culture nous évite de voir en tout plaisir un bien et nous tourne vers les objets capables de nous en procurer, non pas la plus grande quantité, mais la plus parfaite pureté. Être juste signifie être tel que les choses du dehors aient de l'amitié pour celles du dedans (*Phèdre*, 279b), préférer réellement subir l'injustice plutôt que la commettre, bref être bon plutôt que le paraître (*Gorg.*, 527b). La culture ne peut pas rendre philosophe celui qui par nature ne l'est pas, mais un naturel philosophe ne deviendra pas un « homme philosophe » s'il n'a pas le courage, ne prend pas le risque d'être et de rester juste, et d'en être heureux. « Savoir qui est heureux et qui ne l'est pas » (472c) est la question sur laquelle « il est le plus beau de savoir la vérité et le plus honteux de l'ignorer » ; « de quelle façon faut-il vivre » est la question « que l'homme même le moins doué d'intelligence devrait se poser sérieusement plus qu'une autre » (500c). Ces deux questions se rejoignent et permettent de répondre à la troisième : faut-il choisir de vivre « en faisant des affaires d'homme » ou choisir « cette vie, celle passée dans la *philosophia* »[1]?

En quoi cette vie peut-elle différer de l'autre (ou l'emporter sur l'autre : équivoque du terme *diapherôn* unissant différence de nature et différence de valeur)? Pour croire qu'il est possible de choisir sa vie, il faut croire à l'âme, seul agent possible de ce choix. Pour croire que le juste est heureux, le méchant malheureux, il faut sortir de la tautologie, prendre le risque de l'erreur : croire au logos. Cette double croyance – en l'âme et au logos – permet de donner à l'âme du philosophe le premier rang. Ce premier rang, ce « il vaut mieux », sont comparatifs. Ce qui est vrai absolument, ce sont les jugements que porte la *philosophia* tout au long de la partie dialectique du *Gorgias*,

---

1. τὰ τοῦ ἀνδρὸς δὴ ταῦτα πράττοντα (…) ἢ τόνδε τὸν βίον τὸν ἐν φιλοσοφίᾳ (*Gorg.*, 500c).

car c'est elle en effet qui y dit et ne cesse d'y dire toujours la même chose, comme Calliclès le lui reproche (482a). Mise en accusation, elle part en guerre et elle dispose du moyen d'éliminer toute définition qu'elle n'a pas soumise à l'examen, de détruire toute prétention insuffisamment fondée, d'imposer sa méthode, de démontrer ses paradoxes. Toute-puissante dans le champ (dialectique) qui est le sien, elle peut vaincre Gorgias et Pôlos, ceux qui font du langage un usage différent mais croient néanmoins à la force du langage. Mais Calliclès ? Calliclès, qui finit par se taire sans être persuadé, a le pouvoir de contraindre à se justifier, non pas la *philosophia*, mais l'homme qui a choisi de vivre en philosophe. Tant que le logos circule, les *logoi* animés par la *philosophia* possèdent la puissance d'identifier contre toute apparence et de dissocier ce qui semblait incontestablement uni. Équations et paradoxes ne prennent cependant leur sens que référés à la question qui les commande : celle de savoir quelle vie il faut vivre. La *philosophia* détermine le champ à l'intérieur duquel les *logoi* prennent leur aspect « géométrique » et « paradoxal »[1]. À l'intérieur de ce champ, les espèces d'égalité peuvent être dialectiquement différenciées, les paradoxes dialectiquement justifiés. Mais quand c'est de la vie qu'il s'agit, le philosophe se trouve contraint de changer de champ, de passer à des problèmes de choix et d'évaluer les jugements portés. Ce passage, il préférerait ne pas avoir à l'effectuer. Pourtant, si l'on peut choisir de ne pas commettre l'injustice, il faudra sans doute la subir (469c) : sous l'effet de la nécessité, l'équation « le juste est heureux » devient l'objet d'une préférence risquée, et le paradoxe prend la forme du mythe. Si l'on *sait* que

---

1. Tout au long du *Gorgias*, le logos procède selon une égalité « géométrique » (ἡ ἰσότης ἡ γεωμετρική, 508a6).

l'injustice est un mal, il ne faut pas moins se *persuader* que la subir n'en est pas un. Travailler à s'en persuader, à retourner la nécessité à son avantage (*Rép.*, X 613a), c'est vivre en philosophe, se donner l'âme la plus juste : celle que l'âme du juge admirera et qu'il expédiera aux îles des Bienheureux. Toutefois, de même qu'à tout prendre, Socrate, ayant à choisir entre subir l'injustice et la commettre, préférerait « ni l'un ni l'autre » (469c), à tout prendre aussi serait-il souhaitable que ce problème : « vaut-il mieux vivre en philosophe, ou autrement » ne se posât pas. Il se pose, et vivants nous sommes, même si nous aimerions mieux, au sens du *Phédon*, être morts.

Le mythe du Phèdre *(248a-249b)*

Dans le mythe du *Phèdre*, l'âme de celui qui a philosophé « loyalement » et a aimé les jeunes garçons « avec philosophie » (249a) ne perd pas ses ailes : seule entre toutes les âmes, elle n'est pas soumise au jugement. Nourrie de ce qui rend léger, de la vérité et non de l'opinion, elle s'éloigne et vole au dessus du jugement, tandis que les autres âmes s'y affrontent (*Phèdre*, 249a5-6). Considérée dans ce qui est son activité propre (voir les réalités vraies), animée par un éros qui en elle philosophe, l'âme de celui qui a philosophé s'éloigne. Il est remarquable que les deux termes employés ici soient *philosophein* et *philosophia* (249a) et non pas *philosophos*. Car l'homme philosophe, lui, n'échappe pas au décret d'Adrastée. L'ordre des textes est en fait inverse : c'est dans la seconde eschatologie, celle qui concerne ce qui se passe après la première mort (248e-249a), que l'âme de celui qui a philosophé s'éloigne sans jugement. Les autres âmes sont jugées selon leur justice ou leur injustice et le choix qu'elles ont fait de leur vie. Le décret d'Adrastée énonce pour sa part le principe qui préside à la première incarnation des âmes : selon sa plus ou moins grande légèreté, c'est-à-dire selon la plus ou moins grande part respective en une âme du savoir et de l'opinion, elle s'implante dans un type d'homme appelé à avoir telle ou telle occupation (248d). L'inévitable, c'est la chute, et que la *philosophia* devienne, pour le philosophe, une occupation qui vienne prendre son rang, le premier, parmi les autres. L'évitable, à condition de ne pas avoir perdu ses ailes, c'est d'être soumis au jugement (*krisis*). L'inévitable est la part, en toute âme incarnée, d'opinion. L'évitable, c'est d'être soumise à un jugement dernier. Le mythe du *Phèdre* s'inscrit dans un contexte tendant à montrer la supériorité d'un discours inspiré sur un discours sans inspiration, il trouve sa place dans la palinodie où Socrate se repent d'avoir réduit éros à un appétit. Ce second discours maintient la distinction entre deux ordres de différences : celui dans lequel les différences naissent du dosage en l'âme de savoir et d'opinion, et celui où elles sont déterminées par le choix d'un genre de vie et relèvent d'un jugement. Cette distinction appelle une double eschatologie, l'âme du philosophe y relève d'une double destinée, et en ce sens le mythe du *Phèdre* est le plus éclairant de tous les mythes eschatologiques. De plus, il écarte toute interprétation morale. Ce n'est pas parce qu'elle est juste – ni même la plus juste – que l'âme du philosophe est l'âme de premier rang, mais parce que, s'étant occupée à philosopher et ayant « vu » davantage, elle *n'a aucune part à l'injustice*. Tant que l'âme a des ailes, tant qu'elle s'élance, tant qu'elle pense, tant qu'éros l'anime et que l'intelligence se ressouvient d'elle-même, elle a – immortelle – toujours assez de force pour se porter de nouveau vers le haut. La discontinuité des moyens, l'intermittence des appétits, la diversité changeante des opinions, la multiplicité des caractères et des occupations, la pluralité des connaissances tissent ce qu'on appelle la vie, constituent ce qu'on nomme l'humain. L'âme du philosophe, âme d'un amoureux (248d), est une sans avoir à s'unifier, sans même que se pose à elle le problème de son unité, et elle répète toujours de nouveau le même choix, surmontant, grâce à ses ailes, la discontinuité comme la multiplicité.

La vérité est ce à quoi aspire la *philosophia*, l'opinion vraie celle que conçoit inévitablement un philosophe sur ce qu'il vaut et sur son rang. Cette opinion porte sur la nature et la puissance du savoir : la hiérarchie d'Adrastée est une hiérarchie des types d'activité selon le degré d'intelligence qui les éclaire et les dirige. Au premier rang, se trouve l'homme appelé à devenir « ami du savoir (*philosophos*) ou ami du beau (*philokalos*) ou ami des Muses (*mousikos*) et amoureux (*erôtikos*) ». Il ne s'agit pas de types différents, en dépit du « ou bien… ou bien ». Sa manière « érotique » de désirer constitue l'homme de premier rang comme seul véritable ami du savoir, de la beauté et de l'harmonie. « Ami du beau » et « musicien » ne sauraient en effet désigner ici ce que nous appellerions des « artistes » et que nous rencontrons cinq rangs plus bas. Le philosophe est envisagé ici sous un triple point de vue : en tant qu'il voit la vérité, qu'il aime la beauté, la beauté vraie et non ses simulacres, et qu'il engendre des discours à la fois inspirés et bien mesurés, capables de faire se ressouvenir ceux qui les écoutent (278a). Unissant au savoir le plus haut la forme la plus divine du délire, il est hégémonique (252e). Faisant partie du cortège de Zeus, il est de ceux qui établissent, au dedans et au dehors, beauté, ordre et harmonie [1]. L'homme du second rang, suivant d'Héra, a un « naturel royal » mais il doit gouverner et combattre pour maintenir la loi : le savoir devient directif, prescriptif, savoir sans inspiration ni délire, lié aux lois (*nomoi*). Au troisième et quatrième rangs correspond une *technè*, opinion droite dérivée du savoir précédent, et droite à cette condition. Les trois formes de délire divin occupent le cinquième et sixième rangs : divination et prophétie d'une part, « poésie » et tout espèce d'imitation d'autre part ; ces délires valent moins que le savoir et ce qui en dérive, mais plus que ce qui suit. Au septième rang en effet se situe un type d'activité que ne soutient aucun savoir, que n'inspire aucun délire : le travail empirique, routinier, de l'artisan et du cultivateur. Enfin, au huitième rang correspond l'homme du savoir perverti – le sophiste – et au neuvième et dernier celui animé par un éros perverti – l'homme tyrannique. La hiérarchie n'a donc pas pour critère l'utilité, encore moins l'utilité sociale, mais le plus ou moins grand éloignement des réalités vraies. De ce point de vue, le savoir « technique » vaut moins que le savoir inspiré, le délire quant il n'est pas « érotique » moins que le savoir dirigé par l'intelligence, l'expérience routinière moins que le délire, et les simulacres de savoir et de délire moins que tout le reste. Mais quant tout est mis, par Adrastée, en ordre, reste encore à faire son choix. Le naturel philosophe – qui, ayant eu plus que les autres sa part de vision, a plus de facilité à se ressouvenir – court, en faisant ce choix, le double risque dénoncé dans la *République* : être jugé inutile, ou voir son nom usurpé.

1. La hiérarchie d'Adrastée s'éclaire par le passage du *Phèdre*, 252c-253c : à Zeus correspond le philosophe, à Héra le type royal, *basilikos* (de second et de troisième rangs) ; Apollon retrouve ses trois attributs : médecin (quatrième rang), devin (cinquième) et poète (sixième).

Le mythe d'Er *(*Rép., X 617d-621d)
et le mythe du Phédon *(113d-114e)*

« Rien de plus pitoyable, de plus ridicule, de plus étonnant », nous rapporte Er le Pamphylien, que le spectacle des âmes choisissant leur vie (*Rép.*, X 620a). Dans les vies offertes au choix, tous les éléments sont mélangés et présentent tous les degrés possibles de mélange (618b). Mais il est possible de calculer les conséquences de chacun de ces mélanges en fonction de leurs composants (618c-e). L'homme capable de cette prévision et de ce discernement est celui qui aura philosophé « sainement » (619d). Le mythe d'Er comme celui du *Phédon* insistent sur le risque (*Rép.*, 618b, *Phéd.*, 114d) et par la-même s'inscrivent sous le signe de la persuasion (*Rép.*, 621c), de l'incantation (*Phédon*, 114d), de la *doxa*, de la croyance nécessaire pour avoir la meilleur chance de se sauver, dans cette vie et dans l'autre. Car lorsqu'il s'agit du bonheur (*Rép.*, 619b-619e), la *philosophia* ne suffit pas, encore faut-il que le sort ne désigne pas parmi les derniers quant il s'agira de choisir. La restriction est importante : pour bien vivre il ne suffit pas de penser et d'y prendre plaisir. À la pensée légère, peut-être trop légère, encore faut-il donner la force de tirer vers le haut la part de pesanteur, de disgrâce et de malheur qui est le lot de toute vie. Et pas plus qu'il ne faut « perdre courage » (619b), il ne faut passer trop vite. Pour mener le grand combat consistant à choisir de valoir ou non quelque chose (608b) et pour en recevoir le prix (621d), il faut être capable de retourner ce que les hommes appellent des maux en se persuadant, comme l'assurait Socrate à Calliclès, que de ces maux-là on n'éprouvera rien de terrible (*Gorg.*, 527d). La *philosophia* constitue le moyen de sortir victorieux du combat, mais il ne faut pas négliger la part d'incertitude et la grandeur du risque. Le *Phèdre* met l'accent sur la puissance de l'âme, sur éros philosophe, la *République* sur la résistance et la pesanteur. Dans le *Phèdre* et dans la *République* il s'agit de choisir, mais on choisit une vie à laquelle on sera lié « de toute nécessité » (*Rép.*, X 617e). Pourtant, ce qu'Adrastée (Némésis) l'inévitable a proclamé, chaque âme l'a, au moment du choix, oublié. Le philosophe a moins oublié que les autres, et dans le désordre des modèles de vie il peut, bien que chaque âme soit proposée sans son rang, retrouver le décret, réintroduire une hiérarchie, articuler l'intelligence à la nécessité, retourner l'apparent chaos proposé en une multiplicité ordonnée (618b2-3). Lachésis, fille de Nécessité, le proclame haut et clair : la nécessité, c'est de vivre, mais le genre de vie est à choisir, et si l'on choisit d'introduire dans sa vie ordre et règle (*taxis* et *nomos*), on se ressouvient du décret d'Adrastée.

Alors que le mythe d'Er nous représente la première eschatologie du *Phèdre* (le choix fait *avant la naissance* que les âmes font de leurs vies) mais si l'on peut dire brouillée, puisque les modèles de vies y sont représentés pêle-mêle, sans hiérarchie ni critère, étant précisément des modèles de vies et non pas des types d'âmes, le mythe du *Phédon* nous fait assister au jugement des âmes *après la mort*. Mais, à la différence de la seconde eschatologie du *Phèdre*, toutes les âmes sont également soumises au jugement, celles qui ont « mené une vie belle et saine » comme les autres (113d). La partie sur le jugement des âmes est d'ailleurs vite expédiée en comparaison de la partie géographique du mythe. Il nous est dit seulement que parmi ceux qui paraissent « l'emporter quant au fait de vivre saintement », « ceux qui se sont purifiés comme il faut par le moyen de la *philosophia* » (114b-c) recevront leur récompense : ils vivront séparés du corps pour tout le temps à venir. Ils verront donc accompli une fois pour toutes ce à quoi ils s'étaient employé leur vie durant. Dans ce mythe, la « *philosophia* » conserve le pouvoir qui lui est reconnu dans l'ensemble du *Phédon* : celui de retourner le sens des mots, de les vider de la charge d'opinion qui leur vient du corps et leur confère un poids de plaisir et de douleur, d'espoir et de crainte.

Celui qui est « réellement » philosophe (67b), celui qui philosophe « droitement » (69d), ne se méprend pas sur le sens de ces deux mots « vie », « mort », il ne les prend pas pour des contraires : ce que le plus grand nombre nomme « mort » est pour le philosophe sa « vie » en compagnie de la vérité. Parce qu'il sait ce qu'il dit, le philosophe inverse la dénomination, mais il sait aussi qu'une croyance est nécessaire pour donner au philosophe le courage de vivre une vie qui, selon Calliclès et la plupart des hommes, est l'image même de la mort. Car enfin, rien ne garantit que savoir ce qu'on dit, qu'entendre, parler et penser juste rend heureux, à moins précisément de comprendre sous ce terme autre chose que ce qu'on y met habituellement. Et c'est sans doute du philosophe le travail le moins facile, le combat le plus dur, le plus grave, le plus sérieux, le plus risqué, comme ne cessent de nous le répéter tous les mythes – et même pas le plus intéressant. Le travail sur tous les autres mots incombe au savoir dialectique ; celui sur la détermination du bonheur (*Lois*, X 905c), parce qu'il doit prendre en compte « l'ordre et la loi du destin »[1], le rang social et ses vicissitudes ainsi que les « données de la vie » telles que richesse et pauvreté, maladie ou santé (*Rép.*, X 618a-b), appelle la persuasion et le mythe. Mais

---

1. τὴν τῆς εἱμαρμένης τάξιν καὶ νόμον (*Lois*, X 904c8-9).

le mythe du livre X des *Lois* se contente d'opposer à la vertu « divine » (*aretè theia*, 904d6) ce que la *République* nommait une « habitude à laquelle la *philosophia* n'a point part » (*ethei aneu philosophias*, *Rép.*, X 619c7-d1). Dans le mythe d'Er, la proclamation du héraut – « même celui qui s'avance le dernier, s'il fait son choix avec intelligence, et s'il mène sa vie avec énergie, peut trouver une vie digne d'être aimée, une vie qui n'est pas mauvaise » (619b) – résume ce qui vient d'être dit. Tout en donnant leur juste part à l'intelligence et à la nécessité, il nous fait croire à la victoire possible de la première sur la seconde. Dans les *Lois*, la possibilité devient certitude, la providence des dieux assure le triomphe de la vertu sur le vice (904b), le beau risque disparaît, et avec lui le philosophe et sa *philosophia*.

Le mythe du Politique *(271d-272d)*

Après le bref tableau d'un curieux âge d'or, l'Étranger s'attaque dans le *Politique* à un problème consistant à juger (*krinai*, 272b) deux genres de vie. Il ne s'agit pas de choisir entre des paradigmes multiples et mélangés de vies réelles, mais entre une fable – celle de la vie du temps de Cronos, menée sous la conduite d'un pasteur divin – et la vie que Zeus régit et qui est notre réalité. Dans la première, la terre produit tout spontanément : ni l'expérience ni la mémoire (272a) ne sont nécessaires. Les hommes jouissent des fruits de la terre sans avoir d'abord à manquer et travailler, et nés de la Terre, ils n'ont pas à engendrer. De ces deux genres de vie, lequel pourrait-on et voudrait-on estimer le plus heureux (272b) ? Il faut pour trancher examiner deux hypothèses. Cat tout dépend de l'usage que les hommes d'alors faisaient de leur temps libre (272b). S'ils en usaient « pour la *philosophia* », « on jugera bien » si on dit qu'ils

« l'emportaient mille fois sur ceux d'aujourd'hui sous le
rapport du bonheur » (272c). En user pour la *philosophia*,
cela consiste à « s'informer auprès de toute nature quelle
qu'elle soit pour savoir si l'une d'entre elles, possédant
une puissance propre, aurait une manière différente des
autres de percevoir, cela dans le but de recueillir de la
pensée » (272c). Mais si les poètes ont raison, et si les
hommes du temps de Cronos passaient leur temps à se
gorger de nourriture et de boisson et à se raconter des
histoires semblables à celles que les poètes racontent à
leur propos, alors le jugement à porter ira de soi. Mais qui
portera ce jugement ? Certes pas les poètes, qui, dans leur
description de l'âge d'or, ne mettent à coup sûr l'accent
ni sur la *philosophia* ni sur la pensée ; pas non plus le grand
nombre qu'enchantent ces images et en lesquelles il
reconnaît celles même du bonheur. C'est le philosophe qui
fait de la *philosophia* le critère de son jugement sur le
bonheur, c'est lui qui en disqualifie la médiocre image :
ne plus avoir à désirer, à apprendre, à travailler. Le mythe
du *Politique* reprend donc, à sa manière, la question du
Gorgias, celle de savoir qui est heureux. Et il y répond de
la même façon : seul le philosophe peut déterminer ce
qu'est réellement le bonheur. Mais cette détermination du
bonheur par le philosophe en fait un bonheur de philosophe,
non pas celui qu'il cherche pour lui-même – puisque c'est
la vérité qu'il aime et la vérité ne rend pas nécessairement
heureux – mais celui qu'il veut pour les autres. L'équivoque
tient aux termes requis par tout jugement, termes que le
philosophe brouille parce qu'il les pénètre tous : il est juge
et jugé, et seul juge de ce qui doit être critère et sanction.
Les mythes représentant le choix d'un type d'âme, d'un

genre de vie, donnent lieu à des mythes eschatologiques qui sont relativement simples. Ils nous montrent où est et où n'est pas la nécessité, et dans quelle mesure on peut la maîtriser en y introduisant ordre et hiérarchie. Son incarnation est pour l'âme une nécessité, mais l'âme est responsable de la vie qu'elle choisit. Dans ce champ il n'existe pas d'équivoque. Mais qui juge ces vies, et selon quel critère ? Mythiquement, le *Gorgias* et le *Phédon* répondent : ceux qui jugent, ce sont les juges (*Phédon*, 114b), et le *Gorgias* précise : mais nus et morts (*Gorg.*, 523e). Le *Phèdre* ne dit rien.

Or un passage du livre IX de la *République* pose précisément cette question : « par le moyen de quoi faut-il juger ce que l'on peut juger de la belle façon ? » (582a4-5). La réponse est : par le moyen de l'expérience (*empeiria*), de la pensée sage (*phronèsis*) et du logos. Parce qu'il a été enfant (582b), le philosophe a la même expérience que les autres, plus la sienne propre : celle de la pensée (*phronèsis*)[1]. Quant à l'instrument (*organon*) du jugement (582d), c'est par excellence l'instrument du philosophe : ce sont les *logoi* (582d). Le cercle est ici superbement vicieux : le philosophe est le meilleur, et même le seul bon juge. Pourquoi ? Parce que c'est à l'aide de l'expérience, de la pensée et du logos qu'il faut juger – et non pas selon la richesse ou le gain, le succès ou le courage (582d-e) – et que sous ce triple rapport le philosophe est le mieux partagé. Mais qui décide des « meilleurs critères » (582a) ? Assurément personne d'autre que le philosophe lui-même. Le logos est le nœud de l'argumentation : si les *critères*

1. Καὶ μὴν μετά γε φρονήσεως μόνος ἔμπειρος γεγονὼς ἔσται (582d4-5).

du jugement sont l'expérience, la pensée et le logos, le logos en est aussi l'*instrument* (*organon*). Tout logos, instrument par excellence du philosophe, ne prend pas nécessairement la forme d'un jugement, mais le jugement, lui, s'énonce nécessairement par le moyen des *logoi* (582d). Ce qui évite de tourner en rond est ce jeu sur le double sens de « logos » : en tant qu'il est raisonnement, il est critère, mais en tant qu'il est discours, il est instrument. Comme tout jugement doit se formuler, il donne prise à l'examen dialectique et entre dans le champ de la vérité : seul celui qui voit dans les *logoi* le moyen d'accéder à la vérité peut prononcer un jugement vrai. En tant que le *philosophos* est *philologos* (582e) il est juge (*kritès* 583a). mais qu'est-ce qu'il juge ? Sa vie et celle de autres (583a). L'argumentation dialectique distingue ici trois plans qui dans le mythe jouent sans se distinguer. Le philosophe a part au jugement de trois façons :

– en tant qu'il use du logos *(1)*, le *philosophos* est *philologos*, et *l'organon* du jugement, le logos, est aussi son *organon* ;

– le jugement vrai est le propre d'un certain type d'homme, le *philosophos (2)* – distinct du *philonikos* et du *philokerdès* – qui est donc le seul vrai juge ;

– quand il juge des vies, le philosophe attribue nécessairement le premier rang à la *philosophos bios (3)*, faisant ainsi équivaloir la vie la plus juste à la vie la plus heureuse [1].

Tout se joue donc sur le déplacement du terme *philosophos* : attribut d'un usage du logos *(1)*, il devient

1. 1. τὸ ὄργανον κρίνεσθαι = ὄργανον τοῦ φιλοσόφου
   2. ὁ κριτής = ὁ φιλόσοφός
   3. ἡ εὐδαιμονία = ὁ φιλόσοφός βίος

attribut générique d'un certain type d'homme » *(2)*, et détermine enfin la supériorité d'une vie *(3)*. Le jugement proprement dit n'intervient qu'en *(2)* et *(3)*, puisque procéder « par discours » n'implique pas nécessairement l'acte de juger (*krinesthai*) – mais c'est le logos qui permet d'articuler les trois plans. Parce qu'il y a part, le philosophe ne peut être jugé que par son semblable : si mythiquement les dieux le « jugent », ce jugement ne peut consister qu'en une reconnaissance du semblable par le semblable, ce semblable étant un « homme divin » [1].

Ce texte est présenté comme une démonstration (*apodeixis*, 580c) et il n'en faudra pas moins de trois pour établir que le juste est heureux et le tyran malheureux. Que cela relève d'une démonstration, et même de plusieurs, signifie que si le philosophe a besoin de s'en persuader, ce n'est pas un mythe qui le persuadera, mais un logos. Persuadé, il le sera si sa part irréductible d'opinion (signe qu'il est un homme et non un dieu) se fait opinion vraie sur l'intelligence, et il ne restera philosophe que s'il tient sa différence pour une supériorité. Certains mythes portent sur des objets dont il n'y a pas de science possible, et montrent comment l'intelligence réussit à s'inscrire dans telle ou telle sorte de nécessité. Les mythes de jugement, eux, disent comment apparaissent les hommes et les choix qu'ils font de leur vie à qui regarde cela de plus haut. Et pour faire voir et faire entendre le peu de sens des autres vies, point n'est besoin d'un *récit* mythique : le *personnage* du philosophe suffit. Son existence suffit en elle-même à juger du reste, sans qu'il ait même à formuler de jugements.

---

1. Le thème de l'assimilation au dieu (ὁμοίωσις θεῷ, *Rép.*, II 383c, VI 500b, *Théét.*, 176b-177c, *Lois*, IV 716b-d) commande toute l'imagerie du cortège des dieux.

S'il ne provoque pas la conversion, il provoque au moins le malaise. Socrate est ce personnage qui, par le simple fait d'être ce qu'il est, fait honte à Alcibiade (*Banq.*, 216b), inquiète même Calliclès (*Gorg.*, 513c). Qu'est-ce qui, en dehors de toute considération historique, donne au Socrate des Dialogues cette dimension mythique ?

Dans le *Timée*, Socrate désirait voir aller vaillamment au combat une cité qui n'existait jusque-là qu'en parole : il fallait la rendre réelle en en retraçant l'histoire. Car la réaliser ne signifiait pas l'effectuer empiriquement mais découvrir, en lui faisant subir des variations et des confrontations imaginaires, si sa constitution résisterait à sa mise en mouvement[1]. Le philosophe réclame une procédure inverse. Platon a mis le philosophe en mouvement avant d'en définir, dans la *République*, le naturel, comme si son incarnation devait nécessairement en précéder la définition. Dans les Dialogues, Socrate s'en va dignement en guerre et fait voir les effets de la *philosophia*. Ce qui nous est rapporté de ce qu'a dit et fait Socrate peut être pris comme un *muthos* ou comme un *logos*, mais ceux pour qui c'est un logos y entendent, non pas *un*, mais *le* logos qu'il faut entendre pour apprendre ce que cela veut dire, être philosophe. Rien de protreptique dans cette affaire, aucune exhortation à la philosophie. Toute exhortation exhorte à croire, or la question n'est pas de croire ou ne pas croire à la vérité des histoires que Platon nous raconte, il faut les prendre pour ce qu'il nous les donne : comme un moyen de se ressouvenir de la puissance du logos quand il est animé par l'« amour du vrai », de comprendre la

---

1. Proclus, dans son *Commentaire du* Timée (I, § 56-57), rapproche ce passage de *Tim.*, 37c : « quand le père qui l'avait engendré eut vu le monde en mouvement et en vie… ».

philoponia, la *philomathia* que cela suppose et qui demandent « une vie entière ».

CONCLUSION :
L'EFFET SECOND ET LES INTERMITTENCES

Qu'il existe un philosophe est ce que rien, ni dans la nature, ni dans la culture, n'implique. Ni impliquée dans le vivant – dont elle fait un « mort » –, ni impliquée dans la langue – qu'elle bouleverse dans ce qu'elle a de mieux assuré –, ni impliquée dans la société politique dont elle est l'activité la plus improductive –, la philosophie n'est le développement achevé d'aucune virtualité naturelle ou culturelle. C'est pourquoi il n'y a pas, pour Platon, de philosophie « en général » mais seulement une *philosophia*, entendue comme le mouvement de l'intelligence orientant une âme vers ce qui est véritablement étant. Ne comprenant le vivant qu'à condition de le réengendrer mythiquement, n'usant du langage qu'à condition de le rectifier dialecti-quement, ne s'intégrant dans une cité qu'à condition de la réorganiser justement, le philosophe n'est pas le moyen par lequel ces réalités atteindraient enfin leur vérité ; il est celui qui, en proie à une folie qui lui est propre, rapporte la vie, le langage et la cité à une unique mesure, ne les évaluant que dans ce qu'ils permettent de pensée, ne les jugeant que selon la place qu'ils laissent à la pensée.

Mais la pensée est discontinue, comme le signifient et la soudaineté du délire et de l'inspiration et le caractère involontaire de la réminiscence. Or ni le souvenir ni le pressentiment d'une pensée ne sont une pensée, la pensée n'a d'autre passé ni d'autre avenir que la réminiscence, mais se ressouvenir implique qu'on a tout oublié et qu'il

faut chaque fois apprendre, ce qui ne se fait qu'au présent.
Or nous ne sommes pas des cigales (*Phèdre*, 259b-d) et
rien ne garantit que nous aurons toujours le désir et la force
de tenir la vie à distance, d'en recouvrir le bruit, d'en
vaincre la torpeur. Socrate, lui, est ce personnage qui en
toute occasion, à n'importe quel propos, est capable
d'introduire la différence de l'intelligence, capable aussi
de faire taire, en soi et hors de soi, le vacarme des ivrognes
et de surmonter la passivité de l'ignorance. Il représente
la réalité d'une possibilité, celle qu'un désir renaisse
toujours à nouveau et que ce désir ait, toujours actuellement,
les moyens, sinon de se procurer ce dont il manque, du
moins de faire entendre la vérité de ce manque contre
toutes les prétendues positivités. Socrate incarne
éternellement pour nous le personnage du philosophe en
ce qu'il est la possibilité réelle d'une différence ; et de cette
différence il n'existe pas de définition générique. Chaque
sophiste et chaque politique peut répéter en l'incarnant le
Genre (*genos*) auquel il appartient, pour chacun le problème
de la relation entre sa vie et sa pensée se pose en termes
d'articulation d'une pratique à une théorie. Mais en posant
la question de sa « vie en *philosophia* » le philosophe pose
une question qui n'est ni pratique ni théorique, impossible
question, mais déjà résolue par Socrate, par le mythe
constitué par son personnage et par son histoire.

Mythe puisqu'il nous représente comme possible et
réel l'impossible passage à la pensée, passage de l'oubli
à la réminiscence ; mythe puisqu'il incarne, en la singularité
d'un personnage que l'intelligence habite, l'effort sans
cesse renouvelé de l'intelligence pour saisir sa propre
différence (et par là toute différence) ; mythe enfin en ce
que le personnage nommé Socrate a la puissance de nous
faire oublier ce que pourtant nous ne savons que trop :

qu'on peut toujours s'arrêter de penser, et que la pensée peut toujours se perdre, se renier, se contrefaire. Mais, grâce à Socrate, on peut juger possible qu'au moins une fois un homme ait vécu comme si la pensée était plus réelle que n'importe quel réel, la rendant du même coup toujours de nouveau possible. Philosophe, Socrate n'est pas – comme il ne cesse de le répéter – l'origine des discours qu'il tient. Ce qui est dit, comme c'est dit, relève d'un logos qui l'entraîne où il veut. Que la *philosophia* soit un désir, que l'acharnement à apprendre et à comprendre soit un mobile est ce que nous pouvons, parfois, partager. Mais que la *philosophia* utilise toute la force d'éros et qu'elle élimine toutes les autres forces, nous en doutons souvent. Dans un passage du *Gorgias* (481d-482b), Socrate se présente à Calliclès comme l'amoureux d'Alcibiade, fils de Clinias, et de la *philosophia* (481d). Comment il est amoureux d'Alcibiade, le *Banquet* et le *Phèdre* nous l'apprennent : avec *philosophia*. Mais que peut bien signifier « être amoureux de la *philosophia* », prendre pour objet de désir ce qui est soi-même un désir ? Ou alors faut-il penser que *philosophia* a ici le sens que lui donnent Calliclès et Isocrate, qu'elle est une discipline, une occupation ? Un philosophe est-il amoureux de la *philosophia* comme un mathématicien pourrait se dire amoureux des mathématiques, un médecin de la médecine, un joueur de trictrac de son passe-temps ? Ce n'est pas sa *philosophia*, c'est son éros pour la *philosophia* qui fait de Socrate un personnage qui ne diffère des autres amoureux que par l'objet de son amour. Socrate amoureux de la vérité, c'est Socrate « accoucheur », Socrate dialecticien. Socrate amoureux de ce qui le pousse à s'enquérir, à questionner et à répondre, amoureux de sa propre vérité et s'identifiant à elle, c'est Socrate *représenté* comme philosophe. Il s'identifie alors au démon Éros[1], car l'amour de ce qui est vrai, authentique, unique, est la vérité de l'amour. Or Éros, tantôt fils de sa mère et sans ressources, tantôt fils de son père et riche en expédients, meurt et renaît mais ne périt jamais. C'est ce mythe que nous répétons quand nous croyons possible d'intégrer la multiplicité des événements, de triompher de la multiplicité des désirs, de réfuter l'incohérence des opinions. C'est aussi à ce mythe que nous nous référons toutes les fois que, contraints à l'apologie, nous affirmons que la philosophie est une passion capable de justifier une vie et qu'il vaut mieux vivre et mourir en philosophe. Mais cette question, comme toutes celles posées dans le *Gorgias*, la pensée aimerait mieux, non seulement ne pas avoir à la résoudre, mais ne pas la poser, afin que, légère et libre, elle puisse se livrer à son jeu pénible et divin. Quelle est donc la réponse à la question du *Gorgias* : « comment doit-on vivre » (492d) ? À une question mal posée, question que la pensée n'a pas posée mais à laquelle elle est forcée de répondre, on ne peut répondre que par une opinion. Mais si elle s'en débarrassait sous prétexte qu'elle n'est pas purement philosophique, que serait la *philosophia*? Les Dialogues, précisément parce que ce sont des dialogues, inventorient ses représentations possibles : une habileté technique (*technè*), une discipline formatrice (*epitèdeuma*), un savoir du tout (*sophia*). Contre les sophistes et les éristiques, contre la philosophie politique d'Isocrate, contre les « penseurs de la Nature », Platon récuse cette triple

1. « N'avez-vous pas remarqué (…) que lorsque Platon fait le portrait de l'Amour, c'est le portrait de Socrate qu'il fait, et que c'est d'après le personnage de Socrate qu'il nous trace la figure de ce dieu, comme si l'amour vrai et Socrate étaient exactement semblables ? » (Marsile Ficin, *Commentaire sur le* Banquet *de Platon*, 7, 11).

image, affirmant que la *philosophia* est ce qui anime un philosophe. Décevante tautologie – pourtant, c'est elle qui fait toute la différence, en ne faisant pas du philosophe un sujet pensant ou l'auteur d'une doctrine. Sa *philosophia* fait tenir au philosophe des discours, qui produisent à leur tour un effet : le désir de se rendre tel qu'il puisse toujours à nouveau les tenir. Ce désir constitue le philosophe, il s'identifie à lui, il est la seule chose à quoi il puisse s'identifier et qui soit compatible avec le savoir du « rien » qu'il est quand il parle. Mais il le souhaiterait sans intermittence et sans oubli. Celui qui cherche à comprendre ce qu'il en est en vérité de chaque étant et celui qui tente de donner à sa vie la forme qui vaut le mieux, c'est le même et pas le même. S'il n'en était pas ainsi, nous pourrions exercer la philosophie sans y croire, elle pourrait exister sans que nous en pâtissions. En pâtir, c'est tomber amoureux de cette différence qu'elle est et vouloir qu'elle se réengendre éternellement.

Pour celui qui élabore une philosophie, il n'y a qu'un philosophe : lui-même. Pour celui qui comprend et s'apprend ce qu'il n'avait pas encore compris, voit et discerne ce qu'il n'avait pas encore vu, la question de savoir s'il est ou non philosophe ne se pose pas, ne l'intéresse pas. Le personnage du philosophe ne se forme qu'alors qu'il s'agit d'arracher la *philosophia* à ses simulacres et de la défendre contre eux. Le mythe est inséparable d'une apologie défensive. Mais la seule manière de défendre la *philosophia* consiste à revendiquer pour elle son absolue différence, et non pas, en répondant à de possibles objections contre elle, à la métamorphoser par l'éloge de ses bienfaits en religion ou en morale, ou à lui conférer par comparaison avec les autres sciences une scientificité supérieure, transformant ainsi une différence de nature en une différence de degré. On ne défend donc pas la *philosophia* si, pour mieux la défendre, on lui substitue autre chose qu'elle-même, quelque chose comme une ferveur religieuse ou comme une science rigoureuse. De même, l'apologie du philosophe ne consiste ni à faire du philosophe un savant ni à en faire un héros ou un saint : c'est, ce ne peut être que l'apologie d'un désir et de sa différence – comme le fait Platon dans son apologie de Socrate. De ce désir, il ne peut y avoir d'image – on ne voit pas *philosopher* le philosophe dont Platon fait le portrait au livre VI de la *République* – mais il peut s'incarner dans un personnage et servir de référence quand il faut de deux faire un. La vie et la pensée ne sont ni totalement identiques, ni totalement étrangères. La vie et la pensée ne sont ni totalement identiques ni totalement étrangères, il n'existe pas de liaison nécessaire entre les deux. Mais il est possible – c'est-à-dire qu'il n'est pas impossible – qu'il existe entre elles quelque chose comme une *philia*, possible que l'intelligence puisse donner forme et valeur à une vie. Le philosophe incarne cette possibilité. Ni individu exceptionnel, comme Socrate tente de le faire entendre à Alcibiade, ni Genre, il représente une certaine manière de désirer impliquant une certaine manière de vivre. En cette matière, qui juge ? Le *Gorgias* est, sur ce point, très clair : pas un vivant, mais un mort, et le *Phédon* précise : c'est-à-dire un philosophe. Seul celui qui est mort peut juger celui qui toute sa vie n'a rien fait d'autre que mourir et être mort. Mais que signifie, au juste, cette mort, si pour un philosophe elle n'est pas le contraire de la vie, si elle est même sa seule manière de vivre ? Et comment parle un mort ? Quelles curieuses translations, quelles étranges altérations la déliaison de l'âme et du corps peut-elle bien faire subir au langage ?

CHAPITRE IV

HADÈS PHILOSOPHE

Pourquoi rapprocher, en un même chapitre, ce texte pour une bonne part « fantaisiste », ironique, qu'est le *Cratyle*, et ce Dialogue grave, tragique entre tous, qu'est le *Phédon*? Entre les deux, apparemment rien de commun : ni le ton, ni la méthode, ni le thème. Il existe cependant entre eux un lien interne, une complémentarité[1]. L'hypothèse peut se résumer ainsi : si le *Phédon* présente certains contenus « manifestes » – la mort de Socrate, l'immortalité de l'âme, la réminiscence, la position d'Idées – il constitue aussi, et peut-être surtout, le véritable Dialogue sur la rectitude des noms, assurée par la participation. Le *Cratyle* s'achève sur la nécessité d'un déplacement : « la connaissance la plus belle et la plus claire », c'est « en partant de la vérité » qu'on l'obtiendra ; « pour apprendre ou découvrir les étants », ce n'est pas des noms qu'il faut partir, « mais bien plutôt des étants eux-mêmes à partir d'eux-mêmes » (*Crat.*, 439a). Ces « étants » ne sont pas la multiplication de l'être parménidien, massivement

---

1. L. Brandwood (Introduction au *Word Index to Plato*, Leeds, 1976) conclut des données stylistiques que *Cratyle* et *Phédon* sont contemporains et sont les derniers Dialogues de la première période (p. XVI-XVIII).

identique à lui-même et tout entier immobile, et ils ne sont pas emportés par l'universel écoulement auquel les soumet la thèse héraclitéenne. Pour parler du langage, une hypothèse sur leur manière d'être est à coup sûr requise. Or l'être ne peut pas être déterminé par un prédicat exclusif – il n'est ni tout entier immobile, car cela équivaudrait à refuser toute existence réelle à ce mouvement qu'est le discours, ni tout entier en mouvement, car alors les repères fixes fournis par les noms ne seraient qu'illusion et erreur. En dénonçant le caractère arbitraire d'une prétendue science étymologique, le *Cratyle* montre quelle perspective *il ne faut pas* adopter pour parler de la langue (*phônè*) qu'on parle, car si tout logos parle dans une langue, ce n'est pas dans les mots de cette langue qu'il faut chercher le sens d'un logos. Le *Phédon* opère la translation dans un autre champ, à l'intérieur duquel le logos énonce l'hypothèse affirmant son accès à chacun des êtres et sa possibilité d'être vrai *ou* faux, détermine le critère de toute droite dénomination (« éponymie »), et en dévoile la condition : une certaine manière « de fuir d'ici là-bas », d'être « mort », d'être un philosophe. Ce qui légitime le rapprochement entre les deux Dialogues est d'abord le contexte dans lequel apparaissent les termes *philosophos* et *philosophia*. *Philosophos* apparaît une seule fois dans le *Cratyle*, pour caractériser un dieu, celui-là et aucun autre : Hadès, qui ne supporte les hommes que morts. Quant à la *philosophia*, c'est d'elle, qui est une manière de désirer (*môsthai*), que les Muses tirent leur nom [1] ; les Muses, suivantes d'Apollon, de ce dieu dont les ignorants redoutent le nom, synonyme

---

1. V. Goldschmidt, *Essai sur le* Cratyle, *Contribution à l'histoire de la pensée de Platon* (Paris, Vrin, [1946] 1982), juge qu'il est « préférable de traduire μῶσθαι, en *Crat.*, 406a4, par "rechercher" ou même "méditer" (…) plutôt que par "désirer" » (p. 127). Or μῶμαι, terme dorique, a bien

qu'il est pour eux de ruine et de destruction. Hadès, Apollon : comment ne pas penser au *Phédon* ?

Le savoir d'Hadès et les quatre puissances d'Apollon

Hadès possède un savoir : il sait que l'appétit (*epithumia*) est plus fort que la nécessité (*anankè*) et que beaucoup échapperaient à son royaume s'il ne les liait pas par le lien le plus fort : le « plus grand des appétits » (*Crat.*, 403c-d). Les morts ne restent donc morts que par désir d'entendre les beaux discours d'Hadès le « sophiste », dans la pensée qu'ils en deviendront meilleurs et parce qu'ils aspirent à la vertu (403d-404a). Ce qui ici nous semble burlesque deviendra la vérité du *Phédon*, à condition de réserver ce désir au seul philosophe et d'arracher à la mort sa représentation commune. Hadès sait qu'aucune « nécessité », que Cronos lui-même ne peut nous libérer de la folie du corps et que seul le peut un autre désir – plus fort que la nécessité, plus grand que tous les appétits (404a). Hadès est « philosophe » parce qu'il sait cela et ne fréquente que ceux qui ont droitement orienté leur désir (vers les beaux discours, source d'excellence) et ont purifié leur âme de tout ce que le corps implique de maux et d'appétits (404a). Ce *savoir* du lien le plus fort, le dieu Hadès n'a pas eu à l'apprendre, et cette *décision* – ne parler qu'à ceux qui veulent bien entendre – n'est pas le résultat d'une délibération. *Philosophe* il ne l'est donc pas en tant qu'il *aspirerait* à un savoir, mais on peut le nommer tel eu égard au *contenu* de ce qu'il sait (il connaît la nature de l'appétit le plus fort) et au *discernement* dont il fait preuve (il ne

ici le sens qu'il a chez Théognis – qui l'emploie fréquemment – de « s'élancer vivement », « désirer avec ardeur ».

souhaite « charmer » que ceux qu'il sait capables de l'être).
« Il s'en faut donc de beaucoup que le nom d'Haidès
viennent d'*aeidès* (l'invisible) », il vient plutôt du fait « de
savoir toutes les belles choses » (*Crat.*, 404b). Le nom
d'Hadès renvoie au savoir, son savoir est connaissance du
désir le plus fort, et ce désir est désir de discours. Socrate
reprend dans le *Phédon* l'étymologie courante, repoussée
avec indignation dans le *Cratyle* : l'âme, cette « chose
invisible », « s'élance vers un autre lieu pareil à elle, noble,
pur, invisible, s'élance vers l'Invisible véritable, Hadès
pour le nommer, le dieu bon et sage chez qui, s'il plaît au
dieu, mon âme devra bientôt aussi aller ». Une âme ne
peut toutefois espérer rejoindre ce dieu, aller vers ce qui
est « divin, immortel et sensé », qu'à la condition d'avoir
droitement philosophé (*Phédon*, 80d-81a).

Dans le *Cratyle*, Socrate oppose à l'étymologie courante
du nom d'Apollon une, ou plutôt plusieurs étymologies
savantes (404c-406a). Les hommes, « par inexpérience,
semble-t-il, de la rectitude des noms », redoutent le nom
d'Apollon, l'exterminateur dont les traits ne manquent
jamais leur but. Or Apollon possède quatre puissances, qui
ne sont contradictoires que pour des ignorants mais qui
sont harmonieusement unifiées – ce qui est bien le moins
s'agissant d'un dieu Musagète. Dieu de la divination, il
est aussi dieu guérisseur, dieu musicien et il ne rate jamais
sa cible. Les Muses le suivent, qui tirent leur nom « du
fait de désirer (*môsthai*) la recherche et la *philosophia* »
(406a). Les Muses tirent leur nom d'un « désir » qui est
philosophia et non pas appétit. La philosophie est
« musique », elle fait partie du cortège d'Apollon, le dieu
qui tue, c'est-à-dire qui guérit, et accorde le don de deviner
le « vrai et le simple (*haploûn*) – qui sont une même chose »
(405c). Or, de même que l'étymologie du nom d'Hadès

annonce le sens que le *Phédon* confère à la mort : une purification qui rend l'âme sensible aux *logoi*, de même, pour qui entend correctement les étymologies du nom d'Apollon, ce dieu est celui qui purifie, lave (*apolouôn*), délivre (*apoluôn*), et non pas celui qui détruit. L'harmonie (Apollon est *homopolôn*) établie entre les quatre fonctions du dieu peut servir de fil conducteur pour appréhender les complexes mouvements qui s'entrelacent dans le *Phédon*. On pourrait même dire que le Dialogue tout entier développe ces quelques lignes du *Cratyle* et ne fait que démontrer, par le moyen de l'examen, l'unité harmonieuse des quatre attributs apolliniens.

Le *Phédon* se place en effet d'emblée sous le signe de ce dieu : le retard intervenu entre le jugement de Socrate et sa mort est dû à la fête d'Apollon. Apollon n'est pas seulement présent à plusieurs endroits du Dialogue, ses fonctions, telles qu'elles sont interprétées dans le *Cratyle*, tissent littéralement le Dialogue. Si on l'aborde en y cherchant une cohérence et une progression argumentatives, on est forcé de constater que les points à établir sont présupposés par la démonstration, que le passage d'un argument à l'autre n'a pas de nécessité logique mais est provoquée par l'incrédulité (*apistia*) des interlocuteurs, et que le dernier s'achève sur un remarquable paralogisme. Une étude structurale ou « analytique » se croit donc tenue de faire abstraction des scènes dramatiques encadrant les différents arguments et du mythe final, autrement dit des deux tiers du *Phédon*. Quant aux moments dits « protreptiques », ils ne sont nommés tels que pour ne pas les dire moins aimablement rhétoriques. Le prologue contient pourtant nombre d'indications permettant de découvrir une structure capable d'intégrer ces éléments logiquement impurs – il suffit, en lisant le Dialogue, d'avoir en mémoire l'étymologie du nom d'Apollon, de ce nom « dont l'institution correspond exactement à la puissance ».

Apollon est dieu de la *médecine*, et dans son œuvre de purification, il se sert de philtres (*pharmaka*, 405a). C'est « en buvant un philtre » (*pharmakon, Phédon*, 57b) que Socrate meurt. Plus loin, lorsque la preuve qu'il vient d'avancer est mise en déroute, que tous les assistants sont découragés, Socrate les amène à reprendre l'examen, et Phédon commente : « Comme il nous a bien guéris ! » (89a). Socrate tient du dieu guérisseur l'usage ambigu des philtres : la façon dont il utilise le logos peut provoquer aussi bien l'aporie, la paralysie, que le désir d'examiner et l'élan vers le savoir. Rappelons enfin, pour mémoire, le coq à Esculape. Apollon médecin n'est pas incompatible avec Apollon *archer*, maître de ses coups. Car quand il « tue », il ne détruit pas mais délie et délivre ; pour comprendre que la mort n'est pas destruction mais déliaison, il ne faut plus en avoir peur, sinon, les deux aspects du dieu sont évidemment contradictoires. Montrer qu'ils ne le sont pas est le but de tous les arguments du *Phédon*. De plus, si Apollon « atteint toujours » son but (*Crat.*, 405c), et si les fêtes d'Apollon retardent la mort de Socrate, ce hasard (*tuchè*) ne doit pas être si fortuit. Si c'est un dieu qui est maître de notre mort, alors il tire quand il faut, la mort vient à temps et non pas par hasard, c'est pourquoi il faut attendre « que le dieu envoie quelque nécessité, comme celle qui est présente aujourd'hui pour nous » (*Phédon*, 62c).

À quoi Socrate a-t-il employé ce sursis ? À obéir à un songe envoyé par le dieu de la *divination*. Ce songe l'a visité maintes fois (60e), et ce qu'il prescrivait ne lui

semblait jusque là pas douteux : faire de la « musique »
signifiait pratiquer la « plus haute musique », la *philosophia*,
et le dieu l'encourageait à continuer à en faire comme il
l'avait toujours fait (61a). Le doute naît en Socrate
précisément à l'occasion du délai procuré par Apollon.
Auparavant, philosopher en discutant, en soulevant
difficultés et hypothèses, lui semblait un moyen suffisant
d'obéir à un dieu qui, grâce à la *mania* qu'il envoie, fait
deviner le vrai. Mais en donnant à ses oiseaux, les cygnes,
la prescience « des biens de chez Hadès », Apollon les fait
chanter joyeusement comme ils ne l'avaient jamais fait
auparavant. Socrate, « consacré au même dieu », ne veut
pas être inférieur aux cygnes quant à la puissance divinatoire
qu'il tient de son maître (*Phédon*, 85a-b). Philosopher peut
aussi vouloir dire chanter. Et ce n'est pas la douleur qui
fait chanter, ni la faim, ni le froid, mais la prescience
joyeuse d'un ailleurs. La musique n'est pas fille de la
douleur du manque, mais fille de la splendeur, de la
surabondance (Hadès est *Ploutôn* : il est riche de biens
qu'il faut deviner, *Crat.*, 403e). Dans le Prologue, cependant,
Socrate a un doute : la « musique », serait-ce cette « musique
commune », celle qui accompagne des *muthoi*, qu'on lui
ordonne de produire, et peut-on vraiment entendre par
philosophia une espèce de musique ? Si elle est « la plus
haute », n'est-elle pas alors aussi la seule ? Car s'il faut
inventer des mythes pour être « musicien », comment le
philosophe, qui refuse d'être un « diseur de mythe » (61b),
pourrait-il consentir à composer cette sorte de musique
commune ? En composant un hymne à Apollon, dieu
musicien ? En mettant en vers ce qui « lui tombe sous la

main », les fables d'Ésope [1] ? Ou en étant capable de donner
sens et nécessité à ce qui a l'air de se présenter par hasard
– la mort, ici – et d'instaurer l'harmonie la plus malaisée,
entre la façon dont vit et meurt celui qui a réussi à mettre
son âme en harmonie ? Mettre de la « consonance »
(*sumphônia*) en son âme de telle sorte que « les choses du
dehors », pour reprendre l'expression de la prière du *Phèdre*
(279b), ne soient pas occasions de s'irriter, mais qu'on les
reconnaisse pour « amies de celles du dedans », c'est à
coup sûr être consacré à Apollon, ce dieu dont le *Cratyle*
nous dit qu'il est auteur de toute révolution simultanée
(*homopolôn*), tant chez les dieux que chez les humains
(405d-e). Mais c'est aussi s'interroger sur le moyen d'établir
cette harmonie, et sur le nom qu'il convient de lui donner ;
car il ne faut pas croire, comme les pythagoriciens, que
l'âme, toute âme et n'importe laquelle, est, par nature,
harmonie.

Socrate musicien, Socrate devin, Socrate médecin,
Socrate mort : Platon nous le présente ainsi dans le *Phédon*,
et nous propose aussi un nom capable de signifier
l'harmonieuse unité de tous ces aspects, tout en laissant
transparaître leur multiplicité : *philosophe*. Le discours
d'un philosophe est sans doute le meilleur exemple du
mélange étonnant (*atopon*) qui revient par deux fois dans
le Prologue (59a, 60b). Il a l'ambiguïté d'un *pharmakon* :
il peut traduire un *muthos* en logos ou tirer d'un logos un
muthos ; retourner une mort qui n'est pas volontaire en
une mort cependant nécessaire ; revendiquer enfin pour
son délire divinatoire la capacité d'accéder au simple et

---

1. Socrate a mis en musique « les premières choses qui, par hasard,
lui sont tombées sous la main » (οἷς πρώτοις ἐνέτυχον, 61b6-7) ; Platon
tire du « sort présent » (παροῦσα τύχη, 84e1), du mauvais sort qu'est la
mort de Socrate, la musique du *Phédon*.

au vrai. Ce mélange « étonnant » n'étonne que celui qui tient pour contraires les choses que l'on prétend contraires : plaisir et douleur, délire et sagesse, désir et intelligence, vie et mort.

Le domaine d'Hadès, Hadès le sophiste (*Crat.*, 403e), le philosophe (404a), le sage (404b), le bon, le sensé (*Phédon*, 80d), est le lieu du savoir. Les attributs d'Apollon sont ceux-là même du philosophe. Car lorsque la *philosophia* s'empare de son âme, elle lui révèle en quel sens mourir est identique à guérir, en quel sens la divination – saisie du non-visible – est musique, en quel sens enfin la mort-purification constitue l'accès à un autre mode d'être que le sensible, donc est la condition des « beaux discours ». Que ces deux divinités – celle qui règne sur l'empire des morts et celle qui, par tous ses pouvoirs, contribue à nous y expédier – soient présentes dans le *Phédon*, il n'y a sans doute là rien de bien remarquable, puisque c'est précisément sur la mort que porte le dialogue. Seulement ces noms n'y sont pas présents à titre de références religieuses ou mythiques, voire à titre de simples métaphores (« les demeures d'Hadès », « les oiseaux d'Apollon »), ils touchent à la structure et au sens du dialogue. Il ne s'agit ni de privilégier indûment deux étymologies parmi tant d'autres, ni de vouloir, à toute force, trouver une signification profonde à tous les passages où *philosophos* et *philosophia* apparaissent. Mais le fait que, dans un Dialogue sur la rectitude des noms, ces termes n'apparaissent qu'à propos de dieux en rapport avec la mort, ceux-là même dont les noms reviendront inlassablement dans le *Phédon*, mérite réflexion.

Une question, néanmoins, subsiste : si, parmi toutes les étymologies fantaisistes du *Cratyle*, ces deux-là comportent une signification qu'on doive prendre en compte, à quoi tient ce privilège? En d'autres termes, qu'est-ce que la mort vient faire dans un Dialogue sur la naturalité ou la conventionalité des noms? Le fait que le philosophe et la *philosophia* ne fassent irruption qu'à cette occasion est-il insignifiant?

2. LA RECTITUDE DES NOMS

Avant l'arrivée de Socrate, nous dit le début du *Cratyle*, le logos ne circulait pas, accaparé qu'il était par un Cratyle qui rendait des oracles (384a), faisait l'ironique, affectait d'en savoir long, mais refusait de « mettre en commun » le logos. L'arrivée de Socrate va permettre de le faire circuler et de pouvoir se mettre à examiner [1]. Avec Socrate entre en jeu ce qui va permettre de passer de la vaticination solitaire au dialogue, s'introduit une différence dont on peut penser qu'elle renvoie à ce qui est, en Socrate, sa *philosophia*. Sur quoi porte le logos? Sur la langue. Quel problème pose la langue qu'on parle? Ce problème est justement celui que pose le *Cratyle*, et Socrate va à plusieurs reprises le faire reculer d'un cran. On le lui présente d'emblée comme portant essentiellement sur l'origine des noms, et il est sommé d'opter pour l'une des deux thèses en présence. L'une affirme la naturalité, l'autre la conventionalité des noms, et leur rectitude semble impliquée par la thèse de la naturalité, exclue par celle de l'origine conventionnelle. Or Socrate refuse cette position du problème, et le *Cratyle* n'est pas un discours sur l'origine des langues. L'entrée en scène de Socrate opère une série

---

1. « Veux-tu donc que nous mettions le logos en commun (ἀνακοινωσώμεθα τὸν λόγον) avec Socrate que voici? » (*Crat.*, 383a1); « il nous faut donc, après avoir mis l'affaire en commun, examiner (σκοπεῖν) si..... » (384c7).

de déplacements, chaque problème va forcer à remonter à un autre, et aboutir à celui dont tous les autres dépendaient. Soumise à examen, la thèse d'Hermogène va passer du plan de *l'empiricité* où se rencontre précisément la question de l'origine – la convention qui assigne le nom est-elle le fait d'un individu ou d'un peuple (385a)? – au plan *logique* – est-il possible de dire vrai et de dire faux? – puis au plan *ontologique* – peut-on alors dire aussi bien ce qui n'est pas que ce qui est (385b)? Si on en reste à l'empirique, il est impossible d'avancer, car sous le terme « nomothète » on peut entendre ce que l'on veut : un individu, un peuple, un dieu [1]. Dans tous les cas la nature de l'origine reste la même, elle est conçue comme la particularité d'une représentation, privée ou collective, grecque ou barbare, humaine ou divine. Ramener le problème de la rectitude des noms à la question de leur origine et se représenter leur origine comme un sujet ayant la puissance d'imposer ces noms revient à affirmer que la relation du nom à la chose est toujours médiatisée par la représentation qu'un sujet, quel qu'il soit, se fait de cette chose. Sans aucun lien à la chose même, les noms restent disponibles pour n'importe quelle autre *doxa* capable de leur faire signifier, c'est-à-dire désigner, ce qu'elle veut : homme en disant « cheval », « cheval » en disant « homme » (385a). Tout le langage humain est alors « tiraillé au gré de notre phantasme » (386e). Que l'on pousse jusqu'au bout cette particularité insurmontable de la représentation, donc de la dénomination, comme Protagoras, ou que l'on tente, à la manière d'Euthydème, de constituer quelque chose comme une universalité en supprimant les différences entre

1. Proclus, dans son *Commentaire sur le* Cratyle, assimile le nomothète au Démiurge (chap. 51, p. 19, 24).

sujets individuels et les variations entre moments du temps, cela équivaut à identifier l'apparaître et l'être (385e-386e)[1]. L'origine sociale n'est pas une meilleure origine que l'origine individuelle, un sujet transcendant pas une meilleure origine qu'un ensemble de sujets empiriques. Il n'y a pas de bonne origine des noms car – et sur ce point Hermogène a raison – ce qui détermine leur imposition ne peut être autre chose qu'une opinion. C'est pourquoi l'entreprise étymologique, en nous restituant le *primitif*, ne nous fait pas accéder au *vrai*. Irréfutable sur le plan empirique (car en effet pourquoi nommer cela « homme » plutôt que « cheval » ?) où la conventionalité éclate, et d'autant plus que l'on tient compte de la diversité des langues, la thèse d'Hermogène change de sens si on introduit dans le discours la distinction du vrai et du faux. Car on introduit alors la relation oubliée du nom à *ce qu'il nomme*, niée au profit de sa relation *à celui qui nomme*. Le nom est bien une image (*eikôn*), mais c'est une image qui n'est pas une représentation : il est, ou devrait être, l'expression d'une chose ayant sa nature propre (387c). Avant de poser la question de l'origine des noms, il faut savoir ce qu'est un nom.

Phusis *et* nomos

En posant la question de la nature du nom, Socrate peut travailler les deux termes d'une opposition si bien reçue qu'elle semblait indépassable. Car, en parlant à propos du nom de la *nature* propre d'une chose, il entend alors par « nature » (*phusis*) l'Idée (*eidos*) de la chose – celle vers

---

1. « Mais je ne crois pas que, comme Euthydème, tu sois d'avis que, pour tous, toutes choses existent de la même façon, simultanément et toujours » (*Crat.*, 386d3).

laquelle regarde le fabricant de navettes, et qui n'est pas une navette particulière, ni une navette cassée (389a-b) [1]. Si on identifie la nature (*phusis*) de la chose à l'Idée (*eidos*) lui servant de modèle, on cesse de définir la nature comme ce qui est « naturel », opposé à ce qui n'est pas « par convention » : on la fait sortir du couple *phusis-nomos* où chacun des deux termes ne pouvait se définir que comme le contraire de l'autre. En regardant vers la nature de « ce qu'est le nom » (389d), le nomothète impose un *nomos*, une règle, qui à son tour change de sens : non plus convention, mais *loi* présidant à ce que toute nature comporte d'ordre et d'arrangement. L'opposition de la *phusis* et du *nomos* avait fini par absorber et véhiculer une quantité d'autres antinomies : du côté de la nature se retrouvait la brutalité du *fait* par opposition à la disponibilité illimitée de la *parole*, la positivité de la *chose* par opposition au *mot* qui n'est qu'un mot, *la vérité de l'individu singulier* par opposition à l'hypocrisie des *opinions morales professées par la collectivité*. La nature devient alors norme permettant de déceler, selon qu'elles lui profitent ou non, le caractère utile ou nuisible des *nomoi*. Ainsi parlaient certains traités hippocratiques, ainsi parlent Calliclès et Antiphon le sophiste, prônant la satisfaction des pulsions de la *phusis* et le rejet des lois qui les répriment. Platon ne prend pas parti dans cette vieille querelle de la nature et

---

1. Sur la question de savoir si *eidos* renvoie ici à « la théorie des Idées » ou signifie seulement « espèce », Friedländer émet un diagnostic que je reprendrai volontiers : « *The discussion as to whether the* εἶδος *refers to the "doctrine of Ideas" derives from the doctrinaire conception of the Idea which we are seeking everywhere to overcome* » (*Plato*, 1 : *Introduction*, 1969, p. 342, n. 1). Pour le sens donné à *eidos* dès les premiers Dialogues, voir Ch. Kahn, *Plato and the Socratic Dialogue : The Philosophical Use of a Literary Form*, Cambridge UP, 1996.

de la loi. Comme à son habitude, il refuse de prendre les termes tels qu'ils lui sont donnés, et surmonte l'opposition en travaillant chacun des deux termes jusqu'au point où il devient manifeste que cette opposition était fictive. En l'occurrence, chaque terme implique l'autre, à condition d'identifier chacun à ce qu'il faut : *phusis* à *eidos* et *ousia*, *nomos* à *taxis* et *cosmos*.

Ce qui permet ce déplacement est, dans le *Cratyle* comme dans le *Gorgias*, l'intervention des notions de fonction (*ergon* : tâche et œuvre) et d'excellence (*aretè*), comprise comme bon accomplissement de cette fonction. Le livre I de la *République* met ce lien en évidence : la fonction propre de chaque chose « est ce qu'elle seule peut accomplir, ou ce qu'elle accomplit mieux que toute autre », d'où il découle qu'« il y a aussi une excellence propre à chacune des choses à laquelle précisément une fonction propre a été assignée » (*Rép.*, I 353a-b). Tous les artisans (les « démiurges ») produisent en tournant leur regard vers la fonction propre de l'objet qu'ils ont à produire (*Gorg.*, 503d), et sont ainsi à même d'en inscrire l'Idée (*eidos*) dans la matière dont ils disposent. La nature d'une chose ne peut se définir qu'en référence à la fonction que cette chose est capable d'accomplir « de la meilleure, de la plus belle manière » (*Rép.*, I 352e) : tisser pour la navette, couper pour le couteau. Il en résulte son excellence (*aretè*) et la beauté de l'ouvrage accompli. Il existe donc une parfaite circularité entre la notion de « nature d'une chose » et celle de « fonction » : la fonction propre révèle d'un chose la vraie nature qui consiste à accomplir, seule ou mieux que toute autre, cette fonction. Si la navette est ce qui « par nature est propre à tisser » (*Crat.*, 389a), elle tire son caractère propre, *idea*, de l'Idée à laquelle elle participe (*eidos*)[1]. La nature n'est pas différente de l'Idée, la *phusis* d'une chose de son *eidos* : elles sont toutes deux indépendantes de leur réalisation dans tel ou tel exemplaire particulier – telle navette peut être mal faite ou se briser sans que s'altèrent pour autant ni la nature de la navette ni son Idée, c'est-à-dire ce qu'elle est et doit être pour être elle-même. *Phusis* et *eidos* ont le même référent, mais la première notion met l'accent sur la liaison à la fonction, à la puissance propre, la seconde sur le type d'existence[2] ; les deux termes ont le même référent, mais pas la même signification. L'*ergon* pourra en conséquence se différencier selon les sortes d'objet sur lesquelles il travaille (*Crat.*, 389b), mais la limite imposée à ces différenciations, c'est l'*eidos*. L'Idée implique une fidélité à soi, elle est « elle-même selon soi-même », *auto kath'auto*, *kata* signifiant une fidélité tolérant une certaine marge de différenciation, ce qu'interdirait une identité immuable. Toutes les navettes doivent correspondre à l'Idée de navette, mais, selon que c'est le lin ou la laine qu'on tisse, la navette « qui pour chaque cas est naturellement la meilleure, on devra en adapter chaque fois la nature à l'ouvrage à exécuter » (389b). Si le matériau à travailler peut imposer certains ajustements, ceux-ci ne doivent pas forcer la chose à s'écarter trop de son *eidos*. Ce n'est pas seulement le matériau « matériel » qui exige une telle adaptation : dans le *Sophiste* (221b *sq.*), la division de la pêche à la ligne s'effectue d'abord en fonction de la nature de l'objet : la

---

1. Sur la relation entre *eidos* et *idea*, voir M. Dixsaut, « *Ousia, eidos et idea* dans le *Phédon* », dans *Platon et la question de la pensée*, Paris, Vrin, 2000, p. 71-91.

2. Voir l'expression « ce qu'est la navette elle-même » (αὐτὸ ὃ ἔστιν κερκίς, *Crat.*, 389b5).

pêche est chasse « de ceux qui vivent dans l'eau », puis relativement à la façon de procéder : à la frappe, à l'hameçon... Celui qui fabrique une serpette n'a pas en vue le cep de vigne, mais la meilleure façon de le couper (*Rép.*, I 353a), celui qui fabrique une navette pas en vue le lin ou la laine, mais la meilleure façon de tisser. La différenciation est seconde : il faut avoir la connaissance de *ce qu'est* une navette pour en adapter la nature à la légèreté ou à l'épaisseur de ce qui est à tisser.

Mais si la *nature*, pour accomplir bellement sa fonction, doit adapter sa puissance à ce sur quoi elle doit agir, l'Idée, elle, contraint la multiplicité des parties à s'unifier. La *phusis* doit ajuster sa puissance d'agir à ce sur quoi elle l'exerce, et en ce sens en pâtir, l'*eidos* doit se comprendre comme puissance d'intelligibilité. Quel que soit l'artisan, dit Socrate à Calliclès, « tu verras selon quel ordre il place chacun des éléments qu'il a à placer et comment il les contraint à s'adapter et s'ajuster les uns aux autres, jusqu'à ce que le tout se tienne ensemble, comme une chose ordonnée et bien arrangée » (*Gorg.*, 503e-504a). On peut juger de la nature d'un ouvrage selon qu'y sont ou non présents *taxis* et *cosmos*. Or les formes d'ordre et d'arrangement propres à l'âme se nomment *nomimon* et *nomos* (*Gorg.*, 504d). Le *nomos* cesse alors d'être ce qu'il était pour Calliclès et pour Hippias, « ce tyran qui impose par la force nombre de choses contraires la nature » (*Prot.*, 337d). Pour certains sophistes, pour Calliclès superlativement, *nomos* et *phusis* s'opposent comme deux ordres dont chacun est, du point de vue de l'autre, un désordre. Lorsque la *phusis* est ainsi entendue, le « droit » (*Gorg.*, 484a) consiste à avoir plus (*pleonexia*), conformément à un appétit qui est en lui-même appétit d'un « toujours plus ». La loi de la nature, telle qu'elle se révèle dans l'outrance du discours que Platon prête à Calliclès, se résume en fin de compte à l'affirmation d'un appétit illimité imposant sa loi. Deux types de droits s'affrontent alors, la « nature » n'étant que la dénomination impropre d'une avidité si tyrannique qu'elle devient principe de « dénaturation » en se voulant « conformité à la nature ». Tel que le conçoit Socrate dans le *Cratyle*, le droit, le *nomos*, n'est ni préfiguré dans la nature ni résultat d'une convention : il est la manifestation du mouvement par lequel une nature accomplit son excellence en imposant ordre et proportion à tout ce sur quoi elle exerce sa puissance. La loi à laquelle une nature se soumet n'est ni extérieure ni ultérieure, elle est *sa loi*. *Phusis* et *nomos* se retrouvent donc du même côté.

Le *Gorgias* et le *Cratyle* démontrent la solidarité entre le sens « physique » de l'opposition et son usage éthique ou politique. Tous les sophistes voient dans la notion de nature quelque chose comme une limite imposée au *nomos*. On peut avec Protagoras juger cette limite antérieure et inférieure, voir dans la *technè* l'origine des progrès humains et dans ce *nomos* qu'est la langue le fondement de toute sociabilité[1] ; on peut au contraire, comme Antiphon, penser la *phusis* comme *tuchè*, comme source d'événements (vie et mort en particulier) – dont l'advenir est dépourvu de toute raison, mais seuls réels, comme l'est l'intérêt personnel qui justifie toutes les transgressions de lois en elles-mêmes contre nature[2]. Ou, paradoxalement, assimiler nature et

---

1. Ce qui permet l'identification entre nature et discours faible (φύσις et ἥττων λόγος).
2. W.K.C. Guthrie (*A History of Greek Philosophy*, vol. 3 : *The Fifth-century Enligtenment*, Cambridge UP, 1969), distingue entre les sophistes « tenants du nomos » (chap. IV, 2) et ceux « tenants de la phusis » (chap. IV, 4).

non-être à la manière de Gorgias, ce qui revient à projeter dans le concept de *phusis* une exigence telle de plénitude et de positivité qu'il en devient inconcevable, et qu'en devient impossible l'existence même de son contenu.

Or « nature » n'est pas un terme qui serve, dans les Dialogues, à penser *la Nature*. Platon doit en effet lutter sur deux fronts : contre les sophistes, qui y voient une force, impuissante ou trop puissante d'opposition au *nomos*, et contre les « physiciens » qui, sous cette illégitime substantification, pensent une réalité si réelle que toute autre espèce de réalité semble devoir en dériver ; une unité d'autant plus cohérente qu'elle exclut toute plurivocité : *la* Nature serait le principe univoque de toute nature singulière et de tout être naturel. On ne peut au contraire, selon Platon, parler de « nature » qu'à la condition que ce que nous nommons ainsi comporte un ordre et une distribution réglée, on ne peut la penser qu'en multiplicité. *Phusis* implique *nomos*, et à chaque nature *sa* loi. La « nature » implique la différenciation et la multiplicité des modes d'unification et d'intelligiblité, des puissances d'agir et de pâtir propres aux différentes réalités (intelligibles et sensibles). Cette différenciation n'est pas empirique et cette multiplicité n'a rien d'arbitraire. Pour être intelligibles, les natures doivent être multiples et les différences entre elles doivent être des différences de structure, d'ordre et d'articulation interne. Car si toute nature n'est pas intelligente – seule l'est la nature de l'âme – toute « nature » selon Platon ne mérite ce nom que si elle est au moins intelligible. La « source de l'inintelligente [et inintelligible] opinion » (*Lois*, X 891c) des Sages, des *sophoi*, sur la Nature, est en effet qu'ils rejettent d'un même côté Nature, hasard et nécessité, et situent tout ce qui est Art, jugement et intelligence de l'autre côté de cette ligne de partage. De l'erreur sur le principe résulte une relation axiologique inversée entre ce qu'ils nomment *phusis* et *technè*. Rétablir la véritable priorité permet de comprendre que, si est « naturel » ce qui est primordial, alors c'est l'âme, et aussi l'intelligence, l'art, la loi, le jugement qui sont éminemment « naturels » et premiers et qui possèdent une dignité supérieure. Ce que les penseurs de la Nature désignent comme étant « par nature » (*phusei*) et « naturel » est en fait second, « postérieur, et doit résulter, en tant que chose subordonnée, d'un art et d'une intelligence » (*Lois*, X 892b). La nature de la Nature, sa nature principielle et primordiale, est psychologique, logique, technique, et non pas physique. Ce que ces « physiciens » (pour parler comme Aristote) entendent improprement par « Nature » – et ce que nous continuons à entendre par là – ne désigne qu'une nature dérivée. Mais qui peut opérer un tel renversement ? Qui peut discerner ce qui est véritablement principe, ce qui en possède le pouvoir ordonnateur ? Seul celui en qui l'intelligence est principe peut acquérir l'intelligence du principe et réfuter l'opinion dépourvue d'intelligence. *La nature du philosophe déplace la naturalité de la nature.* La parenté de la « nature-philosophe » avec ce qui est authentiquement par nature permet de restaurer la véritable nature de la nature [1].

Au sens des « physiciens », qui est le sens « courant » du terme, « Nature » désigne un ensemble d'éléments matériels, de causalités mécaniques et de mouvements spontanés. Cet ensemble est pris comme principe de tout ce qui est « naturel » (*phusei*) par opposition à ce qui procède le l'art (*technè*) et de l'institution (*nomos*). Selon

---

1. Pour la nature qu'il faut avoir pour ne pas se tromper sur la véritable nature de la nature cf. *Soph.*, 265c-e.

les « Sages », a une nature ce qui procède d'un devenir comprenant en soi-même son principe : principe de son propre mouvement, de son propre changement, de sa propre naissance, de sa propre croissance et de sa propre disparition. Selon Platon, cette représentation « athée » de la Nature – « athée » puisqu'elle lui refuse toute âme, tout art et toute intelligence, donc toute vraie causalité – exclut qu'une telle Nature puisse être principe : tout ce qu'elle peut engendrer sera le fait du hasard ou de la nécessité, mais ne pourra être droitement nommé « naturel ». Ce qui est « éminemment naturel » (*diapherontôs phusei*, *Lois*, X 892c) est la *technè*. La *technè* ne constitue ni la continuation de la *phusis* ni l'instauration de pratiques humaines dont il n'y aurait pas de modèle « naturel ». La Nature agit « techniquement », intelligemment, ce qui est « par nature » est donc éminemment « par art ». Selon les « physiciens », les êtres « naturels » ont une nature soumise au devenir, à la génération et à la corruption. Dans les Dialogues la nature d'une chose est synonyme de son Idée (*eidos*), de sa manière d'être propre (*ousia*), et l'intelligence de chaque nature ainsi entendue implique la détermination de sa puissance d'agir, et sur quoi, de pâtir, et sous l'effet de quoi. La véritable science « naturelle » est donc la science de ces natures vraiment existantes que sont les Idées. La science, œuvre de l'intelligence, en détermine les objets : des « natures » dont l'attribut essentiel n'est pas « naturel » mais « primordial et premier ». Or rien d'autre que l'intelligence ne peut être reconnu comme principe par une âme douée d'intelligence. Anaxagore l'a vu, mais il a parlé physiquement de l'intelligence en pensant sa causalité comme causalité efficiente. Si l'intelligence et l'âme sont principes, leur causalité est intelligible et il faut penser *l'unité* (et non pas la dérivation, encore moins l'opposition) de la *phusis*, de la *technè* et du *nomos*. L'âme, l'intelligence, la science, l'art, ne sont pas plus étrangers à l'être qu'ils ne le sont au monde naturel. Il faut penser la nature de l'être comme les incluant ; mais la nature du Monde inclut aussi une autre sorte de causalité, errante et nécessaire : c'est pourquoi on ne peut tenir à son propos qu'un discours vraisemblable, qui rétablit néanmoins l'ordre « naturel », c'est-à-dire la priorité de l'âme sur le corps (*Tim.*, 34c, *Lois*, X 889c-892c).

Quand les Dialogues font du logos le moyen de saisir la *nature* du beau, du juste ou de l'égal, ce n'est pas une métaphore, c'est bien là, selon Platon, le sens propre et premier de *phusis*. La restitution de ce sens est suspendue à l'existence d'une nature capable de pâtir d'autre chose que de l'opinion, d'être mue par autre chose que par l'appétit, le plaisir ou la crainte : à l'existence du naturel philosophe. Nature que l'intelligence détermine entièrement, la nature du philosophe révèle l'essence de la *phusis* : son pouvoir d'exclusion. Les corps, les appétits, le *thumos*, les constitutions politiques et même le naturel philosophe (si l'on entend pas là un « caractère humain », *Rép.*, VI 492e) donnent prise à l'action ambiguë du *pharmakon*, drogue ou persuasion. Ils peuvent être dénaturés, comme la neige du *Phédon*, car ils n'ont pas en eux-mêmes de contraire, mais seulement en tant qu'ils participent d'une nature qui, elle, en a un, et l'exclut. Est « naturel » au sens des Dialogues – et non pas au sens des physiciens, d'Hippocrate, des sophistes ou d'Aristote – *ce qui comporte en soi son principe de relation, qui est aussi un principe d'exclusion* (et non pas seulement son principe de relation, ou son principe de changement ou de mouvement). Toute *phusis* possède la puissance de distinguer ce qui lui est approprié de ce qui lui est étranger ou hostile. On reconnaît qu'une chose est par « nature » (*phusei*) si elle ne peut entrer en relation qu'avec l'autre qui lui convient. Cela signifie, épistémologiquement et ontologiquement (les deux étant chez Platon inséparables), la compatibilité sélective des Idées et des Genres entre eux, donc la possibilité même du logos. C'est donc bien « un chien de garde » que le naturel philosophe (*Rép.*, II 375c-376c). Car ce qu'il préserve et sauve en sauvegardant sa propre nature, ce n'est pas seulement la justice de la Cité, la vérité du logos, l'essence de tout ce qui est véritablement étant, mais aussi l'unité de la nature et la loi, de la *phusis* et du *nomos*.

Les mots et les choses

Si le nom de *nature* a un sens, il implique cette intelligibilité qui est comme une loi (*nomos*) pour la chose même. Mais un nom a-t-il justement un sens, et s'il en a un, peut-on s'y fier pour accéder à la chose ? En ce qu'il « montre » la chose qu'il nomme, le nom est une image imitative (*mimèma*), et toute imitation implique sélection. Si quelque dieu voulait produire de toi une image, dit Socrate à Cratyle, il ne reproduirait pas seulement l'aspect extérieur, mais aussi le dedans, « ce qu'il enferme de mou et de chaud ; il y introduirait enfin le mouvement, l'âme, la pensée, tels précisément qu'ils existent chez toi ». On aurait donc non pas Cratyle et une image de Cratyle, mais deux Cratyle (432b). Dans la langue des dieux, il n'y aurait que des choses, ce ne serait pas une langue. Mais dans la langue des hommes, n'y a-t-il que des noms-images, sans rapport avec les choses (*pragmata*) ? Si les choses ont une nature, nommer, « il faut donc le faire aussi conformément à la nature des choses avec l'instrument (*organon*) convenable, et non pas comme nous, nous le voudrions »

(387a1-2). Parler étant une action (*praxis*), les mots sont ses instruments. Une action est déterminée par son but, et elle doit pour l'atteindre s'ajuster à la nature de ce sur quoi elle agit. N'étant pas mise en question comme origine mais comprise comme nature des choses, cette nature est « ce qui résiste à un tiraillement en tous sens au gré de notre imagination ». La nature change ainsi de nature : si les noms ont une naturalité, ils ne la tiennent plus d'une origine naturelle, première et transcendant toute variation culturelle, mais de leur capacité de nommer les choses selon la nature de chacune. Et comme il faut nommer aussi les choses qui nomment, autrement dit les noms, ceux-ci doivent être nommés en fonction de leur nature, or leur nature consiste à pouvoir montrer la nature de la chose qu'ils nomment. Le dire ne s'oppose pas au faire, dire est une *praxis*, et « c'est conformément à leur nature que les actions agissent, et non pas conformément à notre opinion ». La véritable antinomie n'est pas alors celle de la nature et de la convention, mais celle de la nature et de la *doxa*. En tant qu'il possède une puissance spécifique d'agir, le nom a une nature, sa nature de nom, sa manière d'être propre (*ousia*), et elle se caractérise par sa puissance. Tout nom est donc doublement relié : à sa nature de nom, et à la nature de la chose qu'il dénomme. Supprimer l'une ou l'autre liaison revient à soutenir soit la thèse d'Hermogène, soit celle de Cratyle. Le premier n'accorde au nom que sa fonction de dénomination, donc de communication (« d'enseignement »), et récuse tout lien entre le nom et la chose qu'il dénomme; le nom, n'ayant plus alors pour contenu qu'une représentation dont le représenté est la représentation elle-même, est nécessairement « conventionnel ». Mais Cratyle n'a pas raison non plus : si en revanche le nom n'est lié, naturellement, qu'à la chose, comme cette relation « naturelle » est une relation de ressemblance, il y aura deux choses et pas de nom, deux Cratyle mais non pas Cratyle et son nom.

La première partie du Dialogue avait fait apparaître que la nature de la chose dénommée était sa manière d'être (*ousia*), que la puissance du nom consistait à la montrer, et qu'il existait donc un rapport « naturel » entre le mot et la chose. La seconde partie s'interroge sur la nature du nom : « Quelle puissance (*dunamis*) ont donc pour nous les noms, et qu'est-ce qu'ils œuvrent (*apergazesthai*) de valable ? » (435d2-3). Si autre chose est un nom, autre chose ce dont il est le nom, si nom et chose n'ont pas le même contenu (432d), le nom est bien une imitation (*mimèma*) de la chose, mais une imitation qui n'est pas un double. Car ce que peuvent les noms, c'est rendre évidente la nature d'une chose. Le nom est donc aussi un instrument (*organon*), il a pour fonction (*ergon*) de « démêler les choses », il possède une puissance diacritique [1]. Si le nomothète avait tenu compte à la fois de la nature de la chose et de la nature du nom, le *nomos*, la loi qu'il aurait imposée à la langue n'aurait rien d'arbitraire. L'argument invoquant la diversité des langues à l'appui de la thèse de la conventionalité tomberait, puisque cette diversité résulte de l'adaptation à un matériel phonétique variant selon les organes de phonation propres aux différents peuples, mais n'implique aucune différence quant à la nature du nom et quant à sa fonction. À supposer, comme le prétend Cratyle,

---

1. Le nom est διακριτικὸν τῆς οὐσίας (*Crat*, 388c). G. Ryle remarque (sans en tirer beaucoup plus) que chez Platon presque tous les « mots primitifs sont des verbes » (« Letters and Syllables in Plato », *The Phil. Rev.*, 69, 1960, p. 344). Distinguer entre les *ousiai* consiste donc à déterminer leurs puissances propres d'agir et de pâtir : la liaison entre *phusis* et *dunamis* traverse tout le corpus platonicien.

qu'il n'y ait qu'une seule bonne langue, une seule langue « naturelle », et que toutes les autres ne soient que du « bruit » (429e-430a), cet idéal d'une langue unique et bien faite est contradictoire en lui-même, puisqu'il recherche l'unicité au sein de l'empiricité et la permanence au sein de l'historicité – qu'en un mot il confond les faits de langue avec la fonction du langage.

Ce ne sera donc pas une même *technè* qui doit s'appliquer aux noms et aux choses. Or cette confusion est le présupposé du savant en étymologie. Brusquement inspiré par une science (*sophia*) qu'il ignorait posséder, Socrate se met à vaticiner au cours d'un très long examen étymologique. Vaticiner, car la science étymologique a pour présupposé qu'une sagesse originaire est déposée dans les mots ; la langue tient ainsi sa profondeur et son autorité d'une valorisation mythique de son origine – les Dieux, les Muses, les Anciens, les Sages. Le sens primitif serait le sens vrai, et, déposé et concentré dans les noms, il fait de chacun sa propre définition, qu'un second *logos* n'aurait plus qu'à extraire. Admettons qu'un nom juste soit un nom approprié à ce qu'il dénomme. Quels seraient les noms par excellence les plus justes ? Les noms propres, qui garantissent une correspondance biunivoque entre la chose et le nom et excluent homonymie comme polyonymie. La science étymologique ne peut s'étendre aux noms communs qu'à la condition de postuler la propriété de tous les noms : elle est donc la recherche de la vérité contenue dans les noms, recherche devant toutefois prendre en compte une part irréductible d'accidents – mutilations, adjonctions, collisions tant phonétiques que sémantiques. L'entreprise n'est pas totalement absurde, puisque chaque nom tend à enseigner, même de travers, ce qu'est la chose : toute langue comporte

une volonté d'intelligibilité. L'erreur de la méthode étymologique est de croire que cette intention d'intelligibilité
s'est déjà et une fois pour toutes réalisée dans la langue ;
c'est son désir de trouver le signifié dans le signifiant, le
logos dans le mot et jusque dans les lettres et les syllabes
qui la rend absurde. Socrate va commencer par les noms
propres, et d'abord par les noms des dieux, leur éternité
conférant à leurs noms une permanence supposée intangible.
Il tient d'ailleurs à préciser que son enquête ne portera pas
sur les dieux eux-mêmes (dont il ne sait rien) mais « sur
l'opinion que les hommes peuvent bien en avoir lorsqu'ils
ont imposé les noms », car celui qui a imposé les noms l'a
fait « selon ce qu'il croyait que les choses étaient » [1]. Le
problème se déplace de la rectitude des noms vers la valeur
de l'opinion qui s'impose à travers tous. On peut alors lire
la très longue vaticination de Socrate pour ce qu'elle se
donne : pour la liquidation parodique d'une prétendue
science.

L'analyse des étymologies, que l'on peut juger peu
scientifique si l'on est insensible à son ironie, révèle que
la perspective dominante est celle du mobilisme universel.
Puisqu'elle charrie comme une « métaphysique spontanée »,
la langue fait à peu près système parce qu'elle est le produit
d'une interprétation qui impose sa marque, ses significations
et ses valorisations implicites, à toutes les dénominations.
Le nomothète a donc pris pour principe une « petite erreur
initiale inaperçue » – l'identification de la Nature à un flux
incessant – et c'est sur elle qu'il a réglé de force tous les
noms qu'il forge. La langue, pourtant, résulte d'une
évolution, elle comporte des stratifications : langues
barbares, anciennes, modernes se superposent, anciens

---

1. Cf. *Crat.*, 401a, 411b-c, 436b.

poètes et nouveaux philosophes contribuent à l'enrichir, mais c'est toujours une même *doxa* qui s'exprime et se raffine. Pour en contester la valeur, il faut remonter à son origine – dernier déplacement, assez remarquable bien que peu remarqué. L'opinion dominant la langue ne naît pas du spectacle de la fugacité ou de la précarité des choses, elle est la conséquence de ce que les hommes ont appelé « connaissance » : « à force de tourner en rond en cherchant à comprendre comment sont les réalités, ils sont pris de vertige, et par suite il leur semble que les choses aussi tournent en rond. » Ce n'est pourtant pas cet état, ce *pathos* intérieur qu'ils rendent responsables : ils affirment que ce sont les choses qui s'écoulent, emportées par un mouvement total et perpétuel. Socrate finit donc par se demander si, loin que les choses se trouvent être ainsi, ce n'est pas ceux qui ont institué les noms « qui sont tombés dans une sorte de tourbillon, qui s'embrouillent, et nous entraînent à y tomber avec eux » (439 b-c). La croyance à la mobilité des choses naît de la projection par l'opinion de sa propre mobilité sur les choses. Chaque nom de la langue contient une opinion sur la nature de la chose, cette opinion s'ordonne à une opinion générale sur la nature des choses, l'opinion sur la nature des choses ne traduit que le tournoiement de l'opinion, et ce qui parle dans la langue est son vertige. Conclusion implicite : la langue grecque, celle que Platon est bien forcé de parler, transmet des opinions peu divines sur la nature des dieux, des opinions peu intelligentes sur la Nature qui en devient inintelligible, des opinions immorales sur la morale et, principalement, l'opinion sur l'identité de l'opinion et la connaissance : selon une certaine étymologie, elles auraient exactement la même démarche, épouser le cours des choses. « D'ailleurs, cela m'étonnerait beaucoup que les noms eux-mêmes soient d'accord entre eux. » Certains se prêtent à deux analyses étymologiques contradictoires, et par un hasard providentiel, c'est dans le vocabulaire de la connaissance que la « guerre civile » fait rage. Selon la perspective adoptée (mobilité ou stabilité), la science de l'un sera l'erreur ou l'ignorance de l'autre, et réciproquement. Ce sont toujours des opinions, mais elles peuvent être bien ou mal inspirées ; tous les noms n'ont donc pas été mal institués et le recours à l'étymologie peut se justifier exactement comme peut se justifier le recours au mythe : comme moyen d'une « bonne persuasion ».

Qui alors sera juge du fait qu'un nom exerce droitement sa fonction ? Est juge de la valeur de son instrument celui qui en use, ou plutôt qui sait en bien user. Est juge de sa langue celui qui sait correctement parler. Seul le dialecticien est donc capable d'apprécier si le nomothète « a inscrit la forme du nom qui convient à chaque chose dans les syllabes, quelles qu'elles soient ». Le problème de l'origine des langues est accessoire par rapport à celui de la rectitude des noms. Mais si le problème de la rectitude peut se poser *à propos* des noms, il ne peut pas se poser *à partir d'eux*, seulement à partir du logos qui en use. Supposer la parfaite adéquation du mot à la chose rendrait le logos inutile. Qu'une telle adéquation n'existe pas est ce que prouve qu'une même chose peut se signifier sous deux noms : Astyanax et Hector n'ont qu'une lettre en commun, et pourtant ils « signifient la même chose ». Ni une lettre, ni un nom, ni même une phrase impropres ne peuvent faire obstacle « tant qu'est présent le caractère (*tupos*) de la chose au sujet de laquelle se tient le logos » (432e). Le problème de la rectitude des noms ne peut pas se poser à partir des noms, mais seulement à partir du logos. Pour circuler, le logos doit d'abord récuser l'image que le nom projette – celle du savoir dans le nom du sophiste, de la naturalité dans celui de *phusis*, de la conventionalité dans celui de *nomos*, ou celle de la destruction qui fait redouter le nom d'Apollon. Cependant, si la langue n'est pas le lieu d'un savoir primitif déposé dans les noms, elle ne contraint pas davantage à n'échanger que des opinions. Ni reflet indiscernable des choses, ni totalement étrangère à ce qui est, il est possible d'en user dialectiquement. Car le nom a le pouvoir d'exprimer autre chose qu'une opinion, il possède la puissance de discerner l'*ousia*, et si nous ne disposions pas de ces instruments que sont les mots de la langue, toutes choses seraient pour nous confondues. Mais comme les différences entre les noms ne sont pas l'exact reflet des différences essentielles, il faut introduire une troisième sorte de relation. Car si le nom était un simple indice renvoyant naturellement à la chose, il n'aurait aucune nature propre et il ne signifierait rien : il serait cet index pointé en direction de la chose que Cratyle, à ce qu'on raconte, se contentera plus tard de lever[1]. Mais si inversement il n'était qu'une convention, il ne signifierait rien non plus, en tout cas rien d'autre que l'impossibilité pour les mots de dire ce qui est. Pour dire la chose, le nom doit en différer, mais comment ?

S'il n'existait que des choses sensibles, tout leur être consistant à apparaître, on irait de l'image-nom à l'image-représentation, les deux ayant un contenu identique. Seule l'hypothèse d'une manière d'être autre que celle de la chose sensible peut donner un contenu au jeu de différences et ressemblances qui sont constitutives du logos. C'est au moyen du logos et du logos seulement, et non par le moyen des noms, qu'une Idée peut être recherchée, atteinte, dite.

1. Aristote, *Mét.*, Γ5, 1010a12.

Le nom ne remplit donc correctement sa fonction que grâce au dialecticien qui connaît la différence entre le nom et la chose, ce qui lui permet de la nommer en dépit des apparences, de nommer par exemple « inconscience » (et non pas courage) le fait de descendre dans un puits sans savoir comment en remonter. Aussi de nommer « cercle » ce qui, bien que n'étant qu'approximativement rond aspire (pour reprendre le terme du *Phédon*) à figurer un cercle. S'il peut le faire, c'est parce qu'il pose une autre différence, entre la chose et l'Idée, donc une autre sorte de ressemblance, et parce que seuls les mots peuvent lui permettre de chercher et de définir une Idée. Allant des images projetées sur les choses par des opinions aux Idées dont les choses ne sont que les images, le dialecticien est le seul juge de « ce qui convient » (435c8-d1), de la convenance de ce nom à cette chose, de ce nom à cette Idée, et de cette chose à l'Idée par l'intermédiaire de son nom. La position d'Idées ouvre au logos l'espace dialectique à l'intérieur duquel il peut « aller en avant et en arrière », interroger et répondre, découvrir et enseigner. Chaque mot mis en examen est pour le dialecticien à la fois l'avenir de son sens et le passé de ses usages – passé dont il faut la plupart du temps le débarrasser, avenir d'un sens proposé, mais jamais ni incontestable, ni définitivement fermé. Si la langue est pour le dialecticien généralement le produit d'une mauvaise interprétation, en propose-t-il une, plus correcte ? Son but n'est pas de forger un langage intégralement conventionnel comme celui des sciences et des techniques, conventionnel puisque chaque nom y est identique à la définition décidée au départ. Ce langage ne parlerait plus qu'à la raison, et en fait ne *parlerait* plus du tout. Le dialecticien peut changer la signification d'un nom en procédant par métaphores et métonymies, ou forger parfois de nouveaux noms quand sa langue ne lui fournit pas ceux dont il a besoin – il ne peut pas refaire entièrement la langue, guérir tous les mots. Il n'a pas pour but de substituer à la faiblesse et l'incohérence de la langue dont il hérite la cohérence systématique d'un langage « techniquement » institué.

Dans le *Cratyle*, le problème de la langue ne cesse de bouger, mais pas comme Platon nous dit que bougent la plupart de ses mots : pas en fluctuant, mais en reculant chaque fois d'un cran. À l'alternative : les noms sont-ils naturels ou conventionnels, Socrate réplique qu'il faut d'abord savoir ce qu'est un nom. Donnant au nom une nature, il lui donne une puissance, dont seul le dialecticien peut correctement user. Le problème, en dernière analyse, est donc celui de la connaissance des choses, c'est des choses et non pas des mots qu'il faut partir (439b), mais de quelles choses ?

L'étymologie absente

Il y a dans le langage une double pente qui lui est naturelle : une pente « réaliste » et une pente « sophistique ». Le postulat est le même : c'est celui de l'image-copie, de l'image qui ne contient rien d'autre, rien de plus ni de moins que ce dont elle est l'image, ce qui légitime soit qu'on en parte, soit qu'on s'y tienne. Le mot est pourtant autre chose qu'un simple son pointant vers la chose qu'il désigne, il y a bien en lui une part de convention (435b-c) ; il est aussi autre chose que l'expression de représentations multiples et fluctuantes, il y a bien en lui une part de nature (391a-b). Un bon usage du langage, quand c'est Socrate qui en établit les fondements contre Cratyle et contre Hermogène, est possible, sinon la misologie guette. Pour s'en préserver, le dialecticien doit être philosophe. Car si la différence des mots aux choses et des mots aux représentations permet le mouvement du logos, elle ne permet ni d'inventer ni d'apprendre.

Inventer et apprendre impliquent une certaine hypothèse, celle dont Socrate « rêve » si fréquemment, à savoir l'hypothèse qu'existent « un beau en soi-même et un bien, et ainsi pour chacun des étants » (439c). Choisir cette hypothèse équivaut à refuser l'autre, celle selon laquelle « rien de rien n'est sain, et tout coule comme vase d'argile » (440c). À la fin du Dialogue, il s'agit en effet d'examiner la concordance entre les deux thèses énoncées par Cratyle : « l'être est mouvement », et « on peut dire vrai et faux ». La thèse linguistique de la rectitude des noms s'est révélée avoir pour condition celle de la possibilité de la connaissance, qui a elle-même pour condition la détermination de la manière d'être des choses connues (440a). On peut alors, dit Socrate, envisager plusieurs hypothèses :

– si au moins cela, la connaissance, ne change pas dans sa forme de connaissance, c'est toujours (*aei*) qu'elle demeure connaissance et qu'il y aura connaissance (440a). Cette hypothèse positive absolue quant à la connaissance est présentée comme une *exception* à la thèse de l'écoulement universel.

– si l'idée même (*eidos*) de la connaissance change, alors, dans le même temps (*ama*), il n'y aura pas connaissance mais ce en quoi la connaissance s'est transformée (440a-b). La conclusion relativement négative quant à la connaissance découle de l'hypothèse positive relative quant au changement.

– enfin si l'idée de la connaissance change toujours (*aei*), alors c'est toujours qu'il n'y aura pas de connaissance mais ce en quoi la connaissance s'est transformée (440a-b). L'hypothèse positive absolue quant à l'écoulement entraîne une conclusion absolument négative quant à la connaissance.

– mais si, reprend Socrate, on se met dans la première hypothèse, alors c'est toujours qu'existent et le sujet connaissant et les étants connus, qui sont et sont uns (440b). Il existe un type d'être qui échappe à tout écoulement comme à toute translation. L'hypothèse positive absolue quant à la connaissance permet de conclure à l'existence différente de certains êtres.

Les deux thèses de Cratyle ne sont contradictoires que dans la seule hypothèse qui ne laisse subsister aucune forme, dans l'hypothèse d'un écoulement pur qui ne serait pas même une *transformation*. De plus la position d'étants (le bon, le beau) ne contredit pas toute espèce de changement, elle n'est incompatible qu'avec l'être défini comme changement *incessant*. À la fin du *Cratyle* il reste donc deux hypothèses recevables : ou bien le changement transforme en même temps la connaissance et le connu, et il existe des espèces de connaissances irréductiblement plurielles et soumises aux variations du devenir ; ou bien le changement n'affecte pas l'idée de la connaissance, et cette idée implique la permanence et l'unicité de chacun des étants connus : l'« idée de » devient Idée tout court. Seule est exclue la thèse de l'écoulement comme loi universelle de toutes choses, puisque « de son logos » découle l'impossibilité absolue de la connaissance, donc du discours vrai. Les deux hypothèses restantes ne sont posées qu'à titre provisoire, et appellent une reprise, un examen « qu'il faudra mener courageusement et comme il faut » (440d).

Il ne s'agit pas plus ici de déduction que de démonstration par l'absurde, la conclusion n'est pas plus contenue dans le principe qu'elle n'en implique nécessairement la position. Le lien entre l'hypothèse et ce qui en découle, le lien entre une hypothèse et une hypothèse « d'en haut » (*Phédon*,

101d), ne sont pas des liens formels ou logiques. Dans le *Phédon* la compatibilité des conséquences entre elles, et la remontée à ce qui « apparaît comme la meilleure » des hypothèses, sont tout entières relatives à celui qui voit cette compatibilité et qui choisit cette hypothèse[1]. Pour voir la concordance ou la discordance, il ne suffit pas d'appliquer une procédure méthodologique, il faut être inventif, savoir voir, introduire l'autre qui convient, discerner en chaque cas le mode de relation unissant l'hypothèse à ses conséquences ou à son principe. Le philosophe, celui qui sait voir des liaisons qui ne s'imposent pas logiquement, ne saurait être omis. Car le philosophe est celui qui a l'intelligence des différences, non pas celui qui possède une méthode permettant de les annuler. Si les hypothèses examinées à la fin du *Cratyle* (ou dans le *Parménide*) ne sont pas équivalentes, c'est qu'elles sont référées, explicitement ou implicitement, à la possibilité pour celui qui les examine de faire ce qu'il est en train de faire, de philosopher. Elle ne peuvent être validées par un critère formel de non-contradiction, de compatibilité, de déductibilité ou de convertibilité. L'hypothèse de la permanence, de l'unité, de la différence propre à la forme de la connaissance est une hypothèse qui requiert, pour l'examiner, un philosophe capable de contredire avec courage ce qu'il ne cesse de sentir et d'expérimenter, à savoir que sans cesse tout coule, tout s'engendre, se corrompt et se transforme.

Seul le devenir est immédiatement donné. Si l'hypothèse de l'écoulement universel était la vraie, ces étants dans lesquels le discours trouverait sa seule possibilité d'être

---

1. « Celle (…) qui paraît la meilleure » est précisé par « si toutefois il fait partie des philosophes » (*Phédon*, 101d8-101e6).

vrai ne ressembleraient en rien à ce qui est, c'est-à-dire à ce qui devient. Car « ces êtres dont nous nous parlons à présent ne me semblent offrir aucune ressemblance avec un écoulement et une translation » (440b) : ce seraient donc des êtres de langage. Le discours ne dirait alors que ce qui n'est pas, ou serait condamné à formuler et reformuler la loi de l'universel écoulement et à dénoncer tout ce qui la contredit. Il faut du courage pour affronter cette hypothèse (440d), il en faut sans doute encore plus pour décider de poser l'autre. Car l'être intelligible ne se donne qu'à celui qui le recherche et de la « belle façon », mais sans garantie. Ce courage est celui du dialecticien philosophe. Pour prendre ce beau risque, il faut choisir d'être mort et désirer le rester, prendre plaisir à la compagnie d'Hadès. Si la méthode habituelle « consiste à poser une Idée pour toute multiplicité à laquelle on assigne un même nom » (*Rép.*, 596a), cela ne veut pas dire qu'à tout nom commun correspond une Idée. Cela signifie que tout nom peut fournir au dialecticien l'occasion de rechercher l'Idée qui lui correspondrait. Rien ne préjuge qu'il en existe nécessairement une pour ce nom : le nom commun peut renvoyer à une Idée qui ne lui soit pas homonyme, c'est à « flatterie » et non pas à « art des discours » que renvoie la rhétorique, à commerçant ou imitateur et non pas à savant que renvoie le nom du sophiste ; réciproquement, il se peut qu'en pensant on atteigne des Idées auxquelles aucun nom ne correspond. Mais si le nom n'est pas l'Idée, il peut être un point de départ pour la poser. En ce sens, il y a en tout nom une part de nature qui tient à sa nature de nom, au fait qu'il est propre à démêler des différences. Mais le nom n'a cette fonction que pour qui parle comme les cygnes chantent, en pressentant un autre mode d'être pour les étants, tel que les différences puissent être de vraies différences. Pour les choses et pour nous-mêmes, l'écoulement, la variation, l'altération, la corruption semblent être la seule manière d'exister. L'écoulement est une constatation, et la seule question est de savoir si ces choses – cette navette qui s'use et se casse, cet homme qui vieillit et qui meurt – sont *toutes* les choses. Si c'était le cas, alors il n'y aurait rien de sain non plus dans le langage, et pour être cohérent, de peur d'immobiliser la mobilité en la nommant donc en la falsifiant, il faudrait se contenter de dire « pas même ainsi » (*Théét.*, 183b). Ce n'est pas de « bien parler » mais de la possibilité même de parler et de penser qu'il s'agit ici. La grande ruse de Platon consiste à montrer qu'il est impossible de les séparer, et *que la même hypothèse permet de bien user du logos, permet le discours vrai, et permet le langage.* Si tout dans le langage est convention, rien ne peut contraindre personne à se soumettre à un arbitraire étranger, chacun dit ce qui lui semble sans se soucier de ce qu'il semble aux autres, et baptise cela sa « vérité » ; ce n'est pas la communication, c'est la guerre (*Crat.*, 438d). Si tout dans le langage est nature, il n'y a plus de langage, mais deux natures se redoublant inadéquatement et inutilement. Le discours n'est possible que comme imitation, mais cette imitation est agissante, elle instaure la convenance du mot à la chose par le moyen de différences, et démêle les différences parce qu'en elles *le logos ressemble autant qu'il est possible à ce qui est.* Cette dernière ressemblance est laissée dans le *Cratyle* à l'état de « peut-être ».

La dialectique n'est autre chose que pari sur un rêve, option pour l'un des termes d'une alternative dont l'autre resterait toujours menaçant, elle suppose une nature qui reconnaît du dedans, dans son âme, sa parenté avec la nature des étants qu'elle cherche à penser, qui « n'abandonne pas aux mots le soin de lui-même et celui de son âme » (440c). Avant que le *Théétète* et le *Sophiste* n'examinent la question de la mobilité et de l'immobilité de l'être, il faut d'abord que le philosophe examine courageusement ce qu'il désire quand il dit que c'est penser qu'il désire et qu'il aime la vérité. Ce n'est pas parce que la mort nous fait peur que nous pensons et devenons métaphysiciens, mais parce que dans la pensée, c'est le travail même de la mort, la distance prise d'avec le corps et tout ce qu'il implique, que nous reconnaissons. Si nous n'avons pas le courage de reconnaître en la *philosophia* une force qui nous fait mourir, nous aurons encore moins celui de poser que ce qui est vraiment est ce que nous ne voyons pas. Le *Cratyle* s'achève sur ce « rêve » et sur ce « peut-être ». Après avoir examiné les conséquences, il faudra bien un jour s'attaquer à l'hypothèse et en envisager d'autres : il faudra bien un jour écrire le *Parménide*. Mais le *Cratyle* ne débouche pas pour autant sur une aporie, et, des deux possibles posés par l'alternative finale, un seul aura rendu le *Cratyle* possible comme dialogue. On ne peut dialoguer sur la rectitude des noms sans de bout en bout postuler la possibilité de cette rectitude : et Socrate demande à Hermogène s'il lui semble correct d'appeler l'Idée de la navette « la navette en elle-même » (389b), et plus loin, si « celui qui sait interroger et répondre », il faut l'appeler autrement que dialecticien (389b). L'arrivée de Socrate introduit le *dialegesthai* et ce dont dépend la rectitude des noms : la connaissance de ce qu'un étant est en lui-même. Qu'il faille pour connaître aller des choses aux noms et non pas des noms aux choses (439b) laisse entier le problème du « comment » de cette connaissance ». Si elle peut s'opérer « sans les noms »[1], jamais ni dans le *Cratyle* ni dans aucun autre Dialogue Platon ne nous dit qu'elle peut s'opérer « sans le logos ». En revanche, il nous dit à maintes reprises tout le contraire. Socrate affirme ici qu'il faut partir « de la vérité » (439a). Au fait, et à l'exception de la partie étymologique où il fait parade d'une « *sophia* vraiment étrangère » et qui « lui tombe d'on ne sait où », il n'a pas fait autre chose depuis le début.

Le développement étymologique n'est d'ailleurs pas un « amas de fantaisies sans valeur », et pas, ou pas seulement une « vaste encyclopédie de théories théologiques, cosmologiques et morales ayant trait à la conception du flux perpétuel » ; il est là pour montrer qu'aucune étymologie ne se situe dans le champ de la vérité, qu'elle ne peut donc jamais nous dispenser de penser. En insérant la partie étymologique entre deux examens dialectiques, Platon sait bien que cela suffit à faire naître l'effet parodique. Car ce n'est pas parce qu'elles sont scientifiquement « fantastiques » que les étymologies du *Cratyle* sont fausses ; elles l'auraient été encore bien plus, fausses, si elles avaient été justes ; et, qui plus est, elles auraient été incomparablement plus ennuyeuses. Imaginons qu'on les remplace par des étymologies « exactes », compte tenu des progrès de la « philologie », la vérité, au sens où Platon entend ce terme, n'y gagnerait rien et l'effet parodique serait le même. La partie étymologique a pour finalité de faire apparaître le caractère déficient d'une méthode prétendant étudier techniquement la langue. Elle revient à identifier le vrai au simple, conçu comme *élémentaire*, donnant ainsi la

---

1. « Il est donc possible, à ce qu'il semble, d'apprendre sans les noms ce qu'il en est des choses » (μαθεῖν ἄνευ ὀνομάτων τὰ ὄντα, *Crat.*, 438e2-3).

priorité au phonétique sur le sémantique, faisant donc surgir le sens du sensible, alors qu'un mot n'est compris que s'il est traversé par une intention d'intelligibilité qui se subordonne, et d'une certaine manière abolit, les éléments dont il est composé. Lorsqu'elles sont énoncées par Socrate, toutes les étymologies proposées sont ironiques, mais chacune est suggestive pour qui sait entendre. Si la partie étymologique n'avait qu'une fonction polémique, le jeu serait bien long et le divertissement laborieux. Le logos, selon Socrate, est fils d'Hermès, ce dieu Pan qui « fait signifier et encercle tout, qui sans cesse met tout en circulation » (408c-d) ; ce logos médiateur entre l'humain et le divin n'est pas objet pour une *sophia*, il est instrument pour la *philosophia*. Le philosophe peut donc se servir lui aussi de la *sophia* étymologique pour conférer une apparence d'objectivité aux significations qu'il ne peut découvrir que dialectiquement. Les étymologies d'Hadès et d'Apollon relèvent, comme toutes les autres, de cette utilisation ironique. Elles présentent en plus la particularité d'introduire des termes dont l'étymologie, qui semble pourtant aller de soi, est volontairement éludée. Or dans les deux cas, à propos d'Hadès et à propos des Muses, ces termes – *philosophos* et *philosophia* – sont évoqués en relation avec une certaine manière de désirer. Sans l'irruption de ce désir et de ce qui en est l'objet – la vérité – le problème de la rectitude des noms est un problème insoluble parce que mal posé.

Les termes *philosophos* et *philosophia* ne sont présents dans le *Cratyle* que lorsque sont évoqués des noms divins qui renvoient à la mort et à une sorte de désir, et leur étymologie est absente. Qu'elle le soit ne constitue peut-être qu'une « petite indication ». Elle nous invite en tout cas à comprendre que le sens de *philosophia* ne peut sortir de la somme du sens de chacun des termes qui composent ce nom. Dans la très longue partie étymologique un nom brille en effet par son absence : *philosophia*, ce qui n'a pourtant pas empêché de croire qu'on en a assez dit sur elle quand on a dit qu'elle est « amitié pour le savoir » ou, pire, selon une traduction qui n'est que trop courante, « amour de la sagesse », comme si une évidente vérité résidait dans une étymologie que Platon s'est bien gardé d'évoquer. Il n'a pas trouvé d'autre mot pour nommer ce qu'il inventait : de noms, il n'en existe pas d'autres que les noms de la langue, et le dialecticien philosophe est forcé d'en faire usage. Toutefois, si la langue est pour le dialecticien généralement le produit d'une mauvaise interprétation, en propose-t-il une, plus correcte ? Il peut changer la signification d'un nom en procédant par métaphores et métonymies, ou forger parfois de nouveaux noms quand sa langue ne lui fournit pas ceux dont il a besoin – il ne peut pas refaire entièrement la langue, guérir tous les mots. Or de quoi ce nom, *philosophia*, devrait-il être guéri, sinon de son étymologie ?

En quoi donner à *philosophia* un sens « philosophique » impliquait-il un refus de l'étymologie du terme ? C'est dans le livre V de la *République* que le problème est abordé de face. La première définition de *philosophos* y est étymologique. Il est alors montré que, si *philosophe* désigne celui qui aspire à la *sophia*, alors s'introduit l'instabilité de l'appétit, et que la *sophia* désirée renvoie, sans discernement, à toute espèce de connaissance (*pantos mathèmatos*, *Rép.*, V 475b-c). En suivant l'étymologie, on a défini le philodoxe et l'amateur de spectacle. Pour écarter cette définition, il ne suffit ni de substituer *epistèmè* à *sophia*, ni d'entendre par *philia* autre chose qu'un appétit. La définition qui résulterait de ces deux correctes substitutions ne serait pas encore la bonne, car *philosophia*, dans son étymologie, *commande moins la nature de chacun des deux termes que la nature de leur relation*. À supposer qu'aient été dialectisées et correctement définies *philia* et *sophia*, ce nom *composé* qu'est *philosophia* continuerait à préjuger d'un certain type de composition, et nous continuerions à assigner à l'une, représentée comme une disposition subjective, l'autre comme objet. La dualité sémantique implique cette scission du subjectif et de l'objectif et constitue l'un des composants comme aspiration vers l'autre. Or s'il existe une chose à propos de laquelle ce n'est pas du nom qu'il faut partir mais de la chose même et de la vérité, c'est bien celle-là. Il ne faut donc pas chercher ce qu'est la *philosophia* en suivant les directions que l'étymologie semble nous imposer. Le savoir (pas plus que la sagesse) n'est le possible ou l'impossible objet d'une aspiration considérée comme disposition subjective. Quand l'âme, tout entière rassemblée sur elle-même, se ressouvient de ce qu'elle désire et de ce qu'elle peut, elle est animée par la *philosophia*. La *philosophia* n'a pas le savoir pour objet, car le savoir n'est pas un objet à posséder mais une puissance, et même la plus puissante de toutes les puissances. De plus, comme c'est de la pensée que le philosophe est amoureux, il est évident que désirer penser c'est penser, ou qu'alors ce n'est pas penser qu'on désire, mais une image de la pensée – une très vague image.

> Mais quand c'est l'âme elle-même, et seulement par elle-même, qui conduit son examen, elle s'élance là-bas, vers ce qui est pur et qui est toujours, qui est immortel et toujours semblable à soi. Et comme elle est apparentée à cette manière d'être (*ousia*), elle reste toujours à nouveau en sa compagnie, chaque fois que, se concentrant elle-même en elle-même, cela lui devient possible. C'en est fini alors de son errance :

> dans la proximité de ces êtres, elle reste toujours semblablement même qu'elle-même, puisqu'elle est à leur contact. Cet état de l'âme, c'est bien ce qu'on appelle la pensée (*phronèsis*). (*Phédon*, 79d)

La pensée n'est pas face à des *objets* intelligibles, comme s'ils étaient choses extérieures à elle et qu'elle ne pourrait que contempler, rendant ainsi accessoire son exercice, et comme si être *intelligibles* ne faisait pas partie de leur nature. Ce ne sont pas non plus des réalités construites par elle et qu'elle pourrait manipuler à son gré. L'âme « s'élance » vers des étants dont la manière d'être lui est apparentée, et non pas vers un savoir : cet élan *est la pensée, le savoir lui-même*. Et c'est l'intelligence qui désire, elle *est* le désir le plus fort, et ce qu'elle désire n'est ni un objet ni une image. Intelligence, elle a la force de poser – et pas seulement d'aspirer à, de tendre vers, encore moins de se représenter, mais bien de *poser* – le seul mode d'être qui soit pensable et qui soit tel qu'en le pensant ce soit ce qui est en vérité qu'on pense. L'étymologie de *philosophia* non seulement introduit les termes qui ne conviennent pas – *philia, sophia* –, induit une fausse relation entre eux, mais encore n'introduit pas les termes qui conviennent et vers lesquels il faut se tourner : l'âme, la force de l'intelligence, la puissance dialectique du savoir, l'hypothèse d'Idées intelligibles de part en part. Lorsqu'on introduit tous ces termes, la *philosophia* se révèle comme unité, unité dynamique et non pas unité de composition. Faute de quoi, ou bien il faut entendre par *philosophia* une essence éternelle qui s'exprimerait dans la philosophie de Platon ; ou bien *philosophia* ne renvoie qu'à la *représentation* particulière propre à chaque philosophe et dont celui-ci serait la mesure : comme chacun se la représente elle serait, et ce ne serait que par convention que l'on désignerait d'un nom commun ces diverses représentations. Ou bien encore, le premier nomothète, ce premier philosophe qui a institué le nom, en aurait, dans le nom lui-même, déposé la vérité et c'est sa vérité à lui qui en serait la vérité, celle que l'étymologie nous permettrait de ressaisir.

Si nous appliquons à « philosophie » la problème de la dénomination tel que l'a posé Platon dans le *Cratyle*, nous nous apercevons que nous n'avons jamais trouvé le moyen d'en sortir, et que les philosophes n'ont jamais fait, au cours de l'histoire de la philosophie, qu'opter pour un de ces trois sens : « naturel », « conventionnel » ou « primitif ». Car *philosophia* implique sans doute plus que tout autre nom sa différence d'avec les « choses » (les philosophies) qu'elle sert à dénommer, sa différence d'avec ses représentations (ce que chaque philosophe entend par « philosophie ») et sa différence d'avec sa première représentation (celle déposée dans l'étymologie). Cette différence ne peut se maintenir que si l'on reconnaît à la *philosophia* une double puissance : celle d'orienter le désir dans une direction différente, celle de constituer l'exercice de ce désir comme science et comme seule science. Loin d'être une modeste aspiration vers le savoir, *la philosophia est force d'arracher le désir au genre commun des appétits, et force d'arracher la seule science qui soit l'expression de ce désir au genre commun des connaissances*. Les deux sont solidaires : d'une différence dans la manière de désirer dépend la différence du savoir à l'opinion et du savoir aux sciences, tout comme la différence dans la manière de savoir exprime et manifeste la réalité d'une autre orientation du désir. Dénier à la *philosophia* un de ces pouvoirs revient soit à rejeter sa différence vers le seul savoir, situant alors sa spécificité dans la méthode ou les objets qui lui seraient propres ; soit, rompant le lien qui unit ce désir à ce savoir, à y reconnaître l'expression d'un désir de même nature que tous les autres, désir non différent, illusoirement différent. La *philosophia* telle que l'a pensée Platon n'est ni une sorte de connaissance déterminée par la nature de sa méthode ou de ses objets, ni un désir possédant la nature commune à tout désir, mais « sublimé ». C'est la *philosophia* qui détermine, et la méthode – en animant le logos –, et la nature de ce qu'elle cherche – ce qui est en vérité –, et le désir – qu'elle oriente autrement. Puissance de différencier le savoir, les manières d'être et le désir, elle détermine *comment* savoir, *comment* désirer et *comment* existe ce qu'elle cherche.

Dans le *Phédon*, c'est très exactement de ce « comment » qu'il s'agit : « ce qui échappe en effet au plus grand nombre, c'est comment meurent, comment sont dignes de la mort et de quelle mort sont dignes les vrais philosophes »[1].

2. LA RECTITUDE DU NOM :
LA « VRAIE », LA « DROITE » *PHILOSOPHIA*

Le philosophe (le *Phédon* est probablement le premier Dialogue où l'adjectif *philosophos* soit substantivé) est défini par l'orientation son désir : savoir, c'est-à-dire apprendre ; il est amoureux de la pensée (*phronèsis*, *Phédon*, 66e-68a), et il se reconnaît à une certaine manière de vivre : être « mort ». Ce qui pousse le philosophe à se délier du corps, source d'obstacles, est aussi ce qui l'amène à poser l'existence de ce sans quoi il n'y aurait aucun sens à

---

1. ᾗ τε θανατῶσι καὶ ᾗ ἄξιοί εἰσιν θανάτου καὶ οἵου θανάτου οἱ ὡς ἀληθῶς φιλόσοφοι (*Phédon*, 64b8-9).

interroger ni à répondre. Par sa rupture et son passage à
un autre lieu, face à Parménide et aux sophistes, le
philosophe rend possible un discours qui ne soit pas fait
que de mots vides. Il fonde la possibilité du discours sensé.
Si la « mort », définie d'une certaine façon, est la condition
pour que se formule cette hypothèse, elle est le champ à
l'intérieur duquel va pouvoir s'exercer un bon usage du
logos et se découvrir le critère de toute bonne dénomination.
Ce critère ne réside ni dans la parfaite adéquation du nom
à la nature de la chose, ni dans la conformité à un usage
particulier et conventionnel – Cratyle et Hermogène ne le
cherchaient donc pas où il fallait, – mais dans la relation
des *logoi* aux *ousiai*. Seul celui qui sait que la mort n'est
« rien d'autre que » (*Phédon*, 64a, 64c) la séparation de
l'âme et du corps – coupure qui passe entre l'appétit et
l'amour du vrai – peut juger de la rectitude des noms. Il
peut savoir par exemple que ce que tous nomment
« courage » n'est qu'une espèce de peur, que ce qu'ils
nomment « tempérance » n'est que le calcul de l'intem-
pérance (68d-69a) ; que ce qu'on appelle *apprendre* ne
consiste pas à acquérir un nouveau savoir, mais à se
réapproprier un savoir oublié (75e) ; qu'une cause véritable
n'est pas « ce qui cause », pas un pouvoir efficient, et que
son seul pouvoir consiste à rendre intelligible (99a-b).

Le philosophe, constitué par l'inversion d'une
dénomination – celle du terme « mort » – dispose du même
coup du moyen d'inverser toutes les autres, non qu'il
s'amuse à les retourner les unes après les autres, mais parce
qu'être apparenté aux essences implique cette radicale
inversion. La pensée (*phronèsis*) est la seule monnaie
d'échange, elle est la seule mesure de l'excellence, mais
aussi de ce va-et-vient (donner, recevoir) qu'est le logos.
Possibilité de la possibilité de tout logos, critère du critère

de son usage, le philosophe ne l'est qu'en tant qu'il s'applique à mourir et à être mort. Être philosophe est être mort, la *philosophia* et la mort ont même définition (67d), philosopher et mourir la même fonction (83a-b). En déterminant « comment » cette identité doit être comprise, le *Phédon* situe le problème du langage dans le seul champ où sa position ne soit pas absurde parce que circulaire. Car il est banal de constater que, le problème du langage ne pouvant se poser qu'à l'aide du langage, la question de sa possibilité le présuppose nécessairement, de telle sorte que les seules questions apparemment recevables à son propos sont des questions d'origine, de structure, d'évolution, d'usage. C'est pourtant de sa possibilité qu'il est question dans le *Phédon*, possibilité qui n'est ni empirique, ni « transcendantale », ni même ontologique, puisque la possibilité que ce qui est vraiment s'ouvre au discours, ou que le discours s'ouvre à ce qui est vraiment, ne dépend ni de l'être ni du discours, mais du philosophe. Le langage ne signifie et n'est vraiment langage qu'à la condition de ne pas s'efforcer d'épouser, sans jamais y réussir, la fluctuation des choses, et de ne pas se réduire à un ensemble de signes conventionnels permettant aux membres d'une même communauté de coopérer et partager opinions et émotions. Un logos ne *signifie* qu'à la condition qu'on y examine « la vérité des êtres » (*Phédon*, 99e6). L'hypothèse des essences répond à la question : quel mode d'existence faut-il supposer à ces êtres pour qu'un logos puisse en dire la vérité ? Il faut tout d'abord noter que dans ce Dialogue, censé exposer le « théorie des Idées », *eidos* n'apparaît qu'avec la question de la causalité (pas avant 102a). Dans sa plus grande partie, c'est sur l'*ousia*, la « manière d'être » ou, si on préfère, l'« essence » (à condition de ne pas entendre « essence de ») que porte l'hypothèse. Laquelle est commandée par une *doxa*, une opinion (66b, 99d, 99e), qui n'est pas n'importe laquelle ni celle de n'importe qui, puisqu'elle est la seule opinion que se donne le droit d'avoir celui dont la *philosophia* s'est emparée (*paralabousa*, *Phédon*, 82d). L'unique opinion que s'autorise le philosophe consiste à croire que cette force qui le pousse à changer de lieu ne peut pas le conduire vers rien et que le désir qui l'anime ne peut pas rester toujours insatisfait. La vérité du logos trouve donc sa possibilité dans l'opinion d'un philosophe, et la différence du savoir s'enracine dans une croyance exigée par sa *philosophia*.

Est-il légitime cependant de lire le *Phédon*, non pas comme un Dialogue sur l'immortalité de l'âme, mais comme le Dialogue qui, faisant *d'une mort* (celle de Socrate) et de *la* mort l'occasion d'un logos, découvre du même coup dans la mort philosophiquement définie le champ requis pour que l'on puisse parler et penser en vérité ? Sur les objections contre une telle lecture et sur ses difficultés, il faudra revenir par la suite. Mais il est indéniable que le *Phédon* affirme l'identité *thanatos-philosophia*, que le philosophe y est déterminé comme « amoureux de la pensée et de la vérité », qu'intelligible y équivaut à « saisissable par la *philosophia* »[1], et qu'enfin seul un philosophe, à la différence de ceux qui sont à la merci d'un prétendu savoir (d'une *sophia*), est capable distinguer entre deux mouvements opposés du logos donc de lui conférer une sûreté. Quel que soit le type de lecture adopté, il semble qu'il faut au moins tenir compte de ceci : que dans le *Phédon* ces termes, *philosophia, philosophos, philosophein* sont présents à chaque partie du dialogue et qu'ils ponctuent chaque tournant de l'examen. Ce ne sont donc pas des

---

1. νοητὸν δὲ καὶ φιλοσοφίᾳ αἱρετόν (*Phédon*, 81b7).

termes insignifiants. À lire certains commentaires, on pourrait croire en effet que ce soient les seuls termes qui ne posent aucun problème, et que leur absence ou leur présence ne change rigoureusement rien ni au contenu des thèses ni à la marche de l'argumentation. S'agissant d'autres Dialogues, cela peut à la rigueur se justifier ; mais dans le *Phédon*, leur répétition est si insistante qu'il semble difficile de ne pas y prêter quelque attention. À l'exception de la *République*, ce Dialogue est celui où le nombre de leurs occurrences est le plus élevé : on peut donc admettre que ces termes ont une certaine connexion avec ce que ce Dialogue se propose d'établir et que leur présence change quelque chose aux contenus apparents, aux thèses explicites.

*La mort comme signe de reconnaissance (*tekmèrion*)*

Si la mort est objet de désir (64a, 67a), elle ne l'est que pour qui est déjà mort. En d'autres termes, si la mort n'est rien d'autre que la déliaison de l'âme et du corps, seul celui qui toute sa vie n'a rien fait d'autre que se délier peut, à partir de cette déliaison, identifier le nom commun et le nom propre, la « mort » et la *philosophia*. Le passage doit avoir déjà été effectué pour que la *philosophia* reconnaisse dans cette image de passage, de voyage, que représente le nom de mort, le voyage même qu'elle impose à ceux dont elle s'empare. Dans le *Phédon* en effet, ce ne sont ni les passages ni les translations qui manquent : Socrate y passe de vie à trépas ; dans sa recherche des vraies causes, il est passé de l'étude des choses sensibles à l'examen des *logoi*, il a fui d'ici là-bas ; génération et corruption, réminiscence et oubli sont autant d'espèces de passage, et c'est l'objet d'une grande espérance que de croire que nos âmes passeront de cette vie terrestre à une

existence dans les demeures d'Hadès. Or, parmi toutes ces
translations, la seule que l'on s'accorde communément à
dénommer « mort » est la première, celle qui fait passer
un « vivant » à l'état de cadavre (« corruption » est un
terme à la fois trop général et trop scientifique pour produire
l'effet inséparable de cette image-nom qu'est la mort). Le
philosophe s'empare de ce nom, non pour lui faire signifier
autre chose – puisque la mort est bien la séparation de
l'âme et du corps – mais pour comprendre jusqu'au bout
ce que cela signifie, pour, littéralement, en tirer les conséquences. Là est non seulement le propre du philosophe,
mais le signe, le *tekmèrion* (68b), auquel on reconnaît sa
différence (64e-65a, 91a). Voir dans le *Phédon* une visée
protreptique, c'est lui prêter l'intention de « montrer que
la perspective de la mort doit nous convier à la philosophie ».
Une telle entreprise serait désespérée, car si tous les
hommes, indéniablement, sont mortels, rares sont pour
Platon ceux qui peuvent, donc doivent philosopher (69c-d).
Elle relève surtout d'une illusion que Platon n'a cessé de
dénoncer : aucune situation de fait ne nous contraindra
jamais à « philosopher », d'une situation de fait on ne tirera
jamais qu'une opinion sur le fait, et le propre des faits
consiste précisément à nous faire changer d'opinion. Ce
n'est pas la peur qui fait chanter ; ce n'est pas la nécessité,
fût-elle métaphysique, qui fait penser, mais un désir, une
passion, et le plaisir qui va avec. Hadès, dieu philosophe,
n'est philosophe que parce qu'il sait qu'il existe un désir
plus fort que la nécessité. Nous ne devons pas philosopher
parce que nous sommes mortels – d'ailleurs, si nous
philosophons, en un certain sens nous sommes déjà morts,
et en un autre, déjà immortels. La mort n'est pas un
argument, elle n'impose nullement de se mettre à
philosopher : la penser ainsi équivaut à lui laisser son

pouvoir d'image non réduite, image d'un mal ou d'un malheur dont la philosophie, entendue comme sagesse, serait le remède. Parler de la mort en philosophe ne se réduit pas à l'exorciser. On ne tient le discours de l'incantation que parce que l'image résiste et qu'on n'est pas encore assez philosophe pour penser la mort dans son identité à la *philosophia*, « à la vie en *philosophia* » (63e). La mort n'est pas un mal, mais de cela le philosophe n'a pas à se persuader, puisqu'il en fait quotidiennement l'expérience. Et elle ne provoque pas non plus la conscience d'une finitude invitant à se « poser des questions métaphysiques ». Elle est l'occasion de déceler ceux qui philosophent vraiment, droitement, purement (il n'y a, dans le *Phédon*, presque aucune occurrence du terme « philosophe » qui ne soit ainsi déterminée)[1], occasion pour le philosophe de vérifier que, philosophe, il l'est vraiment. Permettant, donc, d'attribuer avec rectitude ce nom, « philosophe », la mort est critère, jugement dernier. Elle ne l'est pas au sens où ce jugement serait un jugement de valeur, comme s'il suffisait pour se dire philosophe de mourir dignement et sans peur, mais au sens où ne peut être droitement nommé « philosophe » que celui qui définit droitement la mort. Est philosophe celui qui comprend dans la « mort » un passage du sensible à l'intelligible et

---

1. τῷ ὄντι (63e10, 68b2) ; ἀληθῶς (64b9, e2, 83b5) ; γνησίως (66b2) ; ὀρθῶς (64a4, 67d8, e5, 69d5, 80e6, 82c3). En 64b4-5, τῷ ὄντι porte sur θανατῶσι et non sur οἱ φιλοσοφοῦντες. Mais c'est Simmias qui parle et, mises à part les deux occurrences figurant dans sa réplique, toutes les formes participiales sont assorties d'une locution adverbiale ou d'un adverbe ayant une fonction discriminante. La détermination du « vrai philosophe » s'opère dans un contexte pythagoricien : manière platonicienne d'indiquer que, si Pythagore est le père du *mot*, ce mot reste à définir.

une translation du désir vers ce qui n'est objet de désir pour personne à part lui, doublée de l'absence de désir envers les objets des désirs de tous. Héraclite disait : « Le nom de l'arc est vie, son œuvre est mort » (D.K. 48). Platon inverse la sentence : dans son nom, la mort est mort, mais dans son œuvre, elle est *philosophia*, c'est-à-dire vie.

La « mort » est cette dénomination privilégiée où la *philosophia* se reconnaît et s'éprouve parce qu'elle est le seul terme négatif – sans contenu empirique assignable – qui projette autant d'images positives et qui produise autant d'effets. De l'idée de néant, la critique est aussitôt faite, et l'idée de rien est à l'évidence un rien d'idée, la forme de rien une absence de forme (*Soph.*, 238c). Mais de cette *image* du néant qu'est la mort les implications sont infiniment plus difficiles à réduire. La mort est pour le philosophe l'occasion de se révéler vraiment *car elle constitue l'occasion par excellence de saisir la différence entre l'image et l'idée*. Même celui qui est géomètre n'a pas les moyens d'établir clairement cette distinction, il se contente de la « rêver » (*Rép.*, VII 533b-c) ; si l'on entend par « idée » du carré sa définition, sa définition est encore une image qui nous donne la règle de construction d'une autre image (*Rép.*, VII 527a-b, *Lettre* VII, 342b-c). La mort, elle, n'est pas une image, elle est l'image même de l'image, elle en signifie la toute-puissance puisque, plus que toute autre image, elle impose une manière de penser consistant à « avoir les mêmes opinions que le corps » [1]. Comme le croquemitaine, elle possède le pouvoir de nous terrifier avec « rien » et de faire exister ce « rien ». Elle a aussi le pouvoir de constituer son image contraire, image

---

1. ὁμοδοξεῖν τῷ σώματι (*Phédon*, 83d7).

de la vie sur laquelle vivent tous les Calliclès de ce monde, eux qui pensent qu'une vie n'est vraiment vivante que si elle est animée par l'insatiable mouvement de l'appétit. La mort image fait de la vie une image et constitue une vie qui ne vit que d'images, et dans la Caverne nous sommes. La seule prétention du philosophe, le seul savoir qu'il s'accorde est le savoir de la différence qui existe entre savoir (s'efforcer de penser une Idée), et opiner (pâtir d'une image). C'est bien la mort qui, dans son nom, met à l'épreuve cette prétention. Car si nous capitulons sur ce point en laissant jouer la représentation et en en subissant les effets, alors rien ne saura garantir jamais que nous ne pensons par à partir de nos craintes et de nos appétits, dont nos « idées » ne seront jamais que les images. La mort est épreuve, la mort est occasion, et le *Phédon* ne nous dit rien d'autre. Mais elle n'est pas l'occasion de montrer ce qu'on est, elle est occasion de montrer que ce que l'on a toujours su – que la *philosophia* est déliaison et mort – on le savait vraiment. Ce n'est pas la crainte de la mort qu'il s'agit de réduire, c'est l'œuvre propre de la mort qu'il s'agit de comprendre. Quand le sens propre de la mort sera perdu, sens propre, car parler de la mort comme déliaison n'est pas parler de la mort par métaphore, d'autres « philosophes » donneront d'autant plus de puissance à l'image qu'ils dépenseront plus d'effort pour l'exorciser. D'autres encore verront dans la mort un signe à déchiffrer, celui d'une faute originelle, d'une absence de sens ou d'un sens transcendant. Tous feront de la mort un argument pour ou contre une certaine manière de vivre, tous prendront une image comme prémisse d'un raisonnement. Seul Spinoza retrouvera quelque chose de proche, car si l'homme libre « ne pense à rien moins qu'à la mort », ce n'est pas qu'il s'en détourne ou s'en divertit, c'est que, pour qui librement pense, ce que tous nomment « mort » se retourne en vie.

Le langage qui identifie sous le terme mort une autre manière de vivre, qui opère une telle inversion, semble si paradoxal qu'il semble ne relever que d'un *jeu de mots*. Mais cette autre vie, comment faut-il l'entendre ? Comme une vie antérieure et une survie de l'âme ? Ou comme une manière de mourir à ce qui n'est pas, et à laquelle le philosophe s'est exercé toute sa vie en philosophant ? De la mort qui nous fait mourir à ce qui n'est pas à celle qui nous fait naître à ce qui est, comment, dans le *Phédon*, s'opère le passage ? Car si mourir pour un philosophe n'est rien d'autre que philosopher, ramasser son âme elle-même en elle-même afin de penser, cette âme qui pense est aussi celle qui le fait vivre, et la mort signifie bien alors pour elle quelque chose ? Cela ne signifie quelque chose que si l'on donne à « mort » un second sens, le sens que le plus grand nombre entend dans le nom d'Apollon : la destruction. À quoi le dernier argument répond en définissant la mort comme contraire de la vie et en faisant de l'âme un principe de vie qui, comme tout principe, est par définition a-mortel ; quant à nos âmes à nous, restera à démontrer qu'elles sont indestructibles. Tout le *Phédon* va donc se mouvoir entre deux sens de mort, entre deux effets : la *déliaison*, la *destruction*. Quant au troisième, celui qui fait de vie et mort des contraires, il bute à nouveau sur cette question : être immortel, est-ce nécessairement être *indestructible* ?

Les deux langages

« Examinons alors ce point à peu près de cette façon :
est-ce que c'est chez Hadès que sont les âmes des morts
qui ont trépassé, ou bien non ? » (70c) « L'âme est chose
non mortelle et non destructible ; et véritablement nos âmes
à nous existeront chez Hadès » (107a). Cette question
ouvre, cette double affirmation conclut toute la partie
démonstrative du *Phédon*, la plus longue, celle qui, après
le Prologue et l'Apologie (61d-69e), avant le mythe (107d-
116a) et le court récit de la mort de Socrate, pose le problème
de l'immortalité de l'âme. Pourquoi le poser en ces termes ?
Toute la partie dialectique, et pour finir démonstrative,
semble volontairement inscrite dans un contexte mythique.
La question qui sert de point de départ nous renvoie à
l'empire d'Hadès comme à un lieu dont il faut savoir s'il
existe et si c'est bien là que sont les âmes : elle nous invite
à examiner la vérité d'un mythe. Quant à la conclusion,
elle joue sur un double registre : selon l'argument des
contraires l'âme est indubitablement, logiquement, *non
mortelle* ; qu'elle soit réellement *immortelle*, qu'elle subsiste
après la dissolution du corps et qu'elle soit quelque part
ne semble pouvoir se formuler que mythiquement, la
logique achoppe sur la réalité. De même, sa *philosophia*
entraîne *certainement* pour le philosophe qu'il se délie du
corps, mais elle lui permet seulement d'*espérer* avoir droit
après sa mort aux demeures les plus belles. L'entrelacement
des deux types de langage, le va-et-vient constant du vrai
au vraisemblable (*eikos*), constitue la première difficulté
de la lecture du *Phédon*.

La seconde tient à l'équivocité du nom « mort ». Comme
mort de Socrate, le terme garde la brutalité du fait et Platon
lui laisse toute son insupportable absurdité : Socrate est

là, mais dans peu d'instants il n'y sera plus. Mort en ce premier sens « révoltante » parce qu'elle est celle d'un individu irremplaçable, la mort est aussi ce qui nous fait peur, puisque, règle générale, nous n'y échapperons pas, et qu'être homme c'est être mortel[1]. Mort de l'homme, elle le détruit, mais elle n'implique peut-être pas la destruction de l'âme. Cette triple signification – la mort d'un individu singulier et unique, la mort comme terme général et inéluctable de toute vie humaine, la mort comme anéantissement total – est présente à chaque moment du Dialogue, fait jouer presque dans chaque phrase de multiples niveaux et de multiples résonances. L'accentuation de chacun de ces sens varie et se déplace, sans que jamais la prédominance d'un sens annule les deux autres. Les trois sens se conjuguent pour former la positivité de l'image, et l'un est toujours prêt à se substituer à l'autre dès lors qu'un quatrième sens, philosophique – la mort comme séparation de l'âme et du corps – tente de réduire définitivement la mort image.

Enfin, une troisième difficulté naît d'un « curieux mélange » dans les effets produits par chacune des possibles significations du mot, effets qui sont comme toujours

1. Le propre de la mort est de « révolter », de provoquer à « s'indigner » (*aganaktein*, 62d4, e6, 64a8, 68b1). Le livre X de la *République* dit que toute poésie tragique imite la partie de l'âme qui est « assoiffée de larmes, désire se lamenter tout son soûl, et trouve ainsi sa satisfaction » (606a). Le *thumoeidès* est une modèle « facile à imiter » (605a), il est en lui-même théâtral et mérite son nom de « partie révoltée » (*to aganaktètikon*) (604e3, 605a5). Incapable de « grandeur » (*megaloprepeia*), il est cette indignation irrationnelle envers l'inévitable qu'exploite, fortifie et tend à satisfaire toute forme d'art tragique et que tend à exalter la rhétorique de l'éloge funèbre : voir N. Loraux, *L'Invention d'Athènes, Histoire de l'oraison funèbre dans la « cité classique »*, Paris-La Haye-New York, Mouton-Paris, Éditions de l'EHESS, 1981, et *La Voix endeuillée. Essai sur la tragédie grecque*, Paris, Gallimard, 1999.

intégrés au Dialogue. La mort de Socrate n'est pas une tragédie et pourtant les auditeurs sont en proie à un mixte étrange de douleur et de plaisir (59a) ; pour eux, cette mort est tragique, elle provoque de la pitié, non pour Socrate mais pour eux-mêmes, et de la crainte, celle que plus personne ne soit capable de parler comme il parle. De la mort en général, donc de la nôtre, l'enfant qui est en nous a peur comme du Croquemitaine (77e) ; le philosophe accepte de s'adresser à cet enfant et de produire à son usage une incantation, en tenant un discours qui, lui aussi, est un curieux mélange de démonstration et de vraisemblance. Quant à la mort-destruction, celle après laquelle il n'y aurait « rien », « quelle aubaine ce serait pour les méchants » (107c) si nulle peine ne venait sanctionner la négligence dont ils ont fait preuve envers leur âme : « curieux mélange » encore puisqu'à la terreur inspirée par la destruction se mêle l'audace du « tout est permis pendant la vie ». Mais quand un philosophe parle de la mort, y compris de la sienne, son discours produit un renversement radical, disant que ce qui est étonnant (*atopos*) de la part d'un philosophe est de ne pas vouloir mourir.

Quels sont les effets produits par la *philosophia* quand elle anime un discours sur la mort, et quels sont les effets de ce discours, le *Phédon*, sur ceux qui le lisent ? La complexité même du Dialogue autorise tous les types de lecture qu'on a pu faire à son propos : c'est un récit, une histoire qui va répondre à la question d'Échécrate concernant Socrate : « qu'a-t-il dit ? » et « comment est-il mort ? » (57c). C'est aussi le texte qui, entre tous, a permis la constitution d'un « platonisme », car on s'accorde à y trouver la formulation d'une théorie des Idées séparées, d'un dualisme de deux mondes, l'expression la plus radicale de l'ascétisme, et, avant la lettre, du christianisme de Platon, puisque s'y trouverait formulé le dogme de l'immortalité de l'âme. Enfin, la métaphysique semble s'y révéler indéniablement morale dans la séparation tranchée qui s'opère entre l'âme et le corps – morale, puisque tout le bien est mis d'un côté et le mal de l'autre, mais aussi un peu fantastique, car ces Idées qui (à en lire certains) doivent « bien réellement exister », chez Hadès ou dans un lieu supra-céleste, on ne voit pas très bien comment, d'un lieu aussi « séparé » elles pourraient exercer leur causalité sur le sensible. Quintessence apparente du platonisme, le *Phédon* a véritablement de façon merveilleuse constitué Platon comme le repoussoir de l'histoire de la philosophie, et c'est à qui ne voudra plus séparer les Idées, calomnier aussi grossièrement le corps, démontrer aussi naïvement l'immortalité de l'âme. Or tout cela se lit assurément dans le *Phédon*, et le *chorismos*, et les Idées, et les âmes chez Hadès. Mais *comment tout cela s'y trouve-t-il* ? *Comment*, c'est-à-dire formulé dans quel langage, inscrit dans quel champ, articulé selon quels chemins, destiné à produire quel type d'effet, et sur qui ?

Il y a, on l'a vu, au moins deux usages différents du discours : un usage dialectique et un usage mythique. À ceci près que, s'ils sont habituellement assez clairement distingués, ils s'entremêlent et s'enchevêtrent dans le *Phédon* de façon presque inextricable (à l'exception du mythe proprement dit). Lorsque Simmias est mis en demeure par Socrate d'avoir à choisir entre ces deux propositions, « celle qui dit qu'apprendre c'est se ressouvenir, ou celle qui dit qu'une âme est une harmonie », il choisit la première : « moi, je sais bien que les raisonnements qui élaborent leurs démonstrations en s'appuyant seulement sur des vraisemblances sont de la poudre aux yeux, et que, si l'on n'est pas sur ses gardes, ils réussissent parfaitement à faire illusion ; c'est vrai en géométrie, mais aussi dans tous les autres domaines » (92c-d). Ce qui s'oppose au vraisemblable est l'hypothèse, non pas en un sens « hypothétique », mais au sens où elle *pose* l'autre qui manque. Que la réminiscence s'opère par le semblable ou par le dissemblable (de Simmias à son portrait ou de Simmias à Cébès), de toute façon il « manque quelque chose ». La présence de la lyre ne rend que plus sensible à l'amant l'absence de l'aimé, la perception de choses « égales » rend évidente l'absence de l'égalité vraie (73d-74d). Le passage peut s'effectuer de l'empirique à l'empirique, ou de l'empirique à l'Idée, mais il est toujours passage à *l'autre qui manque*, à l'autre dont on *conçoit* le manque [1]. Cébès juge qu'il faut démontrer que l'âme est immortelle, sans quoi la confiance du philosophe serait déraisonnable et folle. Mais la démonstration n'est jamais que du vraisemblable établi : l'hypothèse, en ce qu'elle pose des réalités pensables et dialectisables, permet de sortir à la fois du vraisemblable et de la démonstration. En son sens mathématique, géométrique, logique, la démonstration n'est pas la méthode platonicienne de la science. C'est pourquoi il est presque impossible de faire la part de ce qui, dans le *Phédon*, est probabilité ou vérité démontrée, mythe ou argumentation [2]. Le *Phédon* tout entier est un mythe qui prend la forme d'une démonstration, ou une démonstration qui prend la forme d'un mythe. La

---

1. *Phédon*, 73c7-9 : « toutes les fois que, voyant une chose ou l'entendant, ou la saisissant par une sensation quelconque, non seulement on perçoit cette chose, mais *conçoit* (ἐννοήσῃ) en plus une autre chose, qui est objet non pas du même, mais d'un autre savoir (ἐπιστήμη), n'est-il pas légitime de dire qu'en ce cas on s'est ressouvenu de la chose qu'on a conçue ? »

2. Sur ces deux langages, voir M. Dixsaut, *Platon. Phédon*, nouvelle traduction, introd. et notes, Paris, GF-Flammarion, 1991.

détermination des langages ne peut s'opérer simplement, il faut passer par la détermination du champ. Jouant perpétuellement sur deux langages, le Dialogue va et vient entre deux lieux. Tantôt c'est la « vie », et tantôt l'ignorance, le non-désir d'apprendre (*amathia*, 82c) qu'il faut quitter pour se rendre dans les « demeures d'Hadès », ou encore du côté des *logoi* où Socrate a pris le parti de se réfugier. Mais pour que les dénominations acquièrent une rectitude, pour que l'examen soit possible, il faut parler à partir de la déliaison et dans le champ de l'empire des morts. Car on pourra y argumenter contre la mort-destruction, ou raconter comment Socrate est mort, comment il a parlé, et dire en sachant ce que cela veut dire qu'il est mort en philosophe. Ici, la nature du logos ne joue pas comme critère de détermination du champ : le Dialogue n'est ni dialectique ni mythique, ni conclusif, ni aporétique, sa fonction n'est ni protreptique ni démonstrative, ou alors il est tout cela à la fois. Il ne choisit pas entre plusieurs voies (*hodoi*), l'une ou l'autre s'impose en fonction du désir qu'a un certain type d'homme d'effectuer une certaine sorte de passage.

Si la vérité suppose une déliaison, et si celle-ci est *l'ergon* propre de la *philosophia*, cette tâche conduit à se placer dans une certaine hypothèse, celle des essences, saisissables seulement par des *logoi*. La *philosophia* entendue comme mort conduit à l'hypothèse des essences (*ousiai*), cette hypothèse est la condition de la dialectique, seul chemin permettant de rencontrer le vrai. Le *Phédon* n'est donc pas à proprement parler un Dialogue « dialectique », il examine sans forcément dialectiser[1].

---

1. L'examen est un leitmotiv du *Phédon* : 64c10, d2, 65e4, 66b5, d4, 67e7, 70c4, 78b8, 79c3, 95e9, 96d8, 99e1, 100a2, 101d5, 107b6 …

L'examen conduit à poser ou supposer une manière d'être différente, et cette hypothèse suppose à son tour une manière différente de désirer. « Examiner » a dans le *Phédon* ce double sens, *hypothétique*, puisque ce sont les conséquences qu'on examine mais que l'hypothèse elle-même reste posée « sans qu'on y touche » ; et différentiel, puisqu'il s'agit de différencier le *philosophos* du *philosômatos* (68b), *philochrèmatos, philotimos* (68c), *philarchos* (82c), *philonikos* (90e), et de différencier l'usage philosophique du logos (100a) des autres usages. Le premier effet de cette différence est que, face à la mort, Socrate parle et prend la mort, la sienne, comme occasion de son discours. L'effet est ici si bien intégré au Dialogue, qu'à vrai dire il est le Dialogue lui-même. Même (fait dire Platon à Socrate) si la grande espérance est vaine, même si après la mort il n'y a rien, « eh bien, au moins, pendant tout ce temps qui précède la mort, je n'importunerai pas de mes lamentations ceux qui m'entourent » (91b). Socrate se sert du « temps qui précède la mort » (donc de n'importe quel moment d'une vie humaine) pour, faisant confiance au logos, produire des *logoi*. S'avancer ainsi vers le logos [1] permet de considérer le temps de la vie comme autre chose qu'une succession de « coups du sort », prétextes de nos jérémiades. La mort aussi peut devenir occasion de discours, mais, dans le *Phédon*, les discours sur la mort sont les discours d'un mort qui réduit la mort à n'être *rien d'autre que* ce à quoi le « vrai » philosophe s'est toujours exercé. L'incantation cependant n'atteint son but et ne délivre de la crainte qu'en se doublant d'une démonstration, celle de l'immortalité de l'âme, qui doit se poursuivre par celle de

---

1. « c'est ainsi que je m'avance vers le logos » (οὐτωσὶ ἔρχομαι ἐπὶ τὸν λόγον, *Phédon*, 91b8).

son indestructibilité, laquelle est vite expédiée. Le *Phédon*
s'achève en effet sur l'écart entre l'indestructibilité d'un
principe – *l'âme*, principe de vie, ne peut recevoir son
contraire indirect, la mort – et la belle espérance de celui
qui croit que, bien réellement, *son âme* s'en ira dans les
demeures d'Hadès. Il s'achève donc sur l'écart entre celui
qui comprend ce que le logos signifie, et celui qui espère
que son âme ira dialoguer avec celles de grands morts. Ce
saut final du logique au mythique ne peut être évité, car
du logique ne peut sortir qu'une impossibilité logique, qui
ne concerne pas les âmes des hommes. « Tant que nous
vivons », le philosophe que nous sommes ne supprime pas
l'enfant qui est « en nous *aussi* ». Parce qu'il a peur de
l'image-mort, de la mort-destruction, cet enfant nous
empêche d'être totalement « morts ». C'est pourquoi le
logos prend nécessairement une double forme, la
démonstration fonctionnant comme incantation, l'incantation
n'opérant qu'en prenant le masque de la démonstration.
La démonstration s'appuie sur une hypothèse (celle des
essences, *ousiai*) qui suppose pour la formuler l'existence
d'un philosophe, la nécessité de poser une manière d'être
différente surgit au cours d'un récit biographique. Et même
si elle prend un mythe (63c, 69c, 70c) comme point de
départ, l'incantation ne prend pas forme mythique mais
est réminiscence d'un désir différent, capable de retourner
le *muthos* en *logos*. Il est bien difficile de démêler dans un
discours sur la mort le mélange que Socrate juge
« convenable » au plus haut point[1].

1. « D'ailleurs, c'est sans doute à qui doit faire le voyage de là-bas
qu'il convient le plus (μάλιστα πρέπει) de soumettre ce voyage à un
examen approfondi et de raconter une histoire (διασκοπεῖν τε καὶ
μυθολογεῖν) sur ce qu'il s'imagine que cela peut bien être » (*Phédon*,
61d-e).

La nature des interlocuteurs choisis par Platon et leur mode d'intervention ajoutent encore à la singularité du Dialogue. Ce sont (déjà...) des étrangers. Capables d'objection, ils sont les seuls interlocuteurs des Dialogues qui contraignent Socrate à reprendre son discours. Le *Phédon* est ponctué par les silences (84b, 95e) et les sourires (62e, 84d) de Socrate. Silences, parce que les objections viennent de ce qu'il manque effectivement quelque chose à ce qu'il vient de dire (84c), et sourires parce que, pour une fois, elles ne tiennent pas à la conviction de l'interlocuteur mais au contraire à « sa résistance à croire tout ce suite ce qu'on lui dit » (63a). Tout se passe comme si, dans le *Phédon*, les situations discursives étaient inversées. Car ce n'est pas Socrate qui dispose de l'argument irréfutable sous la pression duquel l'interlocuteur révèle petit à petit ce qu'il défend, et qu'il défend ce qu'il est, le désir dont son discours n'est que la justification. C'est au contraire Socrate qui, dans ce qu'il dit, défend ce qu'il a choisi d'être, tient le discours de l'apologie (63b, 63d, 66e, 69d) et appuie son logos sur sa manière de vivre et de mourir. Les apories, pour une fois, sont suscitées par Cébès et Simmias (84c-d).

On peut, en le simplifiant, lire le *Phédon* comme un Dialogue qui, à la faveur d'une circonstance dramatique, la mort de Socrate, pose un problème : celui de l'immortalité de l'âme, et le résout en élaborant une doctrine : celle des Idées séparées. On peut donc le lire en faisant abstraction de la nature de celui qui meurt, interroge, répond, démontre, espère, risque, en faisant abstraction du *philosophe*. Pourtant, c'est bien la détermination de cette nature qui constitue l'objet du *Phédon* et, si un Dialogue méritait de s'appeler *Le Philosophe*, ce serait celui-là. La détermination va s'effectuer en trois temps, impliquant chaque fois le déplacement d'une dénomination : grâce à la droite définition de *thanatos* (67d), on découvre le signe auquel reconnaître (*tekmèrion*, 68b8) le vrai philosophe ; grâce à la définition de l'apprendre comme ressouvenir (73b) se révèle son activité propre, et qu'il est *philomathès* (82b, 82e) ; grâce à la position des Idées comme seules causes (99a) s'énonce l'hypothèse qui commande ce qu'un philosophe appelle « savoir » (100b).

De la rectitude d'une définition
à la justesse d'une attribution

La première partie du *Phédon*, l'apologie, s'ouvre sur une question en apparence anodine : « Eh quoi, demande Socrate, Evénos n'est-il pas philosophe ? » (61c). De bout en bout, il ne s'agit que de cela : de la justesse de l'attribution de *philosophos* (68b). Or elle dépend de la rectitude de la définition de *thanatos*. Insérée dans cette perspective, la séparation, la déliaison, la purification de l'âme de tout ce que le corps implique de maux et de « futilités » (66c) n'est pas une prescription morale, mais la conséquence de la puissance propre à un certain désir. Ce n'est pas par calcul et dans la pensée que le désir qui lui est propre lui procurera un plus grand plaisir que le philosophe est philosophe, et ce n'est pas non plus pour devenir vertueux. Si le philosophe « choisit » d'être mort, ce choix ne s'exprime pas dans un acte (le suicide), il ne traduit aucun désespoir et n'implique aucun sacrifice. Sa *facilité* à mourir différencie le philosophe, c'est-à-dire la facilité avec laquelle il se laisse persuader par la *philosophia* qu'une certaine manière d'être – mort – est la condition pour obtenir ce dont il déclare (66d-e) être amoureux [1]. Quant au calcul : « Voici comment calculera

---

1. « Consentir facilement à mourir » (62c10, 63a7, 81a1) est ce qui différencie le philosophe. L'énoncé de 62a : ἴσως μέντοι θαυμαστόν σοι φανεῖται εἰ τοῦτο μόνον τῶν ἄλλων ἁπάντων ἁπλοῦν ἐστιν, καὶ οὐδέποτε

sans doute l'âme d'un philosophe » (84a) : le calcul ne porte pas sur la quantité du plaisir, mais sur la détermination de l'obstacle. Le philosophe ne se détourne pas des plaisirs du corps parce qu'ils l'ont déçu ou qu'il les juge mauvais, mais parce que la *philosophia*, « s'étant emparée de son âme » (82d-83a), identifie son adversaire : l'appétit (*epithumia*). Se laisser gouverner par l'appétit est faire l'œuvre d'une Pénélope à rebours [1]. La *philosophia* est un

τυγχάνει τῷ ἀνθρώπῳ, ὥσπερ καὶ τἆλλα, ἔστιν ὅτε καὶ οἷς βέλτιον τεθνάναι ἢ ζῆν est difficile à interpréter. Dans cette phrase, à quoi renvoie τοῦτο : au fait qu'il vaux mieux mourir que vivre, vivre que mourir, ou à l'interdiction du suicide ? On peut y voir plus clair si l'on admet que ἔστιν ὅτε καὶ οἷς βέλτιον τεθνάναι ἢ ζῆν est mis en apposition à τοῦτο, si l'on conserve le parallélisme μόνον τῶν ἄλλων ἁπάντων ἁπλοῦν … οὐδέποτε τυγχάνει τῷ ἀνθρώπῳ, ὥσπερ καὶ τἆλλα, et si l'on donne à τυγχάνει un sens fort, justifié par la répétition τύχη … ἔτυχεν (58a6), τύχωσιν (58b8), ἔτυχεν(58c2). Il conviendrait alors de traduire : « Sans doute sera-ce pour toi un sujet d'étonnement que, parmi tous les autres faits, celui-là seul soit simple et n'arrive jamais à l'homme à la manière dont tous les autres événements lui arrivent : à savoir qu'il y a des moments où et des hommes pour qui il vaut mieux mourir que vivre ». L'étonnement porterait sur le fait qu'un seul cas échappe à la contingence propre à tous les autres événements d'une vie humaine. Ce seul cas est qu'il y a des moments où, et des hommes pour qui, la mort est meilleure que la vie. La « seule chose simple » ne renvoie pas à l'universalité d'une proposition que viendrait restreindre « les moments où et les hommes pour qui » : au contraire, cette seule chose simple *qui n'arrive pas par tuchè* dépend de la différenciation entre les moments et les hommes. Que pour certains la mort (entendue comme la fin de la vie) soit indiscutablement meilleure que la vie est vrai des incurables (*Lach.*, 195c ; *Gorg.*, 511e-512a, *Rép.*, III 409e-410a), mais vrai aussi (quand il s'agit de la mort-déliaison) des philosophes, capables de retourner le hasard en nécessité.

1. « Il ne faut pas agir à l'encontre de la *philosophia*, de la déliaison et de la purification (λύσει τε καὶ καθαρμῷ) qu'elle opère » (*Phédon*, 82d5-6, *cf.* 83b4-5). L'appétit est cause d'ignorance (*amathia*) il détourne d'apprendre (82e4-6). La mort-déliaison (λύσις, 67d4, 82d6, 83b4, διάλυσις, 88b1) est aussi la mort séparation et délivrance (ἀπαλλαγή, 64c5-7, 84b6, 107c6).

désir qui rencontre comme obstacle la variété apparemment indéfinie mais en réalité répétitive des autres désirs ; ce sont eux qui tentent toujours de relier ce qu'elle a délié. À l'origine de cette prison qu'est l'absence de désir d'apprendre (l'*amathia*), il y a l'appétit (82a). Il engendre plaisirs et peines, or « c'est comme s'ils possédaient un clou avec lequel ils clouent l'âme au corps, la fixent en lui » (83d) : l'appétit est l'artisan de notre liaison au corps (81c). Le philosophe n'échange pas des plaisirs moins grands contre un plaisir plus grand, mais, en proie à un désir auquel la pensée est présente, il s'oppose à ce qui, par son vacarme, tend à exclure toute pensée. La rupture est radicale et rompt la symétrie des termes de l'échange : la pensée est ce contre quoi tout s'échange, mais ce qui ne s'échange contre rien (69a-b). Déplacer ce nom, *mort*, le redéfinir, entraîne la redéfinition de la *philosophia* : ce n'est pas une « espèce de musique », un fait de culture qui aurait parmi d'autres sa place, mais une passion exclusive. Le doute de Socrate dans le prologue était justifié : si le songe lui enjoignait de composer une musique commune, ce n'était pas lui obéir que « faire de la philosophie ».

Une « incrédulité » (*apistia*) propre « aux hommes » (70a) amène une reprise du problème : car ce n'est pas cette mort-déliaison, mort selon eux métaphorique, que les hommes redoutent, c'est leur mort, celle qui les détruirait totalement, âme comprise. « Mais alors », demande Socrate, « qu'allons-nous faire ? » (70b). On va « raconter une histoire » pour examiner une vraisemblance (*eikos*). Socrate, comme il l'a fait pour les fables d'Ésope, va reprendre un « antique logos » et le mettre en musique. Qu'un contraire engendre son contraire – la vie la mort, donc la mort la vie – ne peut donner lieu qu'à un mythe, car il faut commencer par se plier à l'opinion qui y voit des contraires mutuellement exclusifs, comme sont pour elle ces contraires que sont plaisir et douleur. C'est seulement « ce que nous appelons vie » qui est contraire à « ce que l'on nomme mort »[1]. Lorsque « nature » signifie devenir, génération, *genesis*, « vie » et « mort » s'opposent comme deux mouvements opposés à l'intérieur de ce devenir. Mais l'âme échappe à cette genèse circulaire des contraires : elle ne naît pas de *sa* mort. La mort ne la détruit pas plus que la naissance ne la fait naître, et qu'elle « préexiste » n'implique pas qu'elle « survive » : elle est étrangère à ce temps de l'avant la naissance et de l'après la mort. Tel est, dans le *Phédon*, le sens de l'hypothèse de la réminiscence (hypothèse qui, dans le *Ménon*, avait statut de mythe). Si apprendre consistait à acquérir de nouvelles « connaissances » à la faveur d'expériences nouvelles, les contenus ne cessant de changer, la forme de la connaissance changerait en même temps et il n'y aurait pas connaissance (*Crat.*, 440a-b), il n'y aurait qu'opinions issues de sensations. La différence des choses à l'Idée (des choses égales à l'égal) donne à la science sa forme. Mais cette différence n'est jamais donnée, elle n'est saisie qu'à l'occasion de la perception d'un manque. Qu'il s'agisse bien de déficience, qu'il « manque quelque chose »[2], signifie que les choses senties ne sont pas le point de départ d'une abstraction, mais d'une réminiscence.

---

1. Ne sont pas contraires ce qui est nommé à tort « vie » et « mort » par l'opinion (πρὸς τὸ δοκοῦν, 60b5) et selon une dénomination erronée (95c4, 107c3) ; mais vie et mort sont des Idées contraires, comme l'affirme le dernier argument.

2. τι ἐλλείπει (74a6), ἐνδεῖ τι (74d). Sur les controverses suscitées par ce passage, voir l'article de R.S. Bluck écrit sur une suggestion de Wittgenstein, « Forms as Standards », *Phron.*, 2, 1957, 115-127 et la mise au point de D. Gallop, *Plato's* Phaedo, Oxford, Clarendon Press, 1975, p. 121-125.

Lorsque Cébès prétend résumer les conclusions du *Ménon*, il définit ainsi la réminiscence : il y a un savoir de toutes choses qui est présent en nous, et qui nous permet de donner les bonnes réponses si on nous pose les bonnes questions ; si on est mis face à des figures mathématiques, par exemple, on répond donc d'emblée « tout ce qui est comme c'est ». Il manque à l'exposé de Cébès deux choses surprenantes : la précision que ce savoir qui permet toujours de répondre, on ne l'a pas acquis au cours de la vie présente, et celle que ce savoir de toutes choses, il faut l'avoir oublié pour pouvoir apprendre. Cébès donne de la réminiscence un exposé dont l'âme est absente comme sont absents la conscience de ne pas savoir et le fait que se ressouvenir, c'est apprendre et non pas répondre. Il omet le mouvement de concentration de l'âme en elle-même et sur elle-même au fur et à mesure qu'elle découvre l'identité entre chercher, désirer, apprendre et se ressouvenir, il ignore cette « reprise » de soi par soi qui fait retourner en soi, mouvement vers l'intérieur et en profondeur, bref l'*ana* de l'*anamnèsis*. Son résumé va pourtant permettre à Socrate de dissocier la réminiscence de sa caricature. Il ne va plus emprunter « la voie unique et droite » des sciences mathématiques et parler de carré ou de diagonale mais de lyre, d'amant, d'aimé, de portrait. En introduisant manque, aspiration, amour et images, Socrate restitue la médiation : le mouvement de l'âme qui dans ce qui est là voit ce qui n'est pas là, et qui ne manque qu'à celui qui le désire. Les figures géométriques forcent à réfléchir sur les réalités intelligibles qu'elles figurent. Le sensible, en revanche, ne contraint à aucun dépassement, il n'est qu'occasion de dépassement, il faut un amoureux pour voir en lui une aspiration à ressembler à ce dont il manque. Car, pas plus que la vision d'une lyre n'affectera celui qui n'est pas amoureux de son propriétaire et ne le portera à concevoir celui dont cette vision lui fait éprouver l'absence, la perception d'une chose sensible ne conduira celui qui ne désire pas comprendre à concevoir le manque que cette chose rend sensible. La réminiscence est un état réservé aux amoureux, et aux philosophes. Elle est conscience d'une autre présence, dont ce qui est présent fait ressentir l'absence. On éprouve quelque chose de tel quand, voyant une chose, on pense « cet objet souhaite être tel qu'une autre réalité, mais il lui manque quelque chose, il est impuissant à lui être semblable ». La réminiscence est une affection, un *pathos*. En se ressouvenant, on cesse de croire à la présence suffisante et pleine des choses sensibles pour les métamorphoser en signes d'une autre présence ; se ressouvenir consiste à éprouver le manque de réalité vraie et de qualité parfaite des choses sensibles. La réminiscence propre au philosophe est ainsi la généralisation de l'expérience de l'amoureux ; la totalité de la réalité sensible devient pour lui l'occasion de se reporter à une autre réalité, qu'on ne peut percevoir, non parce qu'elle serait provisoirement absente mais parce qu'elle est en elle-même impossible à percevoir. Le point de départ n'est donc pas la sensation en elle-même, mais le sensible réfléchi dans sa déficience, et constitué tout entier en image imparfaite. Le ressouvenir peut prendre comme point de départ n'importe quelle sensation, parce que toute sensation peut devenir une figure, un chiffre de l'intelligible.

À l'exception du beau, – qui possède le privilège de se manifester comme il est – toutes les Idées ne sont saisies que *dans des choses qui ne les manifestent pas*. Les choses ne semblent aspirer à l'égalité qu'à celui qui, les *nommant « égales »*, saisit *dans ce nom* l'impossibilité qu'il convienne à ces choses ; car il n'existe pas de choses sensibles qui soient parfaitement, toujours et pour tous égales, toutes sont vouées à devenir ou paraître sous un certain angle un peu inégales. Pourtant, « il n'y a pas d'autre point de départ pour la pensée elle-même, il n'est pas possible de penser autrement qu'à partir du voir, ou du toucher, ou de l'une quelconque des sensations » (75a). C'est « en se servant des sensations » qu'on *pense*. Il existe un bon usage du nom et un bon usage des sensations : un bon usage de l'image – bien qu'il n'existe pas de bonnes images, seulement de plus ou moins inadéquates. Cet usage ne consiste pas à faire oublier (comme le fait le peintre) des différences pour mieux produire un effet de ressemblance ; il consiste au contraire à dénoncer les ressemblances afin d'explorer les différences. Les choses dont il part, le philosophe commence par les nommer comme tout le monde les nomme, et c'est sa conscience de l'impropriété du nom qui le renvoie à ce qui manque, et qui est l'essence. Elle impose sa différence d'avec les choses et d'avec les noms, car cette manière d'être (*ousia*), « c'est en interrogeant et en répondant que nous donnons le logos de ce qu'elle est » (78c-d). Une droite dénomination, une correcte attribution sont alors possibles. Mais poser une essence n'est pas seulement poser une chose vraie, pure et existant sur le mode du toujours qui doublerait et en quelque sorte sous-tendrait la chose sensible, c'est se donner pour tâche d'essayer de la penser, et cette tâche est le propre du philosophe. C'est de cela, du fait qu'une essence doit être pensée, que l'on fait abstraction quand on coupe l'hypothèse de celui qui la formule. La rectitude de la dénomination et la justesse de l'attribution dépendent pourtant d'une âme capable de se ressouvenir d'elle-même et de sa puissance de chercher et d'apprendre. Seule une telle âme peut avoir l'intelligence de ce qui est (75d), On ne peut bien nommer ni bien attribuer si l'on ne pense pas bien, et bien penser, c'est dialectiser. *Il n'y a pas d'autre règle de rectitude, d'autre critère d'attribution que de passer par le travail dialectique.* Prêter à Platon la thèse que l'Idée seule a droit à son nom[1], que seul l'Égal est égal et le Beau, beau, parler d'auto-prédication équivaut à soutenir à propos du rapport entre les noms et les Idées soit la thèse de Cratyle, soit celle d'Hermogène. Car on affirme alors, ou bien que tel nom convient « naturellement » à tel « étant » (à telle Idée), soit qu'il est simplement l'image qui renvoie, dans la langue que nous parlons, à la représentation que nous nous faisons de cette Idée. Or, si le philosophe donne aux Idées qu'il pose la manière d'être de l'essence, c'est parce que c'est penser qu'il désire, et il est peu vraisemblable que penser consiste pour Platon à énoncer une série de tautologies telles que « la beauté est belle », « l'égalité égale », ou « la grandeur grande », sans parler des absurdités qu'impliquerait de dire carrée l'Idée du carré et froide

---

1. En 74c1, l'expression « les choses égales en elles-mêmes », αὐτὰ τὰ ἴσα, désigne-t-elle l'Idée « égalité », ou une réalité intermédiaire entre Idées et choses sensibles, ou encore une Idée immanente ? Le pluriel « elles-mêmes » pose certainement problème, car le fait d'être « elle-même » caractérise chaque Idée singulière. Mais le dernier argument montre qu'il existe des choses qui, en raison de leur double participation essentielle, restent elles-mêmes non seulement si elles conservent leur essence, mais aussi un caractère qui leur est essentiel ; les « choses égales » ne renvoient pas à des choses intermédiaires mais à des choses qui ne peuvent cesser d'être égales sans perdre leur nature. Jamais un nombre ne peut se montrer inégal à lui-même : certaines réalités mathématiques présentent donc, du point de vue de l'égalité, une structure de double participation, elles sont à la fois elles-mêmes, et égales à elles-mêmes. Leur égalité à elles-mêmes est leur manière propre de rester elles-mêmes, comme la froideur est pour la neige sa façon de rester elle-même. Certaines choses sont donc essentiellement égales à elles-mêmes, d'autres ne se trouvent être qu'accidentellement égales à d'autres choses. Voir M. Dixsaut, Platon, *Phédon*, p. 346-347, n. 136.

l'Idée du froid[1]. Poser une Idée n'est pas poser une chose plus substantielle, mais poser la seule manière d'être qui donne sens à l'acte d'interroger et de répondre. C'est, faut-il le rappeler, par la position des *logoi* que Socrate arrive dans le *Phédon* à l'hypothèse des Idées[2]. Apprendre signifie donc se ressouvenir d'une différence, celle de la science à la sensation et à l'opinion, et cette différence en acte *est* la science. Le *philosophos* n'est plus alors seulement celui que caractérise la différence de son désir, il est « celui qui veut apprendre », il est *philomathès*. La *philosophia*, en lui procurant le calme (*galènè*, 84a) nécessaire, permet à l'âme d'accomplir son excellence. L'âme d'un philosophe ne doit donc pas entreprendre sans cesse de relier ce que sa *philosophia* s'emploie à délier, mais les intermittences sont toujours possibles et la seule façon d'y échapper consiste à se ressouvenir de la parenté de son âme avec les réalités essentielles qu'elle pose (79b, d, e). Là encore, l'inversion d'un nom, apprendre, commande l'argumentation et se formule en deux langages. Car la réminiscence cesse d'être un mythe à condition qu'on la comprenne (*mathein*, 73b), et c'est alors un logos dont rien n'égale l'évidence (77a).

Amoureux de la pensée et de la vérité, le philosophe est découvert dans son désir à la faveur d'une définition : celle de la mort comme déliaison ; occupé à apprendre, il

---

1. Le problème de la « self-predication », qui a occupé pendant un bon moment les interprètes anglo-saxons, a désormais disparu de l'horizon de la critique platonicienne. Il suppose que toute Idée, l'égalité par exemple, se dédouble en sujet (l'égalité) et prédicat (égal) ; prêter cette thèse absurde à Platon et la lui reprocher, c'est simplement ignorer la signification du « elle-même selon elle-même ». Si, comme le montre Bergson, « certains fantômes de problèmes » obsèdent les métaphysiciens, des fantômes de ce genre hantent également les commentateurs de Platon.

2. Socrate fuit « vers les *logoi* » (*Phédon*, 99e5).

est découvert dans son activité propre à l'occasion d'une réminiscence de la réminiscence.

L'hypothèse du philosophe

Dans le *Phédon*, aucune différence n'est établie entre des Idées comme le froid, le chaud, la petitesse, la grandeur, le beau, le bon, les nombres, la navette, la neige ou le feu. Certains, Aristote le premier, semblent déçus de ne pas y trouver quelque chose comme une classification des Idées, ou tout au moins une distinction des Idées en fonction des types de réalité dont elles seraient les Idées : entre, par exemple, les Idées de choses sensibles, les Idées de valeurs (comme le beau et le juste) et les Idées mathématiques – avec les épineux problèmes des Idées négatives et des Idées de relation [1]. Si l'on est tout disposé à accorder la nécessité de poser des Idées pour ce dont les choses sensibles ou les institutions humaines ne sont que de mauvaises approximations, on ne comprend pas pourquoi il serait nécessaire de doubler ce qui ne possède d'autre existence qu'intelligible de réalités intelligibles substantielles [2]. Ainsi énoncée, l'objection paraît valable. Pourtant, une telle entreprise de différenciation des Idées aurait tout d'abord pour principe des différences établies par l'opinion. Elle implique surtout une Idée générale de l'Idée, genre commun englobant des espèces différenciées par *ce dont* les Idées seraient Idées. Toute Idée serait donc à la fois « Idée », et « Idée de » : elle aurait la forme commune à toute Idée, et

---

1. Pour un exemple de classification, voir le chapitre intitulé « The Population of the World of Ideas » dans D. Ross, *Plato's Theory of Ideas* (Oxford, Clarendon Press, 1951).

2. Sur ce problème du statut, intermédiaire ou non, des nombres, voir chap. v.

serait en plus l'Idée qu'elle est, spécifiée par sa « matière », sensible ou intelligible. Il est vrai que Platon n'a jamais défini ce qu'il entend par Idée, mais pour deux bonnes raisons. D'une part, parce que la définir impliquerait ce dédoublement, d'autre part, parce qu'une Idée est le principe qui oriente chaque recherche dialectique, cette recherche questionnant *ce qu'est cette Idée*, et non pas l'Idée d'Idée. Une Idée n'a d'autre référent que son essence, sa manière d'être propre, et il n'y a pas d'essence générale des essences, chacune est singulière. La position d'essences *garantit la différence d'une manière de penser, elle n'a pas pour but d'élaborer une métaphysique, la seule question étant alors de savoir si celle-ci est idéaliste ou réaliste.*

Il suffit de rappeler le texte de la *République* sur le double usage de la géométrie (*Rép.*, VII 536c-527c) pour s'en convaincre : science certaine de ses objets, elle se dispense de les mettre en question, mais science propédeutique, elle découvre à l'âme sa puissance de tirer son savoir d'elle-même et par elle-même. Les essences ne servent pas davantage à doubler une existence insuffisante d'une existence substantielle – choses en soi destinées à conférer aux choses permanence et identité. Elles sont la seule hypothèse permettant de penser, et penser ne consiste pas à poser n'importe quelle question, il faut interroger comme il faut et interroger ce qui peut répondre. Cela, les « mathématiciens » sont loin de le faire, eux qui ne parlent que parce qu'ils ne peuvent pas faire autrement (*anankaiôs*), et qui se contenteraient bien de « faire » [1]. Ce n'est pas une différence entre les objets de connaissances que l'hypothèse des essences permet d'établir, mais une différence entre

---

1. Selon l'opposition « en vue d'une pratique » (πράξεως ἕνεκα) / « en vue d'une connaissance » (γνώσεως ἕνεκα, *Rép.*, VII 527a-b).

les manières de connaître, comme le montre le double sectionnement de la partie supérieure de la Ligne. Cette hypothèse ne *garantit* pas la différence du savoir dialectique, car de ce savoir il n'y a pas de savoir, de sorte qu'il doit toujours réaffirmer sa différence sans pouvoir la définir, sans jamais pouvoir la prouver autrement qu'en dialectisant. Sur la Ligne, ce sont bien des modes de connaissance qui sont différenciés, pas des espèces d'objets, mais la Ligne est une image, et les différences qu'elle pose sont des images de différences, des différences représentées. Dans le champ de la *philosophia* qui est celui du *Phédon*, il s'agit de montrer *comment la différence d'un désir se traduit en une manière différente de penser, par le biais d'une hypothèse*. Il n'y a donc pas d'autres possibilités que celles qu'ouvrait la fin du *Cratyle* : ou bien tout change et se transforme et tout peut être dit sans qu'il y ait jamais rien qui soit dit, il n'y a qu'une seule Nature dont tout l'être consiste à devenir ; ou bien il existe des « natures », des différences qui ne s'évanouissement pas dès qu'on les formule, et ces différences sont intelligibles. Une essence n'existe que de sa présence à l'intelligence qui à la fois la pose et en pâtit. Si elle en pâtit, c'est que l'intelligence n'est pas un pouvoir de représentation, et qu'elle ne pose ni les objets ni même les conditions de sa représentation. Ni « réaliste » en ce qu'elle doublerait le monde des choses d'un monde de « choses en soi », ni idéaliste en ce qu'elle formulerait les conditions de possibilité de toute connaissance, l'hypothèse des essences est l'hypothèse d'un philosophe. Philosophe est celui pour qui la pensée n'est pas plus l'intuition d'objets « métaphysiques », ce qui rendrait inutile tout le travail dialectique, que la critique des conditions transcendantales de la possibilité de la connaissance, ce qui rendrait accessoire ce désir qu'est la *philosophia*. La pensée est l'exercice d'un désir qui opère dans le langage et à l'aide du langage un dur travail qui est aussi un divertissement splendide. Les essences sont posées par ce désir, et pensées au cours de ce travail.

La nécessité de *poser* des essences est toujours présentée dans les Dialogues comme découlant d'une *différence* : celle du savoir et de la sensation, donc du savoir et de l'opinion à laquelle la sensation donne naissance ; cette différence constitue le seul savoir du philosophe. Le lien entre les deux est décisif : *si savoir est différent d'opiner, alors il y a des réalités dont la manière d'être n'est accessible qu'à la pensée*. Toute la querelle sur le « réalisme » ou « l'idéalisme » de la « théorie des Idées » relève d'un étrange présupposé consistant à faire d'intelligible un prédicat. Les Idées ont pour manière d'être leur *intelligibilité*, elles n'ont pas pour *propriété* d'être intelligibles, sauf à transférer au sein de l'intelligible l'opacité propre au mode d'existence de la chose sensible. Ne pas réifier les Idées ne signifie cependant pas qu'elles ne sont que pour autant que je les pense : autant vaudrait dire qu'elles sont objets de représentation, donc intégralement relatives à la subjectivité qui les construit comme elle voudrait qu'elles soient. C'est exactement ce qui est exclu par la distinction du savoir et de l'opinion, comme nous le dit « brièvement » un texte du *Timée* :

> C'est ainsi donc que pour ma part j'exprime mon suffrage : si l'intelligence et l'opinion vraie sont deux genres distincts, alors existent absolument ces Idées elles-mêmes selon elles-mêmes que nous ne pouvons percevoir, mais seulement penser ; mais si, comme il semble à certains, l'opinion vraie ne diffère en rien de l'intellection, il faut poser que toutes les choses que nous percevons par l'intermédiaire du corps sont celles qui sont les plus certaines. (*Tim.*, 51c-d)

Non seulement ce texte reprend exactement les deux branches de l'alternative qui conclut le *Cratyle*, mais il fournit la raison d'opter pour l'une d'entre elles. Pourquoi Timée, qui ne se préoccupe que du Monde sensible et dont le discours ne peut viser que la vraisemblance, ne peut-il faire l'économie de l'hypothèse des Idées? Parce que sa cosmologie, qui fait du Monde sensible l'image d'un modèle intelligible, est suspendue à l'hypothèse de la participation, et parce que sa physique est une physique « mathématique », dont les éléments ne sont pas sensibles mais géométriques? Mais ce sont là les conséquences de son choix, pas les raisons. Le discours qu'il tient sur des choses sensibles se veut être de l'ordre d'un enseignement, pas d'une persuasion, être capable de rendre raison de ce qu'il dit et être inébranlable, ces trois caractéristiques s'opposant terme à terme à celles de l'opinion, même vraie. Or l'hypothèse de la participation est la seule à garantir qu'un discours sur le sensible puisse être scientifique, et échapper à la variabilité, à la fragilité et à l'instabilité de l'opinion vraie. Timée pose donc le problème de la nature, de la vérité et de la différence de son langage, fait dépendre celles-ci de la frontière séparant intellection et opinion vraie, et la nécessité de poser des Idées dépend de cette distinction. Mais pour le philosophe aussi le problème de la relation des choses sensibles aux Idées, le problème de la participation, se pose à partir du langage. Penser la participation en termes de manque et d'aspiration, c'est refuser de la penser comme la présence, venue on ne sait comment, de l'Idée à la chose, mais la penser comme la réponse à une question posée par le nom donné à la chose ou à une de ses propriétés. La relation qui fait question est d'abord celle de la chose à son nom, et c'est son nom qui met en question la relation de la chose à l'Idée. Car si tenir un nom ne consiste pas à s'interroger sur la nature de l'Idée à laquelle il renvoie, alors tout est opinion.

Pour poser ainsi ce problème, il fallait passer par le *Phédon*, par le philosophe et sa *philosophia*. À partir de ces deux constatations simples : c'est une essence par essence intelligible que Platon nomme « l'être qui est soi-même selon soi-même », et c'est cette manière d'être que désire chaque fois interroger, connaître, articuler un philosophe. Cela résout-il cependant toutes les difficultés suscitées par l'hypothèse telle qu'elle se présente dans le *Phédon*?

Les difficultés de l'hypothèse

À la fin du Dialogue, la voie à suivre va se révéler lors du renversement d'une autre dénomination : celle de la cause. Après son « autobiographie » et le récit de ses « déceptions », Socrate dénonce un usage absurde (*atopos*, 99a) du nom de cause : celui qui nous fait nommer « causes » des forces matérielles et mécaniques (98e-99a). Le seul bon usage du terme serait-il son usage téléologique (99c)? « Or, moi, pour apprendre ce que peut être une cause de ce genre, je me serais fait volontiers l'élève de n'importe qui. Mais puisque j'en ai été frustré, et que je n'ai été capable ni de la découvrir par moi-même ni de l'apprendre d'un autre, ma "seconde navigation" à la recherche de la cause et la manière dont j'ai réussi à l'effectuer, veux-tu, Cébès, dit-il, que je te les expose? » (99c-d). Ces *logoi* dont il est question par la suite, et ce beau, ce bon et ce grand, et toutes choses du même genre (100b), sont-ils les « causes finales » dont Socrate aurait été privé? Rien dans le passage cité n'indique en tout cas que la seconde navigation soit une « méthode de remplacement », un pis-aller pour atteindre le même but – le même type de causes – plutôt « qu'un chemin plus sûr permettant d'évier les erreurs de la navigation précédente » [1] : qu'une *autre méthode* permettant d'arriver à un *autre type* de causes. De plus, si à la question « pourquoi Socrate est-il assis ici ? », seule est acceptable la réponse par une cause finale, et de même si c'est la question du *Timée* qu'on pose : « pourquoi le Monde est-il comme il est ? », on ne voit vraiment pas en quoi il serait « meilleur » pour deux bouts de bois de participer à l'égal plutôt qu'à l'inégal, ni pourquoi il serait meilleur que cette figure participât au carré plutôt qu'au triangle ou au rectangle. La seconde navigation conduit à n'admettre comme causalité véritable que la causalité intelligible – qui rend intelligible – et certaines natures et certaines actions ne peuvent le devenir qu'en étant rattachées à leur fin. Une Idée intelligible rend intelligible ce qui participe d'elle, et dans certains cas l'intelligibilité implique une relation finale. Ces cas vont d'ailleurs être déterminés : la seule activité qui, pour être intelligible, doive être rapportée à ce qu'elle vise et reconnaît être le meilleur est l'activité d'une âme (celle de Socrate dans l'exemple du *Phédon*, celle du Monde dans le *Timée*).

Le problème de la génération et de la corruption ne doit donc plus être physiquement mais philosophiquement formulé, et il faut chercher les causes non plus du côté des causes efficientes mais se demander « par quoi » une chose est ce qu'elle est, se tourner vers ce qui lui confère sa nature, son nom et ses propriétés : la rend intelligible, autant qu'il est possible. Elle ne les acquiert qu'en participant à une Idée, seule l'Idée mérite le nom de cause. Il faut par conséquent s'opposer à la *sophia* des physiciens aussi bien

---

1. Ces deux sens sont donnés dans une scholie.

qu'à celle des « antilogiques », envoyer promener les causes trop « subtiles » des savants mais veiller aussi à ne pas discuter en même temps des principes et des conséquences, comme font constamment les antilogiques « qui se tiennent pour satisfaits quand ils embrouillent tout grâce à leur grande habileté, de façon à pouvoir, "tout étant ensemble", se faire plaisir à eux-mêmes. Mais toi, si tu es vraiment un philosophe, tu feras comme je dis » (101c). L'Idée ayant droit à son nom pour l'éternité du temps (103e), ce qui en participe y a droit également, du moins pour tout le temps qu'il en participe. Cette affirmation naïve *n'expliquera* pas, mais elle évitera de se contredire : on ne pourra pas affirmer, par exemple, que c'est à cause d'une même longueur que Simmias est plus grand que Socrate et plus petit que Phédon. Il sera impossible d'attribuer deux prédicats contraires en même temps et sous le même rapport à un même sujet, car jamais un contraire ne « supportera » la présence de son contraire, mais s'éloignera, ou périra (103d).

« Il n'y a pas d'autre façon pour chaque chose de venir à l'existence que de participer à la manière d'être propre de chaque étant auquel elle participe » (*Phédon*, 101c). La participation à une *ousia* serait aussi la cause (*aitia*) de toute venue à existence ? Cette affirmation semble bien poser plus de problèmes qu'elle n'en résout. Est-ce à dire que les Idées seraient causes efficientes ? Faut-il comprendre comme fait Aristote que c'est la « Santé en soi » qui guérit le malade ou la navette en soi qui fait exister cette chose sensible qu'est une navette[1] ? Évidemment non ; mais du malade une fois guéri, nous *disons* qu'il est en bonne santé,

---

1. Aristote, *De la Génération et de la Corruption*, II, 335b9-24 ; *Métaphysique*, A, 991b3-7.

et c'est alors à la santé et non plus à la maladie qu'il participe ; et ce bout de bois auquel aura été donné un certain « ordre et arrangement », nous pouvons le *nommer* navette. Les Idées n'engendrent pas « efficacement » des choses ou des propriétés sensibles, mais choses et propriétés sensibles ne peuvent être correctement nommées et attribuées qu'à la condition de déterminer si c'est bien à telle ou telle Idée qu'elles participent. Car l'Idée n'est certainement pas la cause de la venue à l'existence *sensible*, et c'est bien, même chez Platon, le cheval qui engendre le cheval (*Crat.*, 393b-c) et non pas la Chevalité, contrairement à ce que prétendent Antisthène, et Aristote. L'Idée n'est pas davantage la cause du fait que le cheval possède les caractéristiques qui en font un cheval (le beau n'est pas la cause de la présence effective dans la chose de qualités qui la rendraient belle, 100c-d). Car alors l'argument d'Aristote selon lequel il est inconcevable qu'une cause efficiente ne produise pas toujours et partout son effet si elle en a le pouvoir serait valable. Là encore, tout devient absurde si l'on rapporte directement la chose sensible à l'Idée et si l'on ne passe pas par le langage : c'est en lui et par lui que la participation d'une chose à une Idée se confirme ou s'infirme. Qu'une chose soit belle, ou que le nombre trois soit impair, ne devient intelligible que lorsqu'on cesse de chercher des raisons du côté de ce qui produit – la présence d'une matière, l'or par exemple, produirait la beauté, mais Phidias a eu raison de ne pas faire en or les yeux d'Athéna ; l'addition de trois unités produirait le trois, mais la division de six par deux le produirait aussi bien. La participation à la Beauté ou à l'imparité est une réponse « simple » et « naïve », mais elle nous dit au moins où rechercher la « cause » et quel type de cause chercher : participer, c'est accéder à une existence intelligible. Il y a, même pour le sensible, une manière d'être intelligible – et c'est ce que Platon, avec toutes les difficultés que cela comporte et qu'il laisse ouvertes dans le *Phédon*, nomme « participation ». Car il y des cas où cette participation pose problème :

> Donc, dans certains cas de ce genre, dit-il, voici ce qu'il en est : non seulement l'Idée elle-même mérite son nom, pour le temps de toujours, mais il y a aussi quelque autre chose qui, tout en n'étant pas l'Idée en question, possède cependant toujours, tant qu'elle existe, la configuration (*morphè*) propre à celle-ci. (*Phédon*, 103e)

En 102c, il a été établi qu'une chose (Simmias par exemple) pouvait recevoir en même temps deux prédicats contraires (être grand et être petit) sans que cela offre de contradiction, puisque petit et grand il ne l'est pas sous le même rapport. En prenant comme principe que c'est par la grandeur qu'est grand ce qui est grand et par la petitesse petit ce qui est petit, un certain mode de pensée peut, en pensant de façon *simple* et *certaine*, montrer le caractère sophistique et confus de certaines apories. Les choses (*pragmata*) peuvent ainsi, sans cesser d'être elles-mêmes, recevoir des prédicats contraires, donc participer à des Idées contraires soit successivement, soit parce qu'elles entrent dans une double relation. Mais il est impossible qu'une Idée reçoive son contraire.

L'interlocuteur anonyme, ce brave qui intervient à la fin du *Phédon* (103a-b), soulève cependant une difficulté qui n'est pas mince : comment à la fois parler d'une génération des contraires et affirmer que jamais un contraire ne pourra devenir son contraire ? La « différence » (*to diapheron*, 103b) oubliée par cet inconnu est celle des choses aux Idées, celle qui, de « rêve » dans le *Cratyle*,

devient dans le *Phédon* « l'hypothèse du philosophe ».
Mais si cette différence supprime la contradiction, il reste
que, parmi les choses, certaines ne peuvent pas recevoir
des prédicats contraires sans cesser d'être elles-mêmes :
Socrate, grand ou petit, reste Socrate (102e), tandis que la
neige qu'on chauffe perd sa nature de neige (103d). Y a-t-il
donc, parmi les choses, des choses qui, comme les Idées,
auraient toujours droit à leur nom, des choses qui, dans le
devenir, ne *deviendraient pas* ? Mais dans le devenir, la
neige devient eau, et si on ajoute une unité à un trio,
d'impair qu'il était, devient pair et quatuor. Ce qui devient
impossible est de *nommer* cette chose « neige », et cet
ensemble « trio ». Comme toutes les Idées comportant un
contraire, *certaines* choses excluent la dénomination
contraire, elles ne peuvent pas de petites devenir grandes,
de chaudes devenir froides, et ainsi de suite. Elles semblent,
tant qu'elles sont, ne pas pouvoir devenir le contraire de
ce qu'elles sont, et en ce sens, elles font exception au
devenir. Pourtant, aucune chose n'a en elle-même de
contraire, elle n'en a un que si elle participe à une Idée qui
en possède un. Or la neige n'a pas par essence de contraire,
pas plus que le feu, ou le trois. Pourtant, ce qui en participe
semble en avoir un, et à son approche ne pouvoir
que « s'enfuir ou périr ». « Les cas de ce genre » surviennent
si les Idées auxquelles les choses participent sont
complètement et essentiellement déterminées par une autre
Idée, celle du froid par exemple pour la neige, du chaud
pour le feu, de l'impair pour le trois. Ces Idées ne comportent
pas *en elles-mêmes* de contraires, mais elles en comportent
un par participation à une autre Idée. Elles possèdent
indirectement un contraire, du fait d'avoir en quelque sorte
une détermination essentielle de plus. La neige ne peut

donc pas cesser d'être froide et rester neige – c'est-à-dire pouvoir encore être nommée neige.

La finalité de cet argument des contraires, c'est l'âme, et la possibilité de lui attribuer un certain prédicat (mortelle). Pourtant, l'âme n'est pas une Idée, car alors c'est une Idée qui poserait les autres Idées, l'Âme en soi qui poserait les Idées en soi : il y aurait une science d'en haut et une science d'en bas (*Parm.*, 133c-134e). Mais il existe un genre de choses qui reçoivent une détermination essentielle, non seulement de leur Idée éponyme (la neige de la neige), mais d'une autre Idée (le froid). L'âme en fait partie. Elle ne peut être démontrée immortelle en elle-même, en tant qu'elle est une âme, et, à supposer même qu'il existât une Idée de l'âme, cette Idée ne suffirait pas à lui conférer son immortalité. L'âme ne peut être dite immortelle que médiatement, parce qu'elle participe indirectement mais essentiellement à la vie (*zoè*), qui elle possède un contraire, la mort, qu'elle ne peut jamais recevoir en elle. Ce qui implique que vie et mort soient contraires. Or tout ce qui précède tendait à montrer que vie et mort ne sont contraires que pour l'opinion. Dans l'argument de la réminiscence, l'âme n'était pas conçue comme principe de vie ; déliée et toute seule, elle s'appliquait à examiner la vérité, à faire la chasse aux étants, à philosopher. L'argument des contraires repose sur une opposition jugée évidente, et qui ne l'est que logiquement, et il conclut sur un assez remarquable paralogisme. Car comment déduire de la non-mortalité d'un principe celle de nos âmes ? L'argument des contraires s'inscrit en outre à l'intérieur d'une problématique de la crainte et de la sécurité[1]. La volonté

---

1. La sécurité (ἀσφάλεια, 100d8, 100e1, 101d2, 105b8, 105c2) fournie par l'hypothèse (101d) est un moyen d'échapper à la crainte (φοβούμενος, 101a5, 101b2, 5 ; δεδιώς, 101c9).

qu'a Cébès de raisonner, démontrer, prouver naît de la crainte que tout, choses et prédicats, soit emporté par le devenir cyclique de la génération et de la corruption, et l'argument des contraires, destiné à vaincre la peur d'une mort qui serait destruction de l'âme, est le seul qui réussit à le convaincre. Si le philosophe fait exception, ce n'est pas parce qu'il est plus courageux, mais parce que c'est face à la misologie qu'il doit démontrer son courage, pas face à la mort, dont rien ne permet d'affirmer qu'elle soit un mal.

De fait, il n'y a dans le *Phédon* aucune démonstration de l'immortalité de l'âme qui soit parfaitement convaincante. C'est dans les parties dites « protreptiques » qu'elle s'affirme, mais elle ne s'affirme que comme une belle espérance. L'âme, en tant qu'elle philosophe, vit d'une vie qui n'est pas le contraire de la mort, et elle n'est pas immortelle au sens où elle serait indestructible (*anôlethron*). Elle est ce qui a le pouvoir en pensant de réduire l'image de la mort, et c'est en pensant qu'elle fait l'expérience de son immortalité. Qu'aucune distinction empirique (de rang, de beauté, de richesse…) ne résiste à la mort est un lieu commun, l'annulation de toute différence constitue le trait le plus effrayant de l'image qu'on se fait de la mort. Le *Phédon* se donne pour tâche d'établir qu'une différence au moins résiste et fait sens, qui est la condition de toutes les autres, de toutes celles qui rendent vraie la pensée et juste le discours. Ce n'est donc pas l'immortalité de l'âme qu'il s'agit de démontrer, et que d'ailleurs le *Phédon* ne démontre pas, mais qu'il existe au moins une différence – la *philosophia* – que la mort ne menace pas d'insignifiance. La confiance du philosophe n'est pas « déraisonnable et folle » (95c). L'incantation consiste à parler de la mort de telle façon qu'elle devienne pour le philosophe le signe que, philosophe, on l'est vraiment. Si identifier *philosophiquement* la mort à la déliaison de l'âme et du corps nous laisse insatisfaits, c'est qu'il nous semble que ce n'est pas vraiment de la mort qu'on nous parle si l'on ne nous parle pas de la peur que nous en avons. Pour qui en a peur, la mort signifie le pathétique de la disparition, la vanité de toute vie, l'absurdité de tout effort, le déchirement de tout départ. Nous reconnaissons ce langage, et nous savons bien que ceux qui nous paraissent dire la vérité sur la mort, produisant en l'amplifiant l'effet qu'elle nous produit, ne sont pas les philosophes, ce sont les « musiciens », les poètes. En ce sens, le *Phédon* tout entier est un *tekmèrion*, un signe de reconnaissance. Qui, en le lisant, a le sentiment que « la facilité à mourir » est une belle formule, que la réduction de la mort est aisée à qui n'y est pas directement confronté et que tous les discours du monde ne pourront rien contre la brutalité du fait ; qui ne comprend pas que la mort, insignifiante comme événement, ne peut servir d'argument décisif quant à la manière d'occuper le temps qui nous en sépare, et que, à supposer même qu'il n'y ait pas d'après, cela ne change rien à la façon de s'avancer vers le logos, celui-là n'est pas un philosophe, il ne philosophe pas droitement. La mort n'est pas révélatrice comme perspective, menace, événement ; ce qui est révélateur est la façon dont nous entendons son nom, car de cela dépend l'usage que nous faisons du logos et des noms. Si sur ce point nous manquons de rectitude, alors nous en manquerons sur tous les autres. La pensée n'est pas « plus puissante que la mort », elle a sur ce nom la puissance qu'elle a sur tous les autres : de le référer à ce qu'il signifie, de l'examiner, de le déplacer en le reliant aux termes qu'il est nécessaire d'introduire pour le comprendre.

Terme parmi d'autres, la mort offre cependant cette singularité que, terme à définir, elle se découvre identique à la condition de toute bonne recherche d'une définition. De telle sorte que, définie par le philosophe comme déliaison, elle le définit à son tour comme vrai philosophe. Indistincte de sa *philosophia*, elle constitue le champ de toute recherche et de tout examen, elle est, dans sa définition, préalable à toute droite définition. C'est alors l'hypothèse des Idées, l'exclusion des Idées contraires, la non-mortalité de l'âme, qui apparaissent comme des *conséquences* de l'existence d'un philosophe et comme des conséquences de la puissance, en une âme, de la *philosophia*. Est philosophe celui qui délivre le temps, autant qu'il le peut, de l'avidité tyrannique des appétits, de la stupeur de la crainte, de l'intensité du plaisir et de la douleur, pour se donner tout le temps de penser. Sa séparation d'avec le corps n'est pas pour lui un devoir, elle est le critère auquel il se reconnaît. La présence en lui de la *philosophia* se reconnaît au passage déjà fait, à la déliaison déjà effectuée. Il n'y a pas de lutte entre la *philosophia* et les appétits, la déliaison est « douce » (*Phédon*, 83a), et il n'y a pas de conflit non plus, puisque les conflits naissent de ce que plusieurs désirent de la même façon des objets différents (*Phédon*, 66c). Il ne peut y avoir de conflit, puisqu'une manière de désirer voit en l'autre son contraire. C'est bien pourquoi les intermittences restent possibles, car dès qu'une de ces deux sortes de désir apparaît, elle exclut l'autre. Le philosophe doit se délier du corps moins en tant qu'il est corruptible (car « corruptible », il ne l'est d'ailleurs pas tellement, il y a même des parties qui ont une espèce de

« non-mortalité », 80d), mais parce qu'il fait obstacle (65a) à ce dont le philosophe déclare être amoureux. La nature de l'obstacle peut se signifier d'un mot : il est principe d'*ascholia* (66b, d).

Non seulement le corps nous « prend du temps », tout le temps que nous passons à avoir faim, soif, mal, peur, à éprouver du plaisir, à être empli de trouble, de tumulte, d'avidité, mais il induit une certaine manière de penser, une conformité d'opinion, une « homodoxie avec le corps » (83d), un corps qui ne tient pour réels que les objets dont il pâtit. De telle sorte que nous n'avons jamais de loisir (*scholè*) pour la *philosophia* (66d-e). *C'est notre liaison au corps qui nous porte à mépriser la philosophia* (81b), *ce n'est pas la philosophia qui nous pousse à mépriser le corps.* Le corps « asservit » l'âme, il tend à occuper tout le temps de la vie, et nous n'avons jamais fini de le satisfaire et de le maintenir en vie. L'âme n'asservit pas le corps : naturellement faite pour commander (80a), elle le gouverne comme « une chose étrangère » (94c-d) ; gouverner n'est pas mépriser, ni la gymnastique ni la médecine (94c) ne sont des arts du mépris, et le corps n'est mauvais qu'en tant qu'il est principe de maux[1]. Pour le « bien doué » (*euphuès*), « les choses du corps se mettent comme il faut au service de la pensée (*dianoia*) » : elles ne ne font obstacle qu'au mal doué (*aphuès*, *Rép.*, V 455b-c). Le bon usage du corps, comme le bon usage des sensations, est une prudente défiance. Qu'il ressente ou perçoive, le propre du corps est en effet de nous faire *croire* que ce qu'il

1. Le corps, en lui-même, n'est ni bon ni mauvais (*Lys.*, 217b). Il fait partie de ces choses qui ne sont bonnes ou mauvaises que dans leurs conséquences (*Rép.*, II 357a-d) et dont la valeur dépend de la manière dont nous en usons.

éprouve et perçoit est la seule réalité. Le philosophe se
délie donc davantage des conséquences qu'implique l'union
avec un corps que du corps lui-même. Elle a pour
conséquence première de ne jamais laisser le loisir de
penser et de ne jamais éprouver de plaisir à penser. Mais
« le temps de toujours », le temps de l'apprendre, aspire
lui aussi à remplir tout le temps. Qui a fait l'expérience de
la déliaison aspire à rester délié : le philosophe peut désirer
être mort parce qu'il l'est déjà, la déliaison n'est pas un
devoir moral mais une réminiscence qui tente de ne pas
s'oublier.

Il y a des choses que seule la pensée, puissance
d'interroger et de répondre, peut saisir, et cette nourriture
rend l'âme légère et l'empêche de retomber « du côté du
lieu visible » (81c). Mais suffit-il de déclarer qu'on est
amoureux de la pensée pour penser, qu'on cherche le vrai
pour le trouver, suffit-il de poser des essences pour les
saisir correctement ? Toute âme, à condition qu'elle ait la
bonne volonté de se délier, peut-elle être dite l'âme d'un
philosophe ? De même que chaque instrument possède une
nature qui le rend propre à cette fonction et non pas à une
autre, qu'il y a dans le nom une nature qui empêche qu'on
puisse lui faire signifier n'importe quoi, de même il y a
dans une âme d'homme une nature qui exclut qu'elle soit
propre à n'importe quelle tâche. Le cercle est parfait : seul
peut désirer l'intelligible celui qui, capable d'intelligence,
peut accéder à l'intelligible, mais seul peut accéder à
l'intelligible celui en qui l'intelligence a la force d'un désir.
La *République* ne va pas nous faire sortir de ce cercle mais
elle va montrer que cette condition nécessaire, avoir un
naturel philosophe, n'est pas suffisante, car ce naturel
appelle une éducation appropriée. La *philosophia* sera
toujours présente, donc forcément aussi éros, mais elle va

entrer dans une autre constellation. Autre manière de désirer, de vivre, de penser, autre mode d'être de l'être : toutes ces différences s'incarnaient dans le personnage du philosophe. Mais les différences une fois posées, l'écart une fois pris, il reste à comprendre comment la *philosophia* peut exercer sa puissance *à l'intérieur de la cité.*

CHAPITRE V

LE PHILOSOPHE ET SON NOM

> *Sans connaître les modèles,*
> *ils trouvaient ces peintures*
> *ressemblantes, et l'illusion était*
> *complète.*
> *Flaubert*, Bouvard et Pécuchet

On peut désormais tenir pour acquise la convenance de ce nom, *philosophia*, à la force qu'il désigne, et de cet autre nom, philosophe, à une certaine manière de désirer (en engendrant), de penser et de parler (dialectiquement), et de vivre (en étant « mort »). Mais ces noms sont, comme tous les autres, équivoques, et leur rectitude est tout entière relative à leur usage. C'est pourquoi une démarche de sens contraire est nécessaire : il faut, partant du nom, en rechercher la définition afin d'imposer une opinion droite sur ce qu'il désigne, afin donc d'écarter les simulacres et les contrefaçons.

L'absence de justesse dans le discernement de ceux qui sont authentiquement philosophes est injustice envers l'intelligence, envers ce qu'elle peut et ce qu'elle vaut. Rendre justice à l'intelligence constitue le seul moyen de

donner une bonne image, une opinion droite du philosophe
et de la *philosophia*. Il est impossible de démontrer l'utilité,
et encore plus la supériorité, d'un désir ou d'un plaisir à
celui qui n'en a aucune expérience, impossible de contraindre
tous les hommes à exercer une occupation pour laquelle
ils n'ont ni goût ni aptitude ; rien ne peut les contraindre
à vivre une vie qui serait pour eux insensée. Mais peut-être
est-il possible d'obtenir d'eux qu'ils rendent justice à une
sorte de savoir. Si l'on réussit à démontrer que seule la
science dialectique est capable de connaître ce qui est
vraiment juste et vraiment bon, alors on aura au moins
établi l'utilité des philosophes. Car, pour tous, un philosophe
doit être utile à la cité, affermir ses valeurs et donner de
judicieux conseils, voire même l'inciter à se réformer.

Ce n'est pas exactement le rôle que lui attribue la
République. Rôle, car dans ce Dialogue, la définition du
philosophe n'est pas plus philosophiquement recherchée
que celle de la *philosophia*. Philosophe et *philosophia* sont
des *thèmes* de la *République* mais ils n'en définissent pas
(à la différence du *Phédon*, par exemple) le champ. Non
que la *République* soit un Dialogue « politique », car il
resterait encore à déterminer ce que Platon entend par là.
Mais c'est à coup sûr un très curieux Dialogue : on y trouve
exposées toutes les raisons qui, dans les États existants,
s'opposent à ce qu'un naturel philosophe reste philosophe,
mais ces raisons sont exposées par Socrate qui est devenu
et resté philosophe contre toute possibilité. La dialectique
y est dite la seule science capable de se passer d'images à
la fin d'un développement commandé de bout en bout par
trois images (l'Analogie avec le soleil, la Ligne, la Caverne).
Celui qui n'est pas capable de définir le bien, le mettant
« à part de tout le reste », ne mérite pas le nom de
dialecticien, et pourtant cette définition reste, pour l'éternité,

énigmatique. Les résistances prêtées par Platon aux interlocuteurs ne portent jamais sur les définitions, seulement sur leurs conséquences – par exemple, la distinction entre ceux qui sont vraiment philosophes et ceux qui ne le sont pas est accordée sans difficulté, et le scandale ne surgit qu'à partir du moment où Socrate en conclut qu'il faut instituer comme gouvernants des philosophes. Socrate possède un savoir déjà constitué qu'il livre par « vagues successives », et aucune Idée – pas même celle de la justice – n'est dialectiquement interrogée. Le mouvement est un mouvement de sens contraire : le dialecticien prend pour paradigme une Idée qu'il a autrement atteinte afin d'ordonner une multiplicité empirique incohérente. Or, comme il sera dit dans le *Politique* (278c), il faut un paradigme pour expliquer ce qu'est un paradigme et comment s'en servir. L'apprentissage de la lecture donne la clé de la méthode : le dialecticien sait lire, reconnaître un élément quelles que soient les combinaisons dans lesquelles il entre, et sans en négliger aucune occurrence, « en gros ou en petit caractère » (*Rép.*, III 402a-c). Que ce soit une lettre, une partie de l'âme, une vertu, une espèce de savoir, un manière d'être, il doit savoir épeler et discerner la répétition du même à l'intérieur de différents ensembles et ne pas se laisser prendre à la globalité de l'image. Identifier chacun des éléments et les grouper en syllabes, c'est cela savoir lire. Qu'il s'agisse du plus grand des Empires ou du plus humble des hommes, la méthode est la même, car les parties sont les mêmes et mêmes aussi les tâches et les vertus. Mais, pas plus que les lettres ne sont données dans la prononciation du mot – il faut déjà les connaître pour les reconnaître –, les éléments identifiés par le dialecticien et à l'aide desquels il structure l'empirique ne sont donnés *dans* l'empirique. Le mouvement descendant suppose le mouvement ascendant (encore qu'un texte de la *République* nous dise ce qu'il faut penser de ces métaphores, VII 529b-c), et tout dans la *République* est suspendu à la justesse de vision de celui qui a accès au modèle et à la précision avec laquelle ce « peintre en constitution politique » (VI 201a-c) le reporte sur la toile.

Comme le modèle est unique, il ne peut y en avoir, *en parole*, qu'une seule bonne image. Il ne peut y avoir qu'une seule constitution juste, mais rien n'empêche que plusieurs cités adoptent cette constitution, et en ce cas le rapport n'est pas celui d'image à modèle mais de participant à participé. Il n'y a pour un homme, pour un État, qu'une seule manière d'être vraiment juste, pour la science qu'une seule manière de savoir vraiment, pour une vie qu'une seule manière d'être bonne. Mais il existe une multiplicité de types d'hommes et de constitutions politiques plus ou moins injustes, une multiplicité de connaissances qui savent sans savoir et de choses bonnes qui ne le sont qu'en elles-mêmes mais pas dans leurs conséquences, ou inversement. Le dialecticien doit repérer les écarts et les distorsions, substituer une multiplicité de *types* à un chaos de particularités, une loi d'engendrement à une absence apparente de relation. Ce faisant, la *justesse* de sa démarche est indissolublement *justice*, car la justice, thème central de la *République*, est la traduction « pratique » du problème de l'un et du multiple. Être juste ne consiste pas à reconnaître au multiple le droit d'être multiple et de le rester, mais à le référer à une unité, à l'ordonner et le mesurer en fonction d'elle. Il est juste que ce qui possède une véritable unité gouverne, ordonne et hiérarchise le multiple. Le paradigme de la lecture (comme celui de la peinture) trouve ici sa limite : la tâche du dialecticien ne se limite pas à « lire », il ne doit pas déchiffrer pour déchiffrer, mais déchiffrer *pour* mettre en ordre. Car les éléments, tout en restant mêmes qu'eux-mêmes, ont une dynamique propre, une force, une tendance, de sorte que chacun peut modifier la structure dans laquelle il entre ; les parties de l'âme et de la Cité sont moins des parties que des forces qui les agissent et les poussent. Le dialecticien a donc affaire à des forces, et une force est essentiellement ambiguë : le besoin (*chreia*) est à la fois ce qui permet la naissance de la société politique, puisqu'il force les hommes à s'associer, et ce qui est responsable de la décomposition de la Cité si on le laisse proliférer ; un naturel philosophe peut devenir aussi bien le pire des tyrans que le plus doux des gouvernants, selon qu'il est bien ou mal éduqué. La dialectique elle-même est cette puissance qui, mal utilisée, conduit à l'ivresse antilogique. C'est pourquoi le dialecticien ne doit pas savoir seulement lire, il lui faut évaluer et orienter les forces qu'il décèle. Effort tourné vers les Idées, la dialectique est indissolublement recherche de ce qui est réellement bon. Elle propose un modèle, assigne un but, détermine quel est le meilleur assemblage et pourquoi il l'est. Le meilleur assemblage est le plus intelligible, et l'assemblage par nature le plus intelligible est celui en qui l'intelligence est principe, le seul dans lequel elle peut se reconnaître. Ordonner, hiérarchiser, référer le multiple à l'un sans pour autant le supprimer, telle est l'activité juste par excellence. La justice est l'effet de l'intelligence lorsqu'elle s'applique au multiple et y introduit ordre, hiérarchie, mesure et proportion. Il n'y en a sans doute pas d'autre définition. Penser la justice comme œuvre de l'intelligence, c'est rendre justice à l'intelligence, et rendre justice à ceux qui sont gouvernés et réglés par elle : aux philosophes. La Cité gouvernée par les philosophes est un modèle de cité en ce que les philosophes n'y gouvernent que parce qu'ils sont eux-mêmes gouvernés. Mais la partie centrale de la *République* nous peint-elle un philosophe modèle ou un modèle de philosophe ? En d'autres termes, quelle est la *fonction* de cette définition du naturel philosophe qui occupe le centre, le cœur même de la *République* ?

1. LE NATUREL PHILOSOPHE

Si la définition définissait un modèle, sa fonction ne serait alors que celle commune à tout modèle : permettre de déceler l'unique bonne image et hiérarchiser les autres selon que leur est plus ou moins présent le type d'unité propre au modèle dont ces images prétendent être les images. Mais si, lorsqu'il s'agit des espèces de constitutions politiques (*politeiai*), la hiérarchie des types d'hommes et de constitutions ainsi que leur loi d'engendrement – loi de dégénérescence – sont assez claires, quand il s'agit du philosophe, cela se complique singulièrement. Car le philosophe est-il, dans la *République*, le type d'homme correspondant à la meilleure des constitutions ? D'authentiques philosophes, il a pu et pourra en surgir dans des cités mal gouvernées ; il existe en outre des « philosophes » qui n'en ont que le nom, et des naturels qui auraient pu devenir philosophes mais sont devenus tout le contraire. Si la « définition » du livre VI est la définition de ce que serait, est ou sera (selon le degré d'illusion ou d'utopie qu'on veut bien accorder à Platon) un véritable philosophe, quel statut accorder à ceux qui, on ne sait comment, se sont sauvés tout seuls ? Sont-ils moins authentiquement philosophes ? Ne serait-on pas tenté de dire au contraire qu'ils doivent l'être plus, eux que tout contribuait à détourner de la philosophie ? De

plus, s'il existe des usurpateurs du nom de « philosophe »,
comment expliquer ce qui motive cette usurpation : le
prestige, le mirage qui restent attachés à ce nom, mais quel
prestige peut-il avoir dans des cités où la philosophie est
calomniée et ridiculisée ? Enfin, si le naturel philosophe
n'est que l'image « en parole » d'un modèle intelligible,
comment parler alors de perversion et de dégénérescence,
comment ce qui n'est qu'un modèle pourrait-il dégénérer ?
Ces problèmes ne trouvent pas dans la *République* de
solution explicite : une fois encore, plusieurs types de
lecture semblent possibles, plusieurs langages s'entrelacent.
C'est pourtant dans la *République* que la pluralité des
significations des termes « philosophe » et « philosophie »
est systématiquement inventoriée.

La définition du naturel philosophe

Quand il s'agit du philosophe, qu'est-ce qui
différencierait la bonne image du modèle lui-même ? Pour
la cité idéale, Socrate déclare que « le faire », la *praxis*, a
moins de contact avec la réalité vraie (*alètheia*) que le
discours. : le modèle de la bonne et belle cité qui vient
d'être tracé au moyen du logos (V 472e) sera donc plus
« vrai » que son éventuelle réalisation, ce qui signifie que
ni sa vérité ni sa valeur ne dépendent de sa possibilité
empirique. Mais la possibilité de concevoir une telle cité
est suspendue à l'*existence* d'un philosophe, tout comme
la possibilité pour cette cité de se réaliser est suspendue à
ce « tout petit changement » (V 473b) : que soient réunies
dans un même homme la puissance politique et la
philosophia (V 473d). La possibilité, tant théorique que
pratique, de la Cité juste, est cet événement, par essence
contingent, qu'est la venue à existence d'un naturel

philosophe. Mais la réciproque n'est pas vraie : si le salut de la Cité dépend entièrement du philosophe, le philosophe, lui, peut, exceptionnellement, se sauver tout seul. Qu'est-ce qui différencie alors ces exceptions du « philosophe modèle » ? Ce ne peut être leur nature, car ils ne sont devenus philosophes que parce qu'ils pouvaient naturellement le devenir ; ce n'est même pas leur éducation, car l'éducation a pour principale fonction de lever des obstacles et d'empêcher la perversion ; et ce n'est certainement pas leur manière de philosopher, car pour philosopher droitement il n'y a qu'un seul chemin, et c'est la dialectique. Ce qui est refusé aux philosophes du fait qu'aucune constitution politique existante ne leur convient est en premier lieu *leur nom*, puisque ce nom s'est mis à désigner un type d'homme, de pensée, de discours dans lesquels aucun de ceux qui philosophent droitement ne peut se reconnaître. La propriété de ce nom, la rectitude de son attribution ne constituent donc dans la *République* ni un détail ni une digression. Condition de la rectitude de tous les autres noms, la justesse de son attribution est aussi la condition nécessaire pour achever ce qui n'était jusque-là qu'une esquisse, pour conférer « fini », exactitude (*akribeia*) à la Cité idéale. Définir « de quels philosophes nous parlons quand nous osons affirmer que c'est eux qui doivent gouverner » (474b) permet de redonner aux vrais philosophes, et à eux seuls, droit à leur nom.

La définition du « vrai philosophe » va donc fonctionner à la fois comme critère de dénomination droite, comme apologie de la *philosophia*, comme dénonciation de l'imposture, et comme condition d'achèvement théorique et de réalisation pratique de la Cité juste. Nommer « philosophes » ceux qui le sont vraiment redonne à la philosophie sa vérité ; instituer les philosophes – et non pas leurs contrefaçons – comme gouvernants représente la seule manière de rendre la politique intelligible. Mais pour définir de « quels philosophes on parle », c'est-à-dire de quels philosophes il faut parler, il faut déjà disposer d'un critère. Et pour attribuer justement, il faut préalablement tenir la définition. Comment distinguer entre ceux qui sont ou non philosophes sans avoir d'abord défini ce qu'est un philosophe ? Or l'ordre est dans la *République* manifestement inversé : on commence par distinguer pour arriver à définir : *lorsqu'il s'agit du philosophe, sa différence est définition.* Il n'y a pas de Genre commun auquel attribuer cette différence spécifique, « philosophe », *le philosophe est la différence elle-même, la différence en acte, la différence qui différencie, l'écart qui se prend.* C'est lui qui possède la puissance de différencier les Genres, et pour cette raison il n'entre dans aucun. Le philosophe n'est philosophe que parce qu'il est en proie à la *philosophia*, et la *philosophia* est cette différence qui rend vraies toutes les autres – celle du désir aux appétits, du savoir à l'opinion, de l'être au devenir, et des êtres, des intelligibles, entre eux. Elle les rend vraies parce qu'elle est une vraie différence, parce qu'elle est « amour du vrai », et que pour cet amour le savoir a pour forme l'interroger et le répondre. Car le désir de savoir ne s'oriente pas vers l'unité d'une être indifférencié mais vers la singularité d'une Idée, principe de tout *dialegesthai*, de sorte que l'interrogation est désir, le désir interrogation, les deux ne font qu'un. Il n'y a donc pas de bonne image du philosophe, il y a celui qui diffère en vérité, vraie différence apparentée aux différences vraies, et il y a ceux qui font semblant de différer, et usurpent le nom. Détourner ce nom a pour effet de détourner tous les autres, et aucune justesse, aucune justice ne sont possibles. Nommer philosophes les philodoxes ou les sophistes, annuler cette différence-là, revient à annuler *toute* différence, à annuler la vérité de toute différence, et la différence de la vérité. On ne différencie donc pas le philosophe : c'est le philosophe qui se différencie lui-même, en philosophant. Peu lui importe alors son nom. Il ne s'en soucie que lorsque se pose à lui le problème de sa place et de son pouvoir dans la Cité. Revendiquer son nom est alors pour le philosophe le seul moyen de se faire reconnaître et de se situer ; cela conduit nécessairement à l'assignation d'un rang justifiant un droit au pouvoir. L'usurpateur du nom laisse croire qu'on peut faire à la *philosophia* une petite place dans une âme et dans une Cité et se contente d'une apparence de pouvoir. Le vrai philosophe, lui, ne peut choisir qu'entre l'atopie et le pouvoir. De fait, il ne choisit pas : on lui impose l'atopie, et on lui impose d'autres noms que le sien. Pour ne pas passer pour sophiste ou pour fou, pour avoir enfin droit à son nom propre, pour apparaître comme il est, il doit se faire politique. La *République*, instauration de la Cité juste, est cet énorme détour faute duquel celui qui vraiment philosophe ne sera pas nommé philosophe, mais au mieux sage ou savant, au pire, sophiste ou extravagant (*atopos*).

La première définition donnée du philosophe dans la *République*, celle de la fin du livre V, sert à discerner « ceux qui sont philosophes et ceux qui ne le sont pas ». La seconde ouvre le livre VI et détermine ce qu'est un naturel philosophe. Entre ces deux « définitions » quelle est la différence ? Elle ne joue pas au niveau de l'essence. Dans un naturel philosophe, l'essentiel n'est pas d'être « bien doué » mais d'être philosophe, et précisément au sens défini au livre V. S'il en est ainsi, si celui qui philosophe envers et contre tout n'est pas moins ni autrement philosophe que celui qui a reçu l'éducation convenable, si tous deux

ont même nature, même essence donc même définition, la
seule différence est que la seconde, étant plus complète,
donne du philosophe une meilleure image, l'image qu'il
faut donner de lui si l'on veut légitimer le pouvoir politique
qu'on prétend lui attribuer. Si l'on nomme philosophes
ceux qui le sont vraiment, l'image que les non-philosophes
se font des philosophes et de la philosophie ne pourra que
changer ; ils n'auront toujours à son propos qu'une opinion,
mais au moins cette opinion sera-t-elle droite. En gouvernant,
les philosophes assureront non seulement leur salut mais
celui de la Cité, et s'ils n'en deviendront ni plus ni moins
authentiquement philosophes, ils permettront à l'intelligence
de montrer ce qu'elle peut, ils donneront la juste mesure
de sa puissance.

La définition du livre V gravite autour de cette notion
de puissance (*dunamis*). La science (*epistèmè*) est la plus
forte de toutes les puissances[1]. Le philosophe est celui en
qui et par qui cette puissance s'exprime. Mais avant d'en
arriver là, Socrate s'est d'abord trompé : il est parti de
l'étymologie. À en croire celle-ci, le philosophe fait partie
du Genre de ceux qui éprouvent une attraction particulière
pour quelque chose (*philein ti*, V 474c). Amateur de savoir
comme on peut l'être de vin ou d'honneurs (475a), il est,
comme tout amoureux, avide de la totalité de ce qu'il aime,
et, semblable au *philoinos* qui saisit tous les prétextes pour
goûter de n'importe quel vin, le philosophe désirerait
« insatiablement goûter à toute science » (475c). Selon
cette première tentative de définition, désirer signifie « avoir
de l'appétit pour » (*epithumein*), et l'objet d'un tel appétit

1. « — La science (*epistèmè*), dis-tu qu'elle est une certaine puissance
(*dunamis*), ou bien dans quel Genre (*genos*) la places-tu ? — Dans celui-là,
et elle est la plus forte (*errômenestatè*) de toutes les puissances. »
(*Rép.*, V 477d).

est la *sophia*[1]. L'insatiabilité propre à l'appétit et l'indifférenciation propre à la *sophia* font que cette définition convient en fin de compte non pas aux philosophes mais « à ceux qui leur ressemblent » (475e), aux amateurs de spectacles. Pourquoi ce faux départ? Parce qu'il permet de récuser le sens de *philosophia* que Platon semblait reprendre au livre II, celui imposé par l'étymologie. En ce sens, la *philosophia* s'identifie à la « musique », à la culture en général. Or si tout philosophe est bien « désireux d'apprendre », tout homme désireux d'apprendre ne mérite pas le nom de philosophe. « Mais les philosophes véritables, dit-il, quels sont-ils selon toi? — Ceux (…) qui aspirent au spectacle de la vérité[2]. » La vérité est le terme qu'il faut introduire pour rectifier la définition et définir le désir comme aspiration à « saisir en chaque étant ce qu'il est » (V 480a). Aimer savoir diffère de « être avide de connaissances », aspirer à la totalité du savoir ne veut plus dire « chercher à tout savoir », être curieux de tout, mais chercher à comprendre ce qui, dans un étant, fait qu'il est ce qu'il est. Le philosophe aime savoir, mais le savoir n'est pas un objet, c'est une puissance. C'est pourquoi ce terme, puissance, si fréquemment employé dans les autres Dialogues, se trouve enfin précisé : une puissance est un

---

1. « Donc, nous affirmerons que le philosophe est lui aussi épris la *sophia* » (Οὐκοῦν καὶ τὸν φιλόσοφον σοφίας φήσομεν ἐπιθυμητὴν εἶναι, *Rép.*, V 475b8). « Lui aussi », car l'étymologie de son nom conduit à le juger semblable au *philoinos*, à celui qui est épris du vin en général, de n'importe quel vin. Selon Adam, *The* Republic *of Plato*, t. I, p. 108, chaque fois que ἀληθῶς détermine φιλόσοφος ou φιλοσοφία, les termes doivent pris dans leur sens étymologique. L'image étymologique occulte la dimension problématique des termes pour presque tous les commentateurs.

2. Τούς δὲ ἀληθινούς, ἔφη, τίνας λέγεις ; — Τούς τῆς ἀληθείας (…) φιλοθεάμονας (*Rép.*, V 475e3-4).

Genre d'êtres qui ne sont ni sensibles ni intelligibles, elle « n'a ni couleur, ni forme, ni aucune des qualités de cette sorte » ; ces qualités différencient les choses, mais dans une puissance, dit Socrate, « je considère seulement ceci : ce à quoi elle s'applique et ce qu'elle effectue [1] ». Sa différence d'avec l'opinion étant le seul savoir que le philosophe puisse avoir du sien, et le savoir comme l'opinion relevant du genre des puissances, l'analyse de chacune de ces deux puissances permet de conclure que le philosophe n'est pas philodoxe. Car cette puissance qu'est le savoir exige la position d'une manière d'être qui ne soit pas cette insaisissable oscillation entre être et non–être, cette perpétuelle divagation au sein du multiple et du changeant (VI 484b) qui sont ce à quoi s'applique l'opinion.

La définition qui suit immédiatement, celle du naturel philosophe, ne fait dans ses deux premières caractéristiques que reprendre ce qui vient d'être établi : « Accordons-nous à dire ceci des naturels philosophes : toujours (*aei*) ils aiment (*erôsin*) un savoir (*mathèma*) qui leur rende clair quelque chose de cette manière d'être (*ousia*), celle qui est toujours sans errer sous l'effet de la génération et de la corruption [2]. » Éros est ici nommé (alors qu'on parlait au livre V d'*epithumein*, de *philein*, puis *d'aspazein*), et il anime un savoir qui n'est pas nommé *sophia* mais *mathèma*, savoir capable d'apprendre et de comprendre (*manthanein*) ce dont le mode d'être est « toujours ». Chaque fois à nouveau, éros se porte vers « une essence, dans sa totalité,

1. δυνάμεως δ' εἰς ἐκεῖνο μόνον βλέπω ἐφ' ᾧ τε ἔστι καὶ ὃ ἀπεργάζεται (477c-d).

2. Τοῦτο μὲν δὴ τῶν φιλοσόφων φύσεων πέρι ὡμολογήσθω ἡμῖν ὅτι μαθήματός γε ἀεὶ ἐρῶσιν ὃ ἂν αὐτοῖς δηλοῖ ἐκείνης τῆς οὐσίας τῆς ἀεὶ οὔσης καὶ μὴ πλανωμένης ὑπὸ γενέσεως καὶ φθορᾶς (*Rép.*, VI 485a10-b3).

et sans en laisser échapper aucune partie, petite ou grande,
de précieuse ou de faible valeur » (VI 485b) : la totalité
dont cet amoureux est épris est celle propre à chaque
essence. Il existe une multiplicité d'essences, et chacune
« en elle-même est une, mais du fait de sa communauté
(*koinônia*) avec des actions, des corps, et avec d'autres
essences, ses images apparaissent (*phantazomena*) partout
et chacune apparaît (*phainesthai*) multiple » (VI 485a10-
b3). Pas plus que le savoir ne préjuge de la différence de
dignité entre les différentes Idées, il ne préjuge de la valeur
des manifestations multiples de chacune des essences.
Dans la *République*, ce très étrange traité politique, la
gymnastique et la musique, la géométrie et la dialectique,
le mariage et la procréation se révèlent comme autant
d'activités plus essentiellement politiques que le commerce
ou les relations entre cités. Ne pas déterminer à l'avance
ce qui est digne qu'on s'en occupe amène à découvrir de
curieuses erreurs de perspective – que la culture, par
exemple, à commencer par les contes qu'on raconte aux
enfants, a plus d'importance politique que les discours des
politiciens, ou encore que, la différence entre les sexes
n'étant qu'une différence de sexe, il n'y a pas lieu de
donner aux femmes et aux hommes des occupations
différentes, car ce serait se priver d'une grande ressource
dans une cité. Cette volonté de ne laisser échapper aucune
partie de l'intelligible constitue l'*expérience* propre du
philosophe, son *empeiria*. Elle est le contraire du tâtonnement
d'aveugle qui passe communément pour tel, elle consiste
à savoir comment et quoi relier, à référer actes et choses
à l'Idée dont ils participent et à faire communiquer entre
elles les Idées qui peuvent communiquer. Le philosophe
est *philologos* (IX 582e), son expérience est expérience
du logos, sa capacité synoptique lui permet de voir, de voir

plus clair : « Nous établirons donc comme gardiens ceux qui ont la connaissance de chacun des étants, et qui, sous le rapport de l'expérience, ne le cèdent en rien à ceux-là [aux aveugles], et ne sont pas non plus en arrière d'eux pour aucune autre partie de l'excellence (*aretè*) » (VI 484e).

Une puissance se définit d'abord par ce à quoi elle s'applique, et pour la détermination du champ d'application, les deux définitions des livres V et VI sont identiques : le savoir du philosophe porte sur ce que chaque étant est en lui-même, et ces étants se situent dans « la plaine de vérité ». Le livre V insiste sur la différence entre le mode d'être posé par le philosophe et le mode d'être « intermédiaire » dont se suffit l'opinion, le livre VI précise que c'est éros qui pousse le philosophe à le poser. Être en proie à un certain éros consitue le critère permettant de *discerner* ceux qui vraiment sont philosophes, et de *définir* ceux que leur nature porte vers cette activité (*ergon*) qu'est le philosopher. En définissant le naturel philosophe, Socrate n'a pas défini une nature « en puissance » dont le philosopher serait l'actualisation ; le rapport entre une *phusis* et son *ergon* ne s'identifie pas à la relation aristotélicienne entre la puissance et l'acte. Il ne s'agit pas d'expliquer un passage à l'aide d'une distinction ontologique, il s'agit d'identifier en différenciant relativement à une fonction. Une nature se connaît à sa puissance d'accomplir une certaine tâche : « Ce n'est pas dans l'absolu (*pantos*) que nous avons posé l'identité et l'altérité de nature, nous avions en vue cette forme de différence et de ressemblance qui a trait aux occupations (*erga*) elles-mêmes » (V 454c-d). Nature (*phusis*) a dans « naturel philosophe » un triple sens, ce qui confère à la définition non pas une mais trois fonctions.

Au sens d'essence, de manière d'être propre (*ousia*), le philosophe a pour nature une âme gouvernée par l'intelligence. L'intelligence désire penser chacun des étants intelligibles, elle est *philosophia*. Ce désir produit nécessairement dans cette âme des effets, ces effets sont les qualités et les vertus du naturel philosophe. La définition a pour fonction de montrer l'unité essentielle dont découlent la multiplcité des qualités.

En un second sens, la nature se détermine « relativement à » (*pros*) une tâche. Le naturel philosophe possède l'ensemble des qualités requises pour que l'activité soit accomplie convenablement. La définition sert alors à montrer que, si rien dans une nature ne peut être blâmé, rien ne peut l'être non plus dans l'occupation qui lui convient à l'exclusion de toute autre. La définition a fonction de défense et d'éloge, d'apologie.

Prise enfin en son sens restrictif, la nature signifie la *limite de fait* de l'entreprise éducative, elle indique ce qu'aucune éducation n'a le pouvoir de communiquer ni de transmettre. Cette différence donnée, irréductible et impossible à acquérir peut se développer sous l'effet d'une culture, d'une « *philosophia* » intelligente, adaptée et progressive, mais elle en constitue à chaque étape la limite réelle. La définition a donc aussi pour fonction de rabattre une prétention – celle de l'éducation à être toute-puissante – et de rendre compte de la possibilité d'un accomplissement *ou* d'une perversion : elle a une fonction de dénonciation.

À ces trois sens du terme *phusis* correspondent donc trois sens du terme *philosophia*. La *philosophia* est *ce qui anime et unifie une nature ordonnée par l'intelligence*, donc totalement intelligible en chacune de ses manifestations. Elle est aussi *l'occupation qui convient à ce naturel*. Elle est enfin la manière de le diriger et le tourner vers cette occupation, elle est *le mouvement même de la conversion* (periagôgè) *de l'âme*. Ce triple sens travaille la définition de la *phusis philosophos*, qui se joue à la fois sur le plan de l'essence – et elle permet alors la droite dénomination et la juste attribution ; sur le plan de l'*activité*, qui requiert une nature bien adaptée à sa fonction ; sur le plan de la *puissance réciproque* de la nature et de l'éducation et de leur mutuelle limitation.

Définir le naturel philosophe n'est donc ni construire un modèle de philosophe dont chaque philosophe serait la bonne incarnation, la bonne image, ni peindre le portrait d'un philosophe modèle, modèle d'homme correspondant à la Cité « philosophique » (à la façon dont « l'homme démocratique » correspond à la démocratie), car ce qui lui correspond, ce n'est pas le philosophe, c'est le gouvernant, qui est philosophe mais n'est pas que cela. À la fin du livre VII, Platon pose une curieuse question, curieuse parce qu'il semble que l'ensemble des deux livres précédents y ait déjà abondamment répondu : à qui faudra-t-il faire part de l'éducation dont le programme vient d'être achevé, et de quelle façon ? (VII 535a). On découvre alors que la possession d'un naturel philosophe ne suffit à pas à rendre digne d'une telle éducation. Les premiers critères auxquels Socrate fait alors référence – la fermeté et le courage, et si possible une « belle allure » (535a) – ne sont pas ceux du livre VI mais bien du livre III (412 *sq.*). La fermeté renvoie à la première sélection, aux natures capables d'unir les contraires, celles qu'on a éduquées à l'aide de la gymnastique et de la musique et mises à l'épreuve du temps, de la persuasion, de la violence, de la douleur et des combats, de la séduction des plaisirs, et des craintes. À leur fermeté et leur courage, les gardiens doivent, pour être dignes d'une éducation complète, joindre facilité à apprendre, bonne mémoire, grandeur et toutes les autres parties de la vertu, mais par-dessus tout la *philoponia*, l'amour de l'effort physique et intellectuel. Le rappel maintient les critères du livre III tout en développant, à l'aide de la définition du livre VI, ce qu'il faut entendre par *to philosophon* (au neutre : la « chose philosophe »). Il insiste sur ce qu'auraient risqué de faire oublier les développements des livres VI et VII : la nécessité d'un équilibre entre la partie énergique et la partie philosophe de l'âme. On a alors bien affaire à un modèle, à une réalité dont philosophe n'est plus l'unique détermination. Or, dans le « naturel philosophe », « *philosophe* » *constitue la détermination complète d'une nature.* Cette nature est habitée par un certain éros, et discerner le vrai philosophe revient à percevoir si cet éros a en lui son maximum d'intensité : on ne peut pas remonter au delà. Si le gouvernant d'un État existant se trouve brusquement saisi « d'un véritable éros pour la vraie *philosophia* », ce ne peut être que le fait d'une « inspiration divine » (VI 499c). Toutes les explications tendant à rendre compte de ces exceptions (les vrais philosophes) ne sont pas des explications mais la constatation de hasards propices (VI 496b-c). Dans l'âme convenablement philosophe (VI 486b, d, e), éros est donc principe et seul principe. Car toute âme d'homme a en elle-même la puissance de penser (*phronèsai*, VI 518e). L'organe au moyen duquel elle peut apprendre ne perd jamais son pouvoir, mais il possède une plus ou moins grande acuité et peut devenir utile ou nuisible selon la direction qu'on lui donne. En admettant que l'éducation soit toujours convenable (ce qui se produirait dans la belle Cité), la différence entre les philosophes et les autres se résumerait donc à une plus ou moins grande acuité de vision ? En ce cas, ce n'est pas naturellement *philosophe* qu'on serait mais naturellement *intelligent*, et la *philosophia* ne serait que l'une des multiples occupations convenant à l'intelligence. L'expression *phusis philosophos* a pour première fonction d'exclure une telle interprétation. L'âme véritablement philosophe « aspire toujours à la totalité et à la plénitude du divin comme de l'humain » (VI 486a) et « veut participer d'une façon suffisante et achevée à la réalité vraie » (VI 486e). Son regard perçant ne suffit pas à différencier le philosophe – encore qu'il ait à coup sûr le regard perçant : il faut la liaison érotique au divin, à l'essence, à l'intelligible. Un désir qui ne peut être acquis par aucune habitude ni aucun exercice constitue sa nature et lui confère une différence incomparable et « divine ».

Au livre VI, les vertus propres à cette nature sont désignées d'abord par une cascade de termes négatifs [1], chaque vertu se référant à l'impossibilité pour un tel homme d'en être dépourvu. La philosophie ne saurait tirer vers le haut une âme offrant ces résistances insurmontables que sont cupidité, servilité, bassesse, lâcheté, l'une entraînant nécessairement la suivante ; pas non plus l'âme qui a de la difficulté à apprendre, manque de mémoire, ou souffre d'un absence d'élégance, de grâce, de mesure ou d'eurythmie. Socrate insiste d'abord sur la puissance négative de ces vertus, sur le fait qu'elles ne sont que l'envers de cette absence d'obstacles. Tout au long de l'analyse, termes négatifs et négations prédominent, la nature philosophe se révélant ainsi essentiellement par sa

---

1. Le philosophe est caractérisé par la haine du faux (ἀψεύδεια, 485c3), il n'est ni ami des richesses (μὴ φιλοχρήματος, 485e3), ni capable d'abdiquer sa liberté (μηδ' ἀνελεύθερος), il n'est ni vantard (μηδ' ἀλαζών) ni lâche (μηδὲ δειλός, 486b6-7), il n'a pas de difficulté à apprendre (δυσμαθής, 486c3), n'est pas oublieux (ἐπιλήσμων, 486d1), sa nature n'est ni étrangère aux Muses (ἄμουσος) ni dépourvue d'élégance (ἀσχήμων), et rien ne la porte à un manque de mesure (ἀμετρία, 486d4-5).

capacité d'exclusion. La diversification des vertus obéit
en premier lieu au principe d'économie qui veut que,
lorsqu'un désir atteint une certaine intensité, il diminue
ou même annihile la force de tous les autres (485d1-3);
elle s'opère ensuite selon les multiples formes que peut
revêtir la faiblesse ou le refus du désir d'apprendre. Être
philosophe signifie désirer de telle façon qu'on ne puisse
même plus imaginer pouvoir désirer autre chose; oser
aussi refuser le plus évident, contester les discours les plus
convaincants, et discerner la hiérarchie existant entre les
désirs, les régimes politiques et les âmes des hommes : en
cela consiste la vraie tempérance, le vrai courage, la vraie
justice. Ce sont, dit Socrate, des vertus qui appartiennent
« à la pensée (*dianoia*) ». La distinction entre vertus morales
et vertus intellectuelles ne tient donc pas. Les vertus dites
« morales » sont des vertus de la pensée; les vertus dites
intellectuelles – la bonne mémoire, la facilité à apprendre,
sont les manières qu'a un philosophe de faire du temps un
allié, de le dominer au lieu de s'y soumettre; quant à
l'élégance et la grâce, sens de la mesure et du rythme
justes, elles sont nécessaires à la « musique » de la pensée,
et les dire « intellectuelles » prouve qu'on en est dépourvu.
L'impression d'une simple accumulation de qualités, le
sentiment de fadeur que produit toute image idéalisée et
trop parfaite, disparaissent si les termes cessent d'être pris
dans leur sens positif et descriptif. Alors même que Socrate
semble accorder au philosophe la plus grande somme
possible de qualités, vouloir le douer de toutes les
excellences morales et intellectuelles, les termes négatifs
rappellent qu'il ne s'agit pas d'une énumération de toutes
les vertus possibles. Or les vertus et les qualités d'une
nature ne prennent leur véritable sens que référées à leur
juste mesure : à ce pour quoi est douée cette nature. La

juste mesure de celles du philosophe est déterminée par la *philosophia* comme occupation, et, comme toujours dans les Dialogues, la mesure connote premièrement l'exclusion. Excluant tout ce qui enchaîne, aveugle et alourdit, la *philosophia* entendue comme activité exprime et perpétue la *philosophia* entendue comme élan. Les déterminations positives sont « nécessaires et découlent les unes des autres », mais seulement « pour l'âme qui s'apprête à saisir l'être pleinement et parfaitement » (486e1-3). L'élan qui porte l'âme vers l'intelligible assure la liaison nécessaire des qualités et effectue l'unité essentielle de la vertu. L'aspect sujet, l'aspect désirant (et si l'on veut psychologique) de la *philosophia* traverse et unifie la multiplicité positive des vertus et des qualités ; conçue sous son aspect verbal, le *philosophein*, la *philosophia* exige que toute détermination positive soit la négation de la détermination contraire. S'il faut une bonne mémoire pour se souvenir, il en faut une encore meilleure pour *ne pas oublier* et discerner ce qu'il importe vraiment de ne pas oublier. Chaque qualité est référée dialectiquement à son contraire, chacune est liée aux autres par l'élan qui à la fois les engendre et les unifie. Si on omet cette double référence, la pratique de la *philosophia* exigerait les mêmes qualités morales et intellectuelles que n'importe quelle autre science, et l'aspiration du philosophe serait aspiration commune à une perfection morale ou à une sagesse. Ses vertus « morales » seraient les mêmes que celles exigées par n'importe quel idéal de perfection, ses vertus « intellectuelles » seraient celles requises par tout sujet connaissant. La *philosophia* y perdrait sa différence, et Platon aurait, par le biais de l'analyse du naturel philosophe, esquissé une image de la « perfection de la nature humaine » [1]. La relation est inverse : il ne faut pas philosopher pour devenir parfaitement vertueux, mais être assez vertueux pour devenir capable de philosopher.

Il n'y a énumération qu'en apparence, et il serait d'ailleurs paradoxal que ce soit à propos de la seule définition de l'âme philosophe que Platon ait commis l'erreur, si souvent par lui dénoncée, de substituer un amas de propriétés à l'unité d'une définition essentielle. Sous la platitude apparente de l'image-modèle se dessine à nouveau la figure d'éros dialecticien : la figure du philosophe, la figure même de la pensée. L'énumération du livre VI peut donc se lire de deux façons, selon qu'on la suppose écrite dans la langue d'une morale « intellectualiste », ou selon qu'on admet que cette langue est celle de la pensée. Le régime pleinement assumé de l'homonymie permet ces deux lectures, mais dissimule une différence radicale : « Et pour ce qui est de la modération, dis-je, du courage, de la grandeur, et de toutes les parties de la vertu, il ne faut pas moins prendre garde à distinguer ce qui est bâtard et ce qui est bien né » (VII 536a).

Les dimensions naturelles de la pensée

L'unité de la vertu s'effectue spontanément dans un naturel philosophe, mais alors la difficulté se renverse : comment cette unité se multiplie-t-elle ? La diversité des circonstances ne suffit pas à l'expliquer, et Socrate procède déductivement.

---

1. Il est à noter combien la définition du naturel philosophe a fort peu inspiré les commentateurs de la *République*. Ni Shorey, ni Cornford, ni Friedländer ne jugent utile de lui consacrer une ligne, et J. Annas, *An Introduction to Plato's* Republic, Oxford, UP, 1981 (trad. F. Wolff, Paris, P.U.F., 1994) ne fait pas exception.

Les naturels philosophes sont amoureux d'une science capable de leur dévoiler l'essence, et ils sont amoureux de l'essence toute entière. « De toute nécessité » les philosophes « n'acceptent jamais de bon gré le faux, mais le détestent, et aiment la vérité » (VI 485b-c) : l'*alètheia* est ce qui « mène le chœur » de leurs vertus. Tous les hommes, reconnaît Socrate, en font d'ailleurs autant, car « dans son âme, être trompé ou s'être trompé au sujet des étants réels (*ta onta*), y posséder et y avoir importé le faux, est ce que tous seront le moins prêts à supporter, et qu'en pareil cas ils détestent le plus » (II 382b). Si le vrai mensonge consiste non pas à se tromper mais à être trompé et à s'être trompé, et si l'ignorance est toujours involontaire, en quoi l'*apseudeia* (le fait de ne pas accueillir volontairement le faux) est-elle le propre du naturel philosophe ?

*L'*alètheia

Quand il s'agit d'une opinion vraie, trois causes peuvent soit nous empêcher de la former soit nous la faire perdre : le temps peut nous la dérober, et nous oublions ; un argument peut persuader et nous en dépouiller ; la douleur, le chagrin peuvent nous faire violence, le plaisir et la crainte nous ensorceler, et nous échangerons cette opinion vraie contre une fausse. On a là trois sources possibles d'ignorance (III 413b) : le vol, la persuasion, la violence (y compris celle du sortilège). Trois types de forces sont capables de nous détourner de la vérité, et il est seulement probable (*eikos*) que l'opinion vraie résiste à ce triple assaut. Mais ce ne sont pas ses vertus qui permettent au philosophe de résister et de chercher à atteindre la vérité, ses vertus découlent au contraire de son amour du vrai. Ce n'est pas la fidélité du philosophe qui l'empêche d'oublier, pas son endurance qui lui permet de vaincre la douleur, pas sa fermeté qui le rend rebelle aux plaisirs. Haïr le faux, c'est haïr l'apparence et se détourner du multiple. Ne pas accueillir le faux, c'est désirer apprendre, être *philomathès* (VI 485d). Parce qu'il préfère savoir, le philosophe ne peut pas oublier d'apprendre ; parce qu'il est spontanément guidé par ce qui est, aucune logique ne peut le persuader ; enfin parce qu'il est vraiment courageux, ni la douleur ni la mort ne sont pour lui des arguments, et parce qu'il est vraiment tempérant, les sortilèges du plaisir lui semblent ridicules.

La vérité, ni problème logique ni problème épistémologique, n'est dans les Dialogues pas un problème du tout. Jamais problématisée et jamais définie, elle semble ne pouvoir se dire que dans un vocabulaire érotique et ne pouvoir être approchée qu'en images (elle est une lumière, une plaine…). Son intervention dans un discours a toujours l'un de ces deux effets : ou bien elle oriente le discours qui l'aime vers la manière d'être qui seule mérite d'être aimée (ce qui est le cas dans le *Banquet* et dans le *Phèdre*), ou bien elle érotise le discours tourné vers l'essence (comme cela se produit dans le *Phédon* et dans les livres VI et VII de la *République*). Pour atteindre l'essence, en effet, il faut que l'amour ne cesse pas, ne se relâche pas (*Rép.*, VI 490b) [1]. La vérité ne s'affirme vraie que dans l'opinion, mais elle manque à celui qui l'aime, et c'est ce manque qui le pousse à la « poursuivre », à chercher, à interroger. Elle n'est pas pour le philosophe un objet à attraper et qu'on pourrait finir par posséder, elle signifie l'impossibilité de s'arrêter à la multiplicité des opinions, et tout comme la science ne

---

1. *Cf.* les termes liés à ἀληθεία : chérir (στέργειν, 485c4), tendre fortement (ὀρέγεσθαι, 485d4), ami (φίλος, 487a4), poursuivre en tout et de toutes les façons (διώκειν πάντως καὶ πάντῃ, 490a2), amoureux (ἐραστάς, 501d2).

doit pas se chercher dans les multiples sciences, la vérité
ne doit pas se chercher dans les opinions vraies et la foule
de petites vérités qu'elles contiennent. Elle est la source
à laquelle le philosophe puise son élan et la force de se
transporter dans un autre lieu. Lorsque l'âme qui « poursuit
la vérité » atteint « ce que chaque nature est en elle-même »,
la vérité alors est engendrée. Le vrai ne se *prédique* que
de l'opinion, à laquelle il survient par hasard au même
titre que le faux. Mais le savoir ne peut pas être faux, c'est
pourquoi il ne peut pas non plus être dit vrai. En lui, la
vérité ne se redouble pas en vérité vraie, elle est pour la
pensée nourriture ou lumière qui éclaire, non pas en tant
que la pensée est vraie mais en tant qu'elle est une vraie
pensée, orientée vers un être vraiment étant. Cet être
véritable ne se donne, étant intelligible, qu'à l'intelligence.
L'*alètheia* signifie cette convenance et convenance ne
signifie pas adéquation : « ce qui convient est ce qui est
apparenté » (490b4). La vérité ne se définit comme
adéquation que si on la dissocie de sa manière d'être désirée
et de la nature de l'âme qui éprouve ce désir : de la nature
philosophe. La différence d'une nature exige la différence
de la vérité, laquelle engendre la différence entre les
manières d'être. Loin d'être soumise au joug de l'Idée
(*eidos*), comme l'affirme Heidegger[1], c'est la vérité qui,
en étant naturellement aimée par ceux qui en sont capables,
rend nécessaire l'hypothèse des Idées. Qu'une telle
hypothèse soit tenable est ce que démontre, et démontre

---

1. Sur l'ἀλήθεια « subjuguée » par l'*idea*, terme qu'il juge
apparemment synonyme d'*eidos*, voir Heidegger, *Platons Lehre von der
Wahrheit* (Berne, 1954, trad. dans *Questions II*, Paris, Gallimard, 1968)
et *Nietzsche* [1961] Paris, 1971, t. I, p. 140-181 ; t. II, p. 369. La vérité
accompagne l'étant réel, elle ne s'identifie pas à lui (*cf.* 537d : ἐπ' αὐτὸ
τὸ ὂν μετ' ἀληθείας).

seulement, sa fécondité. Nourrissante, éclairante, la vérité est la lumière qui accompagne l'étant (VII 537d). Elle est pour le savoir horizon, aliment et elle lui confère une inépuisable fécondité : si du discours engendré par le savoir on peut dire qu'il est vrai, c'est en ce qu'il rend apte « à découvrir beaucoup » (*polu euretikos*), en ce qu'il rend « plus inventif » (*euretikôteros*) celui qui le tient comme celui qui l'écoute [1]. La vérité est ce lien qu'on ne voit pas plus qu'on ne voit la lumière qui nous fait voir, lien qui n'est pas extérieur aux termes qu'il approprie l'un à l'autre. Ni sincérité subjective, ni attribut d'un être ou d'une connaissance, elle est bien cet analogue de la lumière, d'une lumière qui ne luit ni au début ni au terme du chemin comme une révélation première ou dernière, qui est contemporaine du parcours et peut comporter des degrés. Mais elle n'est présente que lorsqu'une nature saisit sa parenté avec les natures qu'elle cherche à comprendre, lorsque l'intelligence découvre sa parenté avec l'intelligible, le savoir sa puissance d'engendrer, d'inventer, et la vertu sa parenté avec la seule vie qui en soit authentiquement une (490b) [2]. Platon pense la vérité en termes de nature,

1. *Rép.*, V 455b5-7 : « celui qui est bien doué (*euphuès*) pour quelque chose (…), veux-tu dire qu'il apprend cette chose facilement (…) et que, à partir d'un court apprentissage, il est conduit à découvrir beaucoup dans le domaine où il aura appris » (*Pol.*, 286e-287a).

2. L'ascension de celui qui est désireux d'apprendre vers l'être véritable (490a-b) présente une similitude complète de mouvement et de vocabulaire avec l'ascension qui, dans le *Banquet*, mène l'homme érotique vers le beau en lui-même. Dans les deux textes, il s'agit, guidé par éros, d'aller (ἴοι, 490b, ἰών, *Banq.*, 210e, ἰέμαι, 211c) en laissant derrière soi les choses en devenir (γιγνομένων, *Banq.*, 211b) qui n'existent qu'en apparence (τοῖς δοξαζομένοις, 490b), pour entrer en contact (ἅψασθαι, 490b, ἅπτοιτο, *Banq.*, 211b, ἐφάπτεσθαι, 490b, ἐφαπτομένῳ, *Banq.*, 212a), connaître (γνοίη, 490b, γνῷ, *Banq.*, 211c), s'unir (μιγείς, 490b, συνόντος, *Banq.*, 212a) à ce qui est (ὃ ἔστιν, 490b, *Banq.*, 211c)

de parenté (*suggeneia*), de fécondité et d'engendrement : c'est avec lui qu'elle se dit dans le langage de la *phusis* – telle qu'il la comprend – et non pas dans celui de l'adéquation.

Différenciant l'être-qui-est en vérité de l'être qui n'est qu'un *metaxu* entre l'être et le non-être, différenciant le savoir auquel elle et toujours présente de l'opinion qu'elle ne qualifie que provisoirement et par hasard, distinguant chaque étant puisque à sa lumière on ne peut les confondre, l'*alètheia* est bien dans le naturel philosophe ce qui « mène le chœur » (490c) : « Le philosophe est ami et parent de la vérité[1]. » De cette liaison interne d'un certain désir avec un certain savoir, de la convenance entre une certaine nature et des natures essentiellement intelligibles, de cette parenté avec la vérité, tout le reste découle.

Les vertus

Les vertus du naturel philosophe ne sont pas la simple reprise des quatre vertus analysées au livre IV. La *sophia* est rapidement évoquée dans son lien avec la vérité (VI 485c10-11) elle n'est plus la vertu supérieure du livre IV, n'apparaît plus par la suite et ne figure plus dans le résumé donné en 487a. Est présente en revanche une vertu, la grandeur (*megaloprepeia*), qui n'avait pas sa place dans la liste des vertus pouvant être acquises aussi bien par opinion droite. De fait, la définition du livre VI s'articule autour de deux vertus maîtresses : la tempérance et la grandeur. La tempérance est liée au désir, la grandeur

qu'on saisit par la partie de l'âme qui convient (προσήκει, 490b, *Banq.*, 209a). L'ascension a pour terme la fécondité (γεννήσας, 490b, τίκτειν, *Banq.*, 212a), la nourriture (τρέφοιτο, 490b, θρεψαμένῳ, *Banq.*, 212a) et la vie (ζῴη, 490b, βίος, *Banq.*, 211d).

1. *Rép.*, VI 487a4, cf. *Ménon*, 81c-d.

« appartient à la pensée » (*dianoia*). L'économie des désirs est telle « que s'ils se portent intensément (*sphodra*) sur un objet », ils en deviennent « plus faibles pour tout le reste » (485d). La tempérance naturelle au philosophe n'a rien d'une lutte. Celui-ci « délaisse » les plaisirs du corps parce qu'il est sorti du cercle de l'appétit et de l'opinion, l'appétit originant l'opinion qui en retour le fortifie. « Fait pour une lutte dont la réalité est l'objet » (490a), le philosophe n'a pas à lutter contre des appétits qui sont en lui *naturellement* plus faibles. Si la force du désir dominant implique la tempérance, l'objet du savoir appelle la grandeur, conséquence de l'attachement de l'âme à la totalité. La grandeur est changement de perspective, conversion du regard qui permet de voir de haut, sous l'aspect de l'éternité (486a), « le temps tout entier » et « l'essence toute entière »[1]. Ce qui lui est le plus contraire est la mesquinerie (*smikrologia*), qui consiste non pas à traiter de « petits » sujets, navette, marmites ou pêche à la ligne, mais à tenir pour « grand », sérieux, important, ce que tous jugent tel : la vie humaine par exemple, ou la mort. Ne plus évaluer comme tous évaluent, changer de mesure, telles sont la hauteur et la liberté propres à la pensée. La grandeur exclut la servilité (*aneleutheria*), celle qui consiste à être subordonné à soi-même comme vivant. L'absence de lâcheté s'ensuit nécessairement ; ne craignant ni la mort ni l'opinion des hommes, ce ne sera jamais par crainte que le philosophe sera courageux, mais parce qu'il aura pris la juste mesure de ce qui passe pour devoir être craint. Étant tout cela, il n'est donc pas possible qu'un pareil naturel soit injuste (486b). La justice résulte de la fréquentation des étants, elle en est la mimétique (500b-c).

---

1. La grandeur est θεωρία μὲν παντὸς χρόνου, πασῆς δὲ οὐσίας.

Haïssant la fausseté, non les hommes, c'est à elle que le philosophe fait la guerre et non pas à eux : en cela consiste sa douceur.

La tempérance découle de l'intensité du désir, la grandeur et ses conséquences (courage, justice et douceur) de la nature des réalités auxquelles le philosophe s'attache. *Ce sont des vertus de philosophe, non pas des vertus qu'on accorderait au philosophe.* Elles appartiennent fondamentalement *à la pensée*; elles ne sont pas le fruit d'un effort et le naturel philosophe n'a pas à les acquérir puisqu'elles font partie de sa nature de philosophe. Des tempérants, des courageux, des justes sans intelligence, il en faut, c'est-à-dire des « vertueux » au sens de l'opinion droite; mais ils ont à calculer pour être tempérants, à surmonter leur peur pour être courageux, à se conformer à des règles et des lois pour être justes. Cependant, l'articulation entre vertus véritables et vertus « démotiques » est aussi difficile et aléatoire que l'est celle entre le savoir et l'opinion vraie. Car les vertus du philosophe ne sont pas « intellectuelles », ce sont les vertus, les forces propres de l'intelligence [1]. Ni séparées les unes des autres, ni séparables de ce qui les origine, ces vertus sont dans le philosophe les effets naturels de sa *philosophia*.

Les qualités

À partir de 463c, on semble passer à un autre registre, celui non plus des « vertus », mais des « dispositions naturelles » : la *bonne mémoire*, et la *mesure*, la grâce, l'élégance. En quoi ces qualités sont-elles requises, pourquoi

---

1. Si, pour ne pas distinguer vertus morales et vertus intellectuelles, on décide de les unir en une « morale intellectualiste », il faut assimiler la pensée intelligente (*phronèsis*) à une pensée « intellectuelle » et refuser à l'intelligence sa puissance de désirer et de pâtir.

ne faut-il pas les omettre (486c), et quelle est leur liaison, à supposer qu'il y en ait une, avec ce qui précède ? La facilité à apprendre implique une bonne mémoire, car la mémoire garantit qu'on continuera à aimer ce qu'on aime, qu'on ne prendra pas en haine ce qu'on fait en raison de l'inutilité de l'effort. Une telle mémoire n'est pas une mémoire de contenus ; elle signifie que ce qu'on s'est appris, ou a appris d'un autre, ne disparaît pas sans laisser de trace. Elle ne consiste pas à se souvenir, elle permet de ne pas, indéfiniment, répéter et recommencer. La mémoire tisse le temps de l'apprendre, le temps de la pensée qui, recommençant chaque fois à nouveau le même effort pour saisir chaque étant dans ce qu'il est, ne le recommence jamais identiquement. La bonne mémoire est la ressource, l'inventivité d'éros, ce qui l'empêche de mourir de sa pénurie et lui permet de renaître : réminiscence et non pas souvenir conservé. Chaque fois démuni, chaque fois ignorant de ce qu'il n'a pas encore pensé, le philosophe a pourtant chaque fois plus de ressource et de ruse pour le chercher. Il ne se sert pas *de ce qu'il a pensé, mais du fait qu'il a déjà fait l'effort de penser*. Si l'on a pu, une fois, trouver, alors on peut trouver à nouveau. Grâce à la mémoire, la possibilité s'accroît d'apprendre et de voir où se tourner pour trouver. Éros ne reste par stérile, il produit des fruits et enfante. Celui qu'il anime ne devient sans doute pas plus intelligent mais, à force de penser, à la condition que cessent parfois les douleurs de l'enfantement et qu'on s'en souvienne, il devient à coup sûr plus inventif. Une pensée oublieuse est une pensée sans avenir, qui n'a plus le goût de se survenir à elle-même.

La mémoire, la facilité à apprendre sont liées à l'amour et à la haine (VI 486c). La *mesure*, la *grâce*, elles, le sont à l'aptitude à aller vers le caractère propre (*idea*) de chacun

des étants (486d), l'élégance et son contraire dépendent
de la perfection ou de l'imperfection du rythme[1]. La vraie
culture implique une eurythmie, le bon rythme consistant
à se porter vers le savoir ni trop vite ni trop lentement.
Ceux qui ont de la facilité à apprendre « ont le plus souvent
un facile penchant vers l'impétuosité, la précipitation les
emporte, pareils à des navires dépourvus de lest, et, de
nature, il y a en eux plus de folie que de vaillance » (*Théét.*,
144a-b). Aller *trop vite*, c'est ne pas avoir le courage de
résister au monologue, à la virtuosité de l'exposition, le
courage de se formuler à soi-même ses propres objections,
de se ralentir en affrontant la réalité de la chose même, qui
n'est pas toujours conforme à la prompte intelligence qu'on
croit en avoir eue. La patience de l'interroger et du répondre,
la rigueur de l'interruption et de la reprise, la patience et
la rigueur même du *dialegesthai*, corrigent la trop grande
rapidité. « En revanche, ceux qui ont le plus de pondération
vont avec paresse au devant de l'étude et sont pesamment
lestés d'oubli » (*Théét.*, 144b). Ceux qui vont *trop lentement*
sont ceux qui oublient, ceux à qui la « bonne mémoire »
fait défaut : ils ne peuvent jamais aller plus loin que ce
qu'on leur a appris (puisqu'ils ont sans cesse à le
réapprendre) et les ailes ne leur poussent jamais. Pour se
porter vers la recherche, comme Théétète dans le portrait
qu'en trace Socrate, d'un « mouvement uni, avec la douceur

---

1. En *Rép.*, III 400c-e, le « bien dire » (εὐλογία), la bonne
harmonisation (εὐαρμοστία) et le juste rythme (εὐρυθμία) émanent d'une
« belle disposition de l'âme et de la pensée (*dianoia*) ». Dans le *Protagoras*,
Protagoras affirme que la vie entière a besoin d'eurythmie et de bonne
harmonisation (326b5), et Hippias conseille de tenir des discours « emplis
de grandeur et d'élégance » (338a3-4). Platon reprend aux sophistes leurs
termes et les transfère à la pensée : l'élégance (εὐσχημοσύνη) est le
propre d'une pensée douée de mesure (ἔμμετρος διάνοια, 486d).

dont l'abondance ressemble au cours silencieux de l'huile »,
il faut sans doute avoir le courage d'intégrer difficultés,
objections, et même de réfuter ce qu'on a une fois pensé ;
mais il faut aussi prendre plaisir à penser, être quelque fois
inspiré. Le juste rythme ne s'identifie pas à un « juste
milieu », il est la perpétuelle harmonisation de tendances
contraires, la perpétuelle correction de l'une par l'autre.
Pour cette bonne mesure, il n'y a pas de méthode, pour
cette élégance pas de recettes. Elles sont la manifestation
d'une pensée qui prend son élan sans pourtant survoler,
qui examine sérieusement, péniblement, sans cesser de
prendre plaisir à ce jeu divin qu'elle est. La pensée
naturellement mesurée dialogue autant qu'il faut, sans
s'appesantir plus qu'il ne faut, à la manière des « habiles »
et des savants, et sans se contenter non plus d'indiquer, de
suggérer, de vaticiner à la manière des sophistes. Une
pensée qui se laisse mener vers ce qu'elle cherche, étant
spontanément sensible à la différence de l'*idea* de chaque
étant, est dotée d'une sorte de grâce naturelle. Son agir est
un ajustement, son pâtir un mouvement de se porter vers.
Cette grâce signifie l'inutilité, et même le danger, de la
codification d'une méthode, qui ne saurait valoir
indifféremment pour la recherche de n'importe quelle *idea*.
On ne conduit par sa pensée, mais la pensée, de son propre
mouvement, se laisse conduire (486d10-11). Le manque
de goût, la faute de mesure, sont donc sources de fausseté
au même titre que l'ignorance. L'interprétation allégorique
des mythes (*Phèdre*, 229c-e), l'étymologie savante,
l'éristique, en sont autant d'exemples : fausses non pas en
ce qu'elles disent des choses fausses, mais radicalement
fausses en ce qu'elles « détonnent ».

La mémoire est la condition de l'éternelle, incessante résurrection d'éros, du goût de penser. La mesure, la grâce, sont les signes de la parenté unissant une pensée à ce qu'elle cherche. L'éros qui anime la pensée du philosophe commande ses qualités comme il commandait ses vertus. Science érotique, science dialectique, la *philosophia* comme occupation (et seule occupation propre à ce naturel) requiert que le philosophe soit capable de ne pas oublier ce qu'il désire et prenne comme mesure ce qu'il cherche à savoir. La définition du naturel philosophe est bien une définition[1]. Et tout au long, à y regarder de près, c'est de la pensée qu'il s'agit. Mais il faut y regarder de près, car la définition essentielle peut être comprise comme une description normative. Le langage mettant en évidence les dimensions de la pensée est presque indiscernable de celui, pédagogique, de l'exigence sélective. *Nature* peut s'entendre, de bout en bout, en deux sens : comme essence, avec tout ce que cela comporte de parenté et d'exclusion, ou comme limite et support de l'entreprise éducative. Cette duplicité confère à chacune des vertus un double statut : selon l'opinion droite et selon l'intelligence, comme elle confère une double signification à chacune des qualités : aptitude psychologique ou vertu de la pensée. Pour lire cette définition comme une définition et non comme un portrait idéalisé, il faut tenir ferme ce fil conducteur : situées dans l'horizon de la vérité, qui fait le lien entre toutes les parties de l'essence (486e), vertus et qualités sont celles de la pensée intelligente. La lire comme inventoriant les critères de sélection des gardiens, c'est y voir la volonté d'insérer

---

1. διορίσασθαι (474b5) ; ὡρισάμεθα (490d7).

dans le devenir un modèle un peu trop idéalisé, et d'ouvrir ainsi l'égale possibilité pour ses dons naturels de se parfaire par l'âge et l'éducation (487c) ou de se pervertir.

La perversion du naturel philosophe

Comment pourtant un tel naturel, avec toutes les qualités qu'on lui a prêtées, peut-il dégénérer ? On retrouve ici l'ambiguïté propre à l'ensemble de la *République* : de même qu'il n'y a pas de vraie cause de la dégénérescence de la Kallipolis, et que celle-ci dégénère du simple *fait* qu'il ne naît plus de philosophes ; de même la corruption du naturel philosophe n'est pas possible en droit mais seulement en *fait*. La cause de la corruption tient à la violence des faits. La *philosophia* ne rencontre dans le « naturel philosophe » (et c'est cela qui le définit) aucune résistance *interne*. Mais il peut se rencontrer et il se rencontre *en fait* des obstacles venus de l'extérieur : de la constitution politique, du type d'éducation reçue. Cela ne fait pourtant que reculer le problème : comment des forces extérieures, empiriques, historiques, peuvent-elles affecter une essence ? Cela ne peut s'expliquer que parce que l'essence du philosophe, c'est éros. Or éros est une force, et toute force a une direction. En se pervertissant, éros ne perd pas sa force : c'est la direction qui s'inverse. Si l'on rompt le lien qui apparente la *philosophia* comme nature à la *philosophia* comme occupation, on détourne éros de la vérité.

Un naturel philosophe ne dégénère qu'en ne philosophant pas, en ne choisissant pas de philosopher. Les obstacles extérieurs n'ont pas d'effet direct, ils n'annulent pas une différence qui est essentielle mais, en détournant de philosopher un naturel philosophe, ils le *désorientent*. C'est pourquoi, après avoir, à l'aide de l'image du pilote de navire, disculpé la *philosophia* d'être la « cause de l'inutilité » ou de la « malfaisance » de ceux qui étaient pourtant propres à la philosophie (VI 489b-d), Socrate juge utile de reprendre la définition de la nature des vrais philosophes. Dans cette reprise, l'*alètheia* arrive à nouveau en tête (490a-c), donc rien de mauvais ne peut la suivre, et il est inutile de refaire défiler « le reste du chœur ». La reprise a pour but d'insister sur la différence entre les vrais philosophes et ceux qui passent pour l'être, et elle réside dans l'attachement à la nature de chacun des étants et à la vérité. Or, paradoxalement, cela constitue un paradoxe (490a), car cela va complètement à l'encontre de « l'opinion soutenue actuellement sur un tel homme ». Ce paradoxe en engendre un autre. Si un naturel philosophe ne peut dégénérer qu'à la condition que soit rompu son lien à la vérité, qu'est-ce qui peut rompre le lien ? Trois causes, dont la première est la plus étonnante de toutes : les qualités mêmes de ce naturel contribuent à sa perversion. Sous l'effet de la flatterie, elles se retournent en leur contraire, et l'élégance devient prétention, la hauteur de pensée vanité (494d) [1]. Ce qu'on flatte en un naturel philosophe n'est certes pas sa *philosophia*, que le plus grand nombre ne peut ni reconnaître ni comprendre, ce sont ses « qualités ». L'entreprise de la cité toute entière et des particuliers va consister à détacher de leur cause ce qui n'en était pourtant que les conséquences. Toute parenté ne disparaît pas pour autant, et il se peut que, si on lui dit la vérité, un tel naturel en subisse la force et se laisse tirer vers la *philosophia* (494e). Mais « comme on mettra tout en œuvre pour l'en détourner », « tout », c'est-à-dire le flot du blâme et de l'éloge et, si cela ne suffit pas, la menace et la violence

---

1. L'εὐσχημοσύνη devient σχηματισμός, la φρόνησις, φρόνημα.

effective (492c-e), « il n'est guère possible qu'un tel homme
se mette à philosopher ». Non seulement il ne se mettra
pas à philosopher, mais il deviendra le pire des hommes :
un tyran. Car la « grandeur » même de son naturel lui
interdit d'avoir part à des vertus communes.

Le naturel philosophe n'est donc pas d'abord un naturel
« bien doué » qu'une éducation dirigerait vers la philosophie
entendue comme occupation. Aucun naturel n'est « bien
doué » en général, un naturel est doué pour l'occupation
qui lui convient à l'exclusion de toute autre. Pas plus qu'il
n'y a, dans l'absolu, de naturel bien doué, il n'y a, dans
l'absolu, de « qualités » ou de « vertus ». Si le lien qui unit
« le meilleur des naturels » à la « meilleure des occupations »
est rompu, il n'en sortira pas « un homme de bien », pas
davantage un médiocre disputeur, mais un tyran. Une
« mauvaise éducation » et la flatterie de la foule feront que
les naturels philosophes ne deviendront pas « ceux qui
philosophent » (*hoi philosophountes*), ils ne passeront pas
leur vie dans la *philosophia*. Loin d'être alors simplement
inutiles, « ils causent les plus grands maux aux cités comme
aux particuliers » (VI 495b). Car là où est la *philosophia*,
là est aussi éros, qui n'est pas un appétit comme les autres
parce qu'il ne peut pas, démocratiquement, coexister avec
les autres appétits : éros ne peut être que philosophe ou
tyran. Le naturel philosophe peut se pervertir puisque éros
le peut, et à la manière dont se pervertit éros : en gardant
son intensité et en inversant sa direction.

La *philosophia*, en elle-même, ne peut rien pervertir :
pour pouvoir l'affirmer, il fallait d'abord discriminer les
vrais philosophes, donc définir cette « plante rare », le
naturel philosophe. S'il est bien tel qu'on l'a défini, alors
Mômos lui-même ne pourrait rien trouver à blâmer à une
occupation qu'on « ne peut bien exercer si l'on n'est pas

par nature doué de mémoire, de facilité à apprendre, de grandeur, de grâce, ni si l'on n'a ni amitié ni parenté avec la vérité, la justice, le courage et la tempérance » (VI 487a). La *philosophia* comme désir ne peut animer que le « meilleur » des naturels. La *philosophia* comme occupation, loin de pervertir quiconque, est le seul salut pour un naturel qui représente la seule chance de fonder et sauvegarder une cité juste ; elle peut tout au plus donner des maux de tête à ceux qui ne sont vraiment pas faits pour elle (III 407c). Ni comme aspiration ni comme discipline la *philosophia n'a jamais perverti personne, mais tous conspirent à la pervertir.* Ce ne sont pas les philosophes qui pervertissent la jeunesse en la détournant des affaires sérieuses, ce sont toutes les constitutions politiques sans exception qui pervertissent les philosophes. L'inversion ironique joue ici à plein, retournant les accusations sur les accusateurs – comme il avait été fait dans l'*Apologie de Socrate*, d'un Socrate par hasard devenu et resté philosophe.

L'objection d'Adimante, qui amène Socrate à examiner les causes de la corruption, portait d'abord sur l'effet du discours de Socrate : ceux qui l'écoutent, à cause de leur inexpérience à interroger et à répondre, sont entraînés à chaque question un peu plus loin de ce qu'ils pensaient au départ, et, les petits écarts s'accumulant, il en résulte pour finir un énorme glissement (487b). Elle portait ensuite sur un *fait*, la perversité, ou dans le meilleur des cas l'inutilité, de ceux qui s'adonnent à la philosophie (487d). Or Socrate ne réfute ni l'objection méthodologique, ni l'objection de fait : il semble ne pas répondre à la première et accorder la vérité de la seconde. Comme il ne s'agit pas de nier mais d'expliquer et comprendre, expliquer l'inutilité, ne peut, à ce moment du Dialogue, se faire qu'en image, et l'image, comme toute image, n'est pas absolument vraie. La

différence entre le savoir du pilote et celui du philosophe
permet d'établir en quoi elle est inadéquate. Car si le pilote
n'est fait pour rien d'autre que pour conduire un navire,
le philosophe, qui est fait d'abord pour philosopher, doit
gouverner parce qu'il a seul le savoir de ce qui en chaque
cas est bon, donc utile. Une erreur sur l'utile et le bon fait
que les cités jugent les philosophes inutiles ; l'image suffit
pour disculper, mais elle ne suffit pas pour comprendre
quel type de savoir convient au gouvernant. Quant à la
perversion, il faut distinguer deux cas. Il existe de grands
« pervers » : des naturels philosophes pervertis, qui ne
s'occupent pas de *philosophia* mais se tournent vers le
pouvoir. Et « comme le mal est plus contraire à ce qui est
bon qu'à ce qui n'est pas bon », leur nature, « placée dans
des conditions d'existence qui lui sont le plus étrangères,
en ressent une pire altération qu'un naturel médiocre »
(491d). Mal éduquée, mal entourée, elle conserve sa
différence, mais « devient extraordinairement mauvaise ».
Ce n'est pourtant pas à ceux-là qu'on pense quand on
accuse la philosophie : on pense aux mauvais philosophes,
à ceux qui pervertissent la philosophie. On comprend alors
pourquoi Socrate n'a pas relevé la première accusation
d'Adimante : à la suite de petits écarts successifs, on se
retrouve bien devant ce qui n'est même pas un glissement,
mais un formidable paradoxe : *pour défendre la philosophie,
il faut accuser les philosophes, ou en tout cas ceux que
tous, y compris eux-mêmes, nomment tels.* Et s'il en va
ainsi, cela est dû à l'impuissance de la foule (dont Adimante
est le porte-parole) à distinguer entre le discours d'un
philosophe et celui d'un sophiste. Les deux temps de
l'objection d'Adimante n'en faisaient qu'un, et il a sur les
deux points raison. Si l'on n'a pas l'expérience de

l'interroger et du répondre, le discours du philosophe et celui du sophiste sont indiscernables.

La responsabilité du mépris envers la *philosophia* n'incombe donc pas aux « inutiles », à ceux qui, on ne sait comment, par l'effet du hasard ou d'une grâce divine, ont réussi à se sauver et à devenir vraiment philosophes (496b-e). La philosophie passe pour être inutile et dangereuse parce que, délaissée par ceux qui étaient dignes d'elle, elle est livrée à de « méchants bouts d'hommes » (495c). Il y a donc deux sortes d'injustice : celle commise par le plus grand nombre envers les naturels philosophes, et celle commise envers la *philosophia* ; la seconde est une conséquence de la première. Parce qu'elle est abandonnée, la philosophie orpheline est prête à épouser le premier venu, le « forgeron chauve et malingre », à tomber dans les bras de ses indignes prétendants. Les images de la parenté légitime, de la noblesse authentique, et celle, antinomique, de l'étranger servile, du bâtard, de l'usurpateur, commandent tout le développement. Il s'agit d'établir la légitimité d'une prétention, l'authenticité d'une lignée, de dénoncer un simulacre et l'usurpation d'un nom[1]. Le signe à quoi l'on reconnaît la légitimité et la bonne naissance, qui permet de déceler la bâtardise et l'usurpation, est la grandeur ou la médiocrité des effets. La *suggeneia* du naturel philosophe avec le philosopher se reconnaît à la « valeur » propre à ses discours et à la vérité des valeurs que ses discours font naître. Pour appréhender une telle

---

1. Sur la difficulté de départager les prétendants légitimes des illégitimes et la bonne image du simulacre, voir G. Deleuze, *Différence et Répétition* (Paris, P.U.F., 1968), p. 82-95, et *Logique du sens* (Paris, Les Éditions de Minuit, 1969), p. 292-307). Le philosophe, cependant, n'est pas un « prétendant », il a la *philosophia* comme nature, il n'y aspire pas. La parenté n'est pas une participation.

différence, il faut lui être apparenté : seul celui qui est philosophe peut distinguer le prétendant légitime de l'illégitime. Ce sont donc les philosophes gouvernants qui, dans la cité juste, feront le tri. Mais le philosophe, lui, ne se reconnaîtra comme philosophe (la différence ne se reconnaîtra elle-même) qu'en philosophant et en découvrant que, comme tout naturel réellement doué pour une occupation, il est capable d'en découvrir plus qu'on ne lui en avait appris (V 455b). La capacité d'inventer constitue l'expérience décisive, celle du vrai plaisir. Cela explique que si un *naturel philosophe* peut dégénérer, un philosophe, lui, ne le peut pas : « Si donc s'emplir de ce qui convient à sa nature est un plaisir, ce qui s'emplit plus réellement et de choses plus réelles jouirait plus réellement et plus véritablement d'un plaisir véritable » (IX 585d-e).

L'expérience et la mémoire de ce vrai plaisir permettent à éros de garder ses ailes et d'être immortel en dépit des intermittences. Mais le plaisir n'a fonction de signe que pour le philosophe, qui ne peut ni le décrire ni le communiquer. Ce plaisir est la grâce (*charis*) dipensée par l'intelligence, il rend vivantes la pensée et la parole du philosophe. Seul le semblable peut reconnaître le semblable, mais un philosophe ne se prétend pas lui-même philosophe, il sait seulement qu'il éprouve du plaisir à philosopher.

La perversion de la philosophia

Que peut engendrer un usurpateur ? Rien que « des sophismes, rien qui soit de bonne lignée et qui touche à une véritable pensée » (VI 496a). Se prévalant d'une habileté dans leurs petits métiers, de petits hommes tombent sur la *philosophia* et occupent la place. S'ils le font, c'est que, bizarrement, elle conserve par rapport aux autres arts un prestige qui attire, elle « est pleine de beaux mots et de fascinants mirages ». Elle garde dans son nom seul – puisque c'est tout ce qui lui reste – le pouvoir de séduire et de faire peur. Sa différence est à la fois pressentie et détestée. Les faiseurs de sophismes font pourtant tout pour l'annuler en consacrant les opinions et les valeurs du plus grand nombre. Leur « pensée » n'est qu'un petit art d'anticiper et formuler ce vers quoi tend la multitude, ce qui lui fait plaisir, « que ce soit en matière de peinture, de musique, ou, bien sûr, de politique » (VI 493d). Le sophiste baptise « *sophia* » ce qui n'est que « *tribè* » (493b-c). Ses concepts et ses contenus sont communs, et le caractère apparemment provocant de certaines de ses thèses est contredit par la facilité avec laquelle elles sont comprises, la provocation constituant un charme de plus. Instrument au service de l'éducation du plus grand nombre, moyen au service de la perversion qu'elle opère, le sophiste est pourtant méprisé par la foule. Il la sert donc doublement : en ne disant, ne pensant, ne louant et blâmant au fond rien d'autre que ce qu'elle dit, pense, blâme et loue ; et aussi en interposant entre la *philosophia* et son nom une image qui a le mérite d'être détestable et que la foule peut alors justement détester. Comédiens, les sophistes n'imitent – comme tous les imitateurs – rien de réel : ils imitent, miment, l'opinion que la foule a de la *philosophia* et des philosophes, celle qu'elle peut reconnaître et mépriser. N'ayant ni savoir ni opinion droite au sujet de ce qu'ils imitent, ils imitent l'apparent tel qu'il apparaît. Bien qu'ils soient tout sauf philosophes, ils apparaissent comme tels, et c'est eux qu'on nomme tels. Le sophiste n'a ni le courage de sa différence (il ne diffère d'ailleurs qu'en *apparence*) ni celui de sa ressemblance. Or une pensée servile n'est pas du tout une pensée, c'est un simulacre, comme le langage d'un mauvais philosophe est un simulacre de langage. Le sophiste fait accéder à la parole ce qui ne parle pas : les faits, les plaisirs, l'argent, le pouvoir. Semblables sans être semblables, différents dans être différents, ces « philosophes » sont l'image dont le plus grand nombre a besoin pour se justifier de ne pas « faire de philosophie », pour la mépriser tout en la redoutant. À l'ombre du beau nom de « philosophie », réfugiés en elle comme dans un temple (495d), ils accréditent l'opinion que la philosophie est le seul asile qui reste à ceux qui sont incapables d'activités nobles.

Le livre VII s'achève sur un luxe de précautions. La raison de toutes les exigences et des tris successifs imposés à l'éducation est de « ne pas couvrir la *philosophia* d'un ridicule encore plus grand » (VII 536b). L'entreprise de la *République* s'éclaire alors : c'est une apologie, défense et éloge, de la *philosophia*. La *philosophia* n'est pas un refuge pour les mal doués, pas la seule puissance qui reste aux impuissants. Rien en elle n'appelle la difformité de corps ou d'âme, l'indigence, le labeur stérile, la faiblesse ou la servilité. Elle exige ses vertus propres, qu'elle engendre autant qu'elle les exige, et n'est en rien incompatible avec d'autres qualités. Elle n'est pas ce qu'on choisit faute de mieux, elle doit être choisie par les meilleurs, qui sont bien cette fois les plus forts, les plus intelligents et les plus énergiques (cf. *Gorg.*, 488b-491d). Il faut au moins toutes ces conditions pour que la *philosophia* cesse enfin d'être calomniée, pour qu'elle apparaisse telle qu'elle est – toutes plus une : que de tels hommes, réellement, aient le pouvoir dans une cité. Alors seulement on pourra persuader la foule. Mais comme il est impossible qu'elle devienne jamais philosophe, on ne fera que substituer une image droite à un simulacre ; on évitera cependant cette catastrophe qu'est la perversion des naturels philosophes.

De cette apologie, l'ironie est absente [1]. *L'Apologie de Socrate* était l'apologie d'un acharnement à interroger et à s'interroger, d'une résistance à la bêtise et à la fausseté, d'une passion n'ayant pour effets que l'errance et l'aporie. Le nom de Socrate y renvoyait à une pensée sans sujet, sans méthode et sans contenu. Socrate y était le paradigme d'une démesure qui est la juste mesure de la pensée, toujours au delà de ce qu'elle pense, en deçà de ce que c'est que penser, disant toute la vérité, puisque l'être n'est pas infini, mais ayant indéfiniment à la dire puisqu'il est pluriel. Quand l'apologie est celle de Socrate, et quand elle est faite par Platon, Socrate est ce nom qui perd son référent tout autant que son signifié, il n'est ni propre ni commun, mais signe d'une force qui sape, décale, inquiète. En proie à l'incroyable force d'arrachement, de rupture, de renversement qu'est sa *philosophia*, Socrate l'a utilisée pour ébranler les fausses valeurs, les fausses vertus et les prétendues vérités, mais il s'est épuisé à le faire : il n'a donné au philosophe qu'un seul visage, il n'a pas été suffisamment musicien. Peut-être est-ce cela que son rêve voulait lui dire, mais la musique à laquelle il l'invitait, c'est Platon qui l'a composée. Fidèle dans son infidélité, il a su voir en Socrate la puissance de résistance que peut opposer la *philosophia* à la pression énorme de la foule. Si le philosophe y cède, il ne se débarrassera pas de l'enfant apeuré qui subsiste en lui et a besoin d'incantations, du sophiste qu'il est toujours tenté d'être, de l'ambitieux qui croit trouver dans la gloire et le pouvoir la reconnaissance que son savoir ne lui vaudra jamais. Qu'arriverait-il

1. En 490a8 se pose le problème de la juste mesure de l'apologie, et par la suite Socrate s'irrite d'avoir oublié que c'était un jeu et d'avoir parlé trop sérieusement (VII 526c1-5).

cependant si un naturel philosophe rencontrait une éducation et une constitution politique convenables, toutes conditions dont Socrate a été privé ? La *philosophia* n'aurait plus à délier, à persuader, à user de mythes et d'incantations. La pensée quand elle pense, la *philosophia* quand elle s'occupe à philosopher, n'a pas d'image dont on puisse faire l'éloge, le philosophe n'a ni nom ni définition. À l'entreprise ironique par excellence qui consistait à faire passer pour une apologie le discours même la rendant sans objet, à l'apologie de Socrate, succède dans la *République* l'apologie de la *philosophia* et du naturel philosophe. Pour s'attribuer, le prédicat *philosophe* exige la définition d'une nature, faisant ainsi coïncider l'essence avec sa bonne image et généralisant sa différence. Pourtant, la *philosophos phusis* conjugue la différence essentielle avec la contingence d'un surgissement, la dimension éternelle – puisque la *philosophia* est cette différence grâce à laquelle l'éternité, comme différence ontologique, fait sens – avec l'inscription dans le devenir. Différence éternellement singulière, la *philosophia* est différence-sujet et elle exclut toute constitution d'un sujet pensant ; elle intègre son absence d'origine en l'éprouvant comme désir de continuer à errer et à interroger, comme fuite et mise en fuite de toute position et de toute définition, elle n'a d'autre avenir qu'elle-même, répétant sa différence sans jamais pouvoir la poser, ne pouvant s'en ressouvenir qu'en la réapprenant chaque fois. Mais la différence doit malgré tout s'inscrire dans l'empirique ; elle exige alors que l'on recherche les moyens de la préserver en l'empêchant de se pervertir. Insérée dans le devenir, la *philosophia* pense son absence d'origine comme contingence, et son avenir comme corruption possible. Rien ne garantit qu'il naîtra des naturels philosophes ni que ces naturels deviendront philosophes ; il y aura néanmoins toujours des philosophes, mais ce seront des sophistes ou des savants. La contingence est totale, le risque inévitable. S'il n'y a en effet ni sujet, ni substance pensante, la philosophie n'a le choix qu'entre penser sa possibilité comme divine et la penser comme contingente. Dans les deux cas, elle appelle l'apologie : divine, elle est la meilleure des occupations et justifie l'éloge ; contingente, elle rend nécessaire d'analyser les risques qui la menacent pour tenter de s'en défendre. Qu'adviendra-t-il en effet de la *philosophia*, s'il n'y a plus de philosophe ? Qui, entre toutes les hypothèses, choisira de poser les Idées, qui saura encore la différence du savoir à l'opinion même droite, qui affirmera que pour penser le bien il faut penser, qui aimera vraiment la vérité ? Certes les Idées sont éternelles et immuables, la différence du savoir évidente, le bien transcendant et la vérité éclairante. Mais tout cela n'est et n'est intelligible que pour quelques-uns, par quelques-uns, et pourrait tout aussi bien un jour n'être saisi par personne. Le problème de la sélection et de la perversion est bien autre chose qu'un problème politique. Il est la transposition dans l'empirique de l'impossibilité, pour la pensée, de se garantir contre son absence et sa perte, il est la conscience de son essentielle fragilité.

Ce n'est pas seulement à propos du bien que, dans la *République*, Platon s'arrête à l'image. Tout le Dialogue a pour fin de substituer la bonne image à la mauvaise, qu'il s'agisse de la justice et des autres vertus, du philosophe et de la philosophie, de la dialectique et du bien. Ce qui permettrait de dépasser le niveau de l'image est ce que la partie centrale a pour fonction d'indiquer, mais d'indiquer seulement, puisqu'il faudrait que le naturel philosophe philosophât, que le bien fût saisi autrement qu'en image, que la dialectique ne fût pas seulement déterminée comme la plus haute science mais exercée comme telle : en un mot, que philosopher cessât d'être ce verbe qui dans la *République* se conjugue, les rares fois où il apparaît, trois fois sur quatre au futur[1].

2. LA DIALECTIQUE EST LA PLUS HAUTE SCIENCE

Le bien comme Idée et l'idea du Bien

« Je crois donc qu'aux choses justes et belles, quand on ignore par où elles peuvent être bonnes, il ne vaudrait guère la peine de donner un gardien » (VI 506a). Quand il s'agit de ces choses, nombreux sont les hommes qui se contentent de celles qui semblent l'être, mais quand il s'agit de ce qui est bon, personne ne s'en contente et chacun cherche ce qui l'est réellement « et, sur ce point en tout cas, personne ne fait aucun cas de l'opinion (*doxa*) » (VII 505d7-8). Nous sentons que nous « ne savons pas suffisamment ce que le bien peut être », « nous n'avons pas à son sujet une conviction aussi solidement confiante » que celle que nous avons sur d'autres sujets (VI 505d-e). N'importe quel homme, le plus fruste et le moins éduqué, fait la distinction entre ce qui semble bon et ce qui l'est réellement, entre ce qu'on lui présente comme étant bon et l'expérience qui lui est propre de ce qu'il a trouvé bon (VI 505d). Mais il cherche ce qui est bon pour lui, et comme il ne se fie qu'à son expérience et à l'opinion qu'il en a tirée, la plupart du temps il se trompe. Il devine pourtant

---

1. Sur les quatre occurrences du verbe *philosophein* dans la *République*, une seule renvoie à « ceux qui philosophent » (VI 494a6), une autre apparaît dans le mythe final (619d8-9) avec un sens futur puisqu'il s'agit de choisir une vie à venir ; les deux autres (V 473d2, VI 495a2) sont au futur.

que ce « bien » que toutes ses actions visent, est « quelque chose », mais il est incapable de déterminer ce que c'est. Il faut donc que d'autres le fassent pour lui, et que ceux auxquels on confie la cité possèdent sur ce point un savoir et non une opinion, qu'ils soient capables de saisir « ce qu'est » le bien, pas ce qu'il semble être : qu'ils soient dialecticiens. La détermination de ce qui est réellement bon oblige à reconnaître une différence que toute autre question peut se croire permis de nier, une différence entre l'apparaître et l'être. Le bien possède la puissance d'imposer la distinction entre ce qui n'est qu'apparence et ce qui est vraiment (même si l'on n'a aucun moyen de l'atteindre), entre ce qui n'est qu'opinion et ce qui serait un savoir (même si on ne sait pas du tout comment acquérir ce savoir). Il est ce qui est « premièrement ami » (*prôton philon, Lys.*, 219d), ce qui est exigé (*to deon, Phédon*, 99c6) au sens où il est ce que chacun, dans le moindre de ses actes, désire. Y compris dans ses représentations communes, l'Idée du bien affirme sa transcendance par rapport à toute opinion et à toute apparence.

La Cité juste semblait pourtant avoir été suffisamment définie : elle est celle où chacun fait les choses qui lui sont propres. En fait, il manquait le plus important : si nous ne connaissons pas l'*idea* propre à ce qui est bon « quand bien même nous aurions le savoir le plus parfait de tout le reste, elle exceptée, tu sais que rien ne nous sera utile » (505a). On reconnaît la fin du *Charmide* : à supposer que tous sachent, et sachent ce qu'ils savent aussi bien que ce qu'ils ne savent pas, tout fonctionnera parfaitement, mais personne ne sera heureux. Socrate, à ce moment de la *République*, s'inquiète : ce « rêve » d'une cité où chacun ne ferait que ce qu'il est naturellement fait pour faire n'est qu'une image de la justice (*Rép.*, IV 443c-e). La justice ne saurait en effet consister à veiller à ce qu'un naturel cordonnier fasse des chaussures et un naturel musicien de la musique, ni même à prescrire un ordre juste, car ce n'est pas la justice qui prescrit les actes justes : c'est le savoir comme vertu, la *sophia*. Si la vertu principale n'est qu'une image de la vertu véritable, toutes les autres en sont aussi. Les deux espèces de vertus, les exceptionnelles et les communes, ne résultent pas de la division d'un Genre commun mais relèvent de la distinction entre original et images, car l'opinion droite ne constitue pas une véritable médiation entre penser et agir. Quand le savoir de ce qui est vraiment bon fait défaut, rien ne peut vraiment être utile ; nous désirons et ne produisons des choses « bonnes » qui ne sont bonnes qu'en apparence, nous baptisons « biens » des images d'opinions, des images d'images, et ces images ne nous satisfont ni ne nous suffisent. Nous pensons ne pouvoir saisir le beau et le bien que dans des choses belles et bonnes, mais nous ne les *disons* belles ou bonnes que parce que toutes nous semblent avoir un même et unique caractère. Il ne peut leur venir ni d'une expérience changeante et contradictoire, ni être abstrait des seules expériences jugées valables, car au nom de quoi les déciderait-on telles si ce n'est au nom d'une opinion, d'un préjugé portant sur ce que *doit être* le bien, ces préjugés étant aussi contradictoires et instables que le sont les expériences ? S'agissant du beau ou du juste, on peut être tenté d'admettre qu'il y a matière à discussion et accepter la possibilité de variations dans l'espace et dans le temps ; mais pas quand il s'agit du bien.

Ce qui est « bon » exige sa référence à une Idée (*eidos*), capable d'imposer à tout ce qui en participe une valeur qui ne soit pas *a priori* estimée variable et relativisable. Socrate doit par conséquent expliquer ce qu'il pose quand il pose une Idée : « ainsi, au sujet de toutes les réalités qu'alors nous posions comme multiples » – le beau, le bon – « nous les posons à l'inverse selon le caractère unique (*kat'idean mian*) de chacune comme étant une réalité unique, et nous l'appelons "ce que c'est" » (VI 507b). Le bien et le beau étant des Idées dont seule une *certaine* manière de penser peut saisir l'essence, la connaissance du bien appartient au dialecticien philosophe. Le but de l'examen est atteint : *réserver* le savoir du bien aux philosophes, car c'est en ce savoir que réside leur compétence à gouverner. Le dialecticien a l'intelligence du bien et peut en donner le logos, et « on ne peut mettre aucune science au-dessus » de la dialectique (VII 534b). Au début du texte qui établit la dialectique comme fin de l'éducation, Socrate dit de la réalité du bien :

> Qu'elle soit réellement telle ou non, cela ne faut pas la peine de l'affirmer à toute force ; mais qu'il y a quelque chose de tel à voir est ce qu'il faut affirmer avec force, n'est-ce pas ? – Assurément. – Et que la puissance de dialectiser (*hè tou dialegesthai dunamis*) peut seule manifester cette réalité à celui qui aura acquis l'expérience des sciences que nous venons d'énumérer, et que ce ne sera jamais possible d'aucune autre manière ? – Voilà aussi qui mérite d'être affirmé à toute force. (*Rép.*, VII 533a)

Que le bien soit vraiment analogue à son rejeton, le soleil, ne mérite pas qu'on se lance dans une controverse ; mais que le bien soit une Idée, qu'il en ait l'unité et que seule la puissance dialectique puisse l'atteindre, voilà ce qu'il faut soutenir avec force.

Le bien étant une Idée comme les autres, il est dialectiquement connaissable, et cependant, sous certains aspects, cette Idée diffère de toutes les autres. Il faut tenir les deux si l'on veut rendre compte à la fois des envolées des livres VI et VII (508e-509b et 517b-c) et des textes où le bien est une Idée parmi d'autres. Elle n'est d'ailleurs pas la seule Idée à être dotée d'un statut particulier : le *Phèdre* accorde au beau la propriété d'être saisissable même dans ses images et ses simulacres, d'apparaître comme il est. Le bien n'a pas cette prérogative : si ce que nous nommons beau participe toujours du beau, au sens où toute chose que nous jugeons belle l'est réellement puisqu'elle éveille éros, tout ce que nous nommons bon est loin de l'être. Quel est donc le privilège du bien, en quoi consiste « sa prodigieuse supériorité » (509c) ? Pour le faire comprendre, Socrate va employer successivement trois images, en les donnant avec insistance comme telles : l'analogie avec le soleil, la Ligne et la Caverne. Mais il précisera que cette Idée, « souveraine dans ce qui est intelligible » et qui « dispense vérité et intelligence », « il faut la voir, si on veut agir (*praxein*) de façon sensée, soit en privé soit en public » (VII 517c). Si l'on garde en mémoire à la fois le fait que les images sont des images – images auxquelles l'intelligence dialectique est censée ne pas avoir recours – et l'affirmation que la connaissance du bien constitue le seul moyen d'agir avec sagesse, d'être un homme de bien et un bon politique, alors l'interprétation métaphysique et parfois mystique de quelques expressions séparées de leur contexte semblera un peu excessive. À lire, par exemple, la phrase de 517c qui vient d'être citée, on se demande comment, sur la lancée du Néoplatonisme, on a pu identifier le bien à un dieu, voire à Dieu [1]. Car dans

---

1. L'identification du bien avec Dieu a pour principal argument l'assimilation du bien au φυτουργός (*Rép.*, X 597d5), compris comme créateur des Idées (par ex. Robin, *Platon*, [1935], Paris, P.U.F., 1938, p. 179-183). H. Cherniss (« On Plato's *Republic*, X 597b », *A.J.P.*, 53,

cette phrase la chute est rude du « souverain dispensateur d'intelligence et de vérité » à une sage conduite, tant en privé qu'en public. Ce passage de la *République* est d'ailleurs ponctué de chutes du même genre, depuis « ce n'est pas le plaisir que tu entends par là » (509a) jusqu'à la « prodigieuse supériorité ! » (509c) dont se moque un peu Glaucon.

Comment est donc présentée la « supériorité » de l'Idée du bien, une fois admis qu'on ne peut saisir le bien qu'en en saisissant l'Idée grâce à la puissance dialectique ? Le bien est « la partie la plus lumineuse de l'être », il est l'objet de la plus haute étude (*mathèma*) ; il accorde non seulement la faculté d'être connus aux objets de connaissance, mais encore c'est par lui qu'ils acquièrent être (*einai*) et manière d'être propre (*ousia*) ; il est « par-delà l'*ousia* » en dignité et en puissance (VI 509b). Si le bien est la partie la plus lumineuse de l'être, c'est donc qu'il n'est pas « par-delà l'être » : il est, mais il n'a pas la manière d'être d'une essence, *ousia*, puisque c'est grâce à lui que cette manière d'être en vient à exister et à être connue. Il lui est donc « antérieur », il en est le principe. C'est en ce sens qu'il faut porter plus haut la nature du Bien, qu'il est par-delà l'*ousia* ; cela ne signifie pas qu'il ne soit pas une Idée, pensable et saisissable, intelligible : tous les textes de la *République* disent explicitement le

1932, 122-138) écrit raisonnablement à ce propos : « *the troublesome phrase does not mean that God makes the Idea of Bed, but it is merely a popular way of saying that man did not make it* » (p. 137). Mais c'est l'analyse de S. Rosen, « Du platonisme comme aristotélisme » (dans *Contre Platon*, M. Dixsaut (dir.), t. 2, Paris, Vrin, 1995, p. 61-70) qui est décisive : *phutourgos* veut dire « jardinier », or un jardinier fait pousser et croître, il ne crée pas, et c'est ce qui sous-tend l'analogie entre le bien et le soleil.

contraire [1]. Mais cela signifie que l'Idée du bien – non pas
en tant qu'elle est une Idée mais en tant qu'elle est celle
du bien – possède une plus grande puissance, car même
si l'on n'entrevoit que confusément *ce qu'elle est*, parce
que c'est toujours la réalité du bien qu'on recherche, on
ne peut nier *qu'elle est*. Le bien est par-delà l'*ousia* « en
ancienneté et en puissance » mais, par-delà, il ne l'est que
de ce double point de vue. Chaque essence n'existe
« évidemment » que parce qu'en existe « évidemment »
au moins une. La priorité du bien n'est pas ontologique,
elle est dialectique.

L'analogie avec le soleil, ce rejeton du bien, permet de
préciser cette nature « lumineuse », éclairante. Elle montre
comment le bien est cause, et de quoi il l'est. Quand l'âme
se tourne vers un objet qu'éclairent l'*alètheia* et l'être (*to
on*), l'intelligence naît, qui ne peut exercer sa puissance
qu'à l'égard de l'intelligible et jamais à l'égard de l'opinable
(VI 508d), mais elle semble s'abolir quand l'âme se tourne
vers ce qui devient et se corrompt. Le bien rend manifeste
au moins sur un point qu'il n'y a pas que de l'opinable,
que de « l'essentiel » existe, et ne peut être saisi que par
l'intelligence. Que l'analogie entre le bien et le soleil soit
exacte dans ses moindres détails est ce qui n'est pas, en
droit, possible : elle comporte les limites propres à toute
analogie entre une image sensible et une réalité intelligible,
et le bien n'est pas cause à la manière dont le Soleil est
cause [2]; il est *archè*, principe, de lui émane la lumière qui

1. Voir l'excellent article de M. Baltes, « Is the idea of the good in
Plato's *Republic* beyond being ? », dans *Dianoemata. Kleine Schriften
zu Plato und zum Platonismus*, Stuttgart und Leipzig, Teubner, 1999,
p. 351-371.
2. Voir M. Dixsaut, « L'Analogie intenable », dans *Platon et la
question de la pensée*, Paris, Vrin, 2000.

fait voir, mais comme voir signifie « saisir par l'intelligence », il est principe intelligible d'existence intelligible : toute position d'une Idée suppose les différences dont l'idée du bien est la source (entre apparaître et être, opinion et savoir) ; le bien possède une puissance qui est antérieure et plus puissante. Il y a donc des textes où Platon insiste sur le fait que le bien est une Idée et que c'est par lui que les choses bonnes sont bonnes, et des textes où il se sert d'images pour *indiquer* la puissance du bien. Il n'est ni principe efficient d'existence et ni intelligence suprême, et s'il est transcendant, sa transcendance n'est pas celle d'une cause divine créatrice ou démiurgique. Pouvoir déterminer ce qui est vraiment bon est le propre des philosophes, et faute de ce savoir, rien ne peut être dit utile. Les philosophes ne sont donc pas inutiles, penser – penser vraiment, dialectiquement – n'est pas une activité inutile mais une activité qui est bonne en elle-même et dans ses conséquences : en elle-même, puisqu'elle rend plus inventif, capable d'engendrer plus d'intelligence et de vérité ; dans ses conséquences, en ce qu'elle permet d'agir avec intelligence en privé et en public, de prescrire, dans l'âme et dans la Cité, un ordre qui soit bon et juste. Il faut couper ce texte de la *République* de son contexte pour voir dans le bien une entité inconnaissable et ineffable.

Cela étant posé, il faut encore affiner la différence entre savoir et opinion, ce qui va se faire en situant sur une ligne les différents modes de connaissance.

L'image du sectionnement : la Ligne

La division de la Ligne clôt la discussion sur le bien du livre VI, et elle est reprise quand il est à nouveau question du bien dans sa relation avec la dialectique au terme du livre VII (533e-534c). Le premier sectionnement distingue le visible ou opinable de l'intelligible : but de l'analogie entre le soleil et le bien, cette coupure va également commander l'opposition entre ce qui est à l'intérieur et ce qui est à l'extérieur de la Caverne. Les distinctions s'effectuent toutes en fonction d'une différence de clarté, de lumière. Pour la Ligne, le degré de clarté (*saphèneia*, 509e) sert d'abord de critère pour recouper le sensible, l'opinable, en deux sections, en distinguant les reflets, ombres, *phantasmata*, des originaux, de tout ce qui s'engendre, se fabrique et à quoi on peut se fier dans la mesure où cela comporte, comme disait le *Gorgias*, ordre et arrangement. *Taxis* et *cosmos* permettent aux choses naturelles et fabriquées de résister, pour un temps plus ou moins long, au devenir et à son altération incessante. La clarté et l'obscurité relatives de ces « originaux » dépendent de leur plus ou moins grande soumission au devenir. Les modes de connaissance situés dans la partie intelligible portent au contraire tous deux sur des réalités soustraites au devenir. Mais la pensée dite dianoétique a besoin, pour raisonner, de prendre comme images les originaux que l'opinion tient pour des réalités. Elle est donc malgré tout en continuité avec l'opinion, la coupure n'est pas totale. Son usage « savant » de l'image entraîne pour la *dianoia* une contamination, elle est affectée par l'obscurité propre à toute image. Sa nature est donc intermédiaire, cette sorte de pensée (dont les mathématiques sont le meilleur exemple, mais ne sont qu'un exemple) constitue un *metaxu* entre l'opinion et l'intelligence (VI 511d). Cela tient-il à la nature de ses objets ? Il importe d'abord de noter que, lorsque Socrate caractérise la première section intelligible (VI 511a), il ne le fait pas en en nommant les objets, comme il l'a fait pour les deux sections précédentes, mais en précisant sa

manière de procéder. Il ne parle pas de réalités
« mathématiques » alors qu'il lui aurait été facile de le
faire et que tous les exemples proposés à Glaucon l'y
conduisaient. L'argument *ex silentio* n'est cependant pas
le seul. Tout comme il y a une manière d'aborder les choses
sensibles qui n'offre pas l'obscurité et l'oscillation perplexe
de l'*eikasia*, il existe une manière de penser l'intelligible
qui n'est pas totalement intelligente. Dans les deux cas,
pistis et *dianoia*, il s'agit de modes de connaissance et
d'états de l'âme permettant de passer à un type de pensée
plus claire. La manière plus claire de saisir les choses en
devenir consiste à ne pas s'en tenir à leurs ombres et leurs
reflets ; la manière plus claire de penser les réalités
intelligibles consiste à ne pas se servir d'images et à ne
pas tenir ses hypothèses pour des principes. Les réalités
mathématiques – il faut bien intervenir ici dans une très
vieille querelle – ne semblent donc présenter aucun statut
particulier : ce sont des réalités intelligibles, les nombres
des mathématiciens diffèrent des choses nombrées, et l'on
ne peut en toute rigueur additionner deux bœufs ou deux
armées, c'est-à-dire faire la somme de deux unités inégales
(*Phil.*, 56d-e). Les nombres sont des Idées, mais, identifiées
à leur définition, elles ne sont pas dialectisables. Le
mathématicien se moque, et se moque à juste titre, si l'on
prétend multiplier l'unité qu'il a commencé par définir
(*Rép.*, VII 525e). Le dialecticien, lui, apprend « péniblement » que si l'un est un, il n'est pas pensable (*Parm.*,
142a), et que si l'un est, « cette hypothèse signifie pour
l'un une manière d'être telle qu'il possède des parties »
(*Parm.*, 142c). Ce dont le mathématicien ne peut pas donner
le logos, parce que cette question n'est pas pertinente pour
la science qu'il élabore, est l'altération pouvant résulter,
pour une Idée, de son articulation à d'autres Idées. Ce qui

distingue une pensée dianoétique d'une pensée dialectique n'est pas la nature de ce sur quoi elle raisonne, mais sa démarche : la distinction est épistémologique, pas ontologique.

La notion d'intermédiaire n'a au demeurant de sens que pour qui est arrivé au bout de la Ligne, pour le dialecticien philosophe. Pour celui qui s'arrête à l'une quelconque des étapes, rien n'est intermédiaire, tout ce qu'il est capable de saisir est, pour lui, de la façon dont il le saisit, la seule réalité. Si les mathématiciens se servent d'images, ce n'est pas en effet pour illustrer ce qu'ils pourraient penser sans image : ils les utilisent quand « ils cherchent à voir ces réalités elles-mêmes qu'on ne peut voir autrement que par la pensée discursive » (VI 510e-511a). Or le fait de se servir d'images contraint la pensée discursive à absolutiser ses hypothèses, identifiant ainsi les réalités sur lesquelles elle raisonne avec les définitions qu'elle commence par en donner et en lesquelles elle les enferme, seul moyen dont elle dispose de les distinguer de leurs images. Partant de définitions, elle ne peut donc s'acheminer que vers des conclusions, l'emploi d'images l'oblige à un usage « descendant » des hypothèses qu'elle pose [1]. Si le géomètre se sert d'une figure pour raisonner, par exemple sur ce qu'est le « carré en lui-même » (VI 510d), il reste que ce « carré en lui-même », il ne le pose que pour en découvrir les propriétés. Il fait de son *hypothèse* le *principe* de ses raisonnements. Le problème du rapport pouvant exister ou non entre ce carré sur lequel il raisonne et son image-figure ou son image définitionnelle ne fait pas partie de la géométrie. La position du « carré en lui-même » sert seulement à tenir pour négligeables

---

1. L'âme est contrainte : ἀναγκάζεται, 510b5, ἀναγκαζομένην, 511a4.

toutes les propriétés qui appartiendraient *en plus* à la figure carrée : la position d'une Idée permet à la *dianoia* de *ne pas* prendre en considération les propriétés singulières des images dont elle se sert. Cela suffit pour tirer les conséquences. Comme ce sont les conséquences qui intéressent essentiellement le mathématicien, il ne saurait par exemple mettre en question la parité ou l'imparité, le carré ou la diagonale. La preuve de cet usage non hypothétique de l'hypothèse est qu'il n'y en a pas d'usage négatif. Le dialecticien peut se demander ce qui résulterait d'une hypothèse comme : « le juste, s'il n'est pas » (et c'est alors la tyrannie des livres VIII et IX de la *République* qui en découle), ou « l'un, s'il n'est pas » (*Parm.*, 160b), s'il peut même déterminer des degrés dans la négation – et l'on a alors l'hypothèse négative absolue et l'hypothèse négative relative concernant l'un dans le *Parménide*, concernant la connaissance à la fin du *Cratyle*, ou tous ces degrés d'absence du juste que représentent les différentes formes de constitutions politiques existantes. Mais il est évident qu'une hypothèse telle que « le carré, s'il n'est pas », ou « la parité, si elle n'est pas » n'a mathématiquement aucun sens. On peut, par hypothèse, nier des propriétés, non pas l'existence même de ce sur quoi on raisonne. Quant à affirmer que les mathématiciens ne « rendent pas raison » de leurs hypothèses, c'est une traduction qui est une absurdité. Ils ne font au contraire qu'en « rendre raison » : ce qu'ils ne font pas est donner le logos de l'Idée qu'ils commencent par définir, ils ne mettent pas leurs définitions en question. La *dianoia* est une manière de penser des réalités intelligibles qui est certes intelligible, elle s'efforce d'énoncer les lois et les propriétés de *toutes* les réalités pouvant être pensées dans une certaine relation à leurs images sensibles et être identifiées à leur définition. Mais, en dépit de son effort pour s'arracher au mode de penser de l'opinion, elle construit un discours qui en conserve les modalités – affirmer et nier – assurant à ses affirmations comme à ses négations certitude et nécessité ; pour elle, tout problème a en droit sa solution et doit donc arriver à se supprimer. Interroger et répondre, s'interroger et se répondre, sont les modalités d'une autre espèce de discours, du discours dialectique, et en lui elles ne se succèdent pas mais s'interpénètrent. De ce « dialogue de l'âme avec elle-même », Socrate dit qu'il est ce qu'il appelle « penser ». La *dianoia pose* donc des réalités qui ne sont qu'intelligibles, mais elle ne les *pense* pas, elle ne connaît que des distinctions sensibles, qu'elle récuse, et des distinctions logiques, qu'elle construit. La clarté parfaite n'appartient qu'au mode de penser qui, parce qu'il s'interroge et se répond, peut se passer d'images et ne se sert de « rien de sensible » (VI 511b).

> *Les deux discours sur le bien :*
> *le discours hyperbolique...*

La division de la section intelligible est en fait la seule qui fasse problème, comme le montre la résistance prêtée à Glaucon : « je n'ai pas bien compris » (510b), « je comprends, mais pas suffisamment, car cela ne me semble pas être une petite tâche » (511c). Le mode de connaissance qui occupe la dernière section de la Ligne commence par être distingué en ce qu'il se dirige « jusqu'à ce qui est anhypothétique pour y trouver un principe », et c'est par les Idées, et au moyen d'elles seules, qu'il se fraie son chemin (510b) : la puissance dialectique ne prend pas ses hypothèses pour des principes (511b), elle ne partage pas le « rêve » de celui qui prend pour principe ce dont il n'a pas de savoir (VII 533c). La différence entre les deux sections serait pourtant inexactement résumée par l'opposition de l'hypothétique à l'anhypothétique. Car les deux manières de penser partent d'hypothèses, mais la *dianoia* doit les tenir pour des principes. Que peut alors signifier cet « anhypothétique » vers lequel s'élance l'âme « en détruisant ses hypothèses » (VII 533c8)? Une hypothèse non hypothétique, une hypothèse devenue principe permet de « détruire » les hypothèses ayant conduit vers elle, mais elles ne peuvent être rejetées que parce qu'était tout au long maintenue l'exigence de découvrir « ce qu'est » l'étant sur lequel on s'interroge. Dans les petits comme dans les grands Dialogues, Platon ne procède jamais autrement : quelle que soit la question posée, elle donne lieu à un examen d'opinions reçues ou de thèses proposées qu'il faut commencer par discuter, mais qui servent de points d'appui pour aller vers l'Idée, qui permettent, comme le dit le *Phédon*, de remonter à une « hypothèse d'en haut », autrement dit à une réalité intelligible – la forme même de la question socratique, le « qu'est-ce que », exige la position d'une Idée. Pourtant, Si l'Idée est posée par hypothèse, et si c'est elle qui oriente le parcours dialectique, ce parcours ne tient-il pas lui aussi son hypothèse pour un principe?

Le premier texte sur la « remontée à l'anhypothétique » (VI 510b) dit que l'âme part d'hypothèses pour aller « à un principe anhypothétique sans se servir d'images, comme dans le cas précédent ». Le second (511b) est plus précis : il dit que

> la puissance dialectique, faisant de ses hypothèses non des principes mais réellement des hypothèses, s'en sert comme de points d'appui pour prendre son élan, afin qu'allant jusqu'à

(*mekhri*) l'anhypothétique pour trouver (*epi*) le principe de
l'ensemble, elle s'y attache et se tienne fermement aux
conséquences de ce principe....

Dans cette phrase, le verbe « aller » commande deux
prépositions : *mekhri*, « jusqu'à » donne le but,
epi + accusatif la finalité. Traduite correctement, la phrase
ne dit donc pas que la puissance dialectique doive aller
« jusqu'au principe anhypothétique », mais que le
dialecticien doit aller *jusqu'à* de l'anhypothétique *pour
trouver* ce que *lui* tient pour un principe. Un principe n'est
pas en soi anhypothétique, puisque les mathématiciens
posent leurs hypothèses comme principes de leurs
raisonnements, mais pour le dialecticien, un principe *doit
être* anhypothétique. Rien par conséquent ne dit que, de
principe anhypothétique, il n'y en a qu'un seul, et que le
dialecticien doive toujours remonter jusqu'au bien. Pourtant,
le bien n'est-il pas le seul principe anhypothétique, le seul
dont on puisse dire qu'il est le « principe du tout » ? Ce
« tout » ne doit pas nécessairement être entendu comme
l'ensemble de toutes choses, sensibles et intelligibles, dont
le bien serait le principe transcendant. Que le bien soit le
principe de toute connaissance, de celle des réalités
intelligibles dont il garantit la différence et la connaissance
comme de celle des réalités sensibles qui en participent,
n'implique pas que toute recherche dialectique doive
remonter à lui. Il est possible, et à vrai dire plus raisonnable,
de penser que ce « tout » désigne la totalité d'une démarche
dialectique, toute entière commandée et orientée par une
Idée qui est *son* principe. Dans les deux textes sur la
remontée à l'anhypothétique (VI 510b, 511b), le bien n'est
pas mentionné. On peut dire en revanche que c'est la
puissance du bien qui fait qu'il existe de l'anhypothétique,

en révélant l'insuffisance de toutes les images, de toutes les opinions qu'on peut avoir sur lui, de toutes les sciences qui prétendent être lui. Il rend lumineux qu'il existe un autre type de distinction, non sensible et non logique, mais *ontologique et intelligible*, ce qui ne fait d'ailleurs qu'*une seule* distinction – ne pas le comprendre revenant à confondre « intelligible » et « rationnel » ou « logique ». En ce sens, il est la condition de toute remontée à l'Idée, la condition, mais pas le but. La connaissance du bien appartient certes à la section intelligible (VI 507b) [1], mais sans que semble lui être accordé le privilège que venait de lui conférer l'analogie avec son « rejeton ». C'est pourtant lui qui impose le sectionnement de la partie intelligible en ce que connaître une Idée ne se réduit pas à commencer par en *donner* la définition mais par la *chercher*. À supposer même que toutes les autres Idées, la justice, la tempérance, l'égal, la grandeur, soient assez connues quand elles le sont dianoétiquement, l'Idée du bien appelle une autre manière d'être connue, elle l'engendre, elle et sa différence. Il existe au moins une Idée, celle du bien, à propos de laquelle le mode de connaissance dianoétique est manifestement insuffisant. On peut dire que, rendant lumineuses les différences, cette Idée engendre aussi les termes entre lesquels ces différences s'établissent, modes de connaissance et types d'être correspondants. Le bien différencie, et différencie selon une nécessité qui n'est qu'intelligible. La Ligne établit justement qu'il n'y a pas qu'une seule manière de penser l'intelligible : il y en a

---

1. Selon Protagoras, le bien est multiforme (*Prot.*, 334b6-7) et Aristote présente comme un paradoxe l'unité conférée par Platon au bien. En tant qu'il est une Idée (*Rép.*, VI 505a, 508e, VII 517c), le bien a une unité que seule peut saisir le puissance dialectique, puissance que ne lui accordent ni Protagoras ni Aristote.

deux. Le sectionnement de la partie supérieure de la ligne est donc un effet de la puissance du bien. Car si la *dianoia* était la seule manière possible de penser, s'il n'y avait d'intelligible et d'intelligente que la démarche consistant à partir d'une hypothèse pour en tirer de façon cohérente les conclusions, et si toute vérité dépendait de cette cohérence, la pensée serait tout entière « hypothétique » : la *dianoia* a affaire à des réalités intelligibles, mais elle les pose comme autant d'hypothèses auxquelles « elle ne touchera plus ». De plus, si la science dianoétique était la seule science, le bien serait matière à opinion, il ne semblerait pas comporter l'unité et l'univocité nécessaires à l'objet d'une science exacte. Les mathématiques, sciences par excellence dianoétiques, fourniraient à toute science son modèle. Porter plus haut la nature du bien est donc aussi porter plus haut la nature de la science. Celui qui a l'intelligence du bien a du même coup l'intelligence de l'intelligence et de sa différence d'avec la *dianoia*. En ce sens, le bien engendre l'intelligence (*noûs*), et le mode d'être de ce qu'elle connaît : l'intelligible, donc la différence de la science dialectique d'avec tout autre savoir.

Dans cette partie centrale de la *République*, la question du bien est toujours posée en liaison avec celle de la dialectique, le bien est à l'origine de la « précision, de la clarté et de la parfaite vérité » qui sont le propre de la dialectique (*Phil.*, 58b-c). En tant qu'il y a à son égard quelque chose comme un argument ontologique, que son Idée implique sinon sa réalité, du moins celle de sa différence, le bien contraint à poser des différences de manières d'être, tant celle du sensible à l'intelligible que celle des images aux originaux ; les faisant voir, il les fait être. En un mot, le bien ne crée rien, ni les Idées ni le sensible mais, principe de toute lumière intelligible et sensible, il est principe de toute différence. Moyennant quoi, la différence propre à chaque étant, à chaque Idée, n'est pas hypothétique, elle est. Une Idée est une hypothèse en tant qu'elle est posée, mais elle est anhypothétique quand elle est dialectiquement connue, quand elle se prête à être divisée en Idées, accepte ou refuse d'être articulée à certaines autres Idées, car cela prouve qu'elle peut être questionnée et peut répondre aux questions qu'on lui pose. N'est anhypothétique que ce dont le mode d'être propre (l'*ousia*) a été mis en question – ce que ne fait justement pas une science dianoétique. Si on identifie la dialectique à un simple échange de questions et de réponses lors d'une conversation, où à la pratique rigide d'une méthode de division et de rassemblement, on s'ôte tout moyen de voir ce qui l'unit, de façon interne, au bien. Il se constitue du même coup en terme inaccessible et inconnaissable alors qu'il est source de la différence propre à l'être réellement étant – l'Idée – et de la différence entre la science capable de saisir une idée en elle-même et les sciences qui pour cela se servent d'images : la dialectique va d'Idées en Idées en passant par des Idées. Que ces différences soient, qu'elles soient lumineuses, évidentes, qu'elles s'imposent à l'âme qui, naturellement portée vers elles, se laisse conduire par elles, telle est la puissance du bien qui, s'il est au delà des essences, n'est pas au delà de son Idée. Le bien est une Idée qui a pour privilège de rendre évident ce que la position de chaque autre Idée supposait seulement, il donne à la science dialectique son *telos* : saisir ce qui est, et produire de l'intelligible. En cela, la dialectique reconnaît *son* bien, n'est bon pour elle que ce qui est dialectiquement intelligible.

... et le discours ironique

La *République*, brièvement, et le *Philèbe*, longuement, partent à propos du bien de l'examen de deux thèses, la vulgaire et la raffinée, car leur réfutation obligera à poser le bien comme Idée. Le fait qu'il existe de « faux plaisirs », d'une part, la circularité de la définition par la pensée (*Rép.*, VI 505b) et l'intelligence (*Phil.*, 21b-d) d'autre part, permettent d'exclure l'identifications du bien au plaisir ou à la pensée intelligente. Il n'est pourtant nullement impossible de connaître le bien, la *République* affirme incontestablement le contraire, mais il ne peut être que dialectiquement connu, à condition que la dialectique soit philosophiquement maniée. Tel que le présente ce Dialogue, le bien ne recouvre donc aucune entité mystérieuse, aucune puissance ineffable. Le bien a un privilège aussi grand qu'on voudra, mais ce privilège est découvert par la puissance dialectique. Porter une attention hypnotique à cette fameuse « Idée du bien » et oublier les textes du livre VII où Platon déclare que le dialecticien n'est pas seulement capable de la saisir mais de la distinguer de toutes les autres et de la défendre en réfutant les opinions fausses que l'on peut concevoir à son propos justifieraient pleinement l'ironie et la désinvolture du *Philèbe*.

Ce Dialogue est ésotérique en ce qu'il exige de la part de celui qui le lit à la fois une bonne mémoire des textes de la *République* et l'hypothèse nécessaire pour ne pas y voir une mosaïque de développements hétéroclites. Le bien fonctionne à nouveau de bout en bout comme principe de différenciation, et c'est lorsqu'on prétend l'identifier au plaisir que s'introduit dans le plaisir une multiplicité de distinctions : entre les vrais et les faux, ceux éprouvés au présent et ceux qui n'acquièrent une réalité que grâce à la mémoire et l'anticipation, entre les purs et les mélangés. De même, l'examen de la thèse assimilant le bien à la pensée intelligente conduit à découvrir entre les *mathèmata* une « différence étonnamment grande » du point de vue de la clarté (57c), et permet de subordonner les « arts de production » aux sciences qui « s'appliquent à l'éducation » (*peri paideian*). Les sciences mathématiques ont donc la même fonction que dans le livre VII de la *République*, et Socrate en distingue deux usages : appliqué, ou propédeutique. La distinction s'opère d'abord du point de vue du vrai (61d-e), selon qu'une science use ou non d'opinion, même droite. Du point de vue de la clarté, une science diffère d'une autre selon le type de mesure qu'elle comporte : mesure appliquée au sensible propre à l'*empeiria*, mesure exacte et quantitative des mathématiques appliquées ou pures, mesure enfin « achevée et suffisante » propre à l'intelligence dialectique. L'âme du dialecticien sait *si* et *quand* elle a atteint l'être qu'elle cherchait, pour le dialecticien le *metron* et le *metrion* sont synonymes de « ce qui se fait au bon moment (*kairion*, *Phil.*, 66a, *Pol.*, 254c) et de « ce qui convient » (*prepon*, *Pol.*, 284e). La « puissance du bien » (*Phil.*, 64e) consiste à accorder aux ressemblances et aux différences, aux divisions et aux rassemblements, clarté et évidence. La clarté n'est pas une propriété des propositions énoncées, elle résulte de la parenté unissant l'intelligible à l'intelligence. Mais ce qui différencie la dialectique des sciences mathématiques n'est plus aucun des deux critères avancés dans la *République* (ne pas se servir d'images, ne pas prendre ses hypothèses pour des principes) : c'est l'existence en l'âme d'une « puissance d'aimer le vrai » (58d)[1]. Faute de cette liaison érotique à

---

1. L'intelligence est δύναμις ἐρᾶν τοῦ ἀληθοῦς (*Phil.*, 58d4-5).

la vérité, la mathématique « philosophique » du *Philèbe*
serait la plus haute science. Le *Philèbe* aboutit donc lui
aussi, mais par un chemin différent, à la suprématie de la
science dialectique, tout en prétendant que « le premier
venu » sait en quoi consiste sa différence. À quoi Socrate
ajoute qu'après avoir soumis cette « puissance dialectique »
à examen « nous verrons si nous devrons affirmer que c'est
elle, qui selon toute vraisemblance » possède cette
souveraineté, ou une autre (58d). Rendre cette supériorité
« vraisemblable » revient à faire appel à l'art propre à
Gorgias, la rhétorique : elle est en effet indispensable si
l'on veut convaincre les hommes de verser un peu
d'intelligence dans ce mélange qu'est leur vie – mélange
qui s'opère tout seul dans l'âme du dialecticien philosophe.
Le savoir véritable uni au vrai plaisir, le savoir intelligent
uni au plaisir propre à l'intelligence, telle est la route qui
nous mène vers le bien, lequel est la juste mesure de tous
les autres « biens ». Qu'on ne veuille pas reconnaître sa
présence dans ce qui est pourtant sa « demeure », que l'on
voie dans le *Philèbe* l'analyse d'un « souverain bien propre
à l'homme » qui ne correspond pas à l'idée qu'on s'est
faite de la transcendance divine du bien, revient à méconnaître une autre « transcendance » : celle de la science et
du plaisir du philosophe. Si l'on veut, comme Protarque,
que « notre vie soit en quelque mesure une vie » (*Phil.* 62c),
alors il faut, « comme un portier violenté par la foule »,
laisser entrer dans le mélange toutes les sortes plus ou
moins pures de connaissances, car le mélange qui « n'aurait
que des parties vraies, n'est pas possible pour nous » (62d).
S'exerce ici la même ironie que celle qui rend la supériorité
de la dialectique évidente au premier venu. « Parce qu'on
est épris de toute espèce de science » (62d), parce qu'on
a peur d'exclure les seules qui nous paraissent utiles et

peur aussi de ne pas retrouver le chemin pour rentrer chez soi, on ne peut croire que l'homme « capable de penser ce qu'est la justice en elle-même, capable de dire ce dont il a l'intelligence, et aussi d'exercer son intelligence de la même façon sur tous les autres étants » (62a), que le philosophe donc, puisse trouver « bonne » une vie qui ne soit pas vraiment une vie. Mais le philosophe n'a précisément pas à ajouter la multiplicité des sciences à un certain type de plaisir pour qu'il en résulte pour lui une vie bonne. Parce que c'est penser qu'il désire, quand il pense vraiment, il le sait et y prend plaisir. C'est pourquoi le mélange vrai, il l'opère sans avoir jamais à l'opérer : il a l'intelligence du vrai plaisir, il prend vraiment plaisir à l'intelligence. Qu'en cela puisse « résider » le bien est ce que ne peuvent admettre ni Protarque ni la plupart des hommes. Pourtant, ne pas reconnaître à la dialectique sa puissance, c'est méconnaître la puissance du bien. C'est ce que dit, en images, la *République*, c'est ce qu'indique ironiquement le *Philèbe*.

Une vie ne peut cependant être dite « bonne » que si on la compare à d'autres genres de vie. Elle n'est pas bonne en vérité, la vérité ne peut être versée dans ce mélange qu'est la vie des hommes. Le bien possède pourtant le pouvoir de différencier même la vie en lui conférant réalité et vérité, à condition de restituer à « vie » le sens que lui donnait le *Phédon*. Seule la vie du philosophe n'est pas ce rêve dont on risque fort de ne se réveiller que chez Hadès, elle est alors ce mélange de termes qui, étant chacun vrai, ne sont pas étrangers l'un à l'autre. Seule une âme capable de définir ce qui est bon saisit la différence propre à la nature du bien (*Phil.*, 60b) : le bien est parfait et suffisant. Il n'est donc ni commun à tous les vivants, ni même commun à tous les hommes : il n'est suffisant que pour ceux à qui il suffit. Qu'il y en ait à qui le bien ne suffit pas n'enlève rien à sa perfection, mais cela implique qu'en *ajoutant* au bien des qualités et d'autres biens sous prétexte de le rendre meilleur, on ne fait que s'en éloigner. La « pureté », contraire du mélange, est une caractéristique de l'intelligible, ce qui est pur est essentiellement et complètement ce que le nom signifie. L'essentiel suffit, mais seule l'intelligence le sait, et à l'intelligence on n'a part que dans une âme. Mais comme l'intelligence ne peut gouverner qu'une âme qui a choisi d'être gouvernée par elle, ce choix révélant une nature capable de l'opérer, on voit que pour définir l'Idée du bien, il faut déjà lui être *naturellement* apparenté. Comme il existe un plaisir propre à la pensée, choisir la vie selon la pensée ne consiste pas à exclure le plaisir. Le bien n'a pas, comme la sphère ou le carré, sa bonne image dans une définition dianoétique, sa seule bonne image est la vie bonne, la seule vie vraiment bonne est la vie « en *philosophia* », la seule âme capable de choisir cette vie parce qu'elle la juge « suffisamment » bonne est l'âme d'un « philosophe ». Celui dont le bien différencie l'âme, la vie, la pensée et le plaisir peut saisir la différence du bien. Tout cela, c'est certain, fait cercle, mais ce cercle n'est pas vicieux. La vie « divine » est le lot du philosophe ; achevée, parfaite et suffisante, c'est celle qu'il espère mener une fois mort, une fois délié. Comme il en a, par intermittences, l'expérience, il peut affirmer qu'elle est totalement bonne. Dans cette vie-ci, la déliaison ne peut être que discontinue, mais cela ne change rien au fait que cette vie apparaît au philosophe comme ne manquant de rien. Cependant, en tant qu'il est un homme et un vivant, elle manque de ce qui est nécessaire pour vivre en homme parmi les hommes, s'adapter à la nécessité et lui faire sa part, mais elle ne manque pas du bien. Le mélange abandonné dans le *Philèbe* parce que Protarque n'y reconnaît pas une vie est abandonné aussi parce qu'il ne peut pas être démontré comme étant le meilleur. Car il n'est pas meilleur – toute comparaison le rend discutable et appelle un effort de persuasion. Il est suffisant, mais qui pourrait juger suffisant un bien qui rend superflus les autres biens ? Aucun homme, de fait, ne peut accepter cela à moins d'être « un homme divin », un philosophe, et philosophe, même un philosophe ne l'est pas toujours.

Tout comme le savoir du philosophe est le seul savoir, la vie du philosophe est la seule vie vraiment bonne, la seule à laquelle la vérité soit présente et non pas omise dans le mélange. La vie mixte, celle dont le mélange s'opère en mêlant des parties qui ne sont pas vraies, en laissant entrer toutes les sciences, n'est pas *vraiment* bonne, elle est seulement meilleure. C'est pourquoi le bien *pour nous* est un mélange permettant d'user comme il faut, avec mesure, des autres biens ainsi que des autres sciences, leur conférant une utilité pratique et pédagogique. Toute supériorité n'est alors que comparative et toute différence doit être prouvée. Ce qui renvoie à la double fonction du bien : *rendre incomparable l'excellence d'une âme et d'une vie, et rendre radicalement, anhypothétiquement différente une science*. Cela est, de soi, suffisamment scandaleux pour expliquer et l'évasivité de la *République* et l'ironie du *Philèbe*. Que ce que *tous* recherchent ne soit saisissable que par *quelques-uns*, que ce que *tous* désirent ne puisse combler que *quelques-uns*, que ce que *tous* tentent de se représenter soit une Idée dont le savoir n'est accessible qu'à *quelques-uns* est précisément ce que ne peuvent comprendre que… quelques-uns. La Muse philosophe « devine » que cette question, « comment bien vivre », conduit au problème du multiple et de l'un. Cette

« divination », qui sait qu'il n'y a pas de réponse simple à cette question, singularise le philosophe. La réponse ne peut être universellement entendue : que le bien soit ce qui rend l'intelligible intelligible pour l'intelligence est pour le plus grand nombre, non pas une réponse, mais une énigme, et peut-être une plaisanterie.

Le dialecticien saisit le bien dans sa puissance, il en est affecté, mais il connaît aussi le bien dans son Idée, dans cette Idée qu'il devient impossible de saisir, montre ironiquement le *Philèbe*, dès lors qu'on dénie au philosophe que sa vie soit une vie, dès lors que c'est toute science qu'on désire, substituant par là-même au philosophe l'amateur de spectacles : la puissance du bien se réfugie alors dans la nature du beau (*Phil.*, 64e). En l'absence du philosophe, le vrai bien s'absente, il s'absente dans son *unité*, qui ne peut plus se manifester que sous la triple *idea* de la mesure, de la beauté et de la vérité (65a). Ces trois manifestations sont inséparables, ce ne sont ni des « aspects obscurs » du bien en soi, ni des « étapes provisoires », ni des espèces obtenues par division ; elles sont les voies d'accès vers la demeure du bien. Le bien se manifeste ainsi dans toutes les choses bonnes[1], toutes ne le sont que si elles sont mesurées, belles et vraies. Transposant une « révélation divine », une « antique tradition » (*Phil.*, 16c), Socrate voit dans la dialectique la seule route, le seul chemin menant vers la demeure du bien, en montrant que lui est présente la première manifestation du bien, la juste mesure : la dialectique respecte les intermédiaires (*Phil.*, 17a), ne fait pas « un » à l'aventure plus vite ou

---

1. « C'est que Platon dans le *Philèbe* recherche non pas le Bien premier, mais notre bien » (Plotin, *Ennéades*, VI 7, 25, 12-13). En effet, à condition d'entendre que ce « notre » renvoie à « nous, philosophes », car sans eux, selon Platon, il ne saurait y avoir de vie bonne pour personne.

plus lentement qu'il ne convient, et ne laisse pas, tout de suite après, filer une multiplicité indéfinie. La mesure distingue la *dialectique* de l'*éristique*, mais c'est la *vérité* qui la distingue de la *rhétorique* (58c-d). Et sans doute est-ce la beauté qui différencie les désirs de jouissance, propres à ces animaux que sont les hommes, de ces « désirs » (*erôtas*) tournés vers « les discours qu'une Muse philosophe prononce en chaque cas comme si elle rendait des oracles » (67b). Le *Philèbe* commence donc par établir que le bien est présent sous son triple aspect à cette Muse philosophe, qu'il en détermine l'orientation et les chemins. La liaison entre la dialectique et le bien est réaffirmée, le lien avec la *République* n'est pas rompu.

Le discours de Socrate s'achève brusquement sur l'évocation de cette Muse philosophe ; Protarque pour sa part pense qu'il reste un petit quelque chose qu'il se propose de remettre en mémoire à Socrate (67b). On a été tenté de voir en ce « petit quelque chose » un cinquième genre qui aurait le pouvoir de discriminer[1]. Mais ce cinquième genre est inutile, car c'est le bien qui possède cette puissance. Quelle est alors cette petite chose, ce *smikron ti*, qui empêche la vie bonne d'être vraie, qu'est-ce qui, dans la vie, fait obstacle à la vérité ? Qu'est-ce qui a empêché la dialectique de Socrate d'aller jusqu'au bout ? Le « reste », sur lequel elle a buté, serait plutôt la nature illimitée, sans fond, du plaisir. Il est, de la vie, une dimension, une profondeur, un éclat que la pensée est impuissante à récupérer. C'est ce

---

1. Socrate vient de poser quatre Genres « de toutes les choses existant à présent dans l'Univers » : illimité, limite, mélange des deux et cause du mélange ; Protarque lui demande s'il n'a pas besoin d'un « cinquième, qui serait capable de discriminer », et Socrate lui répond « peut-être », et qu'en ce cas il le cherchera mais « pas à présent » (*Phil.*, 23d). Comme il ne l'a pas cherché, on peut supposer qu'il n'en avait vraiment pas besoin.

qu'affirme le beau Philèbe. Il n'énonce pas la maxime selon laquelle il faut vivre en *cherchant* le plaisir, maxime que Socrate doit lui prêter pour pouvoir la « discuter », il célèbre le plaisir de vivre et que ce plaisir est bon. La vie comme désir et plaisir d'elle-même est ce résidu que la pensée ne peut que laisser échapper, mais ce qu'elle laisse ainsi filer n'a rien de consistant, ni d'existant, n'a part ni à la réalité ni à la vérité, mais c'est cela aussi vivre, être séduit par le mirage de la vie. Que la promesse ne puisse jamais être tenue, que le mirage soit décevant, cela ne suffit à réfuter ni cette promesse ni ce mirage. La menace persiste, et de même que le bruit reste la chute toujours possible de la musique, le borborygme celle du langage, la pensée peut toujours sombrer dans l'ivresse de la vie – telle est la signification de la fin du *Banquet*, l'irruption des ivrognes, la rumeur de la vie qui fait taire le *logos*, sauf celui du philosophe et des poètes tragique (Agathon) et comique (Aristophane), mais leurs paroles sont devenues inaudibles aux autres. Face au plaisir, la pensée n'est pas convaincante, mais elle peut au moins ne pas se faire morose, ne pas « chagriner le plaisir ». Et en affirmant qu'il existe un plaisir de penser, elle reconnaît et rend à la vie son bien, et fait de la pensée une vraie vie.

L'image du passage : la Caverne

La Ligne représente quatre « états » (*pathèmata*, *Rép.*, VI 511d) de l'âme, et l'éducation peut conduire l'âme qui en est capable d'un bout de la Ligne à l'autre. Chacun des trois premiers états engendrant des illusions, une bonne *paideia* consiste à dissiper ces illusions successives. N'est-ce pas cela que représente la sortie du prisonnier de la caverne dans laquelle son *apaideusia* l'enfermait ?

S'il paraît exister un parallèle entre les quatre sections de la Ligne et l'image de la Caverne, il y a cependant une différence entre les *fonctions* de chacune de ces deux images[1]. Dans la Caverne, seuls le premier moment et le dernier sont décrits en détail, les deux autres n'apparaissant que comme étapes, transitions. Entre la première et la dernière étape tout n'est que mouvement et résistances à ce mouvement. La Ligne opère statiquement des coupures, la Caverne traite essentiellement de passages[2]. Elle décrit les effets de l'éducation sur une nature, constitue la nature comme limite de toute éducation, la subordonne à la possibilité d'une *periagôgé*, d'une conversion du regard, et enfin apporte la raison d'instituer les philosophes comme gouvernants (*Rép.*, VII 521a-b). Telle est l'interprétation que Platon donne lui-même de son image. Tenter d'assigner à chacun de ses éléments une signification, c'est oublier que la Caverne est une image. C'est pourtant elle, dit Socrate, qu'il faut « appliquer » (*prosapteon*, VII 517b1) aux deux images précédentes, elle qui en donne le sens. Or c'est une image en mouvement, tout en elle est mouvement et détermination des directions et des effets

---

1. A.S. Ferguson, dans des articles qui ont renouvelé l'interprétation : « Plato's Simile of Light », *C.Q.*, 15 (1921), 131-152, et 16 (1922), 15-28 ; et « Plato's Simile of Light again », *C.Q.*, 28 (1934), 190-210, interprète la Caverne comme une allégorie politique, alors que la Ligne aurait une fonction méthodologique.

2. Pour cette opposition, voir S. Benardete, *Socrates' second sailing, On Plato's* Republic, Chicago UP 1989, p. 165-171 ; remarquant que la Ligne est une construction mathématique, donc statique, il affirme que « *in neither section of the higher part of the line does soul think soul (...) It is not just the soul, however, that the line devalues (...). Clarity (*saphèneia*) takes over from truth* » (p. 126).

passagers ou irréversibles de ce mouvement. À partir de la description initiale d'une nature entravée par son ignorance, l'image de la Caverne ne présente que des passages et les affects qui les accompagnent : la douleur, le trouble, la révolte, l'éblouissement[1]. Lorsqu'un des prisonniers est brusquement détaché et forcé de se lever, son état ne nous est pas décrit comme le stade calme de la croyance (*pistis*) : toute « science », même empirique, même si elle a son domaine à l'intérieur de la Caverne, implique le trouble, l'effort et la peine. Sans ce premier effort, la sortie ne serait pas possible, mais cet effort ne la rend nullement nécessaire. Celui qui voit les originaux, les *agalmata* (VII 517d) qui projettent les ombres, connaît une première différence, qui n'est plus ce « fantôme de différence » existant entre des ombres, mais une différence réelle. La saisir peut alors soit renvoyer celui qui l'a entrevue à la pénombre rassurante des opinions partagées, soit lui permettre d'élaborer une science rapportant les images qu'il voit aux originaux qui les projettent. Ce moment de l'éducation est dangereux et instable : s'il voit alors des objets plus réels et s'il voit plus droit (VII 515d), l'homme de l'opinion droite risque d'en rester là et de ne se servir de sa capacité à juger droit que pour dénoncer la fausseté des opinions fausses. Le forcer devant chaque original à dire « ce que c'est », c'est le contraindre à l'aporie et risque de le rejeter davantage encore vers des apparences qu'il continuera à tenir pour seules réelles. Le questionner ne ferait que le forcer à répondre sur ce dont il n'a pas encore de savoir. L'éducation doit donc contraindre et faire

---

1. Heidegger insiste sur ces mouvements et ces passages (*Platons Lehre von der Warheit*, Berne, 1954, trad. *La Doctrine de Platon sur la vérité*, dans *Questions II*, Paris, Tel-Gallimard, 1968).

violence : si elle ne « traîne pas dehors » et se contente d'interroger *à l'intérieur* de la Caverne, une aporie succède à une autre à l'occasion des objets qui défilent. Ce genre d'apories n'a jamais fait sortir personne de la Caverne et ne fait que confirmer aux yeux de tous l'image « éristique » de la *philosophia*. Pour éduquer, il faut forcer à sortir et ne pas lâcher avant (515e). Le Prologue de la *République* – cette conversation avec Thrasymaque au cours de laquelle le discours de Socrate revêtait toutes les apparences d'un discours éristique – constatait l'échec de la maïeutique quand elle s'applique à une nature qui refuse de s'y prêter, échec dont il faut tirer les conséquences. On ne peut forcer à sortir que celui qui est capable de sortir. Avant d'interroger et de répondre, il faut la longue éducation élaborée dans la *République*, et cette éducation permet d'opérer un tri.

La sortie est la « montée de l'âme dans le lieu intelligible » (VII 517b), mais dans un premier temps celui qui est sorti n'aura qu'une image inversée de l'intelligible. Ce moment correspond-il à la *dianoia* (VII 532c-d) ? L'inversion de l'original dans son reflet n'est pas de même nature quand il s'agit de l'intelligible ou du visible. Dans le visible, c'est le critère de réalité qui est inversé (on croit à la réalité des ombres) et l'assignation de la causalité (on prend les effets pour des causes). Dans l'intelligible, commencer par saisir des ombres signifie inverser une direction de pensée : au lieu de se servir des hypothèses pour remonter vers le principe, on s'en servira pour descendre vers les conséquences. Mais, de même qu'à l'intérieur de la Caverne on peut se servir de la vision des originaux pour rendre compte des apparences, de même une fois sorti on pourra se servir des réalités elles-mêmes pour rendre compte des « reflets dans les eaux » et des « ombres » (VII 516a). La différence est que celui qui est sorti connaît d'emblée les reflets comme reflets, les images comme images, et s'en sert pour s'habituer au maniement de l'intelligible : « Tout ce qu'ils façonnent et qu'ils tracent, et dont il y a à la fois ombre et reflet à la surface des eaux, ils s'en servent à leur tour comme si c'étaient des images, quand ils cherchent à voir les réalités qu'on ne peut saisir autrement que par la discursion (*dianoia*) » (VI 510e). Le rapprochement entre ces textes, l'évocation des « hommes et des *eidôla* » qui rappelle les figurines portées le long du mur de la Caverne, tout cela incline à penser que les ombres et les reflets ne sont pas des « réalités mathématiques » mais les images dont se servent tous ceux qui pensent dianoétiquement. Or selon la Ligne ces images sont les réalités auxquelles se fie l'opinion, alors que dans l'image de la Caverne les reflets vus à l'extérieur ne sont pas identifiés aux figurines manipulées derrière le petit mur. Autrement dit, les figurines continuent à être tenues pour plus réelles que les ombres qu'elles projettent, donc à inspirer confiance, *pistis*. Ce qui au sein du sensible impliquait seulement que le prisonnier se retourne requiert pour celui qui est sorti une élévation du regard. Sortir est donc nécessaire pour que le rapport entre originaux et images ne soit plus perçu mais intelligemment conçu. La *dianoia* ne peut *métamorphoser* l'original en reflet qu'en changeant de lieu. Quand les images sont connues comme images de réalités intelligibles elles changent de nature et aident à s'accoutumer à la pensée purement intelligible de l'intelligible. Le savant en sciences dianoétiques peut cependant, non pas croire à la réalité des reflets, mais croire que la réalité intelligible ne peut être saisie qu'à travers ces reflets. Tant qu'il ne verra pas le soleil, il ira des reflets aux réalités intelligibles dont il sait qu'elles y sont figurées, mais il ne pourra voir que les intelligibles auxquels des figures correspondent. C'était justement la définition même de la *dianoia*, de ne pouvoir saisir que l'intelligible auquel correspond au moins une image, figurée ou définitionnelle. Les connaissances discursives resteront donc fragmentées, partielles, claires quand les reflets seront clairs, et brouillées quand ils le seront. La caractère fragmentaire et la discontinuité des sciences résultent donc bien du mode de connaissance dianoétique, non de la nature de leurs objets. Le changement de lieu ne rend heureux que celui qui est arrivé à voir le soleil (VII 516c). Le passage, qui jusque là était pénible et difficile, devient changement de condition, et ce changement est jugé heureux. Toutes les étapes précédentes sont évaluées à partir de lui : la dialectique n'est une vraie dialectique que pour qui est arrivé « au terme de l'intelligible ». Les autres sciences et le plaisir qu'elles procurent ne sont pas sources de bonheur, ils ne sont pas suffisants pour que les « âmes de ceux qui en sont arrivés là aspirent passer leur vie là-haut » (VII 517d)[1].

L'interprétation du mythe qu'il vient de raconter consiste pour Socrate à dire que ce mythe est une bonne et fidèle interprétation de « notre » réalité, et il en tire trois conclusions[2]. La première concerne la vraie nature de la *paideia*, sa limite, et détermine ce à quoi elle doit arracher l'âme et ce vers quoi elle doit la tourner. La seconde montre que l'exercice politique est une contrainte faite au philosophe, pourquoi c'en est une, pourquoi il doit l'accepter

1. Si l'on confronte ce texte de la *République* avec celui du *Philèbe* sur l'impossibilité du « vrai mélange », le second en devient manifestement ironique.

2. Comme le note H. Blumenberg (*La Raison du mythe*, 2005, p. 53) en ce cas « l'antithèse entre originarité créatrice et secondarité herméneutique est inutilisable ».

et pourquoi cet exercice du pouvoir dépourvu de goût du pouvoir est la condition d'une droite politique. La troisième enfin va, tout au long du livre VII, déterminer le dernier moment de la *périagôgè*, c'est-à-dire énumérer les sciences capables d'être « propédeutiques ». L'image et son interprétation servent à mettre en évidence cet extraordinaire mutation qu'opère une véritable *paideia*. Connaître autrement d'autres objets éclairés autrement, cela n'implique pas seulement un changement quant à la connaissance, cela change littéralement tout. Les conséquences sont de deux ordres : *provisoires*, et ce sont les deux « troubles » qui correspondent aux passages de la lumière à l'ombre ou de l'ombre à la lumière, ce qui permet de disculper le philosophe du « ridicule » qui s'attache dans tous les États à son « inexpérience », alors que l'inexpérience est le propre de ceux qui sont sans expérience de la réalité vraie (519b) ; *définitives*, et c'est le refus de redescendre, la différence préservée et « sauvée » même dans la redescente. La *philosophia* n'était au départ qu'un appétit naturel de culture nourri par une éducation « musicale », puis un désir de raisonner, de tirer des conséquences utiles soit parce qu'elles permettront de continuer à raisonner, soit parce qu'elles pourront s'appliquer. Elle devient, pour qui est arrivé au terme de l'intelligible, une préférence absolue, une vie qui ne s'échangerait contre aucune autre (VII 516d-e, 521b). C'est alors « la conversion de l'âme de je ne sais quel jour nocturne vers le jour véritable, la montée vers ce qui est réellement, que nous affirmerons être la vraie *philosophia* » (VII 521c) [1]. *La vraie philosophia est la vraie* paideia : la *paideia* n'est pas un programme de

---

1. Pour l'établissement et la traduction de cette phrase qui a donné lieu à de multiples corrections, *cf.* Adam, t. II, Ap. VI au livre III, p. 182.

disciplines gymnastiques et musicales, auxquelles feraient
suite les cinq sciences propédeutiques, une éducation n'est
pas un programme, si bien conçu soit-il. Les disciplines
et les sciences ne sont là que pour qu'on en use comme
d'autant de moyens de révéler, et d'abord à elle-même,
une *phusis*. Les sciences mathématiques sont les plus
propres à opérer la conversion, mais elles ne constituent
pas la conversion elle-même. Ou encore, on n'éduque pas
un naturel philosophe, on lui fournit au moment approprié
les exercices et les types de savoirs lui permettant de
s'éduquer elle-même. La *philosophia* est une conversion
qui suppose un désir de conversion. Elle constitue à la fois
la nature du naturel philosophe et l'éducation exigée par
ce naturel, elle est *phusis* et *paideia*. Parce qu'elle est ce
désir capable de ne pas s'oublier, elle utilise tout ce qu'on
lui fournit pour aller vers son terme ; quand l'éducation
tient compte de ce désir, il est possible de déterminer les
exercices et les connaissances qui doivent venir à tel ou
tel moment, qui est le seul bon moment. Le terme consiste
à devenir capable de donner et de recevoir le logos, et ceux
qui n'en sont pas capables, « crois qu'ils ne sauront jamais
ce que nous affirmons qu'il faut savoir » (VII 531e).
Pourtant, si le *dialegesthai* est une puissance (*dunamis*),
aucune puissance ne peut s'appliquer à elle-même sa propre
puissance. En en demandant la définition, la division, et
la méthode (VII 532e), Glaucon réclame une connaissance
dialectique de la puissance dialectique. Or une puissance
n'est pas une Idée, elle se définit par ce à quoi elle s'applique
et par ce qu'elle effectue. La puissance dialectique s'applique
à connaître ce qui est véritablement, mais quelle est sa
tâche, son *ergon* propre ? Saisir, par la partie de l'âme qui
convient, chacun des étants intelligibles, et comprendre
que cela seul est bon en vérité. Qu'il soit seul capable de

connaître ce qui est bon en réfutant tout le reste est ce qui donne au philosophe sa légitimité à gouverner. Mais pour lui, le bien n'est pas seulement une Idée, il en reconnaît la puissance : c'est elle qui lui rend possible de faire ce qu'il fait. Il faut exercer la puissance dialectique pour à la fois éprouver et prouver la puissance du bien, être à l'intérieur de l'une pour comprendre l'autre.

La définition du philosophe est discrimination, revendication du nom et, sous ce nom, du pouvoir. Car dans ce nom n'est impliquée ni la rationalité d'un savoir, ni la compétence d'un technicien. Ce n'est pas en ce qu'il possède un savoir que le philosophe *a droit* au pouvoir, bien que ce soit son savoir qui lui permet d'exercer correcte-ment ce pouvoir. Sa science n'est « la plus importante » que parce qu'elle est la science de la différence propre à chaque Idée, et des différences entre les Idées ; et comme le bien est une Idée, sa science est aussi la science du bien. Le savoir qui peut saisir le bien dans sa différence implique sa différence par rapport à toute autre forme de savoir. Mais le philosophe ne peut imposer la différence qui existe entre son savoir et tous les autres qu'en image, et en impo-sant son nom. Ce mot, *philosophia*, renvoie à une science qui ne ressemble à aucune autre, bien que cette différence soit impossible à définir. Dans son sens faible, le désir de savoir est le propre de la partie rationnelle de l'homme ; c'est seulement dans le naturel philosophe que ce désir va jusqu'au bout de ce qu'il peut, détermine complètement une nature, possède l'intensité et l'inventivité d'éros, et se nomme *philosophia* (*Rép.*, 587a). Dans ce naturel, la *philosophia* possède la force de détourner de et de tourner vers : de s'auto-éduquer. Mais l'éducation ne fait obstacle à la corruption que si elle a le sens du moment opportun, du *kairos*, et la *philosophia* doit emprunter des masques

successifs : celui de cette philosophie « enfantine » qu'est
la culture artistique (VI 498b), puis de cette philosophie
de l'adolescence qu'est la mathématique pour pouvoir à
la fin s'identifier au plus difficile, au dialogue, au savoir
questionner et répondre. La *philosophia* comme *paideia*
tourne la *philosophia* comme nature vers l'occupation qui
lui convient, et qui est la *philosophia*. Force, orientation
d'une force, exercice de cette force, telle est l'expérience
que le philosophe a de la *philosophia*. Nul mieux que lui
n'en connaît l'ambivalence et ne sait que, si elle le tourne
vers ce qui vaut le mieux parce que cela seul vaut quelque
chose, elle peut aussi se retourner en un désir tyrannique
de vivre une vie qui soit, c'est-à-dire paraisse être, vraiment
une « vie »[1]. Il faut très peu pour que la violence d'éros
qui constitue le fond du naturel philosophe se pervertisse,
comme il suffit de très peu, d'une parole vraie par exemple,
pour qu'elle s'oriente vers ce qui lui convient. Pour que
ce risque de corruption n'existe plus, il faut le détour par
la Cité juste et, faute de son existence, il y a de grandes
chances que les meilleurs des naturels continuent à retomber
dans l'esclavage dont la *philosophia* entreprend vainement
de les délier[2].

1. Voir Nettleship, *Lectures on the* Republic *of Plato, op. cit.*, p. 211.
2. Commentant les livres VIII et IX, A. Bloom, dans l'*Interpretive
Essay* qui suit sa remarquable traduction de la *République*, estime que
« la conclusion la plus importante est que, tandis que la meilleure cité
n'existe que comme mythe, l'homme le meilleur, lui, existe bel et bien »
(*The* Republic *of Plato*, transl. with notes and a new introd., Harper
Collins, Basic Books, 2nd ed., 1968, p. 415 ; trad. *La Cité et son ombre*,
Essai sur la République *de Platon*, Paris, Les éditions du félin, 2006,
p. 170). Cela vaut pour l'ensemble du Dialogue, et pour la philosophie
politique de Platon en général.

Quant aux naturels assez « divins » pour le rester,

> en raison de l'ignorance des autres, ils « évoluent dans les
> cités » sous les apparences les plus diverses, eux qui sont
> philosophes non point fictivement, mais en réalité… Tantôt
> c'est pour des hommes politiques qu'on les prend, tantôt
> pour des sophistes, et tantôt il est possible qu'ils fournissent
> à certains l'occasion de croire qu'ils sont complétement
> fous ! » (*Soph.*, 216c-d).

Politique, sophiste, fou : ce sont là les opinions que la plupart des hommes ont des philosophes. Le philosophe n'a donc le choix qu'entre l'atopie et le pouvoir, mais quand il choisit l'atopie, il risque de perdre son nom. Quand l'usurpateur occupe la place du prétendant légitime, le prétendant légitime aura beau tenter de se défaire des noms qu'on lui donne, sa défense aura bien du mal à se faire entendre, Socrate sera pris pour un sophiste, et Platon pour un philosophe politique [1].

---

1. Comme en témoignent les thèses d'un Platon ancêtre du totalitarisme – selon l'opinion, maintes fois reprise, de K. Popper, *The Open Society and its Enemies* (5ᵉ éd., London, 1966), ou – mieux encore – devenu philosophe par ambition politique déçue.

CHAPITRE VI

LE DISCOURS DU PHILOSOPHE

Dans le groupe de Dialogues constitué par le *Parménide*, le *Théétète*, le *Sophiste* et le *Politique*, le champ est clairement défini : c'est entre « philosophes » que le logos circulera. Parménide, Socrate ou un Étranger venu d'Élée discutent chacun avec un jeune homme désireux d'apprendre, capable de progresser et docile à l'argumentation. La ressemblance physique entre Socrate et Théétète, l'homonymie de Socrate et de Socrate le Jeune sont les signes ironiques d'une parenté plus intime : la *philosophia*, le désir de comprendre, l'élan vers les *logoi*. Le seul écart entre les interlocuteurs étant celui de l'expérience à l'inexpérience, le dialogue se tient entre une pensée qui en sait un peu plus et une pensée qui en sait un peu moins, il est l'expression du dialogue de l'âme avec elle-même. Le logos n'a plus à se soucier de conversion, de persuasion ou d'apologie, il peut se déployer librement. Le savoir ne rencontre d'autres obstacles que les résistances offertes par l'être à son unicité, le savoir à sa définition, les Idées à leur articulation [1]. Cette translation dans un champ plus

---

1. Les interlocuteurs sont jeunes (*Théét.*, 146b, *Parm.*, 127c, *Soph.*, 217d, *Pol.*, 257c), la *philosophia* et les philosophes présents dans

« pur » a pour premier effet de changer la forme des
questions. Si l'un ne peut pas être sans cesser d'être un,
s'il n'y a pas de définition possible de la différence du
savoir, si les autres de l'être ont autant d'être que lui et si
les Idées sont dites par un logos qui anime leur identité et
leur immobilité, ni l'un, ni l'être, ni le savoir, ni les Idées
ne peuvent relever d'une question définitionnelle, puisqu'ils
sont les conditions nécessaires de toute définition et sont
posés par le mouvement qui les questionne. Comment
penser l'un alors que le dire « un » le rend impensable ?
Comment se demander ce que signifie savoir sans impliquer
sa différence ? Comment penser l'être sans le faire pâtir
de son autre, le non-être, et comment enfin poser des Idées
sans leur accorder une puissance d'agir, d'unifier, et de
pâtir de la pensée qui tente de les connaître ? Les questions
ne se posent plus en termes de « qu'est-ce-que » mais de
« comment », et dans les modalités de ce « comment » la
philosophia se met elle-même en jeu dans sa possibilité
d'engendrer un savoir et d'être l'intelligence de chaque
étant. La dialectique ne peut introduire de la différence
dans l'un, l'être, le savoir, les Idées, que si l'élan qui la
porte et la soutient n'est plus entravé par rien, et la
philosophia est la source de cet élan, l'espèce d'éros où
puiser le force de se lancer dans des aventures logiquement
impossibles. Les Dialogues les plus « érotiques » ne sont
pas forcément ceux qui parlent d'éros, ce sont plutôt ceux
où éros philosophe est suffisamment assuré de lui-même
pour avoir le courage du parricide, l'élégance d'errer

tous les prologues (*Théét.*, 146b, *Parm.*, 126b, *Soph.*, 216c, *Pol.*, 257a)
et le jeu sur la ressemblance physique et l'homonymie préfigure la
problématique de l'image et du simulacre (*Théét.*, 143e, *Parm.*, 126c,
Soph., 218b, et surtout *Pol.*, 258a-b).

d'hypothèse en hypothèse, et la bonne mémoire qui consiste à ne pas s'oublier ou se trahir lui-même.

Ce qui, dans le *Sophiste*, devient tout à fait explicite – que c'est en philosophe qu'il faut trancher la question de l'être – était déjà présent dans les objections présentées dans le *Parménide* à la position des Idées et dans les différentes hypothèses sur l'être, ainsi que dans la digression du *Théétète*. C'est en philosophe et non pas en métaphysicien ou en sophiste qu'il faut poser la question de l'unité de l'être, c'est en philosophe et non pas en épistémologue qu'il faut poser la question du savoir. Les poser en philosophe détermine du même coup le philosophe comme celui qui a la puissance de pâtir des réalités intelligibles qu'il pose et de mettre en œuvre un savoir différent. Dans ces Dialogues, le philosophe et sa *philosophia* déplacent les problèmes, altèrent les termes, récusent les évidences les plus sacrées : l'être est, le non-être n'est pas, les définitions les plus apparemment satisfaisantes : le savoir est l'opinion droite accompagnée de son logos, les postulats qui semblent inévitables : les Idées sont séparées, immobiles, et le devenir sensible n'est que non-être et obscurité. Si le sophiste se réfugie dans l'obscurité du non-être, le philosophe ne se réfugie pas dans la certitude éblouissante de l'être : avec lucidité, avec mesure, il fait circuler l'Autre. Mais lucidité et juste mesure ne lui viennent que de sa *philosophia*. Pour un philosophe que la *philosophia* n'anime pas, rien ne s'oppose à ce que l'être soit tellement un qu'il en soit indicible et inconnaissable, ou à ce que savoir ne soit rien d'autre que formuler une opinion droite et justifiée ; quant à poser des Idées, il semble nettement plus raisonnable de s'en dispenser. Mais si la *philosophia* existe en l'âme de quelques uns, il faut que son élan aille jusqu'au bout de lui-même, en osant multiplier l'un, identifier l'autre et altérer le même ; en osant affirmer que le savoir est cette différence sur laquelle on ne peut jamais se retourner pour la définir, comme si, cherchant à savoir ce qu'elle est, ce n'était pas cette différence qui pousse à la chercher ; en osant juger que dire ce qu'une chose n'est pas est parfois la seule manière de dire ce qu'elle est ; en osant enfin poser qu'une Idée immuable n'est pas forcément immobile. « Que feras-tu donc de la *philosophia* ? » : cette question du vieux Parménide au jeune Socrate (*Parm.*, 135c) n'oriente pas seulement le mouvement de chacun des quatre Dialogues, elle est la force en laquelle chacun puise son audace. La *philosophia* donne à la pensée le courage de poser les Idées en dépit de toutes les apories que leur position suscite, d'exercer le savoir en l'absence de toute définition du savoir et de rejeter toute représentation de l'être qui reviendrait à abolir la science, la pensée ou l'intelligence. Aucune affirmation sur l'être n'est assez irréfutable pour exclure son contraire puisque le non-être n'est pas son contraire mais son autre, aucun savoir, même dialectique, n'est assez savant pour garantir l'impossibilité de l'erreur, de la méprise, de la divagation, aucune décision méthodologique ne peut imposer au logos d'appliquer toujours les mêmes procédures – il conduit là où il veut. L'unité transcendante de l'être garantirait de l'erreur mais rendrait du même coup impossible la vérité comme horizon d'une pensée qui chemine, la définition de la science conduirait à construire un système préservé de toute mise en question, la position d'Idées séparées les rendrait inintelligibles. Le philosophe qui a la *philosophia* pour nature saisit la *philosophia* comme tâche pour ce qu'elle est vraiment : une « science des hommes libres », une science libre, libre de sa forme, de ses chemins et de décider du mode d'être des étants qu'elle soumet à examen.

1. LA SCIENCE DES HOMMES LIBRES

Dans le Prologue du *Parménide*, Céphale, entouré d'un groupe de citoyens « tout à fait philosophes », rencontre Adimante et Glaucon : ces noms ne peuvent pas ne pas évoquer la *République*[1]. Dans la sphère de la *République*, toutes les dimensions de la *philosophia* étaient mises en place, situées dans un philosophe auquel sa nature « divine » donne sa juste place à la tête d'une cité qu'il aura rendue juste et dont le savoir dialectique était affirmé comme étant la plus haute science et avait le bien pour principe ; les connaissances s'étalaient sur une Ligne où se mettaient en place hiérarchies et sectionnements, l'intelligible se trouvait mis hors d'une Caverne d'où partaient et où retournaient ascensions et redescentes. Tout cela supposait la clôture d'un espace idéal et pourtant toujours menacé par la perversion des meilleurs naturels et la dégénérescence de la Cité parfaite. Mais les menaces restaient extérieures, impossibilités et obstacles n'étaient que ceux tenant à l'inévitable altération de toute réalité en devenir.

Les apories de la participation

La *République* pré-orientait tous les parcours, toutes les translations, le *Parménide* va explorer toutes les apories suscitées par les Idées lorsqu'on les pense d'une certaine façon, ce qui force à recourir à une autre espèce de dialectique, dont Parménide va fournir l'exemple. Là encore, le Prologue fournit une indication. On peut, comme Antiphon, savoir par cœur l'entretien entre Zénon,

1. R.S. Brumbaugh, *Plato on the One, The Hypotheses in the Parmenides*, New Haven, Yale UP, 1961, consacre (p. 17-44) une analyse détaillée au Prologue, et en particulier au fait que les interlocuteurs de la *République* y soient présents.

Parménide et Socrate, et passer le reste de sa vie à s'occuper de chevaux ; on peut, comme le jeune Aristote, en être le répondant et devenir l'un des Trente tyrans – on peut donc l'écouter sans l'entendre, sans être affecté par ce qui a toutes les apparences d'une gymnastique. Pour comprendre vraiment, il faut autre chose qu'être doué de curiosité intellectuelle, il faut avoir le « flair des chiennes de Laconie » (*Parm.*, 128c) et être naturellement apparenté à ce qu'on cherche[1]. Celui qui entend le *Parménide* en philosophe peut en apprendre que l'hypothèse des Idées dépend d'une certaine hypothèse sur l'un et ainsi conférer un sens autre que « gymnique » à cet exercice apparemment stérile. Mais si « l'élan est beau et divin » (*Parm.*, 135d) qui lance Socrate vers les *logoi*, si c'est sur le chemin de l'éros que le vieux Parménide, citant le poète Ibycos, se sent contraint d'aller, ni éros ni l'élan ne suffisent. De même que le savoir ne s'attrape que dans sa différence d'avec la sensation et l'opinion droite et que le philosophe ne s'attrapera qu'au détour de la recherche du sophiste, les Idées n'existent qu'à la condition qu'on les pose. Mais si les poser signifie constituer une philosophie qu'aucune *philosophia* n'aurait plus à soutenir puisqu'elle se tiendrait toute seule et se développerait selon la cohérence de sa propre doctrine, une telle philosophie finira par retourner l'impossible absence de l'un en présence ineffable et métamorphosera l'errance dialectique en conversion nostalgique ; ou, à l'inverse, elle déniera à l'un sa puissance d'unifier et ne reconnaîtra d'autre manière d'être que l'indéfinie et inconsistante diversité de l'apparaître. Plotin a si bien compris Platon qu'il a tiré des Dialogues son

---

1. Tout le Dialogue est placé sous le signe d'une δέησις : besoin, manque (126a4, 6, 7, 126c5).

système, constituant la parfaite image d'une philosophie qui, à la couper de sa dimension dialectique, ne peut plus tenir que par des images. Schopenhauer l'a également si bien compris qu'il a situé les Idées dans le monde de l'art – monde dans lequel la volonté se nie – et relégué la pensée dans le monde de la représentation. Dans le *Parménide*, Platon montre que ces deux espèces de philosophie sont possibles, et d'autres encore, mais en concevant cette « Grande Logique » de la philosophie qu'est la seconde partie du *Parménide*, il a surtout indiqué que ce que lui entendait par *philosophia* ne pouvait pas trouver dans cette logique sa place.

L'écrit polémique de Zénon tendait à démontrer la réciproque de la thèse de Parménide : le multiple n'est pas. Socrate lui rétorque qu'il ne joue que sur des impossibilités verbales. Que Socrate soit un et multiple, rien à cela d'étonnant : il est un tant qu'on le distingue comme une unité parmi d'autres, mais cette unité est composée de multiples parties et permet une multiplicité de points de vue. Toute détermination de l'un se fait dans l'horizon du multiple, toute détermination du multiple dans l'horizon de l'un : il y a une dialectique horizontale de l'un et du multiple qui, loin d'entraîner des impossibilités, affirme au contraire leur détermination réciproque. Ce qui serait vraiment étonnant serait de penser l'un *en lui-même* comme multiple. Si donc, comme l'affirme Zénon, le multiple n'est pas, l'un n'est pas non plus, mais qu'il y ait de l'un n'exclut pas le multiple, cela exclut seulement que dans la pensée de l'un du multiple soit compris. Parménide pose alors sa première question : Socrate affirme que le beau, le bien sont des Idées, mais en fera-t-il autant pour l'homme, le feu, l'eau, et pour la boue, la crasse, le cheveu ? L'embarras éprouvé alors par Socrate est pour Parménide le signe que la *philosophia* ne s'est pas encore emparée de lui comme elle le fera plus tard (130e) : il mesure encore le noble et le vil conformément à l'opinion des hommes, il n'a pas encore appris qu'il n'existe pas de petits et de grands sujets (*Pol.*, 266d), et que la pensée est le prix à quoi tout d'achète et tout se vend (*Phéd.*, 69a-b). Croire qu'il y a des choses indignes qu'on les pense est encore se soumettre aux valorisations de l'opinion. Parménide a sur ce point raison, mais, en posant la question de savoir *de quoi* il y a Idée [1], il montre déjà quelle nature il accorde aux Idées, et ce n'est peut-être pas la bonne. À cause de sa « jeunesse », Socrate accepte cette manière de les concevoir, dont vont sortir toutes les objections à l'égard de la participation. Car les choses ne participent pas à une Idée qui serait *l'Idée de ces choses*, à une Idée abstraite et générale.

Toute la première partie du Dialogue est centrée sur ce problème de la participation. Parménide demande d'abord à Socrate : « Est-ce donc à l'Idée tout entière ou seulement à une partie que chaque participant participe ? » Si le tout de l'Idée est présent à chacune des unités constituant une multiplicité, tandis que l'Idée demeure une et même qu'elle-même, elle se retrouvera séparée d'elle-même (131a-b). Si elle n'est présente qu'en partie, le participant ne participera que partiellement et, manquant par exemple d'une partie de l'égalité, il sera aussi inégal, d'une partie de la grandeur, il deviendra moins grand ou plus petit : la participation partielle confère simultanément à chaque participant une qualité et son contraire. L'aporie entraînée par la participation au tout de l'Idée tient aux

1. La question « de quoi y a-t-il Idée » a été, dès l'Antiquité, abondamment débattue par Xénocrate, Speusippe ou encore Aristote. Voir Proclus, *Commentaire sur le Parménide*, III, et Natorp, *Platons Ideenlehre*, Leipzig [1903] 1921, p. 234 *sq.*

conséquences que cela implique pour l'Idée participée ; celle entraînée par une participation partielle tient aux conséquences qui en découlent pour le participant. Socrate tente de réfuter la première objection en proposant l'image d'une totalité dont la puissance est indivisible : le jour demeure un et identique tout en étant à plusieurs endroits à la fois. Parménide ne peut la rejeter qu'en lui substituant une autre image : « c'est comme si tu étendais un voile sur plusieurs hommes. » Son assimilation des deux images est une indication de la façon dont il conçoit les Idées, c'est-à-dire de *la façon dont il ne faut pas les concevoir.* Socrate a posé la séparation (*chôris*, 130b) entre étants intelligibles et choses sensibles. Toutes les objections soulevées par Parménide vont naître du fait qu'au lieu de penser cette séparation comme différence il la *pense spatialement*, de sorte que les termes séparés se spatialisent à leur tour ainsi que les modes de participation : selon lui, l'Idée doit être « être dans » ou « s'étendre sur » les choses qui en participent. Poser en ces termes le problème de la participation semble être impliqué par l'hypothèse de la séparation (*chorismos*) des Idées [1]. Terme mal choisi ? Sans doute, d'autant que participer à une chose dont on est séparé est un oxymore. Ce n'en est un, pourtant, que si « participer » veut dire prendre sa part, prendre sa part d'une *chose* située dans un *lieu* qu'une frontière infranchissable sépare d'un autre *lieu* où résident des *choses* possédant une nature entièrement différente. Les objections s'adressent à cette représentation, et c'est à cette représentation que Platon s'attaque. Car elle omet deux médiations : celle du langage, qui, en nommant et prédiquant,

---

1. La première partie du *Parménide* est tout aussi hypothétique que la seconde.

est participation en acte ; et celle du philosophe, pour qui
les Idées qu'il pose ne sont pas des choses, ne sont pas
« quelque part » et ne font pas un monde. Abandonnant
l'hypothèse de la séparation, Parménide suggère que la
participation serait plus facilement intelligible si la position
d'une Idée résultait de la saisie par l'opinion d'un unique
caractère commun (*idea*) – le grand, par exemple, serait
saisi *s'étendant sur* toutes (*epi panta*) les choses grandes.
On tirerait de ce caractère commun la pensée qu'il existe
un unique grand : l'Idée de grandeur [1]. Mais alors, il faudra
une nouvelle Idée pour unifier ce caractère unifiant – *l'Idée
de grand* – et l'Idée posée *comme une en soi-même*, la
Grandeur. Une troisième Idée devra surgir pour les englober,
mais il en faudra encore une autre pour unifier la multiplicité
constituée par cette troisième Idée et les deux autres, et
ainsi de suite : l'unité se multiplie et recule à l'infini, elle
se virtualise et est indéfiniment en sursis. Si l'Idée a pour
fonction d'unifier la multiplicité sensible dont elle est issue,
et si elle n'est qu'un caractère commun hypostasié, ce n'est
pas le multiple qui s'unifie, c'est l'un qui se multiplie st
se trouve indéfiniment repoussé.

Socrate cherche à échapper à cette réification et
spatialisation de l'Idée, qui fait de la participation une
présence de l'Idée *dans* les choses ou une réalité abstraite
du multiple et posée *au-dessus* de lui, en dé-spatialisant
le lieu d'émergence des Idées : « à moins, dit-il à Parménide,
que chacune des Idées ne soit une pensée (*noèma*), et ne

---

1. « toutes les fois qu'une multiplicité de choses te semblent être
grandes, c'est sans doute un unique et même caractère qui te semble, à
toi qui les regardes, être étendu sur toutes, et cela t'amènera à penser
l'unité du grand » (ὅταν πόλλ' ἄττα μεγάλα σοι δόξῃ εἶναι, μία τις ἴσως
δοκεῖ ἰδέα ἡ αὐτὴ εἶναι ἐπὶ πάντα ἰδόντι, ὅθεν ἓν τὸ μέγα ἡγῇ εἶναι,
Parm., 132a2-3).

doive advenir nulle part ailleurs que dans les âmes » (132b). Ainsi, l'Idée ne courrait plus le risque de pâtir du multiple qu'elle unifie. Mais toute pensée est pensée de quelque chose, ce qui permet à Parménide de réintroduire les termes que Socrate s'efforçait d'exclure : l'objet pensé sera un certain caractère unique (*idea*) s'étendant sur toutes les choses (*epi pasin*) qui le possèdent. Mais « ce qui est ainsi pensé comme étant toujours même en s'étendant sur une multiplicité, n'est-ce pas cela, une Idée (*eidos*) une ? » Si, pour une Idée, être c'est être pensée, c'est-à-dire résulter d'une abstraction opérée par la pensée, il ne peut y avoir de différence entre *idea* et *eidos*. D'où cette alternative : l'Idée étant dédoublée en forme pensante et contenu pensé, en participer consistera soit à participer à sa forme pensante, et tout pensera, soit à s'identifier à un contenu pensé que rien ne pensera. Activité pensante et contenu pensé sont conçus comme deux choses dont, selon Parménide, il faut supprimer la différence si l'on veut maintenir l'unité de l'Idée, de sorte que ce qui est pensé s'identifiant à ce qui est pensant, tout pense, ou que ce qui est pensant s'identifiant à ce qui est pensé, rien ne pense. Mais il y a évidemment une petite chose omise par Parménide : que ce n'est pas la forme du concept qui est pensante, mais l'âme, âme qu'il lui faut éliminer pour réfuter l'hypothèse de Socrate. Or, dans le *Sophiste*, c'est bien en l'âme, et nulle part ailleurs, autant dire nulle part, que sont les Idées : l'âme n'est pas l'espace dans lequel elles se trouvent, elle est la puissance capable de les penser et d'en pâtir. Avec l'âme, c'est la dimension dynamique de la pensée qui se trouve expulsée de la représentation qu'offre Parménide de la participation.

La meilleure hypothèse, selon Socrate, serait alors que les Idées sont dans la *phusis* à titre de paradigmes (132d) ;

les autres choses leur sont semblables et en sont les images. Il est alors facile à Parménide de répliquer que ressemblance implique symétrie : si l'image ressemble à l'Idée, l'Idée ressemble à ses images. Mais en quoi des images pourraient-elles bien ressembler à une Idée ? En ce que, grâce à la participation, elles deviendraient intelligibles. Mais ce par quoi l'intelligible est intelligible, c'est l'intelligible, l'Idée, de sorte qu'il en faudrait une autre pour intégrer l'Idée modèle et les images de cette idée, et la régression à l'infini a lieu à nouveau. Réciproquement, si l'Idée ressemble à ses images, elle devient une image d'Idée et cesse d'être le modèle de ses images. « Il est donc impossible ou qu'autre chose à l'Idée, ou qu'à autre chose l'Idée soit semblable » (132e).

La participation n'est pensable ni comme la présence d'une totalité à chacune de ses parties, ni comme l'immanence d'une de ses parties à ce qui en participe ; ni comme subsomption d'une multiplicité à une unité, car cette multiplicité n'est pas *antérieure* à sa participation à une unité, elle est constituée par elle, *elle en résulte*. Elle n'est pas non plus pensable comme participation à un concept, car auquel de ses deux aspects, pensant et pensé, pourrait-il y avoir participation sans qu'il en découle une absurde et exclusive transitivité de l'une de ses propriétés : tout sera alors soit seulement pensant, soit seulement pensé ? Enfin, la conception paradigmatique de la participation fait tantôt basculer l'imge du côté de son modèle ou le modèle du côté de l'image, de sorte qu'un troisième modèle commun aux deux est requis et ainsi de suite. En conséquence, l'Idée n'est pas ce qui s'étend sur, mais à travers ; pas ce qui est dans, mais ce qui sélectionne ce quoi elle peut être présente ; elle n'est pas dissociable en forme et contenu mais divisible en espèces, ou articulée selon sa puissance ; enfin, elle implique une ressemblance asymétrique et n'allant que dans un seul sens, du modèle à l'image. Mais toutes ces conséquences sont implicites, et Platon ici s'applique à montrer celles découlant d'une certaine représentation des Idées.

Pour finir, Parménide revient à l'hypothèse de leur séparation. Elle pose le problème de l'existence de *ce dont* elles sont séparées et du rapport entre ces deux modes d'existence, et Parménide soulève alors l'objection la plus grave : les choses sensibles n'ayant de rapport que les unes avec les autres, de même, les Idées n'ont de rapport qu'entre elles. Il y aurait donc une Science en elle-même qui connaîtrait la vérité elle-même, et une science de chez nous qui ne connaîtrait que les choses de chez nous. Ce qui est « selon soi-même » nous serait donc inconnaissable, mais, « plus terrible », les dieux ne connaîtraient rien des choses de chez nous. Non seulement la science de chez nous serait une science relative, donc très relativement une science dont il faudrait pourtant se contenter, mais la Science en soi, la Science divine n'aurait aucune puissance (*dunamis*, 134d) sur les choses de chez nous. Ce qui est ici non plus omis mais explicitement nié par Parménide est que chaque Idée possède une *puissance* sélective d'agir à la fois sur une multiplicité de choses et sur les Idées capables de pâtir de ce qu'elle est. C'est bien la question de la puissance de l'Idée qui est déterminante, car lui accorder une puissance est la seule façon de ne pas s'en faire l'image que s'en fait ici « Parménide », en qui se conjuguent Antisthène, les Amis des Idées, Aristote, et beaucoup, beaucoup d'autres à leur suite.

Parménide tire alors une étrange conclusion de ce qu'il vient de dire. L'affirmation qu'il existe des Idées des étants ne rencontre qu'apories, contestations, incrédulité, et si certains consentent à les poser, ils les jugent de toute nécessité « inconnaissables par l'humaine nature » (135a-b). Pourtant, dit-il, si on refuse d'en poser, on ne saura plus où tourner sa pensée (*dianoia*) « et ainsi, c'est la puissance du *dialegesthai* qui sera complètement anéantie ». Le moins qu'on puisse dire est que cette conclusion est, de sa part, inattendue. Faut-il alors supposer qu'il s'est fait jusqu'ici l'avocat du diable et a voulu contraindre Socrate à mieux défendre les Idées qu'il posait ? Sans doute, mais que voulait Platon en le faisant se conduire ainsi, sinon lui faire formuler *la manière dont il ne faut pas concevoir les Idées* ? La première partie du Dialogue indique l'obligation de se défaire pour les penser de toute forme de réification, de spatialisation, la nécessité de les penser *dynamiquement*. Mais pour leur accorder leur puissance, il faut en pâtir et pour cela être « bien doué », être capable d'apprendre et de découvrir la manière d'être (*ousia*) propre à chacune des Idées. Cet homme bien doué et capable d'apprendre appelle le terme qui manquait : « que feras-tu alors », demande Parménide à Socrate, « de la *philosophia* ? » (135c). La *philosophia* ouvre la première partie du *Parménide* et la conclut : Socrate limitant sa position des Idées aux valeurs, c'est un Socrate sur lequel la *philosophia* n'a pas encore bien assuré son emprise ; mais si, convaincu par la myriade d'apories que l'hypothèse semble soulever, il cesse de poser des Idées, alors la dialectique perd sa puissance et la pensée son orientation. Vers quoi alors se tourner ? se demande par deux fois Parménide. Mais cette question débouche sur une autre, car il n'est pas du tout certain que toute dialectique doive poser des Idées telles que Platon les conçoit. Et comme Parménide est Parménide, inventeur de la dialectique, c'est de sa dialectique qu'il va, dans la deuxième partie, faire la démonstration.

Les hypothèses de ces hypothèses

Il présente sa méthode comme un exercice d'assouplissement, une « gymnastique » consistant à examiner les conséquences d'une hypothèse, sans errer toutefois dans « les choses visibles » mais en ne s'appliquant « qu'à celles que par excellence le logos peut saisir et qu'on pourrait appeler des Idées ». Pour que l'exercice soit complet, il faut non seulement se demander ce qui résulterait de l'existence de l'Idée posée par hypothèse mais ce qui résulterait de la même Idée posée comme n'existant pas. Parménide accepte de se livrer à ce « jeu laborieux » à propos de l'un (135c-137c). Ce qui va suivre est donc l'application d'une dialectique éléatique, héritée de Parménide et de Zénon, à une Idée entendue comme elle vient de l'être lors du dialogue entre un Socrate trop jeune et un Parménide trop vieux.

Lequel commence par poser sa propre hypothèse, à savoir que l'un est absolument un et exclut toute multiplicité[1]. Selon cette *première hypothèse* (137c4-142a8), l'« un un » repousse toutes les déterminations qu'on prétendrait lui *ajouter* et ne peut entrer dans aucune *relation*, ni avec lui-même ni avec les autres. L'impossibilité d'être multiple entraîne celle d'avoir des parties, donc d'être un tout, et de s'identifier à soi-même ou aux autres

---

1. Cornford et les éditeurs anglais en reconnaissent huit, faisant de la troisième un corollaire de la deuxième, ou des deux premières. Selon L. Brisson, il n'y en a qu'une seule (*Platon. Parménide*, Paris, GF-Flammarion, 1994, p. 45), affirmée puis niée. Selon moi, il y en a *quatre* : deux positives, l'une absolue : si l'*un* est, l'autre relative : si l'un *est*, et deux négatives, si l'un n'est relativement pas, si l'un n'est absolument pas. À chacune des quatre se rattachent les conséquences concernant les autres de cet un. On a donc I-IV, II-III, V-VI et VII-VIII.

comme de différer de soi-même ou des autres. En venant se greffer sur l'opposition un-multiple, ces deux couples d'opposés, tout-parties et identité-différence, engendrent tous les autres. Si être un ne signifie pas être un tout, ce qui est un ne peut avoir ni limites, ni figure, ni localisation et ne peut être ni en mouvement ni en repos. Si le fait d'être un exclut d'être identique à ou différent de (soi-même ou autre chose), il n'est possible d'être ni semblable ni dissemblable, ni égal ni inégal à quoi que ce soit. Non seulement cet un qui n'est que un n'existe pas parce qu'il n'est nulle part, mais, ne participant à aucune des trois dimensions temporelles – passé, présent et avenir – il ne participera pas à l'existence (*ousia*), car il n'y a pas d'autre manière d'y participer que d'advenir au présent, d'être advenu jadis, de devoir advenir à l'avenir. Puisque l'un repousse toute espèce de relation, « il ne pourrait donc pas non plus être dans le temps, l'un, s'il était tel ? » demande Parménide. Le temps apparaît d'emblée comme un pouvoir de liaison, reliant (en la différenciant ou en l'identifiant) une chose à elle-même ou à d'autres sous le triple point de vue du plus vieux, plus jeune, de même âge. N'étant pas dans le temps, l'un ne participe pas à l'existence : n'ayant, dans la plénitude absolue de son unicité, aucune part à l'*ousia*, l'un n'a même pas assez d'être pour être un et pour être (141e). S'il n'est pas, il ne peut y avoir de lui ni nom, ni définition, ni science, ni sensation, ni opinion : cet un séparé de l'être est inconnaissable, indéfinissable et innommable. Quant aux autres choses, ainsi coupées de l'un, elles ne sont unes sous aucun rapport et ne sont même pas multiples, puisque toute multiplicité est multiplicité d'unités ; comme l'un dont elles sont les autres, elles ne sont affectées d'aucune détermination et ne sont connaissables en aucune façon (*quatrième hypothèse,*

159b2-160b4). Dans le monde où il y a séparation radicale entre l'un et le foisonnement indéterminable des autres, tout devient sans cesse et rien n'est. Cependant, le langage réussit à produire des semblants de réalités, dont les seules déterminations sont les déterminations temporelles imposées par les temps des verbes et les adverbes de temps, seuls repères possibles dans le flux d'un devenir abandonné par l'un, de telle sorte que le discours ne parle que des événements qu'il produit en les localisant dans le passé, le présent et l'avenir. Dans ce monde-là, on peut raconter des histoires, et même l'Histoire, mais on ne peut rien connaître, ou plutôt connaître s'identifie à retracer un devenir qu'on pose comme étant la seule réalité de la réalité et de chaque réalité. Pourtant, l'impossibilité de nommer, de dire et de penser l'un est dite, l'un est nommé, son absence de toute détermination est connue par un logos qui n'est pas celui autorisé par l'hypothèse, qui est un *meta-logos* qui nie en la disant sa possibilité de dire. De la différence entre l'impossibilité du logos (qui est le contenu de l'hypothèse) et le logos de cette impossibilité (qui est l'hypothèse elle-même) naît la nécessité de reprendre la même hypothèse autrement, et à son principe (*ex archès*)[1].

Dans cette première version de l'hypothèse positive, affirmer l'existence de l'un revenait à le dire « un ». Dans la seconde version, relative, de l'hypothèse positive, on suppose qu'affirmer l'être de l'un signifie autre chose qu'affirmer l'un. Il faut donc accentuer l'hypothèse autrement. La *deuxième hypothèse* ne pose plus : l'*un* s'il est, mais si l'un *est* (142b2-155e3). « Un » signifiant autre chose que « être », l'un se scinde aussitôt en un-qui-est et

---

1. Voir J. Delhomme, *L'Impossible Interrogation*, Paris, Desclée, 1971, p. 148.

être-qui-est-un, « si bien que deux indéfiniment s'engendre, sans cesse, sans que jamais puisse être un » (143a). Quand on pose l'un-qui-est, c'est une totalité qu'on pose, ayant comme parties l'un et l'être. Toutes les déterminations et toutes les relations exclues par la première formulation sont alors possibles, et on aboutit à des conclusions exactement contraires aux précédentes. Comme, pour exister, l'un doit se situer dans l'espace et dans le temps, il a limite et figure, il est quelque part ; s'il participe au temps, il ne cesse d'être et de devenir plus vieux, plus jeune, de même âge que lui-même et que les autres. De lui, il y aura science, opinion et sensation, et il sera nommé et défini. Posant l'un-qui-est, ce n'est pas une unité mais une totalité qu'on pose, et avec elle l'espace, les limites et les figures : l'un-qui-est engendre ainsi le continu spatio-temporel, mais aussi la continuité des moments du temps : si l'un est dans l'espace et le temps, le temps et l'espace participent de l'un, et pour eux, être uns, c'est être continus. Mais, posant l'un et l'être, on pose deux, et posant deux, on pose la différence par laquelle l'un diffère de l'être et l'être de l'un : c'est donc trois qu'on pose, et à partir de là toute la suite des nombres ordinaux et l'infinie pluralité des êtres. Le « temps qui s'avance » est genèse d'une pluralité d'unités nombrables et discontinues. Défini par la figure et par le nombre, l'un-qui-est s'illimite dans l'espace et dans le temps. Ce qui impose au temps sa structure et son orientation, ce n'est plus la langue et ses catégories grammaticales, c'est le nombre et ses règles de succession. L'un-qui-est reçoit toutes les déterminations, quantitatives et qualitatives. L'un est alors contemporain de sa genèse, car « du divers ne pourrait naître chaque fois à nouveau l'un si chaque fois l'un n'accompagnait le divers en sa genèse ». Il est la genèse transcendantale des autres et de lui-même, et cette genèse implique l'égale impossibilité de l'antériorité de l'un sur le multiple et du multiple sur l'un. Le multiple ne saurait être antérieur à l'un puisque toute multiplicité est multiplicité d'unités ; mais si l'un lui était antérieur, le multiple ne saurait en naître, et l'un serait le principe transcendent et inconnaissable de la première hypothèse. L'un, compris cette fois comme un nombre, accompagne le temps en sa genèse [1], il est immanent à ce temps progressif et y exerce un triple pouvoir, constituant, synthétique, et totalisant. L'un est donc à la fois l'élément d'une multiplicité – il l'engendre – et son principe d'unification. Unité élémentaire, il est constitutif, unité unificatrice, il est synthétique. Il y a de lui science, opinion et sensation, mais sa connaissance se heurte aux inintelligibles paradoxes de l'espace et du temps : chaque unité sera à la fois plus grande et plus petite que soi, et devenant plus jeune, elle devient simultanément plus vieille qu'elle-même. La science de l'un-qui-est est science de la pluralité des objets d'un monde où les autres sont enveloppés par l'un, où ils ne sont pas l'*autre* de l'un mais *les autres* de l'un (*troisième hypothèse*, 157b6-159b1). Les Idées sont bien, comme le disait en commençant Parménide, « les réalités que, par excellence, le logos peut saisir », mais ces réalités saisissables seulement par une réflexion et un discours rationnels sont des nombres, des structures immanentes aux choses et extraites d'elles, comme les conçoivent les pythagoriciens. Rien ne manque au monde des autres de l'un-qui-est, ni la science, ni l'opinion, ni la sensation, ni aucune détermination imaginable. Dans un tel monde, la pensée peut à la fois opérer toutes les liaisons abstraites, ordonnant nombres et figures, déduisant et classant concepts

---

1. πορευομένου τοῦ χρόνου (*Parm.*, 152a3-4).

et relations, ainsi que toutes les liaisons empiriques entre des déterminations qualitatives ou quantitatives qui peuvent être contraires sans contradiction puisque, contraires, elles ne le sont pas en même temps. Ce monde permet donc deux sortes de discours : de chaque étant qui est un on peut avoir perception et opinion, avoir une connaissance empirique. Sur chaque unité qui est, qu'elle soit obtenue par addition, multiplication ou division, on pourra tenir un discours de type mathématique. En articulant ces deux discours, on pourra élaborer une physique. Extérieure à ses contenus qu'elle ne pénètre pas mais relie du dehors, la pensée devient du même coup extérieure à elle-même : elle produit indéfiniment des rapports sans jamais revenir à soi. L'un-qui-est autorise toutes les formes de connaissance, empiriques ou scientifiques, toutes sauf une, la connaissance dialectique. Pour le dire plus nettement, ce que Parménide dessine ici, c'est le monde de l'empirisme logique (et le nôtre, si on décide de renoncer à toute forme de platonisme), dont la philosophie, entendue comme questionnement, et la pensée, entendue comme dialogue intérieur de l'âme, sont également exclues. L'hypothèse que l'un est suffit à constituer tous les savoirs, mathématiques, scientifiques, empiriques, tous, à l'exception du savoir dialectique.

Parménide réfléchit sur ce qu'il vient de dire, et remarque que si l'un participe du temps, parce qu'il *est* un, il participe à un moment à l'existence (*ousia*), et parce qu'il *n'est pas*, à un moment au contraire il n'y participe pas. Ces deux moments, celui où il participe à l'existence et celui où il la quitte, sont nécessairement différents. Or participer à l'existence, c'est advenir, et la quitter, périr. Pour l'un, advenir, c'est advenir comme un, s'unifier, et périr, c'est devenir multiple. De même, devenir plus grand, c'est croître à partir du plus petit qu'on était, devenir mobile, c'est se mettre en mouvement alors qu'on était en repos, etc. Quelque chose, cependant, reste inintelligible, et c'est le passage lui-même, l'instant du changement (155e4-157b5). Quel verbe convient pour nommer ce passage? Aucun autre que le verbe changer. Ce n'est pas un verbe d'état, ce n'est pas non plus un verbe qui, comme les précédents (croître, se mouvoir…) aboutit à la possession d'une qualité et suppose pour s'effectuer une certaine durée : « changer, on ne peut le faire sans changer » (156c). L'expression n'est pas tautologique, elle signifie que le changement, dans sa soudaineté, n'a pas de cause (bien qu'il puisse avoir des conditions). Si donc changer, on ne peut le faire sans changer, quand change-t-on? Il n'y a pas de réponse à cette question, car changer, on ne peut le faire dans aucun temps. « N'est-ce donc pas dans cette étrange chose qu'on serait quand on change? », dans cette chose atopique, insituable, qu'est l'instantané (*to exaiphnès*). Par sa nature, il « n'est dans aucun temps »; pur advenir, il interrompt, coupe. Il n'est pas une espèce d'altération continue mais saut d'un état à un autre état. Le changement est cet événement qui suspend le cours du temps qui s'avance – comme le passage qui lui est consacré suspend le déroulement des hypothèses et ne fait donc partie d'aucune, pas plus qu'il ne constitue une hypothèse supplémentaire. Il n'est à concevoir que comme interruption : il ne découle pas de ce qui précède, n'y était pas contenu, et ne prépare pas ce qui suit, il ne se prolonge pas. C'est un intervalle qui ne relie pas. Si tout changement se produisant dans l'instant est sans cause, certains changements ne se produisent qu'à certaines conditions. Pour le dire comme Hegel : une mutation qualitative suppose une maturation quantitative, mais elle lui est radicalement hétérogène (« la fleur réfute le bouton »). L'instantané n'est plus alors (comme il l'était dans d'autres Dialogues) identifié à l'irréfléchi ou l'inexplicable, il réfère à la description de certaines expériences. Le prisonnier délivré de la Caverne « est contraint de se dresser et de regarder soudainement vers la lumière » (515c6-8) ; à la fin de l'ascension érotique du *Banquet* advient la « soudaine » vision d'une beauté merveilleuse (210e4-5), et dans la *Lettre* VII (341c6-d2), le savoir se produit en l'âme « au terme d'un commerce répété avec la chose, soudainement, comme s'allume une lumière lorsque bondit la flamme ». Conversion ou illumination de l'âme ne se produisent pas dans le temps. Mais celui qui comprend le mieux l'instantané, c'est peut-être Alcibiade, lorsqu'il dit de Socrate : « avec ta façon ordinaire de te montrer soudain là où moi je pensais le moins te trouver… » (*Banq.*, 213c1-2). Cette façon de surgir dans l'Histoire là où et quand on l'attendait le moins est le propre du philosophe. Même si on affirme que tout être est dans le temps, et même si on se refuse à reconnaître toute autre manière d'être ne voyant là que fantaisie métaphysique, quelque chose, en tout cas n'y est pas, et c'est le changement. Il requiert pour advenir l'instant, qui n'est pas éternel mais qui est un saut hors du temps. Le temps est la forme de toute synthèse positive, le devenir la forme de toute intelligibilité empirique : ce n'est ni dans ce temps ni dans ce devenir que l'on se met à penser, à penser autrement. Cela advient dans un temps hors-temps, où le mouvement n'est plus ni ordre ni accumulation mais changement qualitatif. Le changement n'a d'autre possibilité d'existence que son existence même, puisque changer ne peut se faire sans changer, ce qui suppose l'intervalle, l'instantané, l'*exaiphnès* [1]. De cet intervalle (*metaxu*) surgit la possibilité pour l'un d'être pensé comme un, mais *négativement*, ce qui ne veut pas dire en le niant mais en posant l'un comme ce qui manque et possède la puissance de faire comprendre qu'il manque.

Parménide, pour sa part, continue, et envisage alors les conséquences de l'inexistence de l'un. La première version, atténuée, de l'hypothèse négative est que pour pouvoir énoncer que « l'un n'est pas », il faut au moins en avoir une représentation : cet un dont on dit qu'il n'est pas doit bien être quelque chose pour pouvoir être nié, il lui faut participer à l'être en quelque façon (*cinquième hypothèse*, 160b5-163b6). Quant aux autres de cet un à la fois inexistant et existant, ils n'ont pour déterminations que celles que leur donne leur altérité mutuelle (*sixième hypothèse*, 163b5-165e1). Chaque chose est différente, non pas de l'un, mais de toutes les autres, « car c'est tout ce qui leur reste, à moins de n'être autres que rien ». Elles existent, mais seulement pour un regard émoussé et lointain, qui perçoit des masses dont l'unité n'est qu'apparente et dont l'altérité relative n'est qu'un « fantôme de différence ». Ces « amas » que sont les choses sont, même très petits, illimités en pluralité, et chacun d'eux « instantanément, comme en rêve, au lieu de l'unité qu'il semblait former, apparaît être multiple, et d'extrêmement petit, extrêmement grand, du fait de son émiettement ». Le contraire se métamorphose soudain en son contraire, l'unité apparente

---

1. Ce moment, pris comme une troisième hypothèse, a donné lieu a deux types d'interprétation : physique, ou métaphysique et alors dans une stricte orthodoxie plotinienne. L. Robin les articule avec élégance : « C'est par l'instantané que l'existence sensible engagée dans le temps qui devient se relie à l'existence intelligible qui, étant éternelle, implique ce temps qui ne devient pas » (*Les Rapports de l'être et de la connaissance d'après Platon*, Paris, P.U.F., 1975, p. 94).

en poussière illimitée : l'instant n'est pas alors coupure, il est *dans le temps* ce point où s'opère le renversement du contraire en son contraire. Évanescentes, les masses disparaissent aussi instantanément qu'elles sont apparues, il n'y a plus que de l'advenir et du disparaître, des métamorphoses incompréhensibles : on est dans la logique du rêve, et on pourra donner à ces amas toutes les déterminations qu'on voudra. Ce monde, gros de toutes les oppositions imaginables, autorise le jeu sans mesure de l'apparaître et du fantasme, le jeu du sophiste, qui peut ramener tout autre au même et tout même à l'autre et pour lequel toute chose n'est que la diversité infinie de ses apparaître, non pas seulement réels (perçus) mais fictifs.

Mais si on suppose que l'un n'est absolument pas, rien n'est. La version absolue de l'hypothèse négative (*septième hypothèse*, 163b7-164b4) rejoint le point de départ et la conclusion du traité de Gorgias *Sur le non-être*. Les autres ne sont pas non plus, car si l'un n'est pas présent dans les autres, les autres ne sont ni multiples ni uns, et en conséquence ne sont pas. « On a tout dit, dit Parménide, quand on a dit l'un et les autres » : ou bien l'un, ou bien les autres, mais si ni l'un (par hypothèse) ni les autres (en conséquence), rien n'est (*huitième hypothèse*, 165e-166c2). Le rien résulte d'un « ni…ni », il signifie la possibilité de répéter indéfiniment la négation de chacun des deux termes constituant une disjonction exclusive quelconque. Il résulte donc de l'application du tiers-exclu. En effet « rien » n'est pas, comme être et non-être, un terme en attente de détermination, c'est un opérateur : l'opérateur du ni (A) ni (non-A). Il fait passer de l'impossibilité d'une détermination quelconque (« n'est rien ») à l'impossibilité de l'existence même (« rien n'est »). De rien, opérateur logique, on passe au rien, négation existentielle : si l'un n'est pas, « rien » (*ouden*, pas même une chose) ne peut être. Rien n'est, mais rien non plus n'apparaît tel ou tel. D'une version de l'hypothèse négative à l'autre, on va de la « phénoménologie » et du relativisme de Protagoras à la logique extrême du traité de Gorgias. Si l'un n'est absolument pas, les autres ne sont pas non plus, rien ne paraîtra même plus ni semblable ni dissemblable, ni identique ni différent.

C'est sa participation à l'un qui à la fois arrache l'être à ses simulacres et en fait autre chose que de l'inconnaissable ou de l'indicible. L'impossibilité de déterminer *positivement* la présence de l'un à l'être répète l'impossibilité de déterminer positivement la présence de l'unité de l'Idée à une multiplicité, sensible ou intelligible. Elle éclate dans les hypothèses négatives : si l'un n'est pas, l'être n'est pas non plus, il n'a même plus de paraître ; et si les Idées ne sont pas, le logos ne sait plus vers où aller et la *philosophia* n'a plus d'autre issue que la sophistique. Ni l'un, ni l'Idée parce qu'elle est une, ne peuvent constituer l'un des deux termes d'un rapport. Trop immanents ou trop séparés, l'un et l'Idée ne peuvent jamais rester l'un ou l'Idée sans pâtir en devenant autres qu'eux-mêmes – en se multipliant – ou trop mêmes qu'eux-mêmes – en se séparant. La succession des hypothèses indique la nécessité de ne pas penser ce rapport comme un rapport, mais comme une *participation.* Démonstration indirecte, comme l'est la totalité du *Parménide.*

Dans la *première hypothèse*, celle d'« un *un* », la participation est impossible – ce qu'explicite la *quatrième hypothèse* : « ainsi donc l'un est séparé des autres, et les autres séparés de l'un ». C'est donc dans cette hypothèse que se plaçait la première objection de Parménide, celle du *khorismos.* Si l'on se place dans la *deuxième hypothèse*, l'hypothèse de l'un-qui-est, la différence est pensée non plus comme *chorismos* mais comme différence relative ; elle fonde une sorte de participation, mais réciproque et « le fait même de cette différence fait pâtir l'un non pas de l'autre mais du même que les Autres » (148a). De telle sorte que, n'entrant « jamais en rien de ce qui est », n'étant jamais intérieure aux termes « les non-un ne se différencient de l'un ni par l'Autre (puisqu'ils ne participent point à l'Autre) ni par eux-mêmes » (146d-e) : leur différence est inessentielle. La *troisième hypothèse* montre que chaque partie participant de l'un sera un tout, mais n'en participant que partiellement, elle sera en elle-même multiplicité illimitée et infiniment divisible, et ne tiendra sa limite que de la limitation extrinsèque de toutes les autres parties (158d). Cette hypothèse commandait la seconde aporie soulevée par Parménide, illustrée par l'image du voile. Le statut donné à la différence commande donc, soit l'impossibilité de la participation dans le cas des hypothèses absolues, soit la participation à des déterminations changeantes et contraires dans celui des hypothèses relatives. Les deux hypothèses négatives explorent les conséquences de l'absence de l'un, donc l'impossibilité relative ou absolue de la participation, aboutissant soit à une science de chez nous n'ayant affaire qu'à de phénomènes évanescents, soit à la négation absolue de toute connaissance possible. Il y a alors des chances pour que la possibilité d'une participation authentique soit découverte quand sera déterminée la véritable nature de l'Autre. Car il n'est pas vrai qu'on a « tout dit quand on a dit l'un et les autres » (159c). Encore faut-il dire l'Autre, et le dire autre que mutuelle altérité des autres aux autres, ou de l'un aux autres : le dire capable de pénétrer l'être et le même et d'y séjourner. Car si l'Autre est et est participé par chaque étant – donc à la fois par l'être, par l'un et par le même, alors, et alors seulement, la différence cessant d'être extérieure acquiert la puissance de faire différer. *C'est leur différence qui fonde la ressemblance des choses sensibles à l'Idée.* Ce n'est donc pas de ces choses mais du logos qu'il faut partir, et des Idées en tant qu'elles sont dites et posées par un logos. Partir de l'Idée supposée par le logos pose une différence telle qu'elle implique un équivocité de la différence, et une asymétrie de la ressemblance. Toutes les hypothèses examinées l'excluent, d'abord parce que chacune est dianoétiquement examinée et formulée. Descendre de l'hypothèse vers les conséquences est en effet le propre du mode de pensée situé sur la troisième section de la Ligne, le propre de la *dianoia* qui, pour saisir l'intelligible, se sert d'images. En chaque hypothèse, Parménide raisonne à partir d'une image définitionnelle de l'un[1]. Mais ce qui est éminemment dialectique est la capacité d'envisager toutes les hypothèses possibles, sans en réfuter *a priori* aucune et sans non plus en *choisir* aucune. L'introduction méthodologique de la première partie du *Parménide* donne une finalité à l'exercice : il faut « s'étant entraîné parfaitement, discerner souverainement

---

1. Ce caractère non dialectique du Dialogue peut être pris comme le signe de sa nature scolaire et gymnique (Wilamovitz, *Platon*, Berlin, Weidmannsche Buchhandlung, 1920, Bd. II, p. 222 *sq.*) ; parodique (Taylor, *The* Parmenides *of Plato*, Oxford, Clarendon Press, 1935, p. 111) ; éristique (H. Cherniss, « Parmenides and the *Parmenides* of Plato », *Am. Jl. of Phil.* 53, 1932, 122-138). Si l'un posé par Parménide n'est pas une Idée, au sens platonicien du terme, il n'est pas non plus « le tout » entendu comme le tout du monde ou de l'univers, ainsi que le propose L. Brisson. Il me semble plus simple de penser que lorsque l'un fait l'objet d'une dialectique « éléatique », celle-ci ne peut ni faire de l'un une Idée, ni donner aux Idées le statut que Platon leur donne, et que c'est justement cela que le Dialogue veut démontrer.

le vrai » (136c). Le discernement du vrai, propre au philosophe, est dioptique : il discerne quels objets et quel mode de connaissance et de discours entraîne chacune des hypothèses ; et synoptique, puisque le philosophe peut examiner tous ces modes de connaissance et de discours sans en adopter aucun. Dégager la signification et les implications de la totalité des hypothèses est œuvre de dialecticien, mais la méthode utilisée dans chaque hypothèse, elle, est dianoétique. La supériorité du Parménide de Platon sur le Parménide historique est qu'il n'interdit aucune voie de recherche, et qu'il fait de l'errance la condition indispensable à la rencontre du vrai. Il accepte la possibilité qu'aucune hypothèse ne soit vraie, que le vrai ne puisse surgir qu'au terme de l'errance et après l'exploration exhaustive. Quand il les prend ensemble, le philosophe n'attend pas de ces hypothèses une vérité, il voit qu'une hypothèse manque, hypothèse absente qui est exigée par ce qu'il cherche. En affirmant que pour être, il faut être dans le temps, Parménide exclut d'emblée l'existence de ces êtres que Platon appelle « réellement étant » : les Idées. Dans le temps il n'y a pas d'être qui, d'une manière ou d'une autre, ne pâtisse du devenir, et pas d'être qui soit capable d'agir sur lui. Cette puissance manque à l'un trop positivement ou trop négativement pensé par Parménide. La puissance fait défaut à chaque position ou négation de l'un dans la même mesure que la « plus haute science » fait défaut à l'examen discursif. Toute unité, toute multiplicité, ne peut être que dialectiquement déterminée, l'un ne peut être dit et pensé que dialectiquement, comme l'unification de *ce* multiple, qui à son tour ne peut être pensé que comme la multiplicité *constituée par cet un*. Pour une dialectique conçue de façon platonicienne, l'un possède la puissance, une puissance différenciée, d'intégrer les différentes sortes de multiplicité sans cesser d'être un. Si l'examen des hypothèses constitue une « gymnastique », cela ne signifie donc nullement que la deuxième partie du *Parménide* ne doive pas être prise au sérieux. Aucune hypothèse n'est avancée pour être réfutée, chacune peut se soutenir, et chacune construit *un monde possible* et dit dans quel espace et dans quel temps se situe celui qui la fait sienne, et quelle sorte de savoir et de discours elle l'oblige à adopter [1]. La démarche peut se résumer ainsi : admettons, dit Platon, que les Idées ne soient pas telles que je prétends qu'elles sont et que ce que je nomme participation soit impossible, dans quel monde conceptuel serions-nous ? Il ne s'agit pas de cosmologie, de monde physique, mais de savoir quelle forme de pensée, de connaissance et de discours autorise chacune des hypothèses. La seconde partie du *Parménide* construit les *mondes conceptuels* dans lesquels nous serions si les Idées étaient totalement séparées, ou si elles n'existaient pas, ou encore si, immanentes, elle ne pouvaient qu'être abstraites. Ni mystique, ni mathématicien, ni sophiste, dans quelle hypothèse doit donc se placer le philosophe s'il veut faire quelque chose « au sujet de la *philosophia* » ? Il ne peut évidemment se placer dans aucune, car toutes rendent

---

1. Voir H. Tarrant, « Parmenides and the narrative of not-being », *Proceedings and Papers of the Australian Universities' Languages and Literature Association* 16, Adelaide 1974, p. 90-109, p. 92 (ma trad.) : « À travers les arguments de la dernière partie du *Parménide*, Platon semble construire des images de mondes possibles… ». Cette notion fait sa réapparition dans le contexte de la logique modale : toute phrase modale est traitée comme comportant une référence implicite à un monde : « il est possible que *p* » est paraphrasé dans un métalangage par « il y a un monde possible *m* dans lequel la proposition *p* est vraie » (*cf.* par ex. W.V.O. Quine, « Worlds away » (1976) ; repr. in *Theories and Things*, Harvard UP 1981).

impossible la sorte de logos qu'exige la différence de son savoir. De quoi, alors, ce savoir diffère-t-il ? et dire de quoi il diffère suffit-il à en affirmer la différence ?

La science des différences
et la différence de la science

Le logos désormais n'est plus le champ où s'affrontent et s'articulent de multiples modes de discours. La pensée peut prendre tout son temps, elle a tout loisir d'examiner en détail les hypothèses qui se présentent, délivrée qu'elle est de la nécessité de reconquérir chaque fois sa différence et du souci d'avoir à affirmer sa valeur. C'est précisément à partir de ce mot : « loisir » (*scholè*, 172d), prononcé comme au hasard par Théodore, que s'opère abruptement dans le *Théétète* le passage à la digression opposant « ceux qui ont passé beaucoup de temps dans les recherches philosophiques » et « ceux qui ont roulé dans les tribunaux dès leur jeunesse ». À quel moment de l'argumentation Socrate saisit-il ce mot au vol pour entreprendre de dresser « au sein de la réalité ces deux paradigmes : l'un, divin et parfaitement heureux, l'autre privé de dieu et tout à fait misérable » (*Théét.*, 176e) ? La thèse de l'homme-mesure soutenue par Protagoras a rencontré sa limite dans la notion de compétence. Le corps lui-même requiert une intelligence de ce qui lui convient, et qui n'a rien à voir avec l'opinion qu'il peut porter sur ce qui lui est agréable. L'appel à l'homme compétent, au médecin, suffit à montrer que, même empiriquement, nous formons l'opinion que l'opinion n'est pas le savoir. Le sain et le malade révèlent une nature du corps et de son fonctionnement résistant à toute conventionalité. De sorte que la thèse de Protagoras doit se limiter à la Cité. Ce qu'une société politique décrète beau et laid, juste et injuste, pie et impie, vaudra pour elle et pour tout le temps qu'elle soutiendra cette opinion. Les sages de la cité seront alors mesure, mesure de cette opinion droite qui est tenue pour « vraie » alors qu'il faut la dire « meilleure ». De même que le médecin est capable, par ses drogues, de substituer une disposition saine à un état malade, l'orateur, par ses discours, peut guérir une cité des maladies qui la rongent et la persuader d'adopter « des impressions et des manières d'être qui soient bonnes et saines » (167b-c). Après la digression, l'argument est repris exactement au même point : lorsqu'une cité légifère, prenant les mesures qu'elle croit utiles, sa visée de l'utilité dépasse le temps présent, « elle concerne bien en quelque façon aussi le temps à venir » (178a). Mais qui est le meilleur juge pour ce qui regarde le futur ? Et surtout dans l'hypothèse de cette essence mobile de toutes choses qui, selon Platon, sous-tend la thèse de Protagoras ? Il faut alors remonter au principe (179d-e) et s'attaquer au mobilisme universel, dont la critique par Socrate conclut la première tentative de définition du savoir par Théétète : la science est sensation. La digression semble cependant interrompre le mouvement de l'argumentation portant sur la négation de toute forme d'existence immuable. Que signifie cette interruption ? Elle a pour finalité de démontrer le loisir et la liberté exigés par la pensée.

Mais à quoi sont employés ce loisir et cette liberté ? Non certes à parler de n'importe quoi, mais à établir que loisir et liberté sont les conditions de la parole du philosophe. Celui en effet qui n'a que lui-même pour mesure (178b) n'est, contrairement à ce qu'il croit, rien moins que libre, suspendu qu'il est toujours au verdict d'un juge, d'un spectateur, de l'opinion commune « qui se tient comme un maître » en face de lui (173c). Sa parole a toujours la

forme d'un plaidoyer et la controverse est l'essence de
tout discours. Si un discours a besoin de paraître vrai pour
l'être, alors s'instaure la servilité indéfinie parce que jamais
situable d'une parole de maître ou d'esclave, le maître
n'étant que l'esclave de son esclave. Seul celui qui a sa
mesure hors de soi, dans quelque chose de divin et de plus
haut que lui, n'a pas besoin de critère et n'attend pas de
verdict. Sa parole se déroule en paix. La liberté du
philosophe – libre vis-à-vis de toute espèce de juge –
consiste d'abord à évaluer de haut, à changer de mesure
sans même le savoir. Libre vis-à-vis des autres, celui qui
a passé son temps dans la *philosophia* l'est aussi vis-à-vis
de lui-même, alors que pour les autres « leurs conflits
jamais ne portent sur autre chose mais toujours sur eux-
mêmes » (172d-173e). Le philosophe parle dans le
détachement de soi, relié par son désir à un ailleurs qui est
véritablement autre. Mais le signe le plus profond de son
indifférence vis-à-vis du jugement d'autrui – sa vie fût-elle
le prix de la course – et de son détachement, c'est le loisir,
cette liberté relative à l'urgence, à l'eau de la clepsydre
qui ne cesse de couler. Car le temps coule, il nous est
quantitativement mesuré, il est l'allure même de la nécessité.
Nous forçant toujours à conclure, le temps de la cité, de
l'action, du monde des hommes, ne nous laisse jamais le
loisir de comprendre. Le loisir à vrai dire n'existe que pour
qui le prend, et délivre le temps. Ce temps libéré libère à
son tour le discours de toute critériologie externe, du souci
de l'efficacité comme des considérations rhétoriques de
longueur ou de brièveté. Et le discours actualise à loisir le
temps, et tout le temps qu'il faut. La hauteur, la liberté,
sont la mesure propre à la *philosophia*, la seule juste mesure.
En effet, dire l'homme mesure renvoie à la question :
« qu'est-ce que l'homme, à une semblable nature que

peut-il convenir de faire ou de subir qui la différencie des autres ? » (174b). À quoi doit-il se mesurer pour être un homme et non pas une espèce de bipède sans cornes ? Les politiques et les sophistes, les habiles de ce monde ne lui proposent pas d'autre paradigme que lui-même. Mais, variable et changeante, une telle mesure dissout la notion même de mesure. À supposer que ce soit ceux qui savent, les sages, qui soient mesure, quel sera le critère permettant de discerner le savoir de l'ignorance et du faux savoir ? Si ce critère est l'utilité reconnue par l'opinion commune, l'opinion commune devient en dernier ressort mesure, et consacre et les savoirs et les savants. Le philosophe, en qui s'incarne la triple figure de la liberté, n'est pas évoqué au passage pour le plaisir de brosser le portrait d'un homme capable de tomber dans tous les puits et de relever son manteau sur l'épaule droite : il est nécessaire pour réintroduire l'« harmonie des *logoi* » (175e). La vraie mesure est harmonie et non pas subjectivité. Le philosophe est un homme libre, mais sa liberté ne consiste ni à dominer, ce qui est encore une forme d'esclavage, ni à prendre sa singularité pour mesure. Il incarne une autre mesure, qui le constitue au point qu'il ne sait même pas qu'il ignore toutes les autres. Cependant, selon le mathématicien Théodore, est philosophe celui qui « sonde les profondeurs de la terre à la surface laquelle il pratique la géométrie, comme sur la voûte qui domine le ciel il pratique l'astronomie » : il a pour modèle Thalès (173e-174a). Son indépendance découle d'une extension quantitative qui ridiculise par comparaison les valeurs communes (le nombre des arpents du propriétaire est comparé à la surface de la Terre, le nombre des ancêtres dont on se vante comparé à leur multiplicité innombrable…). Si le philosophe selon Théodore partage détachement et loisir avec ce que Platon,

lui, appelle philosophe, il gagne son indépendance à trop
bon compte. Car ce que cherche un philosophe est une
mesure incomparable, la différence en elle-même
incomparable d'un savoir sans assurance de soi et qu'il
poursuit pourtant avec acharnement. Un tel savoir implique
une liberté qui ne se réduise pas à être étranger à l'espace
où règnent opinions et valeurs communes comme à la
temporalité pratiquement découpée que la cité impose.
C'est de ce savoir et de la sorte de liberté qu'il implique
que la définition est cherchée dans le *Théétète*. Que cette
définition reste introuvable ne fait pas du *Théétète* un
Dialogue aporétique comme les autres, car cela ne renvoie
pas à un autre champ où cette définition pourrait enfin
s'énoncer. Poser des Idées ne permet pas d'établir une
différence entre l'opinion droite et le savoir : dans le livre V
de la *République* comme dans le *Timée*, c'est au contraire
la distinction entre l'opinion et le savoir qui justifie leur
position. Le *Théétète* s'efforce de définir une différence
qui reste introuvable, non qu'elle n'existe pas, mais parce
qu'elle est impossible à définir.

   Une fois établi que la science n'est pas la sensation,
Socrate pose à nouveau la question, car le but n'était pas
de découvrir ce que n'est pas le savoir, mais ce qu'il peut
bien être, en cherchant « le nom, quel qu'il soit, qui désigne
l'âme lorsque, elle-même et par elle-même, c'est sur des
choses qui sont réellement qu'elle travaille » (187a). De
l'avis de Théétète, c'est ce qu'on appelle « se faire une
opinion ». L'opinion commune sur ce qu'est le savoir est
que cela consiste avoir une opinion vraie. Or le philosophe
est justement celui qui n'a pas d'opinion sur son savoir,
et c'est pourquoi ce n'est pas sage qu'il est, mais philosophe.
Pour l'opinion, la *sophia*, possession d'opinions droites,
se confond avec l'*epistèmè*. Or c'est de la question de leur

différence (145d-e) que part le *Théétète*. Dans la digression, il apparaît que le sujet de la science (*epistèmè*) n'est pas le sage ou le savant (*sophos*), mais le philosophe. La *sophia* n'est pas l'*epistèmè* parce qu'elle s'absorbe toujours nécessairement dans la double représentation qu'elle engendre : celle d'un discours qui serait l'expression d'un savoir possédé, l'énoncé d'une vérité adéquatement formulée ; et celle d'un sujet du savoir qui serait savant. « La vérité », fait dire Platon à Protagoras, « j'affirme qu'elle est telle que je l'ai écrite... et voici comment je définis le sage (*sophos*) » (166d). Socrate lui oppose un savoir inégal à toute représentation, à toute définition de lui-même, et jamais épuisé dans un logos. Le philosophe n'est pas détenteur d'un savoir, il désire savoir, un savoir différent quant à sa forme, son contenu, son cheminement. De ce savoir, le loisir et la liberté sont, non pas les conditions, mais l'élément propre. Conditions, elles ne seraient qu'empiriques, et le portrait dressé du philosophe ne serait que l'apologie d'une manière de se comporter. La portée de la digression est tout autre, elle constitue la seule véritable réfutation de la thèse de Protagoras, inattaquable dès lors qu'il s'agit de l'impression individuelle actuelle (179c), mais inattaquable à une condition : qu'on ne parle plus de mesure, et qu'on se contente de dire que chacun sent bien ce qu'il sent. La notion de mesure requiert un savoir distinct de la sensation et de l'opinion, et les signes de cette différence sont le loisir et la liberté. Tout savoir, dans sa démarche, doit prendre le risque de se présupposer (196e-197a). Toute pratique du logos serait impossible si l'on devait mettre à son principe une définition du savoir. Il y a un exercice du savoir, l'examen, qui requiert la mise en œuvre de termes comme « savoir », « ignorer, » « comprendre » (196e), alors même que ces termes ne sont pas définis et que c'est leur définition qu'on recherche. Une telle présupposition est nécessaire si l'on ne veut pas être un disputeur, un antilogique. C'est l'ignorance, la conscience de ne pas savoir, qui met en mouvement le logos. Que cette ignorance puisse être réduite et que l'on puisse *apprendre* requiert éros, ce « terrible éros » qui anime Socrate et l'empêche de s'avouer vaincu (169c). La modalité de ce désir exclut toute autre origine et même cette *archè philosophias* (155d) qu'est l'étonnement. Car le *thaumazein* n'est pas en soi un sentiment philosophique, et il peut engendrer toute autre chose que de la *philosophia* : une admiration stupide devant des arguments sophistiques. Face à un Théétète jugeant la thèse de la mobilité universelle « étonnamment douée de raison » (157d), ou rempli d'admiration pour la théorie de l'homme-mesure de toutes choses (162c), Socrate dénonce le *thaumazein* (165d-e) comme l'arme par excellence du mercenaire des combats de parole et l'effet privilégié de sa « si enviée sagesse (*sophia*) »[1]. Il y a donc au moins un mauvais étonnement : il est lié à la *sophia* et risque fort de tourner en misologie. À supposer même que le « bon » étonnement soit au principe, il doit être dépassé. Car si l'état de *thaumazein* se maintient comme tel, de cet état passif et sans discernement ne sortira jamais le travail de l'examen, et celui qui l'éprouve restera, face à la dialectique, cet amateur de spectacle émerveillé par des astuces. Si Théétète se révèle être au cours du Dialogue un naturel bien doué, ce n'est jamais dans les moments où il s'étonne mais lorsqu'il se révèle capable de fournir un exemple ou une analogie, d'avancer

---

1. *Cf.* aussi *Parm.*, 129c, 134e, 135a, *Soph.*, 251c. Le sophiste est θαυματοποιός (*Soph.*, 235b5, 268d2), de même que les montreurs de marionnettes de la Caverne (*Rép.*, VII 514b).

un nouvel essai de définition ou de présenter une objection. La fameuse généalogie de l'étonnement est à manier avec précaution, la capacité à s'étonner peut aussi être pervertie est engendrer une *philosophia* pervertie. Commencement plus qu'origine, l'étonnement vaut ce que vaut la manière dont on le dépasse au cours d'un dialogue qui n'a pas pour fin de le produire. À l'étonnement admiratif de Théétète répond l'étonnement critique de Socrate (en 161b-c) devant le discours de Protagoras. Si l'étonnement est bien au commencement de la *philosophia*, il ne l'est qu'en tant qu'il est l'étonnement d'un philosophe. Origine, mais origine ironique, l'étonnement s'efface devant éros. Cependant, faire de l'étonnement le principe de la *philosophia* signifie au moins qu'il faut rechercher l'origine du côté d'une distance, d'un écart, et non pas du côté d'un mode de savoir positif. On ne peut pas faire de la définition du savoir la condition préalable à tout exercice du savoir, car alors, comme le savent bien les antilogiques, il n'y aurait pas de meilleur moyen de le rendre à tout jamais impossible et de le repousser à l'infini. De plus, toute définition du savoir supposerait soit une opinion vraie englobant le savoir, l'opinion vraie et leur différence ou in-différence mutuelles, soit un savoir englobant le savoir, l'opinion vraie et leur différence. L'opinion vraie sur la différence entre l'opinion vraie et le savoir comme le savoir de la différence entre le savoir et l'opinion vraie renverraient évidemment à l'infini et relèveraient de l'argument du troisième homme. La différence entre l'opinion droite et le savoir ne peut constituer le *contenu* d'une opinion droite ou d'un savoir, le savoir *est* cette différence, il l'est en acte.

C'est pourquoi les réfutations des deux dernières définitions proposées par Théétète vont en sens exactement

inverse de la réfutation de la première définition. Le senti
n'est senti que s'il fait intervenir l'âme, la mémoire,
l'anticipation, l'opinion en un mot. La définition de la
science par la sensation est rejetée parce qu'elle est
circulaire : la différence disparaît, l'autre est renvoyé au
même. Au contraire, dans les deux définitions suivantes,
il s'agit de maintenir une altérité, celle qui différencie le
savoir de l'opinion même vraie, même accompagnée de
son logos. *La sensation ne peut pas définir le savoir parce
qu'elle l'implique*, ou qu'elle implique au moins un certain
savoir ; *l'opinion vraie ne peut pas définir le savoir parce
qu'elle l'absorbe*, et que se suffisant à elle-même elle en
rend inutile le concept. La définition par la sensation
prétendait exclure toute autre forme de savoir que percevoir,
la définition par l'opinion droite prétend s'identifier au
savoir. Où se joue donc la différence entre le savoir et
l'opinion vraie ?

Le *Théétète* la cherche du côté du sujet, pas des objets.
La seconde définition commence par introduire le sujet
opinant capable de subir ce *pathos* qu'est l'erreur (187d),
de distinguer entre opinions fausses et opinions vraies [1].
Mais il n'y a pas de sujet de l'erreur, puisque celui qui se
trompe croit savoir. L'opinion fausse advient dans une âme
qui affirme ou nie une opinion, or il est impossible d'affirmer
ce qui n'est absolument pas ; elle affirme donc quelque
chose qui est autre que ce qui est. Mais cela ne peut se
produire ni dans l'âme de celui qui sait – s'il sait ce qu'est
un cheval et un âne, comment pourrait-il prendre l'un pour
l'autre ? – ni dans l'âme de celui qui ne saurait ni ce qu'est
l'un ni que ce qu'est l'autre. Si savoir est le contraire

---

1. La *doxa* requiert un sujet opinant : ὁ δοξάζων (*Théét.*, 188a7).

d'ignorer, s'il n'y a pas d'intermédiaire (*metaxu*) entre ces deux états, l'erreur est impossible. À supposer, en revanche, que l'ignorance et que la science ne soient pas deux *états* mais deux mouvements consistant d'une part à apprendre et à se souvenir, et d'autre part à oublier, l'erreur devient empiriquement possible, selon les modalités de l'inventaire ironique de 193d-195c. Si un souvenir vient remplir une perception qui ne lui correspond pas, si par exemple je dis « bonjour Théétète » à Théodore, ou si je prends une perception présente pour un souvenir – quand, voyant Théétète, je crois me souvenir que c'est Théodore –, je me trompe. L'erreur devient explicable quand le sujet croit percevoir alors qu'il se souvient ou croit se souvenir alors qu'il ne fait que percevoir, ce qui arrive quand il se trouve incapable de percevoir nettement, ou est incapable d'acquérir des souvenirs qui ne soient pas brouillés, confus, ou d'acquérir des souvenirs tout court. L'erreur ainsi décrite comme un défaut d'ajustement (*sunapsis*) de la sensation au souvenir rend subjectivement compte de la possibilité des opinions fausses. Mais c'est la sensation qui sert alors à discriminer les fausses des vraies (donc le savoir du non-savoir dans l'hypothèse envisagée), c'est l'ajustement à la sensation qui est le critère, et on est renvoyé à la première définition. On peut toutefois penser sans le secours des sensations, ce que prouvent une fois de plus les mathématiques : en quoi consistent alors les erreurs de pensée (195e-199c) ? Comment est-il possible de se méprendre en pensant ? Seul celui qui possède un savoir des nombres peut se tromper en les additionnant : il faut savoir ce que signifient cinq, sept et onze, pour dire que cinq et sept font onze – or c'est justement ce que celui qui possède ce savoir ne dira pas. La distinction entre posséder

et avoir, entre savoir virtuel et savoir actuel, illustrée par
l'image du colombier, pourrait fournir la solution[1]. Selon
cette image, l'âme est un réservoir de connaissances, et
l'erreur consisterait à ne pas attraper le bon oiseau, à
attraper onze au lieu de douze : elle serait la mauvaise
réactualisation d'un savoir possédé. L'argument du troisième
homme permet de récuser l'image de ce « ridicule
colombier » (200b), car il faudrait qu'y soient enfermées
non seulement des connaissances mais des non-
connaissances. Le nombre onze n'est pas un non-oiseau,
c'est un mauvais oiseau, mais seulement pour un savoir
qui ne se trouve pas dans le colombier et qui permettrait
de juger de la valeur de l'oiseau attrapé. Cinq et sept font
douze et non pas onze, cela constitue une sorte de savoir
sur lequel tous peuvent s'entendre, mais la vérité des vérités
de ce savoir est renvoyée à un autre savoir, qui ferait de
la vérité et de l'erreur son affaire. Ce savoir des savoirs et
des non-savoirs aurait pour objets opinions fausses et
vraies, et étant lui-même, dans l'hypothèse envisagée, une
opinion vraie sur le vrai et le faux, il appellerait à son tour
un autre savoir de la vérité de son opinion. La régression
à l'infini s'opère inévitablement si sensations et opinions
ne sont pas vraies en elles-mêmes, la régression d'une
opinion vraie à une opinion vraie sur sa vérité ne s'arrêterait
qu'à la condition que la seconde opinion vraie ne soit pas
de même nature que la première. Ce changement peut-il
résulter du fait de lui adjoindre un logos ?

---

1. Οὐ τοίνυν μοι ταὐτὸν φαίνεται τῷ κεκτῆσθαι τὸ ἔχειν (*Théét.*,
197b8). La distinction a permis de résoudre la « redoutable question »
– est-il possible, en même temps, de savoir et de ne pas savoir – qui, en
164c-d, avait amené Socrate à opposer les disputeurs (ἀγωνισταί) aux
philosophes et à prononcer en « philosophe » l'apologie de Protagoras.

Le problème de la transitivité de la propriété des éléments au tout qu'ils constituent semble amener une objection indépassable : tout logos, même le plus petit, est par nature complexe et ne peut par conséquent dire le simple. « Il est inadmissible d'affirmer que la syllabe est connaissable et exprimable alors que de l'élément (de la lettre) on affirme le contraire » (205e). Ce n'est donc pas en l'insérant dans une totalité organisée qu'on enlèvera à l'élément son mutisme, et son identité obstinée ; il restera inconnaissable. Ou bien il rendra inconnaissable la structure qui l'intègre, ou il faudra admettre que l'élément est connaissable [1]. Cette aporie commande toute la fin du *Théétète*, où va se poser la question de la sorte de logos capable, en s'y adjoignant, de métamorphoser l'opinion vraie en savoir. Par ce logos, faut-il entendre l'expression verbale de la pensée ? Mais toute opinion est déjà un logos, un discours que l'âme se tient à elle-même quand elle affirme ou quand elle nie (190a), logos fait de mots, d'entités vocales et signifiantes. La *doxa* définie par Socrate n'est pas un acte logique, ce qu'insinue à tort sa traduction par « jugement », elle est un certain « état de l'âme » comme disait Socrate en la situant sur la Ligne. Le *Philèbe* précise que lorsque le promeneur transpose oralement ce qu'il se disait silencieusement, « il proférera les mêmes choses, et c'est bien ainsi que devient logos ce que nous appelions

---

1. Ryle, « Letters and syllables », pense que les éléments inconnaissables renvoient aux Idées « simples » du *Phédon* et du *Banquet*, mais le *Phèdre* (270d) précise qu'une Idée indivisible en espèces est néanmoins articulée selon sa puissance d'agir et de pâtir. Ce texte du *Théétète* ne parle pas d'Idée, mais d'élément, στοιχεῖον, terme qui désigne aussi la lettre de l'alphabet. Une lettre peut seulement être désignée, elle est *alogos* ; le sémantique ne peut donc sortir du phonétique, c'est du logos qu'il faut partir car c'est lui qui, en associant les noms, leur donne un sens, et pas l'inverse.

alors opinion » (*Phil.*, 38d). « L'image de l'opinion dans
la voix » ne la modifie en rien et ne lui ajoute rien. Un
second sens de logos est alors avancé : « donner le logos »
d'une opinion serait être capable « de répondre à une
question en parcourant les éléments ». Mais celui qui
fabrique un chariot ou écrit un mot doit choisir correctement
les pièces ou les lettres et les assembler dans l'ordre
convenable. Il connaît donc la route à suivre, et pouvoir
donner une énumération complète et ordonnée des éléments
qu'il ajuste n'ajoute rien ; le logos a en outre le sens
phonétique que lui donnait l'hypothèse précédente. Faut-il
alors s'accorder à l'opinion commune, et dire que le logos
est le signe permettant de distinguer de tout le reste l'objet
en question ? Que le savoir soit la saisie d'une distinction
caractéristique est ce que « n'importe qui sait déjà ».
Manière ironique d'affirmer que tout savoir, même s'il se
borne à discerner Théétète de Théodore et de tous les autres
hommes, met en jeu cette distinction. La saisie du caractère
distinctif est ce qui constitue la rectitude de l'opinion, et
cette adjonction, une fois de plus, n'adjoindrait rien. Elle
implique en outre qu'« apprendre » signifie percevoir
correctement, avoir à sa disposition les souvenirs permettant
de reconnaître et identifier. Retour, donc, à la définition
précédente du savoir comme opinion vraie, opinion dont
la vérité était renvoyée à la sensation. Le rejet de la dernière
tentative est significatif. Définir en effet la science comme
saisie de la différence caractéristique est une définition
qui, valant pour tous et pour toutes choses, pourrait être
satisfaisante, et en satisfait beaucoup. S'en satisfaire,
comme le montre le caractère régressif des analyses, c'est
finalement croire que savoir c'est percevoir, sans forcément
entendre par là une perception sensible – plutôt une saisie
directe, non médiatisée et non dialectique. Quel que soit

le type d'objet (sensible ou intelligible) dont il est le savoir, le savoir entendu comme un certain état de l'âme ne peut donc être ni appréhension immédiate, ni opinion vraie, ni opinion vraie accompagnée de logos. La sensation, pénétrée qu'elle est d'opinion, de souvenir et d'anticipation, n'est jamais aussi immédiate qu'on pourrait croire ; l'opinion vraie n'est qu'un bon usage du souvenir permettant d'identifier la chose, sa vérité est une conformité à un passé dont, à son tour, rien ne garantit la vérité ; quant au logos qui, accompagnant l'opinion droite, en ferait un savoir, s'il est en dernière analyse la connaissance de la différence caractéristique, cette différence est à l'origine de la rectitude de l'opinion à laquelle on prétendait l'adjoindre.

Pourquoi rejeter cette dernière définition ? La question s'impose d'autant plus que son rejet semble s'opposer à ce qui était dit dans le *Ménon* (97e-98a) : les opinions vraies continueront à s'évader de l'âme « tant qu'on ne les aura pas liées par un raisonnement sur la cause », mais « une fois enchaînées, en premier lieu elles deviennent des savoirs, et par suite deviennent stables ». Doit-on alors admettre que, dans le *Théétète*, « Platon se rectifie lui-même » ? Mais, dans le *Ménon*, c'est un *logismos*, un raisonnement, qui accompagne l'opinion vraie, tandis que dans le *Théétète*, c'est un *logos* ; le terme *logismos* n'apparaît qu'une seule fois dans ce Dialogue et, mis au pluriel, il désigne les « raisonnements » ou « calculs » propres à la science des nombres et à l'arithmétique. Les opinions vraies deviennent dans le *Ménon* des *epistèmai*, et le pluriel suffit à indiquer de quelle sorte de savoirs il s'agit. Le seul logos capable de « réduire le gouffre » qui sépare les deux grandes sections de la Ligne est celui de la pensée dianoétique : les savoirs obtenus par adjonction dans le *Ménon* ne sont pas ceux dans lesquels il faut chercher ce que c'est que savoir, ce sont les sciences multiples qu'éros dépasse dans le *Banquet*. Car ce n'est pas le fait de raisonner correctement qui liera le savoir à l'âme : il liera simplement des propositions vraies, correctement formées, à d'autres propositions vraies. Être capable d'en formuler n'empêche pas d'ignorer ce que c'est que savoir. Pourtant, c'est bien un lien qui différencie le savoir, mais c'est un lien à l'âme. Or quand l'âme découvre que c'est d'elle-même et par elle-même qu'elle peut tout apprendre, cet effort ne s'ajoute pas à l'opinion vraie pour en faire un savoir, il est la médiation nécessaire pour libérer l'âme de l'opinion. Opinion et savoir, dit la *République*, sont deux puissances, et seule une âme qui se ressouvient de sa puissance de comprendre peut comprendre que le savoir est la seule puissance capable de la délivrer de l'opinion. C'est un lien « psychique » [1], non la conformité à des exigences épistémologiques, qui permet que du savoir puisse advenir, du savoir aussi bien mathématique que dialectique. Ce n'est donc pas l'absence des Idées qui explique le caractère aporétique du Dialogue, puisque les mathématiciens ont affaire à des Idées, et c'est précisément la différence de son savoir d'avec leur savoir que le philosophe, face à de grands mathématiciens comme Théodore et Théétète, recherche dans le *Théétète*. Or l'identification implicite du savoir à la science dont dispose le mathématicien, science qui ne récuse pas mais se juxtapose aux savoirs empiriques et peut s'y appliquer, permet de trouver du savoir dans les sensations, dans les opinions droites et les énoncés corrects : des savoirs, il y en a alors partout, ils prolifèrent, s'affirment, se prouvent. Le savoir dialectique,

---

1. Lien que le *Ménon* nomme réminiscence et définit par le fait de « reprendre soi-même en soi-même un savoir » (85d).

lui, ne les laisse pas en paix, comme le signifie la conclusion
sur la maïeutique. Référer toute méthode à cet exercice de
purification, de libération qu'est la maïeutique, indique la
différence d'un savoir pour lequel savoir ne signifie pas
seulement raisonner, bien que raisonner soit nécessaire.
La maïeutique n'est pas seulement une manière d'éduquer,
elle est le seul moyen pour le philosophe de rester philosophe
en continuant à apprendre, le seul moyen de l'empêcher
de croire qu'il sait et de croire à ce qu'il sait. La différence
du savoir reste introuvable tant qu'on se demande ce qui
manque à la sensation, à l'opinion vraie, ou aux sciences
dianoétiques pour qu'elles soient des savoirs. Car la question
est bien plutôt : qu'est-ce qui leur est présent, et dont le
savoir doit se purifier ? Tel est le sens, dans ce Dialogue
tardif qu'est le *Théétète*, du retour à la maïeutique : le
savoir cherché en est inséparable. Pour ce savoir, l'opinion,
même vraie, même raisonnée, n'est pas une forme inférieure
de connaissance, ce n'est pas une connaissance du tout.

Le philosophe nomme savoir le fait d'apprendre et de
comprendre, et cela en grec se dit d'un seul mot :
manthanein. Or ce n'est pas la nature de son savoir qui
différencie le philosophe, c'est le philosophe qui différencie
le savoir. Quand le philosophe se tait, le savoir ne disparaît
pas, au contraire, il se multiplie, il est partout, dans les
sensations, dans les souvenirs, dans les jugements droits
et dans les sciences correctement constituées. On peut se
satisfaire de petites vérités, vraies, mais sans vérité car
elles expulsent de la science l'erreur, le doute, l'exploration
sans garantie. Le philosophe, et à vrai dire aussi son ombre,
le sophiste, savent qu'on ne peut pas localiser l'erreur, et
qu'elle menace tout effort pour apprendre. Tous deux savent
que la vérité a partie liée avec ce que l'on suppose être
réellement étant, et, soit en affirmant soit en niant ce lien,

chacun affirme à sa manière que la liberté est bien l'essence
de la pensée. Le philosophe mis à part, le sophiste a raison :
il est impossible d'apprendre ce qu'on ne savait pas déjà.
Tout savant en sciences empiriques ou mathématiques a
encore davantage raison : savoir consiste à réactualiser du
virtuel, soit sous la forme d'un souvenir, d'une expérience
acquise, soit sous la forme d'une déduction nécessaire.
Apprendre ne signifie plus alors qu'acquérir, entasser des
colombes dans le colombier, jamais inventer. La puissance
du savoir ne peut s'appliquer à elle-même pour se définir,
elle se manifeste par ses effets en une âme : elle ne la rend
pas savante, elle la contraint à philosopher. Philosopher
n'est pas commencer par définir ses termes, poser ses
conditions de possibilité, c'est s'interroger, tourner en
rond, risquer de se perdre, et inventer chaque fois, contre
toute possibilité, les chemins qui feront avancer. Le *Théétète*
réitère implicitement en l'accentuant la condition énoncée
par la *République* et formulée dans le *Sophiste* : il faut être
philosophe pour être un bon dialecticien. Quand elle procède
d'un « terrible éros », la dialectique sait qu'aucun mot
n'est parfaitement adéquat à la chose, qu'aucune réponse
ne répond complètement à la question et qu'aucune solution
ne supprime définitivement un problème. En ne définissant
pas son savoir, le philosophe affirme dans le *Théétète* toute
sa puissance de négation et de refus (210b). Ce Dialogue
sur le savoir est donc un Dialogue sur la différence. Il est
aussi un Dialogue sur la liberté et sur tous les sens possibles
de ce terme : en tant qu'elle s'oppose à la servitude, la
liberté est l'élément propre de la *philosophia*, en tant qu'elle
est l'élément du savoir, elle le délivre de la positivité de
l'opinion et de la connaissance. La souveraine liberté de
l'apprendre et de l'inventer s'absente quand s'absente le
philosophe.

La démarche du *Théétète* est la même que celle du *Parménide* : tout se passe comme si les problèmes étaient volontairement posés à l'envers, posés comme il ne faudrait pas les poser et comme ils n'ont pas cessé et ne cesseront pas d'être posés. Les deux Dialogues font voir en creux, laissent entendre à qui sait entendre, l'évidence d'une différence, et dans les deux une coupure, une digression vient interrompre un instant la suite des hypothèses et tout déplacer en ayant l'air de laisser tout intact. Le *Parménide* est le signe peut-être le plus éclatant, parce que la maîtrise y éclate peut-être plus qu'ailleurs, du courage qu'il faut au philosophe pour examiner sérieusement, patiemment, les hypothèses qui lui refusent la possibilité de faire ce qu'il fait. Les hypothèses du *Parménide* ne sont ni fausses ni impossibles, mais elles construisent des mondes dans lesquels une certaine manière de philosopher n'est pas possible ; les hypothèses du *Théétète* ne sont pas fausses non plus, et comme celles du *Parménide* elles ne sont que trop possibles. Tous deux affirment une différence d'autant plus présente qu'elle est niée par toutes les hypothèses examinées. Comme le philosophe n'est pas libre de ne plus parler comme il parle et de ne pas aimer ce qu'il aime, sa *philosophia a un effet dévastateur* [1]. La leçon à tirer de ces deux Dialogues est la même : enfermer la pensée dans un espace soit métaphysiquement soit logiquement clôturé, c'est soumettre la liberté de l'intelligence à des règles, des lois, et cela n'est pas permis :

> Il n'y a en effet ni loi ni ordonnance qui soit plus puissante que le savoir, et il n'est pas permis non plus de soumettre

---

1. Il est ἐν φιλοσοφίᾳ (*Théét.*, 172c9, 173c7, 174b1) ; la *philosophia* qui lui est intérieure projette l'espace d'un discours qui se déploie « dans la *philosophia* ».

l'intelligence à quoi que ce soit, ni d'en faire une esclave,
elle qui gouverne toutes choses, à cette condition toutefois
qu'elle soit une intelligence véritable, une intelligence
réellement libre comme il est conforme à sa nature (*Lois*,
IX 875c-d.)

Que le philosophe soit décisif quant à la question de
l'un ou quant à la question du savoir est ce que nous disent
sans le dire le *Théétète* et le *Parménide*. Qu'il le soit quant
à la question de l'être est ce que va explicitement énoncer
le *Sophiste*.

La science des hommes libres

Pour capturer le sophiste et le priver de son dernier
refuge, il faut admettre l'existence d'opinions fausses et
de discours faux, donc la possibilité d'un entrelacement
de l'être et du non-être. Mais on risque de croire comprendre
très suffisamment ces termes, être et non-être, et de se
mettre trop facilement d'accord. L'Étranger propose alors
le chemin (*hodos*) qui lui semble le plus s'imposer :
« soumettre à examen les opinions qui semblent à présent
évidentes. » Ceux qui ont traité la question de l'être ont
cru pouvoir y répondre en déterminant soit le nombre, soit
la nature des étants. Les thèses pluralistes ou monistes des
anciens penseurs de la Nature sont plus évidemment
mythologiques que la thèse de Parménide, dont l'examen
permet au moins de montrer les « myriades d'apories »
découlant de l'identification de l'être avec l'un et le tout.
Mais l'être ne peut être ni le résultat d'un mélange ou
d'une lutte de forces naturelles, ni une unité si indivisible
qu'elle en deviendrait étrangère aussi bien à l'être qu'au
tout. « Que pouvez-vous bien vouloir dire toutes les fois
que vous articulez ce terme "être" ? » (244a). Lorsque

l'être est pensé comme un tout, que ce tout soit déterminé comme multiple ou comme un ou qu'il soit pensé comme absolument un et inengendré, encore faut-il affirmer de ce tout qu'il est. La signification de ce « est » reste intégralement mystérieuse, faute d'avoir vu le problème posé par le rapport entre l'être physiquement ou métaphysiquement compris comme tout, et l'être signifié dans le langage. Or l'être a dans le discours une modalité dont ne rend compte aucun des discours de ces penseurs de la Nature. Les histoires (*muthoi*) qu'ils nous racontent comme si nous étions des enfants [1] et auxquelles ils nous demandent de croire ne méritent pas beaucoup plus qu'un au revoir désinvolte. Elles ont cependant conduit l'Étranger à comprendre que l'être est un concept aussi vague, aussi obscur que le non-être. Les histoires sur l'être ne veulent pas « ne rien dire du tout », comme dirait Wittgenstein : elles sont l'occasion de comprendre que l'être est un terme qui perd sa trompeuse clarté dès qu'on l'interroge. Fils de la Terre et Amis des Idées tentent pour leur part de donner à l'être un sens en lui donnant un contenu, ils décident de ce « à quoi il faut le rapporter ». Les premiers savent ce qu'ils disent quand ils disent d'une chose qu'elle est : ils disent que c'est un corps (*sôma*). Et les Amis des Idées le savent aussi, qui n'accordent l'existence qu'à des entités intelligibles [2]. Tous croient que l'être ne peut avoir de sens

---

1. μῦθος a évidemment ici un sens critique, celui du Livre II de la *République*, et rappelle que ces Physiciens étaient aussi des poètes. Mais Burnet a raison d'écrire : « *Plato is discussing exactly what he says he is discussing – the tendency of thought that he defines, not one or another set of individuals* » (*Greek Philosophy, Thales to Plato*, London, Macmillan, 1914, I, p. 232).

2. Là encore, la question de savoir qui sont ces εἰδῶν φίλοι et si Platon, ici, ne se réfute pas lui-même, a donné lieu à des controverses infinies. Il suffit pourtant de dire que Platon ne saurait réfuter une théorie

qu'à la condition que ce sens soit exclusif : pour les uns, *n'est que* ce qui, étant corps, n'est pas incorporel ; pour les autres, *n'est que* ce qui, n'étant pas sensible, est intelligible. À vouloir donner à l'être une signification toujours univoque, qu'est-ce qu'on omet ? Dans les deux cas, on omet la même chose : la pensée. L'être n'est pas corps puisqu'il y a au moins un incorporel : la pensée (*phronèsis, Soph.*, 247b) dont les Fils de la Terre n'« osent » pas dire, à la différence de l'âme, qu'elle est un corps ; et « si petit que soit celui des étants qu'ils veuillent bien avouer incorporel, cela suffit » (247c). Les amis des Idées ne veulent quant à eux laisser aucune place « au mouvement, à la vie, l'âme et la pensée », et alors l'être, « solennel et sacré, privé d'intelligence, reste en plan dans son immobilité » (248e-249a). Dans les deux cas, l'univocité du mot « être » n'est obtenue qu'au prix du glissement de la question « qu'est-ce que » (l'être) à la question « qu'est-ce qui » (est). Le « glissement d'Hippias » est plus dangereux lorsqu'il s'agit de l'être que lorsqu'il s'agit du beau car il aboutit à un dualisme qui n'est même pas un dualisme de deux mondes : si seul existe un monde contenant des corps, tout autre monde est imaginaire, et si seul existe le monde des Idées, tout ce qui n'est pas Idée ne constitue pas un monde mais un chaos. Après avoir contraint les premiers à admettre que la pensée n'est pas corporelle, l'Étranger en arrive à cette affirmation inattendue :

> Je dis que ce qui possède par nature une puissance, quelle qu'elle soit, soit d'agir sur une autre chose quelle qu'elle soit, soit de pâtir, même dans un degré minime, de la chose la plus insignifiante, et même si cela n'arrive qu'une seule

des Idées qu'il n'a jamais énoncée, et qu'il critique une détermination *exclusive* de l'être comme intelligible qu'il n'a à coup sûr jamais soutenue.

fois – tout cela, existe réellement (*ontôs einai*) ; et par conséquent je pose comme définition (*horon*) pour définir (*horizein*) les étants que *ceux-ci ne sont* autre chose que puissance (*dunamis*). (*Sophiste*, 247d8-e4)

L'Étranger offre-t-il une définition de l'être ? Que signifie « *horos* » ? Le terme peut avoir le sens de *critère* permettant de *distinguer* un objet ou une notion en traçant une ligne de démarcation. Dans les Dialogues, il s'agit le plus souvent de *mauvais critères* proposés par des interlocuteurs, et Fils de la Terre et Amis des Idées font partie du lot. Chaque groupe trace une frontière excluant soit l'invisible soit le visible de la sphère des étants, mais ils vont se montrer également incapables de la tenir, et de mauvais critères conduisent forcément à de mauvaises définitions. A-t-on ici affaire à l'énoncé d'un *bon* critère, ou à une définition ? Une définition répond à la question « qu'est-ce que ? », elle doit dire « ce qu'est » ce dont on parle, et sa définition coïncide avec l'ensemble du parcours dialectique qui a cherché à connaître ce que c'est. Ce discours n'est pas *un moyen d'arriver* à la connaissance de l'essence en question, il en *est* la connaissance : c'est la nature dialectique du savoir qui impose au discours d'être dialectique. Une définition dialectique est donc grosse de toutes les tentatives consistant à découvrir comment une Idée s'articule avec d'autres Idées et comment elle se divise, elle intègre les échecs, les réussites partielles, les ruptures, les recommencements. Et lorsque le Dialogue aboutit, exceptionnellement, à une formule *finale*, celle-ci n'est pas une récapitulation des différentes étapes de la recherche, et elle ne dispense pas de les parcourir, car la définition n'est pas le *résultat* du parcours, mais *le parcours lui-même*. Il existe cependant des sciences qui doivent *commencer* par définir ce sur quoi elles vont raisonner. Elles posent dès le départ la signification qu'il est impératif de donner aux mots qu'elles emploient, sens immuable, unique et nécessaire pour garantir l'exactitude des démonstrations. Or la formule de l'Étranger n'est évidemment pas une définition dialectique, c'est une définition dianoétique : « je dis », « je pose » donnent une tournure à la fois hypothétique et définitive à ce qu'il dit, une tournure « dianoétique ». Il n'y a donc pas lieu de trancher entre critère et définition : définir un étant en tant qu'il est, existe, c'est fournir un critère à quoi reconnaître son existence. Mais pourquoi faire de la puissance d'agir ou de pâtir ce critère ? De plus, l'Étranger passe sans crier gare de « ce qui possède une puissance est réellement » – la puissance est critère – à : « les étants ne sont rien d'autre que puissance ». Pour éviter ce saut scandaleux de « posséder » à « être », on a proposé de comprendre que c'est le *critère* qui n'est rien d'autre que puissance, pas les étants, traduction syntaxiquement peu défendable, mais qui pose surtout ce problème : *qu'est-ce* alors qui possède une puissance, quel en est le support ? La nature de cet étant ? La nature d'un étant ne le fait pas *être*, exister, elle le fait être *ce qu'il est*, de sorte que les puissances qu'il possède sont multiples et lui sont particulières et propres. En admettant que la phrase soit bien une définition, que signifie-t-elle ? Que l'existence s'épuise entièrement dans la puissance d'exister, de ne pas être rien, et que chaque étant, si minime, insignifiant et fugitif soit-il, coïncide, *en tant qu'il existe*, totalement avec elle. Ce qui possède la puissance de parler n'*est* pas que cette puissance ; ce qui possède la puissance d'être, en revanche, *est* un étant, et, en tant qu'étant, il n'est rien d'autre que puissance d'être. La transition de posséder à être est justifiée dès lors qu'il ne s'agit pas d'être ce qu'on est ou de posséder une qualité, mais d'exister. L'Étranger reprend, en la modifiant, sa formule quand, face aux Amis des Idées, il se demande « si est suffisante la définition que nous posions des étants : "chaque fois qu'est présente en l'un d'eux la puissance ou d'agir ou de pâtir même relativement à la chose la plus minime" ». C'est à sa *présence* en un étant que se reconnaît la puissance. De plus, elle est relative (*pros*) à ce qui s'offre « chaque fois » comme occasion d'agir ou de pâtir. Les notations temporelles, « même une seule fois », « chaque fois », semblent justifier l'indignation des Amis des Idées : le domaine de la puissance est celui du *devenir*, le critère ne peut pas valoir dans le domaine de l'*être*, qui pour eux est celui des seules Idées. Agir et pâtir sont des mouvements qu'on ne peut pas leur prêter, une Idée doit être éternellement en repos, immobile, pour être immuable. Au tour de l'Étranger, alors, de s'indigner :

> Assurément, s'il est quelqu'un qu'il faut combattre avec toute la force du logos, c'est celui qui prétend soutenir, sur quelque sujet que ce soit, une thèse, quelle qu'elle puisse être, qui l'amène à abolir la science, la pensée et l'intelligence. — Certainement. — Au philosophe donc, et à celui qui estime toutes ces choses au plus haut prix, nécessité est bien, semble-t-il, à cause d'elles, de ne pas accepter l'immobilité du tout de la part de ceux qui affirment l'un ou même la pluralité des Idées ; et de rester absolument sourd aux arguments de ceux qui meuvent l'être en tous sens ; mais, imitant les petits enfants dans leur manière de souhaiter, il doit dire que l'être et le tout sont toutes les choses qui sont immobiles et toutes celles qui sont en mouvement – les deux à la fois. (249c-d)

On ne peut dire plus clairement que l'être doit être ce qui convient à la pensée et à l'intelligence, et que c'est d'elles qu'un philosophe doit avant tout se soucier. L'être qui convient à la pensée intelligente est un être en qui elle peut se reconnaître – pas une « chose en soi », conçue sur le modèle de la chose sensible mais en plus solide, plus consistant ; c'est une Idée dont il faut, si c'est penser qu'on veut, « poser » non seulement qu'elle existe véritablement mais qu'elle est entièrement intelligible, et dont la saisie n'est pas intuitive, mais n'appartient qu'au discours dialectique. Avant d'en arriver à la question de la communication des Genres et de la prédication, l'Étranger rappelle donc que cet examen des doctrines de l'être n'est rien moins qu'objectif ou désintéressé. Au point qu'il semble qu'il s'agisse moins de savoir ce qu'est l'être que de savoir ce qu'il *doit* être, comment il doit être pensé pour que la science, la pensée, l'intelligence ne soient pas abolies. C'est donc en philosophe qu'il faut poser le problème de l'être, et le déterminer de telle sorte qu'il permette au langage de faire sens, d'être vrai, à la pensée d'être intelligente. Bien loin de le constituer comme le référent transcendant devant lequel toute pensée devrait s'humilier, tout langage se taire, toute science se décourager, est philosophe celui qui donne à « être » un sens tel que la connaissance en soit possible, celui qui au-dessus de tout met la science, la pensée et l'intelligence. Au dessus de tout, et quoi qu'il puisse en être par ailleurs de l'être ? Mais la juste détermination de ce qu'il peut bien en être de l'être revient à la pensée, à la science et à l'intelligence. Subordonner l'être à la pensée n'est pas lui conférer un être de moindre dignité, c'est au contraire lui conférer la seule dignité qui fasse de l'être autre chose que l'objet d'une histoire mythique. La partie dite « ontologique » du *Sophiste* ne doit être dissociée ni de ce qui précède ni de ce qui suit, et il faut la lire en fonction de la finalité du

Dialogue : si l'être rendait impossible le travail dialectique
– l'articulation de l'un et du multiple, le discernement du
même et de l'autre – le philosophe serait indiscernable du
sophiste.

L'examen des doctrines de l'être a montré que l'être
était ce troisième terme qui ne peut ni se ramener à l'un
des deux termes d'un couple d'opposés, ni au couple lui-
même. On ne peut pas plus le réduire à l'unité que le
multiplier, l'identifier au mouvement qu'au repos, au
corporel qu'à l'intelligible, et pas non plus à l'ensemble
de tout cela. Mais si tous ces termes sont, leur participation
à l'être ne suffit pas pour définir *ce qu'ils sont*, et ce qu'ils
sont ne peut permettre de définir ce qu'est l'être, car il
n'est pas l'ensemble des choses qui sont, il doit *signifier*
quelque chose. L'universelle extension de l'être, allant de
pair avec son impuissance à déterminer complètement quoi
que ce soit, constitue la spécificité de sa question. Il est
donc excusable, parlant de l'être, de croire qu'on l'a
suffisamment déterminé quand on a déterminé ce qui est.
Le glissement n'est pas légitime, mais il peut se comprendre,
car demander « qu'est-ce que l'être » consiste bien
évidemment à le postuler. Comment alors questionner
l'être sans le juger suffisamment défini par la discrimination
de ce qui, essentiellement, est ? Se demander ce qu'il peut
bien signifier constitue la seule formulation acceptable du
problème. Or cette question n'est ni ontologique ni
linguistique, elle est philosophique, car est philosophique
ce qui ne sépare pas justement l'ontologique du linguistique[1],

1. L'obstination mise à distinguer chez Platon les sens de l'être – son
sens de copule, d'identité et son sens existentiel – les trois correspondant
à trois sortes différentes de participation (voir J.L. Ackrill, « Plato and
the Copula » [1957] dans Allen, *Studies on Plato's Metaphysics*, p. 207-
210), revient au fond à faire comme si Platon n'avait jamais écrit le

y voyant les deux faces d'une même question puisque ce qui a la puissance d'être a également la puissance d'être dit.

La définition de l'être par la puissance donne au mouvement autant d'être qu'au repos, mais on est toujours « au comble de l'ignorance » (249e) à son propos et l'aporie est aussi totale en ce qui le concerne que celle qui concerne le non-être ; aucun des deux termes n'est plus clair que l'autre. Le philosophe n'est pas plus visible que ne l'est le sophiste, l'éclatante lumière de la région où il réside le rend aussi insaisissable que l'obscurité qui permet au sophiste de se dérober (253d-254b). Seul un logos dialectique philosophiquement manié peut réussir à sortir de cette aporie, et il va d'Idée en Idée. Or toutes les Idées ne consentent pas à communiquer avec toutes, bien que certaines circulent à travers toutes et établissent entre elles un lien, comme les voyelles circulent et relient les consonnes. Poser philosophiquement et dialectiquement la question de l'être et du non-être est donc poser la question de la communication des Genres, et discerner les plus grands, ceux qui ayant la plus grande puissance ont également la plus grande extension. L'être, possédant la puissance de faire être tout ce qui en participe, est un de ces « Grands Genres ». Mais que signifie l'être qu'il dispense si généreusement ? Rien d'autre qu'exister.

L'être n'est principe d'aucune hiérarchie, les Idées n'ont pas *plus* d'être, d'existence, que les choses sensibles, elles sont *autrement*. La différence entre le mode d'être de l'être et celui propre à des réalités sensibles ou intelligibles tient à ce que, s'agissant de ces réalités, l'autre peut signifier

Sophiste. Voir D. O'Brien, *Le Non-Être. Deux études sur le* Sophiste *de Platon*, Sankt Augustin, 1995, et M. Dixsaut, *Platon et la question de la pensée*, p. 280-295.

aussi bien le contraire que le différent. Mais il n'y a pas de contraire de l'être. Quant à son autre, le non-être, autant de fois il est, autant de fois l'être n'est pas. Le non-être, partie du Genre de l'Autre, englobe la totalité des autres de l'être, donc la totalité des autres Genres, et il y a en a une multiplicité innombrable. Mais comme l'Autre participe à l'être – comme il faut que la différence soit puisqu'il existe une multiplicité d'étants – tout ce qui participe à l'Autre participe à l'être. Or l'Autre n'est pas « moins être que l'être » (258b), participer à l'être ne fait pas acquérir plus d'être que participer à l'Autre : la participation à l'être ne confère aucune valeur, n'assure aucune supériorité. Platon, comme l'a compris Plotin, n'a pas identifié l'être et la valeur, mais, et là Plotin ne l'a pas suivi, il n'a pas non plus identifié la valeur à l'un et fait de l'Un-Bien un principe du tout. L'être que confère la participation directe ou indirecte à l'être est toujours le même, il fait être tout ce qui en participe, mais il ne le fait pas être ce qu'il est : il s'agit plus d'une diffusion que d'une participation. Ce n'est pas la participation à l'être qui confère la suffisance et la plénitude de la détermination (*ousia*), c'est la participation au bien. Encore faut-il ajouter que les manières différentes d'exister ne sont pas des degrés d'être mais des degrés d'intelligibilité. L'examen du *Sophiste* n'accorde à l'être qu'un seul privilège, qui lui est commun avec l'Autre, celui d'être universellement participé, de circuler à travers tous les Genres. Si la détermination des grands Genres réussit à poser le non-être comme une Idée (*eidos*) définissable – il est la partie de l'Autre mise en opposition (*antithèsis*) avec l'être de chaque être –, le logos ne nous dit en revanche pas grand chose de l'être : on peut juste en déduire qu'*il n'est pas dialectisable*. C'est pourquoi la définition de l'Étranger ne pouvait qu'être dianoétique :

elle exprime une décision, la seule possible parce qu'elle est la seule philosophiquement nécessaire, la seule capable de permettre au philosophe de faire ce qu'il fait. Si l'être n'est pas dialectisable, c'est sans doute qu'il n'est pas une Idée, qu'il n'a pas de manière d'être propre, non qu'il soit, comme le Bien par-delà l'*ousia*, mais plutôt parce qu'il est en-deçà. Être et rien qu'être, existence sans essence, il pâtit de l'indéfinie multiplication, différenciation, que lui inflige l'Autre. *Le discours du philosophe est celui qui dit, en chaque cas, à propos de tout étant, comment la puissance de l'Autre s'exerce sur lui.*

Dans le *Sophiste*, la question de l'être et celle du logos sont entremêlées de façon inextricable : l'examen des doctrines de l'être est introduit par le problème de la possibilité du discours faux. Le fait de désigner une même chose par une pluralité de noms donne lieu à de trop faciles paradoxes dont on ne peut sortir que dialectiquement. La détermination des « plus grands des Genres » montre que toute la bataille avait un but, qu'elle était tournée « vers le logos » [1]. Pour que le logos soit possible, il faut que les Genres s'entrelacent et traversent tous les autres. Le logos qui possède la puissance de les entrelacer fait partie des Genres qui sont, et faute de l'admettre, on se priverait de la « chose la plus importante », de *philosophia*.

Chaque grand Genre étant même que lui-même ne peut *s'identifier* à aucun des autres Genres, mais chacun d'eux peut-il *s'attribuer* à tous les autres ? Cela pose d'abord un problème en ce qui concerne le couple mouvement-repos. Pourquoi l'un et l'autre font-ils partie des plus grands des Genres ? S'ils *sont* également, chaque chose peut bien,

---

1. Πρὸς τὸ τὸν λόγον ἡμῖν τῶν ὄντων ἔν τι γενῶν εἶναι (*Soph.*, 260a5).

sous un certain point de vue, être en repos, et sous un autre être en mouvement : rien là encore de scandaleux, et l'extension peut être universelle. Mais ce qui fait problème est la participation de l'un de ces deux Genres à son opposé, qui signifie bien son contraire. Une fois (en 255a-b) exclue toute participation entre eux, une possibilité s'ouvre (en 256b) que « d'une certaine façon » le mouvement participe au repos et qu'il n'y ait rien d'absurde à en parler comme « en repos ». Le problème ici n'est pas logique, car une telle participation soulève la question du mouvement de l'intelligible. On peut bien comprendre qu'un mouvement déterminé comme translation ou comme altération dans l'espace ou dans le temps soit, du point de vue de toutes les autres formes de mouvement, en repos. Mais quel sens donner au mouvement de ce qui semble exclure *toute* espèce de mouvement et de changement, à l'Idée ? Une Idée ne peut subir de changement ni par le fait du temps ou de l'espace, ni du fait de la subjectivité qui la connaît, ni du fait d'être ou non participée par tel ou tel objet sensible. Mais elle est *mue* sous l'effet de l'intelligence qui la connaît, et qui l'aborde sous des perspectives différentes. Les Idées ne sont donc pas immobiles, elles sont *immuables* mais non pas *impassibles* devant l'acte de l'intelligence qui les saisit sous un certain jour, les différencie et les relie. Agir et pâtir sont des termes qui, dès les premiers Dialogues, sont solidaires de la position des Idées et de la participation, non seulement des choses aux Idées mais des Idées entre elles. Il faut faire intervenir ces deux termes, agir et pâtir, pour remettre à l'endroit la relation entre choses sensibles et Idées : ce n'est pas le participant qui, comme le soutient Parménide dans le *Parménide*, « prend sa part » de l'Idée, donc qui agit (131c-d) ; il est celui qui pâtit, et l'Idée, elle, ne pâtit pas du fait d'être participée. Mais il est également nécessaire de les faire intervenir quand il s'agit de la participation mutuelle des Idées. Car lorsque ce sont des Idées qui communiquent entre elles, les éléments qui s'entrelacent sont de même nature et sur le même plan : sans la dénivellation entre le sensible et l'intelligible, qui rend évident le sens dans lequel s'opère la participation, comment différencier Idée participante et Idée participée ? Cela ne peut s'exprimer qu'en termes d'agir et de pâtir. L'Idée participée ne pâtit en rien du fait de l'être, mais elle peut pâtir sélectivement de son articulation à un certain nombre d'autres Idées – articuler une Idée à d'autres Idées, rassembler, diviser sont des actes dont les Idées pâtissent, car ils introduisent une Idée (pour pouvoir rassembler) ou des Idées (pour pouvoir diviser) dont pâtit nécessairement l'Idée à définir.

L'objection des Amis des Idées est qu'en pâtissant de ces actions, les Idées seraient mues, donc changeraient. En tant qu'elle sera saisie de différents points de vue, qui sont fonction soit du problème posé (la *technè* n'est pas divisée de la même façon dans le *Sophiste* et dans le *Politique*), l'Idée sera mue. C'est d'ailleurs très exactement ce qu'indique l'Étranger en disant que l'espoir est désormais permis que « plus tard, si l'un des deux (l'être ou le non-être) se montre sous un autre jour, plus obscur ou plus clair, l'autre se montrera de la même façon ». Le mouvement propre à l'effort pour la connaître imprime à l'Idée un mouvement intelligible consistant à « se montrer » sous un jour puis sous un autre, mouvement qui n'est pas physique mais psychique. L'Idée restera immuable, c'est la perspective adoptée qui change, pas elle. L'intelligible pâtit de l'activité dialectique de l'intelligence, mais l'intelligence pâtit en retour de l'intelligible qu'elle cherche et questionne et son mouvement en reçoit une sorte de repos. Mais ce repos est une forme aussi singulière d'immobilité que ce mouvement est une sorte singulière de mouvement. En quoi consiste cette singularité qui permet la seule participation concevable du mouvement au repos ? Elle tient à ce que la vie de l'intelligible s'oriente vers un même étant, dont le « même » rattrape toutes les divagations, les faisant pivoter autour d'un même point d'ancrage, ce qui en constitue la stase et le calme intérieurs, qu'on peut nommer « éternité ». Réciproquement, ce même ne peut être saisi que sous les différents aspects qu'il présente à l'activité intelligente, et en ce sens il est mû. La réciprocité de l'agir et du pâtir concernant l'intelligence et l'intelligible n'est donc pas une simple astuce grammaticale : elle interdit de couronner la dialectique d'une connaissance encore plus haute qui aurait la forme d'une contemplation. Le but de la connaissance n'est pas que la pensée s'immobilise en s'abîmant dans la vision d'une réalité immobile, dont elle pâtirait sans avoir la puissance d'agir sur elle. Pour que la dialectique soit possible, il faut que l'Idée possède une nature dotée d'une puissance d'agir et de pâtir, et qu'elle ne soit pas seulement activité mais vie, une vie animée par la circulation du même et de l'Autre.

Le problème de leur extension universelle se pose également à propos de ces deux Genres : le même est-il, comme l'être et l'Autre, un genre universellement participé ? L'Autre, ayant sa propre nature, participe du même, et le même, étant autre que tous les autres Genres, participe à l'Autre. Chaque Genre en participe nécessairement, et chaque chose si et tant qu'elle participe à une Idée. Mais il n'existe pas que des choses : certaines réalités ne sont pas des choses mais des processus, des modulations indéfinies dont le mouvement consiste à transgresser perpétuellement toute limite, allant sans cesse du plus au moins, comme la voix et ses infinies modulations, ou le plaisir. La question de l'*apeiron*, déjà implicitement posée dans le *Cratyle* et *le Théétète* puisque c'est dans un *apeiron* vocal que Theuth a prélevé certains sons et constitué l'alphabet, se trouve au cœur du *Philèbe*. L'existence de réalités de ce genre est la raison pour laquelle il semble impossible de faire du même un genre universellement participé. La participation au même selon soi-même est réservée aux Idées, le même est un genre discriminant : l'idée est seule à ne pas pouvoir abandonner sa propre essence. Ce qui différencie le mode d'être des Idées n'est pas leur participation à l'être, pas davantage leur participation au repos : c'est leur participation au même, leur manière de rester mêmes en étant autrement connues et multiplement participées.

Au terme de l'analyse des cinq plus grands parmi les Genres, il apparaît donc que l'Autre en lui-même n'est pas obscur, puisque son Idée peut être « mise en lumière » (258d) ; c'est l'usage (*tribè*) systématique et indifférencié qu'en fait le sophiste qui le rend obscur. L'être et l'Autre sont dialectiquement indissociables : l'Autre, participant à l'être sera, mais sera autre que l'être ; l'être, « participant à l'Autre sera donc autre que le reste des Genres » (259b). Cette dernière proposition entraîne un assez scandaleux paradoxe, car un être qui est autre que la multiplicité indéfinie de ses autres ne peut pas avoir en lui-même de clarté, il n'est clair que pour qui le saisit à la lumière de la vérité.

Chaque étant est donc même et autre, il est et il n'est pas, et « il n'y a rien là dont il faille s'indigner » (256a, 257a), car c'est au contraire ce qui rend possible de dire ce qui est aussi bien que ce qui n'est pas, puisque ce qui n'est pas est sous un certain rapport. La science qui ne prend pas pour autre une Idée qui est la même, ni pour même une Idée qui est autre, est la science dialectique, qu'on ne peut accorder qu'à celui qui philosophe droitement, et justement :

> Or, celui qui est capable (*dunatos*) de faire cela, discerne comme il faut (*hikanôs*) : une *idea* une complètement déployée à travers une multiplicité dont chaque élément est posé comme séparé ; et de multiples *ideai*, mutuellement différenciées, enveloppées du dehors par une *idea* unique ; et encore, une *idea* unique connectée en une unité à travers de multiples touts ; et des *ideai* multiples, les unes à part des autres et complètement discriminées. Cela – déterminer comment les réalités peuvent communiquer et comment non – c'est savoir discriminer selon le Genre. (253d-e)

La science dialectique est liée au pouvoir du dialecticien. Le rapport entre le multiple et l'un n'est pas toujours un rapport de parties à tout, c'est à dire d'espèces à Genre, et l'Étranger distingue d'abord trois situations dialectiques : le dialecticien doit, en fonction du type de multiplicité auquel il a affaire, percevoir comment il est possible de l'unifier. Ce sont donc les verbes qui structurent ce texte et différencient les modes de rassemblement convenant à différentes espèces de multiplicité. 1) Quand le dialecticien a affaire à une multiplicité d'unités considérées comme séparées, il sait voir qu'une essence unique traverse cette multiplicité dispersée (μίαν ἰδέαν διὰ πολλῶν, ἑνὸς ἑκάστου κειμένου χωρίς, πάντῃ διατεταμένην, 253d5-6), et que seul ce mode d'unification est compatible avec des unités qui restent distinctes. Interrogé sur ce qu'est la vertu, Ménon a commencé par énumérer courage, modération, pensée sage, grandeur, tout en précisant qu'il existait un bon nombre d'autres vertus, mais a été incapable de fournir « la vertu unique qui les traverse toutes » (*Mén.*, 74a4-9).

2) Le dialecticien doit aussi percevoir une pluralité d'*ideai* qui, n'étant pas seulement distinctes mais mutuellement différenciées, ne peuvent alors être qu'« *enveloppées du dehors* » par une *idea* unique (καὶ πολλὰς ἑτέρας ἀλλήλων ὑπὸ μιᾶς ἔξωθεν περιεχομένας, 253d7-8). Cette pluralité n'est pas numérique et n'est pas dispersée comme la première, c'est une pluralité qualitative constituée d'*ideai* différentes et parfois opposées. Le dialecticien doit alors découvrir la propriété capable de l'unifier. Le verbe « envelopper » avait été prononcé à propos du mouvement et du repos : ces deux genres ne peuvent pas se mélanger mais ils sont enveloppés par l'être qui est « autre qu'eux » (*Soph.*, 250b7-9). L'être n'est pas la réponse à tous les problèmes de communication entre Genres, seulement la réponse à ce problème : est-ce que « mû » et « en repos » peuvent être tous deux des propriétés de « être » ? L'être en effet ne résout pas le problème du *Phèdre* : quelle propriété commune prédiquer à *eros turannos* et à *eros philosophos* ? La réponse est que tous deux sont *manikoi*. Être fou n'est pas pour eux une propriété essentielle, mais on ne peut pas la dire accidentelle car toutes les propriétés que possède une Idée sont nécessaires et éternelles : c'est une propriété *nécessaire* et, grâce à elle, les réalités qui en participent acquièrent une ressemblance réelle en dépit de leurs différences ou même de leur contrariété. 3) Le dialecticien doit également percevoir « une *idea* unique *connectée* en une unité à travers de multiples touts ». Le propre d'un tout est d'être complet, de contenir tous ses éléments ; un tout ne peut donc avoir aucun caractère commun avec un autre tout et on ne peut pas lui imposer « du dehors » un caractère qu'il ne comprendrait pas en lui-même. Une *idea* unique ne peut unifier ces totalités

indépendantes qu'en les connectant. La seule manière pour des touts fermés sur eux-mêmes de communiquer est d'être coordonnés en l'unité d'un Genre unique, dont ils épuisent à la fois l'extension et la signification. Dans ce cas et ce cas seulement, la relation est celle entre un Genre et ses espèces : l'*idea* du Genre en est la *sunapsis*. Et comme les espèces sont les résultats d'une division dialectique menée d'un certain point de vue, elles peuvent varier, et l'*idea* qui les unifie varie en conséquence (comme fait la *tekhnè* dans le *Sophiste* et dans le *Politique*)[1]. Trois sortes de pluralité appellent trois sortes de rassemblement, chacun impliquant une espèce différente de « pâtir », subi soit par l'*idea* unique : elle est complément étendue (διατεταμένην) ou connectée (συνημμένην), soit par les parties : elles sont enveloppées (περιεχομένας). Dans aucune des trois situations envisagées, les éléments composant une multiplicité ne peuvent communiquer entre eux, la communication s'opère seulement par la médiation d'une *idea* unique. 4) Reste la quatrième situation : le dialecticien peut aussi percevoir « de multiples *ideai* séparées parce que complètement discriminées ». La phrase est presque incompréhensible du fait que l'on n'y trouve mention ni d'une unité ni d'un processus de division. Lorsqu'il se trouve dans cette dernière situation, ce que le dialecticien doit percevoir n'est pas le rapport d'une multiplicité à une unité, c'est *la multiplicité elle-même*. La séparation des éléments ne lui est pas donnée, elle est le résultat de son juste discernement. Le dialecticien doit alors reconnaître l'existence distincte d'une réalité qu'on aurait pu confondre

---

1. Sur ce passage difficile, *cf.* H.G. Gadamer, *Platos dialektische Ethik*, Hamburg, Felix Meiner, 1931, p. 74 et ma reprise plus argumentée de ce problème dans *Métamorphoses de la dialectique*, chap. III.

avec une autre ou tout simplement ignorer. Elle pourrait rester inconnue et la confusion être affirmée par des non-dialecticiens ou par de mauvais dialecticiens. Il s'agit alors de dissocier, pas de diviser, puisque l'unité de départ n'était pas une unité réelle et articulée, mais un mélange confus. Une fois complètement *discriminées*, les *ideai* se trouvent ainsi complètement séparées. Cette opération dialectique est tout aussi nécessaire que les trois autres : discriminer les grands Genres est justement ce que l'Étranger vient de faire. Sans quoi on aurait pu par exemple identifier être et mouvement (comme l'avaient fait certains penseurs présocratiques), ou être et repos (comme l'a fait Parménide), ou encore être et même (comme le font les Amis des Idées), ou enfin être et Autre (en identifiant l'être à la relation, comme le fait Protagoras).

Se demander quels sont dans l'absolu les Genres qui communiquent et ceux qui ne communiquent pas, c'est soumettre la science des hommes libres à l'inflexibilité d'une logique assimilant les Genres à des catégories. Il faut au contraire percevoir « de quelle façon chacun peut et ne peut pas communiquer », car « c'est cela, savoir discerner selon le Genre » (253d9-e2). Il n'y a pas de classification *a priori* possible, pas d'autre moyen qu'une âme qui « prend son élan vers la vérité » (228a-d) : « cette capacité dialectique tu ne l'accorderas, selon moi, à nul autre qu'à celui qui philosophe purement et justement » (253e). Il n'y a pas plus pour Platon de dialectique sans dialecticien que de philosophie sans philosophe, et n'est vraiment dialecticien que celui qui est authentiquement philosophe. Parce qu'il est apparenté à ce qu'il cherche, le philosophe, flairant les parentés, frappé par les dissemblances, est libre de voir autrement. Sa science procède de la liberté d'un regard qui, souverainement,

décide ; cet homme libre n'est convaincu par aucune histoire
même empiriquement vérifiable et ne se soumet à aucun
principe logique, même impossible à réfuter.

La définition de l'être par la puissance commande donc
la discrimination des cinq plus grands Genres et l'analyse
de l'entrelacement sélectif des Idées, mais permet-elle de
résoudre les difficultés posées par la définition que donne
Platon de la différence entre vrai et faux logos (261d-263d) ?
L'Étranger définit d'abord la structure minimale du logos.
La tâche du discours consiste à « montrer » (*dèloun*) ce
dont il parle, et c'est à partir de cette assimilation entre
signifier et montrer que s'inaugure la distinction entre
verbes et noms. S'inaugure, car *onoma* signifie couramment
« mot » en général, et *rhèma* désigne « ce qu'on dit de »,
« ce qui est attribué à », donc le prédicat, la propriété.
L'Étranger en fait deux Genres de signes vocaux : les
verbes sont le moyen de montrer une action ou une absence
d'action (comme dormir, se taire) ; quant aux agents qui
font ces actions, le « signe de la voix » qui s'y applique
est un nom. Les deux éléments doivent se mélanger pour
qu'en résulte un discours sensé, car si l'on profère à la
suite une série de verbes ou une série de noms, les sons
émis vocalement ne « signifient en montrant » ni action,
ni non-action, *ni existence (ousia), d'un être ou d'un non-
être* (262c). Le discours peut donc montrer non seulement
l'action ou l'inaction d'un agent, mais aussi l'*ousia*, essence
ou existence : ce n'est donc pas un nom – un substantif –
qui « montre » une essence ou une existence, mais le
mélange d'un nom et d'un verbe. Le verbe ne peut alors
être que le verbe être et, lorsqu'il s'agit du plus petit
discours, le verbe être au sens « existentiel ». Fait-il
exception à la définition générale du Genre « verbe », ou
est-il lui aussi le moyen de montrer une action ? Et quel

en serait alors l'agent ? L'Étranger est au moins clair sur
ce dernier point : ce peut être un être ou un non-être. Dire
quelque chose, c'est dire quelque chose et pas rien – dire
rien est ne rien dire – mais ce n'est pas forcément dire une
chose qui est. Un non-étant peut aussi bien être dit agir ou
pâtir qu'un étant, et il peut aussi bien qu'un étant être le
sujet du verbe être. Une proposition verbale n'est donc
pas le condensé d'une proposition prédicative analysée en
termes de sujet, copule et prédicat ; « Théétète est discutant »
n'est pas la formule développée équivalant à « Théétète
discute », par exemple. La relation qui unit l'agent à son
action est bien plus étroite que celle qui relie un sujet à un
prédicat : il n'y aurait aucun sens à parler d'un agent sans
préciser ce qu'il fait, ou à parler d'une action sans préciser
qui l'accomplit. Mettre en position de sujet un nom signifiant
un agent, et non pas une substance ou un sujet logique,
cela fait donc une différence considérable. Mettre en
position de prédicats des termes exprimant des actions
implique une différence qui ne l'est pas moins : toute action
se localise à un moment déterminé, ce que marque justement
le temps du verbe, et elle s'effectue dans le temps. La
proposition verbale met en jeu une espèce de signes, les
verbes, qui ne partagent ni la neutralité logique de la copule,
indifférente à ce qu'elle relie, ni son atemporalité.

   Admettons pourtant que, dans le cas des Idées, le verbe
être ne doive pas se conjuguer, que seule la troisième
personne de l'indicatif présent est tolérable en ce qu'elle
signifie une présence atemporelle, éternelle. Cela ne résout
pas le problème. Peut-on dire que le verbe être « montre
une action », et est-il admissible de dire qu'une Idée en
est *l'agent* ? La consistance inaltérable de l'Idée ne lui
interdit-elle pas de se *mélanger* avec un verbe, et n'exige-
t-elle pas l'usage d'une copule, d'un lien qui sépare autant

qu'il relie ? Autrement dit, est-il possible qu'un discours
« ontologique » ne soit pas prédicatif ? Ce n'est possible
qu'à la condition de se référer à la définition de l'Étranger.
Car pour lui, c'est au contraire de l'Idée qu'on doit
par excellence dire qu'elle *n'est que* puissance d'exister,
d'exister autrement que les choses sensibles, de ne pas être
rien et de ne pas être qu'un mot. Quelle que soit la sorte
de réalité sur laquelle il porte, un nom lié à un verbe ne
désigne pas une substance-sujet absolument ou relativement
permanente autour de laquelle épingler des prédicats, il
désigne un agent inséparable de l'action signifiée par le
verbe et il est déterminé par elle autant qu'il la détermine.
En distinguant entre un discours portant sur « des choses
présentes, passées ou à venir », et un discours portant sur
des étants, l'Étranger rappelle subrepticement la distinction
platonicienne fondamentale entre être et devenir. Il va de
soi qu'une chose en devenir puisse être mise en position
d'agent d'une action ou d'une inaction, et il a été démontré
aux Amis des Idées qu'une Idée peut être mise en position
d'agent du verbe être, exister. Le discours peut en conséquence parler aussi bien d'êtres réellement étants que de
choses en devenir. L'existence reçoit ici l'extension
maximale qui lui est reconnue par le fait que l'être soit un
Genre universellement participé. Mais le logos peut aussi
bien dire ce qui n'est pas que ce qui est. Dire ce qui n'est
pas mais paraît être est d'ailleurs le régime général du
discours humain : la plupart du temps, les discours de la
plupart des hommes produisent des images parlées (*eidôla
legomena*) de toutes choses, et ce sont ces images que leurs
discours *montrent*. De ces discours, le sophiste est le maître.
C'est pourquoi il faut parler d'autre chose, si on ne veut
pas, comme disait le *Phédon*, devenir misologue.

Or l'Étranger va faire exactement le contraire. La proposition « Théétète est assis », dit-il, est vraie parce qu'elle dit « à ton sujet, des choses qui sont, qu'elles sont ». Théétète est un individu singulier, qui ne se trouve être assis qu'à certains moments, non à tous. La connaissance de son état ne peut donc être qu'une opinion, elle-même issue d'une perception présente. Le *Théétète* affirmait qu'il y a des choses que seule la perception actuelle peut connaître : l'exemple choisi en fait partie, ce n'est ni une proposition universelle, ni une vérité éternelle, mais une vérité empirique et fugitive. Elle a pour condition, d'abord que Théétète soit correctement identifié, que le nom désigne ce « toi » avec qui parle l'Étranger (« Théétète avec qui à présent je discute »), et non pas n'importe quel homme ou animal portant également ce nom ; ensuite, que Théétète se trouve bel et bien, à ce moment là, être-assis (en grec, le verbe « être assis » existe). Mais encore faut-il également que celui qui le perçoit et le dit tel ne soit ni victime d'hallucination, ni en train de rêver. L'énoncé n'est vrai que d'une vérité contingente, relative, provisoire et destinée à être démentie – lorsque Théétète, par exemple, se lèvera. C'est pourquoi toute application d'une analyse logique est ici parfaitement déplacée, et même absurde, tout comme l'appel à la participation (la proposition serait vraie parce que Théétète participe à l'Idée « être-assis »). Le seul critère de vérité applicable à des propositions de ce genre, c'est-à-dire à des opinions portant sur des réalités en devenir, est la perception présente. Toutefois, pourquoi Platon prend-il, à ce moment du Dialogue, un exemple de cette sorte ? Sans doute parce qu'il s'agit, non pas de la vérité de ce type de propositions (dont il a déjà traité dans le *Théétète*), mais de leur fausseté. L'Étranger ne se livre pas à une analyse logique du jugement, il parle de *doxa* ;

il veut prouver, contre les sophistes, l'existence d'opinions fausses, ce qui le conduira à définir la sophistique comme une « doxomimétique », une production de simulacres à partir d'opinions fausses. Le discours peut parler de l'action ou de la réalité d'un non-être, et la fausseté s'identifie alors à la fiction. Il est possible d'affirmer « des choses autres comme mêmes », par exemple de prendre Théétète pour Théodore – c'est la méprise –, ou d'affirmer au sujet d'une chose qui est ou qui n'est pas « des choses qui ne sont pas comme choses qui sont », et dire par exemple : « Théétète vole. » L'erreur ne porte plus alors sur l'agent mais sur l'action, une chose « autre que les choses qui sont » est affirmée de Théétète. Ces choses qui, à propos de chaque étant, ne sont pas et sont affirmées comme étant sont des choses qui ne sont pas réellement et qui pourtant existent, bref, ce sont des images. L'Autre a permis de conférer son être à l'image : « c'est réellement quelque chose qui n'est pas réellement » (240b12-13). Les choses qui ne sont pas relativement à Théétète sont toutes les choses qui, autour de Théétète, ne tiennent leur être que d'être différentes de *ce qu'est* Théétète *lui-même*. Ses autres, ce sont ses ombres, ses reflets, ses apparitions en songe, ou encore ses portraits et ses statues, mais aussi toutes les images de lui que produisent en paroles les opinions fausses et les discours faux. La fausseté vient de ce que l'on affirme que *ce qui n'a pour être que d'être autre – l'image – est la chose même*. Théétète vole n'est pas une proposition fausse parce que voler serait incompatible avec Théétète : affirmer qu'il marche alors qu'il est assis serait tout aussi faux. Et pas davantage parce que voler est incompatible avec être assis, car cette incompatibilité ne ferait pas de voler un non-*être*, c'est-à-dire une chose s'opposant à ce qu'*est réellement* Théétète, mais un « non-*être-assis* ». L'analyse logique est hors de propos, car entre l'énoncé et son référent, il existe un troisième terme : la représentation que le sujet opinant se fait de ce dont il parle. L'énoncé relève de ce mélange d'opinion et de sensation que l'Étranger vient de nommer *phantasia*, c'est cette représentation psychique, cet état de l'âme, qui est son véritable contenu. Si l'opinion est vraie, c'est que l'âme pâtit (par chance ou par bon naturel) de ce qui est ; si elle est fausse, c'est que l'âme, se parlant à elle-même, fait être ce qui n'est pas, donne consistance à une image (264d-e). La proposition « Théétète vole » est fausse parce qu'elle *montre* un Théétète volant, produit une image différente de ce qu'est actuellement Théétète.

Lequel, au demeurant, n'est pas plus assis qu'il ne discute. Il est tout autant ou tout aussi peu assis que l'actuel roi de France est chauve. À quoi en effet réfère ce nom, « Théétète » ? À un « toi » avec qui l'Étranger discute, non pas à un Théétète mort depuis longtemps, et ce « toi » n'existe que comme personnage d'un récit. Théétète assis et conversant est l'image produite par le discours d'un Étranger éléatique, qui est, lui, une pure fiction, tout comme le dialogue qui les met face à face. Toute référence extra-discursive étant éliminée, comment alors distinguer le vrai du faux à l'intérieur d'un univers fictif produit par un discours ? « Théétète est assis » n'est vrai que parce que Platon nous le fait croire, et qu'il nous paraît *vraisemblable* que Théétète le soit, plus vraisemblable assurément que s'il nous avait représenté un interlocuteur volant : nous croyons que cette image est l'image d'une réalité alors qu'elle n'est en réalité qu'une image, dont la vérité n'est que vraisemblable. Seule la dialectique peut échapper à ce jeu où l'être s'entrelace au non-être et le vrai au faux parce qu'elle n'affirme ni ne nie, mais interroge et répond.

Seule elle s'exerce dans l'éblouissante lumière de la vérité parce qu'elle est la seule à ne pas se servir d'images. L'Étranger a atteint son but : établir que la fausseté qui se mêle à l'opinion et au discours est identique à celle, constitutive, de l'image, car elle s'oppose à la même sorte de véracité, à un vrai vraisemblable. Qu'elle se produise en l'âme ou soit produite par l'art d'un imitateur, l'image est réellement autre que ce qui est. Parménide et Gorgias ont tort : on peut dire ce qui n'est pas, et on ne fait même la plupart du temps que cela, parler les images qu'on se fait des choses au lieu de parler des choses elles-mêmes. Le discours n'est pas faux parce qu'il dit ce qui n'est pas mais parce qu'il affirme comme étant même que la chose le non-être de l'image, du reflet, de l'apparence, du fantasme, bref de ce qui n'a d'autre être que d'être produit par un art divin ou humain. Protagoras a raison, l'homme est bien la mesure de ce qui est et de ce qui n'est pas, de l'existence, mais seulement en tant qu'elle apparaît, et le discours qui dit l'apparent comme il apparaît est vraisemblable ou faux, mais jamais vrai. Les non-êtres que le discours produit sont les multiples images que peut produire l'art (cet art selon Kant « enfoui dans les profondeurs de l'âme humaine ») qu'est l'imagination productrice, et qui dédouble tout art de production en producteur de choses et producteur d'images – même et surtout l'art des discours, dont le sophiste proclame qu'il est le maître.

Le philosophe décide de l'être ; il est décisif quant à la question de l'être. Il n'y a pas d'être déterminable hors du logos qui le harcèle, pas de discours vrai qui ne cherche, à propos d'une réalité déterminée, à dire ce qui est comme c'est (263b). La question de l'être est la question de sa signification dans un logos, et la vérité du logos implique que l'être soit ce Genre autre que tous les autres. Seul le

philosophe peut penser l'être sans le penser mytho-
logiquement comme un « ailleurs » inaccessible et
inconnaissable ; ou empiriquement comme un « ici »
provisoirement connaissable par des connaissances dont
le but et le sens ne peuvent être définis que par une science
plus haute. Penser l'être en philosophe consiste à le penser
dialectiquement, dans son entrelacement avec l'Autre. La
différence échappant à sa relativité réciproque comme à
sa détermination comme séparation, *la différence
dissymétrique, c'est la dissemblance.* De même, *la
ressemblance affranchie de son apparente réciprocité, la
ressemblance pensée hiérarchiquement, verticalement,
c'est la parenté (suggeneia).* Les autres ne ressemblent
pas à l'un de la manière dont l'un ressemble aux autres ni
de la manière dont il se ressemble à lui-même. La différence
de la différence fonde la parenté, et la parenté fonde à son
tour cette différence-là : c'est pourquoi une recherche
dialectique doit tenir les deux, circuler sans cesse entre les
deux. *La dialectique n'a affaire qu'à des dissemblances
qui différencient finement les différences, qu'à des
ressemblances qui indiquent des parentés paradoxales.*

2. LES APPARAÎTRES DU PHILOSOPHE

Le sophiste

Comment rendre évidente la différence du philosophe,
puisque les dieux n'ont pas donné aux philosophes la grâce
(*kharis*) de se montrer aux autres tels qu'ils sont ? Par quel
moyen faire reconnaître un philosophe par ceux qui ne le
sont pas ? Avant le *Sophiste*, ce moyen consistait à l'incarner
dans le personnage de Socrate. À la question « qu'est-ce
qu'être philosophe ? » on est toujours tenté de répondre :

c'est être comme Socrate, parler comme il parle, vivre comme il vit et mourir comme il meurt. Son exemplarité est telle qu'elle ne peut ni donner prise à une définition, ni constituer du philosophe une essence. Or Socrate parle à partir d'un seul savoir, celui de la différence existant entre savoir et avoir une opinion. Cependant, affirmer que le savoir n'est pas l'opinion est encore une opinion, à moins de comprendre que leur différence doit chaque fois se conquérir en s'affrontant à d'autres discours. Dès que Socrate entre en scène, il projette autour de lui un espace où s'entrecroisent des discours hétérogènes, un espace doté des mêmes caractères que ceux de sa parole : ironique, interrogatif, critique et érotique. Mais lorsqu'il est acquis que le philosophe ne peut définir la différence de son savoir puisque c'est elle qui le fait parler, acquis aussi que l'être dont il parle est un être multiplié et affecté par l'Autre, son opposition aux non-philosophes ne suffit plus à différencier le philosophe. Il faut passer de cet espace socratique à un autre espace, qui n'est pas en rupture avec la premier, qui en conserve toutes les dimensions mais en les absorbant, qui est dialectique. Le philosophe y déploie librement son discours, dont l'ultime possibilité est que l'être, d'une certaine façon, ne soit pas, et que le non-être soit sous un certain rapport. Or c'est aussi l'ultime possibilité du discours du sophiste, et c'est en cherchant à le définir qu'on est tombé sur la science des hommes libres (*Soph.*, 253e). Le philosophe semble avoir bien du mal à s'en dissocier, d'où ses efforts pour le capturer, l'encercler, l'enfermer dans une définition. Toutefois, le prologue du *Sophiste* n'annonce pas une recherche de définition. Socrate veut résoudre une difficulté : sophiste, politique, philosophe, « est ce que cela ne fait qu'une seule chose, ou deux ou trois ? ». Dans le prologue du *Politique* (258a), l'Étranger met en place une tétralogie : Socrate, dans le *Théétète*, a eu Théétète « hier » comme répondant ; « tout à l'heure », dans le *Sophiste*, c'est de l'Étranger que Théétète a été le répondant ; « à présent », dans le *Politique*, l'Étranger va avoir comme répondant Socrate le Jeune ; enfin, « une autre fois », ce sera au tour de Socrate d'interroger Socrate le Jeune (dans le *Philosophe*). Platon indique clairement un ordre de succession qui n'est pas seulement chronologique : chaque Dialogue doit se lire comme faisant un pas dans la même direction. Cependant, dans le prologue du *Sophiste*, Socrate rappelle le dialogue qu'il a eu, tout jeune, avec un Parménide déjà vieux (217c) : c'est le *Parménide* qui serait le premier Dialogue d'une tétralogie comportant *Théétète* et *Sophiste* et s'achevant sur le *Politique*. Dans le prologue du *Politique*, c'est le *Théétète* qui serait le premier élément d'une tétralogie dont le dernier moment, le *Philosophe*, serait annoncé. Dans le premier cas, c'est le lien existant entre la question de l'être et celle du savoir qui est indiqué par le choix du premier moment, alors que dans le second il s'agirait de signifier par ce choix que le but des Dialogues qui vont suivre n'est pas d'établir une typologie – de se demander *qui* est philosophe, sophiste, ou politique politique – mais de déterminer de quel *savoir* chacun de ces trois hommes peut se prévaloir.

Le prologue du *Sophiste* nous représente un drôle de Socrate. L'affirmation de Théodore, l'Étranger venu d'Élée est un philosophe, ne déclenche pas chez lui la question habituelle : qu'entends-tu par là, qu'est-ce selon toi qu'un philosophe ? Au lieu de quoi, il invoque Homère et se demande si l'Étranger n'est pas un de ces dieux qui ont l'habitude de prendre l'aspect d'étrangers et de parcourir les cités sous les formes les plus diverses, emmêlant ainsi à plaisir dieux, étrangers et philosophes et ajoutant les sophistes au mélange. C'est Théodore qui rectifie : non, pas un dieu, mais un homme divin, comme j'ai coutume d'appeler tous les philosophes. Ensuite, Socrate souhaite poser à l'Étranger une question si bizarrement formulée que Théodore est obligé de la lui faire préciser par deux fois : « que pensent de ces choses les gens de là-bas, et quels sont les noms qu'ils leur donnent ? » (216d3-217a1). « Quelles choses ? » s'étonne à juste titre Théodore, car Socrate a commencé par dire des philosophes qu'ils « apparaissent » (*phantazontai*) tantôt comme des sophistes, tantôt comme des politiques, et tantôt donnent à certains « l'opinion qu'ils se comportent d'une façon totalement délirante ». Or sa question montre qu'il ne se référait pas à ces trois images – sophiste, politique, fou – mais à une série légèrement différente : sophiste, politique, philosophe, où le philosophe vient donc prendre la place du fou. Comme il y a trois noms, demande-t-il, faut-il dire que trois Genres leur correspondent ? Pour l'Étranger, la bonne question n'est pas celle-là, mais celle habituelle à Socrate : « qu'est-ce que chacun peut bien être ? » Enfin, Socrate propose à l'Étranger de choisir son mode de discours : la macrologie, le long exposé, ou la méthode interrogative dont – c'est un comble – il affirme qu'il l'a apprise de Parménide. Qu'est-ce qui arrive à Socrate ? Il s'y reprend à trois fois pour poser une question qui ne semble pouvoir être résolue qu'une fois réglée la question définitionnelle, il est tout prêt à écouter un long discours, et il attribue à Parménide la paternité de la méthode par questions et réponses. Il ne se contente pas, comme dans le *Politique*, de se taire, il est comme dépossédé de lui-même par la présence de l'Étranger. Pourtant, c'est lui qui a raison. Car lorsqu'est posé le problème de l'ordre à suivre, Socrate a raison de penser qu'il faut prendre en compte les deux séries qu'il a énoncées, celle des trois apparaîtres, et celle des trois Genres. La question définitionnelle ne peut se poser qu'à propos d'un Genre, non d'une image, mais un de ces trois Genres, celui du sophiste, n'a précisément d'autre mode d'existence que celui de l'image. L'avis de Socrate est qu'il faut commencer par le sophiste, mais il ne dit pas pourquoi (218b), bien qu'il soit évident que c'est seulement après que les débordements de ce Genre-image auront été endigués que les autres Genres pourront être distingués. Car pour le sophiste, il ne peut y avoir qu'un seul Genre : le philosophe, c'est lui, et le politique, c'est lui aussi. Il faut donc montrer que, philosophe et politique, il ne l'est qu'en apparence, et il est nécessaire de commencer par lui si on veut restituer aux deux autres Genres leur consistance. Le sophiste nie l'existence de différences entre ces trois Genres, et ce n'est pas en commençant par définir le philosophe qu'on enlèvera à son discours son pouvoir dissolvant.

Ce n'est pas en se définissant lui-même que le philosophe pourra se différencier mais en démontrant sa capacité à définir *ce dont il diffère*. C'est donc le philosophe seul qui, tout au long de l'examen, fera entendre sa voix, et la différence entre long discours et procédé par interrogation s'efface : même si l'Étranger tient un *makros logos*, ce *logos*, parce qu'il est celui d'un philosophe et non pas d'un rhéteur, sera forcément interrogatif. Les deux modes de parole n'en font qu'un lorsque c'est lui qui parle. Il faut donc commencer par établir la différence de celui qui en refuse l'existence. Pas plus que la question de l'être ne peut être résolue avant la question du non-être, le philosophe ne peut être défini avant le sophiste : non-être et sophiste ont partie liée et sont des médiations négatives nécessaires, car libératrices. En repérant les multiples lieux où se dissimule le sophiste, le philosophe indique les multiples lieux où découvrir sa différence ou son absence. S'il n'y a pas de philosophe, le sophiste n'existe pas, c'est le philosophe qui confère au sophiste sa différence en reprenant sa différence par rapport au sophiste. Le sophiste est l'autre du philosophe, le philosophe l'autre du sophiste, et leur différence est si intime que cherchant l'un c'est toujours l'autre qu'on risque d'attraper, et qu'on attrape effectivement. Car le sophiste n'est pas pour le philosophe un apparaître parmi d'autres, toute définition du sophiste se double, pour le philosophe, de son auto-définition. Le passage d'un espace à l'autre, d'un espace socratique à un espace dialectique, devrait pourtant réussir à dissocier le philosophe de cette image, de cette ombre qu'est le sophiste : dans le *Sophiste*, aucun sophiste n'est présent, pas même, comme c'est souvent le cas, par l'intermédiaire d'un disciple ou le souvenir d'un enseignement. En leur absence, le philosophe possède la maîtrise du champ du logos, au point qu'il devient nomothète et fabrique les mots qui manquent. Or même dans cet espace plus neutre, mieux éclairé, il a grand mal à s'en distinguer. Que l'Étranger pose d'emblée leur différence constitue vraiment le signe qu'il vient d'ailleurs. Mais ce n'est pas lui qui aurait conduit la recherche de la définition du philosophe, c'est Socrate. A-t-il jamais fait autre chose ? Car le sophiste n'existe comme sophiste que pour le philosophe, et c'est avec le Socrate de Platon que la différence s'est instaurée et avec lui que ce mot, « sophiste », a pris le sens qui lui restera pour toujours attaché. Il faut donc commencer par capturer le sophiste, mais faut-il finir par définir le philosophe ? Comment expliquer ce blanc, ce trou dans la série annoncée que constitue l'absence du dernier Dialogue, le *Philosophe* ? La question reste ouverte : était-il nécessaire, après le

Sophiste, d'écrire le *Philosophe* ? Elle a reçu toutes sortes de réponses, mais peut-être la réponse se trouve-t-elle dans cette curieuse phrase prononcée par l'Étranger : « Donc le philosophe, c'est dans un lieu de ce genre que nous le découvrirons et maintenant et par la suite, si nous le cherchons » (*Soph.*, 253e8-9). L'Étranger ne dit pas « maintenant *ou* par la suite », mais « *et* maintenant *et* par la suite », ce qui marque une répétition et non une succession. En outre, la clause « si nous le cherchons » est reprise en 254b4 par « si nous en avons encore envie ». Ce sont deux raisons de penser que son « annonce » d'un Dialogue entre Socrate et le Socrate le jeune – entre, si l'on veut, Socrate qui en sait plus et Socrate qui en sait moins – renvoie en fait à ce qui s'est poursuivi, se poursuit et se poursuivra dans tous les Dialogues, et non pas dans un Dialogue venant achever une séquence[1]. Ce qu'on peut formuler ainsi : puisque sa tâche propre est la dialectique, toutes les fois que se déploie la puissance dialectique, on tient le philosophe, un philosophe qui, chaque fois, affirme sa différence en dialectisant. Théodore le mathématicien croit qu'on peut définir le philosophe comme on définit le sophiste et le politique, parce qu'il croit qu'on peut tout définir.

Pourtant, comment peut-on croire reconnaître une chose inconnue, en l'occurrence le philosophe, en ses images ? C'est logiquement impossible, et pourtant très réellement possible. Les images que les ignorants se font du philosophe ne sont pas des images du philosophe, ce sont des images de l'opinion que les ignorants ont du philosophe[2]. Elles

---

1. Voir M.L. Gill, Philosophos : *Plato's missing dialogue*, Oxford UP, 2012, qui fait un tour très complet de la question.

2. *Soph.*, 216c4-5 : πάνυ γὰρ ἄνδρες οὗτοι παντοῖοι φανταζόμενοι διὰ τὴν τῶν ἄλλων ἄγνοιαν : « ces hommes, en effet, se voient attribuer les apparences les plus diverses en raison de l'ignorance des autres. » Il

n'ont pas toutes un statut identique. Les ignorants se laissent abuser par l'image que le sophiste donne de lui-même comme savant, ils peuvent croire également reconnaître dans le politique la seule manifestation sérieuse du philosophe, et, lorsqu'ils considèrent les philosophes comme des fous, ils se déterminent eux-mêmes comme pleins de bon sens. Dans le premier cas, l'ignorant est abusé par le sophiste, dans le deuxième il croit pouvoir discerner les problèmes vraiment importants ; dans le troisième, l'ignorant se constitue lui-même comme critère et s'accorde un bon sens et une sagesse qui font selon lui défaut au philosophe. Cependant, si le philosophe peut être pris pour autre chose que ce qu'il est, c'est parce que cette autre chose lui ressemble. La ressemblance peut être plus ou moins grande, mais si une image ne *ressemble* pas à la chose dont elle est l'image, c'est qu'elle n'est pas une image. La différence entre original et image est que ses images multiplient la chose, la font diversement apparaître *comme* elle n'est pas et en de multiples lieux *où* elle n'est pas. De plus, parce que ce sont des images, elles n'obéissent pas au principe de contradiction, ne s'excluent pas mais se juxtaposent. L'ignorant ne tient pas le philosophe pour un sophiste, *ou* un politique, *ou* un fou, mais *tantôt* pour l'un, *tantôt* pour l'autre. Il n'y a pas identification cohérente du philosophe à une image, mais pluralité d'images, pluralité non exhaustive (*pantoioi*), dont Socrate n'énumère que les trois principales. Plus ou moins ressemblantes, toutes les images font néanmoins illusion, et rien *en elles* ne

importe de rectifier certaines traductions (Robin, Cordero) qui suggèrent que ce sont les philosophes eux-mêmes qui prennent l'apparence de ce qu'ils ne sont pas, Robin allant jusqu'à dire : « *profitant* de l'ignorance d'autrui ». Ils n'en profitent pas, ils la subissent (φανταζόμενοι est un participe passif).

permet d'apprécier leur exactitude ou leur fidélité par
rapport au modèle. Prendre le sophiste pour un philosophe
n'est pas le fait de la seule ignorance de la foule, la confusion
est produite par le sophiste lui-même. Il est possesseur
d'une *technè* (il est *technitès*, *Soph.*, 219a), qui n'est pas
aussi majestueuse qu'il voudrait nous le faire croire, mais
c'est bien dans le champ des arts et techniques qu'il faut
le chercher, car non seulement il y est, mais il y est partout.
Pour diviser le Genre *technè* en ses espèces, la pêche à la
ligne sert de paradigme. Le choix de ce paradigme est
évidemment ironique : un pêcheur à la ligne veut attraper
des poissons, or à la fin du *Timée* (92b), la quatrième,
dernière et plus basse espèce de vivants, l'espèce aquatique,
« est née des hommes tombés au dernier degré de la sottise
et de l'ignorance » ; indignes de respirer l'air pur, « ils ont
été condamnés à barboter dans une eau bourbeuse et
profonde ». On voit quelle espèce d'homme peut se laisser
prendre à l'art du sophiste. Mais le paradigme met également
en évidence la différence entre une activité facilement
identifiable et définissable, de sorte que son agent renvoie
à un verbe dépourvu de toute équivocité, et celle du sophiste,
car dans son cas toute la difficulté consiste précisément à
savoir de quelle activité il est l'agent. Dans son nom même,
le sophiste fausse les perspectives, brouille les pistes, et
envoie le chercher là où on ne peut pas le trouver, du côté
d'un savoir tout-puissant, d'une *sophia*. Son nom ne réfère
pas une activité mais à la représentation que le sophiste a
et veut imposer de lui-même et de sa science. Comme le
pouvoir qu'il tient de son art du logos est selon lui total,
il doit donc s'étendre à tous les arts. Il s'y étend en effet,
mais pas comme il le croit, car le champ des *technai* n'est
pas couronné et unifié par une majestueuse *sophia*. Qu'il
soit partout n'indique donc pas seulement le caractère

fuyant et insaisissable du sophiste, cela signifie que son art s'applique à nier les différences réelles et à produire des différences qui sont destinées à produire toujours le même effet : permettre des jeux de langage. Ni même ni autre, le sophiste est toujours autre parce qu'il est le même, et il ne peut rester même que lui-même qu'en apparaissant toujours autre.

La *première définition* fait du sophiste un chasseur de jeunes gens riches. La manière « érotique » de pratiquer cette chasse qui *donne* des présents à ceux qu'elle pourchasse au lieu de leur en réclamer, est laissée à gauche. Depuis le *Banquet*, le *Phèdre* et le *Théétète*, il est difficile de ne pas y reconnaître celle propre au philosophe, qui donne liberté et légèreté et veut communiquer l'éros qui l'anime. Le philosophe chasse pour donner, enseigne parce qu'il désire faire partager ce qu'il aime. Activité qui n'est pas plus désintéressée que l'amour ne l'est, mais qui s'intéresse à autre chose qu'à de la gloire ou de l'argent et s'efforce de faire à chacun le cadeau consistant à le redonner à lui-même. Dans la *deuxième, la troisième et la quatrième définitions*, le savoir est une marchandise que le sophiste négocie en gros, en détail, de première et de seconde main : ces trois définitions se situent dans le lieu de l'échange et du trafic, et de ce lieu le philosophe est totalement absent. Mais quand c'est l'art de la lutte qui est divisé, on laisse à nouveau de côté, juste avant de définir la *technè* du sophiste pour la *cinquième* fois, un « bavardage » que nous pouvons à nouveau reconnaître : « Il semble en effet que celui qui, sensible au plaisir d'une telle occupation, devient insoucieux de ses affaires personnelles, mais dont la parole est écoutée sans plaisir par la grande masse des auditeurs, ne mérite pas d'être appelé, autant que j'en puisse juger, autrement que bavard » (*Soph.*, 225d). Bavardage qui rappelle évidemment celui dont Socrate se rendait coupable aux yeux de Calliclès, lui qui néglige ses propres affaires et celles de la cité pour babiller dans un coin avec trois ou quatre adolescents (*Gorg.*, 485d-e)[1]. Quittant les arts d'acquisition et arrivant à la partie de l'art de produire qui use d'une espèce de purification et enseigne en réfutant, l'Étranger se demande alors quel nom attribuer à ceux qui pratiquent l'art qu'il vient de définir. Se trouve-t-il face à l'« authentique et noble sophistique »[2]? Si le philosophe n'était pas dans le lieu de l'échange, là où il y a éducation, le sophiste n'est pas, ou plutôt le philosophe en est la figure authentique et noble. Dans la première et la cinquième définitions, le philosophe était laissé dans l'ombre du sophiste, dans la *sixième* ils deviennent indiscernables. Amoureux porteur de cadeaux, parlant pour son plaisir et celui de quelques-uns, le philosophe apparaît sur le tableau comme un accoucheur d'âmes. Il est absent quand il s'agit d'échanger, de trafiquer du savoir; il se profile en arrière du sophiste dès lors qu'il s'agit de chasser, de combattre; il semble se confondre avec lui quand il s'agit de purifier l'âme de ses opinions.

Comment pourtant le sophiste réussit-il à se faire passer pour un philosophe aux yeux de tous? Car ce qu'est réellement un philosophe, il l'ignore, et néanmoins réussit à le mimer. Il faut reprendre la division, et chercher le sophiste dans les arts de production humaine qui ne produisent pas des choses réelles, mais des images : c'est

---

1. Sur cette « négligence » (ἀδολεσχία), cf. *Théét.*, 195c, *Parm.*, 135d, *Pol.*, 299b. Le terme fait partie du langage polémique d'Isocrate (*Contre les Sophistes* § 8, 5).

2. Voir G.B. Kerferd, « Le sophiste : un philosophe imparfait » dans *Positions de la sophistique*, p. 13-25.

l'objet de la *septième définition* (267b-e). De ce paradoxe d'une imitation ignorante, nommée doxomimétique, l'Étranger affirme que c'est en fait le cas général. Se faire une image de ce qu'on ignore et la croire ressemblante à un modèle qu'on ne connaît pas est logiquement impossible, mais c'est ce que tous font tous les jours. Il existe donc des images sans modèles, des images *qui miment sans rien imiter* [1]. Tandis que l'eikastique est une production d'images qui se soucie de restituer les proportions du modèle et de ne lui donner que des qualités convenables, la phantastique produit des images truquées, des simulacres (235d-236c). Le producteur de simulacres « envoie promener le vrai » en sacrifiant les proportions réelles à celles qui paraîtront belles et convenables à un spectateur. Le simulacre et la copie ne sont donc pas deux images d'un même modèle, car le simulacre n'imite ni le modèle ni la copie, puisque, imitant la copie, il aurait un rapport plus ou moins lointain avec le modèle : si le Genre tout entier des images renvoyait directement ou indirectement au modèle, tout producteur d'image aurait un rapport avec l'original, y compris le sophiste. Or le sophiste n'imite que l'opinion qu'il se fait d'un modèle qu'il ne connaît pas, il n'a en fait de modèle que lui-même et ses propres opinions. Le doxomime « sain et sans faille » pratique une doxomimétique naïve qui prend sans la moindre inquiétude l'autre pour le même. Mais le sophiste, pour sa part, n'est pas un naïf, c'est un imitateur ignorant, mais *ironique*, car il est habité d'un soupçon, d'une crainte : peut-être « ignore-t-il les sujets où devant les autres il se donne figure de savant » (268a).

1. J'ai donné une analyse plus détaillée de ce passage dans « La dernière définition du sophiste », *Platon et la question de la pensée*, p. 271-309.

Si le sophiste était certain de savoir, il se confondrait avec le naïf ; s'il avait conscience de ne pas savoir, il pourrait se mettre à apprendre, or l'Étranger vient de le rappeler : le sophiste « ne fait pas partie de ceux qui savent » (267e). Il redoute de ne pas savoir, mais comme il ne sait pas en quoi savoir peut consister, l'ignorance qu'il redoute n'est à son tour qu'un simulacre d'ignorance. Quant à sa défiance, elle lui vient « de ce qu'il a beaucoup roulé parmi les raisonnements ». Platon rassemble ici deux traits apparemment incompatibles : la misologie du sophiste née de sa pratique de l'antilogie, et sa confiance en « ce grand souverain » qu'est le discours. Comment refuser aux discours la possibilité d'atteindre quoi que ce soit de vrai ou de sain, et, avec une belle assurance, se déclarer apte à parler de tout et donner aux autres le sentiment qu'on connaît ce dont on parle ? L'assurance est à la mesure de la défiance : le sophiste peut d'autant mieux mimer le savant qu'il est convaincu qu'il n'existe pas d'autre manière d'être savant que de sembler l'être aux yeux des autres. S'il dissimule une ignorance qu'il appréhende pourtant, c'est qu'il est certain qu'elle est partagée par tous. En 259d, Socrate lui avait refusé l'art de la réfutation véritable : « Prendre ainsi plaisir à offrir perpétuellement ces contradictions dans les discours, ce n'est pas là de la réfutation véritable, mais le fait de celui qui, nouvellement né, vient tout juste d'entrer en contact avec ce qui est. »

La dernière proposition est énigmatique : quel contact, même récent, le sophiste pourrait-il bien avoir avec « les réalités » ? Il en a un cependant, puisqu'il craint « d'ignorer les choses où, devant les autres, il veut paraître savant ». S'il craint de les ignorer, c'est qu'il les soupçonne d'exister. Seulement, son rapport à ces choses est toujours celui d'un néophyte : le sophiste n'apprend jamais, quel que soit le temps passé à « rouler dans les discours ». C'est pourquoi sa pratique du discours est toujours la même, et le même s'y pervertit dans la figure de la mauvaise répétition. L'authentique sophiste fait de lui-même l'étrange simulacre, étrange parce que contradictoire, d'un philosophe qui ne pourrait ni ne voudrait apprendre. Ne pouvant pas apprendre, il ne peut pas non plus enseigner, il ne peut que se faire imiter. Le jeu peut continuer indéfiniment. Le sophiste ne croit pas qu'il sait, il ne sait pas davantage qu'il ignore, et il ne désire finalement même pas paraître savoir. Ce qu'il veut, c'est paraître savant. Mais comme le savant, c'est lui, le sophiste mime le sophiste en croyant mimer le savant. Il n'est pas ignorant de l'ignorance du naïf, il n'est pas dupe du savoir dont il fait représentation, mais il est dupe de sa propre mimétique. Producteur de simulacres, il se produit lui-même comme simulacre. Une telle confusion présente au moins le mérite de la simplicité, elle est une sorte d'unification perverse. Les jeux que permet l'Autre ne sont pas très compliqués, ils sont plus complexes à décrire qu'à pratiquer – contrairement à ce que croient ceux qui les pratiquent, lorsqu'ils savent qu'ils les pratiquent. Le peintre sait au moins qu'imiter ne consiste pas à reproduire exactement des proportions mais à en donner l'illusion, il utilise les différences pour produire de la ressemblance (*Soph.*, 236a). Et lorsque l'image est produite et utilisée par celui qui a une connaissance de son modèle, ce qui est le propre de tout « technicien », elle connaît sa différence d'image. Mais avec le sophiste, la parole se fait simulacre (236c), il est impossible de discerner ce qui ressemble à quoi, les mots aux choses ou les choses aux mots. C'est pourquoi un sophiste peut « forcer celui qui est entré en dialogue avec lui à se contredire lui-même avec lui-même » (268b), avouant ainsi quel type de puissance il prête au logos. Il ne contredit pas, il force *un autre* à se contredire, ce qui signifie qu'il *ne produit pas un logos*, mais qu'il *impose l'image d'un logos* entièrement soumis à la contradiction et incapable, par nature, de s'en préserver. Le sophiste ne contredit pas, puisqu'il ne dit rien, mais il fait apparaître que rien de ce qui est dit n'est capable de rester même et d'exclure son contraire, dans la mesure où, précisément, c'est dit. Cette dernière définition fait donc de l'antilogique la vérité du sophiste [1]. L'Étranger ne reproche pas au sophiste la diversité ou la luxuriance de ses mirages, mais leur pauvreté : Socrate dit peut-être toujours la même chose sur les mêmes sujets, cela n'exclut aucunement qu'il le dise autrement, ni qu'il change de sujets ; mais le sophiste, lui, s'y prend toujours de la même façon : il ne cesse de jouer du principe de non-contradiction pour produire de la contradiction [2]. Le procédé est toujours mécaniquement identique. Au bout du compte, le sophiste ainsi entendu n'est même pas l'image du philosophe : il est l'image du *sophos*, du savant (268c1). *Il faut d'abord prendre le philosophe pour un* sophos, *pour pouvoir ensuite croire le reconnaître dans le sophiste.* Le sophiste mime son opinion sur ce que c'est que savoir, opinion qui en

---

1. J'hésite ici à parler d'éristique, suivant Kerferd qui établit (dans le chap. VI du *Mouvement sophistique*, Paris, Vrin, 1999) une distinction entre éristique et antilogique : l'éristique tente, dans un débat, de remporter la victoire sans se soucier de la vérité et sans employer une méthode d'argumentation bien précise, alors que l'antilogique utilise une méthode d'argumentation jouant sur la contradiction. Pour l'éristique, l'accent est mis sur la finalité, pour l'antilogique, sur la méthode.

2. Ainsi, dans les *Dissoi Logoi*, les *Doubles discours* (II 90, D.K.), l'affirmation de l'identité des contraires est possible si on n'affirme qu'une identité relative et joue sur des différences de rapports, de points de vue, de temps ; celle de leur non-identité prend à l'inverse les contraires absolument et rejette ainsi toute possibilité de les identifier.

constitue une image impossible, et que pour cette raison on ne peut que mimer.

Les six premières définitions n'étaient pas inutiles, elles manquaient seulement du centre permettant de les unifier. La septième fournit ce centre : le sophiste possède l'art de tout imiter sans savoir, sans connaître le modèle, et c'est ce qui permet son ubiquité. Ce qui est laissé à gauche par sa doxomimétique est une mimétique accompagnée de science (*epistèmè*), une mimétique « historique » (*historikè*). Est-elle le propre du philosophe, apparaît-il en ce point du tableau ? Le terme *historikè* fait plutôt penser à l'*historia*, la science, l'enquête au sein da la multiplicité des choses naturelles ou des institutions humaines dont Socrate se détourne dans le *Phédon* (96a) pour se diriger vers les *logoi*. Mimétique savante et doxomimétique sont deux espèces d'imitation, mais si la première est eikastique alors que l'autre est phantasmatique, et ce n'est pas en elle que peut se trouver le philosophe. Non qu'il ne serait pas un imitateur : sa mimétique a été laissée de côté lorsqu'a été laissée de côté l'*eikôn*, l'image qui est « juste » (*dikaion*, 236a) ; or le philosophe était dit juste (*dikaios*) quand lui a été attribuée la véritable puissance dialectique. Il est juste parce qu'il fait un usage juste de cet instrument qu'est le logos : grâce à lui, le logos imite avec justesse et vérité ce qui est. Le logos en serait donc la seule bonne image, image clairement discernable de la mauvaise ? « Si donc c'est sans savoir qu'ils font cela, qu'ils essaient d'imiter le vrai, ils l'imiteront à coup sûr tout de travers ; mais si c'est avec compétence (*entechnoi*), alors ce ne sera plus une imitation, mais la chose même dans toute sa vérité » (*Pol.*, 300e). Tel est le paradoxe de l'image : image d'une opinion, elle n'a aucun rapport avec la chose même, avec la vérité ; image d'un savoir – et seul le logos peut être l'image d'un savoir véritable – elle se confond avec lui. Le mouvement du logos est le mouvement du savoir, la recherche du vrai par les *logoi* engendre la vérité. C'est parce qu'il n'imite pas des choses que le discours détruit les illusions projetées par les mots qu'il emploie, les empêche d'être pris pour des choses, les altère, les déporte et les transporte. Il est l'image que son savoir d'être une image détruit comme image. C'est pour cela, qu'inventant, il ne demande pas que l'on croie à ce qu'il invente, il ne produit pas d'illusions, il ne fait appel qu'à l'intelligence. Chasser, lutter, éduquer, imiter : le philosophe se livre à toutes ces activités, et quand il s'y livre il est presque indiscernable du sophiste. Il les effectue toutes, plus une : philosopher. Cette activité-là métamorphose toutes les autres.

Dans la sphère de l'apparaître le sophiste prend toute la place. Visible partout, visible à tous, il repousse dans l'ombre celui dont l'élément est pourtant la lumière. Le savoir du sophiste repose sur le fait qu'affirmer du non-être qu'il n'est pas, c'est affirmer qu'il est (une double négation équivaut à une affirmation), et qu'affirmer que l'être n'est pas le non-être, c'est affirmer qu'il n'est pas (ce qu'il n'est pas) : de l'affirmation de leur contrariété résulte l'affirmation de leur identité. Logique apparemment imparable, qui conduit à l'autonomie d'un discours qui ne peut produire que du discours. De cette logique, on ne sort qu'avec du courage, en en faisant plus qu'on n'était capable et surtout qu'il n'était simplement possible, en introduisant l'impossible comme condition de la vérité et comme seule possibilité de la *philosophia*.

ART (*Technè*)

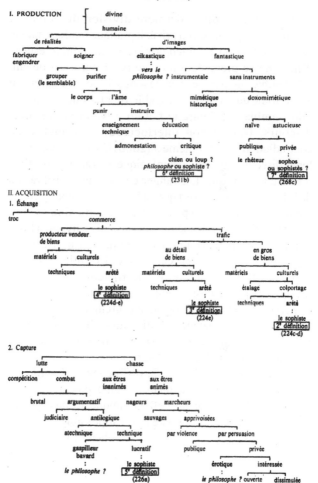

Le politique

Le sophiste, dit la dernière division du *Sophiste*, « ironise » en public ou en privé, il pratique indifféremment la macrologie ou la brachylogie : « une double espèce d'homme se présente à mes yeux : l'un, c'est devant l'Assemblée du peuple et en de longs discours s'adressant à une foule que je le vois capable de pratiquer cet art de faire semblant[1] ; l'autre le fait en privé et par de brefs discours, forçant son interlocuteur à se mettre en contradiction avec lui-même » (268b1-5). « L'homme aux longs discours » est dit « démologique », orateur populaire : il mime le politique. L'Étranger coupe, mais a-t-il raison de le faire ? La raison en est que, même s'il est empiriquement identique à celui qui en privé force à se contredire (si c'est le même Hippias ou le même Gorgias qui se livrent à l'une et l'autre occupation), l'orateur populaire n'utilise pas le logos de la manière qui caractérise essentiellement le sophiste. L'usage public que le rhéteur fait du logos n'implique pas la destruction du logos en tant que tel. Il en pervertit, en l'agrandissant démesurément, la puissance, mais non pas l'essence. Le discours d'un démagogue présente, du moins de loin et en perspective, une cohérence, et cette cohérence fictive agit sur l'auditeur en préservant sa naïveté : la rhétorique, à la différence de l'antilogie, n'est pas contagieuse, l'auditeur ne se met pas à ressembler à l'orateur, il n'en subit que l'effet politique. Le démagogue, n'a pas l'ubiquité du sophiste et il est possible de définir celui qu'il imite et dont il est le simulacre : le politique. Lequel est défini par son savoir, mais ce savoir, c'est le

---

1. Quand le verbe « ironiser » n'est pas rapporté à Socrate, il signifie une volonté de tromperie et de dissimulation, un « faire semblant » : *cf.* par exemple *Cratyle*, 383b-384a, *Lois*, X 908b-e.

philosophe qui le définit. Si dans le *Sophiste* on tombait sur le philosophe en voulant attraper le sophiste, rien de tel ne se produit dans le *Politique*. Entre ces trois Genres – le sophiste, le politique et le philosophe –, il existe une différence de valeur qui dépasse toute proportion exprimable par l'art mathématique (*analogia*, *Pol.*, 257b). Aucune proportion n'est en effet concevable entre ce « doxomime » qu'est le sophiste et le dialecticien-philosophe. Mais entre le philosophe et le politique ? Passé le prologue, le philosophe est totalement absent du *Politique*, l'Étranger à nouveau définit, mais il définit sans *se* définir. Quel est donc le lien qui rattache le philosophe au politique ? Tout comme le sophiste, le politique figurait à la fois dans la série des images et dans celle des Genres. Quelle sorte d'image peut donc être le politique ? Si le sophiste est un simulacre de philosophe, le politique, une fois écarté ce simulacre de politique qu'est le rhéteur démagogue, en est-il la bonne image ? Apparaître comme un politique, est-ce pour le philosophe non seulement une image acceptable, mais la seule manière possible de devenir visible aux autres sans trahir ce qu'il est ? Aucune image n'est bonne en elle-même, elle n'est bonne que si on peut bien en user : le politique n'est du philosophe une bonne image que si le philosophe en est maître. Elle doit être produite par lui, de telle sorte qu'elle ne dissimule pas sa nature d'image et soit l'apparaître le moins trompeur de ce qu'il est. Cependant, à la fin de l'*Euthydème*, un personnage anonyme estime qu'il faut supprimer la distinction entre philosophie et politique : selon lui, la seule philosophie qui ne soit pas sophistique est la philosophie politique.

En fait, c'est de ces gens, Criton, que Prodicos disait qu'ils
sont à la frontière entre le philosophe et le politique. Or ils
se figurent être de tous les hommes les plus savants, et non
pas seulement l'être, mais passer pour tels auprès d'un très
grand nombre de gens ; en sorte que, s'il n'y avait les hommes
qui s'adonnent à la philosophie, il n'y aurait personne pour
les empêcher de jouir de la considération générale.
(*Euthydème*, 305c6-d6).

Selon Socrate, l'anonyme constitue un type intermédiaire
(un *metaxu*). Les tenants d'une philosophie politique ne
veulent prendre de la philosophie et de la politique que
leur part raisonnable : « car ils estiment ainsi participer
autant qu'il faut à l'une et à l'autre. » L'Anonyme prétend
ainsi défendre la philosophie du discrédit où la jettent les
éristiques et réhabiliter la politique en lui donnant une
dignité que les luttes politiciennes risquent de lui enlever.
Socrate estime que « réellement, Criton, tout cela a bien
plus de convenance, que de vérité » (305e-306a). Car la
dénégation éristique de la vérité donne plus à penser que
les opinions vraisemblables et convenables de la philosophie
politique[1]. Même ces pauvres philosophes que sont les
éristiques révèlent quelque chose de vrai : ils disent les
pièges de la langue, l'équivocité des noms, de la syntaxe,
les apories où conduit une conception trop forte du principe
de contradiction, autant de difficultés que le philosophe
ne peut pas esquiver. On peut, en parlant sans penser, faire
penser. Mais on ne peut pas faire penser si on veut penser
juste ce qu'il faut, modérément et prudemment. Les
philosophes politiques sont la preuve que l'on peut pratiquer
une espèce de philosophie sans pour autant être philosophe.
Une telle philosophie ne met ni en danger ni en question,

---

1. Voir chap. II, p. 157-159.

elle s'exerce sans passion et sans acharnement. Sans ce terrible éros qui rattache à la vérité, est-il possible d'être philosophe ? Il y a une philosophie politique, mais il n'y a pas de philosophe politique [1]. La solution de l'anonyme coûte trop cher. Il revient donc au philosophe d'imposer la sienne, en montrant comment le savoir qui lui est propre peut se manifester dans le monde des hommes et des réalités en devenir en l'organisant de manière à ce qu'il soit le plus intelligible possible. C'est pourquoi la définition du politique ne peut être qu'une définition normative. En déterminant ce que *doit être* un véritable politique, le philosophe détermine la seule image à travers laquelle on pourra le saisir le moins faussement possible. La solution bien connue de la *République* est celle du philosophe-gouvernant. Parce qu'elle dit à la fois la supériorité et la différence, l'image que Socrate en donne « en parole » condense toute la démarche paradoxale de la *République* : le philosophe doit avoir sa juste place, la première, dans la cité, précisément parce que sa vraie place n'est pas là.

On pourrait alors croire que les deux Genres, philosophe et politique, n'en font qu'un, et que la spécificité du politique est niée. C'est de ce problème que traite le *Politique*. Philosophe et sophiste sont des prédicats qui déterminent complètement la nature à laquelle ils s'appliquent, ce qui signifie que, quoi qu'un homme possédant cette nature pense, dise ou accomplisse, il le fera en philosophe, ou en sophiste. L'art sophistique à la fois suppose et constitue une nature capable d'arriver, si l'on peut dire, à la perfection

---

1. L'anonyme l'est donc doublement : Platon ne lui attribue pas de nom propre, mais pas non plus de nom commun puisqu'il ne lui reconnaît pas le droit à celui qu'il revendique, « philosophe », sans le juger pour autant sophiste ou politique. Le conflit entre Gorgias, Isocrate, et Platon tourne en grande partie autour de la maîtrise de ces dénominations.

dans l'exercice de cet art, et cet exercice accomplit en retour cette nature. Ce n'est pas le cas du politique. Personne n'est, par nature, fait pour s'occuper de politique : la liaison essentielle établie dans la *République* entre la *philosophia* comme nature et la *philosophia* comme occupation ne vaut pas pour le politique. La politique n'est pas une occupation impliquant une nature faite pour l'exercer seule ou mieux que toute autre [1]. Sophiste et philosophe sont des Genres distincts dans la mesure où ils désignent une nature, et définir celle-ci, c'est définir le Genre. Le politique n'est que le détenteur d'une certaine espèce de science [2]. La première division précise de quelle espèce de savoir il s'agit. La science politique n'est pas une science pratique, et pas non plus une science qui n'a pour fin que la connaissance (comme le calcul) : c'est une science prescriptive. Une science prescriptive ne diffère pas de la science critique qu'elle utilise par sa forme mais par sa finalité, la différence réside dans cette liaison ou non-liaison

1. C'est la définition de l'*ergon* propre à chaque chose (*Rép.*, I 353a 9-10). Mais dans le *Politique* (275c7), l'Étranger dit des politiques : « qu'ils soient naturellement ainsi ou autrement... » (εἴθ' οὕτως εἴτ' ἐκείνως πεφύκασιν).

2. C'est pourquoi il n'est pas plus exact de soutenir que Platon, devenu réaliste sur le tard, rompt ici avec l'idéal de la *République* que d'affirmer, avec J. Klein (*Plato's Trilogy. Theaetetus, the* Sophist, *and the* Statesman, Chicago UP, 1977, p. 200) que tout bon politique doit avoir un naturel philosophe, et que les deux Genres n'en font qu'un. Tout dépend d'où le politique tire son inspiration : des réalités « divines » dont il cherche à acquérir la connaissance, et il est philosophe ; d'un conseiller, qui est alors le véritable homme royal (*cf.* 259a6-b5), alors que le politique n'est qu'un gouvernant et ne l'est que pour le temps où il exerce ses fonctions. Dans ce dernier cas, il se produira un dédoublement, qu'on retrouve en *Lois*, IV 710e ; n'ayant pas la science qu'il devrait avoir (*Pol.*, 259a), le gouvernant ne gouvernera qu'à l'aide d'une science qui lui reste « étrangère » (261a). Ces passages annoncent le thème du « conseiller du prince ».

à l'action. Il existe donc un savoir qui, théorique dans son principe, ne peut se croire quitte de ses conséquences pratiques (*Pol.*, 260a). Il a pour paradigme l'architecte, auquel un savoir mathématique est nécessaire mais qui doit se préoccuper de la façon dont ce savoir sera mis en œuvre par maçons et charpentiers [1]. Le savoir prescriptif n'est pas l'image d'un autre savoir, il en est l'application ; c'est le politique qui est une image, image que le philosophe peut, et même doit, un temps du moins, donner de lui-même. Ce faisant, il ne sera pas un pasteur divin : le monde résiste, il est impossible de remettre à l'endroit ce qui dans son cours se meut tout à fait à l'envers. Le philosophe se fait politique pour tenter d'introduire un peu d'intelligence à l'intérieur de ce monde. Il ne nourrit pas, il soigne, non pas des âmes ou des intelligences, mais des hommes, des troupeaux de bipèdes sans plumes. Comme il met l'intelligence plus haut que tout le reste, il est philosophe, mais quand il tente de la faire pénétrer (voire de force) dans ce qui par nature lui résiste, il devient politique. Cet apparaître-ci est situable, localisable, l'apparence n'adhère pas à l'essence. Le sophiste et le philosophe ont le même lieu, le même instrument, parfois le même nom ; rien en vérité ne les rapproche, mais rien d'aisément déterminable ne les distingue, car c'est dans leur manière de concevoir l'être, son rapport au non-être et la nature du logos qui en découle, que réside fondamentalement leur différence. Le philosophe et le politique, eux, ne constituent pas deux *Genres* distincts, les vrais politiques sont philosophes, les faux ne sont que des sophistes : philosophe et sophiste sont les deux seuls véritables Genres. Le philosophe est

---

1. Si les sciences critiques, mathématiques ou dialectique sont γνώσεως ἕνεκα, les sciences épitactiques sont πράξεως ἕνεκα.

le vrai politique, être politique est pour le philosophe la seule manière qu'il ait d'apparaître et d'appliquer son savoir. Mais si le philosophe peut devenir politique et le politique philosophe (comme il était dit dans la *République*), le politique ne peut pas se faire passer pour philosophe à moins d'être sophiste et le philosophe n'apparaît comme politique qu'à ceux qui le prennent pour un expert et lui prêtent une *technè*. L'apparaître est bien un apparaître, pas une apparence, on n'entre pas dans le Genre « extrêmement glissant » de la ressemblance » (*Soph.*, 231a8). L'image est la moins mauvaise image possible parce que c'est une fonction, une activité (un *ergon*) qu'on peut cerner et définir. En quoi consiste-t-elle ? La fin du Dialogue l'explique en assimilant l'art politique à un « royal tissage ».

Le tissage n'est pas seulement un paradigme, il devient la métaphore, non pas du savoir, mais de l'action du politique, d'un politique « qui ne fait rien lui-même » mais dirige toutes les actions publiques. La division du tissage accumule les verbes, et chacun de ces verbes peut s'appliquer au politique. Mais, à la différence de l'artisan, le royal tisserand ne fait pas le tissu, il permet à la cité de se présenter *comme* un tissu, souple et solide : l'action du politique tisse l'unité de la cité. Or le politique n'a pas à entrelacer des hommes, mais des vertus, ou plus exactement des vertueux, des modérés et des courageux, dont les vertus mêmes sont causes d'affrontement, extérieur ou civil, et risquent d'entraîner la ruine de la cité (306a-308b). La contrariété de deux parties de la vertu est donc la matière de l'action politique. Comme chacune des deux vertus tend à exclure son opposé, chaque partie de la vertu prétend et croit être toute la vertu et le tout de la vertu, déchirant alors la totalité dont elle fait partie. L'homme, même vertueux, n'a donc pas de destination politique, il n'est pas naturellement fait pour vivre dans une cité parce que dans cette cité vivent aussi ses contraires et ses ennemis. La *suggeneia* n'est pas naturelle, elle est à produire par le moyen d'un lien humain, qui mariera modérée à courageux, et inversement, piégeant matrimonialement la nature ; et par un lien divin qui fera naître des opinions vraies sur les valeurs et les fera partager par tous. Le gouvernant doit pour cela persuader les gouvernés qu'il y a en leur âme une part éternelle, de telle sorte qu'ils se sentent une parenté avec quiconque possède une âme semblable. La solution consiste donc à substituer à une affinité naturelle exclusive la croyance en une parenté littéralement surnaturelle. En se faisant politique, ou en inspirant l'action politique, le philosophe réalise une cité à son image, à l'image de sa propre nature, car c'est en elle que se réalise spontanément l'unité de la vertu. Il est donc, comme le sophiste, un producteur d'image et un imitateur, mais lui imite en connaissant la nature de ce qu'il imite. Tout de même, faire de *l'opinion* partagée sur les valeurs un lien divin, cela ne va pas de soi, et l'image produite par le politique a beau être splendide et authentiquement vertueuse, ce n'est malgré tout qu'une image. Le royal tissu a beau être royal, par rapport à cette autre entrelacement qu'est le *logos*, il apparaît d'une pauvreté singulière en ce qu'il entrelace deux éléments toujours identiques et toujours identiquement contraires. Si les opérations du politique – séparer, rassembler – miment celles du dialecticien philosophe, elles ne sont pas pour autant dialectiques. Dans la cité, le même ne peut signifier que le semblable et l'autre tend toujours à se métamorphoser en contraire et en ennemi. Le politique sépare et rassemble toujours les mêmes choses et toujours de la même façon. La contrariété du courage et de la modération, du désir de guerre et du désir de paix, est un fait auquel le politique doit se conformer et il n'a pas le pouvoir d'altérer les termes qu'il cherche à unifier. En outre, l'action politique n'a aucun effet en retour sur celui qui l'exerce : le tisserand n'est pas pris dans le tissu. La science politique ne modifie pas l'âme de celui qui la possède, elle ne la purifie pas, ne l'éduque pas, ne la « tire pas vers le haut » ; elle a pour finalité le bien des gouvernés, non celui du gouvernant. Il en résulte que le politique, s'il n'agit pas lui-même, ne parle pas non plus lui-même ; il dirige la parole des autres (éducateurs, orateurs, juges…) et veille à la vérité des opinions que cette parole doit transmettre. La parole du philosophe n'a pas plus sa place dans la cité vertueuse en totalité que dans les autres, à moins d'être codifiée dans ces écrits que sont les textes de lois, ou figée dans ces opinions qu'il faut imposer dans la tête des hommes. Toute parole publique est une parole auxiliaire, persuasive, rhétorique. C'est la seule qui puisse être communément entendue. Devenir politique, c'est peut-être, pour le philosophe, régner, mais c'est aussi se faire taire. Ce silence, celui de Socrate, celui qu'avec un peu plus de hauteur et un peu moins d'optimisme *aurait dû* garder Socrate dans la cité, remplit le *Politique*. En se faisant politique, le philosophe perd sa seule *apparence*, celle d'un sophiste, mais il n'arrive à s'en dégager aux yeux de l'opinion qu'au risque de devenir, pour cette même opinion, non plus un sophiste mais bien un tyran et, d'une certaine façon, un fou.

Le fou

Lorsque le philosophe est l'ombre du sophiste, l'ombre d'une ombre, alors c'est comme fou qu'il apparaît. Tant qu'à être fou, autant l'être jusqu'au bout, et avoir le courage de commettre un parricide, celui de Parménide, mais surtout celui du principe d'identité. Tel est le sens de la troisième prière de l'Étranger à Théétète (*Soph.*, 241c-d, 242b) : « ne pas le prendre pour un fou », lui qui, à chaque pas qu'il fait, « bouleverse de fond en comble [s]es propres affirmations ». Faute de ce courage de contredire et de se contredire, de cette folie, il n'est pas possible d'atteindre ce qui est vrai, et ce courage suppose que l'on soit assez fou pour aimer la vérité. Mais lorsque le philosophe prétend imposer à la cité sa loi, ou ses lois, celles de l'intelligence, sa folie peut se nommer utopie, ou tyrannie. Il n'y a pas de Genre correspondant à la troisième image énumérée par Socrate, et « fou » semble n'être que le jugement porté sur le philosophe par l'ignorance des hommes. On pourrait même penser qu'en la mentionnant, Socrate plaisante, et qu'il n'y a pas lieu de beaucoup s'attarder sur elle. Il est pourtant bien possible que cette image-là n'en soit pas une, et que la folie, le délire, appartiennent à la nature même du philosophe. Mais il faut alors que le philosophe récupère le terme, le repense et le retourne pour lui faire dire autre chose que ce que lui font dire les ignorants. Tout comme les deux autres termes (sophiste, politique), « fou » n'a pas le même sens selon qu'il est employé par un philosophe ou par d'autres types d'homme. Cependant, à la différence de ces deux autres termes, son équivocité ne peut être réduite par une définition. La folie en effet n'est pas un concept mais une *figure* qui conjugue en elle celles de l'irrationnel, du déréglé, de l'excessif, du démesuré, et en laquelle se déchiffre l'inhumanité (infra- ou supra-humanité) propre à celui que l'on nomme ainsi. Toute la question est donc de savoir quel type de discours attribue ce terme, « fou », et à qui. Pour défendre le philosophe contre cette image-là, Platon adopte dans le *Timée* une curieuse stratégie : il récuse la distinction qu'opère l'opinion entre folie et bon sens. L'analyse des maladies de l'âme part de deux principes : « il faut appeler maladie de l'âme » aussi bien l'ignorance que la folie ; de plus, les plaisirs et les douleurs qui passent toute mesure doivent être tenus pour les plus graves des maladies de l'âme (*Tim.*, 86b-c). Le premier principe rectifie le jugement de l'opinion et n'affirme plus qu'une seule cause : tous les méchants et les ignorants que nous sommes sont malades, en état de démence (*anoia*) : ignorance et méchanceté sont toutes deux des maladies de l'âme, des espèces de folie. Le second principe dit que des phénomènes que tous jugent normaux – vices, plaisirs et douleurs extrêmes – sont des phénomènes pathologiques. La folie est donc une composante de la nature humaine, tous les hommes, sans exception, en participent. Toute âme d'homme est habitée par des forces démentes, irrationnelles, l'animal à figure d'homme n'est pas humain, et « nombreuses sont les causes de la folie du grand nombre ». La frontière entre le normal et le pathologique s'efface, le problème n'est plus d'expliquer pourquoi les hommes deviennent fous, mais de déterminer comment ils peuvent cesser de l'être. Ce qui permet de retourner l'accusation de folie à l'égard des philosophes contre tous ceux qui la portent, la *mania* est de leur côté, et le philosophe paraît fou à des fous. Pour être fou, il suffit d'être un homme, et cela, évidemment, c'est le philosophe qui le dit. Mais « fou » garde encore une valeur dépréciative, qu'il perd avec le second discours de Socrate dans le *Phèdre*. L'existence de délires divins, de délires qui ne sont pas issus de trop humaines maladies, impose un renversement de valeur : la folie n'est pas un mal (244a), les Anciens la tenaient pour une belle chose, et elle est pour nous la source des plus grands biens, du moins lorsqu'elle résulte d'un don divin [1]. Le philosophe n'a plus à se défendre d'être fou, il doit au contraire revendiquer sa folie propre. La *mania* appartient à donc deux registres de langage, et aucun troisième langage ne peut réussir à les concilier. Pour un discours amoureux, les justes catégories de la folie ne sont plus celles de l'inadapté ou de l'incohérent, mais celles de l'humain et du divin. Seule la parole qui ne se possède pas mais est possédée par le divin, c'est-à-dire par l'intelligible, peut dire la vérité sur elle-même. Une âme ne s'harmonise qu'à la condition de pâtir de l'intelligible. Dans la folie qui lui est propre, le philosophe rapporte la vie, le langage et la cité à une unique mesure, non pas humaine mais divine, n'évaluant toutes ces choses que relativement à la pensée et selon la place qu'elles laissent à la pensée. Ce changement de mesure peut paraître délirant, et il l'est, comme l'est le fait de faire d'un « terrible erôs » l'origine de son discours.

3. MAÏEUTIQUE, DIALECTIQUE ET DIVISION

Dans le *Sophiste* et dans le *Politique*, pour définir, l'Étranger a divisé. Qu'ont divisé ses divisions ? *Non pas des choses mais des fonctions* [2]. La division est dans ces Dialogues le moyen de saisir le logos d'une activité (*ergon*). On divise pour saisir la différence propre d'un certain type

---

1. Platon réagit ici contre la laïcisation de la *mania* telle qu'on peut la trouver chez Hérodote (III, 33, VI, 84) mais surtout dans le corpus hippocratique, en particulier dans le traité *De la maladie sacrée*, maladie à laquelle l'auteur ne reconnaît que des causes naturelles et qui n'a donc selon lui rien de sacré.

2. « *The Division is a dividing of arts of nurture, not of kinds of creatures* » (J.B. Skemp, *Plato : The* Statesman, London, Routledge and Kegan Paul, 1952, p. 71).

d'activité, on attrape ainsi celui qui est capable, seul ou mieux que tout autre, d'accomplir cette activité, et on lui assigne le nom qui convient. On ne divise pas à l'aide de prédicats : la division ne consiste pas en une addition de prédicats augmentant la compréhension tout en limitant l'extension. Elle n'a pas fonction de classification, elle vise une définition, or une véritable définition ne peut être que dialectique. En quoi la dialectique diffère-t-elle alors de la division, dont on a beaucoup méprisé le caractère scolaire et l'aspect « gymnique » ? Dialectique impliquerait dialogue, tandis que la division appellerait la « docilité » d'un interlocuteur inconsistant. Certes, mais si le *dialegesthai* est dialogue intérieur de l'âme avec elle-même, et si les obstacles les plus difficiles auxquels la pensée se heurte ne sont pas ceux suscités par le surdité de l'interlocuteur mais par ceux propres à la chose mise en question, la dialectique ne se déroule pas obligatoirement dans un espace socratique, elle sécrète son propre espace. C'est ce que fait le division. Mais elle n'en reste pas moins socratique en tant qu'elle est ironique. Son ironie s'exprime dans le choix du paradigme qui produit instantanément, si l'interlocuteur est docile et bien doué, le détachement et la délivrance produits plus laborieusement par la maïeutique. L'ironie se manifeste aussi dans sa manière de réduire les valorisations de l'opinion, intégrant par exemple dans une même définition l'éponge et la potion, le stratège et le tueur de poux (*Soph.*, 227a, 227b). Le long mouvement de la maïeutique se trouve ainsi ramassé dans l'instant d'une décision diérétique : où couper, donc aussi où ne pas couper. Le moyen terme est omis, et avec lui ce qui rendrait les coupures et les passages logiquement nécessaires[1]. Ressemblances et différences sont saisies *sans démonstration ni preuve*, elles ont pour unique médiation le regard de celui qui divise et voit, chaque fois, comment couper. Et ce regard est de bout en bout ironique : voir dans le sophiste un commerçant en gros et en détail, un exportateur et un importateur, ou donner au gouvernant la tâche de diriger un troupeau de bipèdes sans plumes est une forme de maïeutique, une maïeutique rapide, brutale, et peut-être d'autant plus libératrice.

En admettant que la dialectique récupère ainsi une dimension qui pourrait sembler en être absente, ne lui en manque-t-il pas une autre, plus importante ? Peut-on dire de la division qu'elle est dialectique au sens où la dialectique procède essentiellement par questions et réponses ? Y a-t-il encore du *dialegesthai* dans cette sorte de dialectique ? Or, s'il n'y en a pas, la division n'est qu'une méthode scolaire, elle n'est plus la plus haute et la seule véritable science. Bien que la division n'ait pas la *forme syntaxique* du questionnement, elle *interroge* cependant en chaque cas la chose-même, non pas la chose massive, opaque et indifférenciée, mais un étant différencié et intelligible. Les questions qu'elle pose s'adressent à des étants définis par leur puissance d'agir et de pâtir.

Sous-tendue de bout en bout par la question de la *dunamis*, la division pose une pluralité qui n'est pas une pluralité d'essences-choses mais une pluralité de natures différenciées par leur puissance. Chaque coupure requiert donc un nouveau principe, qui ne vaut que pour elle, de

1. Sur cette omission du moyen terme, *cf.* Aristote, *Premiers Analytiques*, I, 31, 46a31 ; *Sec. Anal.*, II, 5, 91b3 *sq.* ; *Part. Anim.*, I, 2-4, 642b5-644b20, et le commentaire de Cherniss, *Aristotle's Criticism*, p. 1-83. Selon Aristote, Platon « divise par n'importe quelle différence » (*Part. Anim.*, I, 3, 643b9).

telle sorte qu'une division dépose derrière elle une multiplicité de principes qui sont les principes d'intelligibilité propres à la puissance en question, et qui ne vaudront pour aucune autre recherche. Dans la notion d'*ergon* peuvent entrer des considérations d'objet, de fin, de moyens, de quantité, d'opportunité, de compétence, d'agent : il importe de faire intervenir chaque facteur au bon moment. Le choix des principes de division exige donc le discernement le plus haut, l'intelligence la moins scolaire et la plus inspirée : celle du dialecticien, et suprêmement celle du philosophe. La division ne constitue donc ni une nouvelle ni une autre méthode, elle est la dialectique même, mais délivrée de la tâche qui consistait à examiner les opinions et à combattre une image pétrifiée des essences. Les preuves supplémentaires de sa nature dialectique sont que, si la question change, change aussi la manière de diviser le Genre où s'inscrit ce qu'elle cherche, et qu'elle se rectifie lorsque d'autres chemins (le mythe du *Politique*, par exemple) lui imposent de le faire.

Outre son caractère scolaire, il a été reproché à la division telle qu'elle est présentée dans le *Sophiste* et dans le *Politique* de diviser des réalités empiriques, donc de ne pas aller d'Idées en Idées. Le commerçant en gros et en détail, le stratège et le pasteur de troupeaux à cornes semblent en effet se référer à des agents d'activités très empiriques. Mais les *coupures*, elles, ne sont pas empiriques. Différences et ressemblances unifient ou différencient des Idées et non pas des choses, et les termes ne sont posés que par le mouvement même qui les discerne et les divise, ils sont constitués par la division et ne doivent être compris que relativement à elle. C'est très exactement pour cette raison que la méthode de division semble logiquement si peu défendable. Si l'on part de la multiplicité (que cette multiplicité soit celle des espèces ou celle des individus) et non, comme ne cesse de le dire Platon, de l'*idea* une, il est peu probable que l'on arrive jamais à diviser comme le fait l'Étranger, et il est certain que l'appartenance d'une espèce à une espèce plus large requiert ce moyen terme que constitue la présence d'un caractère commun essentiel. Or il est remarquable que la division se systématise dans les deux Dialogues où, cherchant le sophiste, on attrape le philosophe, et cherchant le politique, on tombe aussi sur lui. En divisant ses Autres, qui sont non pas des choses mais des activités, le philosophe retombe nécessairement sur lui-même, puisque son activité est condition de la différence authentique de toute activité et des différences existant entre toutes ces activités. De telle sorte que définir quelque activité que ce soit consiste pour le philosophe à définir la sienne, qui est puissance de définir. La division ne démontre pas plus les parentés que sait voir le dialecticien, parentés qui ne peuvent être qu'ironiquement montrées et intelligemment entendues, qu'elle ne justifie ses principes de différenciation, ou ne pose ses moyens termes. Activité d'une intelligence qui en comprend assez pour ne pas avoir à démontrer, elle manifeste la sûreté instinctive, somnambulique, de celui qui cherche où il faut comme il faut. Elle est par excellence la méthode illogique et hautaine, ironique et désinvolte, du philosophe.

Elle met en évidence que l'identité d'une Idée *à elle-même* implique sa puissance de différenciation d'avec ses autres. Toute différence intelligible, c'est-à-dire toute différence qui passe par le logos et se laisse conduire par lui, est une différence *dans* l'intelligible. L'intelligence manifeste que les seules véritables différences sont les différences qu'elle découvre en pensant. Même si se révèlent des différences de valeur, ces différences ne peuvent être que terminales, jamais initiales, et la pensée en sera toujours la mesure et le critère. Ce qui interdit de confondre moyen terme et prédicat commun, et ce qui interdit surtout de requérir un moyen terme. Car il n'y a d'autre médiation que celle de l'intelligence. Savoir discerner selon le Genre, c'est être « capable de dire comment chaque *idea* peut communiquer et comment non ». Ce « comment » exige la liberté de la science des hommes libres. La division n'est pas l'œuvre d'un intellect séparé, elle requiert l'intelligence du philosophe, et ce qui est philosophique n'obéit pas toujours à la logique de la logique, il engendre sa propre logique. La parenté unissant un naturel philosophe à ces natures que sont les Idées, la « grandeur » qui lui permet de voir de haut, la facilité à se laisser guider par l'intelligible qu'on examine (*Soph.*, 265d-e) sont encore plus nécessaires quand il s'agit de diviser, or le naturel philosophe « a par nature, une proximité congénitale avec cette manière de cheminer », en « fendant le Genre en deux » [1]. L'impossibilité posée par Platon de concevoir une *philosophia* sans philosophe n'entraîne aucune limitation subjective. Elle permet au contraire de définir un accès à l'universalité et à la totalité, sans pour autant les constituer en monde, en autre monde ou arrière-monde. La *philosophia* entendue comme occupation exige une nature qui possède comme différence propre la *philosophia* entendue comme élan, désir, inspiration. Cette dernière

---

1. Il faut exposer la vraie nature du sophiste « d'abord à nos propres yeux, ensuite à ceux qui par nature ont le plus d'affinité avec ce genre de cheminement » (ἔπειτα καὶ τοῖς ἐγγυτάτω γένει τῆς τοιαύτης μεθόδου πεφυκόσιν, *Soph.*, 265a1-2) ; en 265d-e, Socrate estime que la nature de Théétète rend inutile de démontrer la différence entre l'art divin à l'œuvre dans la Nature et l'art humain : sa nature lui permet de comprendre spontanément la véritable nature de la *phusis*.

dimension ne disparaît nullement dans les Dialogues dits
« tardifs », elle est rappelée dans tous les prologues, elle
définit les interlocuteurs, elle est la dimension d'audace
et de liberté du discours. L'expression employée dans le
Sophiste pour désigner la dialectique – « la science des
hommes libres » – ne doit pas être entendue comme une
métaphore quelque peu emphatique et hors de propos.

La dialectique peut donc se manifester sous une forme
maïeutique ou adopter celle d'une division : comme
maïeutique elle délivre, allège, libère ; comme division,
elle est la liberté du philosophe, son coup d'œil sûr qui
perçoit le même et l'Autre et qui, voyant, fait voir. Sous
ces deux formes, la dialectique est libre en ce qu'elle n'a
pas d'autre méthode que l'intelligence travaillant « sans
filet », pas d'autres catégories que celles qu'elle invente
en découpant comme il faut quand il faut, pas d'autre
finalité que de comprendre et de faire comprendre. Exercice
noble, périlleux, inspiré, la dialectique se meut à la lumière
d'une vérité qui n'est ni le prédicat d'un discours cohérent
ni la conformité à quelque réalité que ce soit, lumière qui
ne luit ni comme révélation initiale ou terminale mais
accompagne la totalité du parcours. Quand c'est la vérité
qu'on cherche, c'est un système cohérent qu'on engendre,
et quand c'est l'intelligible qu'on vise, une logique formelle.
Parce que ce n'est pas la vérité qu'elle vise – puisque la
vérité l'éclaire – mais la détermination de ce qui est, parce
que ce n'est pas une méthode qu'elle veut définir – puisqu'on
ne peut juger des chemins qu'après les avoir parcourus –,
la science des hommes libres rencontre la vérité et acquiert
l'intelligence. C'est pourquoi les Dialogues ne traitent
jamais de problèmes de possibilité. La Cité idéale n'a pas
à rendre possible le philosophe, elle est suspendue au
philosophe et à la réalité du philosopher ; la position d'Idées

n'est pas la condition de la pensée, elles sont posées et exigées par une pensée qui désire penser autrement, sans se demander si c'est possible. En l'absence de toute position de possibilité, aucun passage n'est nécessaire : on n'a pas à devenir philosophe, on l'est, et l'on ne peut d'ailleurs savoir ce que cela veut dire que si on l'est déjà. Aucune démonstration n'est définitive, car aucune démonstration ne démontre autre chose qu'une exigence logique, non ce qui est exigé par la réalité en question. Aucune médiation n'est réelle, si ce n'est celle de l'intelligence ; il n'y a que des sauts, des coupures, des tris, des divisions, des conversions. Aucune hypothèse n'est contraignante, il faut découvrir celle qui n'exclura pas la science, la pensée et l'intelligence. Aucun prédicat n'est une détermination complète, l'attribution d'un prédicat à un sujet constitue une proposition insignifiante, il faut au moins l'entrelacement d'un verbe et d'un nom. Il n'y a pas d'autre devoir être de l'être que celui d'être intelligible, de se différencier, de se pluraliser. L'intelligence est plus intelligente que la logique, le désir plus contraignant que le devoir, le plaisir un signe plus évident de hiérarchie que la position de valeurs, le fait de trouver, de voir, de devenir plus inventif, une garantie plus sûre de vérité que la conformité à une méthode.

CONCLUSION

Il n'est pas sage de laisser le soir juger
le jour : car trop souvent la lassitude se
fait alors juge de la force...
Nietzsche, Aurore, § 542 : « Le philosophe
et la vieillesse »

Il n'est possible, toutefois, Théodore, ni que le mal s'abolisse,
car il est nécessaire qu'il y ait toujours quelque chose qui
aille à l'encontre du bien – ni qu'il ait chez les dieux son
siège. (*Théét.*, 176a)

Ce qui va à l'encontre du bien est aussi ce qui va à
l'encontre du vrai, et il y aura toujours une fausseté
essentielle qui circulera à l'entour de la nature mortelle.
S'il est impossible que jamais les sophistes disparaissent,
il est toujours possible qu'il n'y ait pas de philosophe.
Rien chez Platon ne garantit l'existence de la philosophie,
si ce n'est la *philosophia* de quelques-uns. L'exceptionnel
surgissement d'une intelligence capable de gouverner en
se gouvernant, l'impossible maintien de son désir, la nature
incompréhensible aux yeux de tous de son savoir comme
de son discours font que c'est l'apparence, la mauvaise
copie, le simulacre qui seront pris pour la réalité.

Images de l'image que le plus grand nombre se fait de la philosophie, les sophistes renvoient le naturel philosophe à ses apparaîtres, à ses masques. Chacun d'eux dissocie ce qui constituait l'unicité de sa nature : en tant qu'il est en proie à sa *philosophia*, il est fou, maniaque, délirant ; en tant qu'il chasse, combat, éduque, il est sophiste ; en tant qu'il sait, sa science doit pour être reconnue se faire savoir directif, science politique. Tous les Dialogues oscillent entre deux tentations opposées mais complémentaires : celle qui consiste, pour le philosophe, à assumer les images négatives – son délire, son bavardage, son inscience : son atopie – tout en indiquant ironiquement à ceux qui peuvent entendre que cette folie est le seul désir qui vaille, ce bavardage le seul vrai langage, ce jeu pénible la plus haute science. Mais comme c'est l'ignorance qui rend atopique l'atopie (*Pol.*, 291b), supprimer l'ignorance en éduquant pourrait donner au philosophe son lieu, à l'intelligence sa place, et telle est la seconde tentation. Deux de ses apparaîtres – le fou, le politique – permettent au philosophe de se dissocier du troisième, au moins en ce qui le regarde, car pour le plus grand nombre les sophistes seront toujours philosophes et les philosophes sophistes. Mais à la différence du simulacre, qui laisse transparaître l'incommensurable différence, la « bonne » image tend à faire écran. Lorsque le philosophe se fait politique, il ne peut pas compter sur l'exception, sur l'homme divin. La divinité de l'intelligence se localise alors dans le dieu et ses lois sont ainsi acceptables par tous. Si le dieu – ce dieu qui est le premier mot des *Lois* – est l'image de la souveraineté de l'intelligence, la religion est le meilleur apparaître du savoir. Le livre X des *Lois*, dont on a dit qu'il était le seul livre philosophique de part en part[1], est consacré à cette religion qui est « le plus noble et le meilleur prélude aux lois » (X 887b). Elle occupe dans les *Lois* la place centrale que la dialectique occupait dans la *République*, et cette substitution suffit à manifester la différence de champ, de but, de problématique entre les deux ouvrages. Dans la *République*, il s'agissait de trier et d'éduquer convenablement les gouvernants afin de préserver la plus juste et la plus belle des cités. Dans les *Lois*, l'intelligence divinisée garantit la valeur d'une constitution qui, bien qu'étant seulement de second rang (V 739e), est aussi unique en son genre que l'était la cité idéale. La cité idéale continue à servir de référence (V 739e, VII 807b) mais elle ne sert même pas de paradigme. La Belle cité, dans les *Lois*, est loin, et Socrate, cette fois, est totalement absent. L'Athénien légifère en philosophe, le Collège nocturne rassemble des « hommes divins », mais ce qui manque est la *philosophia*. La constitution que l'Athénien veut instaurer suppose néanmoins toujours une différence de nature entre gouvernants et gouvernés : ce ne sont pas des bœufs que l'on prend pour gouverner des bœufs (IV 713d). Mais dans les *Lois*, comme d'ailleurs dans le *Politique*, cette différence n'est effective que dans le mythe du règne de Cronos : éprouvant de l'amitié pour nous, les hommes, ce dieu en avait confié le soin à des Démons, lesquels ne devaient pas se donner beaucoup de peine pour nous gouverner mais nous en épargnaient beaucoup. Il suffit de comparer le passage du livre IV des *Lois* sur le

---

1. « *In the present context, i.e. shortly after the first mention of philosophy, the Athenian's oath indicates that we are on our way to the most philosophic, the only philosophic part of the* Laws, *Book Ten* » (Leo Strauss, *The Argument and the Action of Plato's* Laws, Chicago UP, 1975, p. 129).

naturel requis pour être un bon tyran au passage de la *République* sur le naturel philosophe pour mettre en évidence la disparition de la *philosophia*. Quelles sont, demande l'Athénien, les conditions les plus favorables pour que s'opère un changement dans la cité ? Il suffit d'un tyran, et qu'il soit jeune, qu'il ait bonne mémoire, de la facilité à apprendre, que de sa nature il soit brave et magnanime, et que cela s'accompagne de toutes les parties de la vertu. Le choix du terme « tyran » est significatif, et confirme ce que l'on disait plus haut, à savoir que, se faisant politique, c'est toujours tyran que le philosophe risque d'apparaître. Mais ce tyran est un bon tyran, un *turanos kosmios* (710d). Qu'est-ce qui lui manque pour être un philosophe-roi ? L'élan vers le savoir, la parenté avec l'être et avec la vérité, la haine de la fausseté, et l'élégance, « la facilité à se laisser conduire vers ce qui est l'essence de chaque étant » (*Rép.*, VI 486d). Peut-être possède-t-il aussi tous ces dons, mais ils ne sont pas mentionnés. N'est donc pas formulé ici ce qui dans la *République* était à l'origine de toutes les autres « vertus » du naturel philosophe. Le tyran bien réglé peut se contenter de la sorte de tempérance définie par l'opinion droite (710a). Lorsque nous lisons : « quand dans le même homme la pensée réfléchie (*phronèsis*) et la modération coïncident avec la puissance la plus haute, alors vient au jour et s'engendre la constitution la meilleure, et de pareilles lois ; autrement cela ne risque pas de jamais se produire » (712a), nous croyons reconnaître le philosophe-roi ou le roi devenu philosophe qui dans la *République* était aussi la seule condition d'une bonne *politeia*[1]. Il y a pourtant entre les deux textes la même incommensurabilité que celle existant entre un homme sage et tempérant et un

---

1. *Cf.* L. Strauss, *The Argument and the Action of Plato's* Laws, *op. cit.*, p. 75.

être « démoniaque ». Lorsqu'il s'agit d'établir un programme d'éducation, les *Lois* parcourent à nouveau le programme qui commence avec la gymnastique et la musique pour arriver aux mathématiques et à l'astronomie. Mais le terme vers lequel convergeait toute la *paideia* de la *République* a disparu. La dialectique n'est plus le but, l'astronomie suffit. Les sciences mathématiques sont cultivées parce qu'elles éveillent « celui qui dans son naturel est somnolent et a de la peine à s'instruire » et que « grâce à ce qu'il y a de divin dans cette discipline, il réalise un progrès par rapport à sa nature originelle ». L'astronomie, analogue visible des révolutions de l'intelligence, débouche sur la théologie, et devient dans les *Lois* la plus haute science. Il suffira bien désormais de regarder en l'air [1]... Le nom du philosophe est absent, le philosopher remplacé par « réfléchir sagement » [2]. Le nom manque, et aussi ce qui constituait l'essence du naturel philosophe et de son activité : sa *philosophia*. La mesure est devenue extérieure, incarnée dans la divinité, tout comme l'intelligence devient étrangère à elle-même, différence mythique inaccessible aux hommes ou se figeant dans le texte des lois [3]. L'homme accompli est alors celui « qui allie la sagesse aux opinions vraies qui ont de la stabilité » (II 653a).

Il y a pourtant deux passages où le mot *philosophein* apparaît. Le premier se trouve au livre IX, lorsqu'il s'agit d'examiner les principes d'un droit pénal. L'Athénien est sorti de son rêve par une question de Clinias (IX 857b), qui invoque la variété des délits et les multiples espèces de vol pour critiquer l'unicité de la peine proposée par le

1. *Rép.*, VII 529b.
2. ὅταν εἰς ταὐτὸν τῷ φρονεῖν τε καὶ σωφρονεῖν... (711e8-712a1).
3. Voir l'étymologie νοῦς – νόμος, *Lois*, IV 714a.

législateur. Ce qui réveille l'Athénien est qu'il se heurte au problème de l'un et du multiple, à la difficulté d'introduire l'un dans une multiplicité empirique pratiquement illimitée. Le vol n'est qu'un exemple, il sert à poser le problème de toute législation, de toute subsomption d'une multiplicité de cas sous l'unicité d'une règle. À ce moment, l'Athénien reprend une comparaison (faite en IV 720a-e) qui insiste sur la nécessité d'une différence de nature entre le législateur et les autres citoyens : « Nous n'avons pas fait une mauvaise comparaison quand nous avons comparé tous ceux pour qui, à cette heure, on institue des lois, à des esclaves qui ont des esclaves pour médecins » (IX 857c). Dans le livre IV, le médecin, s'il n'est pas un esclave mais un homme libre, examine le mal « depuis l'origine et selon ce qu'exige la nature » ; il dialogue avec le malade et en apprend quelque chose en même temps qu'il l'instruit autant qu'il le peut (720d). Il n'était pas question alors de « philosopher ». Mais le mot est employé à propos du médecin libre dans le livre IX, et pour la première fois lors de ce long entretien entre l'Athénien et Clinias : si « l'un de ces médecins, guidé par une expérience que n'accompagne pas le raisonnement », rencontrait « un médecin libre en train de dialoguer avec un malade de condition libre et d'argumenter d'une manière qui se rapproche du philosopher », il se moquerait de lui. « Fou que tu es, dirait-il, ton malade, tu ne le soignes pas, peu s'en faut au contraire que tu ne fasses son instruction, comme s'il demandait, non pas à devenir bien portant, mais à devenir médecin » (857d). Le bon législateur se comporte comme ce médecin libre puisqu'il ne veut pas imposer ses prescriptions, mais justifier et expliquer ses lois en les faisant précéder de préambules. Il ne veut pourtant pas rendre philosophes les citoyens qu'il gouverne, seulement les rendre capables d'adhérer à ses lois en en comprenant le bien-fondé, et capables ainsi de se gouverner eux-mêmes. En argumentant, il « se rapproche du philosopher », et s'en rapproche aussi quand il se refuse à légiférer dans l'urgence et sous la pression de la nécessité du moment, mais s'accorde le loisir « de chercher à connaître ce qui est le meilleur », et en ce sens le plus nécessaire (858b). Le philosopher intervient donc la première fois dans les *Lois* pour lier le philosophe à la figure du fou, de ce fou qu'il risque toujours de sembler être aux yeux de ceux qui lui opposent leur bon sens. Sa folie consiste à ne pas se contenter d'appliquer un savoir pour obtenir des résultats mais à désirer transmettre, non pas un savoir, mais un désir d'apprendre et de comprendre, un « philosopher ». En établissant l'antériorité de l'âme et de l'intelligence comme principes de tout ordre et de toute intelligibilité, l'Athénien ouvre la possibilité de soumettre le multiple à l'un et rappelle que légiférer est éduquer parce qu'éduquer signifie affranchir les hommes de leurs pulsions folles et de leur ignorance, cette autre forme de folie. Homme libre et capable de déterminer à loisir ce qui est le meilleur, l'Athénien « se rapproche du philosopher ». Mais il se rapproche seulement, car il ne juge possible de faire reconnaître la divinité de l'intelligence qu'en énonçant des lois sur l'athéisme, en obligeant de croire, ou au moins de ne pas dire qu'on ne croit pas, à l'existence et à la bienveillance des dieux.

Dans la conclusion des *Lois*, l'Athénien affirme qu'il ne faudra jamais choisir comme gardien un homme qui ne serait pas un homme divin (966d). Celui qui aura vu tout ce qu'il y a d'ordonné dans la révolution des astres aura compris que l'intelligence est l'ordonnatrice de l'Univers.

Mais on peut tirer de ce spectacle de tout autres conclusions, mettre tout sens dessus dessous, ne reconnaître comme causes que des causes matérielles. « Le résultat, naturellement, fut que les poètes se mirent à insulter ceux qui s'emploient à philosopher, les comparant à des chiennes qui aboient pour rien, et à dire bien d'autres balivernes » (967c). Dans ce second passage, le philosopher est aussi introduit par antithèse, et dans les deux textes, le terme *philosopher* est appelé par le problème de l'un et du multiple : unité de la règle et multiplicité des délits, unité de la vertu et multiplicité des vertus. « Impatient de connaître ce qui est un, et de tout ordonner par rapport à l'un dont il s'agit, grâce à la vision d'ensemble qu'il a de cette multiplicité », il doit « porter son regard vers une *idea* une, et il n'y a pas de voie de recherche qui soit, pour la rectitude, supérieure à celle-là » (XII 965c). La capacité synoptique unie à la puissance dialectique apparaît, et avec elles l'unité du beau et du bien et la manière qu'a chacun d'être un ; il faudra être capable non seulement de la penser mais de la faire passer dans un logos (XII 966a-b). Le parallèle avec les textes correspondants de la *République* est à nouveau évident, pourtant les termes « dialectique », « philosophe » « philosopher » sont absents. Curieusement, philosopher apparaît quelques lignes plus loin, mais seulement pour désigner la manière dont les poètes qualifient l'activité des anciens « physiciens » : chercher à élaborer des sciences de la Nature, astronomie et « sciences qui s'y rapportent », conduit selon eux à nier l'existence des dieux. L'Athénien reprend alors la distinction du *Phédon* entre des matérialistes athées qui livrent le monde à des nécessité mécaniques, et Anaxagore qui s'est « risqué à dire que c'est l'intelligence qui a tout mis en ordre », mais a méconnu la fonction de l'âme (966e-967a)[1]. Si l'on était dans un autre champ, s'il ne s'agissait pas de légiférer, sans doute le nom propre de l'activité qui consiste à connaître le beau, le bien et l'*idea* dans leur unicité serait-il la dialectique. L'Athénien se contente pour sa part de juger ridicules les poètes qui s'imaginent ridiculiser les philosophes, alors qu'ils n'ont affaire qu'à des physiciens. Le train est déblayé, la place est libre, le philosopher est encore une fois affirmé dans sa différence, mais dans les *Lois* il n'est apparemment revendiqué par personne. Car si les gardiens de la cité étaient philosophes, on serait dans la cité de premier rang, et Clinias n'aurait plus à « aider » l'Athénien[2].

De fait, ce qui est étonnant n'est pas que les termes *philosophos* et *philosophia* soient totalement absents des *Lois*, mais que malgré tout « philosopher » y apparaisse par deux fois. L'Athénien dispose d'un savoir qu'il doit appliquer et expliquer, mais n'a plus à apprendre. Si dans la *République* la *philosophia* était partout, dans les *Lois*, en bonne logique, elle ne devrait plus être nulle part, elle ne devrait que *se supposer* comme étant à l'origine du travail législatif de l'Athénien. Or tout se passe comme s'il était impossible de prescrire sans rencontrer le problème de la possibilité de cette prescription, de cette unification du multiple sous l'un, et sans remonter à ce savoir « critique » dont, selon le *Politique*, le savoir prescriptif est l'application. L'Étranger a disparu au profit de l'Athénien, mais l'Athénien reste malgré tout un étranger. Pas seulement parce qu'il ne peut s'empêcher d'indiquer la dimension qui manque, mais parce qu'il donne à son entreprise ce

1. Cf. *Phédon*, 97b *sq.*, *Apologie*, 26d ; Anaxagore fit l'objet d'un procès d'impiété, et le poète Aristophane a, entre autres balivernes, accusé Socrate d'être l'un de ces « physiciens ».

2. Sur cette « aide », voir la subtile paraphrase de L. Strauss, p. 186.

qui a toujours été pour Platon le propre de la pensée : d'être un pari, un beau risque, une aventure dangereuse :

> Voilà, mes amis, l'enjeu qui, semble-t-il, est mis pour nous sur la table, et si nous acceptons de risquer (*kinduneuein*) le sort de notre constitution toute entière en jetant les dés, qui peuvent amener trois fois six, ou trois fois un, faisons-le ; moi, je courrai ce risque (*sunkinduneuein*) avec vous en exposant et explicitant mes pensées sur l'éducation et la culture, celles qui ont mis en mouvement nos discours. Ce risque (*kinduneuma*) n'est assurément ni petit ni comparable à d'autres. (*Lois*, XII 968e-969a)

Telle est la conclusion des *Lois*, dernier texte écrit par Platon, et le regard rétrospectif porté sur cette œuvre, et peut-être sur son œuvre entière, la fait apparaître comme un coup de dés qui peut tout gagner ou tout perdre.

Même si le philosopher vient faire irruption et trouer deux fois le discours, le philosophe, lui, n'est présent dans les *Lois* que sous les masques du tyran modéré, du médecin libre et du membre du Conseil nocturne. Que sa disparition soit logique ne suffit cependant pas à l'expliquer. Car enfin, si Platon après la *République*, après le *Sophiste* et le *Politique*, a écrit les *Lois*, rien ne l'y contraignait. À partir de la *République*, les occurrences des trois termes étudiés ne cessent de diminuer. Le nombre des occurrences n'est certes pas en proportion directe avec l'importance que les termes ont dans un Dialogue, comme ont tenté de le montrer les analyses du *Parménide* et du *Théétète*. Mais dans les *Lois*, la *philosophia* est véritablement refoulée, elle n'est pas comme dans ces Dialogues mise entre parenthèses pour faire saisir les conséquences de son absence. L'intelligence, qui est du genre de la cause, cause bien encore en ordonnant mais surtout elle pâtit ; et elle ne pâtit pas de l'intelligible, mais de ce qui lui est le plus étranger, plus étranger encore que la nécessité ou la *khôra* du *Timée*, bien plus étranger et bien plus contraire. L'inintelligible absolu, en effet, est que tous les hommes ne soient pas philosophes, qu'ils n'aient dans leur très grande majorité nulle envie de le devenir et ne puissent donc pas le devenir. L'intelligence qui désire l'intelligible et se désire elle-même est l'exception. C'est cela qui constitue des hommes qui n'ont d'humains que l'apparence en hordes de bêtes sauvages ou en troupeaux d'animaux trop dociles qu'il faut bien, dans les deux cas, soumettre à des lois. Ils mènent une vie soumise « à la royauté du plaisir et de la souffrance », craignant par dessus tout ces maux que sont la douleur et la mort et désirant par dessus tout le plaisir, tous les plaisirs, sauf celui qui pour eux n'est qu'une peine, le plaisir de penser. Le plaisir de penser n'est en effet un plaisir que pour celui qui pense, et le philosophe dans sa grande naïveté, dans sa grande ironie, s'expose à refaire tous les jours la dialectique du *Philèbe*, sans plus de succès que Socrate. À une force naturelle on ne peut pourtant opposer qu'une force naturelle, à la toute-puissance du plaisir on ne peut opposer qu'un autre plaisir, et seul le plaisir est signe de hiérarchie : « Il est donc nécessaire que celui qui se plaît à quelque chose se rende semblable en quelque façon aux choses qui lui plaisent » (*Lois*, II 656b, cf. *Rép.*, VI 500c). La liberté du philosophe consiste à faire ce qui lui plaît, mais ce qui lui plait consiste à se rendre semblable à ce qui comporte de la vérité, de la beauté, et de la proportion. Le problème du plaisir et de l'éducation du plaisir traverse toutes les *Lois*, la force des plaisirs privés de logos est la force qui plus que toute autre s'oppose à l'intelligence, parce que le plaisir éduque et rend semblable en même temps qu'il semble individualiser et différencier.

Or l'intelligence ne s'oppose *directement* au plaisir comme une force à une autre force que dans le naturel philosophe ; alors s'engendre la tempérance qui lui est propre, et à lui seul. Pour tous les autres hommes, l'intelligence ne peut s'opposer au plaisir sophiste qu'en prenant la forme de la loi. Jusqu'où peut aller l'intelligence lorsqu'elle se donne pour tâche de pénétrer ce qui s'oppose à elle, jusqu'à quel point la limite peut-elle pénétrer l'illimité, tel est le problème des *Lois*, le dernier problème de ce philosophe qu'était Platon.

Philosophe encore, et même dans les *Lois*, et non pas politique. Or ce philosophe ne veut pas seulement légiférer, il prétend qu'en légiférant il compose « la tragédie la plus belle ». Consacrer à Dionysos un chœur d'hommes âgés est « tout à fait déconcertant », dit Clinias, et l'Athénien accorde que cela mérite explication. Quelle musique peut convenir à ces sages, à ces « hommes divins », « capables d'administrer une cité » ? « Le chant qui est le plus beau », « la musique la plus belle », une musique, donc, sans dissonance, car rien de plus dangereux que la discordance entre les sentiments de plaisir et de peine et le savoir, ou l'opinion conforme à la raison (II 666d-667d, III 689a-e). Les plus sages et les plus savants devront chanter le plaisir d'obéir à « ce qui est naturellement fait pour commander », ils seront inspirés par la Muse présidant à l'harmonie de l'âme, condition de l'harmonie de la cité. Inventer l'ivresse d'une autre vie, la faire chanter et danser, c'est cela, composer la tragédie la plus belle. Une tragédie non tragique ? Elle ne le serait que si celui qui la compose ignorait la vérité mortelle de la vie, et cette vérité-là, Platon sait qu'il est difficile de ne pas la prendre au tragique. Mais qu'est-ce qui pour un philosophe pourrait encore être tragique, lui qui sait « que c'est un dieu, et avec un dieu le hasard et l'occasion qui gouvernent les choses humaines », et qui voit la vie des hommes comme un spectacle de marionnettes dont les dieux tirent les fils (I 644d) ? La vie humaine n'est pas tragique, ce sont les poètes qui calomnient la vie en la représentant comme une vallée de larmes conduisant inéluctablement à la mort. Il faut opposer à cette vie qui croit ne pouvoir se chanter qu'en se lamentant sur elle-même une vie différente et gouvernée par l'intelligence, capable de faire plus légèrement, plus joyeusement, la « traversée de la vie ». Dans les *Lois* se joue « l'éternel conflit entre la poésie et la philosophie », entre la vision tragique que les poètes donnent de la vie et la puissance qu'a le philosophe de lui ouvrir un autre horizon. En imitant « la vie la plus belle et la plus excellente », le philosophe dit aux poètes « nous aussi poètes nous sommes », « étant les auteurs du drame le plus magnifique » (VII 817b-d). La vie peut être rendue belle et magnifique, et la tragédie écrite par un philosophe peut la célébrer. Telle est sans doute une des raisons pour lesquelles Platon a écrit les *Lois* : donner à cet être « tragique » qu'est l'homme – tragique parce que double, parce qu'il y a en lui du « bouc », une part tout « hérissée », mais aussi quelque chose « de lisse et de de divin » (*Crat.*, 408c-d) – la possibilité de s'unifier en se dépassant et de chanter sa vie au lieu de la maudire.

En faisant de la *philosophia* le désir le plus grand, du philosophe un « bacchant », du philosopher une science mais aussi une inspiration, Platon a inventé ce qui permet de faire autre chose que de raconter des « histoires » sur l'être ou sur la vie, d'être autre chose que métaphysicien, savant, illusionniste ou poète tragique. Dans le terme *philosophia* il a concentré une force capable d'user autrement du logos et tous les effets qu'elle peut produire lorsqu'elle s'applique à l'être, au discours, au choix d'une vie. Tout ce qui peut la faire errer, s'oublier, se dénaturer, comme tout ce qui la conduit à se ressouvenir d'elle-même, il l'a, Dialogue après Dialogue, exploré. Cette force peut tout porter vers le haut, effectuer toutes les translations, opérer tous les retournements – ce qui peut sembler être une prétention démesurée, mais cette démesure constitue la mesure même puisqu'elle sait démêler et différencier. La *philosophia* est le nom de cette autre sorte de mesure, et de cette liberté inaliénable de l'intelligence.

Platon n'a pas écrit le dialogue du *Philosophe*, mais il n'a jamais écrit autre chose. S'il ne l'a pas écrit, c'est sans doute parce que cette différence, la *philosophia*, ne pouvait se saisir qu'indirectement dans les multiples différences qu'elle pose et qu'elle produit, parce que cette force ne pouvait être connue qu'à ses effets. Des trois espèces de savoirs – sophistique, politique, philosophique –, seul celui du politique est définissable parce que sa science est distincte de la science qui entreprenait de le définir. Mais, dans le nom du philosophe, Platon n'a pas seulement revendiqué un savoir qui n'existait pas, qui n'avait pas de modèle, il a revendiqué aussi pour un certain désir la capacité de déterminer complètement une nature. La *philosophia* n'a pas d'autre réalité que cet élan qui pousse à examiner et à errer, et pas d'autres chemins que ceux où le logos conduit. Ce qui reste inexplicable est que, pour quelques uns, il faille philosopher. L'impératif n'est qu'exceptionnellement catégorique, la contingence est absolue, la philosophie n'est exigée ni par la nature humaine ni par une culture, elle n'est liée qu'à l'existence d'un philosophe. En elle-même et par elle-même, la philosophie n'a ni possibilité, ni réalité, ni nécessité, pas plus qu'elle n'a, en elle-même et par elle-même, de principe, de garantie, de fondement. Platon a pensé jusqu'au bout cette absence – dans le naturel philosophe.

LA TRADITION SUR L'ORIGINE DES TERMES
φιλόσοφος, φιλοσοφία

De la tradition qui fait remonter à Pythagore la formation des termes φιλόσοφος et φιλοσοφία, il nous reste les textes suivants [1] :

1. *Héraclide du Pont*

a) cité par Diogène Laërce, *Vies et doctrines des philosophes illustres*, Prologue, 12 :

Φιλοσοφίαν δὲ πρῶτος ὠνόμασε Πυθαγόρας καὶ ἑαυτὸν φιλόσοφον, ἐν Σικυῶνι διαλεγόμενος Λέοντι τῶν Σικυωνίων τυράννῳ ἢ Φλιασίων, καθά φησιν Ἡρακλείδης ὁ Ποντικὸς ἐν τῇ Περὶ τῆς ἄπνου· μηδένα γὰρ εἶναι σοφὸν [ἄνθρωπον] ἀλλ' ἢ θεόν. θᾶττον δὲ ἐκαλεῖτο σοφία, καὶ σοφὸς ὁ ταύτην ἐπαγγελλόμενος, ὃς εἴη ἂν κατ' ἀκρότητα ψυχῆς ἀπηκριβωμένος, φιλόσοφος δὲ ὁ σοφίαν ἀσπαζόμενος.

C'est Pythagore qui le premier donna son nom à la philosophie et se nomma lui-même « philosophe » alors qu'il s'entretenait à Sicyone avec Léon, le tyran de Sicyone, ou bien de Phlionte, comme le dit Héraclide du Pont dans son traité *Sur l'inanimée* ; car nul [homme] n'est sage, si ce n'est un dieu. Mais avant on

1. Pour le commentaire des textes cités dans les Appendices 1 et 2, voir le chapitre I.

appelait cela « sagesse », et « sage » celui qui en faisait profession
– celui qui aurait atteint les connaissances les plus précises avec
la pointe la plus élevée de son âme, alors qu'est « philosophe »
celui qui aspire à la sagesse.

(fr. 87 Wehrli, *Herakleides Pontikos, Die Schule des
Aristoteles*, vol. VII, Bâle, 1969 ; trad. de R. Goulet modifiée,
dans *Diogène Laërce, Vies et doctrines des philosophes illustres*,
sous la direction de M.-O. Goulet-Cazé, Paris, 1999)

b) cité par Cicéron, *Tusculanes*, V, 3, 8 et 9 :

*Cujus ingenium et eloquentiam cum admiratus esset Leon,
quaesivisse ex eo, qui maxime arte confideret ; at illum artem
quidem se scire nullam, sed esse philosophum. Admiratum
Leontem novitatem nominis quaesivisse, quinam essent philosophi
et quid inter eos et reliquos interessent.*

Plein d'admiration pour son esprit et son éloquence, Léon
lui demanda de quelle science il faisait particulièrement profession,
mais il [Pythagore] lui répondit qu'il ne possédait aucune science,
mais qu'il était philosophe. Surpris par la nouveauté du mot,
Léon demanda alors quels étaient ces « philosophes » et en quoi
ils différaient du reste des hommes.

*hos se appellare sapientiae studiosos, id est enim philosophos.
Et ut illic liberalissimum esset spectare nihil sibi acquirentem,
si cui vita longe omnibus studiis contemplationem rerum
cognitionemque praestare.*

Ceux-ci se disent épris de sagesse, c'est-à-dire philosophes.
Et, de même que dans ce lieu [à une panégyrie] l'attitude la plus
digne d'un homme libre est celle d'un spectateur qui ne recherche
rien pour lui-même, dans la vie la contemplation et la connaissance
l'emportent de beaucoup sur toutes les ambitions.

(fr. 88 Wehrli)

Wehrli commente ainsi : « Was Pythagoras sagt, lässt sich
nur von Platon ausverstehen. Herakleides projiziert (…)
akademische Gedanken auf Pythagoras » (p. 89).

2. *Diogène Laërce*, Vies et doctrines des philosophes illustres, *VIII, 8* :

Σωσικράτης δ' ἐν Διαδοχαῖς φησιν αὐτὸν ἐρωτηθέντα ὑπὸ Λέοντος τοῦ Φλιασίων τυράννου τίς εἴη, φιλόσοφος εἰπεῖν.

Sosicrate, dans les *Successions*, raconte que, à Léon tyran de Phlionte qui lui demandait qui il était, [Pythagore] répondit : « philosophe ».

3. *Diodore de Sicile*, Bibliotheca historica, *X, 10 :*

Ὅτι Πυθαγόρας φιλοσοφίαν, ἀλλ᾽ οὐ σοφίαν ἐκάλει τὴν ἰδίαν αἵρεσιν. καταμεμφόμενος γὰρ τούς πρὸ αὐτοῦ κεκλημένους ἑπτὰ σοφούς ἔλεγεν, ὡς σοφὸς μὲν οὐδείς ἐστιν ἄνθρωπος ὤν καὶ πολλάκις διὰ τὴν ἀσθένειαν τῆς φύσεως οὐκ ἰσχύων πάντα κατορθοῦν, ὁ δὲ ζηλῶν τὸν τοῦ σοφοῦ τρόπον τε καὶ βίον προσηκόντως ἂν φιλόσοφος ὀνομάζοιτο.

Pythagore appelait sa propre doctrine « philosophie », mais non pas « sagesse ». Blâmant en effet ceux qui avant lui avaient parlé des sept « sages », il disait que personne, étant homme, n'est sage et que souvent la faiblesse de la nature fait qu'on n'a pas la force de mener droitement toutes choses, et que pour celui qui s'applique à avoir le caractère et la vie du sage, c'est le nom de « philosophe » qui conviendrait.

(ed. C.H. Oldfather, *Diodorus of Sicily*, vol. IV, London, 1947)

4. *Aetius (Ps. Plutarque)*, Opinions des philosophes, *I, 3, 5-8 :*

Πυθαγόρας Μνησάρχου Σάμιος ὁ πρῶτος φιλοσοφίαν τούτῳ τῷ ῥήματι προσαγορεύσας ἀρχὰς τούς ἀριθμούς καὶ τὰς συμμετρίας τὰς ἐν τούτοις, ἅς καὶ ἁρμονίας καλεῖ ...

Pythagore de Samos, fils de Mnèsarchos, le premier à avoir usé de ce mot, « philosophie », nomme principes les nombres et les proportions qui s'y trouvent, qu'il nomme aussi harmonies...

5. *Jamblique,* La Vie de Pythagore

a) 8, 44 : καὶ γὰρ τοῦτο τὸ ὄνομα ἀντὶ τοῦ σοφοῦ ἑαυτὸν ἐπωνόμασε. ταῦτα μὲν ἐν τῷ γυμνασίῳ τοῖς νέοις διελέχθη.

Et c'est ce nom, au lieu de celui de « sage », qu'il se donnait. Il discutait de ces choses au gymnase avec les jeunes garçons.

b) 12, 58 : Λέγεται δὲ Πυθαγόρας πρῶτος φιλόσοφον ἑαυτὸν προσαγορεῦσαι, οὐ καινοῦ μόνον ὀνόματος ὑπάρξας, ἀλλὰ καὶ πρᾶγμα οἰκεῖον προεκδιδάσκων χρησίμως.

On dit que Pythagore fut le premier à s'appeler « philosophe », instituant non seulement un nouveau nom, mais étant le premier à enseigner complètement et de manière utile la chose proprement dénommée par ce nom.

12, 58-59 : καὶ σοφία μὲν ἡ τῷ ὄντι ἐπιστήμη τις ἡ περὶ τὰ καλὰ τὰ πρῶτα καὶ θεῖα καὶ ἀκήρατα καὶ ἀεὶ κατὰ τὰ αὐτὰ καὶ ὡσαύτως ἔχοντα ἀσχολουμένη, ὧν μετοχῇ καὶ τὰ ἄλλα ἂν εἴποι τις καλά· φιλοσοφία δὲ ἡ ζήλωσις τῆς τοιαύτης θεωρίας.

Et si la sagesse est réellement ce savoir qui porte sur les réalités qui sont belles, celles qui sont premières, divines, sans mélange, toujours mêmes et se présentant identiquement, réalités dont participent aussi les autres choses qu'on pourrait dire belles, la philosophie est la recherche d'une telle connaissance.

c) 29, 159 : φιλοσοφίαν μὲν οὖν πρῶτος ὠνόμασε καὶ ὄρεξιν αὐτὴν εἶπεν εἶναι οἰονεὶ φιλίαν σοφίας, σοφίαν δὲ ἐπιστήμην τῆς ἐν τοῖς οὖσιν ἀληθείας.

Il usa le premier du nom de « philosophie » et il disait que ce désir était comme une amitié pour la sagesse, et que la sagesse était la science de la vérité qui est dans les êtres.

(éd. L. Deugner et V. Klein, Stuttgart, 1975)

LES OCCURRENCES PRÉ-PLATONICIENNES
DE φιλόσοφος, φιλοσοφία, φιλοσοφεῖν

1. *Héraclite, fr. 35 D. K., 7 M.,*
   cité par Clément, Stromates, *V, 140, 5 :*

γνῶσιν καὶ ἀγνωσίαν ὅρους εὐδαιμονίας κακοδαιμονίας τε θείως ἐδήλωσεν. χρὴ γὰρ εὖ μάλα πολλῶν ἵστορας φιλοσόφους ἄνδρας εἶναι καθ᾽ Ἡράκλειτον, καὶ τῷ ὄντι ἀνάγκη
πολλὰ πλανηθῆναι διζήμενον ἔμμεναι ἐσθλόν.

Il [*sc.* Empédocle] a montré de manière divine que connaissance et ignorance déterminent bonheur et malheur ; χρὴ γὰρ εὖ μάλα πολλῶν ἵστορας φιλοσόφους ἄνδρας εἶναι, dit Héraclite, et il est bien réellement nécessaire que
« celui qui recherche en explorant de multiples choses, celui-là soit bienheureux. » (Phocylide, fr. 13D)
(éd. Stählin-Früchtel, *Griechischen christlichen Schriftsteller*, 52, p. 421)

La citation d'Héraclite : χρὴ γὰρ εὖ μάλα πολλῶν ἵστορας φιλοσόφους ἄνδρας εἶναι est donc suivie d'une citation de Phocylide et précédée de cette citation d'Empédocle (fr. 132 D. K.) :
ὄλψιος ὃς θείων πραπίδων ἐκτήσατο πλοῦτον
δειλὸς δ᾽ ᾧ σκοτόεσσα θεῶν πέρι δόξα μέμηλεν

Bienheureux celui qui s'est acquis un trésor de pensées
divines
Et maudit celui qui des dieux n'a en lui qu'une opinion
obscure.

Dans ces deux citations le bonheur est présenté comme le
fruit d'une connaissance riche et multiple.

Mais tout d'abord, encadrent-elles bien un fragment
d'Héraclite, comme l'a pensé Diels, ou une paraphrase ? Et où
commencerait, où s'arrêterait la citation ? Selon M. Marcovich
(*Heraclitus*, p. 25-29), l'expression πολλῶν ἵστορας χρὴ εἶναι
pourrait être d'Héraclite mais aurait sans doute pour sujet
ἄμθρωπους, φιλοσόφους ἄνδρας appartenant à Clément qui avait
une prédilection pour l'adjectif φιλόσοφος. D'où sa traduction :
« Men (?) must be acquainted with many things ». Cependant,
l'argument avancé par Marcovich – la rareté du terme à l'époque
d'Héraclite – vaudrait aussi contre l'emploi par Hérodote du
participe φιλοσοφέων, tout aussi rare à son époque.

Ensuite, faut-il prendre φιλοσόφους ἄνδρας comme sujet ou
comme attribut ? Dans le premier cas, on traduit « car il faut que
les apprentis en sagesse sachent vraiment une multitude de
choses » (C. Ramnoux, *Héraclite ou l'homme entre les choses
et les mots*, Paris, 1968, p. 122), dans le second : « Il y a grand
besoin que ceux qui enquêtent sur le multiple soient hommes
épris de sagesse » (J. Lallot, « Une invective philosophique »,
Rev. Et. anciennes, 73, 1971, p. 17). La seconde construction
évite la contradiction avec les fr. 40 et 129 (D. K.) dans lesquels
la σοφίη pythagoricienne se voit assimilée par Héraclite à une
πολυμαθίη. En dépit de sa traduction, c'est d'ailleurs bien ainsi
qu'interprète Clémence Ramnoux : il s'agit d'échanger « de la
polymathie contre du *sens* » (p. 123), autrement dit (M. Heidegger
et E Fink, *Héraclite*, Paris, Gallimard, 1973 [2], p. 39), d'affirmer
la nécessité pour ceux qui enquêtent au sein du multiple de le
réfléchir et l'organiser par la pratique (*philein*) de l'art (*sophon*).

Il est bien possible que Clément ait entendu la phrase au
premier sens (plus on a de connaissances, plus on est philosophe

et plus on est heureux), mais qu'Héraclite, pour sa part, ait plutôt voulu faire entendre le second (les connaissances ne valent rien sans la sagesse), invectivant ainsi ceux qui se nommaient « philosophes » : les pythagoriciens. Le fragment combinerait alors l'ironie à leur égard avec l'insistance sur le sens étymologique (J. Bollack et H. Wissmann, *Héraclite*, p. 144). M. Conche (*Héraclite*, p. 99-101) donne à ἵστωρ le sens de « juge » ou « arbitre » : « Il faut, oui tout à fait, que les hommes épris de sagesse soient les juges des nombreux », mais la phrase n'a plus alors aucun rapport avec le contexte où Clément l'a insérée.

2. *Hérodote*, Histoires, *I, 30 (Crésus à Solon) :*

ὡς φιλοσοφέων γῆν πολλὴν θεωρίης εἵνεκεν ἐπελήλυθας.
car c'est en quête de sagesse [en « philosophant »] que tu as parcouru tant de pays en vue d'acquérir la connaissance.

3. *Gorgias*, Éloge d'Hélène, *§ 13 :*

ὅτι δ' ἡ πειθὼ προσιοῦσα τῷ λόγῳ καὶ τὴν ψυχὴν ἐτυπώσατο ὅπως ἐβούλετο, χρὴ μαθεῖν πρῶτον μὲν τοὺς τῶν μετεωρολόγων λόγους, οἵτινες δόξαν ἀντὶ δόξης τὴν μὲν ἀφελόμενοι τὴν δ' ἐνεργασάμενοι τὰ ἄπιστα καὶ ἄδηλα φαίνεσθαι τοῖς τῆς δόξης ὄμμασιν ἐποίησαν· δεύτερον δὲ τοὺς ἀναγκαίους διὰ λόγων ἀγῶνας, ἐν οἷς εἷς λόγος πολὺν ὄχλον ἔτερψε καὶ ἔπεισε τέχνῃ γραφείς, οὐκ ἀληθείᾳ λεχθείς· τρίτον <δὲ> φιλοσόφων λόγων ἁμίλλας, ἐν αἷς δείκνυται καὶ γνώμης τάχος ὡς εὐμετάβολον ποιοῦν τὴν τῆς δόξης πίστιν.

Que la persuasion, lorsqu'elle est présente dans le discours, imprime aussi à l'âme les marques qu'elle veut, c'est ce qu'il est besoin d'apprendre avec, d'abord, les discours des météorologues, eux qui, substituant opinion à opinion, dissipant celle-ci, produisant celle-là, font que des choses incroyables et inapparentes brillent aux yeux de l'opinion ; en second lieu, avec les combats contraignants de discours où un discours unique charme et persuade une foule nombreuse, si c'est l'art qui l'a fait écrire et non la vérité qui l'a fait prononcer ; troisièmement, avec les luttes entre discours philosophiques, où se montre aussi la vitesse de jugement capable de faire aisément changer la confiance qu'accorde l'opinion.

4. *Hippocrate,* L'Ancienne Médecine, § 20 :

Λέγουσι δέ τινες καὶ ἰητροὶ καὶ σοφισταὶ ὡς οὐκ ἔνι δυνατὸν ἰητρικὴν εἰδέναι ὅστις μὴ οἶδεν ὅ τί ἐστιν ἄνθρωπος· ἀλλὰ τοῦτο δεῖ καταμαθεῖν τὸν μέλλοντα ὀρθῶς θεραπεύσειν τούς ἀνθρώπους. Τείνει δὲ αὐτέοισιν ὁ λόγος ἐς φιλοσοφίην, καθάπερ Ἐμπεδοκλῆς ἢ ἄλλοι οἳ περὶ φύσιος γεγράφασιν ἐξ ἀρχῆς ὅ τί ἐστιν ἄνθρωπος, καὶ ὅπως ἐγένετο πρῶτον καὶ ὅπως ξυνεπάγη. Ἐγὼ δὲ τουτέων μὲν ὅσα τινὶ εἴρηται σοφιστῇ ἢ ἰητρῷ, ἢ γέγραπται περὶ φύσιος, ἧσσον νομίζω τῇ ἰητρικῇ τέχνῃ προσήκειν ἢ τῇ γραφικῇ. Νομίζω δὲ περὶ φύσιος γνῶναί τι σαφὲς οὐδαμόθεν ἄλλοθεν εἶναι ἢ ἐξ ἰητρικῆς.

Certains, sophistes et médecins, disent que personne n'est expert en l'art médical s'il ne sait pas ce qu'est l'homme, et que c'est cela qu'il faut apprendre à fond si l'on veut soigner correctement les hommes. Or c'est à la philosophie que tend ce discours, comme l'ont fait Empédocle ou d'autres qui ont écrit sur la Nature en commençant par exposer ce qu'est l'homme, comment il est né et comment il a été constitué. Pour moi, j'estime que toutes ces considérations, qu'elles soient prononcées par un sophiste ou un médecin, ou écrites dans un traité sur la Nature, relèvent moins de l'art médical que de l'art d'écrire. Et j'estime qu'aucune connaissance claire sur la nature ne peut provenir d'aucun autre domaine que ce soit, si ce n'est de l'art médical.

5. *Thucydide,* La Guerre du Péloponnèse, II, 40, 1 :

Φιλοκαλοῦμέν τε γὰρ μετ' εὐτελείας καὶ φιλοσοφοῦμεν ἄνευ μαλακίας.

Car nous aimons la beauté sans extravagance, et nous avons le goût du savoir [nous « philosophons »] sans que cela nous amollisse.

AUTHENTICITÉ ET CHRONOLOGIE

Le moment est venu d'aborder deux problèmes inévitables pour quiconque prétend s'occuper de Platon : celui de l'authenticité des textes transmis sous son nom et celui de leur chronologie.

L'AUTHENTICITÉ

La discussion à propos de l'authenticité de chaque Dialogue a cessé d'être ce qu'elle était depuis le milieu du XIXe siècle, en particulier en Allemagne : « le passe-temps favori des commentateurs » (Taylor, *Plato*, p. 11). On se trouve actuellement en présence de trois groupes : Dialogues incontestés, Dialogues apocryphes unanimement rejetés, et Dialogues douteux, dont l'authenticité continue à être discutée. Dans les précédentes éditions de ce livre, j'avais consacré un assez long examen à l'*Hippias majeur*, rejeté en particulier par Dorothy Tarrant (voir son *Hippias Major*, Cambridge, 1928), mais son authenticité n'est plus guère contestée. C'est pourquoi, dans la présente édition, je me bornerai à réitérer mon rejet de l'*Alcibiade* I et à exprimer ma perplexité concernant la Lettre VII, deux textes directement liés aux termes étudiés dans cet ouvrage.

1. *L'Alcibiade I*

Dans un Appendice à sa traduction des Dialogues (*The Dialogues of Plato*, Oxford, 3° ed. 1892, II, Ap. I, p. 426-7), Jowett énumère les critères d'authenticité généralement avancés : « est de Platon (1) ce qu'Aristote lui attribue nommément, (2) ce qui est d'une longueur certaine, (3) d'une grande qualité, et qui aussi (4) est en harmonie avec l'esprit général des écrits de Platon ». Mais, dit-il, comme Aristote peut, dans le cas d'un court Dialogue, avoir confondu Platon avec un de ses disciples, et comme d'autre part certains Dialogues (le *Parménide* ou le *Politique* par exemple) sont, en fonction de (1), (2) et (3) incontestablement authentiques bien qu'Aristote ne les cite jamais, les critères d'authenticité peuvent se résumer à deux, (1) la qualité et (2) la conformité à la tradition, ce dernier ayant une moindre valeur ; la tradition n'étant ni toujours cohérente, ni dépourvue de présupposés interprétatifs, son autorité et sa fidélité sont loin d'être incontestables. C'est pourtant « l'immense autorité que lui ont conférée les philosophes anciens » que l'un des plus récents partisans de l'authenticité de l'*Alcibiade* juge (dans une note, il est vrai) devoir « suffire à motiver la bienveillance » de sa lecture (*Alcibiade*, trad. inédite de Ch. Marbœuf et J.-F. Pradeau, introd., notes bibliographie et index par J.-F. Pradeau, Paris, GF-Flammarion, 1999, Introduction, p. 29, n. 1). Quant au critère de la qualité, de quelle sorte de qualité parle-t-on ? S'il s'agit de la valeur littéraire, les bizarreries et les hapax, comme le κρήγυος de 111e, ne peuvent servir de critère, car on peut aussi bien y voir une preuve d'inauthenticité que d'authenticité : quel faussaire se risquerait à employer un mot aussi étrange ? Il en va de même pour les rapprochements avec d'autres Dialogues, l'hypothèse de l'évolution venant encore compliquer les choses : on ne devrait pas trouver dans un Dialogue de jeunesse des thèmes appartenant à ceux de la maturité, celui par exemple des quatre vertus cardinales (121a-124b) ; mais le fait qu'ils s'y trouvent déjà peut aussi bien servir à justifier une lecture « unitariste » (Shorey) ou « proleptique » (Ch. Kahn). Ni les arguments tirés de la tradition, ni les arguments stylistiques ne sont déterminants, ils peuvent tous se retourner. On trouvera la liste des partisans et des adversaires de l'authenticité de l'*Alcibiade* ainsi qu'un bref résumé de leurs arguments dans l'édition de J.-F. Pradeau, Introduction p. 26-29 et Annexe I, p. 219-220.

C'est encore dans une note qu'il indique ce qui selon lui est la source du désaccord entre les commentateurs : il admet que l'entretien a une « forme, certes particulière », mais nie qu'Alcibiade s'y limite à un rôle d'approbateur. Or ce n'est pas pour cette raison qu'on pourrait refuser l'authenticité du Dialogue car il faudrait en faire autant pour le *Sophiste* ou le *Politique* dont les interlocuteurs sont « jeunes et dociles ». Voir dans le dialogue une « forme » et non pas l'expression de ce dialogue intérieur qu'est la pensée revient à méconnaître le seul argument commun aux partisans de l'inauthenticité de l'*Alcibiade* et le seul critère qu'ils reconnaissent : est de Platon tout Dialogue qui n'expose pas une doctrine mais qui, traversé de ruptures et de retournement, invente en découvrant. Ruptures, retournements et reprises sont précisément ce qui manque le plus à l'*Alcibiade*. Disons plus simplement que dans ce Dialogue le *dialegesthai* (105e) est un artifice d'exposition et que l'entreprise de Socrate consiste à *démontrer* (105b, 106b). « Les différentes séries s'enfilent impitoyablement des unes aux autres » (E. de Strycker, « L'authenticité du *Premier Alcibiade* », *Ét. Class.*, avr.-juil. 1942, 135-151, p. 149) ; la « marche rectiligne » de l'ouvrage s'oppose au « plan circulaire » habituel à Platon, « ce qui accentue le caractère nettement dogmatique de toute l'œuvre » (*ibid.*, p. 144), « la discussion, si l'on peut encore l'appeler ainsi, se poursuit selon un rythme uniforme » (*ibid.*, p. 150). « *In fact, it forms, as the Neoplatonic commentators saw, an excellent introduction to the whole Platonic ethical and political philosophy. It is just this character which is really the most suspicious thing about the dialogue. It is far too methodical not to suggest that it is meant as a kind of "text-book"...* » (Taylor, *Plato*, p. 13). L'*Alcibiade* n'est pas seulement « trop méthodique », il est trop systématique.

C'est à une leçon que l'on assiste, et elle nous propose une série d'équations : le juste est beau, le beau est bon, le bon est avantageux, donc le juste est avantageux. Tout dans le dialogue est « platonicien », mais trop : trop en ce que tout est dit, toutes les thèses et tous les thèmes des Dialogues socratiques sont présents, mais sans qu'aucune question soit vraiment posée, et surtout reposée autrement. Il s'agit d'une exposition, et elle est loin d'être inintelligente, elle est seulement linéaire et plate, à une seule dimension. Un texte dans lequel n'interviennent pas ces moments où la pensée manifeste brusquement son énergie en se dégageant de tout ce qui a été dit pour aller plus haut ou plus profond, où elle ne fait pas allègrement table rase pour tout recommencer à nouveau, n'est pas un texte de Platon. Les critères d'authenticité ne sont en fait critères que du mode de lecture des lecteurs des Dialogues et de ce qu'ils entendent par *philosophia*.

2. *La* Lettre *VII*

Comme il s'agit d'une lettre, le critère « dialectique » ne vaut plus. Or la digression philosophique de la *Lettre* VII est capitale pour le propos de ce livre, puisqu'elle porte presque intégralement sur la *philosophia*, sur les moyens de la déceler et sur les rapports de la *philosophia* et du logos. G. Müller (« Die Philosophie im pseudo-platonischen VII Brief », *Archiv. für Phil.* 3, 1949, 252-266) fournit un bon résumé des arguments contre son authenticité :

– la dévalorisation de l'écriture par rapport à la parole lui semble aussi platonicienne que la dévalorisation du logos lui semble antiplatonicienne ;

– les quatre étapes de la connaissance seraient une dénaturation de la dialectique et un durcissement pédagogique de *Rép.*, 511b ;

– la surévaluation de l'intuition (de la lumière) qui, en *République* VII, est inséparable du logos et du dur travail dialectique, tend dans la lettre à une mystique de l'ineffable et constitue la *philosophia* comme secret.

L'ironie n'est peut-être pas absente de la Lettre VII (comme le pense S. Rosen, *Plato's Symposium*, Introduction), et le sens

de la digression comme la « hauteur de vue » qui y sont présents
plaident en faveur de l'authenticité. S'il n'existe aucune distorsion
du sens des termes *philosophia, philosophos, philosophos phusis*,
leur usage dans la *Lettre VII* pose toutefois un problème spécifique.
Que devient en effet la *philosophia* dans un texte (qu'il soit ou
non de Platon) de caractère biographique, polémique et
apologétique ? Est-il affirmé dans la *Lettre* VII qu'elle ne peut
ni se dire ni s'écrire, comme le soutient Festugière pour qui ῥητὸν
γὰρ οὐδαμῶς ἐστιν (341c) signifie qu'« au-delà de tout concept,
de tout langage », elle est pur objet de θεωρία (*Contemplation
et vie contemplative*, p. 425) ? Or ῥητόν a pour sens « fixé,
convenu » (au sens de « au jour convenu »), ou encore désigne
ce qu'on peut divulguer, profaner dans un discours rationnel
opposé à la parole sacrée, d'où son sens mathématique de quantités
rationnelles (cf. *Rép.*, VII 546c). L'expression de la *Lettre VII*
ne signifie donc pas que « ces choses, il est absolument impossible
de les dire » mais qu'il est impossible de les formuler dans un
logos qui aurait cette triple caractéristique de formulation arrêtée,
de divulgation et de rationalité dianoétique. L'« asthénie des
logoi » (343a) n'implique pas l'impuissance *du logos*, mais celle
des logoi entendus (comme en 342b) au sens de raisonnements
ou définitions. Le logos n'est pas faible ou malade en lui-même ;
ne l'est que celui dont la pensée se retire, et qui se fige en une
suite de définitions et de propositions. La thèse plotinienne reprise
par le Père Festugière voit dans la science dialectique une
propédeutique à la θεωρία, ce qui va contre tous les textes de
Platon où cette science est dite être la science suprême (voir la
mise au point d'H. Joly, *Le Renversement platonicien* 2 e partie,
chap. 1 et 2, et en particulier p. 379 : « j'ai montré que chez
Platon, là où le langage fait défaut, la connaissance est également
absente »).

Mais faute d'être ineffable, la philosophie ne s'identifie-t-elle
pas à une doctrine ésotérique des principes ? Je me bornerai sur
ce point à renvoyer à Luc Brisson : « Pourquoi ne serait-il pas
ici question d'expérience plutôt que de contenu doctrinal ? »
auquel cas « il vaut mieux parler de sélection des destinataires

plutôt que de secret » (*Platon. Lettres*, Paris, GF-Flammarion, 1987, Notice de la *Lettre* VII, p. 151-158). Le premier et le troisième argument de Müller tombent, et le deuxième, celui d'un « durcissement pédagogique », est explicable, compte tenu du contexte.

Parce qu'il me semblait plus que probablement inauthentique, l'*Alcibiade* a été délibérément écarté. Je n'ai fait appel à la *Lettre* VII que rarement et prudemment, lorsqu'elle recoupe des passages des Dialogues.

LA CHRONOLOGIE

Les deux questions, authenticité et chronologie, sont intimement liées. Il est inutile de revenir ici sur les acquis de la méthode stylométrique inventée par Lutoslawski, perfectionnée par Campbell et systématisée par C. Ritter, *Platon* (2 vol., Munich, 1910). Il importe cependant d'insister sur deux points :

1) d'abord sur la distinction entre chronologie et évolution : prendre les Dialogues « chronologiquement » n'implique en rien le postulat d'une évolution doctrinale ;

2) une fois écartée l'hypothèse d'une évolution comprise comme un changement de doctrine, la distribution stylistique des Dialogues en trois grandes périodes (confirmée par Brandwood, *A Word Index to Plato*, Leeds, 1976, p. XVII) n'a aucune conséquence doctrinale, et toute situation précise à l'intérieur de ces trois périodes met en jeu d'autres critères. La table des occurrences (p. 609) des termes φιλοσοφία, φιλόσοφος, φιλόσοφεῖν peut apporter certains confirmations. Leur déferlement dans le *Banquet*, le *Phédon* et la *République* – à l'exception du livre I – peut apporter une preuve supplémentaire de l'appartenance à une même période, et de même pour leur raréfaction et surtout leur déplacement : presque plus d'occurrences de φιλόσοφεῖν, un grand nombre d'occurrences de φιλοσοφία, un très grand nombre d'occurences de φιλόσοφος. La quasi-disparition des trois termes dans les douze livres des *Lois* se justifie par la nature

même de l'ouvrage. De ce tableau il ne faut rien prétendre tirer de plus. Car la quadruple occurrence de φιλόσοφεῖν dans le *Philèbe*, par exemple, peut aussi bien s'interpréter comme la preuve qu'il précède toute la série des Dialogues où le verbe n'apparaît plus (du *Théétète* au *Critias* compris, à l'exception de l'unique occurrence du *Sophiste*), que justifier qu'on le situe immédiatement avant les *Lois* et leurs deux occurrences de φιλόσοφεῖν. Quant aux séquences indiquées dans les textes eux-mêmes, elles conseillent un ordre de lecture qui ne repose pas forcément sur des dates de composition mais qui épouse le dévelopement d'une problématique.

L'ordre suivi dans cet ouvrage est celui requis par le problème traité, non par une toujours discutable chronologie. Dans les Dialogues dits socratiques, la *philosophia* apparaît à la fois comme l'exercice d'un philosopher et comme la force qui anime un personnage : Socrate ; elle reçoit, du *Phédon* jusqu'au *Phèdre*, sa détermination interne, elle est pensée comme *phusis* et appelle son prédicat, *philosophos* ; enfin, du *Théétète* au *Philèbe*, sa modalité dialectique se précise en même temps que s'opère sa déduction politique et cosmologique. Cette division en trois périodes recoupe les données stylistiques, mais les coupures n'excluent nullement l'existence de transitions et de parentés : entre l'*Euthydème* et le *Sophiste* par exemple, ou encore entre le *Charmide*, le *Ménon* et le *Théétète*. Ces parentés, sémantiques ou problématiques plus que thématiques, n'indiquent rien quant à la chronologie.

TABLE DES OCCURRENCES

Une table des occurrences est sans doute utile, et même indispensable, mais elle n'est suffisante à aucun point de vue. Il ne peut s'agir que d'une « petite indication ». Le nombre des occurrences d'un terme, si important soit-il, ne suffit pas en effet à déterminer une chronologie, *a fortiori* à repérer une évolution. Pour prendre un exemple, il y a seulement dans le *Parménide* deux occurrences de *philosophia*; mais le mot a beau n'être énoncé que deux fois, tout le *Parménide* se déroule à l'intérieur de cette question : sans l'hypothèse des Idées, que faire de la *philosophia*, et qu'en faire dans chacune des hypothèses sur l'un ?

Les principes qui ont présidé au classement des Dialogues sont donc des principes de pure commodité. La remarque de David Ross (*Plato's Theory...* tableau p. 2), reprise par Brandwood, est toujours valable : si l'on compare les ordres de succession proposés par les différents auteurs, le désaccord est total en ce qui concerne les premiers Dialogues, alors qu'un accord presque unanime se fait à partir du *Phédon* et du *Banquet*. Il m'est donc apparu possible de classer ceux de la première période en fonction du nombre d'occurrences des termes étudiés, puisque aucun autre principe ne semblait s'imposer. À partir du *Banquet*, j'ai rattrapé l'ordre chronologique à la fois le plus communément admis et le plus vraisemblable.

Ne figurent évidemment dans cette table ni l'*Alcibiade I*, ni l'*Epinomis*, ni les *Lettres* (à l'exception cependant de la *Lettre VII*) pour les raisons énoncées dans l'Appendice 2, I.

Le chiffre de la première colonne indique le nombre total d'occurrences dans le Dialogue, auquel s'ajoute éventuellement la forme privative (ἀφιλόσοφος).

Les chiffres portés sous les titres précisent le nombre d'occurrences respectives du substantif, de l'adjectif et du verbe (que j'ai donné ici sous forme d'infinitif).

Les tirets désignent les emplois de φιλόσοφος comme substantif. Dans tous les autres cas, il est employé comme adjectif. On remarquera que l'emploi de φιλόσοφος avec l'article défini n'est pas antérieur à la seconde période, et plus précisément au *Phédon*.

Dialogue		φιλοσοφία	φιλόσοφος	φιλοσοφεῖυ
Ion	0			
Euthyphron	0			
Criton	0			
Hippias Majeur	0			
Ménon	0			
République I	0			
Hippias Mineur (1/0/0)	1	363a		
Ménexène (1/0/0)	1	234a		
Charmide (1/1/0)	2	153d	154e	
Cratyle (1/1/0)	2	406a	04a	
Apologie (0/0/4)	4			23d 28e 29c 29d
Protagoras (4/0/1)	5	335d 342a 342d 343b		342e
Lysis (1/1/5)	7	213d	212d	218a3 218a4 218a6 218b2 218b3

Euthydème (10/1/3)	14	275a 288d 304e 305b 305d1 305d8 306b 306c 307a 307b	305c	275a 282d 288d
Gorgias (9/1/8)	18	481d 482a4 482a7 484c5 484c5 485a 485c 486a 500c	526c	484c 485a5 485a6 485b 485c3 485c6 485d1 487c
Banquet (7/3/6)	16	173c 182c 183a 184d 205d 210d 218a	204b4 204b4 218b	173a 203d 204a1 204a2 204a3 204a7-8
Phédon (13/18/8)	39 + 1	59a 61a 63e 64a 66d 68c 81b	61c -61d -62c -64b 64d -64e3 -65a	64b3 64b4 67d 67e 69d 80e

		82b	-65c	82b
		82d5	-66b	82c
		82e	-67d	
		83a	68b3	
		84a	68c	
		114c	-68d	
			-82c	
			83b	
			84a	
			95c	
			-101e	
			91a	
			(φιλοσόφως	
			ἔχειν)	
République II-X (42/63/4)	109			
II (0/5/0)	5		375e	
			376b1	
			376b8	
			376c2	
			376c4	
III (2/2/0)	4	407c	410e	
		411c	411e	
IV (0/0/0)	0			
V (2/12/1)	15	473d	456a	473d
		474c	-473c	
			-474b	
			475c2	
			475c8	
			475d	

				475e1	
				475e2	
				476b	
				480a7	
				480a11	
VI	55	486b	-484a	495a
(23/30/2)		487c	484b3	495a
		489b	484b6	
		489d1	485a	
		489d3	485c	
		489d11	485e	
		490a	486a	
		491a	486b	
		491b	486d	
		494e	-487e	
		495c	-489a5	
		495d3	-489a9	
		495d6	490c	
		496b	-490d	
		496c	491b	
		497a	-492a	
		497d	494a4	
		498b4	494a11	
		498b6	495a	
		499c1	497b	
		499c7	498a	
		500b1	-499b	
		500b5	-499e	
			-500c	
			-500e	
			-501d2	
			501d8	
			501e	
			502a	
			503b	

VII (8/5/0)	13	521b 521c 529a 535c 536b 536c 539c 540b	520a -525b5 525b8 527b -540d	
VIII (3/0/0)	3	543a 548c 561d		
IX (1/9/0)	10	587a	581b 581c -581d -582b1 -582b8 -582c -582d -582e 586e	
X (3/0/1)	4	607b 611e 619d		619d
Phèdre (6/5/2)	13 + 1	239b 249a 256a 257b 259d 279a	248d -249c 252e 257b 278d 256c (ἀφιλόσοφος)	249a 261a

Théétète (7/4/0)	11	143d 155d 168a 172c5 172c9 173c 174b	-155d 164c 168a 175e	
Parménide (2/1/0)	3	130e 135c	126b	
Sophiste (1/8/1)	10 + 1	260a	216a -216c1 -216c6 217a -249c -253c -253e -254a -259e (ἀφιλόσοφος)	253e
Politique (1/2/0)	3	272c	-257a 257c	
Timée (4/4/0)	8 + 1	20a 47b 88c 91e	18a 19e 24d -47b 73a (ἀφιλόσοφος)	
Critias (1/0/0)	1	109c		

Philèbe (1/1/4)	6	56e	67b	56d 57c2 57c2 57d
Lois (0/0/2)	2			
I	0			
II	0			
III	0			
IV	0			
V	0			
VI	0			
VII	0			
VIII	0			
IX (0/0/1)	1			857d
X	0			
XI	0			
XII (0/0/1)	1			967c
Lettre VII (16/6/2)	24	326a 328a 328e 330b 333e 335d 338b 338c 338d 339a 339b 339d 340b 340d 345d 347e	328a 329b 330b 336b 340c 340d	326b1 326b4

ÉDITIONS CITÉES

ÉDITIONS ET TRADUCTIONS
DES ŒUVRES COMPLÈTES DE PLATON

Platonis Opera (éd. de référence du texte grec), J. Burnet, 5 vol., Oxford, 1900-1910.

Œuvres complètes de Platon, tomes I à XII, « C.U.F. », Paris, Les Belles Lettres, 1946-

Platon. Œuvres complètes, nouvelle trad. et notes de L. Robin, avec la collab. de J. Moreau, « Bibliothèque de la Pléiade », 2 vols. Paris, Gallimard, 1959-1960.

Platon, *Œuvres complètes*, trad. nouvelle, L. Brisson (dir.), Paris, Flammarion, 2008.

TEXTES ANCIENS

Ne figurent pas les éditions mentionnées dans les Appendices I et II.

Pour les présocratiques, le texte grec est celui établi par H. Diels (1903) puis W. Kranz, *Die Fragmente der Vorsokratiker*, 5 e éd. Berlin, 1934-1937 ; trad. de J.-P. Dumont, *Les Présocratiques*, « Bibliothèque de la Pléiade », Paris, Gallimard, 1988.

Aristophane, Hérodote, Hésiode, Homère, Ibycos, Isocrate, Plotin, Théognis et Thucydide ont été consultés dans les éditions des Belles Lettres, « C.U.F », publiées sous le patronage de l'Association G. Budé.

Pour Hérodote, *L'Enquête*, et Thucydide, *Histoire de la Guerre du Péloponnèse*, voir aussi *Historiens Grecs I*, « Bibliothèque de la Pléiade », Paris, Gallimard, 1964.

Pour Plotin, voir *Plotinus Enneads*, A.H. Armstrong (ed.), London, Heinemann, 7 vol., 1966-1988 (Loeb Classical Library).

Aetius : *Opinions des Philosophes*, H. Diels (ed.), *Doxographi Graeci*, Berlin, 1879, repr. 1958.

Aristote : *Aristotelis Opera*, ed. de l'Académie De Berlin, Bd. I et II, Berlin, 1831-1870 ;
– *Fragmenta Selecta*, D. Ross (ed.), Oxford, 1955.

Clément d'Alexandrie : P. Voulet, *Stromates : livres I-V*, « Sources chrétiennes », Paris, Les Éditions du Cerf, 1981.

Diodore de Sicile : Diodoro Siculo, *Biblioteca storica*, Frammenti dei Libri IX-X, Libri XI-XII, a cura di Calogero Miccichè, Milan, 1997.

Diogène Laërce : *Diogenis Laertii Vitae philosophorum*, M. Marcovich (ed.), Stuttgart-Lipsia, Teubner, 1999-2002 ; *Vies et doctrines des philosophes illustres*, trad. M.-O. Goulet-Cazé (dir.), Paris, La Pochothèque, 1999 ;
– *La Vie de Pythagore de Diogène Laërce*, édition critique avec introduction et commentaire par A. Delatte, Bruxelles, 1922.

Gorgias : *Éloge d'Hélène*, dans *Sofisti, testimonianze e frammenti*, M. Untersteiner ed., Firenze, Nuova Italia, 1949-1962 ; trad. dans B. Cassin, *L'Effet sophistique*, Paris, Gallimard, 1995, p. 140-148.

Héraclite : *Heraclitus*, M. Marcovich (ed.), Merida, Venezuela, 1967 ;
– *Héraclite ou la séparation*, J. Bollack et H. Wismann, Paris, Les Éditions de Minuit, 1972.
– *Fragments*, texte établi, traduit et commenté par M. Conche, Paris, P.U.F., 1986.

Hippocrate : *L'Ancienne Médecine*, intr. trad. et commentaire d'A.J. Festugière, Paris, Klincksieck, 1948 ;
– *De l'ancienne médecine*, t. II (1 re partie), édition et trad. de J. Jouana, « C.U.F. », Paris, Les Belles Lettres, 1990.

JAMBLIQUE : *La Vie de Pythagore*, L. Deugner et V. Klein ed., Stuttgart, 1975.

– *Vie de Pythagore*, introd., trad. et notes de L. Brisson et A.-Ph. Segonds, Paris, Les Belles Lettres, 2011.

PROCLUS : *Commentaire sur la* République *de Platon*, introd., trad. et notes d'A. J. Festugière, Paris, Vrin, 3 vol., 1970.

– *Commentaire sur le* Parménide *de Platon*, trad. de E.A. Chaignet, Paris, 1900-1903 ; repr. Francfort, 1962 ; nouvelle trad., t. 1, éd. et trad. d'A.-Ph. Segonds et C. Luna, « C.U.F. », Paris, Les Belles Lettres, 2007.

– *Commentaire sur le* Timée, t. 1-V, trad. d'A.J. Festugière, Paris, Vrin-CNRS, 1966-1969.

– *The Greek Commentaries on Plato's* Phaedo, éd. et trad. de L. Westerink, vol. I : *Proclus*, vol. II : *Damascius*, Amsterdam, North-Holland Publishing Company, 1976-1977.

INDEX DES AUTEURS CITÉS

Cette édition ne comporte pas de Bibliographie. Celles données dans les précédentes ont considérablement vieilli, et donner une version remise à jour, destinée à vieillir encore plus vite en raison du déferlement des ouvrages et articles consacrés chaque année à Platon, m'a paru dérisoire. Le travail bibliographique considérable accompli par Luc Brisson ainsi que les données consultables en ligne me semblent rendre inutile d'alourdir un travail qui ne se voulait pas érudit, bien qu'une « érudition intériorisée » ait été indispensable à sa rédaction et à la présente révision.

La liste des auteurs cités permettra de se reporter aux notes comportant les références à leurs travaux.

INDEX DES PASSAGES DE PLATON
CITÉS OU ALLÉGUÉS

TABLE DES MATIÈRES

Imprimé en France par CPI
en février 2016
Dépôt légal : février 2016
N° d'impression : 133589